Heinrich von Sybel

Geschichte des ersten Kreuzzugs

Heinrich von Sybel

Geschichte des ersten Kreuzzugs

ISBN/EAN: 9783742897831

Hergestellt in Europa, USA, Kanada, Australien, Japan

Cover: Foto ©ninafisch / pixelio.de

Manufactured and distributed by brebook publishing software
(www.brebook.com)

Heinrich von Sybel

Geschichte des ersten Kreuzzugs

Geschichte

des

ersten Kreuzzugs

von

Heinrich von Sybel.

Zweite, neu bearbeitete Auflage.

Leipzig,
Friedrich Fleischer.
1881.

Vorrede.

Leopold Ranke veranlaßte in seinen historischen Uebungen im Jahre 1837 eine kritische Durchsicht der Quellenschriftsteller des ersten Kreuzzuges. Es wurde mit den ersten Büchern des Willermus Tyrius begonnen, wobei sich sogleich ergab, daß sie fast nur eine Wiederholung früherer Berichte enthielten, Albert's, Raimund's, der Gesta Francorum. Was diese letzteren anging, so machte Ranke wahrscheinlich, daß ihr Inhalt dem Erzbischofe in der Copie des Baldrich von Dol bekannt geworden, und führte den evidenten Beweis, daß nicht nach der gewöhnlichen Annahme Tudebod, sondern der Anonymus selbst der Originalschriftsteller und die Grundlage so vieler folgenden Erzählungen gewesen sei.*) Darauf wurde Albertus Aquensis in Betracht gezogen, und Ranke stellte zunächst die Capitel des Buches zusammen, in welchen der Autor sich ausdrücklich auf seine Gewährsmänner beruft. Es führte das zu einem doppelten Resultate; einmal wurde wahrscheinlich, daß die Schrift im Ganzen auf mündlichen Mittheilungen beruht, dann mußte es ein ungünstiges Vorurtheil für Albert's Glaubwürdigkeit erwecken, daß die so aus-

---

*) Man findet ihn näher ausgeführt S. 23 flg. dieses Buches.

gezeichneten Stellen sämmtlich die unwahrscheinlichsten und fabelhaf=
testen Dinge enthalten. Sodann machte Ranke auf den Ton der
ganzen Darstellung aufmerksam, und erörterte an einzelnen Stellen
den Gegensatz zu der Diction des Wilhelm von Thrus; die Färbung
des Einen wurde als eine ebenso poetische, wie jene des Anderen
als eine rhetorische anerkannt. An diesem Punkte wurde die Unter=
suchung, anderweitiger Arbeiten wegen, abgebrochen; doch war schon
von hieraus klar, daß nicht so unbedingt, wie es gewöhnlich geschieht,
Albert's Erzählung als leitende und entscheidende Quelle betrachtet
werden kann, daß vielmehr eine kritisch begründete Geschichte des
Kreuzzuges von den Berichten der Augenzeugen, den Gesten, Rai=
mund und Fulcher, wenigstens ausgehen muß.

Ein Kundiger erkennt nach diesen Angaben leicht, wie viel für
eine solche kritische Begründung hiermit bereits geleistet war, und
was für eine weitere Forschung noch zurückblieb. Meinerseits er=
freut es mich doppelt, dem verehrten Lehrer, wie für die Kunde von
dem Dasein der Aufgabe, ebenso in dem Fortgang der Arbeit für
die freundlichste und ergiebigste Unterstützung mich verpflichtet zu
sehen. Mehreren Theilen dieses Buches ist seine Beurtheilung
wesentlich zu Gute gekommen; ich wüßte mir keinen näheren und
lieberen Wunsch, als daß er die Theilnahme, die er dem Entstehenden
so reichlich zugewandt, nun auch dem Fertigen nicht entziehen möge.

———

So schrieb ich im December 1840, im folgenden Jahre trat
das Buch in die Oeffentlichkeit, und wurde in den gelehrten Kreisen
Deutschlands mit vielfacher Anerkennung aufgenommen. Wie sich
versteht, fehlte es auch an Widersprüchen nicht. Die Erklärung, daß
die seit sieben Jahrhunderten herrschende Auffassung eines großen
weltgeschichtlichen Ereignisses keine thatsächliche Grundlage habe,

sondern freie Schöpfung einer gleichzeitig entstandenen Sage sei, erschien bedenklichen Gemüthern doch allzugewagt; wie oft habe ich die Klage über die unausstehliche Manier der Kritik gehört, welche gerade die schönsten Historien, wie anderwärts jene von Wilhelm Tell, so hier die von Peter dem Einsiedler und Gottfried von Bouillon, aus der wirklichen Geschichte zu streichen suche. Eine wissenschaftliche Widerlegung meiner Auffassung Albert's und Wilhelm's ist mir in **den** seitdem verflossenen vierzig Jahren nicht bekannt geworden. Wenn in Deutschland **Kugler** und in Paris die Herausgeber **der** historiens **des** croisades an einzelnen Punkten mein Urtheil etwas zu strenge erachtet haben, so hat ihm dafür in **der** Hauptsache die Publication der altfranzösischen Heldengedichte über den Kreuzzug in kaum erwartetem Maaße zur Bestätigung gedient, und mit lebhafter Genugthuung sehe ich, daß die besten unter den jetzt lebenden Kennern der Kreuzzugsgeschichte, Hagenmeyer, **Graf** Paul Riant **und** schließlich doch auch Kugler die wesentlichen Ergebnisse meiner Erörterung acceptiren. Vielleicht wird derselbe **bei** einer solchen Sachlage in weiteren vierzig Jahren dann auch das Glück zu Theil, in den Hand- und Lehrbüchern unserer Schulen Aufnahme zu finden; unter den zahlreichen Verfassern derselben giebt es heute doch Einige, welche **von** den Fortschritten der wissenschaftlichen Forschung Notiz nehmen.

Je erfreulicher es im Alter ist, **durch** freundliche Aufforderung **zu dem** ersten Jugendwerke zurückgeführt zu werden, um so mehr hätte ich gewünscht, dieser neuen Auflage desselben eine eindringende und vollständige Revision des gesammten Stoffes in Quellen und Literatur vorausgehen zu lassen. So gut ist es mir nun nicht geworden: **durch** amtliche **und** sonstige literarische Aufgaben beschäftigt, habe ich mich auf **das** Nöthigste beschränken müssen. Eine ziemliche Anzahl von Zusätzen, Streichungen und Verbesserungen **hat** sich immerhin daraus ergeben, im Ganzen ist es, wie ich hoffe mit gutem Grunde, die Arbeit von 1840 geblieben.

Noch bemerke ich, daß ich es in den Quellencitaten bei den Seitenzahlen der Bongars'schen Ausgabe, wo nichts Anderes angegeben ist, belassen habe, da dieselbe zur Zeit in Deutschland noch ungleich verbreiteter ist als die neue Pariser. Auch ist es leider bekannt genug, daß die letztere wenigstens in den ersten Bänden den darauf gesetzten Erwartungen nur zum Theile entsprochen hat.

Berlin, im Juli 1881.

Heinrich von Sybel.

Berichtigungen.

Seite 38 Zeile 23 von oben, statt: dem Codex, lies: im Codex.

„ 39	„ 26	„	„		streiche: vier.
„ 88	„ 11	„	„		statt: von, lies: vor.
„ 98	„ 4	„	„	„	Robert's, lies: Albert's.
„ 106	„ 11	„	„	„	Waffen, lies: Massen.
„ 129	„ 18	„	„	„	nothwendig, lies: nothdürftig.
„ 183	„ 24	„	„	„	verstorbenen, lies: verstoßenen.
„ 231	„ 8	„	„	„	1097, lies: 1096.
„ 315	„ 3	„ unten,	„		Zeitungen, lies: Zeitangaben.
„ 316	„ 16	„ oben,	„		der Sage, lies: Albert.
„ 423	„ 16	„	„	„	der, lies: die.
„ 446	„ 11	„ unten,	„		die dort gelieferte, lies: der dort gelieferten.

Inhalt.

Zur
Kritik der Quellen und der Literatur.

―――――――

Nur über wenige Ereignisse des früheren Mittelalters liegt uns eine solche Menge verschiedenartiger und ausführlicher Quellen vor, wie über die Geschichte des ersten Kreuzzuges. Eine Anzahl amtlicher Berichte, eine Reihe von Privatmittheilungen von einzelnen Pilgern an zurückgebliebene Freunde, dann mehrere Geschichten von Augenzeugen, fortlaufend mit dem Gange der Begebenheiten aufgezeichnet, diese darauf weiter im Abendlande verarbeitet, in größeren und kleineren Darstellungen, die nicht auf eigener Ansicht, wohl **aber** auf den Aussagen der Gegenwärtigen beruhen, endlich nach 80 Jahren eine Nachsammlung an Ort und Stelle durch einen höchst befähigten Menschen unternommen — solch' eine Menge des Materials, sollte man glauben, müßte für alle Zeiten den Hergang des Ereignisses festgestellt haben. In der That, sobald man in **etwas** nur unter all' diesen Redenden und Erzählenden einheimisch **wird,** erstaunt man über die Fülle des hier erscheinenden Lebens; von vornherein faßt man die beste Hoffnung, **von** der Erzählung zur Thatsache selbst hindurchzudringen und den **inneren** Kern dieser Mannichfaltigkeit zu ergreifen.

Freilich, soll dies gelingen, so fordert die Mannichfaltigkeit selbst, wenn nicht Ausscheidung, wohl aber Anordnung nach festen und wo möglich concreten Gesichtspunkten. Man erkennt bei dem ersten Blicke unter den Verfassern unserer Berichte die verschiedensten Naturen; alle nur irgend denkbare Stimmungen sind in ihnen lebendig und nur die erregte Ruhe, **der** eigentliche Boden für eine fruchtbare geschichtliche Betrachtung, **wird** sehr selten sichtbar. Dabei ist **ihre** Befähigung nach zeitlichen und räumlichen Verhältnissen, dann **auch** nach dem Grade des Talents und der Kenntnisse nicht

1 *

immer gewiß; wir fürchten Entstellung der Thatsachen bei den Zeit=
genossen durch persönliche Leidenschaft, bei späteren Darstellern durch
Aenderung des ganzen Standpunktes. Dringend erscheint das Be=
dürfniß, auf irgend welche Weise festen Boden zu gründen, und
einen sicheren Maßstab aufzusuchen, nach dem etwaige Abweichungen
herzustellen wären.

Die Aufgabe, die hieraus entspringt, läßt sich in Kurzem nun
so fassen. Ein historischer Bericht kann uns für's Erste nicht als
ein Bild der Thatsache gelten; er zeigt uns nur seinen Verfasser
und den Eindruck, den dieser von den Thatsachen empfangen. Das
Licht, das von den Dingen ausströmt, erscheint uns nicht unmittel=
bar, wir sehen seine Strahlen reflectirt oder gebrochen, und vielleicht
nach der Natur des Mediums in bestimmter Weise gefärbt. Dies
Medium kennen zu lernen, ist also der einzige Weg, überhaupt nur
von dem Dasein einer ursprünglichen Reinheit Kunde zu erlangen,
oder, unbildlich gesprochen, da wir einmal angewiesen sind, durch
fremde Augen zu sehen, so müssen wir das Wesen des Erzählers
begreifen, um aus seinen Worten die Thatsachen zu gewinnen. Und
zwar dies Wesen in seinem innersten Kerne und seinem gesammten
Umfange; allgemeine Fragen, hat er die Wahrheit reden können und
reden wollen, reichen uns nicht aus; ein lebender, persönlicher Mensch
muß er vor unseren Augen stehen, in seinen besonderen, wie in
seinen allgemeinsten Bezügen. Jedes Wort, was er ausspricht, er=
hält erst nach dieser Summe seines Gesammtbildes feste Bedeutung;
nur als Theil dieses Ganzen ist es zu fassen und daraus erklärt,
erst mit anderweitigen Nachrichten in Berührung zu setzen. Es ist
hier an Savigny's treffliches Wort zu erinnern, mit dem er die Aus=
legung des Gesetzes als die Reconstruction des dem Gesetze inwoh=
nenden Gedankens bezeichnet.[1] Das Verfahren der historischen
Kritik ist wesentlich dasselbe; es besteht in der Reconstruction der
Quelle; und eine Verschiedenheit tritt erst bei der Frage hervor, wie
diese Reconstruction in beiden Fällen zu erreichen sei. Bei der Aus=
legung des Gesetzes kann es schon genügen, eine einfache Gedanken=
reihe von Neuem durchzugehen, eine abgesonderte logische Operation
nochmals anzustellen. Um aber eine geschichtliche Darstellung zu be=

---

1) System des heut. röm. Rechts I. 218.

greifen, reicht alles logische Rechnen nicht aus, die Anschauung der persönlichen Natur des Verfassers, in ihrer Einheit und Gesammtheit, ist allein wesentlich und förderlich.

Man erkennt von hieraus leicht, wie die Kritik, verrufen als ein trockener und negativer Theil der geschichtlichen Wissenschaft, positiv und lebendigen Wesens ist. Nicht die Thatsachen unmittelbar zu **erkennen**, macht sie sich **zur** Aufgabe, noch auch die Geschichtschreiber **als solche**, und überläßt **deren** Betrachtung **der** Literargeschichte: aber **sie stellt sich** zwischen **beide** und findet **das eigentliche** Feld ihrer Thätigkeit **in der Wechselwirkung**, welche beide **auf einander ausüben**. Eine bedeutende Handlung **bildet an ihren Beschauern**, aber **sie** verlangt auch, soll sie gedeihen, eine empfängliche Umgebung; **hat** diese Empfänglichkeit dann die höchste **Stufe** erreicht, so erlangt sie Bewußtsein und Ausdruck **in den** Geschichtsschreibern. Die Kritik aber im rechten Sinne tritt unmittelbar in den Mittelpunkt dieser Verhältnisse, und es ist klar, welche Fülle persönlichen und thatsächlichen Lebens dieser Kreis einschließt. Am sichersten wird man sich **davon** überzeugen, wenn **man** sämmtliche einzelne Berichte über ein bestimmtes Ereigniß einmal zusammenfaßt, und neben ihrer Mannigfaltigkeit auch ihrem Zusammenhang und ihrer Einheit nachgeht. Es **zeigt** sich dann bald, daß wie die Dinge, so auch die Erzählungen **nach** allgemeinen **Gesetzen** entstehen **und verwandelt** werden, daß bei allem Reichthum **der** individuellen Natur, **doch kein** Einzelner sich diesen Gesetzen zu entziehen vermag; endlich, **daß** auf **die** letzten Gründe zurückgeführt, die Entwickelung des Seins und des Wahrnehmens, **der** Thaten und der Berichte wesentlich parallel geht.

Dies angewandt auf unsere Untersuchung, ergeben sich folgende Fragen als letztes Ziel derselben. Wie sind unsere Quellen aus der Natur ihrer Verfasser, aus deren Verhältniß zu der Begebenheit und zu der übrigen Welt erwachsen? Ferner, giebt es verschiedene Auffassungsweisen, nach denen die Ansicht des Kreuzzuges, als ein Ganzes gefaßt, sich geändert und entwickelt hat? Endlich, in wiefern hängt diese Verschiedenheit mit allgemeinen Richtungen und Bestrebungen jener Zeit zusammen? Denn nur auf diesem Wege dürfen wir hoffen, abgeleitete Auffassungsweisen überhaupt als solche anzu-

erkennen, von ihnen zu der ursprünglichen und so zu der Anschau=
ung der rechten Thatsachen uns zu erheben. Für's Erste indeß mag
sich der Gang unserer Untersuchung an äußerliche, unzweifelhafte
Verhältnisse anlehnen, ausgehen von den Meldungen der Augenzeugen
und Theilnehmer, und dann von den Berichten der Gleichzeitigen,
bloß im Raume Entfernten, zu den Umgestaltungen fortschreiten,
welche diese Literatur in späterer Zeit erfahren hat.

Erstes Capitel.

Die Quellen.

I. Amtliche Berichte. Briefe einzelner Kreuzfahrer.[1]

Die Zahl der Briefe und urkundlichen Nachrichten, die von Selbsthandelnden im ersten Kreuzzug auf uns gekommen sind, ist nicht eben groß, auch gehören sie hinsichtlich ihres Inhaltes nicht zu den umfassendsten Quellen unserer Kenntniß. Doch würde man einer wesentlichen Grundlage für die Beurtheilung der übrigen Berichte entbehren, wollte man sie ganz mit Stillschweigen übergehen; über manche einzelne, oft streitige Punkte verbreiten sie ein entscheidendes Licht, welches nicht selten dann auch weitere Kreise für unsere Blicke aufhellt. Ich ordne sie hier, so weit sich die Sache erkennen läßt, nach der Zeitfolge ihrer Abfassung.

1. Schreiben des Kaisers Alexius an Graf Robert von Flandern.[2]

Der Abt Guibert gibt in seiner Geschichte des Kreuzzuges von diesem Briefe die erste Nachricht und theilt seinen Inhalt ziemlich weitläufig mit.[3] Daneben liegt eine andere Redaction des Schreibens vor, in so vielfacher Uebereinstimmung mit Guibert, daß man daraus die Echtheit der ganzen Urkunde sehr bestimmt in Zweifel gezogen hat. Man nahm das Stillschweigen der griechischen Quellen hinzu, berief sich auf Guibert's häufig erkennbare Unzuverlässigkeit und er-

---

1) Vgl. zu diesem Abschnitte Riant inventaire **critique** des lettres histo-**riques des** croisades.

2) **Martene** thesaur. anecd. I, p. 267 sqq.

3) I, 4.

klärte die andere Redaction für eine der im Mittelalter gewöhnlichen Mönchsarbeiten, für eine freiere Ueberarbeitung des Guibert'schen Textes. Es kam dazu, daß manche Seltsamkeit des Inhaltes nicht geleugnet werden konnte; man vermißte den hochfahrenden Kanzleistyl des griechischen Reiches und fand das Lob der orientalischen Frauen ungeziemend, als Lockung für christliche Kreuzfahrer und kindisch in dem Munde eines byzantinischen Herrschers.

Auf **einen** breiteren Boden stellte dann Graf **Riant**[1]) die **Er-örterung**, indem er nicht nur weitere specielle Incongruenzen des **überlieferten Textes** nachwies, sondern den allgemeinen Satz auf-stellte, **Alexius habe** niemals die Hülfe des Abendlandes gegen die Muhamedaner in Anspruch genommen, sondern höchstens sein Heer **durch** einzelne Söldnerschaaren aus Westeuropa verstärkt, mit dem Papste aber nur über theologische und kirchliche Fragen correspondirt. Für diesen Satz hat er jedoch keinen Beweis, als die mißtrauische und halb feindselige Haltung des Kaisers gegen die Kreuzfahrer von 1096, eine Thatsache, die offenbar in keiner Weise die Unmöglichkeit früherer Hülfsgesuche gegen die positiven Angaben Bernold's und Ekkehard's darthun kann. Denn Alexius konnte große Sehnsucht nach einigen, seinem Heere anzureihenden, unter seinem Befehle kämpfenden Hülfstruppen haben, und doch bei dem Heranbrausen der durchaus eigenwilligen, zum Theil feindlich gesinnten Heeresfluth **von 1096 in** schweren Sorgen sein.[2])

Die Echtheit **des** bei Martene und sonst gedruckten Schreibens **zu** vertheidigen, bin ich nun freilich weit entfernt. Das Gegentheil **ist so schreiend, daß** mir der Streit, ob es 1090 oder 1098 fabricirt worden, von sehr geringer Bedeutung zu sein scheint. Um so weniger aber halte ich uns für berechtigt, Guibert's Zeugniß kurzer Hand zu beseitigen. Bei den Beziehungen, in welchen er zu dem Grafen von Flandern stand, so wie bei seiner unten zu besprechenden lite-rarischen Stellung halte ich es für höchst unwahrscheinlich, daß er ein Schreiben an den Grafen entweder selbst erdichtet oder ein er-dichtetes sich hätte aufbinden lassen. Die Auszüge nun, die er, nicht im Wortlaute, wie er ausdrücklich bemerkt, aus dem Briefe mittheilt,

---

1) In seiner Monographie **Alexii** Comneni ad Robertum I. epistola **spuria, und** in den lettres historiques 71 flg.

2) Vgl. **Hagenmeyer,** Ekkehard, S. 83, Note 18.

geben zu den meisten von Riant erwähnten Bedenken keine Veranlassung, nicht in Bezug auf die Geographie von Kleinasien, noch auf
christliche Siege in Spanien, noch auf den Katalog der byzantinischen
Reliquien, noch endlich auf die diplomatische Form des Briefes.
Aber sollte der Kaiser wirklich, wie es doch auch bei Guibert geschieht, den Grafen durch eine Hinweisung auf die colossalen Schätze
und die schönen Frauen in Griechenland zu einem kriegerischen Abenteuer haben verlocken wollen? Nun, wenn es sich nicht um eine Erhebung des ganzen Abendlandes, sondern um die Anwerbung einer
Söldnerschaar handelte, wie denn Robert eine solche von 500 Rittern
in der That 1090 nach Byzanz sandte, was wäre dabei befremdend,
daß der Kaiser ihn mit kurzer Andeutung auf die Dinge aufmerksam
machte, die vielleicht geeignet waren, einen Haufen solcher Reisläufer
und Glücksritter in Bewegung zu setzen? Der würdige Abt Guibert
sieht hier keinen Grund zu kritischen Zweifeln, obwohl er patriotische
Verwahrung dagegen einlegt, daß die griechischen Damen für ver-
lockender als die französischen gelten sollten.

2. Urban II. an Fürsten und Volk von Flandern.

Wahrscheinlich Anfang Februar 1096 geschrieben, meldet die
Ernennung des Bischofs von Puy zum Führer des Heeres, und bezeichnet den Termin für **den** Aufbruch desselben. Zum ersten Male
herausgegeben durch den Grafen Riant.[1]

3. Urban an die Bologneser.

Der Papst verheißt allen Pilgern Vergebung der Sünden, ver-
bietet aber den Geistlichen und Mönchen ohne Erlaubniß ihrer Vorgesetzten, und den jungen Ehemännern ohne Zustimmung ihrer Frauen
an dem Zuge Theil zu nehmen.[2]

4. Stephan von Blois an seine Gemahlin.

Der Graf von Blois schrieb, so viel wir wissen, dreimal im
Laufe des Kreuzzuges an seine Gemahlin Adele, eine gleichsehr durch

---

1) Lettres historiques **p. 221.** Daß Urban's oft gedruckter Brief **an**
Alexius, Weihnachten 1096, **eine** grobe Fälschung des 16. Jahrhunderts ist, **hat**
Riant S. 124 nachgewiesen.

2) Savioli ann. Bol. I, 2, p. 137.

Bildung und Liebenswürdigkeit damals berühmte Frau. Der erste dieser Briefe ist uns verloren und wäre auch gleichgültiger für die Erkenntniß des Kreuzzuges, da er nur von der Fahrt bis Constantinopel Meldung that. Der zweite ist aus dem Lager vor Nicäa kurz nach der Eroberung dieser Stadt geschrieben[1]); er gibt über die Kämpfe, die bis dahin vorgefallen, wenig Aufschluß, zeichnet aber in dem Verhältniß, welches zwischen Stephan und dem griechischen Kaiser sichtbar wird, Beider Persönlichkeit mit bestimmten Zügen. Stephan ist voll von der Eitelkeit einer schwächlichen Natur, die sich an unbedeutenden Dingen hoch ergötzt, und in angenommener Bescheidenheit am deutlichsten sich verräth: welch ein Mann ist der Kaiser, welche Schätze besitzt er, mir ist er wie ein Vater, ganz zuletzt habe ich zwar versäumt, ihn zu sehen, doch war er zufrieden mit meiner Abwesenheit, weil ich bei dem Heere blieb, in dessen Nähe noch immer die Türken sich aufhielten. Merkwürdig scheint mir dann am Schlusse des Schreibens die Aeußerung: in fünf Wochen werden wir in Jerusalem sein, wenn Antiochien unseren Marsch nicht aufhält. Die Zeitbestimmung ist freilich etwas ungenau, doch sieht man, wie richtig die Fürsten den Zustand von Asien und die ihnen günstigen Aussichten erkannten; Antiochien war in der That der einzige Punkt, wo sie wesentliche Hindernisse erfahren konnten und reichlich erfahren haben.

Aus dem Lager vor dieser Stadt und kurz vor der Einnahme derselben ist der dritte Brief geschrieben.[2]) In mancher Beziehung scheint er mir der lehrreichste; ich werde ihn mehrmals bei der Darstellung der Thatsachen anzuführen haben und begnüge mich hier, mit einzelnen Bemerkungen mir den Weg zu seiner Benutzung zu ebnen.

Gleich zu Anfang findet sich die Notiz, Graf Stephan sei für eine Zeitlang von allen Fürsten zum Oberanführer des Heeres ernannt worden, eine Thatsache, sonst auch erwähnt, übrigens aber einer solchen Beglaubigung, wie die vorliegende ist, gar sehr bedürftig. Welcher Art und welchen Umfanges nämlich dieser Oberbefehl gewesen, und in welchen Wirkungen er seinen Einfluß geäußert, darüber sind wir völlig im Dunkel gelassen; bestimmte Folgen der Maßregel

---

1) In Mabill., Mus. Ital. ad calc. histor. b. Sacri.
2) Bei d'Achery, Spicileg. III, 430 sqq.

treten so ganz **und** gar nicht hervor, daß man ohne des Grafen eigenes Zeugniß sich starker Zweifel gegen **die ganze** Sache nicht erwehren könnte. In der Schlacht bei Doryläum z. B. ist das Heer in zwei Theile getrennt, und Stephan befindet sich bei den Normannen, die den ersten Kampf gegen Kilidsch Arslan zu bestehen haben. Aber kein Wort wird gesagt von seinen leitenden Anordnungen, im Gegentheil ergreift auf der Stelle Boemund den Oberbefehl und führt den Tag zur glücklichen Entscheidung.

Wir erfuhren, heißt es bei Stephan weiter, daß in Cappadocien ein türkischer Fürst Assam wohne, dem besetzten wir sein Land und ließen einen unserer Fürsten mit vielen Rittern dort, um seine Besiegung zu vollenden. Es wird eben nicht deutlich, wer hier gemeint ist, ob eine Verstümmelung des den Lateinern sonst unbekannten Namens Kilidsch Arslan vorliegt[1]) oder ob Stephan irgend einen kleineren Fürsten jener Länder im Sinne hat. Für das Erste könnte die Angabe des unter 7 anzuführenden Schreibens sprechen: Nicaeam comprehendimus et ultra eam castra et civitates per decem dietas acquisivimus, wenn man unter dem letzten Worte eine dauernde Besetzung verstehen will. Daß der Ausdruck Cappadocien nicht streng zu nehmen ist, scheint offenbar; will man übrigens darauf Gewicht legen, so kann man hierherziehen, was die Gesten und Baldrich von dort zurückgelassenen Besatzungen melden.[2])

Interessanter noch ist bei aller Kürze die Notiz über die Abwehr des zweiten Entsatzversuches, den die umwohnenden Fürsten zum Besten Antiochiens machten: hier wird der Ort des Kampfes und die Zahl der beiderseitigen Streiter bestimmter, als irgend sonst wo, angegeben. Ueber den Zustand des christlichen Heeres bekommen wir ferneren Aufschluß durch die ganz unbenutzte Angabe, die Truppen seien weit und breit in der Umgegend zerstreut gewesen, da man 165 Ortschaften und Burgen in Syrien „in proprio dominio" besetzt gehalten habe.

Auf Stephan's Angaben über das Gefecht am Brückthore **werde** ich unten zurückkommen.

---

1) Wie frühere Byzantiner **den** Alp Arslan so nennen.
2) Gesta, p. 9. Baldr. p. **100**. 101. — Oder will man an den Pulchaja bei Anna p. 171 ed. Paris. denken?

5. Alexius an den Cardinal **Oderifio de Marfis, Abt von Monte-Coffin.** [1])

Drei Briefe, der erfte (nach Riant's, lettres, 136 höchft wahrscheinlicher Vermuthung) aus dem Januar, der zweite aus dem Auguft
1097, der dritte aus dem Juni 1098. Im erften meldet der Kaifer,
er habe den Pilgerfürften nach Dyrrhachium entgegen gehen wollen,
fei aber durch Krankheit daran verhindert worden. Im dritten erklärt er, daß er die Pilger als Vater beftens unterftützt habe, mit
großen Koften, die ihn aber nicht gereuten. Ihre Sache ftehe übrigens
gut; freilich feien Viele umgekommen; fie feien aber felig, da fie in
guter Abficht geftorben feien. [2])

6. Schreiben Anfelm's **von Ripemont an Erzbifchof Manaffe von Rheims.**

Anfelm, einer der ausgezeichnetften lothringifchen Barone im
Kreuzheere, ftand in Correfpondenz mit Manaffe von Rheims, über
die man weitere Nachricht in den Gestis Dei des Guibert findet.
Von feinen Briefen find uns zwei erhalten. Der erfte ift vor Antiochien am 10. Februar gefchrieben, und gibt kurze aber genaue und
wichtige Notizen über die Kämpfe vor Nicäa und bei Doryläum. [3])
Der zweite, bald nach der Befiegung Kerbuga's aus Antiochien ab-
gefandt, erläutert die Erlebniffe vor und in diefer Stadt in rafcher
und beftimmter Skizzirung. [4]) Näheres über den Inhalt muß der
Erzählung felbft vorbehalten bleiben, doch kann ich nicht umhin, hier
fchon auf die fchlagende Uebereinftimmung aufmerkfam zu machen,
die im Gegenfatz zu der Darftellung bei Albert von Aachen zwifchen
diefen Briefen und den Erzählungen der Augenzeugen — Raimund's,
des Autors der Gesta Francorum etc. — aller Orten zu Tage tritt.
Als Beifpiel wähle ich die Vorgänge der Faftenzeit des Jahres 1098,
den entfcheidenden Sieg der Chriften und den darauf folgenden Bau

---

1) Am beften gedruckt bei Riant, Alexii Robertum epist. spuria p. 41 flg.

2) Sonft wollte bekanntlich die griechifche Kirche von der päpftlichen Lehre
nichts wiffen, daß man durch Erlegung der Muhamedaner die himmlifche
Seligkeit erwerben könnte (Riant, lettres, 23. 102. 170).

3) Neuerlich von Riant aufgefunden und in den lettres, append. III
abgedruckt.

4) d'Achery, p. 431. Recueil, hist. occ. III, 890.

des Castells vor dem Brückthore von Antiochien. Fest steht hier, daß Boemund und Raimund von Toulouse nach St. Simeonshafen abgingen, um Arbeiter zu der Erbauung dieses Castells herbeizuholen, daß jenen eine starke Schlappe auf dem Rückwege beigebracht und diese durch einen glänzenden Sieg des übrigen Heeres unmittelbar nachher gerächt wurde, worauf denn die Vollendung des Baues wenig Schwierigkeiten mehr fand. Bei Albert ist nun das Heer in tiefem Frieden, als Gottfried die Nachricht von jenem unglücklichen Schar= mützel erhält und darauf die Schlacht anordnet.[1]) Graf Stephan erzählt, ohne alles Arg seien die Fürsten sämmtlich denen von St. Simeonshafen entgegengeritten, seien dann auf Feinde gestoßen — und hätten, als jene später anlangten, bereits das gesammte Heer unter den Waffen gehalten. Anselm's Darstellung ergänzt dies vor= trefflich und schließt Albert's Angabe vollkommen aus: die Fürsten sind ausgeritten auf sehr bestimmten Grund, auf eine Aufforderung Boemund's, durch eine Bewegung des gesammten Heeres seinen Rück= weg zu sichern; auch war die Absicht, mit **allen Truppen** auszurücken, **und** nur zufällige Säumniß verspätete den Ausmarsch **der Ab=** theilungen. Die Gesten schließen sich diesem an und selbst schein= bare Widersprüche dienen zur sichersten Bestätigung, wenn man die persönliche Stellung des Verfassers genau im Auge behält. Er war, wie wir sehen werden, gemeiner Soldat oder subalterner Officier nach unserem Ausdruck: so ist es sehr begreiflich, daß er von jener Meldung Boemund's an die Fürsten nichts erfahren hat, er weiß nur, daß das Heer unter den Waffen stand, als Boemund bei ihnen anlangte: in diesem Moment, sagt er, nos congregati eramus in unum, wir, nämlich die Normannen[2]); dem widerspricht nicht, daß Stephan berichtet, Boemund langte an, dum adhuc convenirent nostri, denn dieser hat das gesammte Heer im Auge.

Es sind das freilich, wie ich nicht verkenne, nur Kleinigkeiten, aber sie dienen vortrefflich, die Qualität einer Darstellung und ihr Verhältniß zu anderen Berichten anschaulich zu machen. Es wird **uns später nicht** schwer fallen, die hier wahrgenommene Ueberein= stimmung **der** Augenzeugen **und** den Gegensatz, den sie so vereinigt, gegen Albert von Aachen bilden, in weiteren Kreisen bestätigt zu

---

1) Alb. III, 64 sqq.   2) **Gesta** p. 13.

finden; eine durchaus veränderte Ansicht der wichtigsten Thatsachen wird sich unmittelbar aus diesem Verhältniß ergeben.

7. Brief der Fürsten an alle Gläubigen.[1]

Als Schreiber dieses Berichtes nennen sich Boemund, Raimund, Gottfried und Hugo; Martene, der ihn zuerst herausgegeben, setzt ihn zu 1097, doch ist er offenbar aus dem Monat Juli 1098 zu datiren. Das Ganze ist kurz und summarisch gehalten; einzelne Zahlangaben über den Verlust der kämpfenden Heere in den Schlachten bei Nicäa und Antiochien kommen vor, die mir indeß nach unserer sonstigen Kenntniß dieser Treffen stark übertrieben scheinen. Völlig neu ist die am Schlusse erwähnte Notiz, der König der Perser habe nach Kerbuga's Niederlage ihnen auf Allerheiligen einen neuen gewaltigen Krieg angesagt: mit den Aegyptern vereinigt, werde er sie dann bedrängen. Ich werde später darauf zurückkommen, wie diese Angabe anderweitigen Nachrichten der Quellen zur Erläuterung dienen kann.

8. Brief der Fürsten an Papst Urban II.[2]

Das Datum dieses Schreibens fehlt bei Fulcher, der es sonst in extenso seiner Schrift einverleibt hat, ebenso die Nachschrift eines Einzelnen und manche schätzbare Lesart, die sich aus dem bei Reuber gegebenen Abdruck herausstellt.[3] Die Schreibenden sind Boemund, Raimund, Gottfried, die beiden Roberte und Eustach von Boulogne; daß Hugo nicht mit genannt wird, scheint zu dem Schlusse zu berechtigen, daß er damals, den 12. September, schon zu seiner Gesandtschaft nach Constantinopel abgereist war. Weit aus der beträchtlichste Theil des Schreibens verbreitet sich über die Kämpfe mit Kerbuga und gibt hierüber sehr wichtige, an manchen Stellen ganz entscheidende Aufschlüsse. Die chronologischen Notizen, die sich, gerade an dieser Stelle sehr sparsam, aus den Gestis Francorum erforschen lassen, werden hier vollkommen bestätigt; nicht anders verhält es sich

---

1) Martene, p. 372.

2) Bei Fulcher, p. 294; Reuber, cur. Ioannis p. 399; hist. occ. III, 350.

3) Fulcher z. B. hat für Dorylãum in campo florido, bei Reuber heißt es in valle Doretillae. Man sieht hier, wie die Corruption bei den Abendländern in valle Ozellis entstanden ist.

mit der Darstellung der letzten großen Schlacht gegen Kerbuga, wo uns diese Angaben die Glaubwürdigkeit des Augenzeugen auf das Schlagendste darlegen werden. Ueber die Einnahme Antiochiens durch die Christen hat Albert besondere Kunde, die erst in weiterem Zusammenhange aufgefaßt, rechtes Licht gewinnt, nicht Boemund, sondern Gottfried habe die Eroberung vollbracht. Die entgegenstehende Erzählung der Gesten erhält nun die sicherste Bewährung durch die Worte dieser von beiden Fürsten überschriebenen Urkunde: Ego Boamundus scalas parum ante diem muris applicui etc.

9. Die Stadt Lucca an alle Gläubigen.

Das Schreiben theilt den Bericht eines Lucchefer Pilgers Bruno über die Belagerung Antiochiens und die Besiegung Kerbuga's mit; einzelne Angaben über bisher unbekannte Vorkommnisse sind äußerst schätzenswerth. Graf Riant hat das Document in einem Codex der bibl. Mazar. entdeckt und in den lettres historiques, append. **IV.** veröffentlicht.

10. Brief der Fürsten nach der Schlacht bei Ascalon.

In zwei Redactionen überliefert, welche sachlich jedoch nur unerheblich von einander abweichen. Die Echtheit des Schreibens ist häufig bestritten oder nur theilweise anerkannt worden, zuletzt von Kugler (Boemund und Tankred 61, Forschungen XIV. 157), wogegen Hagenmeyer (Forschungen XIII, 400 ff.) und Riant (lettres 202) alle Bedenken für unerheblich erklären. Daß im Abendlande hier und da abweichende Abschriften des Briefes circulirt haben, ist oben erwähnt: in der Hauptsache aber ist mir von jeher die Authencität desselben unbedingt verbürgt erschienen durch das Zeugniß Ekkehard's, welcher, indem er auf einen durch den Grafen Robert überbrachten Brief Bezug nimmt, inhaltreiche Stücke unseres Documentes wörtlich in seine Darstellung einreiht.

II. Raimund von Agiles [1].

In dem Gefolge des Grafen von Toulouse und des Bischofs von Puy zogen zwei Männer zum heiligen Grabe, der eine, ein mann-

---

1) So giebt Bongars den Namen; in praef. erwähnt er eine Lesart de **Arguilliers.** In Handschriften findet sich de Agiles und de Aguilers (Pertz,

hafter, allgemein geachteter Ritter, der andere, ein Cleriker von guter, wenn auch ungebildeter Natur, beide miteinander in enger Freund=schaft verbunden. ¹) Dem Ritter, Pontius, Herrn von Baladun, lag es am Herzen, daß so große Dinge der Vergessenheit entgehen sollten: er drang fortdauernd in seinen Freund, was sie in der Schlacht voll=brachten, in der Ruhe der Quartiere aufzuzeichnen, allen Gläubigen, besonders ihrem Freunde, dem Bischof von Vivars, zur Belehrung und Anregung. Der Andre, Raimund, war leicht dazu bewogen; er schrieb auf, was er sah, tagtäglich, ohne Unterbrechung, stets **unter** Beirath und Aufmunterung des Freundes, bis dieser vor dem Schlosse Arkas einen rühmlichen Tod im Kampfe fand. Doch ließ er deshalb von dem gemeinsam begonnenen Werke nicht ab; er sagte: es starb mein Theuerster im Herrn, aber die Liebe stirbt nicht und in der Liebe will ich das Werk vollenden; helfe mir Gott. ²)

Raimund erhielt erst auf dem Zuge die priesterliche Weihe ³), trat dann aber bald in die nächste Umgebung des Bischofs und des Grafen. **Er war bei der Ausgrabung der** heiligen Lanze gegenwärtig ⁴), trug diese im Treffen gegen Kerbuga ⁵) und sprach **die** Formel bei dem Gottesgericht, in dem Peter Bartholomäus **die** Echtheit des Marterwerkzeuges zu erhärten suchte. ⁶) An sei=**ner** äußeren Befähigung ist also nicht zu zweifeln: es käme darauf an, wie seine innere Natur den Begebenheiten gegenüber erschiene, und es ist nicht schwer, aus seinem Werke eine Anschauung davon zu erlangen. Denn vor allen Dingen ist er frisch und un=befangen, auf die kräftigste und roheste Weise spricht er aus, was ihm vorkommt, und vielleicht an der Richtigkeit des Factums, nie an der Wahrheit des Eindrucks, den es auf ihn gemacht, kann man zweifeln. Nun ist er durch und durch Provenzale: allerdings nicht von großen Gaben, aber gründlich begeistert für den Zweck des Zuges, und, wo es sein kann, für seine Landsleute und deren

---

Archiv VII, S. **56**. 61. 81). Ich finde nirgendwo eine nähere Nachweisung, worauf er ſich beziehe.

1) Die Nachrichten über Pontius hat Bongars **in ſeiner** Vorrede zuſam=mengeſtellt.

2) Dieſe Data ergeben ſich theils aus der praef. des Buches, theils aus S. 163. Jene ist noch von Pontius mitgeſchrieben.

3) S. 163.   4) S. 152.   5) S. 155.   6) S. 168.

Führer. Die Aeußerungen dieses Wesens sind allerdings nicht immer erfreulich, ein wilder Wunderglaube, ein wüthender Haß gegen alles Entgegenstehende, die niedrigste Art, das Ueberirdische mit dem Menschlichen zu verbinden, gehen gleichmäßig daraus hervor. Nimmt man eine sehr ungebildete Weise sich auszudrücken hinzu, so begreift man, welchen Rohheiten man im Laufe seiner Erzählung zu begegnen hat. Eine herrliche That des Grafen kündigt er an: es ist die, daß er von dalmatinischen Slaven hart bedrängt, sechs Gefangenen die Augen ausreißen, Nasen, Arme und Beine abschneiden läßt und so die Uebrigen in Schrecken setzt.[1] Bei der Einnahme von Antiochien, sagt er, ereignete sich nach so langen Drangsalen etwas höchst Angenehmes und Ergötzliches: ein türkischer Reiterhaufen, mehr als 300 Mann, von uns heftig verfolgt, stürzte in einen Abgrund, eine Freude zu sehn, so sehr wir auch die umgekommenen Pferde bedauerten.[2] Es ist wahr, daß in diesem Kriege wenig auf Menschlichkeit gehalten wurde, aber ich gestehe gern, daß mir ein zweites Beispiel so gesteigerter Wuth nicht wieder vorgekommen ist.[3] In solcher Weise geht es nun fort; er zeigt sich ebenso unverholen bei Freude und Entzücken und ist völlig hingerissen, wo eine überirdische Erscheinung sichtbarlich in seine Kreise hineinzutreten scheint. Als die Spitze der heiligen Lanze über die Erde hervorragte, sagt er, da sprang ich, Raimund der Caplan hinzu, sie zu küssen.[4] Die Erzählung späterer Visionen nimmt dann etwa ein Viertel des ganzen Buches ein.[5] Mit einem Worte, er zeigt überall eine tüchtige, aber gemeine Natur, die gewaltsam durch einen großen Impuls auf ein außerordentliches Ziel hingeworfen wird. Die Gesinnung seines Buches würde sehr bald Ueberdruß erregen, wenn sie nicht so ganz unverfälscht, so echt persönlich wäre.

Man sieht hieraus, daß auf seine Urtheile nur in festbedingter Weise etwas zu geben ist; indeß kann man ihm folgen, wenn man ihn einmal erkannt hat. Höchst zuverlässig ist er aber über einzelne Thatsachen, die er in ihrem strengsten Gehalte anführt; er hat ein reiches Detail und nirgendwo eine Anekdote. Nur einzelnstehende,

---

1) S. 139.   2) S. 149.
3) In beglaubigten Historien nämlich. Albert hat einige Seitenstücke dazu.
4) S. **152**.
5) Neun bis 10 Folioseiten in der Bongars'schen Ausgabe.

an sich unbedeutende Dinge wüßte ich anzugeben, bei denen man von ihm abzuweichen genöthigt wäre: andererseits hat er über die wichtigsten Vorgänge ganz ausschließliche Notizen und muß den übrigen Berichterstattern gegenüber als leitende Quelle dienen. Ich nenne nur wenige Stellen, in denen seine Darstellung zur Berichtigung des Ereignisses wesentlich ist: S. 141 über das Gefecht mit Kilidsch Arslan vor Nicäa, S. 143 über die Umlagerung Antiochiens, S. 144 flg. über die Chronologie dieser Belagerung, vor Allem endlich S. 160 flg. über den Haber zwischen Boemund und dem Grafen von Toulouse. Mit der gleich zu nennenden Schrift, den Gestis Francorum, ist er überall in der vollkommensten Harmonie: ich finde nur wenige abweichende Punkte, stets besondere Dinge betreffend und ohne Einfluß auf die allgemeine Ansicht der Begebenheit. Uebrigens sind beide Bücher von einander völlig unabhängig, so oft man auch aus ihrer Uebereinstimmung auf gemeinsamen Ursprung geschlossen hat, so sehr man sich auch zu dem Glauben geneigt fühlt, Raimund habe, etwa die Gesten vor sich, nur zu deren Ergänzung geschrieben. [1] Es ist aber nichts damit, als daß jeder die reine unverfälschte Wahrheit meldet, so viel davon der eine unter seinen Normannen, der andre bei den Provenzalen wahrzunehmen vermochte. Die Ereignisse waren weder geheim noch verwickelt: die sachliche Uebereinstimmung der beiden Schriftsteller kann uns also nicht in Erstaunen setzen. Wörtliche Gemeinschaft auch nur einzelner Sätze ist aber durchweg zu läugnen: an zwei Stellen, wo man sie bemerkt hat, ist sie nur scheinbar. Zunächst am Schlusse des Buches, der in seiner echten Gestalt bei Raimund verloren, (von S. 182. „interea nuntius“ an, nicht wie Barth glaubte von S. 180 „hisque peractis“[2])) und aus den Gesten von fremder Hand ergänzt ist. Außerdem finden sich S. 141 noch zehn Zeilen von den Worten „mandat et remandat Alexius“ an, welche augenfällig mit den Gesten S. 4 letzte Zeile u. flg.

---

1) Besonders nahe liegt eine solche Annahme, wenn man eine zusammenhängende größere Erzählung — etwa die Belagerung von Antiochien, von Jerusalem ꝛc. — mit dem ganz und gar abweichenden Albert vergleicht. Man muß sich nur entschließen, das Falsche und Unbegründete ganz bei Seite zu lassen; will man es mit dem Richtigen verbinden, so führt es auch darüber zu unrichtigen Suppositionen.

2) In seinem Glossariis bei Ludewig, rel. mss. t. III, p. 282.

identiſch ſind. Eine genauere Betrachtung des Raimundſchen Textes an dieſer Stelle ergiebt aber noch weitere Identitäten: um dies näher darzulegen, rücke ich die citirte Stelle hier ein und ſtelle die un= mittelbar vorhergehenden Worte Raimund's zur Vergleichung neben ſie.

S. 141 Zeile 4—18.

Postulat imperator a comite hominium et iuramenta, quae ceteri principes ei fecerant.

Respondit Comes se ideo non venisse, ut dominum alium faceret aut alii militaret, nisi illi, propter quem patriam et bona patriae suae dimiserat. — — — Interea comes audita morte suorum et fuga, se proditum esse credidit et imperatorem Alexium per quosdam principes de nostro exercitu factae proditionis commonefecit. At Alexius dicit: — — nihil — esse quod comes queratur[1] etc. — tamen se satisfacturum comiti.

Atque Boimundum obsidem satisfactionis dedit. Ad iudicium veniunt, cogitur comes, praeter ius, absolvere obsidem.

Interea exercitus noster Constantinopolim venit, et post haec consecutus est nos episcopus (Podiensis). Darauf die nebenſtehende Stelle: mandat et remandat etc.: dann:

S. 141 Zeile 18—28.

Mandat et remandat Alexius. pollicetur multa se daturum comiti, si quaesitum hominium sibi faceret, quod et alii principes sibi fecerant.

Meditabatur comes assidue. qualiter suorum iniuriam vindicaret et tantae infamiae dedecus a se suisque depelleret. Sed dux Lotharingiae et Flandrensis comes atque alii principis huiusmodi detestabantur, dicentes: stultissimum esse contra Christianos pugnare, cum Turci imminerent.

Boimundus vero se adiutorem imperatoris pollicetur, si comes quicquam contra ipsum moliretur etc.

— Comes igitur vitam et honorem iuravit; cumque de hominio appellaretur, respondit, non se pro capitis periculo id facturum. Quapropter pauca ei largitus et Alexius.

---

1) Nach Barth's Emendation S. 235.

Itaque mare transivimus et Nicaeam pervenimus.

In den Gesten S. 5 folgt nach id facturum: interea geus Boamundi appropinquavit Constantinopolim.

Vergegenwärtigen wir **uns** den Zusammenhang der hier erzählten Begebenheit. Gottfried, Boemund und Robert von Flandern hatten dem Kaiser den Lehnseid geleistet: das lothringische Heer stand schon in Kleinasien, **das** normannische noch bei Russa, einige Tagemärsche von Constantinopel entfernt [1]. Raimund war noch weiter rückwärts, auf dem Marsche durch Macedonien; er **verließ** sein Heer bei Rodosto [2] und kam **noch** vor dem Eintreffen der normannischen Schaaren in Constantinopel **an**. Hier nahmen die Verhandlungen zwischen ihm und dem Kaiser sogleich ihren Anfang; als sie eben zu Ende gebracht waren, rückte Tancred mit **dem normannischen** Heer in die Hauptstadt ein. Das Alles geht aus **dem völlig** zuverlässigen Bericht der Gesten klar **hervor**. [3] Es ist **ferner** allgemein bekannt und aus dem ganzen Verlauf **der** Ereignisse **auf** das Festeste erwiesen, daß die Provenzalen erst mehrere Tage später in Constantinopel anlangten, wie sie auch zur Belagerung von Nicäa acht Tage nach den Uebrigen eintrafen. Mit alle dem streitet **aber die** angeführte Raimund'sche Stelle, **wenn man sie als ein** fortlaufendes Ganzes betrachtet und so ihre Erzählung mit der der Gesten zusammenhält. Nämlich man unterhandelt, **dann kommen die Provenzalen in** Constantinopel an, man unterhandelt aufs **Neue**, ganz ähnliche Begebenheiten wiederholen sich; nach diesen, sagen die Gesta, gens **Boa**mundi appropinquavit Constantinopolim. Hier ist kein Endergebniß, keine Vereinigung möglich. Ganz anders stellt sich aber die Sache bei folgender Annahme. Die Stelle von Mandat et remandat bis largitus est Alexius ist ein späteres Einschiebsel in einen fertigen Text, worin dieselbe Begebenheit von einem andern Standpunkte aus nochmals erzählt wird. Dieselbe Begebenheit — denn wenn man Satz für Satz vergleicht, so sieht man nur eine verschiedene Auswahl in dem Detail der Ereignisse, und überall denselben Kern. Der Kaiser fordert den Eid, **der** Graf sucht Rache für die Niederlage seines Heeres, die übrigen Fürsten wissen das zu verhindern und zwar, **wie aus** beiden Be-

---

1) **Gesta**, p. 4. 2) Raim., p. 140. 3) l. c.

richten hervorgeht, auf ziemlich heftige Art, vor Allem tritt Boemund
in der Opposition gegen den Grafen hervor. Kurz, ich habe gar
keinen Zweifel, daß in dem ursprünglichen Texte Raimund's die be=
sprochenen Worte zu streichen, und an den Satz interea exercitus
noster etc. sogleich die Angaben über die Ueberfahrt nach Asien zu
knüpfen sind. Der Beweggrund für die Interpolation scheint mir
ebenfalls klar: Raimund, der nur mit Widerwillen von all diesen
Dingen berichtete [1]), hatte das Resultat der Verhandlungen anzugeben
vergessen: vitam et honorem iuravit, hominium nunquam se facturum respondit. Es war in der That so gut wie keins, und ist
auch später nur einmal wieder zur Sprache gekommen [2]); indeß mochte
eine spätere, pünktliche Gesinnung die Lücke bemerken und auszufüllen
versuchen.

Es fragte sich nun, wann und durch wen die Interpolation
geschehen sei und hier treten zwei Umstände besonders bemerklich
hervor. Einmal, daß in allen bis jetzt verglichenen Handschriften
die fragliche Stelle ohne Unterschied sich vorfindet, wobei man nur
bedauert, daß Barth, in seiner Kritik so fleißig, es ganz unterlassen
hat, über seinen Apparat Aufschluß zu geben. [3]) Von größerem
Interesse ist es also, daß schon Tudebod, der an dieser Stelle nach
Raimund schrieb, jene Worte bei ihm vorfand und — vielleicht mit
Vergleichung der Gesten — in seinen Text hinübernahm. [4]) Es ist
demnach möglich, daß Raimund selbst jene Interpolation vorge=
nommen, daß er jenen Mangel gefühlt und ihm durch das Bruch=
stück der Gesten abzuhelfen versucht hat. Bedeutung gewinnt dieser
Umstand, indem er über die vollkommen gleichzeitige Abfassung der
Gesten den befriedigendsten Aufschluß giebt; es ist ein äußerer Be=

---

1) S. seine Exclamationen S. 140.

2) Bei den Verhandlungen mit Boemund über Antiochien, wo sich Rai=
mund ausdrücklich auf seinen Eid beruft, keine Beeinträchtigung der kaiserlichen
Rechte zugeben zu wollen. Raim., S. 158.

3) Barth, S. 235. Er setzt hinzu: primi auctoris (der Gesten) verba ipsa
saepissime ponit Raimundus. Wie gesagt, ich habe es nicht entdecken können:
im Gegentheil, es ist, als vermeide er dieselben Ereignisse zu berichten.

4) Tudebod, S. 781. Es ist sonderbar, daß der Text bei Tudebod mehr
dem der Gesten, als dem Raimund'schen gleicht. Indeß hat er die Stelle sicher
aus Raimund, wie es seine gleich darauf folgenden Worte beweisen.

weis hinreichender Art, wenn die Ansicht des Inhaltes jenes Buchs nicht für sich überzeugend sein sollte.

Aus mehreren Gründen bin ich bei diesem an sich geringfügigen Umstand so lange verweilt: zunächst in der angegebenen Hinsicht auf die Gesten, dann auch in Bezug auf den Gegenstand, den die Stelle behandelt. Man hört aller Orten, es sei unmöglich, von den Vor-gängen in Constantinopel aus den Quellen ein deutliches, in jedem Theile erwiesenes Bild zu erlangen. [1]) Zum großen Theile ist daran die Verwirrung schuld, die hier in der Erzählung des Albert herrscht [2]) und die Vereinigung der lateinischen Quellen mit der Alexiade geradezu verhindert. Ist es aber gelungen, die Augenzeugen zu klaren und einstimmigen Aussagen zu bringen, hat man dann den Muth, von **dieser** Grundlage **aus** ein **festes** Urtheil über Albert auszusprechen, so werden die scheinbaren Abweichungen **bei** Anna Comnena keine Schwierigkeit mehr machen.

Fassen wir unser Urtheil über das Raimund'sche Buch noch einmal zusammen, so nennen **wir** es eine höchst schätzbare Quelle voll reichen und glaubwürdigen Details, häufig getrübt durch Leiden-schaftlichkeit und Aberglauben, aber aufrichtiger und leicht erkennbarer Natur. Er ist ein Schriftsteller, nicht eben liebenswürdig, aber von großem Interesse, er poltert, eifert und schwärmt ohne Unterbrechung, dabei hat er aber einen richtigen Blick für die äußern Dinge, und so niedrig er steht, ist er ein rechter Sohn seiner Zeit und seines Landes. Er **ist** echt und unbefangen, durch und durch; so wird ihn niemand ohne Ausbeute verlassen, der auf seine Weise einzugehen versteht.

III. Gesta Francorum et aliorum Hierosolymitanorum. [3])

Joh. Besly behauptet in seiner Vorrede zu Tudebod's jerusa-lemitischer Geschichte [4]) mit größter Sicherheit: die Gesta Francorum, von Bongars als eine Originalquelle herausgegeben, in früheren Zeiten vielfach als solche benutzt, seien nichts als ein Plagium in

---

1) So Wilken, Geschichte I, S. 116. 117. Michaud, hist. t. I, p. 191.
2) Das Nähere s. unten.
3) Bei Bongars, Gesta Dei p. 1 sqq.
4) Du Chesne t. IV, p. 773 sqq.

der ärgsten Weise, ihr namenloser Verfasser habe seinen Ruf nur der wörtlichen Benutzung des Tudebod'schen Buches zu danken, es sei Pflicht, endlich diesen Mißbrauch aufzudecken. Er gründet diese Behauptung besonders auf drei Stellen: eine, **in** welcher der Verfasser von sich selbst redet, zwei, in denen er seiner umgekommenen Brüder Erwähnung thut: in sämmtlichen spreche Tudebod als Augenzeuge, und vorsorglich habe der Anonymus sie alle aus seiner Abschrift weggelassen.[1]) Besly hat sich des größten Beifalls zu erfreuen gehabt: alle späteren Schriftsteller, die sich mit dieser Geschichte beschäftigt, sind einer gleichen Ueberzeugung.[2]) Erst in der ersten Auflage des vorliegenden Buches habe ich das Gegentheil nachzuweisen versucht und zu demselben Ergebniß ist dann, unabhängig von mir, auch de Saulcy gekommen. Trotzdem haben die Herausgeber des Recueil des historiens des croisades unter gänzlicher Ignorirung unserer Sätze Besly's Ansicht ohne Weiteres adoptirt und darnach ihre Ausgabe eingerichtet, welche dann leider, wie man weiß, in Bezug auf kritische Methode in ihren ersten Bänden überhaupt recht viel zu wünschen übrig läßt. Ich veranlaßte darauf einen meiner Schüler, Gurewitsch, zu einer erneuerten Untersuchung der Frage, dessen völlig erschöpfende Erörterung darauf die Zustimmung der competentesten Kenner, Hagenmeyer's in Deutschland, Thurot's und Riant's in Frankreich gefunden hat. Indem ich auf die ausführliche Darlegung Gurewitsch's verweise, stelle ich im Folgenden die entscheidenden Gründe in kurzer Uebersicht zusammen.

Die für Tudebod's Priorität angeführten Beweise sind ohne Bedeutung. In der von Besly citirten Stelle (S. 810 bei Du Chesne IV, 773, S. 106 des Recueil III.) **erzählt** Tudebod einen unglücklichen Zufall, der sich bei der Belagerung von Jerusalem zugetragen; der Verfasser dieser Schrift, setzt er hinzu, Tudebod, ein Priester von Sivray, war dabei und hat es gesehen. Die ganze Erzählung, woran sich diese Aeußerung knüpft, fehlt in den Gesten, und ich sehe nichts Unwahrscheinliches in der Annahme, daß Tudebod, in seiner Abschrift so weit gediehen, an dieser Stelle ein selbst Erlebtes einschob. Denn daß er mit seinen Brüdern dem Heere folgte, dagegen

---

1) S. 810 u. 811; S. 796 u. 803.

2) Seit dem beistimmenden Urtheil der hist. litter. de la France VIII, p. 629 hat kein älterer Autor an der Sache gezweifelt.

ist nichts zu sagen, wohl aber erheben sich manche Schwierigkeiten, wenn man aus seinem Bericht den der Gesten ableiten will.

Zunächst redet der Anonymus durchgängig in der ersten Person, Tudebod bald in der ersten, bald in der dritten, bis er S. 782 ohne alles Motiv wieder zur erſten übergeht.

Ferner. Der Anonymus, wie wir sehen werden, war Ritter, Tudebod Priester. Nun bleibt der erste durchgehends in seinem Charakter, während der andere schwankt und sich bald als Streiten= den, bald als Betenden einführt.[1]) Eine Verwirrung, die sich leicht erklärt, wenn man ihn als den secundären Autor betrachtet.

In beiden Büchern finden sich manche Stellen, die dem anderen fehlen. Die, welche Tudebod allein hat, sind Anekdoten, einzelne Charakterzüge u. dgl., die sich leicht einschieben ließen und ohne wesentliche Störung auch wieder zu trennen wären. Anders ist es dagegen in dem umgekehrten Falle: hier tritt nur zu deutlich hervor, daß Tudebod in einem falschen Streben abzukürzen, sinnentstellende Auslassungen gemacht hat. So meldet er S. 781: *omnes* igitur Christianae religionis *simul in unum* congregati pervenerunt ad portum (von Constantinopel) sicque una transfretaverunt brachium et applicuerunt Nicomediam. Hierauf gestützt, läßt er dann weg, was die Gesten in der Darstellung der Nicänischen Kämpfe S. 5 erwähnen: modo (Anfang Juli) venit comes de Normannia, et comes Stephanus et alii plures ac deinceps Rogerius de Barnavilla. Die erstere, durchaus falsche Nachricht hat er aber aus einer früheren Notiz der Gesten, vielleicht aus einer Angabe Raimund's umgestaltet. Und wie dieser Anfang, ist dann die ganze Erzählung von der Be= rennung Nicäa's — S. 781 und 782 — beschaffen; sie hat Fehler unentschuldbar bei einem Augenzeugen, aber begreiflich als Irrthümer eines Abschreibers; bei allen Mängeln läßt sie den Ursprung aus den Gesten nicht verkennen.

Dies führt mich auf den letzten, wesentlichsten Punkt, den sich Besly l. c. leicht zurechtlegt, der mir aber geradezu entscheidend scheint. Tudebod benutzt neben den Gesten das Raimund'sche Buch:

---

1) Jenes S. 782 u. 788. Es wird die Reiterei im Gegensatz zum Fuß= volk erwähnt und Tudebod schreibt die betreffenden Stellen ruhig hinüber.

er hat mehrere Stellen daraus wörtlich in seine Compilation her=
übergenommen.¹) Es sind die folgenden:

1. Tudebod. recueil. hist. occ. III, 18—22 aus Raim. ibid.
p. 236, die Stelle, die sich auf den Zug der Provenzalen von Sla=
vonien nach Constantinopel bezieht.

2. Tud. ibid. p. 47 aus Raim. p. 249, die Erzählung einer
wunderbaren Heldenthat Gottfried's.

3. Tud. ibid. p. 104 aus Raim. p. 297, die Beschreibung der
Procession um die Mauern von Jerusalem.

4. Tud. ibid. p. 114 aus Raim. p. 304, ein wunderbarer Vor=
gang bei der Belagerung Ascalons.

5. Tud. ibid. p. 85 u. 86 aus Raim. p. 262, Tod und Ver=
dienste des Bischofs von Puy.

Etwas weniger augenfällig, immer aber zweifellos ist die Quelle
der Darstellung in folgenden Stellen:

1. Tud. p. 90 u. 91 aus Raim. p. 280, die Erscheinung des
heil. Andreas.

2. Tud. p. 77 aus Raim. p. 283, die Auffindung der heiligen Lanze.

3. Tud. **p.** 44 aus Raim. p. 247, Einzelheiten aus den Käm=
pfen vor Antiochien.

Es ist nicht nöthig, die Stellen in ihrem Wortlaute hier abzu=
drucken; der erste Blick auf die Texte wird jedem Leser das Ver=
hältniß klar machen. Ebenso einleuchtend und zwingend ist dann die
Folgerung, die sich daraus für das Verhältniß Tudebod's zu den
Gesten ergiebt. Hätte deren Verfasser die Erzählung Tudebod's ab=
geschrieben, so wäre undenkbar, wie auch nicht eines der aus Raimund
geschöpften Bruchstücke in den Text der Gesten übergegangen sein
sollte. Die umgekehrte Voraussetzung dagegen erklärt Alles auf die
einfachste Weise.

Noch von einer anderen Seite her hat man die Ursprünglichkeit
der Gesten anzugreifen versucht, und für **die** historia belli Sacri bei
Mabillon in Anspruch genommen. Doch tritt hier der Charakter
der Compilation noch viel deutlicher hervor: neben dem Anonymus
haben Tudebod, Raimund und Radulf von Caen gleich starke Ab=
gaben liefern müssen.

---

¹) Gurewitsch, Forschungen **XIV**, S. 155 flg.

Kurz, in jeder Weise und gegen jeden bisher bekannten An= greifer ist die Originalität der Gesten in Schutz zu nehmen. Bei der großen Bedeutung des Buches ist die Frage nicht unwichtig: sie wird unumgänglich, wenn man nach der Persönlichkeit des Verfassers fragt, auf die man nur aus seinem Werke Schlüsse machen kann. Und so, nachdem wir uns den Eingang des Weges gereinigt, ver= suchen wir einige Schritte auf demselben vorwärts zu thun.

Unsere Kunde von dem Lebenslaufe des Verfassers ist nur ge= ring: schon den gleichzeitigen Benutzern war das Werk ein anonymes[1]) und nirgends finden sich bestimmtere Angaben über dessen Urheber. Wir wissen nur, daß er im Jahre 1096 mit Boemund von Amalfi auszog und bei dessen Schaar bis zur Besiegung Kerbuga's blieb. Er diente hier unter den Rittern[2]) und hatte das Glück, fast an allen wichtigen Unternehmungen selbst Theil zu nehmen; so war er z. B. bei der zur Ersteigung Antiochiens bestimmten Schaar. Als im Sommer 1098 Robert von der Normandie und Raimund von Toulouse ihren Zug gegen Maara und Tripolis unternahmen, ge= sellte er sich zu diesem Heere[3]) dies ist die letzte Angabe, die wir über ihn aufzubringen vermögen.

Seine persönliche Natur tritt im Verhältniß zu den erzählten Dingen lange nicht so thätig hervor, wie die Raimund's, zeigt sich aber deutlich genug, um volles Zutrauen für seinen Bericht in Anspruch zu nehmen. Für's Erste erscheint der Verfasser von der allgemeinen Gesinnung des Zuges ganz und gar durchdrungen; er knüpft ihn unmittelbar an göttliche Vorausbestimmung und nennt an hundert Stellen Gott selbst ihren rechten Führer und Beschützer. „Der allmächtige Gott, fromm und barmherzig, der sein Heer nicht umkommen ließ, sandte uns Hülfe — so wurden unsere Feinde be= siegt durch die Kraft Gottes und des heiligen Grabes — wir aber wandelten sicher umher in Feld und Gebirg, lobend und preisend

---

1) Robert, Baldrich, Guibert reden sämmtlich von einer kleinen anonymen Schrift, die sie bearbeiten wollen.

2) Das geht aus S. 7 u. S. 17 hervor.

3) p. 25. Exeuntes quatuordecim ex nostris militibus, — ex exercitu vero Raimundi comitis etc. Auch Tancred war bei diesem Heere nach Rad. c. 96; doch ist nicht anzunehmen, daß der Verf. bei diesem sich befand, da er ihn gar nicht einmal nennt.

den Herrn" — in solchen Sätzen beginnt und schließt er fast jeden Bericht einzelner Thaten und Gefechte. Wir können dergleichen nur willkommen heißen: eine Gleichgültigkeit in diesen Punkten bei einem Zeitgenossen würde das Bild verkümmern und trüben. Auch bleibt dieser Enthusiasmus in seinen Schranken, und setzt sich nie in Blind= heit gegen weltliche oder Polemik gegen feindliche Dinge um. Dem Irdischen, wenn es gut ist, zeigt er eine gleiche Vorliebe wie dem Himmel und seinen Heiligen: bei Dorhläum, erzählt er, als die sehn= lichst erwartete Hülfe angelangt, hätten sie sich zugerufen: laßt uns tapfer kämpfen im Glauben Christi, will's Gott, so müssen wir alle reich werden[1]). So geht es überall hindurch; eben so stark wie jener geistliche Drang ist die Lust an dem Kampfe um des Kampfes willen; tam mirabiliter, sagt er aller Orten, hätten sie die Türken oder diese **die** Pilger bedrängt. Zuweilen, doch nur sehr selten, fällt ihm die tapfere That eines Einzelnen auf; diese beschreibt er dann mit ruhiger Vorliebe, und man kann sicher sein, daß sie Erwähnung verdient. Dann kommt er wohl auf ihre Beschwerden und Mühseligkeiten; er führt sie auf das Einfachste mit den nackten Thatsachen an, etwa wie sie Tage lang nichts gegessen und getrunken, wie sie eine geraume Zeit von Baumrinden und Wasser gelebt: kein Ausruf, keine Reflexion, höchstens setzt er hinzu: solche Plagen und Noth erduldeten wir um Christi und des heiligen Grabes willen. Was einen Anderen mit einem hohen Begriff von dem Werth dieser Opfer erfüllt hätte, der heilige Zweck des Unternehmens, scheint ihm gerade jeden Anspruch auf Lob oder Bedauern zu verbieten. Mit einem Worte, die religiöse Begeisterung ist nur der weiteste Rahmen, in dem alle Theile des Bildes sich vollkommen frei und selbstständig bewegen: er hat ein gutes Auge zu sehen, und ist nicht gesinnt, sich den Blick, wenn auch durch die besten Eindrücke, trüben zu lassen.

Als bezeichnend für seine Gesinnung kann ich mich nicht ent= halten, einen Punkt besonders hervorzuheben, die Art und Weise, wie **er von** seinen Gegnern, den Türken, und dem Benehmen der Pilger gegen sie berichtet. Nach jener Denkweise ist er im Stande, jenen volle Gerechtigkeit widerfahren **zu** lassen: **wer,** sagt er[2]), kann die Klugheit, den Kriegsruhm, die Tapferkeit **der** Türken beschreiben?

---

1) S. 7.   2) Ibid.

Ich will die Wahrheit sagen, die mir niemand verwehren soll: wären sie fest im heiligen Glauben Christi, nie hätte es mächtigere, kräftigere, verständigere Krieger gegeben. Nun ist es eine bekannte Sache, mit welch wilder Grausamkeit dieser Krieg geführt wurde, wie keine Rede von Gefangennehmung und Schonung war, wie man beiderseits die Köpfe der Gefallenen aufhäufte, die Leichen der Begrabenen beschimpfte, mit welchem Wohlgefallen die Schriftsteller von diesen Gräueln Erwähnung thun. Unser Autor unterscheidet sich auch hier wesentlich: er übergeht dergleichen unzählige Male ganz, und wo er davon spricht, thut er es mit ruhiger Gleichgültigkeit, **nie** mit Jubel oder Erbauung. Man sieht, es ist die Indifferenz des Soldaten, der unter Blut und Wunden sein Leben verbringt und das Alltägliche nicht für einen Gegenstand der Erzählung, nie das Gräßliche für **einen** Ruhm der Andacht hält.[1]

Betrachten wir nun die Methode seiner Erzählung, die allgemeine Intention seines Buches, so ergiebt sie sich unmittelbar aus seiner äußeren Stellung und seiner ganzen Natur. Es ist der Bericht eines Augenzeugen, der nicht an den höchsten Punkten stehend, nicht immer auf die letzten Motive der Ereignisse zurückgehen kann: so weit sie indeß zur Erscheinung kommen, verfolgt er sie mit klarem und ruhigem Blick, und reproducirt sie, so weit er sie erkennt, in einfacher und schlichter Erzählung. Es ist keineswegs ein Tagebuch allein über die persönlichen Erlebnisse des Autors: immer das Wesentlichste ist es, was er mit der größten Ausführlichkeit darstellt. So muß man anerkennen, daß er mit großem Talent zwischen den Thatsachen unterscheidet und den Kern des Ereignisses aufzufassen versteht: das Seltsame, Wunderbare, poetisch oder persönlich Interessante verlockt ihn nie zu besonderer Erwähnung, er bleibt in gleichmäßiger, zusammendrängender Uebersichtlichkeit. Nur nach einer Seite hin zeigt sich seine Auffassung nicht so ungetrübt. Hier und da läßt er sich verleiten, von Zuständen und Verhältnissen **in der** feindlichen, muhammedanischen Welt zu reden: hier, wo er nicht nach eigener Wahrnehmung berichtet, wiederholt er die Angaben einer sagenhaften, höchst

---

1) So thut er des Mordens in Antiochien nur Erwähnung, weil ihm der starke Verwesungsgeruch aufgefallen, der Metzelei in **Jerusalem**, weil sie gegen **Tancred's** Befehl geschehen S. 15 u. 28.

unzuverläſſigen Ueberlieferung, die wir unten näher kennen lernen
werden.

Michaud beklagt ſich, es ſeien die Schlachtpläne, Marſchord=
nungen u. dgl. m. aus den ungebildeten Schriftſtellern des zwölften
Jahrhunderts nicht mehr herzuſtellen[1]); die übrigen **neueren Dar=**
ſteller dieſer Dinge ſcheinen, nach dem Ergebniß ihrer Arbeiten ge=
ſchloſſen, dieſelbe Reſignation gehabt zu haben.[2]) Dem Buche Albert's
oder, wo er dieſem folgt, Wilhelm's gegenüber, iſt der Vorwurf voll=
kommen begründet, in Bezug auf die Geſten, die in dieſer Hinſicht
für die Geſchichte des erſten Kreuzzuges beinahe ausreichen, **muß** ich
ihn ganz und gar ablehnen. Sie ſind im Allgemeinen ſehr reich an
Detail, ſo weit es unmittelbar den Gegenſtand betrifft; alle Ereig=
niſſe, die ſie darſtellen, werden gehörig begründet, gegliedert, in ſich
geſchloſſen; ſo ſind auch die Schlachten, Belagerungen und was ſonſt
hierher gehört, in ihrem äußeren und inneren Verlaufe durchaus er=
kennbar. Bei Dorhläum werden zuerſt die Vertheidigungsmaßregeln
Boemund's, die Stellung des ganzen Heeres, die Anwendung der
einzelnen Waffen genau erörtert, darauf, als die Uebrigen heran=
kommen, die Bildung der Schlachtlinie, zuletzt die Bewegung des
Biſchofs von Puh, welche den Sieg entſchied.[3]) Ganz ſo, und in
größerem Style noch, tritt uns die Belagerung von Antiochien vor
die Augen: wie die Chriſten, in ungedeckter Stellung, zuerſt von
allen Seiten beunruhigt, vor allen Dingen die Umgegend reinigen,
ſich **dann mit** dem Meere in Verbindung ſetzen, endlich durch Fort
auf Fort die Stadt gänzlich ſperren und mit einer Reihe von Feſtungs=
werken einſchließen.[4]) Alle einzelne Treffen im Laufe der Belagerung,
nachher der Sieg über Kerbuga, die Maßregeln gegen Arkas und
Jeruſalem werden in dieſer Weiſe entwickelt: man fühlt ſich auf
feſtem zuſtändlichem **Boden,** und lernt ſehr bald, dem Autor ein
volles Vertrauen nie zu verſagen.

Nicht oft läßt er ſich auf Beurtheilung von Perſonen oder auf
allgemeinere Betrachtungen ein. Wo es geſchieht, tritt jener derb

---

1) hist. t. I, p. 187, p. 475.

2) Man ſehe z. B. bei Wilken, I, S. 156 die Schlacht bei Dorhläum,
S. 223 die Schlacht bei Antiochien, bei Raumer die Belagerung von Antiochien
u. a. m.

3) p. 7.   4) p. 9 sqq.

und kräftig, aber unbefangen und richtig auf: er sagt stets, was einem Menschen an seinem Platze zu sagen das Beste und Gemäßeste ist.[1]) Von allgemeineren Entwickelungen wüßte ich nur ein Beispiel bei ihm, das ich, so roh und eckig seine Formen sind, nie ohne Vergnügen gelesen habe: die Einleitung seines Buches. Als die Zeit erfüllet war, sagt er, welche Christus seinen Jüngern zeigte alle Tage und besonders im Evangelium sprechend: wer mir nachfolgen will, der verleugne sich selbst und nehme sein Kreuz auf sich: da geschah eine gewaltige Bewegung durch ganz Gallien, wer dem Herrn mit reinem Herzen folgen und sein Kreuz nach ihm in Treuen tragen wolle, der solle nicht zögern, schleunigst den Weg des Herrn zu beginnen. Und es zog sogleich der Papst über die Alpen mit seinen Erzbischöfen, Bischöfen, Priestern und Aebten, und begann weise zu lehren und zu predigen und sprach: wer seine Seele retten will, bedenke sich nicht, den Weg des Herrn zu ziehen, und wer des Geldes ermangelt, der wird göttlicher Gnade die Fülle haben. Und als diese Rede nach und nach in alle Länder gelangte, nähten sich die Franken, die solches hörten, rothe Kreuze auf ihre Schulter und sprachen, sie folgten einmüthig Christi Spuren, der sie aus der Hand der Hölle erlöst habe. Schon erhoben sich die Franken aus ihren Häusern; dann machten sie drei Abtheilungen ꝛc.

Bedenken wir, daß der Verfasser keineswegs **den** Kreuzzug in allgemeingeschichtlichem Zusammenhang schildern, sondern das einzelne Ereigniß, wie er es selbst gesehen, darstellen wollte, so läßt dies Proömium sehr wenig zu wünschen übrig. So kurz es ist, versetzt **es auf das** Klarste und Richtigste in die Mitte der beginnenden Unternehmung: es nennt den allgemeinen Boden, auf dem sie erwachsen, **eben** den religiösen Trieb des Occidentes, es bezeichnet das Individuum, Urban II., das diesem Triebe Ausdruck und Thatkraft gegeben, es **giebt die** Art und Weise an, womit das Heer gesammelt und geordnet wurde, ausschließlich durch den persönlichen Enthusiasmus der Einzelnen. Die Anekdote von Peter dem Eremiten ist glücklich beseitigt, die Legenden ohne Zahl bleiben verschwiegen: Christus, der Papst, das ganze Abendland, das sind die Factoren, die würdig dem würdigen Beginnen zur Seite stehen.

---

1) **So die** wenigen Aeußerungen über Alexius **und** die Griechen. Sie sind **crude, aber ohne** Falschheit.

Ich glaube, das bisher Gesagte wird den Ausspruch recht=
fertigen, daß wir es hier mit der bedeutendsten Quelle für die Ge=
schichte des ersten Kreuzzuges zu thun haben. Eine Natur, wie die
dieses Mannes, ist vor Allen befähigt, ein treues Bild großer Er=
eignisse abzuspiegeln. Ohne persönliche Ansprüche, aber voll von
Kraft, ohne alles fremde Interesse, aber von einer großen Intention
durchdrungen, für ein Göttliches begeistert, ohne den Sinn für die
übrige Welt verloren zu haben — so sehen wir ihn in der dankens=
werthen Thätigkeit, aus der Fülle eines reichen Erlebten heraus ein
dichtgedrängtes Bild jener Welt von Thaten zu entwickeln. Es ist
nicht ohne Interesse, auch bei ihm den reinsten Abdruck nationalen
Gepräges zu finden; der normannische Typus ist überall vorhanden,
in dieser Mischung des Weltlichen und Geistlichen, in dieser freien
Art, alles Vorkommende zu behandeln, bei jedem Theil der Aus=
führung das Bild des Ganzen im Sinne. Den Provenzalen sahen
wir voll Eifer, bei jedem Einzelnen des Früheren und Späteren ver=
gessend, von Schritt zu Schritt in ungestümer Leidenschaftlichkeit sich
weiter drängend. Im Kleinen ist es derselbe Gegensatz, auf dem die
wichtigsten Ereignisse des Kreuzzuges beruhen, der seit dem ersten
Worte des Streites über Antiochien Boemund und Raimund weit
und weiter auseinanderführte, bis die Thätigkeit des Einen in den
Fesseln Danischmend's, die des anderen in den Wüsten Phrygiens
erlosch.[1]) Noch heut zu Tage reden sie beide zu uns in ihrer eigensten
Zunge, jeder von seiner Natur, von seinen Thaten und von ihrem
Streite, hier kann uns, wenn wir auf ihre Worte zu achten ver=
stehen, kaum Ein bedeutender Punkt im Dunkel bleiben.

Was die Benutzung beider Bücher betrifft, so finde ich Rai=
mund'sche Fragmente nur bei Tudebod und in der historia belli
sacri, dann erst wieder bei Wilhelm von Thyrus. Desto häufiger
tritt uns der Text der Gesten in zahlreichen Umgestaltungen entgegen,
deren wichtigste, in sofern sie in diesen Zusammenhang gehören, hier
anzuführen sind.

1. Tudebod.

Von ihm, dem Priester aus Sivray, habe ich schon oben ge=
sprochen. Von seinem Leben wissen wir nichts Näheres; Besly giebt

---

[1]) Denn ihre wesentliche Thätigkeit war damit zu Ende, für den Orient
wenigstens.

an, er habe sich bei den Schaaren der Poitevins befunden, welche zuerst Hugo von Lusignan, dann Gaston von Bearn befehligte. Doch ist durchaus kein positives Zeugniß dafür vorhanden[1]); Besly wurde zu seiner Vermuthung durch den Umstand veranlaßt, daß Hugo damals Herr zu Sivray war.[2]) Das Buch selbst copirt übrigens die Gesten fast durchgängig Wort für Wort; mehrere Zusätze sind meist episodischer Natur und von wenig Wichtigkeit. Bei der Eroberung von Jerusalem liefert er einige Angaben, die theils zur Ergänzung, theils zur Berichtigung der Gesten in Betracht kommen müssen.

2. Guibert, Abt zu Nogent.

Guibert wurde zu Beauvais von vornehmen Eltern im Jahre 1053 geboren[3]), seine Jugend fiel also in die Zeit, in welcher die römische Kirche das Seculum sich zu unterwerfen begann, und mehrere Umstände trafen zusammen, ihn durchaus dieser kirchlichen Richtung zu eigen zu machen. Seine Mutter war enthusiastisch fromm, und lebte nur in der Abtödtung der äußeren, in der Eröffnung innerer Sinne; ihn selbst hatte ein Gelübde der Eltern vor seiner Geburt der Kirche geweiht[4]) und halb Kind, halb Jüngling, sah er sich als Mönch zu Flavigny eingekleidet.[5]) Wie er heranwuchs, regte sich wohl die Lust an dieser Welt, er trieb Dichtkunst und Musik und suchte Ovid und die Bukoliker nachzuahmen. Aber seinen Lehrer warnt eine Vision, er selbst sieht ein, wie er gegen die Regel seines Ordens sündige, und in solcher Stimmung trifft er mit Anselm, Abt zu Bec, später Primas der englischen Kirche, zusammen, dessen mächtige Ueberlegenheit ihn ganz in die damalige Bahn der Kirche hineinwirft. Fähig, wie er ist, erlangt er bald Ruf durch Predigt und Gelehr-

---

1) Obgleich die hist. litt. de la France l. c. Tudebod selbst p. 173 und 809 dafür citirt.

2) Wollte man sie gelten lassen, so gäbe sie ein neues Argument für die Originalität der Gesten; wie käme es, daß dieser Aquitane so vorzugsweise sich an die Geschichte der Normannen hält?

3) De vita sua I, 3. 44; cf. Bongars in praef. und hist. litt. X. p. 439.

4) Vita I, 4.

5) Mabill. ann. I, 62 u. 65 giebt das Jahr 1064; ich sehe kein positives Zeugniß gerade für die bestimmte Zahl; keinenfalls geschah die Einkleidung viel später.

famkeit, wird, noch fehr jung, zum Abt in Nogent für Seine ge=
wählt[1]), und ist in dieser Stellung geblieben, angesehen in einem
weiten Kreise, durch politische und literarische Erfolge ausgezeichnet[2]),
bis an seinen Tod im Jahre 1124.[3])

Die Wirkungen eines solchen Lebenslaufes fühlen sich nun aller
Orten in seinen Schriften durch. Er ist nicht ohne Mittel, er hat
eine in seiner Zeit ansehnliche Belesenheit, für seine Geschichte des
Kreuzzuges kommen ihm die Vortheile seiner Geburt und kirchlichen
Würde in hohem Maße zu Statten. Ueber ganz Frankreich erstrecken
sich seine Bekanntschaften und Verbindungen[4]); mehrere schätzbare
Mittheilungen verdankt er dem Grafen Robert von Flandern[5]), der
Erzbischof Manasse von Rheims hat ihm Einsicht in die Briefe
Anselm's **von** Ripemont verstattet[6]), auf dem Concil zu Clermont
ist er **selbst** gegenwärtig gewesen. Vermöge seiner Studien macht er
Anspruch auf gebildeten Styl und künstlerische Form; den Kreuzzug
beschreibt er nur, um die Gesten in seiner Ueberarbeitung gebildeten
Lesern genießbarer zu machen. Freilich hat er da nicht viel aus=
gerichtet, der schlichte Ton seines Originals ist in dem schwülstigsten
und überladensten Gerede untergegangen; auch scheint er, **seiner**
Stellung sich bewußt, auf das Urtheil Anderer wenig Gewicht zu
legen und meint mehrmals, wem seine Art zu sprechen nicht gefalle,
der möge sich selbst eine andere suchen. Ueberhaupt, so schätzbar
uns sein Buch ist, so unangenehm erscheint seine literarische Persön=
lichkeit, voll von Pedanterie und Hoffarth[7]); man hört den vornehmen

1) Vita I, 17. 19.
2) **Das dritte** Buch seiner Autobiographie giebt seine äußeren Schicksale;
seine Schriften zählt die hist. litt. l. c. auf. Von seinen Erfolgen spricht **er**
selbst oft genug.
3) Mabill. ann. I. 74, n. 71.
4) Aber auch nicht weiter. Seine Angaben über den französischen Adel,
S. 486. 501, sind sehr brauchbar, ebenso seine Notizen über die Folgen des
Concils zu Clermont und des Kreuzzuges überhaupt, S. 481. 508. 518. 542 flg.
Aber Gottfried und Boemund liegen schon außer seinem Gesichtskreis, von beiden
bringt er fabelhafte Dinge bei, S. 485. 488.
5) Er war persönlich mit ihm befreundet, S. 521. 535. 548.
6) S. 548. 553. 554.
7) Vgl. seine Vorrede und die Proömien fast aller einzelnen Bücher seiner
Geschichte.

Diener der Kirche, den Mann, dem noch nie etwas fehlgeschlagen, den Cleriker, der einer herrschenden Partei anzugehören, sich wohl bewußt ist. Wie fühlt er sich in aller seiner Stärke, wenn er den trefflichen Fulcher über **seine Zweifel** an der heiligen Lanze so bitter bekriegt, wenn er ihm zugleich abergläubische Leichtgläubigkeit bei anderen Mirakeln vorwirft.[1]) Nicht umsonst hat er seine Forschungen über Dämonologie gemacht, hat er so manche Vision selbst erlebt und überall **die** Lehre von Erscheinungen und Wundern im höchsten Ansehen gefunden.[2]) **Es** ist weder Glaubenseifer noch Ungläubigkeit, die ihn **gegen** Fulcher in Zorn setzt, es ist der Hochmuth überlegener Kenntnisse **auf** diesem Felde, womit er auf ihn herabsieht, gehoben durch **das** Gefühl, sich in dem Kreise einer herrschenden Orthodoxie zu bewegen.[3])

Sonderbar ist der **Schluß** seines Buches.[4]) So sehr er sich um eine historische Form **abgemüht hat,** so **ist** er der Menge seiner Wissenschaft doch nicht Herr **geworden: die** Gesten, sein Leitfaden, waren zu Ende **und** er hatte noch eine Menge unbenutzter Notizen übrig, welche der Vergessenheit zu übergeben, ihm zu hart erschien. Sofort entschloß er sich kurz; er blieb eben im Erzählen und berichtete, was er wußte, Bruchstück auf Bruchstück, Digression an Digression, Wichtiges und Unnützes bunt nebeneinander, bis sein Vorrath erschöpft, seine Wissenschaft zu Ende war. Diese Geschichten gehen bis in die Hälfte der Regierungszeit Balduin's I. hinein, und man kann sich denken, **daß** Werth und Glaubwürdigkeit derselben **höchst verschieden sind.** Man findet zugleich **das** Gewöhnlichste und

---

1) S. 552.

2) **De vita sua** l. I, c. **20 sqq.,** l. II. in seinem ganzen Umfange. Man **kann nichts so Abenteuerliches ersinnen,** was hier nicht **als** wirklich und beinahe systematisch vernünftig angeführt wäre. Man sieht hiernach, wie wenig auf die Urtheile der Neueren zu geben ist, die ihn bald den leichtgläubigsten aller dieser Schriftsteller nennen, bald ihn als den philosophischen Geist unter denselben preisen. Man vgl. z. B. Gibbon, **p.** 1069 und 1072 (ed. Londin. 1836) und Michaud, bibl. I. p. 124.

3) Was Neander der h. Bernhard S. 309 aus seiner Schrift de pigno**ribus** sanctorum anführt, scheint mir zu dem hier gegebenen Bilde sehr **wohl** zu passen. Es ist derselbe in System gebrachte Wunderglaube, im Einzelnen unverkennbarer Einfluß Anselm's von Canterbury.

4) **Von** S. 539 an.

das Unerwartetste, zuweilen einzelne Angaben über wenig bemerkte Dinge, die aber in weiterer Anwendung das Allerbekannteste neu beleuchten. Dahin rechne ich z. B. die, so viel ich weiß, nur von Lappenberg benutzte Angabe über die Herrschaft Robert's in Laodicäa[1]), welche zur Kritik einer allgemein verbreiteten Erzählung Albert's sehr wichtig wird.[2]) Nicht minder interessant ist seine Nachricht von dem Kreuzzug des Jahres 1101[3]), von specielleren Dingen die Erzählung von dem Tode Anselm's von Ripemont und dem Ende Balduin's von Hennegau. Jene kann zur Ergänzung Raimund's und Radulf's dienen[4]), diese zeichnet sich durch genaue Uebereinstimmung mit der Localgeschichte des Giselbert von Bergen aus.[5])

Das Buch ist 1108 oder 1109 begonnen und in keinem Falle vor 1110 fertig geworden. Guitbert sagt, er schreibe zwei Jahre nach dem Tode Manasse's, Erzbischofs von Rheims[6]), welcher den 17. September 1106 erfolgte[7]); an einer anderen Stelle spricht er von dem Tode Boemund's[8]), welcher bekanntlich im Jahre 1110 das Ende seiner Laufbahn erreichte.

3. Baldrich, Erzbischof von Dol.

Baldrich wurde zu Meun (Magdunum) bei Orleans geboren[9]), war zuerst Mönch, dann seit 1079 Abt zu Bourgueil und wurde 1107 zum Erzbischof von Dol in der Bretagne erwählt. Seine persönliche Natur bildet den völligsten Gegensatz zu der seines Zeitgenossen Guibert; ich verweile um so lieber einige Augenblicke in Betrachtung derselben, als sie für unsere Anschauungsweise eben so wohlthuend, wie jene zurückstoßend ist, als auch er als Repräsentant einer allgemeineren, obgleich damals unterdrückten Richtung gelten kann.

Der ascetische Eifer, welcher die Hierarchie des eilften Jahrhunderts durchdrang, war dem Wesen Baldrich's ebenso zuwider, wie er dem Abte von Nogent gemäß erschien. Ihm däuchte weltliche Wissenschaft und Kunst dem christlichen Leben keinen Eintrag zu thun

---

1) S. 554. Lappenberg, Geschichte von England II, S. 224.
2) Alb. p. 290.   3) p. 527.
4) Raim. p. 164. Rad. c. 106.
5) Bei Bouquet, Bd. 13 des Recueil.
6) p. 537.   7) Bouquet XIII, p. **497**.   8) p. 483.
9) Baldr. carmina ap. Duchesne, t. IV, p. 268.

die Abtödtung der Sinne war ihm fremd, finstere Mienen und stren=
ges Fasten, kurz der ganze Apparat der heiligen Werke schien ihm
ein Menschenleben nicht ausfüllen zu können. Da erfreute er sich
seiner klösterlichen Stille, draußen der grünende Garten, der durch=
sichtige Strom, der sprossende Wald, im Zimmer die Bücher und
Urkunden und was man zur Wissenschaft brauche, das sei der Ort,
schreibt er einem Freunde, wo man den Frieden finde.[1] Da ent=
stehn seine Gedichte, eben nichts Bedeutendes, aber anspruchslos und
mit großer Liebe ausgearbeitet[2]); da wendet er sich auch ernsteren
Studien zu und pflegt mit gleichgesinnten Freunden literarischen
Briefwechsel: sie berathen ihre Schriften, und auch über die uns
vorliegende Geschichte des Kreuzzuges wird sorgfältig verhandelt.[3]
Draußen lassen sie die kirchlichen Kämpfe sich vollenden, sie berührt
es wenig, daß eine neue Hierarchie sich die Welt erobert und neu
erschafft. An ihrer Stelle nehmen sie ihrer Pflichten wahr[4]), aber
ihr eigentliches Leben finden sie in ihren Büchern, in ihren Gärten
und Wiesen. Freilich vermögen sie ihre friedlichen Kreise nicht immer
vor dem Eindringen feindlicher Elemente zu schützen: der herrschen=
den Richtung war ihr Wesen zu fremd, zu wesentlich entgegengesetzt.
Baldrich schreibt dem Bischof von Ostia: nur mit verstohlenem Segel
fährt mein Schiff dahin, denn Piraten aller Art lärmen umher; mit
neidischem Zahne dringen sie auf mich ein, weil ich die Schriften
nicht lasse, weil ich nicht einhergehe mit gesenkter Wimper — so
werde ich lau in der Arbeit, möge deine Hand mich beschützen.[5])

Auch als Bischof blieb er sich und seiner Art getreu. Er war
ganz Religiösität, aber auch ganz Sanftmuth und Milde, womit er
freilich bei seinen Diöcesanen, wilden Bretons, nicht immer ausreichte.[6]
Aber er vermochte einmal kirchliche Herrschergewalt nicht in die Hand

---

1) Ibid. p. 269.

2) Ein Epitaph auf Wilhelm I. von England, sechs Zeilen lang, hat er
dreimal umgeschrieben u. dgl. m.

3) Sein Briefwechsel mit Peter, Abt von Maillezais bei Bongars vor der
Geschichte des Kreuzzuges.

4) So verficht er eifrig seine Metropolitanrechte gegen die Ansprüche von
Tours, und erlangt von Paschal II. das Pallium. Die sämmtlichen Docu=
mente über diesen Streit s. bei Martene thes. III, p. 857 sqq.

5) **Carm. p. 275.**

6) **Orderic. Vital. p. 718.**

zu nehmen; er wich lieber aus und suchte in Bec, in Feccam, in
England, friedlichere Asyle.[1]) Menschen wie er hätten der Hierarchie
nie zu Ehren und Triumphen verholfen, aber man erfreut sich, in
Zeiten so voll von Ernst, Krieg und Strenge einer Natur des Friedens und heiterer Reinheit zu begegnen.[2])

Denselben Geist athmet **seine** Geschichte des Kreuzzuges. Die
Benutzung der Gesten ist genau **und** zuverlässig, fernere Zusätze hat
er nicht viele gemacht, was er **aber von eigenen** Ansichten und Urtheilen ausspricht, zeigt seine Ruhe und **Milde.** Auch den Türken
will er ihr Lob nicht vorenthalten[3]), **das** Beiwort „treulos" für
Kaiser Alexius, welches **auch** in den **Gesten ein** stehendes ist, läßt
er weg[4]); den Grafen Stephan von Blois, sonst impudens und
abominabilis genannt, sucht er mit der allgemeinen Schwäche der
Menschennatur zu entschuldigen.[5]) Seine Zusätze sind meist aus
mündlicher Ueberlieferung genommen und mit richtigem Sinne ausgewählt.[6]) Den Werth eines Augenzeugen hat er natürlich nur an
wenigen Stellen, vor Allem S. 86 ff., wo er über den Eindruck der
begonnenen Unternehmung durch ganz Frankreich redet.

Baldrich starb vor 1130, da sein Tod noch dem Papst Ho-
norius II. bekannt gemacht wurde. Seine Schrift über den Kreuzzug scheint weit verbreitet gewesen zu sein; Ordrich Vitalis benutzte
sie und auch Wilhelm von Tyrus hat sie an vielen Stellen seinem
Werke zu Grunde gelegt.

---

1) Ein Näheres giebt die hist. litter. XI, p. 96 sqq.
2) Wie man sich denken kann, fällt das Urtheil der Benedictiner über ihn
anders aus. Mabillon in den Annalen rügt seine weltliche Gesinnung, seine
Lauigkeit. Zum großen Theil stützt er sich auf jene Stellen seiner Gedichte,
dann citirt er ein Schreiben Ivo's von Chartres, worin dieser melden soll,
Baldrich habe umsonst alle Mittel der Bestechung versucht, um Bischof von
Orleans zu werden. Allein in dem Briefe (N. 66, 15 bei Duchesne) steht
nur, Baldrich's Mitbewerber sei vorgezogen worden, quia animadversi sunt
plures et pleniores sacculi nummorum latere in apothecis amicorum istius,
quam apud abbatem.
3) Proömium.
4) S. 92. 93.   5) S. 118.
6) Lob der Keuschheit der Kreuzfahrer S. 96, eine etwas bedenkliche Nachricht; S. 137 gute Notizen über **die** Schlacht bei Askalon.

4. Geschichte des heiligen Krieges.

Das anonyme Buch dieses Titels, oben schon erwähnt, ist eine Compilation aus den Gesten, Tudebod, Radulf und Raimund. Alle diese Werke lassen sich deutlich erkennen, von allen finden sich Bruchstücke, die bei allen anderen fehlen.[1]) Doch sind starke Zusätze selbstständiger Art vorhanden, aus denen ich auch hier auf Autopsie des Verfassers schließe. Meist beziehen sie sich auf Boemund und dessen Angelegenheiten, so daß die Vermuthung erlaubt scheint, der Verfasser sei Normanne, wahrscheinlich von geringer Herkunft gewesen.[2]) Nach der Beendigung des Zuges hat er seinen Aufenthalt, wie ich glaube, zu Antiochien genommen, da er von der Königswahl zu Jerusalem nur in unbestimmten Ausdrücken spricht, über Tancred's Herrschaft von 1100 bis 1103 selbstständige Berichte hat, und sein Werk mit einer kurzen Uebersicht von Boemund's Lebensschicksalen beschließt.[3]) Hieraus ergiebt sich das Maaß seiner Glaubwürdigkeit sehr leicht: seine Darstellung ist lebendig und jener der Gesten sehr ähnlich. Geschrieben ist das Buch erst später, etwa um 1131, da an zwei Stellen der Tod Boemund's II. erwähnt wird.

Mabillon hat im zweiten Bande seines Museum Italicum eine vollständige Ausgabe besorgt; ein Bruchstück des Werkes ist im Chron. Casin. p. 479 abgedruckt.[4]) Dazu kommt jetzt die Ausgabe der Pariser Akademie, die jedoch nur ein Wiederabdruck der Mabillon'schen ist, ohne daß eine neue Collation des Codex von Monte Cassin Statt gefunden hätte. Ein dem Codex vorangehendes

---

1) Aus den Gesten, bei Tudebod fehlend, ist die Erzählung über Nicäa, aus Tudebod, in den Gesten fehlend, ist c. 17 (Tud. p. 781) c. 55. (p. 782) c. 69. 70. (p. 789), aus Raim.. p. 140. 141. 142. sind c. 5. 16. 17. init., 24. 30, . aus Radulf. c. 106. 110 flg. die Capitel 107. 109—129. 131. 132. 435. 136.

2) Solcher sind c. 37. 45. 66. 67. 83. 90. 93. Daß der Graf von Roussillon, dessen Tod c. 45 erwähnt wird, in Boemund's Heer war, zeigen die Gesta p. 5. Die meisten dieser Angaben sind auch sonst, durch Raimund und Radulf, zu bestätigen.

3) C. 130. 138. 139 flg.

4) Murat. ser. rer. ital. t. IV. In den Noten zu der angezogenen Stelle ist gesagt, dies Capitel sei aus einer besonderen Handschrift zu Monte Cassin genommen. Pertz giebt nun die Nachricht, diese Handschrift enthalte nur das bei Mabillon Edirte. Archiv V, S. 157. Auch ergiebt die Vergleichung sehr leicht die Identität.

Fragment wird ohne Weiteres der Historia zugerechnet, obgleich es, wie bereits Hagenmeyer bemerkt, mit derselben gar nichts gemein hat. Denn die Vorrede und der in sich vollkommen geschlossene Text der Historia folgt in dem Codex nach den letzten Sätzen des Fragments, die sich in keiner Weise in die Erzählung der Historia einreihen lassen. Eine nähere Betrachtung zeigt, daß das Fragment zuerst einen abkürzenden Auszug aus Albert von Aachen I, 2—6 giebt, dessen Angaben einige Sätze aus Radulf c. 81 eingefügt werden; dann werden die Berichte Radulf's, c. 15 ff., und endlich die ersten Capitel Radulf's angeschlossen. Dies compilatorische Verfahren beweist auch, daß das Fragment nicht das Original, sondern nur eine Copie der Erzählung Albert's über Peter den Eremiten enthält.

5. Henry Huntingdon.

Henry hat, nach häufig beobachteter Sitte der damaligen Geschichtschreiber, eine Geschichte des Kreuzzuges in sein größeres Werk eingeflochten. Sie ist aber ohne alle Bedeutung, und nur eine vermuthlich abgeleitete Copie der Gesten. Ich würde ihrer gar nicht erwähnen, wenn nicht Lappenberg, doch auch ohne sie viel zu benutzen, auf sie aufmerksam gemacht hätte.[1]

6. Fulco. **Gilo.** Der Mönch Robert.

Ich führe hier diese Schriftsteller verbunden auf, da Fulco, als dessen Fortsetzer Gilo ausdrücklich genannt wird, von diesem nicht füglich zu trennen ist: Gilo aber, obgleich in der ersten Hälfte seines Werks von den Gesten so unabhängig wie Fulco, gehört in diesen Zusammenhang, weil seine vier letzten Bücher Wort für Wort aus den Gesten genommen sind. Endlich kann nur in dieser Verbindung ein Urtheil über Robert festgestellt werden.

Wer Fulco gewesen, wo und wann er gelebt, nach welchen Quellen er geschrieben, von dem Allen wissen wir nur so viel, als der Anblick seines Buches selbst uns zu lehren vermag. Daß er gleichzeitig ist, beweist der Titel seiner Schrift: Geschichte des Kreuzzuges unserer Tage; daß er Gilo gekannt, etwas später als er und vielleicht an demselben Orte geschrieben hat, geht aus den Schluß-

---

1) Geschichte von England, Bd. II, S. 221.

worten des Gedichtes hervor: cetera describit Gilo etc. Damit ist aber auch unsere Wissenschaft über seine Persönlichkeit erschöpft.

Sein Werk behandelt die ersten Begebenheiten des Kreuzzuges bis zur Belagerung von **Nicäa**, in drei Büchern und in Hexametern. Seine Verse sind schwerfällig und überladen mit Citaten und Bildern, auch macht er wenig Anspruch auf dichterisches Verdienst, und es fragte sich **nur**, ob **er** den Forschungen des Geschichtschreibers bessere Ausbeute **zu** geben im Stande wäre. Allein ohne viele Mühe überzeugen **wir uns** von dem Gegentheil: bis auf äußerst geringe Ausnahmen enthält er nichts als das Allerbekannteste oder das Allerverwirrteste und gänzlich Unbrauchbare. Hat man aus den Quellen die Vorgänge einmal festgestellt, so kann man zuweilen er= **rathen, wie er zu seinen** Angaben **gekommen ist: etwas** Günstigeres läßt sich **über ihn** nicht sagen. **Ich führe statt** jeder sonstigen **Er**= örterung nur in kurzer Uebersicht an, was er von Gottfried's Schick= salen im griechischen Reiche berichtet; es wird das hinreichen, auch ohne eine **genauere** Zusammenstellung mit den Quellen, den Stand= punkt für seine Kritik zu gewinnen. Gottfried, meldet er[1]), erfuhr in Thracien von der Annäherung der übrigen Heere, und beschloß dieselben in Constantinopel zu erwarten. Alexius gerieth darüber in Furcht und Zorn und rüstete seine Truppen, um den Herzog mit Waffengewalt zur Entfernung zu zwingen. Für's Erste verbot **er** ihm Lebensmittel zuzuführen, Gottfried plünderte dafür das Land, fing 2000 Schweine, die für **die** kaiserliche Küche bestimmt waren, auf, und schlug endlich das griechische Heer vollkommen. Dies be= gegnete aber auf seinem Rückzuge einer lothringischen Schaar, die bisher in Adrianopel von den Feindseligkeiten nichts wußte, bewog sie mit nach Constantinopel zu ziehen, und nahm sie dort mit Leich= tigkeit gefangen. Um diese Gefährten zu retten, willigte Gottfried in das Begehren des Kaisers und setzte nach Asien über.

Alle diese Vorgänge sind nun völlig aus der Luft gegriffen. Ein gewisses Interesse, das sie allerdings haben, liegt auf einem **an**= **dern** Gebiete, als auf dem der Erkenntniß wirklicher, historischer Thatsachen. Ich werde unten nachweisen, daß Gottfried nicht, wie gewöhnlich angegeben wird, aus fürstlicher Großmuth, aus Rücksicht

---

1) S. 896 flg.

gegen das Christenthum des Alexius, aus Sehnsucht nach Saracenenkriegen dem Kaiser nachgab, sondern daß er sehr gegen seinen Willen
durch die Ueberlegenheit der griechischen Waffen zur Ablegung des
Vasalleneides gezwungen wurde. Wir sehen, dies allgemeine Resultat liegt Fulco's Erzählung allerdings zum Grunde, freilich wie
sonderbar umgestaltet und mit neuen Zügen bereichert, wie gehässig
gegen die Griechen, wie sehr bemüht, den persönlichen Ruhm des
Herzogs zu retten und noch in seinem Unterliegen zu feiern. Was
seine Quellen angeht, so läßt sich kein aufgeschriebenes Original für
ihn nachweisen; schwerlich wird er andere Quellen als sein Fortsetzer
Gilo gehabt haben, und bei diesem läßt sich die Benutzung mündlicher Ueberlieferung höchst wahrscheinlich machen.

Gilo[1]), aus Toucy in der Grafschaft Auxerre, lebte eine Zeitlang zu Paris, trat dann als Mönch in Clugny ein und wurde
durch Calixt II. zum Bischof von Frascati und Cardinal der römischen
Kirche ernannt. [2]) Er hat später wichtige Legationen gehabt[3]), zum
letzten Mal erscheint er 1134 in Aquitanien als Legat des Gegenpapstes Anaklet, was ihm von Seiten der Gegenpartei natürlich die
heftigsten Vorwürfe zuzog. [4]) Wann er den siegenden Innocenz anerkannt hat, wissen wir nicht, eben so wenig läßt sich die Zeit seines
Todes mit Bestimmtheit ermitteln.

Als er die Geschichte des Kreuzzuges schrieb, lebte er noch in
Paris, er nennt sich selbst Gilo Parisiensis incola Tuciaci non in-
ficiandus alumnus. Das Werk ist ebenfalls in Hexametern, fast
durchgängig in leoninischen Versen, abgefaßt und in sieben Bücher
getheilt. Es ist nach 1118 geschrieben, der Verfasser spricht von
Balduin I., der zu Jerusalem regiert hat. Fragt man nach seinen
Quellen, so zeigen die drei letzten Bücher den wörtlichen Text der
Gesten; ich finde nur drei originale, alles sehr kurze Stellen.[5]) Die

---

1) Eine Uebersicht seines Lebens und seiner Schriften giebt die hist. **litt.**
XII, p. 81 flg.

2) Martene praef. ad Ekkeh. (coll. ampl. V, p. 508.)

3) 1127 nach Palästina. Will. Tyr. p. 827 nennt ihn Aegidius.

4) Bibl. Cluniac. p. 720. 767 giebt heftige Schreiben des Abts Peter von
Clugny an ihn. In den Noten zu dieser Stelle p. 127 hat Andreas du Chesne
eine Biographie Gilo's geliefert.

5) p. 251, eine Menge neuer Pilger strömen in Antiochien zusammen,
p. 261 die Erwähnung Rambaud's bei dem Sturme auf Jerusalem (man kann

vier erften Bücher find dagegen unabhängiger, es ift eine felbftftändige
Erzählung, die in unzähligen Punkten von der Gesta abweicht, aber
allerdings wenige Verbefferungen zu den letzteren liefert. Vergleichen
wir z. B. gleich den Anfang des Gilo'fchen Berichtes, die Darstellung
der Belagerung von Nicäa mit den Berichten der Augenzeugen. [1])
Die Stadt wird umzingelt, von Anfang an ift das gefammte Heer
der Kreuzfahrer vor ihren Mauern vereinigt. Nun wiffen wir aber
durch den anwefenden Raimund, daß die Provenzalen erft am 15. Tage
der Belagerung dort eintrafen, wir erfahren durch Fulcher, der mit
Robert von der Normandie zog, daß die Nordfranzofen außer Hugo
erft mehrere Wochen nach den Provenzalen anlangten. Gleich im
Beginn der Belagerung, fährt Gilo fort, fahen die Pilger, daß man
der Stadt die Verbindung zu Waffer auf ihrem großen Landfee ab=
fchneiden müffe, und bauten deshalb eine Flotte, was die Belagerten
zum Erbieten der Uebergabe bewog. Solch ein Erbieten fand aller=
dings Statt, aber nicht an die Pilger, fondern an Kaifer Alexius,
und gefchah, wie wir fehen werden, viel früher, als die Pilger an
die Occupation des Sees dachten. [2]) Bei Gilo reiht fich daran der
Entfatzverfuch des Sultans; als er abgefchlagen wird, verlieren die
Einwohner völlig den Muth und übertragen die Stadt dem griechi=
fchen Kaifer. Es ift aber bekannt, daß diefer Kampf gleich im An=
fang der Belagerung erfolgte, an demfelben Tage, an welchem Graf
Raimund in das chriftliche Lager einrückte, daß Nicäa nachher noch
über vier Wochen nachdrücklichen Widerftand leiftete. Wir fehen,
welch grobe Fehler gegen Inhalt und Anordnung der Ereigniffe
diefe Erzählung enthält; wie wenig günftig folch ein Beginn für
den Fortgang der Erzählung zu ftimmen vermag. Auch findet fich

---

dazu Rad. c. 119 vergleichen), p. 263 Guicher der Löwenwürger ift der zweite
auf der Mauer von Jerufalem.

1) Gilo p. 214 flg.

2) Die **Handfchrift,** aus **welcher** Duchesne das Werk hat abdrucken laffen,
hat hier ein Einfchiebfel, welches für die Fortpflanzung diefer Nachrichten nicht
ohne Intereffe ift. Die Unterhandlungen werden abgebrochen, neuer Krieg.
Nachts fangen die Chriften einen Boten auf, der die Nähe des Sultans ver=
kündigen foll. Und dann fo weiter, wie man die Gefchichte bei Alb. Aq. nach=
lefen kann, nur ftatt deffen Profa fchwere Hexameter. Es ift ein Zufatz hier
völlig ohne Sinn, da Raimund's Abwefenheit darin vorkommt, und der Graf
foeben mit den Angreifern genannt worden ift.

im Verlaufe des Buches sehr wenig, was dieses Urtheil zu ändern im Stande wäre; wo der Verfasser genauere Nachrichten liefert, über einzelne Begebenheiten vor Antiochien, und sonst, zeigt sich seine Erzählung, wenn nicht Copie der Gesten, doch nahe genug mit denselben verwandt. [1]) Ich trage kein Bedenken, mündliche Ueberlieferung für die Quelle seiner Wissenschaft wie seiner Irrthümer zu halten, die Vergleichung einiger Punkte mit der Ansicht Albert's von Aachen, für den dies Verhältniß auf das Schlagendste zu beweisen steht, wird uns hierüber wenig Zweifel übrig lassen. Wie Gilo das ganze Heer sogleich vor Nicäa vereinigt, läßt Albert an dem Kampf gegen Kilidsch Arslan (der übrigens bei ihm an der richtigen Stelle steht) sämmtliche Fürsten, auch **die** Nordfranzosen, Theil nehmen. Wie Gilo hat er bedeutende Fehler gegen die Chronologie der Ereignisse von Nicäa, allerdings in verschiedener Weise, aber in dem gleichen Grundgedanken, das Verdienst der Griechen um die Eroberung möglichst zu schmälern. Verfolgen wir die Erzählung weiter, so lassen beide Autoren im Gegensatz zu den übrigen Berichterstattern die Theilung des Heeres vor Doryläum nach einem festen Plane der Fürsten, nicht zufällig geschehen, und Gottfried wird als Führer der einen Abtheilung genannt. Beide stimmen in einer übermäßigen Verherrlichung Gottfried's überein in dem Gefecht mit Bagi Sijan am Brückthore Antiochiens, in den Kämpfen bei der Einnahme der Stadt, in der Schlacht endlich gegen Kerbuga. [2]) Man erkennt deutlich bei vielfach abweichendem Detail dasselbe allgemeine Streben, Gottfried in eine Glorie sehr bestimmter Art hinaufzurücken; wie gesagt, mir erscheint der gleichartige Ursprung beider Erzählungen keinen Augenblick zweifelhaft; auch hoffe ich unten noch bestimmtere, positive Beweise dafür und nähere Angaben über die gemeinsame Quelle beizubringen. In jeder Weise sehen wir uns also auch hier bei einem gleichen Resultat, wie wir es für Fulco erkannten: der Bericht Gilo's hat wenig Interesse für die Erkenntniß des Factums selbst, er giebt aber reichliche Belehrung über die Ansicht der Zeitgenossen.

Diese Vorstellung, Gilo habe unmittelbar aus mündlichen Nachrichten geschöpft, tritt nun an sich und mehr noch in ihren Folgen

---

1) Man kann die einzelnen Gefechte vor Antiochien vergleichen.
2) **Das Nähere** über Albert s. unten in der Erzählung selbst.

der gewöhnlichen Meinung über den Mönch Robert und sein Ge=
schichtswerk entgegen. Einen Zusammenhang nämlich zwischen Gilo
und Robert erkennt man bei der leichtesten Vergleichung, und Mi=
chaud, so viel ich weiß der erste, der diese Vergleichung unternommen[1]),
trägt kein Bedenken, **die** Erzählung Robert's für die Quelle von
Gilo's Werk zu halten. Robert ist ihm nach der gewöhnlichen An=
nahme der Augenzeuge, der eine Menge selbst erlebter Ereignisse
seinem Original, den Gesten, hinzugefügt, aus dem sie Gilo dann
weiter benutzt und mit neuen Zusätzen, freilich schlechterer Art, be=
reichert. Der Werth der vorher angeführten Nachrichten, die sich
sämmtlich **bei** Robert wiederfinden, erhält natürlich durch dessen
Autopsie eine ganz andere Schätzung, als wir sie so eben aus=
sprachen. Stellen wir aber die betreffenden Berichte, die der Gesta,
Gilo's und Robert's nebeneinander und versuchen eine nähere Ver=
gleichung. Robert, wie er es ankündigt, liefert zunächst eine Um=
arbeitung der Gesten; ohne Frage bildet deren Text die Grundlage
seines Werkes. Da hinein verwebt er zahlreiche diesen fremde No=
tizen, zuweilen ganze Erzählungen von beträchtlichem Umfange, wenig
bedeutende, manches Mal auch völlig abweichende Angaben. Ein
großer Theil dieser Nachrichten findet sich nun bei Gilo wieder,
bildet hier aber, völlig vereinzelte Zusätze abgerechnet, den alleinigen
Text. Will man ihn für die Copie Robert's halten, so sieht man
sich zu der widersinnigen Annahme genöthigt, er habe Robert und
die Gesten zugleich vor sich gehabt, seine letzten drei Bücher allein
aus den Gesten, seine ersten allein aus Robert, mit Ausscheidung
aller Bestandtheile der Gesten, hinübergenommen. Im umgekehrten
Falle hingegen stellt sich das Verhältniß **sehr** natürlich: Robert
schreibt eine Weile aus den Gesten, dann, **wo** es ihm thunlich er=
scheint, verläßt er sie, **um einem** zweiten davon unabhängigen Ge=
währsmann zu folgen. Das Verhältniß liegt so klar zu Tage, daß
ich es mir ersparen darf, es **an** einzelnen Beispielen durch Wieder=
abdruck der Textesstellen zu erläutern.

Noch bleibt ein Rest in Robert's Erzählung, der weder auf die
Gesten noch auf Gilo zurückzuführen ist, eine Reihe von Angaben
über die Einnahme von Antiochien und den Krieg des Kerbuga. Sie

---

1) In seiner bibl. des crois. Artikel Gilo.

finden sich wörtlich gleichlautend in der Chanson d'Antioche wieder, bei deren Besprechung ich auch auf jene zurückkommen werde. Ferner sieht man schon jetzt, welch unbedeutende Stellung dieser Schriftsteller demnach einnimmt, den man oft mit den Gesten und Raimund in eine Linie, stets hoch über die übrigen Copisten dieser Augenzeugen gestellt hat.

Indeß kann ich ihn **oder** vielmehr die gewöhnliche Ansicht über ihn noch nicht verlassen. Nach dieser war er der Abt des Klosters St. Remy zu Rheims, erlitt aber scharfe Censuren durch **den** ihm vorgesetzten Abt Bernhard von Marmoutiers, die endlich zu seiner Absetzung durch Erzbischof Manasse von Rheims führten. Er appellirte darauf an Papst Urban II., erhielt in Rom ein günstiges Urtheil im Jahre 1097, ging dann dem Kreuzheere nach und war bei der Eroberung **von** Jerusalem. Trotz jenes päpstlichen Ausspruches konnte er seine Wiedereinsetzung nicht erlangen, erhielt dafür aber das Priorat zu Senuc, wo er seine Geschichte des Kreuzzuges schrieb, verlor auch dies durch einen Ausspruch Calixt II. und starb im Jahre 1122. **Für alle** diese Angaben nun lassen sich gleichzeitige Beweise beibringen — **man hat** die Acten **des** Rheimser Concils, **daß ihn** abgesetzt[1]), Briefe **von** ihm selbst, von zwei Erzbischöfen **über** ihn[2]), die Acten eines Concils zu Poitiers, welches seine Unschuld bestätigte — nur für das **uns** Wichtigste, für seine Theilnahme **am** Kreuzzug und für die Abfassung seines Buches vermag ich nichts der Art zu entdecken. In all jenen Urkunden ist nicht mit einer Silbe davon die Rede, kein sonstiger Schriftsteller thut Meldung davon, der älteste, so viel ich sehe, **der** seine Pilgerfahrt erwähnt, ist Blondus in seinen Decaden[3]); von **seiner** Autorschaft in cella Senucensi spricht zuerst Marlot in der metropolis Remensis.[4]) Bis

---

1) **Bei** Mansi in den Supplementen zu **1097,** sowie bei Marlot in der unten anzugebenden Stelle.

2) Seinen Brief an den Bischof von Arras bei Baluze miscell. IV, **p. 315,** einen Brief Hugo's von Lyon bei Martene coll. ampl., im chron. **Andag.** p. 998, einen Brief Baldrich's von Dol bei Duchesne IV, p. 276.

3) Decad. II, l. 4. Auf ihn beruft sich Bongars in praef.

4) Tom. II, p. 221. Aus ihm meldet es Mab. ann. IV, p. 347, die Gallia christ. nova t. IX, p. 230, nach diesen die hist. litt. de la France t. X, **p. 323.** Auch Oudin. de script. ceccoles. II, p. 862 führt nur Marlot

die Beweise für beide Behauptungen beigebracht sind, sehe ich keine Gewißheit, einmal für die Identität des Abtes von St. Remy mit dem Verfasser unserer Geschichte, dann für die Kreuzfahrt des Einen und des Anderen, seien es nun eine oder zwei Personen. Untersuchen wir die uns vorliegende Schrift in dieser Beziehung, so giebt sie uns für beide Punkte eher **Bedenken als** affirmative Beweisgründe. Der Verfasser nennt sich nur Mönch, nicht Abt, er spricht von St. Remy, nicht von **Senuc, als** den Entstehungsort seines Buches[1]); das Werk ist **aber erst nach** 1118 geschrieben[2]), wo jener Abt Robert längst in Senuc **lebte.** Wie wenig die Beschaffenheit seiner Nachrichten auf Belehrung durch Autopsie schließen läßt, haben wir vorher gesehen, **und** nur eine einzige Stelle finde ich, die überhaupt auf Anwesenheit **des** Verfassers in Jerusalem **deutet,** keineswegs aber eine Theilnahme am Kreuzzuge in sich schließt.[3])

Wie dem auch sei, die **Frage** ist völlig unwichtig nach dem, was wir oben über den Werth seiner Schrift bemerkten. Diese bleibt eine Compilation ohne eigenthümliche Bedeutung, wäre sie auch im Lager des Kreuzheeres selbst abgefaßt.[4])

IV. Fulcher von Chartres.

Die Gesta peregrinantium Francorum des Fulcher von Chartres zerlegen sich ihrer Methode und ihrem Werthe nach in mehrere Theile, **deren Kritik** ihre erste Grundlage in dem Lebensgange des Autors **findet,** von dem also in wenigen Worten zu handeln ist.

Fulcher, ein Caplan **aus** Chartres, nahm im Jahre 1095 das

---

an, ihm **folgt dann** Joannis in seiner Ausgabe. Aus der hist. litt. ist es in **alle neueren** Berichte übergegangen. Auch Trithem und Fabricius geben nichts **Näheres.**

1) In praef. apolog.

2) Da Gilo benutzt ist.

3) Er sagt p. 78, a quodam Turco, qui haec (über die Schlacht bei Aska= lon) postea in Ierusalem retulit, habuimus. Ich glaube höchstens, daß er wie Ekkehard in späterer Zeit in Jerusalem gewesen ist. Die Herausgeber der Pariser Akademie bezweifeln ebenfalls seine Theilnahme am Kreuzzuge, haben jedoch sein Verhältniß zu Gilo nicht bemerkt.

4) Seine Nachrichten über das Concil von Clermont sind jedoch besserer Art; hier spricht er als Augenzeuge.

Kreuz und schloß sich dem Heere der Grafen Robert von der Normandie und Stephan von Blois an, mit denen er durch Apulien
und Griechenland zog und im Juni 1097 vor Nicäa anlangte. Bei
dem großen Heere der Kreuzfahrer blieb er bis zu ihrer Ankunft in
Meraasch und **ging** von **da** mit **dem** Grafen Balduin, der damals
sein Unternehmen gegen Edessa begann, nach dieser Stadt ab.[1]) **Bis**
hierher hat er sehr gute, manches Mal höchst wichtige Notizen, die
theils über einzelne Vorgänge, theils über die allgemeine Ansicht des
Ereignisses den interessantesten Aufschluß geben. Ich erwähne näher
seine Darstellung der Fahrt durch Italien und Griechenland[2]): hier
zeigt sich sogleich die Unrichtigkeit der Ansicht, es seien im Abendlande die Heere zusammengetreten und die größesten Massen nach
fester Disposition gen Osten gezogen. Es wanderte, wer da vermochte, im April, Mai, Juni bis October, sagt Fulcher, wie er die
Kosten zusammenbringen konnte. Auch hatte Adhemar den Sammel-
platz ganz allgemein in Constantinopel gegeben.[3]) Wichtig ist ferner
die Darstellung des Marsches von Doryläum nach Erkle und durch
große persönliche Anschaulichkeit höchst anziehend.[4]) Ganz entscheidend
für die Vorgänge in Edessa ist natürlich sein Bericht, als der des
einzigen Augenzeugen: auch vereinigt er sich leicht mit dem zunächst
befähigten Mathias Eretz von Edessa, während sowohl Albert als
Guibert anderweitigen Ueberlieferungen gefolgt sind.[5])

Leider bricht Fulcher hier ab, um seinen Blick, was damals das
Interessantere schien, auf das große Heer zurückzuwenden. Nun ist
es kaum glaublich, daß ihm vollkommen gleichzeitig und wenige Tagereisen entfernt, solche Productionen und so ganz und gar entstellte
Berichte zukommen konnten. Was soll man von dieser Tradition
erst erwarten, wenn sie einige Jahrzehnte gealtert in der weiten Ferne
des Occidents ihre schwankenden Gestaltungen auszubreiten versucht?
Hier nun wird die zeitliche Folge der Begebenheiten verwischt, die
Genauigkeit der Darstellung verschwindet, **ein** bornirter Enthusiasmus
tritt in abenteuerlichen Wundergeschichten zu Tage. Einzelnes ist frei-

---

1) S. 383. 389. 400. 400. bei Bongars.　　2) S. 384. 385.
3) Chron. Podiense in der hist. gén. de Languedoc t. II. pr. p. 8.
4) Fulch. p. 388. 289.
5) Fulch. p. 389. Math. Eretz in den Notices etc. de la bibl. du roi
t. IX und jetzt auch **im** Recueil. Alb. **p. 222. sqq.** Guib. p 496.

lich werthvoll auch hier, aber in sehr beschränkter Zahl: so S. 396
Tancred's Eroberung von Bethlehem, wichtig einem abweichenden Berichte Albert's gegenüber; S. 399 Tancred's Plünderung im Tempel
und die darauf folgenden Verhandlungen, ebenfalls gegen Albert
durch Radulf bestätigt.[1])

Fulcher blieb nach einer vorübergehenden Anwesenheit in Jerusalem noch bis zum Tode Gottfried's in Edessa: er begleitete darauf
Balduin I. nach Palästina und blieb seitdem um den König, wie er
der Gefährte des Grafen gewesen war.[2]) Von hier an gewinnt das
Werk erst seine volle Wichtigkeit: hier, wo die übrigen Augenzeugen
verstummen, giebt er einen festen und häufig weiten Boden. Versuchen wir von hier aus, seinen allgemeinen Charakter zu bestimmen.

Zunächst fällt in's Auge, daß der Autor es keineswegs auf eine
Darstellung der Ereignisse abgesehen hat: das Buch ist im rechten
Sinne ein Tagebuch über die Erlebnisse des Verfassers. Er schreibt
es fortlaufend mit den Begebenheiten — wie es denn Guibert im
Jahre 1108 oder 1110 im Abendlande sah, obgleich es bis 1127
fortgesetzt uns vorliegt — was ihn persönlich berührt, trägt er ein,
und widmet ihm nach individuellem Geschmack eine größere oder geringere Ausführlichkeit. Ich wähle das erste mir auffallende Beispiel, dem sich eine Menge gleichartiger hinzufügen ließen, S. 403,
wo Balduin's Besitznahme von Jerusalem erzählt wird. Mit großer
Anschaulichkeit beginnt er mit dem Aufbruch von Edessa: collegit
exercitulum suum, 200 Ritter, 700 Mann zu Fuß; so ziehen sie
aus von Stadt zu Stadt, in ihrem Zelt bewirthet sie der Fürst von
Tripolis mit Brod, Wein, Waldhonig und Schöpsenfleisch und giebt
ihnen zugleich Nachricht von einem Hinterhalt, der ihnen bei Berytus
gelegt sei. Das finden sie denn auch auf das Schlimmste bestätigt,
da die dortigen höchst engen und wilden Pässe von den Saracenen
gesperrt sind. Nun erzählt er von dem Gefechte, wie es zuerst nicht
geglückt sei: es war uns übel zu Muthe, sagt er, wir heuchelten
Kühnheit, aber den Tod fürchteten wir; ich wäre lieber zu Chartres
oder Orleans gewesen, als dort. Indessen kommen sie glücklich hindurch, und mehr als eine Seite wendet Fulcher auf die Beschreibung

---

1) Alb. p. 281. Rad. c. 135 sqq.
2) S. 400. 403.

der glücklichen Weise, wie sie dies Abenteuer zu Ende brachten. Später gelangen sie nach Kaiphas, damals zu Tancred's Herrschaften gehörig, der, wie bekannt, eines der Häupter der Opposition gegen Balduin's Nachfolge war. Fulcher denkt nun keineswegs an eine Erörterung dieser Verhältnisse, **er** sagt ganz kurz: wir gingen nicht in Kaiphas hinein, weil Tancred damals bösgesinnt war, fährt aber **dann** fort: Tancred war abwesend, seine Leute verkauften uns jedoch Brod und Wein vor den Mauern, **da** sie uns wie Brüder betrachteten und **uns** zu sehen bemüht waren. **Ebenso** etwas weiter unten: als wir uns Jerusalem näherten, kamen in feierlichem Zug dem Könige entgegen die Geistlichen und Weltlichen sämmtlich, auch die Griechen und Syrer, mit Kreuzen und Lichtern, **die** mit Freuden und Ehren und helltönenden Stimmen ihn empfingen und in die Kirche des heiligen Grabes führten. Darauf wird die Erzählung wieder äußerst knapp: der Patriarch Dagobert war nicht gegenwärtig, er war bei Balduin verleumdet und ihm bösgesinnt, deshalb saß er auf Berg Zion, **bis** seine Böswilligkeit ihm verziehen war. Von Grund und Inhalt **der** Streitigkeiten nicht eine Sylbe: wer sollte hiernach **denken,** daß die ganze Form für **die** Existenz der christlichen Reiche **im Orient** damals auf dem Spiele gestanden hat? Auch den König selbst **und** dessen eigentliche Regierungsthätigkeit bedenkt er nicht besser: er fährt an jener Stelle fort: sechs Tage blieben wir in Jerusalem, ruhten uns aus und der König traf seine ersten Einrichtungen, dann brachen wir wieder auf. Es folgt dann ein ausführliches und höchst lebendiges Reisejournal, wenn man so will, über den ganzen südlichen Theil des Reiches. In folgender Weise kommt er später auf eine kurze Darstellung des zweiten Kreuzzuges. Er war 1102 mit dem König auf einer Expedition gegen Askalon in Joppe: dort waren, erzählt er, mehrere Ritter, die günstigen Wind abwarteten, um baldmöglichst nach Frankreich zurückzusegeln. Die waren sämmtlich ohne Pferde, sie hatten sie im vorigen Jahre auf einem Zuge durch Romanien mit allem Hab und Gut verloren: davon mag nicht unpassend hier eine kurze Meldung geschehen.[1]

Man sieht hieraus leicht, worin der große Werth des Buches

---

[1] Aehnlich sind manche Notizen über äußerlich auffallende Dinge, Landesprodukte, fremde Sitten 2c., S. 401 über das Wasser des todten Meeres, S. 407 über den Kirchengesang in Jerusalem 2c.

besteht und was bei demselben für eine weitere Forschung zurück=
bleibt. Der einzelnen so angeführten äußeren Thatsachen sind eine
große Menge, sie sind doppelt beglaubigt, durch die Autopsie des
Verfassers und durch seine Unbefangenheit, da er bei keiner an einen
weiteren Zusammenhang denkt. Es ist aber klar, wie wichtig sie oft
für die Beurtheilung eines solchen, wenn er anders woher geliefert
ist, werden müssen; Beispiele dafür ergiebt die Vergleichung mit
Albert zu leicht und häufig, als daß ich mich hier in eine nähere
Ausführung einzulassen bedürfte. Es ist hinreichend, wenn wir er=
kennen, daß, und in welcher Sphäre, wir an ihm eine unbedingte
Quelle besitzen. Leider wird das Buch in späteren Theilen, besonders
von 1104—1110, sehr viel spärlicher: zuweilen, aber nicht häufig,
läßt es sich auf entferntere Dinge ein und verliert hier sogleich seinen
authentischen Charakter. Um nur eins anzuführen: er sagt zu 1105,
Tancred, durch Ridwan von Aleppo angegriffen, habe diesen ent=
scheidend besiegt. Dagegen wissen wir durch Radulf's und Kema=
leddin's einstimmiges Zeugniß, daß Tancred der angreifende Theil
war und Ridwan nur zum Entsatz des von jenem bedrängten Artasia
anrückte.[1])

Auch Fulcher's Buch ist von Gleichzeitigen und Spätern viel=
fach benutzt worden. Daß Guibert es kannte, haben wir schon
erwähnt: trotz seiner Verpflichtungen dagegen schmäht er über den
Autor gar heftig, ohne jedoch wesentliche Dinge anzuführen. Bartholf
de Nangejo war dankbarer: er compilirte die Gesta expugnantium
Hierusalem, mit bestimmter Angabe seines Gewährsmannes.[2]) Mehrere
Zusätze stammen theils aus den Gestis Francorum, nicht gerade
als unmittelbare Copie, doch leiten sie ohne Frage ihren Ursprung
von jener Seite her — theils sind sie offenbar sagenhafter Natur
und können nur selten auf quellenmäßige Glaubwürdigkeit Anspruch
machen. Wichtig ist die Copie in keiner Beziehung.[3])

Ferner ist hier zu nennen die secunda pars hist. Hier., nach
Barth von Lisiard von Tours, die Jahre 1100 bis 1124 um=
fassend.[4]) Auch von ihrem Inhalt ist nicht mehr zu sagen.

---

1) Rad. c. 154, 155. Kemaleddin bei Wilken II. S. 270.
2) Bei Bongars S. 561 flg. Der Name bei Barth S. 500.
3) Sie reicht von 1095—1106.
4) Bei Bongars S. 594.

Die Arbeit Wilhelm's von Malmesbury erscheint noch viel mehr mit fremden, und zwar mit fabelhaften Zusätzen vermischt.[1]) Nur über die Familie Gottfried's von Bouillon, über die früheren und letzten Schicksale Robert's von der Normandie ist er zu benutzen[2]): alles Andere, wo er Fulcher zu verlassen wagt, gehört nicht in eine historische Darstellung der Kreuzzüge.

Ohne Vergleich wichtiger für uns ist die Kirchengeschichte des Orderich Vitalis, welcher die Geschichte des Kreuzzuges zum Theil aus Fulcher, zum Theil aus Baldrich compilirt, dann aber eine Menge eigenthümlicher Nachrichten enthält, die freilich nicht alle gleich authentischen Charakters, jedoch sämmtlich von Interesse und Bedeutung sind.[3]) Wie in seinem ganzen Werke hat er auch hier eine dichtgedrängte Fülle localer Nachrichten: eine jede in sich charakteristisch und von lebendiger Färbung, sie alle vereinigt von dem größten Werth für die Erkenntniß des Gesammtzustandes jener Zeit. Ueber Peter den Eremiten[4]), über Odo von Bayeux und dessen Ende[5]), über eine Menge normannischer und nordfranzösischer Adliger[6]) giebt er die schätzbarsten Aufschlüsse; niemand zeigt vollständiger und in concreterer Weise, in welchem Sinne die Zeitgenossen die Bedeutung des ganzen Kreuzzuges auffaßten.[7]) Capefigue sagt von ihm[8]), er sei le conteur d'anecdotes, il règne dans toutes ses pages un esprit romanesque qui se ressent dejà des trouvères et de la poësie. So wenig wie dies den Charakter seines Buches erschöpft, so wahr ist es für eine gewisse Seite desselben; die Bilder, die ihm aus dem Orient zugekommen sind, tragen fast sämmtlich solch ein Gepräge; da erscheinen die heidnischen Fürstinnen, welche der Trefflichkeit der berühmten Christenhelden nicht zu widerstehen vermögen[9]),

---

1) In seinen Gestis regum Angl. p. 131 sqq. bei Savile.

2) S. 142. 151 und sonst.

3) Ueber sein Werk im Ganzen gibt die gründlichste Belehrung Lappenberg England II. S. 377. Hierneben sind die frühern Angaben (der hist. litt. de la France und sonst) unbedeutend.

4) S. 723.   5) S. 646. 660. 664.

6) Ueber die Grantemenils S. 717 flg.

7) S. 700. 701., vor Allem S. 718. 719.

8) Hugues Capet. vol. 4. p. 232.

9) In Edessa, S. 745, die Tochter Dasiman's S. 796, die Tochter Bagi Sijan's, welche um des Schweinefleisches willen Christin werden möchte.

da liefern die Pilger große Schlachten nicht mehr mit Türken und
Saracenen, sondern mit Schaaren von Löwen und Leoparden[1]), da
schlägt der Herr die Augen der Ungläubigen mit dunkler Nacht, daß
die Christen sie nach Belieben niederwerfen können.[2]) Mitten unter
solchen Erzählungen erscheinen dann plötzlich Notizen von factischer
Bedeutung, die nur aus der Mittheilung gut unterrichteter Augen=
zeugen hervorgegangen sein können, die unsere Ansicht über die wich=
tigsten Ereignisse des Kreuzzuges wesentlich verbessern helfen.[3]) Kurz,
man sieht, wie der Verfasser seine Erkundigungen nach allen Seiten
ausgedehnt hat, ohne Frage ist er durch die mannichfachsten Aus=
sagen der Theilnehmenden belehrt worden, Sage und Geschichte sind
ihm zugeflossen, er giebt beide wieder, ohne Kritik aber in treuer
Reproduction. So belehrend er gut angewandt werden kann, so leicht
führen seine Nachrichten den irre, der die Unterscheidung jener Ele=
mente bei ihm vergißt.

Zum Schluß erwähne ich an dieser Stelle des Bruchstücks
französischer Geschichte im vierten Bande des Duchesne[4]); nicht als wäre
sein Ursprung aus dieser Quelle geradezu zu behaupten; die Er=
zählung ist hiefür zu allgemein gehalten. Nur bei der Eroberung
von Jerusalem giebt sie einiges Detail, welches sich sonst nur bei
Bartholf wieder findet[5]); auch die Angabe, daß wegen der Dornen=
krone Christi Gottfried keine irdische Krone getragen, findet sich hier
zuerst, und zwar wird das Verdienst dieser Demuth den umgebenden
Baronen, nicht dem Fürsten selbst beigelegt.[6])

Von Schriftstellern des 12. Jahrhunderts, welche Fulcher be=
nutzt haben, finde ich noch drei, auf welche näher einzugehen ich mich
aber durch ihren gänzlichen Mangel selbstständiger Zusätze überhoben
sehe. Es sind, zunächst die Ueberarbeitung des Mönches Robert mit

---

1) S. 790.   2) S. 758.

3) So über die Stärke des christlichen Heers gegen Kerbuga S. 741, über
die Verhandlungen vor Askalon S. 758, über die Angelsachsen im Orient S.
725, S. 778 flg.

4) S. 85 flg.

5) Tancred habe für sich allein die Stadt bestürmt; nach der gewöhnlichen
Annahme ist er bekanntlich mit auf Gottfrieds Thurm.

6) Die gewöhnliche Version findet sich bei Will. Malm. p. 143, histor.
belli Sacri c. 130, in der Vorrede zu den Assisen von Jerusalem und bei
Will. Tyr.

Einschiebseln aus Fulcher, von welcher Stenzel nähere Nachricht giebt[1]), dann die Chronik des Richard von Poitou[2]), welcher Raimund und Fulcher gleichsehr und oft in höchst verwirrter Weise benutzt[3]), endlich die Chronik des Bischof Sicard von Cremona[4]), der über Peter den Eremiten originale, aber werthlose Nachrichten hat[5]), im Uebrigen aber Fulcher wörtlich ausschreibt.[6])

Die eigentlich unmittelbaren Quellen, die Erzählungen der Augenzeugen, sind hiemit erschöpft. Von einer jeden der drei Nationen, welche die Hauptmasse des Heeres bildeten, besitzen wir demnach unmittelbare Nachrichten; die Parallele, die wir in dieser Hinsicht zwischen den Normannen und Provenzalen zogen, läßt sich leicht auf den Lothringer — Lothringer wenn nicht durch Geburt, doch nach seinem ganzen Lebenslaufe — verlängern. Raimund ist wichtig für die provenzalischen Dinge, steht aber für die Erkenntniß des Kreuzzuges im Allgemeinen hinter den Gesten sehr zurück, eben wie auch die Helden ihrer Bücher, Boemund und der Graf von Toulouse, sich zu einander verhalten. Fulcher's Bedeutung steigt und fällt in ähnlicher Weise mit dem Hervortreten der lothringischen Fürsten: während des Zuges selbst giebt er nur vereinzelte Notizen, die für uns Interesse haben können, später aber, für Balduin I., tritt er durchaus an die erste Stelle. Damals war Boemund gefangen, Raimund in die griechischen Angelegenheiten verwickelt, der König von Jerusalem sah sich ohne Widerspruch im Besitze eines umfassenden Primates über alle christlichen Besitzungen im Orient.

---

1) Archiv für deutsche Geschichtskunde IV. S. **97.** Doch erwähnt sie schon Martene in praef. ad Ekkehardum. Sie ist aus dem Jahre 1145. Ich habe in Bonn einen Abdruck davon eingesehen.

2) Murat. antiquit. Ital. t. IV. p. 1085 sqq. Ueber den Verf. **gibt** die hist. litt. XIII. p. 530 flg. das Nöthige.

3) So stellt sie die widersprechendsten Nachrichten über die heilige Lanze ganz unbefangen nebeneinander.

4) Murat. script. VII. p. 586 sqq.

5) Ad. a. 1084 ex cod. Estensi.

6) Von einer Copie in **Lambert. florid. gibt** Pertz Archiv VII. S. 543 **vorläufige** Nachricht.

V. Radulf von Caen.

Die beiden zunächst zu nennenden Schriftsteller, Radulf und Ekkehard, sind bei dem Kreuzzuge selbst nicht anwesend gewesen. Trotzdem sind sie hier unter den Quellen im eigentlichen Sinne anzuführen, weil sie unmittelbar vorhergehende und nachfolgende Ereignisse aus Autopsie darstellen und weil beide für den Kreuzzug selbst Nachrichten **von den** handelnden **und zwar** sehr bedeutenden Personen überliefern.

Radulf war zu Caen etwa um 1080 geboren, trat im Jahre 1107 in Boemund's Dienste und war bei der Belagerung von Dyrrhachinm gegenwärtig: bald nachher ging er nach Asien und begleitete Tancred auf **seinem** Entsatzzuge nach Edessa.[1] In dessen Umgebung blieb er fortdauernd und schrieb nach **des** Fürsten mündlichen Mittheilungen zwischen 1112 und 1118 sein **Buch**.[2] Sein Hauptgegenstand ist Tancred und dessen Trefflichkeit; **er ist** begeistert, aber unparteilich; seine Angaben sind schlechthin wesentlich zur Charakteristik des Helden. Dabei hat er streng historische Gesinnung, so poetisch sich auch zuweilen die Form seines Werkes ausnimmt: der Strom seiner Rede wälzt sich in Bildern, Anthithesen, Klimaxen unerschöpflich dahin, aber an dem Kern der Ereignisse hält er trotzdem deutlich fest.

Indessen ist damit über die individuelle Bedeutung seines Buches **und die** Art seiner Anwendung im Einzelnen noch wenig gesagt. Ich glaube, daß man hierüber am leichtesten zu einem Resultate ge= langt, wenn man sich die Entstehung desselben genau vergegenwärtigt. Radulf selbst meldet[3], Tancred habe ihn nie ausdrücklich zur Ge= schichtsschreibung aufgefordert, ihm nie in diesem Sinne Mittheilungen gemacht. **Was wir** von ihm vernehmen, kann also nur aus zu= fälligen Erinnerungen des Fürsten, wie sie das Gespräch herbeiführte, entstanden sein, also immer nur einzelne Bruchstücke enthalten, Frag= ment an Fragment, deren Verbindung einzig auf Rechnung des Auf=

---

1) Die dahin gehörigen Citate stehen zusammen in der Vorrede des Mar= **tene** und Durand. Was über seine spätern Schicksale dort gesagt wird, ist, so oft man es auch wiederholt hat, nicht zu erweisen.

2) Er schreibt nach Tancred's Tode, 1112, und widmet es dem Patriarchen Arnulf, der 1118 starb.

3) In praef.

zeichnenden kommt. Für den Zusammenhang der Begebenheiten, für die Ansicht des Ereignisses als eines Ganzen kann seine Schrift nicht auf den Rang einer unmittelbaren Quelle Anspruch machen. Aber auch zwischen diesen Fragmenten wird man weiter unterscheiden müssen. Schlechthin glaubwürdig sind alle die Angaben, die sich unmittelbar auf Tancred, auf dessen persönliches Sein und Handeln beziehen. Für **das** Eine **ist** Radulf Augenzeuge, für das Andere hat man keinen Grund, die Treue **seiner** Ueberlieferung in Zweifel zu ziehen. Nicht so unbedingten Glauben wird er aber für den Rest seiner Erzählungen — und dieser bildet **den** größten Theil des Buches — fordern können. Die Begebenheiten, **die dort** berichtet werden, sind von doppelter Art, solche, die Tancred nicht anders als **jeder** Soldat seines Heeres wahrnehmen konnte — der äußere Hergang eines Kampfes, das Terrain eines Schlachtfeldes, das Datum irgend eines Vorfalles ꝛc. — oder sie sind der Art, daß sein Rang, seine Stellung im Heere ihm besondere Gelegenheit zur Erkenntniß derselben gab — der Plan eines Angriffes, Verhandlungen unter den Fürsten und was dem **mehr** ist. Für diese letzte Klasse von Angaben ist Radulf offenbar wieder entscheidender Gewährsmann, und man bedauert nur, daß die Mittheilungen dieser Art nicht zahlreicher sind. Für die übrigen kann man ihn mit den Gesten und Raimund kaum in eine Linie stellen, da seine Nachrichten doch immer nur aus zweiter Hand kommen. In jedem einzelnen Fall wird man sich der genauesten Kritik nicht überheben können.

Versuchen wir es, diese Betrachtungen an einem einzelnen Beispiel, seiner Darstellung der Belagerung von Antiochien, zu erläutern.[1] Er entwickelt zuerst die Stellung des christlichen Heeres und seiner einzelnen Schaaren; niemals hat man auf diese Angaben Rücksicht genommen, da sie mit Albert von Aachen und Wilhelm von Tyrus im Widerspruch stehen und durch unmittelbare Vermischung mit späteren Ereignissen Mißtrauen erwecken. Dem unerachtet stehe ich nicht an, diesen Bericht eines Feldherrn über solch einen Gegenstand allen anderen vorzuziehen, und werde fernere Gründe für seine Beglaubigung beibringen. **Jene** Anticipationen erklären sich leicht aus dem Bestreben Radulf's, den Angriffsplan deutlich zu machen, ohne Rück-

---

1) C. 46 flg.

sicht auf die Zeitfolge der Ereignisse. Er wendet sich darauf zu den abgesonderten Kämpfen seines Helden, seinen Bericht darüber stelle ich gleich mit dem eines Augenzeugen. Dann folgt eine ganze Reihe von Ereignissen, alle vielleicht sehr richtig und genau, für uns aber durchaus unbrauchbar, weil sie in dem Zusammenhange, den die übrigen Quellen geben, nicht unterzubringen sind. Was endlich die Einnahme der Stadt angeht, so ist er wieder die schlechthin ent= scheidende Quelle; über den Verrath des Firuz und die vorhergehen= den Unterhandlungen kann niemand auf größere Glaubwürdigkeit Anspruch machen, als der Vetter Boemund's und wer durch ihn unterrichtet worden ist.

Radulf selbst ist sich des Umstandes, daß die Art seiner Kennt= niß auf den Zusammenhang der Ereignisse wenig Bezug hat, wohl bewußt gewesen. Fast durch den ganzen Verlauf seines Buches fehlt Gleichmäßigkeit der Darstellung: er malt einzelne Vorgänge und Charaktere weitläufig aus, und fertigt eine wichtige Entwickelung, einen ganzen Zeitabschnitt auf das Kürzeste ab. In vielen Fällen scheint er den Faden der Erzählung ganz zu verlieren, bald in ge= schmückten und schwerfälligen Beschreibungen, bald in raisonnirender Erörterung, wo er mit dem Detail der Thatsache auf das Willkür= lichste verfährt. Man kann in dieser Beziehung seinen Bericht von dem Zwiste Boemund's und St. Gilles über Antiochien mit der übrigen Quellen vergleichen.[1] Seine Einzelnheiten, und vor Allem die Reihenfolge, in der er sie vorträgt, weichen gänzlich von der Raimund's und der Gesten ab: man bemerkt aber auch bald, daß es ihm auf das Einzelne nicht ankam, daß er einen allgemeinen Ge= sichtspunkt — den Gegensatz nord= und südfranzösischen Wesens — aufstellen wollte, und hiernach seine Thatsachen auswählte und an= ordnete. Wir sind ihm dankbar für das bezeichnete Princip, wissen aber die Thatsachen aus besseren Quellen zu schöpfen. Nicht anders verhält es sich mit den Reden, die er seinen Personen häufig in den Mund legt, sogar mit Briefen, die eingerückt werden: sie sind sämmt= lich, was ihr Styl unverkennbar beweist, erdichtet und belehren uns nur über die Sinnesweise des Autors.

Von Copien des Buches kenne ich nur die schon angeführte in

---

1) C. 99 flg.

der historia belli sacri: über die Ausgabe bemerke ich, daß sie, nach der Meinung der Herausgeber, auf dem Autographon des Verfassers beruht. Es ist das wichtig wegen einzelner Marginalstellen, die hier= durch eine gleiche Bedeutung, wie der übrige Text, erhalten.[1])

VI. Ekkehard von Aura.

Die Leistungen Ekkehard's **als** Geschichtsschreiber, sowie sein Verhältniß zu der Chronik von Auersberg und den sächsischen Anna= listen, lange Zeit problematisch[2]), sind jetzt durch die umfassenden Entdeckungen des Hrn. Pertz, sowie durch Waitz's treffliche Ausgabe der historischen Werke Ekkehard's völlig in's Klare gestellt.[3]) Dazu kommt noch Hagenmeyer's Ausgabe des Hierosolymita (Tübingen 1877), deren reichhaltiger Commentar ein vollständiges Repertorium über die Kritik und die Literatur der gesammten Geschichte **des** ersten Kreuzzuges bildet. Indem ich auf diese Arbeiten verweise, **kann** ich mich in den folgenden Bemerkungen auf kurze Hervorhebung **der** für unsere Zwecke wesentlichen Momente beschränken.

Aus Ekkehard's Leben wissen wir so **viel**, daß er Mönch in Corvei unter Abt Marquard war; als wahrscheinlich kann es gelten, daß er später in das Michaelskloster zu Bamberg eintrat. Im Jahre 1101 machte er eine Pilgerfahrt in das gelobte Land, mit einer deutschen Abtheilung zu Lande durch Ungarn nach Constan= tinopel, von da zu Wasser nach Joppe. Dort erlebte er Kämpfe König Balduin's mit den Aegyptern, knüpfte in Jerusalem nähere Bekanntschaft mit dem nachherigen Patriarchen Arnulf, einem an= gesehenen Abte Gerhard und dem Einsiedler Hermann vom Oelberge an, die er als höchst glaubwürdige Gewährsmänner preist, und kehrte nach sechswöchentlichem Aufenthalte in Palästina, durch die dortigen Zustände nicht besonders erbaut, in die Heimath zurück. Wir finden ihn dann mehrfach in die politischen Händel der Zeit, namentlich den Aufstand Heinrich's V. gegen seinen Vater verflochten. **In der** Zeit

---

1) Pertz Archiv VII. S. 524 bestätigt das.

2) Die dahin gehörigen Aufsätze finden sich Eccard corpus hist. medii aevi praef. N. 10. Martene coll. ampl. t. IV. praef. N. 1—5, t. V. p. 512, dann im Archiv für deutsche Geschichtskunde I. 307., II. 309., III. 530., V. 158.

3) Archiv VII. S. 469 flg. Monumenta t. VI. S. 1 flg.

zwischen 1108 und 1113 wurde er Abt des durch den Bischof Otto
von Bamberg neu gegründeten Klosters Aura an der fränkischen
Saale, wo er dann bis an seinen Tod, der frühestens 1125, nach
Trithem erst 1130 erfolgte, gewirkt hat. Sein Hauptwerk, das
Chronicon, hat er mit unermüdlicher Sorgfalt ausgearbeitet und,
wie die uns erhaltenen Handschriften zeigen, in verschiedenen Re=
dactionen immer neu vermehrt, verbessert und fortgesetzt. Die ur=
sprüngliche Bearbeitung schloß mit dem Jahre 1100, eine zweite
vielfach neugestaltete mit 1106, der dann später eine Fortsetzung bis
1125 angeschlossen wurde. Um 1114 veranstaltete er im Auftrage
Heinrich's V. eine neue, wieder vielfach umgearbeitete Redaction, deren
Autograph uns erhalten ist. In allen diesen Ausgaben waren die
orientalischen Ereignisse unter die einzelnen Jahre vertheilt, in denen
sie sich begeben haben; dann aber in der Zeit von 1114 bis 1117
hat er in einer für den Abt Erkembert von Corvei bestimmten Aus=
gabe der Chronik alle diese Angaben über den Kreuzzug und König
Balduin als besonderen Anhang unter dem Titel Hierosolymita mit
gründlicher Sichtung und Vermehrung zusammengefaßt. Wie die
Chronik überhaupt, läßt auch dieser Anhang eine entschiedene Be=
gabung des Verfassers erkennen. Großer Fleiß und strenge Gewissen=
haftigkeit zeichnen ihn aus; so sehr er von der mystischen Begeisterung
des Kreuzzuges ergriffen ist, so bewahrt er sich in der Auffassung
der einzelnen Thatsache überall einen ruhigen und besonnenen Blick,
und eine Art des Urtheils, welche mehr Nüchternheit als Ueber=
schwänglichkeit bekundet. Daß er bei Theilnehmern des Zuges sich
Belehrung gesucht, habe ich bereits bemerkt, er benutzt den oben an=
geführten Brief der Fürsten nach der Schlacht bei Ascalon; in Je=
rusalem findet er ein kleines Buch, welches, wie er sagt, die Ereignisse
des Kreuzzuges in genauester Darstellung erzählt. Hagenmeyer ver=
muthet nach den von Ekkehard daraus mitgetheilten Stellen, es sei
ein Exemplar der Gesta gewesen; ich halte es nicht für unmöglich,
doch scheint mir der Beweis nicht in abschließender Weise erbracht.
Der dankenswertheste Theil des Hierosolymita ist übrigens der letzte
Abschnitt des Buches, worin Ekkehard ausführliche Nachricht über
seine eigene Pilgerfahrt von 1101 gibt. Er machte die erste Hälfte
des Weges mit den großen Schaaren, welche während des Sommers
jenes Jahres in Kleinasien ein so unglückliches Ende fanden und

liefert für deren Geschichte durchaus unentbehrliche Angaben. Er ist hier ganz als Augenzeuge zu betrachten; seine Beschreibung ist genau und anschaulich; er zeigt nichts was glänzend, aber auch nichts was täuschend erscheinen könnte.

Sein großes Werk hat im Mittelalter einen seltenen Beifall gefunden, der allerdings dem persönlichen Ruhme des Autors wenig zu Gute gekommen ist, da einige seiner zahlreichen Copisten die ihm gebührende Anerkennung für sich selbst erworben haben, so daß erst im 19. Jahrhundert durch die Forschungen von Pertz und Waitz die Verdienste Ekkehard's wieder an das Tageslicht getreten sind. Die meisten der seine Erzählung wiederholenden Schriften[1]) haben für uns kein Interesse; über die Benutzung des Hierosolymita reichen folgende Notizen aus.

Der sächsische Annalist, der sich im Ganzen streng an Ekkehard hält, rückt in die Angaben über den Beginn des Kreuzzuges eine den Eremiten Peter hervorhebende Stelle der Rosenfelder Annalen ein, die unten näher zu besprechen ist, außerdem wird der Fürstenkatalog mit einigen neuen Namen bereichert. Dann sind einige kurze Angaben verschiedener Jahrbücher zu nennen, die sich freilich fast nur auf die Notiz beschränken, auf Antreiben Peter's des Eremiten sei eine unzählige Volksmenge nach Jerusalem aufgebrochen und habe diese Stadt den Heiden entrissen, nachdem sie vorher die Juden gewaltsam zur Taufe genöthigt. Es sind das die Annales Wirciburgenses, Brunvilarenses und Hildesheimenses[2]); daß sie ein und dieselbe Nachricht mittheilen, ist deutlich und bei den ersten hat schon Pertz auf ihre Benutzung Ekkehard's aufmerksam gemacht.[3]) Ich führe sie hier nur an, um damit jeder Folgerung entgegenzutreten, als könnten sie für den Einfluß Peter's des Eremiten mehr als Ekkehard selbst beweisen.

Otto von Freisingen machte bedeutendere Auszüge aus Ekkehard in dem siebenten Buche seiner Chronik[4]), jedoch mit vielfachen

---

1 Angeführt von Waitz l. c. S. 12 und 13.

2) Die beiden ersten in den Monum. t. II, die letzten t. V.

3) In praef. Man erkennt den Ursprung deutlich, wenn man etwa den Annal. Saxo (Petrus in finibus emersit Hispaniae etc.) und diese Annalen nebeneinander vergleicht.

4) VII. c. 2.

Aenderungen in der Anordnung der einzelnen Stellen, sowie mit einigen Zusätzen, die aber nicht alle gleich glücklich zu nennen sind. Der bekannteste davon enthält die oft wiederholte, aber völlig un= richtige Nachricht, Urban II. sei mit Hülfe der Kreuzfahrer 1096 wieder in Rom eingesetzt worden.[1]

Die Chronik von St. Pantaleon erzählt gleichfalls den Kreuzzug völlig nach Ekkehard, mit einigen Aenderungen, die mich auf Benutzung des Chron. Ursperg. schließen lassen.[2] Ein Weiteres ist nicht davon zu sagen, so wenig wie von der deutschen Uebersetzung derselben Chronik.

Gottfried von Viterbo in seinem Pantheon schließt sich zu= nächst an; auch er hat keine Zusätze, die eine weitere Betrachtung erforderten.[3]

Merkwürdiger dagegen sind die Nachrichten, welche Helmold mittheilt.[4] Daß er Ekkehard oder einen seiner Nachfolger der Er= zählung des Kreuzzuges zu Grunde gelegt hat, ist vollkommen deut= lich; wie Otto und Gottfried kürzt er bedeutend ab, doch läßt be= sonders die Darstellung des Aufbruches, die Art und Weise, mit welcher Peter der Eremit eingeführt wird, keinen Zweifel über den Ursprung seiner Nachrichten. Ueber Gottfried von Bouillon berichtet er ausführlicher, wie er mit dem Kaiser, den die Nachricht von Rudolf's Wahl aus der Verehrung der heiligen Märtyrer zu Rom aufgeschreckt hat, in den Kampf zieht und dort Rudolf durch Abhauen der rechten Hand auf den Tod verwundet. Ueber Gottfried's Feld= herrnschaft im Kreuzzuge hat er so wenig Zweifel wie Otto von Frei= singen, der die ägyptischen Gesandten nicht wie Ekkehard zu den Fürsten, sondern zu dem Herzog allein kommen läßt.

Uebersehen wir diese Reihe von Copisten noch einmal, so zeigt sich besonders in Bezug auf Peter den Eremiten und Gottfried

---

1) Selbst Stenzel, fränk. Kaiser II. S. 160 nimmt sie an, so wie Gieseler Kirchengeschichte II. 2. S. 45, und führt neben Otto auch Fulcher als Gewährs= mann auf, der gerade die richtigen Thatsachen enthält.

2) Sie hat die Stelle Non modica quippe multitudo etc. vor dem Satze legimus Hierosolymae libellum etc.

3) S. 338. 339. bei Pistor. II. Ich bemerke hier, daß das Werk, welches Pertz dem Nürnberger Codex desselben beigeschrieben fand, nach den im Archiv VII. S. 588 gegebenen Worten ein Alb. Aq. oder ein Excerpt aus demselben ist.

4) Hist. slav. I. 29 sqq.

von Bouillon die Vergleichung von Interesse. Die Methode der
Abkürzung ist fast bei allen dieselbe, sie schreiben den Satz **über**
Peter den Eremiten in extenso aus[1]), lassen dann die Erzählung
des Kreuzzuges bis zur möglichst summarischen Kürze zusammen=
schrumpfen und erwähnen den Herzog, nicht mehr wie Ekkehard **als**
den in Jerusalem gewählten, sondern im Allgemeinen als den Führer
des Heeres.

---

1) Nur Otto von Freisingen und Gottfried von Viterbo machen eine Aus=
nahme davon, sie reden nur von Urban II. als dem Veranlasser des Zugs,
gleichfalls nach Ekkehard, welcher Peter und Urban durchaus in das richtige
Verhältniß setzt.

Zweites Capitel.

Albert von Aachen.

Die merkwürdige Chronik, mit deren erster Betrachtung wir uns hier zu beschäftigen haben, tritt aus völlig dunkelem Hintergrunde vor uns hin.[1] Der Verfasser wird auf dem Titel Albert oder Alberich genannt[2], Canonicus Aquensis ecclesiae, wir wissen nicht mit Bestimmtheit, ob von Aix oder von Aachen. Man hat darüber vielfach gestritten, aber im Grunde die Sache nicht um einen Schritt weiter gebracht[3]; in der neuesten Zeit hat man sich mehr zu der letzten Annahme geneigt[4], und wie ich glaube, mit gutem Rechte. Gleich im Anfange seines Buches nennt er Frankreich das Reich im Westen[5], was auf Aachen wenigstens besser paßt, als auf Aix in der Provence. In demselben Sinne will ich eine anscheinende Localnachricht, auf die man wohl Gewicht gelegt hat, nicht urgiren[6], wohl aber die Beschaffenheit seines allgemeinen Standpunktes, der keinen Augenblick zweifelhaft sein kann. Auf das Entschiedenste herrschen deutsche und lothringische Ueberlieferungen und Neigungen in seinem Buche vor; Gottfried von Bouillon ist ausgesprochener Maßen der

---

1) Der Angabe früherer Untersuchungen über Albert kann ich mich füglich entheben. Bei allem ist von einer Charakteristik seiner Person oder seiner Quellen keine Rede gewesen; das feststehende von Mund zu Mund fortgepflanzte Resultat war eine unbedingte Huldigung.

2) Cf. Bongars in praef.

3) Die hist. litt. de la France X. p. 277 stellt Einiges darüber zusammen.

4) Michaud z. B. und Capefigue.

5) I. 2. Amiens, quae est in occidente, de regno Francorum.

6) VI. 36.

Held der Erzählung[1]) und wir werden vielfach Gelegenheit haben, den Einfluß dieses Umstandes auf die Gestaltung der Nachrichten wahrzunehmen. Freilich erscheint in all' diesem wohl eine höhere Wahrscheinlichkeit, aber immer kein zwingender Beweis für Albert's deutsche Abstammung.

Ebenso ungewiß wie der Ort ist auch die Zeit, in welcher Albert lebte und sein Werk aufzeichnete. Seine letzten Nachrichten betreffen das Jahr 1121; das Einzige, was man im Uebrigen mit Sicherheit behaupten kann, ist die Entstehung des Buches nicht lange nachher, da sich der Verfasser an mehreren Stellen auf unmittelbare Be= lehrung durch Augenzeugen beruft. Bock's, sonst sehr sorgfältige Erörterung (Lersch, niederrheinisches Jahrbuch I, 42), daß Albert erst um 1180 geschrieben, zerfällt durch die beiden Thatsachen, daß ein Codex, der dessen Geschichte enthält, das Datum 1158 trägt, und daß Wilhelm von Thyrus das Buch lange vor 1170 benutzt hat. Ueber andere hierher gehörige Fragen, Natur des Verfassers und Glaubwürdigkeit des Buches, sind wir an den Inhalt des letzteren als einzige Quelle gewiesen; suchen wir also zunächst dessen Ent= stehungsweise zu erkennen und hierauf, wenn es möglich ist, weitere Schlüsse zu begründen.

Belehrung durch Augenzeugen und zwar in mündlicher Ueber= lieferung nennt, wie erwähnt, Albert selbst als seine Quelle bei mehreren Angaben. Stellt man sie zusammen[2]), so zeigen diese schon eine beträchtliche Anzahl von Gewährsmännern; er redet überall von mehreren, die ihm diese Nachrichten mitgetheilt hätten. Dabei be= treffen sie die verschiedensten Gegenstände; eine derselben bezieht sich auf den Zug Gottschalk's durch Ungarn, sechs andere auf Ereignisse bei dem großen Kreuzheer, die letzte endlich auf die Niederlage in Kleinasien vom Jahre 1101. Der Inhalt aller aber ist gleichartigen Charakters: in allen werden seltsame, wunderbare Dinge erzählt, die der Verfasser durch ausdrückliche Berufung auf seine Quellen her= vorzuheben bemüht ist. In der ersten unerhörte Grausamkeiten[3]),

---

1) Incipit liber primus expeditionis Hierosolymitanae urbis, ubi Ducis Godefridi inclyta gesta narrantur, cuius labore et studio civitas Sancta
sanctae Ecclesiae filiis est restituta.

2) Einige davon, aber nicht alle, nennt Bongars in praef.

3) I. 24.

in zwei anderen gewaltige Thaten Herzog Gottfried's[1]); darauf die furchtbare Noth des Heeres in der phrygischen Wüste[2]) und in Antiochien[3]), die Pracht des Tempels in Jerusalem[4]), und die wunderbare Erhaltung der Christen bei Askalon[5]); endlich die fabelhaftesten Umstände bei jenem Unglück von 1101, wie Meilenweit die Erde mit Gold= und Silbergeräth bedeckt ist, wie das Blut der Erschlagenen mächtige Ströme bildet ꝛc.[6]), das sind die Nachrichten, die er zunächst beglaubigt, die er ausführlichst mit fester Ueberzeugung vorträgt. Wir sehen nicht gerade himmlische Wunder und positive Thaten Gottes, wohl aber die Fülle irdischen Heldenthumes, die Entfaltung wunderbarer Pracht und mährchenhaften Elends — solche Dinge flößen ihm besonderes Interesse ein und bestimmen ihn, auf allen Seiten Erkundigungen einzuziehen.

Diese Gesinnung nun zeigt sich in unveränderter Weise, wo man sein Buch aufschlagen mag. Daß hier bei dem Kreuzzuge alles irdische Wesen im höchsten Glanze zu Tage getreten sei, daß herrlichere Helden und wunderbarere Thaten nicht gedacht werden können, ist seine Ansicht und **das** Motiv für seine Forschungen. „So viel Unerhörtes, sagt er[7]), und höchst Wunderwürdiges, was ich vernommen, hat mich längst mit brennender Sehnsucht erfüllt, selbst jenen Zug anzutreten und **am** heiligen Grabe den Heiland zu verehren. Da mir aber dieser Wunsch nicht erfüllt worden ist, will ich wenigstens Einiges, wie ich es gehört und vernommen von denen, die dort gegenwärtig waren, dem Andenken erhalten." Ist dem nun wirklich so — wie denn nicht der geringste Zweifel dagegen vorliegt[8]) — hat er einzig aus mündlichen Erzählungen geschöpft, so erwehrt man sich nicht des Erstaunens bei dem Anblicke seines Werkes. Man macht sich keinen Begriff von der Fülle des Stoffes und der Mannichfaltigkeit der Berichte, die unerschöpflich und dichtgedrängt, höchst concret und höchst speciell den Raum seiner Erzählung erfüllen.

1) II. 33. III. 65.   2) III. 2.   3) IV. 55.
4) VI. 24.   5) VI. 50.   6) VIII. 21.

7) I. 1. Diu multumque his usque diebus, ob inaudita et plurimum admiranda saepius accensus sum desiderio eiusdem expeditionis. — — Temerario ausu decrevi saltem ex his aliqua memoriae commendare, quae auditu et revelatione nota fierent ab his qui praesentes affuissent.

8) Daß er mit keinem der uns erhaltenen Autoren in bestimmtem Zusammenhange steht, brauche ich nicht näher auszuführen.

Von dem Traume Peter's des Eremiten an, in allen Abschnitten des
Kreuzzuges, dann über Gottfried's, über Balduin's Regierung, über
die gleichzeitigen Ereignisse in Antiochien und Edessa, in dem Fort=
gang der großen Begebenheiten, wie in zahllosen Digressionen: aller
Orten hat er denselben Reichthum des Inhaltes und die gleiche An=
schaulichkeit der Darstellung. Nie entdeckt man eine Zeile der Reflexion,
niemals, daß er nur den Versuch machte, einzelne Theile der Er=
zählung abzukürzen oder gedrängter zu fassen. Da ziehen die Massen
des Heeres dahin, die Harnische leuchten im Sonnenstrahl, die pur=
purnen Banner wehen; er unterscheidet die Völker und die Fürsten,
einer drängt sich dem anderen zuvor, Gottfried, Boemund, der Bischof
von Puy und Andere leiten die Schaaren mit weisem Regiment.
Nun zeigten sich, heißt es, die Feinde, weit entfernt am Saume des
Gebirges, auf leichten Rossen in wildem Getümmel. Sogleich brachen
zehn christliche Ritter hervor ihnen entgegen und bedrängten sechzig
Feinde mit unaussprechlicher Tapferkeit, von beiden Seiten eilten
andere zu Hülfe und Verstärkung, immer größere Schaaren, immer
begeistertern Muthes. Die Lanzensplitter flogen umher, die Pferde
schnaubten und dampften, daß dichte Wolken sich über dem Streite
lagerten, da ein Provenzal, dort ein Lothringer, thaten sich hervor,
wer kennt nicht den lang erprobten Muth des Einen, der Andere
hat von Jugend auf Werke der Frömmigkeit gethan, des Dritten
Kraft rühmt die Heimath wie die Fremde — endlich brechen sie die
türkischen Reihen. Da geht nun durch Thal und Gebirg die Ver=
folgung, die Felsklippen halten sie nicht auf, die Wiesen am Flusse
werden zertreten, Gold und Silber, Pferde und Kameele, alles das
Herrlichste fällt in die Hand der Streiter Christi.[1] So geht das
in ununterbrochenem Verlauf durch das ganze Buch, es berathen die
Fürsten, die Geistlichen beten, die Krieger kämpfen, Alles tritt un=
befangen und in epischer Anschaulichkeit vor unser Auge. Das Talent
des Verfassers in dieser Rücksicht ist bewundernswerth, es läßt sich
in keiner Stelle ein Gemachtes oder Bewußtes erkennen, die unmittel=
barsten Anschauungen reihen sich in beweglichem Flusse zusammen.
Von vorn herein muß man gestehen, aus diesem Buche redet eine

---

1) Fast wörtlich nach verschiedenen Stellen, Schlacht bei Doryläum, Be=
lagerung von Antiochien x.

v. Sybel, Gesch. d. ersten Kreuzzuges. 5

Welt von Wahrnehmenden, Mitleidenden, Selbsthandelnden, die Stimme nicht eines Einzelnen, sondern ganzer Heerschaaren spricht daraus mit tausend Zungen, wir erhalten das Bild des gesammten Abendlandes, wie es in allen Theilen von jener Weltbegebenheit erschüttert sich dieselbe im Größten wie im Kleinsten zu eigen gemacht hat.

So weit wäre Alles vortrefflich und dankenswerth; freilich ist darin sehr wenig gesagt, was den Werth echter geschichtlicher Zeugnisse bestimmen könnte. Ob dieser Reichthum der Einzelnheiten auch vorzugsweise die Hauptsache erläutere, ob er an sich auf Glaubwürdigkeit Anspruch machen dürfe, ist noch völlig unberührt geblieben. Untersuchen wir Albert's Verfahren, seinen Stoff zu erlangen und zu verarbeiten, so stellen sich nicht geringe Bedenken heraus, die ich für's Erste nicht durch Vergleichung mit anderen Quellen, sondern durch Entwickelung seiner eigenen Angaben begründen werde.

Von jedem historischen Berichte muß man fordern, **daß** er seine Thatsachen in Zeit und Raum feststelle und sie durch Widersprüche in ihrer innern Gliederung nicht selbst vernichte. Man verlangt damit nur das Nothdürftigste: die Wissenschaft kann nichts benutzen, was sich nicht den ersten Gesetzen des Seins und Denkens unterwirft. Und hier muß von Albert gesagt werden, daß seine Darstellung weder in der einen noch in der andern Hinsicht ausreicht, daß er weder für äußere Verbindung noch für inneren Zusammenhang der Thatsachen Sorgfalt und Aufmerksamkeit verräth. Dieselbe Unbefangenheit, die seinem darstellenden Talente zu Gute kommt, führt ihn bei der Redaction **des** Buches über die ärgsten Widersprüche sorglos hinweg und nur **der** Zufall scheint darüber entschieden zu haben, ob die einzelnen Berichte zu einander passen oder sich wesentlich ausschließen. Für **eine** Rücksicht dieser Art **hat** Albert einmal das Auge nicht; an hundert Stellen tritt dieser Mangel zu Tage und es verlohnt sich der Mühe, einige davon näher herauszuheben.

Es lag ihm die Nachricht vor, Kaiser Alexius und Gottfried hätten bis tief in den Januar 1097 hinein Krieg geführt und Weihnachten nur aus Ehrfurcht vor dem hohen Festtage in Frieden verbracht.[1] Er verbindet das ganz unbefangen mit einer zweiten Notiz,

---

1) II. 10 flg.

der Kaiser habe die Lothringer von Weihnachten an, wo man Frieden geschlossen, bis Pfingsten täglich beschenkt.[1]

Ueber Robert von der Normandie, Stephan von Blois, Eustach von Boulogne hat er die Kunde, sie seien, während Gottfried schon Nicäa angegriffen habe, bei Alexius in Constantinopel gewesen.[2] Bald darauf erzählt er einem anderen Berichterstatter nach, bei dem ersten Sturm auf Nicäa hätten neben vielen Andern auch Stephan Eustach zc. mitgewirkt.[3]

Nach der Schlacht bei Doryläum, die wie bekannt am 1. Juli 1097 geliefert wurde, fährt Albert folgender Gestalt in seiner Erzählung fort.[4] Als die feindlichen Angriffe aufhörten, zogen die Franken mit dem Anbruch des vierten Tages weiter und übernachteten auf dem Gipfel der schwarzen Berge. Als es Tag wurde, stieg das ganze Heer in das Thal Malabrunas hinunter, wo es seine Tagemärsche abkürzte wegen der Enge des Weges, der Zahl der Truppen und der gewaltigen Hitze des August. Als dann ein Sabbath desselben Monats bevorstand, wuchs der Durst im Volke zc. Die völlige Gleichgültigkeit gegen alle Chronologie ist hier zu offenbar, als daß es weiterer Erörterung bedürfte.

Zwei wesentlich verschiedene Berichte giebt er dann dicht nebeneinander über das bekannte Jagdunglück Herzog Gottfried's. Nach dem einen wird er bei Antiochetta durch einen Bären verwundet und genest erst mehrere Monate später, nachdem durch seine Krankheit der Zustand des ganzen Heeres in Verfall gerathen ist.[5] Nach dem anderen greifen die Türken das christliche Heer unmittelbar nachher an, da heißt es: caedem et strages operantur Boemundus, Godefridus — praeterea illucescente die dux Godefridus, Boemundus et universi capitanei exurgentes armis loricis induti iter intermissum

---

1) II. 16.   2) II. 21.

3) II. 22. Die Ausgabe der Pariser Akademie findet, daß ich etwas zu streng mit Albert verfahre. Robert, Stephan u. s. w. hätten immerhin noch etwas in Constantinopel verweilen, und doch bei den ersten Kämpfen zur Stelle sein können. Leider hätte dann Albert nicht bloß an der einen, sondern an beiden Stellen Falsches berichtet, da nach Fulcher's bestimmtem Zeugniß jene Fürsten **erst** Anfangs Juni vor Nicäa anlangten.

4) III. 1.

5) **III.** 3. 4. 58.

5 *

iterare iubent, wo Abhemar dann die Marschordnung bestimmt und Gottfried als Führer des Nachtrabes genannt wird. [1]

Die Geschichte Swen's des dänischen Königssohnes leitet er folgender Gestalt ein (Swen zog dem großen Heere nach, welches damals die Belagerung von Antiochien betrieb): Nach der Einnahme von Nicäa hatte er sich einige Tage verspätet, war von Kaiser Alexius gut aufgenommen worden und zog nun mitten durch Romanien. [2] Es scheinen mir auch hier zwei abweichende Berichte nicht zu verkennen; aus dem einen ist die Erwähnung Nicäa's, aus dem andern die des Kaisers genommen; denn als ein Ganzes, wie der Satz hier steht, giebt er schlechterdings keinen Sinn.

Swen wird nach dem Fortgang dieser Stelle durch Kilidsch Arslan von Iconium erschlagen. Später wird aber eben so ausführlich mitgetheilt, wie der Sultan während der ganzen Belagerung von Antiochien in dieser Stadt oder bei Kerbuga in Mosul sich aufgehalten, um den Widerstand gegen die Christen zu verstärken. [3] Es ist deutlich, wie er als der Hauptfeind der Pilger an keiner Stelle fehlen soll, in derselben Weise wie Gottfried als deren bester Beschützer trotz seiner Verwundung kämpfend eingeführt wird. [4]

Balduin gewinnt die Herrschaft in Edessa, er zeichnet sich so aus, sagt Albert, daß ein Bruder des Fürsten Constantin, Namens Taphnuz, ihm seine Tochter zum Weibe giebt. Nach einer offenbar ganz verschiedenen Quelle wird später angeführt, er habe die Tochter des umgekommenen Fürsten von Edessa zur Gemahlin genommen. [5]

Die Gesandtschaft des Kilidsch Arslan an Kerbuga verwickelt Albert wieder in bedeutende chronologische Widersprüche. Bagi Sijan schickt jenen etwa im März weg, um Hülfe zu erbitten. [6] Kerbuga sagt: nicht sechs Monate sollen vergehen und ich will diese Christen

---

1) III. 35. 36. Der Pariser Herausgeber von Albert's Geschichte meint auch hier, die beiden Berichte ließen sich wohl vereinigen. Leider sagt er uns nicht, wie er das einzurichten gedenkt.

2) III. 54.

3) IV. 2. Gegen den Pariser Akademiker habe ich hier dieselbe Bemerkung wie oben zu machen.

4) III. 31.   5) IV. 6.

6) III. 62. Gefecht in capite ieiunii, im Februar, dann noch ein Treffen, dann die Gesandtschaft IV. 1.

von der Erde vertilgt haben.[1] Man wird inne, daß Albert einem anderen Gewährsmanne folgt, wenn er nachher meldet: zum festgesetzten Tage kam das türkische Heer zusammen[2]), sie rückten aus u. f. w., im Juni langten sie vor Antiochien an.

Für die Belagerung von Jerusalem hat er desgleichen mehrfache unter sich abweichende Berichte. Man erkennt es an **einem** sonst unbedeutenden Umstande: bei der Umlagerung ziehen die Christen eine Postenkette über den Oelberg; etwas weiter unten erscheint aber der Oelberg frei, die Belagerten haben ungehinderten Verkehr über ihn und die Sperrung erfolgt erst nach einem bestimmten anderweitigen Vorfall.[3]

Einige Male wird in Albert's Geschichte ein flandrischer See-räuber, Guinimer, erwähnt, durchaus eine Nebenperson; aber selbst über diesen hat er verschiedenartige Nachrichten. Guinimer erobert Laodicäa; während die Christen Antiochien belagern, heißt es einmal, nehmen ihn die Griechen daselbst gefangen und lassen ihn erst auf Gottfried's Verwendung frei. Nach einer anderen Stelle herrscht er noch in Laodicäa, als Antiochien christlich geworden ist, **und über-liefert die Stadt dem Grafen Raimund von Toulouse.[4]**

Die Belagerung von Arfuf durch Herzog Gottfried wird erzählt, Gerhard von Avesnes, in der Gewalt der Einwohner, wird von diesen an einen Mast geknüpft und so den Pfeilen seiner Glaubens-genossen ausgestellt. Später ist Rede von dem Einfluß der Christen in Askalon: er war so groß, sagt Albert, daß der Emir die beiden Brüder von Avesnes, Lambert und Gerhard, die damals **am** Mast gehangen, freiwillig nach Jerusalem entließ.[5]

Bei dem Kreuzzug von 1101 häufen sich Dinge dieser Art so sehr, daß ich nicht mehr zu entscheiden wage, ob Verschiedenheit der ursprünglichen Berichte oder einzig Albert's Nachlässigkeit als ihre Ursache anzugeben ist. Die zeitlichen Angaben zunächst sind voll von Widersprüchen. Von dem Heere Anselm's von Mailand sagt er, am **9. Juni** sei es von Constantinopel aufgebrochen und habe **am** 23. die ersten Kämpfe mit den Türken gehabt.[6]) Unmittelbar daneben

---

1) IV. 7. 2) IV. 10. 3) V. 46., VI. 12. 4) III. 59., VI. 55. 5) VII. 2. 5.
6) **L.** VIII. 7. Als Pfingsten herannaht (**9. Juni**) wird erst lange mit dem Kaiser verhandelt, dann ziehen sie ab, c. 8. Am Tage vor Johannis, 23. Juni, stürmen sie Anfras.

aber findet sich die Angabe, man sei drei Wochen lang in größter Ruhe fortgezogen.[1]) Von dem Grafen von Poitou wird berichtet, er sei acht Tage nach dem Unglück des Grafen von Nevers, also in den letzten Tagen des August, an den Bulgarischen Grenzen angelangt.[2]) Er hätte demnach Mitte oder Ende September in Constantinopel sein **können**. An einer anderen Stelle aber heißt es, fünf Wochen habe er in Constantinopel zugebracht und sei dann mit dem **Herannahen der Erndtezeit** nach Asien aufgebrochen.[3])

Nicht besser als diese chronologischen, ist ferner der Zustand der topographischen Nachrichten über dieselbe Begebenheit beschaffen. **Anselm zieht in jenen** zwei oder drei Wochen von Nicomedien nach Ankras, doch wohl nichts anderes, als Ancyra[4]), dann nach Gargara (Gangra in Galatien nicht weit vom Halys), darauf folgt ein Marsch von mindestens siebenzehn Tagen, wobei einmal das siebente Milliarium des Tagemarsches erwähnt wird, um in die Nähe von Castamuni, fünfzehn geographische Meilen von Gargara entfernt, zu gelangen. Man denkt, bei dem Ziele ihres Zuges wäre es Zeit, sich wieder nach Osten zu wenden, **und** in der That wird gleich nachher Maresch als eine **ihrer** Stationen genannt, vielleicht Mersiwan, denken Michaud und der Pariser Herausgeber von Albert's Geschichte. Sofort aber belehrt uns Albert über unsere Täuschung. Von Castamuni aus überschreitet das Heer nicht den Halys, sondern ein Gebirge, und als **es am Fuße** desselben von den Türken geschlagen wird, retten sich die Flüchtlinge sofort nach Sinope. Man ist also nicht nach Osten, nicht nach Mersiwan, sondern stets nach Norden gezogen; wie das Alles **zusammenhängt**, weshalb man seit Gargara auf die weitere Offensive verzichtet hat, wo wir jenes Maresch zu suchen haben, darüber läßt uns Albert völlig im Dunkel, während er sehr ausführlich das Unglück der gefangenen Damen beklagt, die sich von den kahl geschorenen, höllischen Geistern ähnlichen Türken umarmen lassen müssen.[5])

---

1) C. 8. init.

2) C. 31. Acta sunt hae strages (des Grafen von Nevers) mense Augusto. c. 33. Modico dehinc intervallo, dierum scilicet octo, post hanc recentem stragem, Wilhelmus comes terram Bulgarorum est ingressus.

3) C. 36.   4) Wie das auch Anna S. 331 zeigt.

5) Ich hoffe, daß in dieser Fassung der Satz vor den Augen der Pariser Herausgeber Gnade finden wird.

Antras wurde vorher genannt, welches Anselm in drei Wochen erreichte: der Graf von Nevers erfreut sich eines bequemeren Marsches und gelangt dorthin von Kibotus aus in zwei Tagen.[1]) Damit auch niemand an ein zweites Antras denke (wie denn in der That ein solches in dieser Entfernung liegt), spricht Albert **die** Identität mit jenem, welches Anselm besetzt, ausdrücklich aus.

Am buntesten wird die Verwirrung jedoch **bei dem Heere** Poitou's, das von Nicomedien nach Stankona (Ikonium), **von da** nach Finiminä (Philomelium)[2]), dann wieder nach Reclei (Archalla)[3]) zieht, kurz auf das Unbegreiflichste nach allen Weltgegenden umher= geworfen wird. Es ist schlechterdings unmöglich, in diesem Chaos ungeordneter Einzelnheiten Zusammenhang und Gedanken herzustellen.

In dem ganzen eilften Buche ist Albert, wie man sich leicht überzeugen kann, mit seinen Daten um ein Jahr zurück, er läßt Tripolis im Jahr 1108 fallen[4]), Sidon 1109[5]), den Angriff Balduin's auf Askalon im Jahr 1110 geschehen.[6]) Ebenso berichtet er zu 1110 von einem Zuge Maudud's von Mosul gegen Antiochien[7]), der in Wirklichkeit im Sommer 1111 erfolgte, um Tancred für **die** Eroberung von Atsareb — um Fastnacht 1111 — zu bestrafen.[8]) Diese That Tancred's hat nun Albert aus einer anderen Quelle, und zwar mit ihrem richtigen Datum vernommen. Er kommt also ganz natürlich zu dem sonderbaren Resultate, die Reihenfolge beider

---

1) L. VIII. 27.

2) Die Vergleichung mit S. 253 ergiebt deutlich diese Interpretation: Alexius, heißt es dort, sei bis Finiminä gekommen, im Sommer 1098. In dem Appendix incerti auctoris ad calc. Radevici heißt Philomelium Finiminum, bei Ansbert Vinimis.

3) Es ist das heutige Erkle, an der Grenze des damals armenischen Cili= ciens. Die Vergleichung mit III. 3, wo eine ähnliche Confusion herrscht, zeigt es.

4) C. 1. Eodem anno, quo Balduinus ab obsidione Sagittae rediit (also 1108) etc. c. 3 eodem anno, mense Martio etc. Dann in fortlaufender Erzählung bis zum Fall der Stadt.

5) C. 16 ergiebt das Jahr nach dem Falle von Tripolis, wie auch richtig, für Alb. also 1109, dann c. 30.

6) C. 35. Der Zusammenhang der Erzählung ergiebt auch hier die Jahreszahl.

7) C. 38.

8) Kemaleddin bei Wilken **II.** S. 289 flg., und Michaud bibl. IV., S. 28 flg., dazu Fulcher S. **422.**

Ereignisse gerade umzukehren und Tancred zur Rache jenes türkischen Zuges Atsareb angreifen zu lassen.[1]

Ich glaube, diese Reihe von Angaben, aus dem ganzen Verlaufe des Albert'schen Buches ausgezogen, und fast alle wichtigere Ereignisse, von denen er überhaupt Meldung thut, berührend, wird hinreichen, das Verfahren bei der Redaction seiner Schrift darzulegen. Er selbst, und ohne Bedenken können wir hinzusetzen, die Ueberlieferung, die er darstellt, bietet sehr wenig Bürgschaft für Alles, was Ordnung, Zusammenhang und Einheit genannt werden könnte. Diese Geschichte ist eine Reihe zahlloser Bruchstücke, die unter sich unverbunden in keine Zeit, in keinen Ort hinein passen wollen, hier anzuknüpfen scheinen, dort sich wieder entziehen, in wechselnden Gestalten hervortreten, wieder verschwinden und uns am Sichersten täuschen, wenn sie in der gesetztesten Form zum Vorschein kommen. Nimmt man einmal ein Einzelnes aus der Masse heraus und hält es zu genauerer Beobachtung fest, so wird man leicht inne, daß sein Inhalt diesem allgemeinen Charakter entspricht. Ich erwähnte vorher das zahllose Detail, die unendlichen Einzelnheiten sinnlicher Anschauung: gar bald nimmt man wahr, wie gleichartig sie untereinander, wie wenig hinreichend zur Erkenntniß der eigentlichen Thatsachen sie alle sind. Da wird der Marsch des Heeres geschildert, wie er durch fruchtbare Thäler, durch unwegsame Gebirge hindurchgeht, die Feinde greifen einmal an, fliehen wieder, ihre Städte werden erobert, geplündert — und so immer weiter. Aber welche Ordnung man bei dem Zuge gehalten, wie lange er gedauert, in welcher Absicht er unternommen worden, von all' dem und was ihm ähnlich wäre, erfährt man schlechterdings nichts, oder, wenn einmal etwas davon gesagt wird, ist es ganz sicher nicht zu gebrauchen. Das einzige Beispiel, dessen ich mich erinnere, findet sich S. 227: da ordnet Adhemar von Puy das Heer zum Marsch auf Antiochien, ein Theil soll vorausziehen zum Angriffe, der andere als Nachtrab dienen zur Deckung. Für beide giebt es dann ein langes Namenverzeichniß der Anführer, wo Franzosen und Italiener, Deutsche und Normannen, Fürsten und Ritter in so wildem Gemenge durcheinander vorkommen, daß man zu unbedingter Verwerfung das Zeugniß der übrigen Quellen,

---

[1] XI. 40 flg.

woran es übrigens auch nicht fehlt, gar nicht bedürfte. Nicht anders
steht es mit der Beschreibung von Schlachten, Belagerungen, diplo-
matischen Verhandlungen; wohl fehlt es nicht am Preise der Helden,
es glänzen die Waffen und sausen die Schwerter, es stehen die
Mauern in fürchterlicher Pracht; aber wie man eigentlich den Sieg
erfochten, nach welchem Plane man Angriff und Vertheidigung unternommen, bleibt in völligem Dunkel. Ich denke hier nur einzelne
Belege mehr des Beispieles als des Beweises halben anzuführen, da
die Sache an sich unverkennbar und bei der Darstellung der Begebenheiten oftmals zu erwähnen ist. Nicäa ist erobert worden, ein
Geschichtschreiber dieser Dinge, vollends ein so ausführlicher wie
Albert gepriesen wird, hätte keinen wichtigeren Gegenstand gehabt,
als die Verhandlungen mit den Griechen über den Besitz der Stadt,
und den Eindruck, den sie auf das Kreuzheer gemacht, genau zu berichten. Aber vergebens sieht man sich um nach irgend einer Erwähnung derselben; man wird schadlos gehalten durch die erbauliche
Geschichte einer Nonne, die nach verschiedenen Abenteuern unter den
Heiden jetzt befreit worden ist, trotzdem aber von ihrem gottlosen
Geliebten nicht abzulassen vermag. Darauf folgen wir dem Heere
auf seinem Marsche bis Doryläum. Die Quellen, spärlich und zum
Theil sich widersprechend, machen die genaue Erkenntniß der Straße
und der Rastorte eben nicht bequem: mit desto größerer Hoffnung
erinnert man sich an Albert's Weitläufigkeit und denkt die wenigen
Namen, auf die es ankäme, wohl sicher bei ihm zu entdecken. Er
aber berichtet ausführlich genug, wie das Heer zwischen Klippen und
Felsen Tagelang dahingezogen, wie es dann auf einer Brücke über
einen Fluß gelangt sei und sich auf schattigen Wiesengründen gelagert habe. Kurz man sieht sich getäuscht in jenem Vertrauen, und
weiter, man gewahrt sehr bald, wie sich unter dieser glänzenden Unbestimmtheit nicht einmal richtige Nachrichten verstecken. Nicht anders
muß man bei dem wichtigsten Ereignisse des ganzen Zuges, bei der
Belagerung von Antiochien, von Albert's Erzählung völlig absehen,
wenn man aus den Quellen ein Bild der wesentlichen Vorfälle gewinnen will. Ich erwähnte, wie man durch Errichtung verschiedener
Castelle um die Stadt her dem Ziele allmälig näher kam: diese
Bauten treten bei Albert völlig zurück gegen die Menge der wirkungs-
losen Einzelgefechte, gegen jene ruhmvollen Abenteuer, wodurch man

aber nicht einen Schritt breit gefördert wurde: und was übler und
nur erst später zu erweisen ist, auch hier macht er die ärgsten Fehler
gegen die Zeitfolge und den inneren Zusammenhang der Ereignisse.
Dann etwas weiter bemerke ich die Gesandtschaft Suleiman's an
Berkjarok und Kerbuga; ich habe sie bereits oben erwähnt, aber auch
für diese Seite des Albert'schen Buches ist ihre Betrachtung von
Interesse. Suleiman und seine Begleiter ziehen nach Samarkand,
der Hauptstadt in Khorasan. Hier sitzt der Khalif in Glanz und
Pracht auf seinem Throne; sie zerreißen ihre Kleider und klagen über
die Bedrängniß durch die Christen. Der Khalif in seinem Wahnsinn
lacht und will nichts davon glauben und verhöhnt Suleiman, der
sich erst durch Vorzeigung der Nothschreiben Bagi Sijan's recht-
fertigt. Da ruft denn Kerbuga, der zweite am Throne, in sechs
Monaten solle dies Christenvolk vertilgt sein, und bietet seine zahllosen Vasallen auf. Ich will nun Albert nicht zum Vorwurf machen,
daß er so ganz und gar nichts Befriedigendes über den Zustand des
Seldschukenreiches und die Stellung der übrigen Emire zu Antiochien
beibringt — obwohl er im Einzelnen gar nicht so schlecht über den
Orient unterrichtet ist, und gerade an dieser Stelle armenische Dinge
erwähnt, die man vergebens bei den übrigen Abendländern aufsucht.[1])
Allein bedenkt man, daß er selbst den Bagi Sijan und den Khalifen
von einer gleichen Gesandtschaft vier Monate vorher Erwähnung thun
läßt, so erscheint doch die ganze Scene nur als glänzendes Außen-
werk, dem die Ereignisse selbst von vornherein widersprechen. Wie
sollte der Khalif, durch jene Gesandtschaft längst unterrichtet, noch
an der Macht, ja an der Anwesenheit der Kreuzfahrer zweifeln
können? Auf Albert's Rechnung kommt dabei freilich nur, wie in
den früheren Fällen, die ungeschickte oder unbefangene Verbindung
zweier sich ausschließenden Elemente. Was die Sache selbst angeht,
so werden wir diesem Bilde grimmer Heiden in gewaltiger Pracht
und ungefügem Hochmuth noch weiter begegnen; es war damals aller
Welt geläufig und erschuf in volksthümlicher Ueberlieferung eine
große Menge verwandter Darstellungen.

Sehen wir nun zurück, wie weit wir in unserer Betrachtung

---

1) Er erwähnt Kogh Basil (Corrovasilius bei ihm) und Constantin (den
Sohn Rupen's bei Matth. Eretz).

gekommen. Albert's Persönlichkeit zunächst ist uns beinahe ver=
schwunden. Was die Darstellung des Einzelnen angeht, so hat er
den Vorzug, seinen subjectiven Einfluß ganz zurücktreten zu lassen:
er bewahrt sich dieselbe Eigenschaft bei der Vereinigung seiner Frag=
mente, jetzt als großen Mangel freilich, uns aber erwünscht, weil **sie**
uns leichte Einsicht in die Natur seines Werkes verschafft. **Was**
noch erkennbar ist von dem **Wesen des** Verfassers, läßt sich dahin
zusammenfassen: wohl sieht **er in dem** Kreuzzuge wie die Mehrheit
seiner Zeitgenossen ein großes Wunder, eine unmittelbare That Gottes,
aber unter den irdischen Organen, durch **welche** der Herr seinen Rath=
schluß hinausführt, tritt bei ihm die officielle Kirche zurück gegen die
herrliche Ritterschaft Christi. Als gottgesandter Urheber des Unter=
nehmens erscheint nicht der Papst, sondern ein bis dahin nie ge=
nannter Eremit; die heilige Lanze, die im Morgenlande selbst **eine**
Menge solcher Legenden erzeugte, fertigt er mit sechs Zeilen **ab**,
und sicher nur in ihm und nicht in seinen Gewährsmännern ist die
Ursache davon zu suchen. Denn daß die große Zahl der Wunder
und Offenbarungen gar nicht zu seiner Kunde gekommen sein sollte,
ist an dieser Stelle schlechterdings undenkbar, deutlich erscheint mir
vielmehr und ich werde vielfach darauf zurückkommen, daß eine Menge
seiner Erzählungen ursprünglich gerade als Theile einer in sich ge=
schlossenen, ihrem Wesen nach mystischen Ueberlieferung betrachtet
werden müssen, deren Mittelpunkt jedoch, wie gesagt, die Verherr=
lichung nicht der Hierarchie und ihres Oberhauptes, sondern der
ritterlichen Streiter des Herrn und vor Allem des von Gott zur
Herrschaft am heiligen Grabe berufenen Herzogs Gottfried's von
Lothringen bildet.

In seinem Buche also sehen wir unverfälscht und durch keine
Redaction eines Einzelnen umgestaltet eine gewaltige Masse von
Zeugnissen Theilnehmender und Gleichzeitiger, freilich nicht im Min=
desten mit den Eigenschaften einer echt geschichtlichen Quelle versehen.
Ihre Richtung geht streng **auf** die äußere Gestaltung der Thatsachen,
auf das concrete Detail in möglichster Ausführlichkeit; sie verwerfen
alle Rücksicht auf äußere Verbindung und innere Gliederung der
Ereignisse; wenn sie eine Einheit haben, so liegt sie in einem anderen
Kreise, als in dem eines thatsächlichen Stoffes und logischer Be=
arbeitung desselben. Sie sind, mit einem Worte, nach allen eben

angeführten Merkmalen Erzeugnisse der Sage, die im Angesichte
der Begebenheiten den Verlauf derselben nach den die Gemüther er=
füllenden und beherrschenden Grundgedanken mit schöpferischer Phan=
tasie umformt und neu gestaltet. Wir treten damit auf ein Gebiet,
wo Geschichte und Poesie in einander übergehen: wir dürfen deshalb
nicht unterlassen, auch die poetische Literatur jener Zeiten zur Ver=
gleichung heranzuziehen.

Es war längst bekannt, daß der Ruhm der Kreuzfahrer auch
die Dichtkunst des Mittelalters, insbesondere in Frankreich angeregt,
und eine nicht unbeträchtliche Anzahl epischer Poesien in das Leben
gerufen hatte.[1] Was aber von deren Inhalt verlautete, nahm sich
so ganz und gar als freie Fabel aus, daß ein Zusammenhang zwischen
ihm und den geschichtlichen Nachrichten unmöglich schien. So hatte
noch Michaud diese Epopöen und Romane in seinen Büchern über
die Kreuzzüge nur einer sehr kurzen Erwähnung gewürdigt. Zum
ersten Male, wenn ich recht unterrichtet bin, suchte Leroux de Lincy[2]
durch ausführliche Mittheilungen aus Pariser Handschriften die wahre
Bedeutung jener Romane in das Licht zu rücken; meine Untersuchungen
führten von anderer Seite her von selbst auf die Vermuthung, daß
sich dieselbe Sage, die auf der einen Seite etwas abgeflacht in die
Geschichtschreibung Zugang gefunden, auf der anderen etwas gesteigert
zum Epos entwickelt habe. Seitdem sind nun weitere Veröffent=
lichungen erfolgt, welche diese Vermuthung in vollem Umfange be=
stätigen, und, wie es scheint, sowohl die geschichtliche Forschung als
die Erkenntniß der Sage über den ersten Kreuzzug zum Abschlusse
bringen.

Es ist gewiß, daß die Poesie sich der Ereignisse der Kreuzfahrten
schon sehr früh bemächtigt hat. Wir vernehmen von Gregor Bechada,
einem tapferen und gelehrten Ritter, der im Anfang des 12. Jahr=
hunderts in französischen Versen den Verlauf des ersten Kreuzzuges
darstellte. Graf Wilhelm IX. von Aquitanien besang in scherzhaften

---

1) Vgl. Reiffenberg, monuments pour servir à l'histoire des provinces
de Namur etc. 2. division, légendes historico-poëtiques. Bruxelles 1848.
Paulin Paris, la chanson d'Antioche. Paris 1848. Hippeau, la conquête
de Jérusalem. Paris 1868. Pigeonneau, le cycle de la croisade. S. Cloud
1877. Sybel, kleine historische Schriften III, S. 117 flg.

2) Biblioth. de l'école des chartes. Tom. II.

Liedern das selbst erduldete Leiden des Pilgerzuges von **1101**. Im Morgenlande selbst ließ Fürst Raimund von Antiochien **um 1130 ein** Gedicht aufzeichnen, la chanson des Chétifs, welches die angeblichen Erlebnisse Peter's des Einsiedlers und seiner Gefährten verherrlichte.[1]) Von einer im 12. Jahrhundert aufgezeichneten Cantilena über die Belagerung von Antiochien berichtet Lambert von Ardres.[2]) Den Ruhm endlich Gottfried's von Bouillon, Boemund's und ihrer Genossen besang ein Pilger Richard, der selbst die Kreuzfahrt mitgemacht, und so wie es scheint, der thatsächlichen Richtigkeit seiner Angaben noch sicherer **sein** müßte als Fürst Raimund. Seine Arbeit schloß, so viel wie wir wissen, mit der Ankunft des christlichen Heeres vor Jerusalem. Die Kämpfe um Antiochien bildeten, wie dies auch in der Anschauung anderer Zeitgenossen der Fall war, den Mittel- und Höhepunkt seines Gegenstandes.

Sämmtliche bisher erwähnte Dichtungen in ihrer ursprünglichen Gestalt sind außer wenigen Bruchstücken verloren. Dafür liegen eine Reihe späterer Umarbeitungen derselben vor, die zum Theil ihre Quellen selbst nennen, und wie sich zeigen wird, ihre Aenderungen nicht auf den Inhalt des Ueberlieferten erstreckt haben. An der Spitze derselben steht der 1848 durch Paulin Paris zum ersten Mal herausgegebene „Gesang von Antiochien", im Wesentlichen eine Wiederholung der von dem Pilger Richard gegebenen Lieder, die wahrscheinlich im Verlauf des 12. Jahrhunderts vollendet worden ist. Der Dichter nennt sich Graindor von Douai; man kennt ihn als Verfasser mehrerer anderer Poesien, von denen aber keine so viel Glück wie das Lied von Antiochien gemacht hat.[3]) Schon im 13. Jahrhundert ist es weit verbreitet gewesen; eine Menge neuer Umarbeitungen und Fortsetzungen schließen sich ihm an; theils sind es locale Interessen, theils die Aenderungen des ästhetischen Geschmacks, welche die neuen Redactoren leiten. Ueber mehrere der-

---

1) Mss. de l'arsenal **E,** f. 156. P. Paris, chanson d'Antioche I, p. LII.

2) Pigeonneau, p. 8.

3) Von der durch Hippeau herausgegebenen Chanson de Jérusalem können wir absehen, da sich ihr Inhalt als völlig freie Fiction, ohne jeden Zusammenhang **mit** den historischen Thatsachen und der sagenhaften Ueberlieferung der Zeitgenossen herausstellt.

selben hat Leroux de Lincy ausführlichen Bericht erstattet, Reiffen=
berg 1848 eine Brüsseler Handschrift vollständig abdrucken lassen.
Sie alle erfreuten sich großen Beifalls; dieselbe Zeit, welche die
letzten Reste der christlichen Herrschaft in Palästina gleichzeitig unter=
gehen sah, machte die Erfolge der ersten Pilger zu einem Lieblings=
gegenstand ihrer schönen Literatur. Alle damit verwandten und zu=
sammenhängenden Stoffe wurden mit Eifer in Angriff genommen.
Für uns allerdings sind diese späteren Erzeugnisse nur von unter=
geordnetem Interesse. Ihr ästhetischer Werth ist gering, ihr Inhalt
hat zu der thatsächlichen Geschichte gar kein Verhältniß mehr, ihre
Gesinnung ist himmelweit von den Tendenzen der Kreuzfahrer ver=
schieden. Wir können deshalb unsere Betrachtung beinahe ganz auf
die Arbeiten Richard's und Graindor's beschränken, und werden nur
an einzelnen Punkten sonstige Stoffe zur Vergleichung heranziehen.

Die kurzen Bruchstücke, die aus Richard's ungeändertem Werke
erhalten sind, zeigen schon in der metrischen Form auf die erste
Hälfte des 12. Jahrhunderts als die Zeit ihrer Entstehung. Es ist
das Versmaaß der ältesten Lieder von Ronceval, zwölfsylbige Verse
mit freier Folge des Reimes, der sich nicht selten zur bloßen Assonanz
abschwächt. Sie behandeln einzelne Scenen aus der letzten Hälfte
des Kreuzzuges, aus den Ereignissen zwischen der Behauptung An=
tiochiens und der Einnahme von Jerusalem. An welchem Punkte
Richard seine Erzählung begonnen, läßt sich nicht mit voller Be=
stimmtheit ermessen; Graindor sagt[1]), der wahre Anfang der Ge=
schichte fehle dem Gedichte des Pilgers und er wolle ihn seinerseits
ergänzen. Aus dem Inhalte dieser Ergänzung läßt sich mit Sicher=
heit nur so viel entnehmen, daß Richard kein Ereigniß behandelt hat,
welches vor dem Concil von Clermont liegt. Daß Richard den
Kreuzzug mitgemacht, sagt Graindor ausdrücklich; daß dieser wie
überhaupt damals alle Welt, den Inhalt des Gedichtes für geschicht=
liche Wahrheit gehalten, zeigen oft vorkommende Ausdrücke: wenn
die Geschichte nicht lügt und Aehnliches, — doch ist es überflüssig
specielle Zeugnisse für eine allgemein anerkannte Thatsache aufzu=
führen. Der Unterschied zwischen Gedicht, Sage und Geschichte war
jener Zeit unbekannt; der Ruhm des Dichters hätte durch willkürliche

---

[1]) I, 1.

Erfindung einer poetischen Fabel schwer gelitten; unsere ganze Untersuchung wird dies Verhältniß anschaulich machen.

Graindor hat demgemäß seine Umarbeitung vollzogen. Er hat
das Gedicht in die Kunststrophe seiner Zeit gegossen, die Assonanz
überall durch den strengen Reim ersetzt, einige Zusätze theils aus der
chanson des chétifs, theils aus späteren Sagen gemacht, den wesentlichen Inhalt seines Originales aber unverändert gelassen. Man er-
sieht dies nicht bloß aus einer Strophe, deren Original sich unter
den erhaltenen Fragmenten Richard's noch wieder findet: den entscheidenden Beweis dafür wird uns der Inhalt des Gedichtes selbst
liefern, den wir jetzt etwas näher in das Auge zu fassen haben.

Graindor beginnt mit mehreren Vorspielen, in denen er die Aufmerksamkeit der Hörer rege macht und ein Bild von der Wichtigkeit
und Heiligkeit des Gegenstandes entwirft. Christus selbst erklärt am
Kreuze den beiden Schächern Dimas und Gestas, nach tausend Jahren
würden seine Söhne, die Franken, zu seiner Rache sich aufmachen.
Diese Prophezeiung klingt mehrmals im Verlaufe der Handlung an;
der geistliche Lenker der Pilger, der Bischof von Puy, macht sie als
Trost und Stärkung, die sternkundige Calabre, die Mutter des türkischen Feldherrn, mit warnendem Grauen geltend.

In Jerusalem finden wir dann die bekannte Figur des Einsiedlers
Peter's von Amiens. Er sieht, im Tempel des heiligen Grabes eingeschlafen, die Majestät Gottes, der ihm aufträgt, das Abendland
zur Errettung der gelobten Stätten aufzufordern. Der Dichter, der,
wie erwähnt, bei Richard von diesen Dingen nichts gefunden, entlehnt
sie aus jenem Epos, welches Fürst Raimund von Antiochien hat zusammenstellen lassen: man wird gleich sehen, daß wir völlig auf
poetischem oder fabelhaftem Boden stehen. Peter bittet den Papst,
seine Sache dem ersten Monarchen der Christenheit, dem Könige von
Frankreich, zu empfehlen, und bringt dann 60,000 Streiter, viele
Priester und Mönche, wenige Barone, wenige auserlesene Leute zusammen. Unter Peter treten als Anführer Harpin von Bourges,
Richard von Caumont, Jean d'Alis u. A. hervor. Gerades Weges
durch Apulien, Romanien, Constantinopel ziehen sie gen Nicäa, da
lagern sie wo der Berg von Civitot seinen großen Schatten über das
Land wirft. Unglücklicherweise war eben **der** Admiral Corbaran von
dem persischen **Sultan** abgeschickt **mit 100,000** Türken, um den

widerspenstigen Emir von Nicäa, Soliman, zur Tributzahlung zu nöthigen. Beide vereinen sich gegen die Christen, nach langen und harten Kämpfen werden diese besiegt, die Hälfte aufgerieben, die andere Hälfte in Ketten und Banden unter die Fürsten Asiens vertheilt. Ein christlicher Priester wird Messe lesend an dem Altare erschlagen, ein Türke warnt, diese Unthat werde die ganze Christenheit zur Rache aufreizen. Corbaran lacht laut auf. Peter allein, der saracenischen Sprache kundig, von fleckigem und narbigem Gesicht, hat sich in der Nacht durch das Lager der Sieger geschlichen, und regt durch die Schilderung dieser Leiden den Papst zu neuer Thätigkeit an. Auf den Wunsch des Eremiten entbietet der König alle seine Barone nach Clermont: dorthin kommt auch der Papst im lauen Mai, wo alle Vögel singen, alle Knospen treiben. Auf die Rede des Papstes sagt der gute König, er sei zu alt und gebrechlich zu einem solchen Unternehmen, aber wolle ihnen seinen Bruder Hugo mitgeben. Darauf nehmen sofort die übrigen Fürsten, Gottfried von Bouillon, Raimund von Toulouse u. s. w. das Kreuz.[1]

Dies Alles ist die freie Schöpfung einer ergiebigen Phantasie. Peter hat bei seinem ersten Zuge ganz andere Gefährten gehabt; der hier genannte Harpin ist erst sieben Jahre später nach Jerusalem gepilgert. Peter ist nicht nach Rom, sondern nach Constantinopel aus seiner Niederlage entronnen; das Concil zu Clermont fand nicht im Mai, sondern im November statt, der König Philipp war nicht zugegen, sondern wurde von dem Papste gerade dort in Bann gethan. Dennoch sind alle jene Wunderdinge zwanzig Jahre später im Umlauf gewesen, von dem Fürsten von Antiochien geglaubt, dann im Abendlande weiter verbreitet worden.

Werfen wir gleich hier einen Blick auf das Verhältniß des Gedichtes zu der gleichzeitigen Geschichte. Wir erinnern uns sofort an das Buch Albert's von Aachen, welches selbst so vielfach poetische Elemente in sich aufgenommen hat. In der That zeigt sich Uebereinstimmung gleich bei den ersten Worten. Peter redet in Jerusalem mit dem Patriarchen über die Beschimpfung der heiligen Stätte, dann erscheint dem Schlafenden im Liede de diex la majesté, bei Albert majestas domini Jesu Christi, und so wird die ganze Scene wört-

---

1) I, 10—39.

lich) gleichlautend erzählt. Gewiß ist Albert nicht die Quelle, aus der erst Graindor übersetzt hätte: denn das Uebrige ist völlig verschieden. Von Harpin und Richard, von dem Eingreifen Corbaran's, von der verkehrten Zeitfolge des Concils erst nach dem Zuge, weiß Albert nichts, sondern giebt eine andere nicht minder specielle, aber nicht besser geschichtliche Darstellung dieser Kämpfe. Um so mehr ist man überrascht, wenn er in seinem vierten Buche[1]), wo Corbaran sich gegen das große Pilgerheer Gottfried's und der anderen Fürsten rüstet, diesen sich rühmen läßt, er habe schon bei Nicäa 30,000 Christen vernichtet und Peter's ganzes Heer besiegt. Er folgt hier also einer ganz anderen Relation als in seinem ersten Buche; wieder sehen wir seine Weise, sich solche Widersprüche nicht zum Bewußtsein zu bringen, sondern sie unbefangen mit gleich gutem Glauben neben einander zu stellen. Deutlich ist aber, daß sein zweiter Bericht keinen anderen Inhalt als den unseres Gedichtes gehabt, und so stellt sich heraus, daß über diese Ereignisse des Jahres 1095 schon vor 1130 zwei Darstellungen im Umlaufe waren, beide von der geschichtlichen Wahrheit völlig verschieden, beide von einander völlig abweichend, beide nur in ihrem ersten Abschnitte, hier aber wörtlich übereinstimmend. Man sieht, wie erregbar die sagenerzeugende Phantasie jener Zeiten war, wie schnell sich die einmal erzeugten Gebilde fixirten, mit wie gläubiger Naivetät das Unglaubliche und Widersprechende verbreitet wurde.

Es scheint, daß an dieser Stelle mit dem Concil von Clermont Graindor zu seiner Hauptquelle, zu den Liedern des Pilgers Richard, gelangt. Denn nachdem er vorher aus der chanson des chétifs bereits das Concil als Abschluß für die Thätigkeit des Einsiedlers geschildert, giebt er jetzt eine zweite kürzere Darstellung desselben zur Eröffnung des großen Kreuzzuges.[2]) Das Heer des Herrn tritt zusammen, klagend nehmen die Frauen und Jungfrauen Abschied, der Herzog von Bouillon führt die Pilger, gut und wohlbehalten kommen sie eines Morgens vor Constantinopel an. Indeß nehmen auch Boemund und Tancred das Kreuz, vor einem Castell, das sie belagern, ihrer 50,000 Ritter. Sie setzen sich zu Schiff und fahren gerade nach Constantinopel. Als die Franken ihre Flotte sich nähern

---

1) IV, 5.   2) II, 1. 2.

sehen, fürchten sie zuerst, es möchten Saracenen sein, bald aber er-
blicken sie die christlichen Feldzeichen, man grüßt und erkennt sich,
Alle weinen vor Freude. Der Neffe des Kaisers, der nasenlose
Tatin, empfängt sie und schickt ihnen reichliche Lebensmittel. Der
Kaiser aber sinnt Tücke, und muthet dem Neffen zu, die Gastfreunde
zu vernichten. Es folgt eine Scene wie zwischen Chrimhild und
Rüdiger in den Nibelungen. Tatin ruft seine Mannen auf; als die
Tausende um ihn geschaart stehen, erklärt er dem Kaiser, dunkel vor
Zorn, nie werde er sich zu einer solchen Schlechtigkeit hergeben; auf
des Kaisers Bitten seien die Franken gekommen (man sieht, von
Peter, als Urheber des Kreuzzuges, hat Richard nichts gewußt), nun
solle er ihnen nicht das Leben rauben. So verläßt er den gewölbten
Saal und meldet den Franken selbst den schändlichen Verrath. Diese
wappnen sich, der Kaiser hört von dem Thurme ihre Hörner und
sieht die stattlichen Schaaren sich entwickeln. Da bequemt er sich
voll von Schrecken zu Unterhandlungen, bewilligt Verpflegung und
Verstärkung, dafür leisten ihm die Pilger, mit Ausnahme Boemund's
und Tancred's, den Vasalleneid, und segeln nach acht Tagen hinüber
zum Angriffe auf Nicäa.[1]

Diese Eröffnung des Gedichtes ist wie darauf angelegt, um
jeden Zweifel über den Charakter der Darstellung zu beseitigen. Es
ist wieder von hohem Interesse, die Productivität der Sage bei einem
gleichzeitigen Erzähler zu beobachten, aber man begreift es doch kaum,
wie der gelehrte Herausgeber des Gedichtes nach solchen Proben
noch von geschichtlicher Glaubwürdigkeit und Quellenmäßigkeit hat
reden können. Die Sage hat sich hier mit völliger Freiheit von dem
Boden der Wirklichkeit abgelöst, nicht ein einziger Berührungspunkt
ist hier mehr vorhanden. Gleich das Folgende wird uns etwas
nähere Blicke in ihre Verfahrungsweise eröffnen.

Die erste That des Kreuzheeres gegen seine türkischen Gegner
war die Umschließung von Nicäa, die Besiegung des Emirs Kilidsch
Arslan, oder, wie ihn die Christen sämmtlich nennen, Soliman, darauf die Einnahme der Stadt. Diesen Dingen widmet denn auch
das Gedicht eine ausführliche und lebensvolle Schilderung. Daß
die Christen in vereinzelten Schaaren vor Nicäa angekommen und
erst nach mehreren Wochen dort vereint waren, steht ihm nicht an;

_____
1) II, 3—13.

es erscheint ihm würdiger, in einem großen glänzenden Zuge die
Franken um die Stadt umher zu legen. Soliman rückt ihnen ent-
gegen, aber die Christen brechen seine Schaaren, zerhauen die Pa-
lissaden, stürmen im Nachsetzen gegen die Mauer, können aber keinen
Thurm einnehmen, darauf lagern sie sich. Primerains se lojea
Godefrois de Buillon, Et après lui Tangrés de jouste Buiemont,
Estatins l'esnasé qui cuer ot de lion — dann nach einer Anzahl
Barone — li dus de Normándie et Robert le Frison u. f. w.
Nur Raimund von Toulouse ist noch zurück, man läßt ihm seine
Stelle leer. Soliman entfernt sich aus der Stadt, um Hülfe zu
holen; als er aber nach acht Tagen mit hundert Tausenden zurück-
kehrt, findet er an der früher leeren Stelle die Herzoge Robert und
Raimund. Er sendet deshalb einen Genossen als Pilger verkleidet,
um der Stadt Nachricht zu geben; der schleicht sich durch das Lager,
als er aber im hellen Mondschein vor der Stadtmauer stehend die
Bürger anruft, treffen ihn Boemund und Tancred, hören die Botschaft, nehmen ihn gefangen, und nachdem er völlig gebeichtet, wird
er mit einer Wurfmaschine in die Stadt geschleudert. Am folgenden
Tage sind die Pilger gerüstet, die beiden Roberte und Ritter Balduin Cauderon allen voran, der Bischof von Puy ermahnt sie: Eure
Sünden nehme ich auf mich, zur Buße schlagt auf die Heiden; wer
heute stirbt, dessen Bett wird bei den Seligen bereitet sein. Der
Streit wird dann geschildert in homerischer Weise, die Fürsten als
Vorkämpfer im Getümmel; die übelste Rolle spielt Graf Stephan
von Blois, dem es heiß und kalt wird, als ihn Gottfried gegen eine
türkische Schaar entsendet, und der auch endlich mit Schimpf entflieht, so daß nur Gottfried's und des flandrischen Robert Begeisterung den Kampf herstellt und den Sieg behauptet. Aus der Beute
werfen sie dann die Köpfe der Gefallenen in die Stadt und schicken
die Gefangenen dem Kaiser Alexius. Zum Danke sendet ihnen dieser
Lebensmittel und Waffen, sie schmausen, danken Gott, und geloben,
vor Einnahme der Stadt nicht von hinnen zu ziehen. Die Türken
sagen: die Franken sind schlimmer als Löwen und Leoparden; und
überliefern, nachdem auch Soliman's Sohn sich entfernt hat um
Hülfe zu suchen, dem Griechen Estatin die Stadt, nachdem ihnen
dieser Schonung an Leib und Leben zugesichert hat.[1]

---

1) Chanson II, 14 flg.

In der raschen Weise, mit der unser Auszug den Inhalt des Gedichtes zusammenzufaſſen ſucht, bewegt ſich übrigens der Ton des Liedes ſelbſt. Durchgängig iſt der Ausdruck knapp und ſcharf, der Kern des Ereigniſſes wird beſtimmt ergriffen, lebhaft geſchildert, alles Beiwerk unbedenklich hinweggeworfen. Man bedauert eine gewiſſe Unbehülflichkeit in der äußeren Form, die manche Redeweiſe typiſch werden läßt, und dadurch auch den Gedankenkreis des Dichters ein= engt: dies iſt aber einmal die Weiſe der Zeit, und hängt mit den innerſten Momenten der mittelalterlichen Bildung zuſammen. Immer aber erſcheint im Vergleich mit den ſpäteren Bearbeitungen hier noch die volle Friſche des erſten Eindruckes; noch erfüllt der Gegenſtand den Dichter ganz unbedingt, und läßt weder bewußte Manier noch wuchernde Weitläufigkeit aufkommen. Auch dieſe Wahrnehmungen führen auf möglichſt frühe, dem Ereigniſſe naheliegende Entſtehung unſeres Liedes.

Die Vergleichung mit Albert von Aachen beſtätigt hier wie oben unſere Anſicht. Albert hat auch hier eine weſentlich verſchiedene Darſtellung. Es iſt kein Gedanke daran, daß der Zuſammenhang ſeines Berichtes dem Pilger Richard, oder umgekehrt, daß deſſen Epos dem Aachener Geiſtlichen vorgelegen haben könnte. Um ſo frappanter treten wieder einzelne Stellen hervor, die ſich in wört= licher Uebereinſtimmung wie Ueberſetzung und Original ausnehmen. Das Verhältniß ſtellt ſich dieſes Mal nun ſo, daß abgeſehen von der faſt humoriſtiſchen Epiſode des furchtſamen Grafen von Blois faſt alle Theile des Gedichtes an verſchiedenen Punkten der Albert'= ſchen Erzählung wiederholt werden, jedoch hier als einzelne Frag= mente in ganz verändertem Zuſammenhange ſtehn. Nur kürzt Albert gewöhnlich ab; es widerfährt ihm aber wohl, daß er damit den Sinn völlig entſtellt. So eröffnet er die Scene mit der Ankunft der Franken vor der Stadt, übergeht aber Soliman's Entgegenrücken, ſo daß der erſte Kampf der Chriſten zu einem ganz planloſen Lanzen= rennen der Ritter gegen die hohen Stadtmauern wird.[1] Indem er dann die Umlagerung Nicäas beſchreibt, ſagt er: in prima obsidione Godefridus . . . constitutus est — Boemundus — vicinus sedem collocavit — Tancredus iuxta eundem Boemundum: es iſt die

_____

1) Alb. II, 21.

wörtliche Uebersetzung der oben angeführten Verse, nur daß das ein=
fache primerains se lojea in dem lateinischen prima obsidione bei=
nahe sinnlos geworden ist.[1]) Dann führt er den Herzog Robert der
Normandie auf, obgleich er kurz vorher nach einer anderen — und
zwar geschichtlich richtigen — Ueberlieferung ihn damals erst in Con=
stantinopel hat anlangen lassen. Den Grafen Raimund läßt er erst
auf eine Aufforderung der **anderen** Fürsten ankommen, nachdem diese
durch den aufgefangenen Boten die **Nähe** Soliman's erfahren haben:
dann wäre aber bis dahin die **Südseite der** Stadt nicht abgesperrt
gewesen, und Soliman hätte dort ungehindert mit ihr communiciren
können. **Die** Darstellung **des** Liedes, historisch ebenso unrichtig **wie**
jene Albert's, ist also in sich consequenter und sicher nicht aus Albert
entnommen. Nach diesem Allen bleibt nur die Annahme übrig, daß
Richard's Gesang aus einer Anzahl einzelner Lieder (chanson de
geste) sich zusammensetzte, die, vielleicht im Lager selbst entstanden,
gleich aufgezeichnet und durch **die** Lande verbreitet wurden. Einzelnes
davon ist zu Albert gelangt, und von diesem in die Masse seiner
sonstigen Ueberlieferung eingereiht worden — von welcher übrigens
auch hier dasselbe wie bei der Geschichte Peter's des Einsiedlers gilt:
wenn sie uns gleich nicht in metrischen Formen überliefert und von
den Liedern Richard's weit verschieden ist, so trägt sie darum nicht
mehr als diese geschichtlichen Charakter und **weicht** von der genauen,
ja fast actenmäßig festzustellenden Wahrheit nicht weniger ab.

Ich bemerkte vorher, daß die üblen Erfolge des Grafen Stephan
von Blois bei Albert nicht erwähnt werden. Fehlt an dieser Stelle
also für das hohe Alter des Liedes der Beweis, den wir aus Albert's
Uebereinstimmung entnehmen, so giebt **dafür der** Inhalt des Aben=
teuers selbst eine noch bestimmtere Andeutung. Graf Stephan ent=
floh bekanntlich späterhin aus dem Lager vor Antiochien nach Hause,
als die Gefahren der türkischen Rüstung seinem schwachen Charakter
zu bedrohlich wurden. Je mehr er bis dahin durch Reichthum, Adel
und vornehme Haltung sich geltend gemacht, desto schärfer fiel der
Schimpf der Desertion auf seinen Ruf zurück: alle gleichzeitigen Er=
zähler wissen nicht ungünstig genug von ihm zu reden, in die Hei=
math und das Haus verfolgte ihn der Unwillen aller Welt. Er

---

1) Alb. II, 22. 24.

Er nahm denn, seinen Makel zu tilgen, 1101 zum zweiten Male das Kreuz, und sühnte den Unglimpf in der That auf diesem Zuge durch Nimmerwiederkehr, er starb 1102 im gelobten Lande. Seitdem ließ die Stimme des Abendlandes seinem Andenken Ruhe, alle späteren Zeugnisse sind einig darüber, daß er den ersten Flecken völlig abgewaschen habe. So führt ihn **auch** Albert, der wie gesagt bald nach 1121 schrieb, vor Nicäa auf als das Haupt und den Ersten im Rathe, und berichtet **keine** Sylbe über die Kleinmüthigkeit, von der das Lied zu erzählen **weiß**. Thatsächlich war Stephan damals überhaupt noch nicht **vor Nicäa** — er langte erst nach mehreren Wochen an — nichts **ist** wahrscheinlicher, als daß das Lied von seinem Schimpfe **in der** Zeit zwischen seiner Flucht und seiner zweiten Ausfahrt gedichtet worden ist, als ein rechtes Erzeugniß der Stimmung mitten im Lager, und zugleich ein entscheidendes Merkmal für die geschichtliche Unzuverlässigkeit aller dieser Spiegelungen der öffentlichen Meinung.

Es würde uns hier zu weit führen, das Gedicht in allem Detail durch die ganze Entwicklung des Ereignisses, von Nicäa durch Kleinasien hindurch zu begleiten; es erscheint auch um so weniger nöthig, als es nicht mehr als Handschrift in **dem** Dunkel einer einzigen Bibliothek verborgen liegt. Genug, es schildert den zweiten Sieg der Kreuzfahrer über Soliman, die Schlacht bei Doryläum; es schildert **den** Streit zwischen Tancred und Balduin um Tarsus, es meldet die Ansiedlung und Verheirathung Balduin's in Edessa, es berichtet **den** Marsch des Haupttheeres, den es ganz unerhörter Weise ebenfalls durch Cilicien über Tarsus gehen läßt, nach Artasia, wo die flandrische, nach der eisernen Brücke des Orontes, wo die nordfranzösische Ritterschaft glänzende Thaten vollbringt, endlich nach Antiochien, wo der Bischof von Puy die Ankunft der Heeresmassen vorsichtig und glänzend leitet, die Schaaren der Pilger die Stadt umlagern und nach vielfachen Anstrengungen die Vertheidiger in die hoffnungsloseste Lage versetzen. In all diesen Abschnitten setzt sich das vorher geschilderte Verhältniß zu Albert von Aachen und neben diesem auch zu Gilo (der wie oben bemerkt, mit Albert vielfach zusammenstimmt) im Wesentlichen fort. Die Gesammtanschauung auf beiden Seiten ist so weit **verwandt, daß man sich** stets im Gegensatz **zu den** geschichtlichen Berichten **fühlt, und so** weit verschieden, daß der Eine unmöglich dem Andern als Quelle gedient haben kann. Was die Verwandtſchaft betrifft, ſo gebrauchen beide durchgängig für Orte, Flüſſe ꝛc. die Bezeichnung der Volksſprache, was in den wehren Quellen nicht leicht der Fall iſt: ſtatt Dorhläum z. B., oder Deretilla, nach dem Ausdruck der fränkiſchen Quellen, heißt es hier Gorhenie, ſtatt Tarſus Torſolt, ſtatt Orontes Ferne oder Farſar. Beide laſſen die beiden Theile des Heeres vor der Schlacht bei Dorhläum ſich abſichtlich trennen, nachdem ſie auf einer Bogenbrücke ein reißen= des Waſſer paſſirt; beide laſſen nach der Schlacht an einem Sams= tage des Auguſt einen furchtbaren Waſſermangel eintreten; beide wiſſen von den ritterlichen Thaten bei Artaſia und den Rathſchlägen des Biſchofs über die Schlachtordnung vor Antiochien [1]): alles Dinge, die ſich erweislich anders oder gar nicht zugetragen haben, die zum Theil mit den wirklichen Thatſachen in offenem Widerſpruche ſtehen. Charakteriſtiſcher aber noch ſind die Verſchiedenheiten beider Berichte, vor Allem bei den Ereigniſſen in Cilicien. Wir werden ſpäter ſehen, wie an dieſer Stelle Albert in geſchichtlich unrichtiger Erzählung zum erſten Male die Verherrlichung Herzog Gottfried's eintreten läßt, welche von dort an ſeine ganze Darſtellung beherrſcht. Das Gedicht weiß hier wie in allen Folgenden davon nichts: Gottfried's Helden= thaten werden häufig geprieſen, er bleibt aber ganz auf gleicher Linie mit Robert, Boemund und den ſonſtigen Fürſten. Es erhellt alſo nochmals die echtere Urſprünglichkeit des Stoffes auf Seiten des Gedichtes: die gleichzeitigen Lieder, auf denen auch Albert's **Dar**= ſtellung beruht, ſind an dieſer Stelle von Richard und Graindor reiner bewahrt worden.[2]) Wenn auf **der** anderen Seite das Gedicht Boemund und Gottfried nebſt dem ganzen Heere ebenfalls durch Cilicien ziehen läßt, und Albert dieſen Irrthum in ſeiner Erzählung glücklich vermeidet, ſo verräth dieſer doch durch eine ähnlich **unbe**= fangene Notiz, wie wir ſie früher bei Corbaran's Thaten gegen Peter bemerkten, daß ihm eine ſolche Ueberlieferung nicht unbekannt war, daß ſie alſo nicht etwa von Graindor aus dem Kopfe **erfunden** iſt. Als Tarſus ſich dem Grafen Balduin ergiebt, ſagt er, wurden ihm nur zwei Thürme eingeräumt; die andern wurden der Beſetzung durch Gottfried aufgeſpart.[3]) Dieſe Angabe ſetzt, wie man ſieht,

---

1) Chanson III, 2. 24—27. Alb. II, 38. **III, 1. 28**. 29. 32.
2) **Chanson III, 17. Alb. III, 5.**   3) Alb. III, 11.

einen Bericht voraus, in dem Gottfried später selbst nach Tarsus geführt wird.

Nicht anders steht das Verhältniß des Gedichtes und Albert's bei der Darstellung der Ereignisse vor Antiochien. Ganze Seiten hindurch wörtliche Gleichheit beider Berichte, die einen gewissen Zu= sammenhang unwiderleglich darthun, dann wieder die erheblichsten Verschiedenheiten, wo nicht selten die bessere Ueberlieferung auf der Seite des Gedichtes erscheint: so bleibt als einzig mögliche Erklärung die Benutzung gemeinsamer Quellen durch den Dichter und den Chronisten. Albert hat von einem seiner Gewährsmänner Nachrichten über harte Kämpfe von einer porta Warfaru, wo es auf die Sperrung einer Brücke ankommt, von einem anderen über nicht minder tapfere Thaten bei einem pons Farfar, der zu einem Stadtthor führt, em= pfangen. Er macht daraus zwei Thore, zwei Brücken, und zwei gesonderte Reihen von Gefechten. (Alb. IV, 44 und 60.) Farfar ist der populäre Name des Orontes; die porta Warfaru ist in Wahr= heit das Thor, das auf den pons Farfar führt, das Brückthor; einen Sumpf, über den Albert die Brücke von seiner porta Warfaru führen läßt, gab es an der von ihm beschriebenen Stelle überhaupt nicht, sondern nach Raimund's bestimmtem Zeugniß nur auf der gar nicht benannten Südseite der Stadt. Von all dieser Confusion ist der im Einzelnen mit Albert vielfach gleichlautende Bericht des Ge= dichtes frei, es kennt nur die eine Brücke, die am westlichen Ende der nördlichen Stadtmauer liegt, und endlich durch den Bau eines Castells von den Christen gesperrt wird. Es ist unmöglich, Albert's Erzählung für die Quelle des Gedichtes zu halten.

Wenn wir bisher aus der Vergleichung beider Berichte auf die Existenz gleichzeitig mit den Ereignissen entstandener und von ein= ander unabhängiger Lieder, wie z. B. der bei Lambert von Ardere erwähnten Cantilena über Antiochien schließen durften, so wird diese Vermuthung jetzt zur Gewißheit, da Richard oder Graindor in den letzten Abschnitten viele Spuren verschiedener Redactionen selbst un= verwischt gelassen hat. Schon daß bei der Umlagerung von An= tiochien Robert von Flandern und Raimund von Toulouse zweimal in verschiedenen Strophen vor verschiedenen Thoren genannt werden, scheint kaum eine andere Erklärung zuzulassen.[1] Deutlicher aber

---

[1] IV, 3 und 10, IV, 6 und 13.

noch wird das Verhältniß bei der Hülfsgesandtschaft Garsion's, wie hier der Fürst von Antiochien genannt wird, an den Sultan von Persien. Garsion fragt seine Emire, wer sie übernehmen wolle; Alle zaudern, endlich erbietet sich zu des Vaters freudiger Rührung (die Thränen fließen ihm in langen Fäden über die Nase) der Sohn des Fürsten, Sensadon. Er gelangt nach Samarkand, findet aber anfangs bei dem Sultan nur Unglauben und Unschlüssigkeit. Der Sultan redet von der Feigheit der Hülfeflehenden, Corbaran hält sie für betrunken und erinnert an seine Siege über Peter den Einsiedler. Da erscheint im elendesten Zustande mit wenigen Begleitern Soliman von Nicäa, berichtet von dem Unglück, welches die Christen auch über ihn gebracht, auch er sei verloren, wenn der Sultan ihm nicht helfe.[1]) Es ist offenbar, daß er mit Antiochien bisher keine Verbindung gehabt hat; dem entspricht auch die Antwort des Sultans, der ihm Unterstützung zusagt, jedoch hinzusetzt, zuerst solle, wenn es ihnen genehm sei, das augenblicklich bedrängte Antiochien errettet werden. Auf die Existenz aber einer ganz anderen Darstellung deutet eine frühere Stelle des Gedichtes, der Schluß des dritten Gesanges. Da hat sich Soliman von Nicäa her in steten Gefechten vor den Christen bis nach Antiochien zurückgezogen, zuletzt wirft er sich selbst in die Stadt, hilft dem Emir Garsion Lebensmittel herbeischaffen, steht mit ihm auf den Zinnen, als die Christen die Stadt einschließen, und fällt aus Schrecken darüber in Ohnmacht.[2]) Hier ist er selbst also während der Belagerung in Antiochien; es ist in diesem Zusammenhange unmöglich, daß er nachher von Nicäa herüberfliehend auf eigene Hand zum Sultan kommt. In der That erzählt auch Albert von Aachen, Soliman habe sich, als Garsion die Gesandtschaft anordnen will, zum Führer und Sprecher derselben erboten; der Verlauf ist **dann in** einigen Punkten verschieden von der Schilderung des Gedichtes, dagegen stimmen die Reden Soliman's, des Sultans und des Emir Corbaran wieder wörtlich mit dem **Ge**dichte überein. Diese also wurden, einmal erfunden, in fester Ueberlieferung umhergetragen, aber in verschiedenen Liedern in verschiedenen Zusammenhang eingeordnet. Der eine legt sie dem Sensadon, der andere dem Soliman in den Mund; der spätere Rhapsode hält sich

---

1) V, 1 flg.   2) III, 37. Alb. IV, 1. 2.

bei der Entwerfung seines größeren Ganzen bald an die eine bald an die andere Ueberlieferung, ohne die daraus erwachsenden Widersprüche zu beachten.

Eben an diese Gesandtschaften knüpfen sich weitere Verschiedenheiten. Ich stelle sogleich die beiden Lieder, die in Graindor's Darstellung verschmolzen sind, neben einander.

Nach der einen Ansicht hat ein Waffenstillstand vor Antiochien keinen Bestand gehabt [1]), darauf Garsion seinen Sohn zum Sultan geschickt, und dieser den Corbaran zu Hülfe gesandt. Als dessen großes Heer zuerst Edessa fruchtlos belagert hat, und dann von Antiochien nur noch drei Tagereisen entfernt ist, machen die aus der Stadt einen Ausfall: Boemund nimmt dabei den Sohn eines reichen Türken gefangen, behandelt ihn aber so gut, daß der dankbare Vater ihm die Annäherung Corbaran's verräth und nach zwei Tagen den Christen einen Zugang zu der Stadt überliefert[2]).

Nach der zweiten Version wird der Stillstand erst lange nach Sensadon's Entfernung geschlossen; die Türken in der Stadt sind beunruhigt wegen Sensadon's Schweigen, die Christen durch Hunger und Strapazen ermüdet, man schließt auf zwei Monate ab. Da erscheint jenem reichen Türken der Heiland zweimal im Traume, und befiehlt ihm die Stadt den Franken zu verrathen. Er setzt sich mit Boemund in Verbindung und giebt ihm seinen Sohn als Geißel: indessen kommt man nicht sogleich zum Abschluß, weil der Graf von Toulouse gegen Boemund's Wunsch die Stadt für sich allein zu behalten Protest einlegt. Denn von Corbaran's Nähe und der dringenden Gefahr weiß man auch im christlichen Lager nichts. Erst jetzt erhält Garsion Nachricht darüber und kündigt den Stillstand auf; der Verräther meldet es **Boemund**, und die Christen lassen sich **von ihm** die Stadt eröffnen[3]).

Hiermit verwandt, und nur weiter vereinfacht, ist die Ansicht des Reiffenberg'schen Textes, wo ebenfalls kein Mensch etwas von Corbaran's Nähe weiß, Christus jenem Türken erscheint, und dieser durch die Angabe, daß Garsion um Hülfe nach Persien gesandt habe

---

1) **V**, 3. Die dort vorkommende Geschichte Rainald's Porchitus findet sich etwas abgekürzt auch in der historia belli sacri.

2) **V**, 4 flg. 3) **V**, 11—19.

und auf Entsatz hoffe, die Franken überhaupt abhält, einen längeren
Waffenstillstand zu bewilligen.

Das Gedicht in der uns vorliegenden Gestalt hat nun die beiden
Redactionen wohl oder übel verbunden, wie es eben gehen wollte.
Graindor erzählt zuerst, wie Corbaran anlangt, der Sohn des
Dacien (so nennt er den Verräther) gefangen wird, und Dacien den
Franken Corbaran's Nähe anzeigt. Er bemerkt nicht, daß es hierdurch
ganz widersinnig wird, wenn er weiter meldet, wie die Türken wegen
Sensadon's Schweigen besorgt von den Franken zweimonatliche
Waffenruhe erwirken, und dann Dacien durch Christi Erscheinung
zum Verrath bestimmt wird. Könnte man sich die Häufung der
Motive für Dacien auch bei einem und demselben Erzähler gefallen
lassen, so führt die Unwissenheit aller Theile über Corbaran's Nähe
nach dem früher bereits Gemeldeten unabweisbar auf die Annahme
verschiedener und getrennter Liederstoffe. Auch hier wird die Vergleichung der lateinischen gleichzeitigen Chronisten die letzte Bestätigung
geben.

So weit nämlich dieselben Augenzeugen und streng historischen
Charakters sind, wissen sie überhaupt nichts von all jenen interessanten
Einzelnheiten. Im Gegentheil bleibt Sensadon nach ihnen stets in
Antiochien, was auch die arabischen Quellen bestätigen; und der Verräther schreitet nicht aus Neigung zu Boemund oder dem Christenthum,
sondern aus Haß gegen seinen Emir, der ihn beraubt hat zum Verrathe. Anders aber bei den Geschichtschreibern, die von der mündlichen Ueberlieferung der Zeit berührt worden sind. Albert von
Aachen, bemerkten wir schon, läßt Soliman und Sensadon um Hülfe
nach Samarkand abgehen, darauf zieht auch bei ihm Corbaran zuerst
gegen Edessa, und schon dadurch wird das Unternehmen der Christen
bekannt; Graf Stephan nimmt wie im Gedichte davon Anlaß, zu
erkranken und das Lager zu meiden, einige Ritter ziehen auf Kund-
schaft aus und erblicken den unermeßlichen türkischen Heereszug,
darauf meldet Boemund (so erzählen Einige, sagt Albert, Andere
berichten Anderes — wir werden es gleich kennen lernen), er habe
den Sohn eines reichen Türken gefangen genommen, und dieser ihm
darauf die Ueberlieferung der Stadt verheißen[1]). Es ist ganz der

---

[1] Alb. IV, 16.

Zusammenhang unserer ersten Relation, wieder in dem uns schon geläufigen Verhältniß, daß zuweilen wörtliche Gleichheit die Benutzung gleicher Quellen zeigt, und anderweitige Abweichungen die Annahme, Albert habe als Quelle gedient, unmöglich machen.

Dagegen erzählt der Caplan König Balduin's, Fulcher von Chartres, der sich damals in Edessa aufhielt, Sensadon sei nach Persien geschickt worden; indeß sei Christus einem von ihm begnadigten Türken zweimal erschienen und habe ihm den Verrath der Stadt befohlen, dieser habe sich an Boemund gewandt, ihm seinen Sohn als Geißel gestellt und den frommen Verrath vollzogen. Fulcher hat dies, wie formell erweislich ist, gleichzeitig mit der Begebenheit im Oriente aufgezeichnet; er ist, bemerkten wir, wo er als Augenzeuge schreibt, ein höchst zuverlässiger Berichterstatter; kaum aber hat er sich einige Meilen von dem Schauplatze entfernt, so ist er schon ganz und gar von poetischer Luft umgeben, und erfährt keine andern Nach= richten als den Inhalt der von Richard und Graindor überlieferten Lieder. Wenige Jahre später berichtet Bischof Baldrich, Boemund habe einen Türken zum Christenthum bekehrt, und dadurch zum Verrath bestimmt; eben dies ist auch die zweite Nachricht, welche Albert von Aachen erhalten hat; endlich weiß der Mönch Robert, der Türke habe drei Heilige in den Reihen der Christenkämpfer ge= sehen; dies habe ihn zur Glaubensänderung und zum Verrathe bewogen. Alle diese Nachrichten erwähnen, daß der Sohn des Türken als Geißel gestellt worden, wissen aber nichts von der Gefangen= nehmung desselben. Mit einem Worte, sie bleiben streng in dem Kreise unserer zweiten Relation.

Es steht nach diesen Wahrnehmungen, wie mir scheint, außer Zweifel, sowohl daß Richard oder Graindor zahlreiche Lieder ver= schiedenen Inhalts zu dem uns vorliegenden Gesange verschmolzen haben, als auch, daß diese Lieder schon während des Kreuzzuges oder doch unmittelbar nachher entstanden und verbreitet worden sind. Wie bei den früheren Begebenheiten erscheint dies Verhältniß auch bei dem Höhenpunkte dieses heiligen Krieges, bei den Kämpfen der Pilger gegen Kerbuga. Wir bemerkten früher, wie das Gedicht — im sechsten Gesange — die Flucht Stephan's von Blois in ähnlicher, wenn auch etwas abweichender Weise wie Albert schildert: im siebenten wieder= holt es die Geschichte in anderem Zusammenhange gleichlautend mit

den Gesten und dem Mönche Robert. Früher führte es die alte
Calabre bereits in Samarkand mit drohender Warnung zu Corba=
ran; jetzt erzählt es, Calabre sei in das Lager vor Antiochien ge=
kommen, und habe hier mit Schrecken gehört, daß ihr Sohn die
Christen bekämpfen wolle [1]); eine Ueberlieserung, deren gleichzeitiger
Ursprung uns auch dieses Mal **durch** die Geste und Robert be=
zeugt wird.

Nur wäre es ein Irrthum, **hieraus** mit Pigeonneau in **dessen**
sonst sehr schätzenswerthem Buche die Folgerung zu ziehen, die Gesten seien
die Quelle, aus welchen der Dichter den **Inhalt** seines siebenten und
achten Gesanges entnommen, und dann weiter **zu** schließen, daß das=
selbe Verhältniß in den sechs vorausgehenden **Gesängen** zu Albert vor=
liege, die Chanson also für eine Compilation aus den Berichten
dieser beiden Autoren zu halten. Pigeonneau hat **sich** dazu verleiten
lassen zunächst durch die Vorstellung, daß Albert der beste und zuverlässigste
unserer historischen Gewährsmänner sei, sodann durch eine **nicht**
ausreichende Genauigkeit und Vollständigkeit in der Vergleichung **der**
beiderseitigen Texte. Indem er **in** den ersten Büchern **an vielen**
Stellen wörtliche Uebereinstimmung der Chanson mit Albert bemerkte,
schien es ihm undenkbar, daß dieser treffliche Schriftsteller freie Er=
zeugnisse einer dichterischen Phantasie als wirkliche Ereignisse hätte
vortragen mögen: er übersah die thatsächlichen Momente, welche in
der Chanson den ursprünglichen Text und den besseren Zusammen=
hang anschaulich, und damit die Abhängigkeit derselben von Albert
undenkbar und die Priorität der Lieder zweifellos machen. Noch
augenfälliger aber ist die Unabhängigkeit der Chanson oder der in
ihr gesammelten Lieder von den Gesten. Schlägt man den achten
Gesang des Gedichtes auf, so haben die beiden Darstellungen kaum
eine Silbe mit einander gemein.

Die Schlachtordnung der Christen ist eine andere bei den Gesten,
als in dem Gedichte; dieses berichtet mehrere Reden Adhemar's, von
denen die Gesten nichts wissen; das Gedicht erzählt eine letzte Botschaft
Corbaran's, die in den Gesten nicht erwähnt wird; es meldet die Hin=
richtung eines provenzalischen Ueberläufers, die in den Gesten fehlt;
der ganze Verlauf des Kampfes ist ein anderer auf beiden Seiten;

1) Chanson VI, 36; VII, 8.

kurz die beiden Erzählungen sind so unabhängig von einander wie
möglich. Ich weiß nicht, ob Pigeonneau bei seiner entgegenstehenden
Behauptung vielleicht den Text des Mönches Robert, also eines der
Copisten der Gesten, im Auge gehabt hat: dieser stimmt allerdings
auf großen Strecken mit dem Gedichte wörtlich überein; da er aber
dazwischen einzelne Angaben aus den Gesten einschiebt, welche dem
Gedichte **fehlen,** so ist es deutlich, daß **nicht** dieses aus seinem Be=
richte geschöpft, sondern daß er seine Zusätze zu den Gesten aus den
Liedern herüber genommen hat. Was das siebente Buch des Gedichtes
angeht, so könnte man eher über die Sachlage zweifelhaft sein. Denn
während hier Albert viele sonstige Ereignisse in seiner Erzählung
berührt, wählt aus der Masse des während Kerbuga's Belagerung
Geschehenen das Gedicht dieselben Vorfälle aus, deren Darstellung
auch den Text der Gesten bildet. Wie aber die nähere Betrachtung
auf der Stelle zeigt, ist hieraus nur zu schließen, daß es eben diese
Begebenheiten gewesen sind, welche die allgemeine Aufmerksamkeit am
Stärksten auf sich gezogen haben, denn im Einzelnen nehmen die Ab=
weichungen der beiden Berichte von einander kein Ende. Die chrono=
logische Folge der Ereignisse ist völlig verschieden; das Gespräch
Kerbuga's mit seiner Mutter ist zwar wörtlich gleichlautend in der
Chanson und bei Robert, aber ganz eigenthümlichen Inhalts in den
Gesten; die heilige Lanze wird in der Chanson nicht dem Peter
Bartholomäus sondern Peter den Eremiten durch den Apostel Andreas
nachgewiesen; die Reden Peter's haben ganz anderen Wortlaut bei
beiden Autoren; bei Peter's und Herluin's Botschaft an Kerbuga
fordern nach den Gesten die Gesandten den Emir zum Abzug, nach
dem Gedichte zur Veranstaltung eines Einzelkampfes auf; die dabei
gewechselten Reden sind in dem Gedichte sehr viel ausführlicher.
Auch hier erweist sich die Darstellung des Mönches Robert als eine
Compilation der beiden Berichte, auch hier also hat das Gedicht nicht
aus seinem Werke, sondern Robert aus dem Inhalte gleichzeitiger
Lieder geschöpft.

Mit einem Worte, von den Gesten haben wir hier völlig abzu=
sehen, für Robert aber erscheint dasselbe Ergebniß wie für Albert:
ihre theilweise Uebereinstimmung mit Richard's und Graindor's
Chanson beruht nicht darauf, daß der Dichter Stücke ihrer Werke
copirt und in Reime gebracht, sondern daß alle drei an verschiedenen

Stellen eine gemeinsame Quelle, die im Angesichte der Ereignisse entstandenen Sagen und Lieder benutzt haben.

Wir stehen also hier auf einem Boden, welcher die Früchte einer erfindungsreichen Phantasie auf das Schnellste zeitigt. Dieselben Menschen, welche heute das Ereigniß geschaffen oder doch gesehen haben, gestalten es morgen nach religiösen, ritterlichen oder patriotischen Motiven in der freiesten Weise und guten Glaubens um. Kriegerische Gesänge, mit denen die Truppen sich **begeistert**, scherzhafte Lieder, in denen sie einige ihrer Vorsteher verspottet, erwähnt Raimund von Agiles ausdrücklich. Es versteht sich, **daß nicht** jedes Erzeugniß dieser Art sofort in metrische Form gelangte; **wo** es nicht geschah, mochte **es** um **so** unbedenklicher als ein Stück echter Geschichte von den Zeitgenossen aufgenommen werden. Mitten im 12. Jahrhundert, in einer Zeit, welche Schreibekunst und Zeitrechnung kannte **und eine** ganz ehrenwerthe geschichtliche Literatur erschuf, umzieht **sich ein** weltgeschichtliches Ereigniß vor dem Blicke zahlloser Augenzeugen **mit** dichten Ranken der Sagenpoesie. Ein Zufall, daß uns ein Dutzend Briefe und einige hundert Tagebuchblätter nüchterner Beobachter gerettet worden sind. Wir würden sonst von den wirklichen That=sachen des Kreuzzuges so viel wie von der Erbauung Roms oder der Zerstörung Trojas wissen.

Wir bemerken auch hier wieder die Verkehrtheit der noch immer weit verbreiteten Vorstellung, die Sage sei nur eine unvollkommene Geschichte, sie entstehe, wo man noch nicht ordentliche Geschichte zu schreiben gelernt habe, und verschwinde, sobald diese Fertigkeit er=reicht sei. Sie ist vielmehr ganz eigenthümlichen Wesens und hat feste positive Voraussetzungen, unter deren Einfluß sie auf allen Bildungsstufen, im 12. wie im 19. Jahrhundert zu Tage tritt. Ihre Gebilde erscheinen unfehlbar, sobald die Phantasie der Massen eine starke Anregung erhält; die leitenden Vorstellungen verkörpern sich dann in plastischen Dichtungen; man erzählt, dies und jenes sei ge=schehen weil man überzeugt ist, es müsse so geschehen sein. Es leuchtet nun ein, daß religiöse Erwärmung unter allen hieher ge=hörigen Factoren der mächtigste ist: ein wirkliches Wunder wäre es gewesen, wenn der Kreuzzug, bei dem der Occident auf alles Wunder=bare gefaßt war, wo man zum ersten Male das Fabelland des Orients

betrat, und der Krieg mit heißer religiöser Begeisterung geführt
wurde, sich nicht mit sagenhaftem Schmucke umgeben hätte.

Fragt man nun, welchen Gebrauch die geschichtliche Forschung
von Ueberlieferungen dieser Art zu machen habe, so wird die erste
Forderung dahin gehen müssen, vor Allem den Grundgedanken zu
erkennen, aus welchem die Sage ihre farbigen Darstellungen heraus=
spinnt. Richard's Lieder machen uns die Erfüllung dieses Wunsches
nicht schwer: indem sie mit allen zeitgenössischen Berichten die allge=
meine Auffassung theilen, daß der Kreuzzug ein unmittelbares Werk
Gottes gewesen, zeigen sie im Einzelnen den patriotischen Trieb, den
Heerführer ihres Stammes zu feiern. Es ist nicht nöthig, die ein=
zelnen Belege dafür an dieser Stelle weitläufig vorzuführen; jeder
Blick in Graindor's Buch läßt die Thatsache erkennen, daß in dessen
ersten Abschnitten der Graf von Flandern, in den letzten Herzog
Hugo von Francien der Held des Heldenliedes ist. Dagegen sahen
wir bei Albert vor Allem die Gestalt des Herzogs Gottfried in die
erste Reihe treten, um der Träger eines durch göttliches Wunder
übertragenen Führer= und Herrscherberufs zu werden. Da aus den
echten Quellen die thatsächliche Unrichtigkeit einer solchen Vorstellung
mit völliger Gewißheit hervorgeht, so wird man über den Ursprung
derselben nicht lange im Zweifel bleiben: es ist die kirchliche Haltung
Gottfried's und vor Allem seine Wahl zum ersten Könige des heiligen
Grabes, welche die Phantasie der Zeitgenossen angeregt hat, für seine
Erhebung zu einer so einzigen Würde die entsprechende Vorgeschichte
zu erschaffen. Der Eindruck war so energisch, daß er allmählich die
ganze europäische Meinung erfüllte, die ganze spätere Literatur be=
herrschte, und den Ruhm Hugo's, Robert's und aller Anderen völlig
in den Schatten stellte. Wenn wir also weiter unten versuchen, den
thatsächlichen Verlauf des Kreuzzuges unter bestimmter Ausscheidung
der sagenhaften Erfindungen darzustellen, so werden wir uns in der
Kritik der letzteren wesentlich auf die langlebigste derselben, auf die
Verherrlichung Gottfried's und die Entwickelung der Albert'schen
Tradition, beschränken können.

Ein anderes für den Gang unserer Untersuchung wichtiges
Moment ist folgendes. Es ist charakteristisch für Albert's Erzählungen,
für Richard's Lieder, so wie die ihnen gleichartigen Notizen anderer
Schriftsteller, daß sie nicht als der Bericht einer bestimmten und be=

kannten Person vor uns hintreten, aus deren Natur und Stellung
der Werth des Berichtes sofort zu erkennen wäre, daß sie vielmehr
sämmtlich als Theile einer großen, im ganzen Abendlande heimischen
Ueberlieferung erscheinen, deren Beglaubigung an jeder Stelle von
Neuem festzustellen ist. Ganz zufällig hat sich die eine große Masse
derselben unter Albert's Namen zusammengefunden: die Unbefangen=
heit, mit der dieser Geist das Seltsamste und Widersprechendste in
sich aufnahm, hat es hier zu keiner Auswahl und Gestaltung des
Stoffes kommen lassen, wie man sie sonst von dem Werke eines
einzigen selbstthätigen Verfassers erwartet. Wir können uns nur an
den Inhalt der einzelnen Bruchstücke, und trotz Albert's Einwirkung
nur an die Frage halten, in wie weit seine Gewährsmänner den
Stoff der reinen Wirklichkeit unversehrt gelassen haben. Nicht anders
ist unser Verhältniß zu der Menge der einzelnen zerstreuten Berichte
gleichen Ursprungs, für sie Alle steht noch zu erforschen, wie viel
Wahrheit in ihrer Beobachtung und wie viel freie Schöpfung in
ihren Ansichten sich vorfindet.

Es ist also immerhin möglich, daß unter der gewaltigen Masse
der einzelnen Erzählungen bei Albert neben vielen erdichteten hier
und da auch historisch richtige Angaben vorkommen, welche wir, so
weit sie mit den echten Quellen nicht in Widerspruch stehen, mit
Dank für die freilich nur halb erweisliche Belehrung aufnehmen und
verwerthen mögen. Um so bestimmter aber ist darauf zu bestehen,
daß wo sich ein solcher Widerspruch ergiebt, die qualitative Verschie=
denheit der historischen und der sagenhaften Auffassung unbedingt
anerkannt, und die letztere von dem historischen Bilde rückhaltlos
fern gehalten werde. Jeder Versuch einer Combination in solchen
Fällen kann nur dazu führen, die historische Anschauung zu ver=
fälschen und zugleich der Sage ihren poetischen Werth zu verkümmern:
gerade bei unserem Gegenstande wird uns das große Geschichtswerk
des Wilhelm von Tyrus für diesen Satz die unwiderleglichsten Be=
weise liefern. Es ist eine Grundregel aller historischen Kritik, die
wir hier bezeichnet haben.

Ich weiß sehr wohl, daß die strenge Befolgung derselben auch
manchem tüchtigen und genauen Forscher schwer fällt. Das Gefühl
liegt nahe, es sei doch Schade, eine solche Menge lebhafter und an=
schaulicher Berichte ohne Weiteres unter den Tisch zu werfen, es

könne vielleicht doch Manches gerade so geschehen sein, vielleicht lasse sich doch eine Möglichkeit der Rettung ersinnen. Nur so kann ich mir das Verfahren des sonst stets gründlichen und kritischen Röhricht erklären, wenn er in seinem Texte Robert's Erzählung über den Eremiten Peter wiederholt und zugleich in der Note Hagenmeyer's und meine Zurückweisung derselben ohne ein Wort der Widerlegung citirt. Oben habe ich bereits bemerkt, wie die Pariser Herausgeber Albert's meine Strenge gegen diesen Autor übertrieben finden. Nicht anders tadelt **mich einmal der** fleißigste **und** kenntnißreichste aller Forscher der bella sacra, Graf Riant, daß ich die Ereignisse bei Laodicäa nicht durch Combination sondern durch Amputation der Berichte, nämlich durch völlige Ausscheidung der Albert'schen Darstellung auf= zuklären versuche.[1] Kugler findet bei den Erlebnissen des Herzogs Gottfried in Constantinopel, es sei doch gar nicht undenkbar, daß Anna Comnena sich geirrt habe, und dann Albert's Erzählung auf das Schönste zu Recht bestände.[2] Jedenfalls erscheint ihm die An= nahme plausibel, daß Albert freilich bis zum Kriege des Kerbuga sich durch die von Graindor wiederholten Lieder leiten lasse: dann **aber** versiege diese Quelle, und Albert rücke mit den übrigen historischen Berichterstattern in eine Linie. Nun ist es richtig, daß allerdings der Gesang von Antiochien mit der Niederlage Kerbuga's abschließt, aber ebenso gewiß ist es, daß die Sage und die Poesie auch bei den folgenden Ereignissen des Kreuzzuges ihre Thätigkeit weiter entfaltet haben. Und was die geschichtliche Zuverlässigkeit der letzten Abschnitte Albert's betrifft, so will ich zum Abschlusse meines Beweises noch einige **Punkte** seiner späteren Capitel, einige Momente aus der Ge= schichte Balduin I. untersuchen, bei welchen wieder die Abweichung in den Einzelnheiten unmittelbar auf Gegensätze in der Gesammt= anschauung hinführt.

Eine bekannte Streitfrage zwischen Albert und Wilhelm von Tyrus bildet ihre Darstellung der Händel zwischen Balduin und dem Patriarchen Dagobert. Wilhelm, der gerade diese Dinge urkundlich erforscht zu haben versichert, **reinigt den Patriarchen von aller** Schuld.[3] Freilich **habe** er sich Balduin's Thronbesteigung widersetzt, aber nur weil

---

1) Lettres historiques p. 190.
2) Histor. Zeitschrift XLIV, 22. 42.
3) Will. Tyr. p. 780. 790. 797.

deſſen Partei ihm die ſchuldige Lehnshuldigung verweigert; erſt durch
das Hetzen ſeines alten Gegners, Arnulf, ſei es zu offenem Zwiſte
gekommen, der jedoch ſchon Weihnachten 1100 beigelegt wurde. Dagobert blieb ſeitdem unangefochten, bis Arnulf ihn durch fortgeſetzte
Umtriebe 1103 zur Flucht nach Antiochien nöthigte. Albert giebt
nun dem Verhältniß ſchon eine andere Grundlage, indem er die
Lehnsherrlichkeit des Patriarchen über die Krone vollkommen ver-
ſchweigt und dadurch Dagobert's Schritte gegen Balduin **jedes recht-**
lichen Vorwandes beraubt. Hieran knüpft der König ſeine Maaßregeln; nachdem Tancred, der Beſchützer Dagobert's, das Reich verlaſſen, klagt Balduin den letztern in Rom an und der Papſt ſendet
auf ſeine Bitte den Cardinal-Legaten Mauritius. Der unterſucht die
Sache nach Albert während des Monats März 1101 und ſpricht die
Suſpenſion über Dagobert aus; um Oſtern beſticht dieſer den König
mit 300 Goldſtücken, bewirkt ſo ſeine Wiederherſtellung, nähert ſich
dem Legaten und beide gemeinſchaftlich verzehren in heimlichen
Schmauſereien die Einkünfte des Reichs.[1])

Seite 311 fährt Albert in dieſen Geſchichten fort. Der König
iſt in Geldnoth, er kommt etwa im Auguſt[2]) von Joppe nach Jeruſalem und fordert von dem Patriarchen eine beſtimmte Summe,
welche dieſer nicht aufbringen zu können verſichert. Der König darauf
von Arnulf unterrichtet, überraſcht die beiden Geiſtlichen bei ihren
Gelagen, eine heftige Scene erfolgt, der Patriarch muß Jeruſalem
räumen, geht nach Joppe und von da im März 1102 zu Tancred
nach Antiochien. Balduin bleibt mit dem Legaten in Jeruſalem und
ehrt ihn hoch, da kommt Anfangs September Nachricht von feindlichen Rüſtungen, er ſammelt ſein Heer und zieht aus gen Joppe.

Seite 332. Nachdem Balduin im Juli 1102 die Saracenen
beſiegt **hat, ruft er im** September gegen einen neuen Angriff Tancred
und Balduin von Burg **zu Hülfe.** Sie kommen nach Joppe, **mit**
ihnen Wilhelm, Graf von Poitou, zugleich aber auch Dagobert, und
nur auf eine neue Unterſuchung von deſſen Sache wollen ſie den

---

1) S. 308.

2) Genau ergiebt ſich die Zeit nicht; bis zu Johann des Täufers Geburt
bleibt er in Cäſarea, geht dann nach Joppe, nach drei Wochen rückt er aus gegen
die Saracenen, wartet lange auf ſie, entläßt dann das Heer, nec longo post
haec intervallo geht er nach Jeruſalem. VII. 56—58.

König unterstützen. Als dies angeordnet ist, machen sie einen Zug gegen Askalon mit; Dagobert's Absetzung wird aber unter dem Vorsitz des Cardinals Robert von Neuem ausgesprochen.

So große Dinge in diesen Geschichten der vermittelnden Kritik der Neueren auch gelungen sind, so hat sie doch eine Vereinigung der hier berichteten Angaben bisher umsonst versucht. Man findet in den meisten Darstellungen beide Ansichten nebeneinander und dem Leser die Auswahl überlassen: manches Mal hat man sich nicht gescheut, Wilhelm's so hoch gepriesene Unparteilichkeit gerade bei diesen Händeln, mochte er seine Forschungen rühmen, wie er wollte, einem scheinbar natürlichen Verdachte zu unterwerfen. Man freute sich der Albert'schen Ausführlichkeit und war gütig genug, ihm eine gerade hierdurch erleichterte Prüfung zu erlassen. Fulcher übergeht die Angelegenheit, wie mir deutlich scheint, mit absichtlichem Stillschweigen; man ließ seine Angaben also ganz außer Acht, statt die anderweitigen Notizen seines Tagebuches um so unbefangener zur Entscheidung der Frage zu gebrauchen. Solch eine Notiz liegt bei ihm vor in der Angabe, Tancred sei im März 1101 von Jerusalem nach Antiochien abgegangen[1]): wie soll nun noch Balduin nach seiner Entfernung mit Dagobert Zwist beginnen, ihn in Rom verklagen, der Papst einen Legaten ernennen, dieser nach Palästina kommen, die Untersuchung beenden und die Suspension noch vor Ende des März aussprechen? Den Anfangsgrund des Streites wird Albert also zurückdatiren müssen, aber bis wie weit und wie wird er die ganze Erzählung retten, wenn ihn ein durchaus unbetheiligter Augenzeuge belehrt[2]), daß Mauricius in Syrien sich befand, ehe Balduin den Fuß nach Jerusalem setzte, daß er schon 1099 mit einer genuesischen Flotte ins Morgenland gesandt wurde?[3]) Dieser ganze erste Theil der Erzählung fällt also völlig zusammen.

---

1) S. 407. Eo tempore (er hat von der geringen Menschenzahl im Reiche gesprochen) contigit in Martio mense Tancredum Cayphan oppidum suum Balduino relinquere, Tiberiadem quoque, et Antiochiam ambulare.

2) Caffaro ap. Murat. VI, p. 249.

3) Er kam im Herbste 1100 mit den Genuesern nach Laodicäa, und ich sollte denken, ebenfalls mit ihnen nach Jerusalem in der Fastenzeit 1101. Im October 1100 war Balduin von Edessa über Laodicäa nach Jerusalem gegangen, damals war Mauricius noch in Laodicäa, und zog, wie Fulcher's

Albert läßt den König darauf Cäsarea am Pfingsttage (9. Juni)
einnehmen und ihn bis zum 24. dort verweilen (Johann des Täufers
Geburt). Cäsarea war aber, nach dem Zeugniß des anwesenden
Fulcher, an einem Freitag — es ergiebt sich der 7. Juni — gefallen
und Balduin sogleich nach der Eroberung nach Ramla gezogen, wo
er 24 Tage in steter Erwartung eines feindlichen Angriffes blieb,
und als dieser nicht erfolgte, nach Joppe zurückging.¹) Fulcher fährt
dann fort: cum autem postea auribus semper ad eos intentis per
septuaginta dies quieti sustinuissemus, intimatum est regi Balduino,
adversarios nostros permoveri, et iam parati nos appetere acce-
lerabant. Hoc audito fecit gentem suam congregari, de Hieroso-
lyma videlicet, Tyberiade quoque, Caesarea et Caipha.²) Vergleichen wir dies mit Albert, so ergiebt sich auf der Stelle als un-
sinnig die Flucht Dagobert's nach Joppe und sein Aufenthalt daselbst;
er wollte dem Könige weichen und wäre hier, im September wenigstens auch nach Albert, gerade mit ihm zusammengetroffen. Aber ich
habe auch kein Bedenken, nach dieser Stelle Balduin's Anwesenheit
zu Jerusalem im August, und damit die Gastmahlscenen und was
ihnen folgte, überhaupt zu leugnen. Denn den Widerspruch zwischen
beiden Ansichten lösen wir hier nicht durch die Vermuthung, Fulcher
habe Balduin's Abstecher und Rückkunft verschwiegen, weil er überhaupt nicht von den kirchlichen Händeln reden wolle: seine Worte
sagen vielmehr ganz ausdrücklich, daß die Rüstungen Balduin's nicht
von Jerusalem sondern von Joppe aus geschahen, womit denn sehr
gut die Anwesenheit der Königin in Joppe stimmt³), die bei einem
zweimonatlichen Aufenthalte Balduin's daselbst sehr wohl, nach der
Albert'schen Ansicht der Dinge aber ganz und gar nicht zu begreifen
ist. Albert hat das Locale geradezu umgekehrt; er bringt den König

---

Stillschweigen hinreichend beweist, nicht mit dem Könige. Daß er aber mitten
im Winter für sich allein zu Lande hingegangen, ist bei dem unsicheren Zustande jener Gegenden nicht denkbar.

1) Fulcher S. 410 (c. 25. 26).

2) Fulcher's Chronologie empfiehlt sich selbst. Das nun folgende Treffen
fand am 7. Sept. statt. Zählt man 24 Tage vom 7. Juni weiter, so kommt
man auf den 1. Juli, von da bis zum 7. Sept. sind 69 Tage.

3) Vgl. deren Brief an Tancred, bei Fulcher und Wilhelm wörtlich angeführt.

nach Jerusalem und Dagobert flieht nach Joppe; in Wahrheit war jener in Joppe und dieser von keinen königlichen Forderungen gestört in Jerusalem.

Ein ähnlicher Nebenpunkt, die Erwähnung des Grafen von Poiton, gibt uns endlich Aufschluß über die Glaubwürdigkeit der Ereignisse von 1102. Fulcher hat darüber die einfache Angabe[1]): cum prope Pascha esset, Hierusalem perrexerunt (Wilhelm von Poitou, Stephan von Blois und die übrigen Fürsten des Kreuzheeres von 1101, von Joppe aus) qui postquam cum rege Balduino Pascha celebrando pransissent, Ioppen omnes regressi sunt. **Tunc comes** Pictavensis navim ascendens et Franciam remeans, **a nobis** discessit. Die übrigen Fürsten fallen bald darauf in einem unglücklichen Gefecht gegen die Türken. Und dieser Graf von Poitou, der um Ostern nach Frankreich zurücksegelt, zieht plötzlich im September von Antiochien heran, und kämpft mit bei Askalon und verschwindet wieder eben so plötzlich wie er gekommen. Und diese ganze Rüstung Tancred's, Balduin's von Burg und Wilhelm's, weder Fulcher, der Kaplan des Königs, nach Radulf, der Genosse Tancred's, noch Matthias, Balduin's Unterthan, wissen eine Sylbe davon zu erzählen. Im Gegentheil, Fulcher sagt ausdrücklich[2]): Expleto bello (im Juli) rex Ioppen reversus est. Postea quievit terra bellorum immunis, tempore sequenti autumnali atque hyemali. Auch hier wüßte ich nicht mit dem Satze durchzukommen, daß Fulcher einmal nichts über Dagobert sagen will, denn hier ist eben nicht von Dagobert, sondern von ganz anderen Angelegenheiten die Rede.

Ziehen wir nun die Summe. Wir sehen, wie Wilhelm's Ansicht im Einzelnen und Ganzen zu unserer sonstigen Kunde dieser Jahre paßt, seine Zeitangaben werden aller Orten bestätigt, zu **Wider**sprüchen und Sinnlosigkeit giebt er nicht die mindeste Gelegenheit. Albert dagegen stößt an, **wo** man seine Nachrichten in irgend welchen Zusammenhang bringen **will**, es zeigt sich ohne Weiteres, daß seine Darstellung generisch verschieden allen anderen entgegentritt. Auf den Boden von Raum und Zeit, wie wir ihn aus den unverfänglichsten Angaben uns herstellen, passen seine Thatsachen ein für alle-

---

1) S. 414.   2) S. 416.

mal nicht; er darf also nicht erwarten, daß wir das Ergebniß dieser Thatsachen, die Charakteristik der Personen und Zustände, aus seiner Hand dahinnehmen. Vielmehr stellt sich das Verhältniß geradezu umgekehrt: wir bemerken, daß seine Thatsachen erst das Erzeugniß einer vorgefaßten Charakteristik sind. In einem bestimmten Lichte fürstlichen Glanzes schaute die Ueberlieferung, die er darstellt, den König Balduin an und aus dieser Anschauung hervor schuf sie **die** zahlreichen Erdichtungen und Unwahrheiten, die wir ihr nachgewiesen haben. Es ist hier der Ort nicht, dieses Bild des Fürsten, und wie es in Wirklichkeit ein anderes gewesen, **näher** auszuführen, es mag genügen, noch an einer zweiten Stelle die Aeußerungen dieses Gegen= satzes darzulegen.

Raimund von Toulouse bestürmte Tripolis von dem Pilger= berge aus seit 1101 oder Anfang 1102, setzte sich in der Umgegend fest, eroberte 1102 Klein=Gibellum — nicht 1104, wie Albert sagt, wir haben die Urkunde von 1103, worin Raimund die Hälfte der Stadt verschenkt[1]) — und starb dann im Jahre 1105. Die Früchte seiner Thätigkeit drohte der Streit zwischen seinem unmittelbaren Nachfolger Wilhelm von Cerdagne und seinem Sohne Bertrand wieder zu vernichten. Letzterer wandte sich, erzählt darauf Albert[2]), an König Balduin und versprach, wenn er ihn unterstütze, Lehns= mann der Krone zu werden, welches Erbieten Balduin mit Freuden annahm. Gleichzeitig lagen Tancred, Balduin von Edessa und Jos= celin von Courtenai in Hader; der König, um alle Streitigkeiten mit einmal abzuthun, entbot sie sämmtlich in das Lager vor Tripolis. Sie alle erschienen mit glänzendem Gefolge; sämmtliche fränkische Fürsten Syriens traten hier zusammen, **um von** Balduin die Ent= scheidung ihrer Zwistigkeiten zu empfangen.

Eine Zusammenstellung und Sichtung aller hierher gehöriger Nachrichten würde eine weitläufige Untersuchung erfordern; auch reicht

---

1) Alb. IX, 26. Proximo debine anno, vorher hat er von 1103 be= richtet. Caffaro p. 253. C. sagt zwar primo anno huius compagniae, A. D. 1104. Allein der Zusammenhang ergiebt den Schreibfehler und das richtige Jahr 1102 auf der Stelle. Die Urkunde vom 16. Januar 1103 steht hist. de Languedoc II, preuves **p.** 360. Die hist. selbst sucht zwar Albert zu retten, aber durch eine höchst gezwungene Auslegung.

2) **XII.** 9 flg.

für unsere Zwecke hin, auf zwei Angaben aufmerksam zu machen, die von allen sonstigen Zweifeln gar nicht berührt werden und den hier wesentlichen Punkt vollkommen erledigen. Fulcher giebt eine ziemlich ausführliche Nachricht von dem Hader Wilhelm's und Bertrand's[1]), er tadelt, daß sie vor der Einnahme der Stadt über ihren Besitz gestritten, ad nutum Dei, setzt er hinzu, momenta transvolant et cogitationes hominum vanae subvertuntur. Et non fuit mora: postquam rex Balduinus ad illam obsidionem venit, causa deprecandi **Ianuenses**, ut eum iuvarent eo anno ad capiendum **Ascalonem** et **Beruthum** nec non **Sydonem**, et ordiebatur concordiam fieri de duobus comitibus memoratis: — — interiit **Guilelmus ille** Iordanus. Hier sehen wir einen anderen Beweggrund für Balduin's Ankunft; es ist nicht das Oberhaupt, das vielgeehrte, von dem die Menge der Fürsten richterlichen Ausspruch erwartet, es ist ein hülfesuchender Feldherr, der ganz zufällig auch zum Geschäfte des Vermittlers gelangt. Wollten wir noch zweifeln — Fulcher möchte den Unterhandlungen, so wichtig und offenbar sie gewesen, fremd geblieben sein — so entscheidet ohne Weiteres eine Angabe des Mathias Eretz von Edessa.[2]) Dieser, über Armenien immer sehr gut, über entferntere Dinge nur in verwirrter Weise unterrichtet, erwähnt der tripolitanischen Ereignisse mit sonderbaren Abweichungen, erzählt aber, in ganz anderem Zusammenhang, der Graf von Edessa und Joscelin hätten im Sommer 1109 einen unglücklichen Zug nach Kharran in Mesopotamien gemacht, den er dann ausführlicher beschreibt. Hieran ist nun gar nicht zu zweifeln, und Mathias sprengt gleichsehr durch Reden und Schweigen den Albert'schen Congreß vollkommen. Dieser ist in der That nichts anderes, als eine neue Abspiegelung der Idee, die sich im Abendlande von der Stellung, der Macht und der persönlichen Natur König Balduin's gebildet hatte; man konnte oder wollte nicht begreifen, daß er nur geringen Einfluß auf die übrigen Fürsten gehabt haben sollte. Ebenso, wie man im vorigen Falle nicht zweifelte, daß seiner Wirksamkeit und seinem Rechte der Patriarch erlegen sei; diese Idee, aufgegriffen von dem lebendig bildenden Geiste, wie wir ihn oben darstellten, erzeugte sich

---

1) S. 420.
2) Notices et extraits IX, p. 325.

das Gewand der bunten Anekdote und des plastisch geschilderten Treibens, dessen Haltlosigkeit zu beweisen wir bis hierher versuchten.

So sind, wir erkennen es deutlich, diese Ueberlieferungen nicht so sehr Darstellung äußerer Thatsachen als europäische Stimmungs= bilder; sie lehren uns nicht, was im Oriente geschehen ist, sondern was unsere Nationen während des Verlaufs der Kreuzzüge empfanden. Fast werthlos für die Geschichte Palästinas in jener Zeit, sind sie von hoher Bedeutung für die Erkenntniß der verschiedenen Wendungen der europäischen Cultur. Als das Kreuzheer 1096 in schwärmerischer Begeisterung zum Morgenlande zog, hatte die Kirche so eben **die** ersten Schritte zur Unterwerfung des Erdkreises gethan. Noch stand sie im heftigen Kampfe und sprach ihre Gesinnung in scharfen Ex= tremen aus, am Nachdrücklichsten in so weit diese Richtung auf reformatorischem Streben beruhte. Bei Gregor VII. mochten ander- weitige Gedanken hinzutreten — wovon unten näher zu handeln ist — aber weitaus die Meisten seiner Genossen betrachteten sich als Wiederhersteller einer gesunkenen Sittlichkeit, als Befreier der Kirche von den Banden des sündlichen Fleisches. Wie streng ascetischen Charakters gestaltete sich da Alles, was nach Glauben und Heiligung strebte, da entstanden die Mönchsorden der strengen Disciplin, da kam die Gerechtigkeit der Werke zu Ehren, welche das Fleisch peinigte und die Sinne abzutödten trachtete. Dem fröhlichen Treiben der Kunst versiegten die Quellen, die allein es nähren und tränken konnten; die Poesie mußte verkümmern, als ihr echter Boden, eine gesunde und kräftige Sinnlichkeit, den Sünden dieser Welt zugezählt wurde. Die Geschichten der Literatur zeigen den Stillstand, den sie damals erlitt, und wie sie später von neuen Grundlagen aus eine neue Ent= wickelung begann. Aber wurden auch die Dichter selten, so blieb doch die dichterische Kraft in den Menschen: bei dem ersten großen Antrieb, der in die Welt trat, entlud sie sich in starker, umfassender Fülle: den Kreuzzug, den mehr als alles Andere jener ascetische Eifer geschaffen, nahm sie vollkommen in Beschlag. An diesem Erzeugniß ihres Gegners bewies sie, welche Kraft sie sich noch unter dessen Regimente bewahrt hatte.

Ohne Zweifel, auch ihr war die Befreiung des heiligen Grabes ein religiöses Werk, ein von Gott gesetzter, unter Christi Leitung zu erfüllender Beruf. Dann aber bei der Ausführung des Unternehmens

ist von Papst und Kirche und Askese blutwenig die Rede; ein glän=
zendes, vor Allem in Kühnheit prangendes Ritterthum ist der Träger
und der Vollender der himmlischen Mission, und nicht dem Patriarchen
sondern dem Helden wird durch Gottes Rathschluß die herrschende
Stellung am heiligen Grabe zugewiesen.

Es entspricht dies aber durchaus den sonst im Abendlande seit
dem Kreuzzuge hervortretenden Tendenzen. Die Macht des Papst=
thums bleibt noch im Steigen, aber je fester sich seine Weltherrschaft
auf den Nacken der europäischen Völker legt, desto zahlreicher und
stärker regen sich widersprechende und abgeneigte Bestrebungen, desto
entschiedener wenden sich die Stimmungen der Waffen von den religiösen
Fragen **den** Dingen dieser Welt wieder zu. Auch die späteren Ge=
staltungen unserer Sagen geben, so weit ich sie kenne, davon Zeugniß.
Schon Wilhelm von Tyrus erwähnt, daß sehr Viele an die Ab=
stammung Gottfried's vom Schwanenritter glaubten: es ist die uralt
heidnische, bei allen germanischen Stämmen vorkommende, aber gerade
in Lothringen besonders ausgebildete Sage gemeint, in der mehrere
Geschwister die Fähigkeit besitzen, sich zeitweise in Schwäne zu ver=
wandeln, ein Bruder aber durch feindlichen Zauber oder anderes
Mißgeschick in dieser Gestalt festgehalten wird, und den Anderen
darauf als wunderbarer Führer und Helfer dient. Von ihm gelenkt
befreit und heirathet einer **der** Brüder eine bedrängte Fürstentochter,
und lebt mit ihr, bis sie aus Neugier nach verbotenen Dingen fragt;
da erscheint der Schwan auf's Neue und führt ihn auf Nimmer=
wiedersehen hinweg. Wie in einer Bearbeitung der Sage der vom
Gral gesandte Lohengrin als Retter der Fürstin auftritt, so heißt in
einer anderen der Schwanenritter Helias von Isleforte und erzeugt
mit seiner Gemahlin Clarisse von Bouillon die Mutter Gottfried's
von Lothringen. Albert und seine Zeitgenossen wissen von diesen
Geschichten noch nichts; Wilhelm kennt sie bereits, aber lehnt sie ab;
bei Graindor jedoch, der bald nach Wilhelm schrieb, klingt die Sage
einmal an, und wird dann in den späteren Bearbeitungen mit Vor=
liebe ausgeführt. Im 13. Jahrhundert ist auch dies nicht bunt und
phantastisch genug. **Gottfried** wird schon vor dem Kreuzzuge dem
Emir Corbaran als künftiger Sieger durch dessen weise Mutter Ca=
labre bezeichnet; er veranlaßt **die** ganze Kreuzfahrt, trennt sich nach
Corbaran's Niederlage von dem Heere, erscheint als fahrender Paladin

am Hofe des Emir, gewinnt die Liebe der schönen Florie, Corbaran's Schwester, fällt aus einem Abenteuer in das andere, und erringt zuletzt mit dem Besitze von Jerusalem auch die Hand der Geliebten. Hier führt er dann eine glorreiche Regierung, und wenn bereits Albert die Lehnshoheit des Patriarchen verschwiegen hatte, so steigert sich jetzt die Abneigung gegen das geistliche Oberhaupt zu der Erzählung, daß Gottfried durch das Gift des Patriarchen seinen Tod gefunden.

In diesen Dingen ist also der ursprüngliche Boden des Kreuzzuges völlig verlassen, und möge man sonst über Papstthum und Kreuzzüge denken wie man wolle, man wird einräumen, daß mit dem Erlöschen der religiösen Begeisterung, wie die Kreuzzüge selbst unmöglich **wurden, so auch die** Kreuzzugspoesie in geschmacklose Nüchternheit versinken mußte. An die Stelle des Kampfes zwischen den beiden Weltreligionen, wie er noch bei Graindor den Stamm für alle die bunten und weltlichen Abenteuer bildet, ist hier das dürftige Interesse eines Liebeshandels getreten, der in oberflächlicher Skizzirung sich nur an die Neugierde der Hörer wendet. Die Sage ist durch das Märchen verdrängt worden. Aber eben dies entsprach der verwandelten Gesinnung der Zeit. In zahllosen Redactionen und Auflagen gingen diese Epopöen und Romane von Gottfried **von** Bouillon durch alle Lande Europa's bis tief in das 16. Jahrhundert hinein: hier begreift man die Popularität und Festigkeit, welche der Ruhm des Helden als herrschenden Führers des Kreuzzuges bei unseren Nationen gewonnen hat. Es **ist** dabei charakteristisch, daß die späteren Romane, so unbarmherzig **sie** die belebenden Ideen des Kreuzzuges behandeln, sich im Einzelnen oft lange Seiten hindurch an die trockene Darstellung der Chroniken binden. Umgekehrt läßt sich die ältere Poesie ihr Recht nicht rauben, das Detail in freier Schöpfung umzuformen, eben weil sie den Inhalt der leitenden Gedanken mit dem Ereignisse selbst gemein hat. Von diesem Punkte aus wird man leicht die Berechtigung der ewigen Klagen beurtheilen können: wer einen inhaltsvollen Bericht als Sage behandele, zerstöre ein Stück der Geschichte und raube ihm damit den Werth der objectiven Wahrheit.

Drittes Capitel.

Wilhelm von Tyrus.

Während das Abendland in der angegebenen Weise den historischen Stoff des Kreuzzuges auffaßte und ausprägte, erhob sich in Palästina ein höchst bedeutender Mensch zu dem dankenswerthen Vorsatz, diesem Reiche eine Geschichte seiner Vergangenheit, und der Heimath ein Denkmal für die Zukunft zu geben. Er schrieb mit dem vollen Gefühle des Patriotismus, und zugleich mit dem anregenden Schmerze, den Trost für schlimme Gegenwart nur in der Erkenntniß vergangenen Glückes zu haben: äußere Mittel und persönliche Fähigkeit waren dabei im hohen Grade vorhanden, so konnte es nicht fehlen, daß die feste und besonnene Energie, mit der er seines Stoffes sich bemächtigte, einer der größten geschichtlichen Arbeiten des Mittelalters das Dasein gab.

Wilhelm war in Palästina geboren, an welchem Orte, zu welcher Zeit und von Eltern welchen Geschlechtes, darüber fehlen uns alle Nachrichten.[1] Seine Bildung erhielt er im Abendlande, möglicher Weise zu Paris; doch beruht die letztere Angabe auf leerer Vermuthung, denn er selbst, und er ist unser einziger Gewährsmann, meldet nur, daß er um 1163 seiner Studien wegen aus Syrien entfernt gewesen sei. Vier Jahre nachher finden wir ihn als Archidiaconus der tyrischen Kirche, mit König Amalrich befreundet und als Erzieher des späteren Königs Balduin's IV. Jetzt schon gebraucht ihn der König zu den wichtigsten Geschäften, so geht er 1168 nach

---

1) Bongars in praef. stellt das Nöthige über sein Leben zusammen. Ich führe hier nur an, was zur Auffassung seiner Persönlichkeit wesentlich erscheint.

Griechenland, um ein Angriffsbündniß gegen Aegypten mit Kaiser Manuel abzuschließen. Persönliche Angelegenheiten führen ihn 1169 nach Rom; zurückgekehrt wird er nach dem Tode des Bischofs von Bethlehem Kanzler des Reiches und im Jahre **1174** Erzbischof von **Thrus.**[1]) **Seitdem** steht er, wie natürlich, unter **der** Aristokratie des Landes als höchst bedeutendes Mitglied, an allen Verhandlungen von Einfluß nimmt er wirksamen Antheil und erstreckt seine Verbindungen durch alle Stände und Gegenden des Reiches. Zeit und Ort seines Todes sind uns wieder in Dunkel gehüllt, denn daß die betreffenden Nachrichten Hugo Plagons aller Glaubwürdigkeit entbehren, ist kaum noch ausdrücklich hervorzuheben.[2])

Was nun sein Geschichtswerk angeht, **so war** schon um 1170 die Idee zu **dessen** Abfassung in Wilhelm vorhanden. Den Anlaß gab außer eigenem Triebe eine Aufforderung König Amalrich's, auf dessen Wunsch er bereits eine Geschichte der Araber seit Muhamed geschrieben hatte. Zu der letzteren benutzte er griechische und arabische Nachrichten, vor Allem die Geschichte Seith's des Patriarchen von Alexandrien. Amalrich, wie er der Urheber des Gedankens gewesen, war auch bemüht um Beschaffung des Materials, und gewiß manches Schätzbare ist uns mit diesem Buche verloren gegangen. Schwerlich läge uns in demselben eine von allen Irrthümern freie Kunde vor, wie das Wilhelm's erhaltenes Werk beweist; aber auch in diesem zeigt er eine vollständigere und wissenschaftlichere Kenntniß des saracenischen Wesens als irgend einer seiner Zeit= und Glaubensgenossen. Es scheint nun, **daß** er seine Sammlungen gegen das Jahr 1182 zu befriedigendem Umfang fortgeführt hatte; wenigstens begann er damals die Ausarbeitung, und erwähnt an mehreren Stellen im ersten und neunzehnten Buche das angegebene Jahr als die Zeit in der er dieses schreibe.[3]) 1184 hatte er 22 Bücher vollendet und die Erzählung bis in den Herbst des eben abgelaufenen Jahres fortgeführt; hier schwankte er eine Weile, ob er das stets wachsende Unheil ferner aufzeichnen solle und entschloß sich wenig=

1) **Will.** Tyr. XXI, 9.

2) **Vgl.** Wilken III, 2 S. 261.

3) I. 3., XIX. 21. Nach XXI. 26. läßt Bongars **diesen** Theil schon 1180 abgefaßt sein; es steht aber dort nichts, als daß in dem angegebenen Jahre Wilhelm gewisse Papiere im Archiv zu Thrus niedergelegt habe.

stens die Geschichte von 1184 in einem dreiundzwanzigsten Buche niederzulegen.[1]) Aber der Vorsatz wurde nicht ausgeführt, das uns erhaltene Werk bricht mit dem ersten Capitel dieses Buches ab.

Forschung.

Fragen wir nun, wie der Verfasser seinen Stoff zusammenbrachte, so erinnere ich zunächst an früher angeführte Aeußerungen, er schreibe theils belehrt durch die, denen noch ein volleres Gedächtniß der alten Zeit innewohne, theils nach eigener Ansicht und den getreuen Berichten der Augenzeugen. Wie ich mir die Beschaffenheit jenes volleren Gedächtnisses vorstelle, habe ich bereits angedeutet: für uns ist hier wesentlich, daß das Material seiner ersten 15 Bücher größtentheils in den Quellen, aus denen er schöpfte, noch erhalten ist. Albert von Aachen, der Erzbischof Baldrich, Fulcher von Chartres, Raimund Agiles und der Canzler Gauthier liefern ihm den Stoff des ersten Kreuzzuges und der Regierungszeit Gottfried's, Balduin's I. und Balduin's von Burg. Wir werden später sehen, inwieweit er sich Abänderungen erlaubte, im Ganzen aber erspart mir die Genauigkeit der Copie den Nachweis im Einzelnen. Nur wenige vielleicht zweifelhafte Punkte denke ich hervorzuheben, um dann zur Betrachtung seiner selbstständigen Berichte überzugehen.

L. I. c. 8., eine häufig angeführte Stelle über das Elend des Abendlandes im 11. Jahrhundert ist aus Fulcher p. 381 mit einigen rednerischen Ausschmückungen hinübergenommen. Ich zweifle nicht, c. 13., eine Nachricht über den Streit zwischen Kaiser und Papst aus derselben Quelle p. 383 abzuleiten, ebenso aus Fulcher p. 385 die Beschreibung Frankreichs nach dem Concil von Clermont in c. 16.

In die Nachrichten Albert's wird l. II. 5. aus Fulcher p. 384 eine Notiz über Hugo's des Großen Gefangenschaft eingeflochten: als Vermuthung gebe ich ferner den Ursprung von c. 16 aus demselben Autor. Die Quelle ist deutlicher zu erkennen bei den Angaben über Robert von der Normandie (Fulcher) und über die Ankunft Tatikios' und Peter des Eremiten bei dem großen Heere (Albert p. 205).

---

1) Praef. l. I. und l. XXIII. In jener sagt er, er habe den ganzen Stoff in 23 Bücher abgetheilt, er schreibe diese Vorrede aber 1184. Die Vorrede zum 23. Buche, in der er noch unsicher ist, muß also früher geschrieben sein.

L. III. 2. wird gesagt, die Pilger hätten zuerst Nicäa ohne bestimmte Ordnung bestürmt; es ist das eine Verallgemeinerung der Albert'schen Erzählung, daß bei der Ankunft die Ritter sich nicht durch die Pracht der Thürme hätten schrecken lassen, sondern in vollem Rosseslauf, mit wehenden Fahnen und eingelegten Lanzen, der eine hier, der andere da gegen die Mauern angerannt **wären**.

L. V. c. 1—3., Gefecht vor Antiochien, aus Albert und Baldrich zusammengesetzt; c. 1. im Anfang aus Albert, am Schluß und c. 2. aus Baldrich, c. 3. wieder aus Albert. Daß die beiden Berichte, jeder in seiner eigenen Verbindung aufgefaßt, sich widersprechen, hat ihn nicht gestört.

L. VI. c. 14. wird **die** Geschichte **der** heiligen **Lanze** in möglichster Kürze erzählt. Doch zeigt die Erwähnung des Apostels Andreas und anderer Visionen, daß nicht der ebenso abkürzende Albert, sondern Raimund Agiles als Quelle gedient hat.

Im Ganzen ist übrigens in diesen Büchern Albert die leitende Quelle bis zur Einnahme von Jerusalem. Die Schlacht von Askalon wird darauf nach Raimund erzählt und dann bis in **das** 12. Buch hinein zum größten Theile Fulcher benutzt. Das **Ende** des Fürsten Raimund von Antiochien ist aus Gauthier genommen, dann aber, je weiter die Erzählung vorrückt, der Gebrauch unbekannter Quellen im Zunehmen. Zuweilen täuscht die Berufung auf Augenzeugen, so bestimmt sie sich auch ausnimmt. Nach der beständigen Versicherung der Anwesenden, sagt er bei Gelegenheit eines glücklichen Seetreffens, war das Meer weit umher blutroth gefärbt; aber die ganze Erzählung ist nur eine Copie nach Fulcher, der, soviel wir erkennen, der See **sich durchaus** nicht anvertraut hat.[1]

Ist nun hiernach das Interesse dieser ersten Bücher nicht **eben** überwiegend, so **wird** man mit desto größerer Achtung erfüllt, wenn man die Weise und die Menge seiner eigenen Erkundigungen zu überschauen versucht. Nach allen Seiten hin hat er seine Nachfragen erstreckt, mit richtigem Sinne die Gewährsmänner für die einzelne Thatsache gewählt, mit sorgsamer Genauigkeit den Inhalt ihrer Aussagen ermittelt. Bei dem Grundsatze, seine Quellen nicht namentlich aufzuführen, lassen sich bestimmte Personen nur selten erkennen; doch

---

1) Fulcher S. 584., Will. Tyr. XII. 21.

giebt schon die kleine Zahl solcher Fälle ein günstiges Vorurtheil für seine Mittel und seine Methode. Wir bemerken, daß er über Tancred's Verfahren sich in Tiberias, wo jener mehrere Jahre herrschte, erkundigt hat: so trefflich, heißt es, hat er den Ort verwaltet, daß noch heute sein Andenken bei den Einwohnern in Segen steht.[1]) Dann hat er einheimische Belehrung gesucht über idumäische Dinge; er sagt: über ein dort anzulegendes Castell wird von älteren Leuten, Einwohnern jener Gegend erzählt ꝛc.[2]) Bei Hugo Embricus, Herrn von Biblium, hat er sich über die Einnahme dieser Stadt durch dessen Großvater unterrichtet; dies bleibt immer bestehen, wenn auch Wilhelm in der Anwendung seiner Kunde eine starke Verwechselung begeht.[3]) Als sich König Amalrich von seiner Gemahlin Agnes wegen zu naher Verwandtschaft trennt, ist Wilhelm im Abendlande und kann später an keinem Orte Aufschluß über den Grad der Verwandtschaft erhalten: nach langem Forschen geht er endlich die Aebtissin Stephanie von St. Maria Major, sie selbst eine Verwandte der Königin, um Belehrung an.[4]) Anderweitige Angaben liefert ihm Hugo von Cäsarea, einer der ersten Barone des Königreiches über seine Gesandtschaft an den ägyptischen Khalifen, über die von ihm geführten Unterhandlungen mit Schirkuh, dem Oheim Saladin's, höchst wahrscheinlich auch über bestimmte Verhältnisse zu Saladin selbst, zu dessen Gunsten Hugo die jerusalemitische Politik fortdauernd zu lenken suchte.[5]) Dann als Amalrich's letzte Unternehmung gegen Aegypten fehlgeschlagen war, vermochte Wilhelm sein Erstaunen nicht zurückzuhalten; sobald er von Rom wieder im Reiche anlangte, erforschte er bei allen Baronen, dann bei dem Könige selbst die Ursachen dieses Mißlingens.[6])

Diese Beispiele zeigen, wie sehr ihm alle damals denkbaren Quellen zu Gebote standen und wie wenig er ihre Benutzung versäumte. Eine viel bedeutendere Zahl verschiedener Gewährsmänner tritt aber hervor, wenn man seine Darstellung zweifelhafter oder auffallender Begebenheiten aufsucht, wo er zwar seine Lehrer nicht

---

1) W. T. IX. 13.   2) XX. 20.

3) XI. 9. Er verwechselt sie mit der Einnahme von Gibellum durch Bertram von Toulouse und Wilhelm Embricus, worüber die Urkunde in der hist. de Langued. II. pr. p. 374 und Caffaro p. 253 das Nähere beibringen.

4) XIX. 4.   5) XIX. 17. 28.   6) XX. 20.

perſönlich bezeichnet, aber die Umſicht und Genauigkeit ſeiner Erkundigungen deutlich erkennen läßt. Sehr oft verſichert er, von
mehreren Seiten her, von Männern, deren Glaubwürdigkeit makellos
ſei, habe er dieſen oder jenen Umſtand erfahren; anweſende Barone
haben es verſichert, hochbejahrte Theilnehmer der Sache ihm Auf-
ſchluß gegeben. Liegen ihm abweichende Berichte vor, ſo verſäumt
er nie, beide Anſichten mit gleicher Treue wiederzugeben, im ganzen
Verlaufe ſeines Werkes, bei wichtigen und unbedeutenden Dingen,
in jeder Zeit und auf jedem Schauplatze der Begebenheiten. Eine
Anzahl einzelner Belege, die ich ohne beſondere Sichtung aus einer
Menge gleichlautender heraushebe, mag auch hier die allgemeine
Aſſertion bekräftigen.

Das erſte Kreuzheer wurde in Antiochien von gefährlichen Epidemien heimgeſucht, Wilhelm legt verſchiedene Angaben über die Ur-
ſachen derſelben vor.[1] Bei dem Verluſte von Edeſſa gaben einige
ſeiner Berichterſtatter dem Erzbiſchofe die Hauptſchuld des Unglückes,
während andere ihn völlig freiſprachen.[2] Ueber den Zug Ludwig's
und Konrad's hat er Theilnehmer abgehört, die ihm die Größe des
Heeres angaben und verſchiedene Urtheile über das Verhältniß Ludwig's zu Raimund von Antiochien beibrachten.[3] Von den Be-
ſtechungen, welche 1148 der Belagerung von Damascus ein ſo
trauriges Ende bereiteten, getraut er ſich zwar nicht mit Gewißheit
zu reden, aber mancherlei und ſehr abweichende Angaben bringt er
doch zuſammen.[4] Nicht anders ſpricht er über die Einnahme von
Paneas im Jahre 1165, von der Stärke des Heeres, mit welchem
Amalrich ſeine ägyptiſchen Kriege führte, von der Veranlaſſung des
letzten Bruches zwiſchen Amalrich und den Fatimiden.[5] Nach dem
Siege Balduin IV. am Berge Giſard ſagt er: ich weiß nicht, wie
viel Todte wir verloren und ſetzt hinzu: audivimus a quibusdam
fide dignis, quod centum viderant loricas extrahi. Über die Stärke
des feindlichen Heeres berichtet er, ihre Beſtimmung ſei ihm gelungen
durch die wahrhafte Erzählung Vieler, nach ſorglichem Aufſpüren
und Nachfragen.[6] In dieſer Zeit nimmt er ſchon als Kanzler und
Metropolit an den wichtigſten Geſchäften perſönlich Theil, aber auch

---

1) VII. 1. 2) XVI. 5. 3) XVI. 21. 27.
4) XVII. 7. 5) XIX. 10. 24. XX. 5. 6) XXI. 22.

hier versäumt er nicht, seine Wissenschaft von anderen Seiten her zu
vervollständigen. So ist er es, der die gehässigen Verhandlungen
mit dem Grafen Philipp von Flandern im Jahre 1175 zu führen
hat; er theilt Reden und Gegenreden ausführlich mit, dann aber,
von den Motiven des Grafen, sagt er, habe er theils durch mehrfache Erzählung, theils aus dessen eigenem Munde Kenntniß erhalten.[1])

Wir sehen uns hier also einer nicht geringeren Zahl von Gewährsmännern gegenüber, als sie in dem Buche Albert's von Aachen
uns vor Augen traten. Dieser hat die Stimmen des Abendlandes
in seiner Erzählung vereinigt, Wilhelm breitet eine Menge einheimischer
Nachrichten vor uns aus: es käme darauf an, weitere Aehnlichkeit
oder abweichende Eigenschaften festzustellen. Freilich erscheinen schon
auf den ersten Blick zahlreiche Vorzüge auf Wilhelm's Seite; er
selbst bewegt sich in der Welt, die er beschreibt, in den höchsten
Kreisen, die achtbarsten Namen zählt er unter seinen Berichterstattern;
jedenfalls tritt das Bestreben zu prüfen und zu sichten, sehr bestimmt
hervor. Indeß günstige Vorurtheile täuschen und lobende Annahmen
fordern bestimmte Begrenzung: sehen wir weiter, wie er den sorg-
sam vereinigten Stoff für seine Zwecke, und für welche Zwecke, zu
gestalten versteht.

Charakter des Werkes im Allgemeinen.

Ein Umstand, der auch dem oberflächlichsten Leser nicht verborgen bleiben kann und der schon hier erwähnt werden muß, ist
Wilhelm's unleugbares stylistisches Verdienst. Die Sprache ist natürlich das Lateinische des Mittelalters, mit romanischen, französischen
und italienischen Bestandtheilen versetzt, doch spürt man mit dem
Einfluß classischer Studien eine sichere Herrschaft über diese Sprache
und eine gereifte allgemeine Bildung. Im Ganzen ist die Anschaulichkeit seiner Erzählung zu rühmen; an der Gabe, aus vielem Gleich-
gültigen das einzige Schlagende herauszufinden, fehlt es nicht; eine
große Ausführlichkeit rundet die meisten Bilder, ohne sie zu ver-
flachen. Dabei ist der Ausdruck gewandt und würdig zugleich; der
Gedanke kommt stets in vollem Umfange zur Erscheinung; die Hal-

---

1) XX. 14 ff.

tung, die von vorn herein sich deutlich ankündigt, wird ohne Zwang
bis zum Schluſſe behauptet. Das Ganze iſt eben ein Werk, wie
aus einer Geſinnung, ſo auch aus einem Guſſe geſchrieben; man
fühlt auf der Stelle, daß hier die Fähigkeit und die Beſtrebungen
nicht eines Chroniſten, ſondern eines Geſchichtſchreibers vorhanden
ſind. Dieſe Reiſe und Gleichheit des Styls wäre ohne Einheit und
Bewußtſein des inneren Standpunktes nicht zu erreichen geweſen.

Treten wir nun näher an das Buch heran, ſo entdecken wir
die Kraft, den Stoff zu beherrſchen, immer deutlicher, je tiefer wir
in ſeine Zuſammenſetzung eindringen. Der Verfaſſer hat ein klares
Auge für eine Gruppirung der Dinge, in der das Gleichartige maſſen=
weis auseinander tritt, in der vor dem Eingreifen einer zweiten Ur=
ſache ſämmtliche Folgen der erſten anſchaulich geworden ſind. Ge=
rade bei ſeinem Gegenstande lernen wir den Werth dieſes Strebens
würdigen: hier, wo wir chriſtliche und ſtets wechſelnde ſaraceniſche
Reiche ihre Händel bald einzeln, bald ſich verſchlingend vorwärts
treiben, wo griechiſche und abendländiſche Einwirkungen andauern
und im Innern vielfach gegliederte Autonomien ihre Intereſſen ver=
folgen — hier muß der Sinn für Ordnung und Klarheit als das
wichtigſte Erforderniß der Geſchichtſchreibung erſcheinen. Auch wird
man Wilhelm in den meiſten Fällen großes Lob nicht verſagen
können: ihn ſtört keine neu hinzutretende Verwickelung, er findet die
richtige Stelle ſie geltend zu machen, ohne das Bild der übrigen zu
verwirren. Im vierzehnten Buche z. B. hat er die Händel zu er=
zählen, welche durch die Ankunft des Kaiſers Johann in Antiochien
hervorgerufen wurden. Der Gegenſtand war, wenn irgend einer,
vielfach verzweigt; die Perſönlichkeit Kalojohann's und des Fürſten
Raimund, die politiſche Stellung Antiochiens zu Byzanz, das Ver=
hältniß Raimund's zu den eigenen Vaſallen, kam unmittelbar dabei
zur Sprache. Nun hatte Johann, wie gegen Antiochien, ſo auch
gegen Nureddin umfaſſende Pläne; König Fulco und der Graf von
Tripolis betheiligten ſich im Intereſſe Raimund's, und dem uner=
achtet war es die Niederlage der beiden letzten durch Nureddin, welche
die Abſichten des Kaiſers zunächſt zur Verwirklichung brachte. Wil=
helm erörtert das Alles in umfaſſender Ausführlichkeit, und läßt ſich
ſo wenig durch die Zahl ſeiner Aufgaben ſchrecken, daß er ohne
Bedenken die Verhältniſſe des Reiches Jerusalem, inſofern ſie

8*

Einwirkungen erfuhren oder ausübten, unmittelbar in den Bereich
der Erzählung hineinzieht. Das Ganze erscheint dann in solcher
Uebersichtlichkeit und so sehr aus den letzten Gründen entwickelt, daß
noch Wilken die Wilhelm'sche Disposition in keinem Worte zu verlassen sich genöthigt gesehen hat.

Ein umfassenderes Beispiel liefert in dieser Beziehung die Einleitung des ganzen Werkes. Ich habe früher die der Gesta Francorum rühmend erwähnt; aber welch' verändertes Gepräge erblicken
wir hier. Dort drückte sich die mystische Begeisterung des ersten
Kreuzzuges in deutlicher Lebendigkeit aus, und daß die Elemente
dieser Gesinnung vollständig zu Tage traten, bildete das wesentliche
Verdienst jener Stelle. Wilhelm, wie er nicht als Mitleidender,
sondern aus geschichtlicher Betrachtung redet, umfaßt eine weite geschichtliche Vergangenheit: er beginnt mit Muhamed, dem Urheber
der Spaltung; drei mächtige Angriffe auf das christliche Wesen zählt
er dann auf, deren jeder eine bedeutende Gegenwirkung hervorgerufen;
davon ist die letzte — und so kommt er auf seinen Gegenstand —
der erste Kreuzzug selbst. Wie es sich geziemt, kleidet er dies Schema
in eine Fülle einzelner Thatsachen und in ruhig und breit entwickelnde
Rede; in den meisten neueren Darstellungen finde ich die Redeform
wohl geschmückter und das Material gewachsen, aber den Sinn für
die Erkenntniß und die Fähigkeit für die Hervorhebung des Wesentlichen in gleichem Maaße vermindert.

Freilich steht andererseits nicht zu leugnen, daß dasselbe Streben
auf Gliederung des Stoffes den Erzbischof an mehreren Stellen zu
weit führt und in offenbare Irrthümer oder Taktlosigkeiten verwickelt.
Mehrmals bemerken wir, daß er der inneren Anordnung wegen die
zeitliche Folge umkehrt oder wenigstens unkenntlich macht. Wir
wissen aus Fulcher, daß während der Gefangenschaft Balduin's II.
Eustach Grenier zum Reichsverweser ernannt wurde, daß kurz vor
dessen Tode die Flotte der Venetianer anlangte, daß darauf Wilhelm
von Buris jene Würde erhielt und bei einem glücklichen Seetreffen
anwesend war. Wilhelm benutzt einzig diese Quelle, aber es kam
ihm darauf an, die Thaten der Venetianer im Zusammenhange darzustellen, demnach läßt er Eustach sterben, Buris nachfolgen und berichtet jetzt erst die Ankunft der Venetianer.[1] Die Stadt Paneas

---

1) Fulcher p. 434, Will. XII. 20. 21.

war im J. 1129 den Christen durch die Verrätherei eines Assassinen überliefert worden und wurde drei Jahre nachher dem Ritter Rainer von Brus zu Lehen gegeben. Wilhelm, welcher den damascenischen Krieg von 1129 weitläufig erzählt, läßt die Einnahme dort aus und meldet sie erst bei dem Eintreten Rainer's; nicht im Entferntesten verräth sein Bericht einen dreijährigen Zwischenraum zwischen beiden Ereignissen.[1]) Gleichlautende Fälle ließen sich in großer Zahl bei= bringen, mehrere noch, wo um des inneren Zusammenhanges willen die Zeitfolge verlassen, aber wenigstens bemerkt ist; uns reicht es indessen hin, die Art seines Verfahrens, und daß zuweilen seiner Methode die Thatsachen selbst sich fügen müssen, anerkannt zu haben.

Daß überhaupt chronologische Angaben zu den schwächeren Theilen seines Buches gehören, hat Wilken an mehreren Stellen, meist durch Vergleichung mit den arabischen Nachrichten, dargethan.[2]) Manches Mal ist allerdings ein Versehen der Abschreiber unzweifel= haft, wenn Wilhelm etwa ein Datum durch Angabe der Jahreszahl und des Regierungsjahres des herrschenden Fürsten zugleich bezeichnet. Indessen bleibt immer eine starke Reihe von Fehlern zurück, wo man ihn unmöglich lossprechen kann; nicht als gehe ihm der Sinn für derartige Genauigkeit ab, er ist in den einzelnen Fällen nur nicht genau genug gewesen. Häufiger noch als falsche Zeitbestimmung findet man gänzlichen Mangel derselben, wie das bei Amalrich's Regierung am Stärksten fühlbar ist; Wilken giebt hier fast in un= unterbrochener Folge die Beweise, daß ohne die zahlreichen Angaben der Araber die chronologische Folge aus Wilhelm schlechterdings nicht herzustellen wäre.

Wohl wird man bald überzeugt, daß der eben gerügte Mangel eher eine Ausnahme als eine Folge seines sonstigen Verfahrens ist. Die Genauigkeit auch in den Bericht über das kleinste Ereigniß, wie wir sie nach seinem Fleiße erwarten durften, wird gerade durch die morgenländischen Quellen am Auffallendsten bestätigt. Die letzteren sind meistens ausführlicher und manches Mal anekdotenhaft; es kommt ihnen nur auf die einzelne Thatsache an, mit der sie sich gerade be= schäftigen, höchstens daß eine ganz allgemeine Anschauung, etwa der Glaubenseifer Nureddin's oder Saladin's, zuweilen ausgesprochen

---

1) Will. **XIV.** 19.
2) Ich nenne nur beispielsweise Wilken III. 1 p. 239, 2. p. 4. 17. 139.

wird.[1]) Wilhelm dagegen hat stets sein Ganzes im Sinne — mehrmals bricht er eine Digression ab, weil sie ihn zu weit führe, er unterdrückt der Kürze wegen, die ihm nöthig sei, zahlreiche Einzelheiten 2c. — und hält sich ohne Frage bei weitem übersichtlicher als Kemaleddin oder Abu Yali an irgend einer Stelle. Um so mehr erfreut die gegenseitige Uebereinstimmung, die oft in unbedeutenden Kleinigkeiten erscheint, sehr selten durch patriotische oder religiöse Befangenheit gestört und oft durch ihre Ausnahmen am Nachdrücklichsten bekräftigt wird. Man müßte staunen, wenn Wilhelm über den Zug Saladin's nach Mosul weniger schwankende Nachrichten erhalten hätte, man staunt in hohem Grade, daß er über die ägyptischen Fatimiden bei starken Irrthümern so viel Richtiges beizubringen weiß. Noch schlagender sind dann einige Fälle, wo er im Widerspruch mit allen Abendländern eine Erzählung mittheilt, die sonst nur bei Arabern oder Syrern anzutreffen ist; ich bemerke hier die Schlacht bei Harran unter Balduin's I. Regierung, die er gegen Radulf's und Albert's Zeugniß fast gleichlautend mit Kemaleddin erzählt. Die Richtigkeit seiner Wahl beweist sogleich der einzige einheimische Berichterstatter, Matthias Eretz von Edessa.[2])

Ein Näheres über diese Seite würde nicht zu umgehen sein, wenn es sich um eine allgemeine Geschichte der Kreuzzüge handelte; in dieser Monographie darf ich mich begnügen, die Sache selbst mit Uebergehung der Beweise auszusprechen, welche letztere in dem dritten Bande bei Wilken in größter Anzahl zu finden sind. Wesentlich ist es, auch hier festzuhalten, daß Wilhelm's Geschichte aus fester Einheit der Conception heraus als wissenschaftliches Ganzes niedergeschrieben ist, und hierher gehört die Bemerkung, daß er, abgesehen von einigen abgesonderten Erörterungen, ganz sicher keine arabischen oder griechischen Quellen benutzt hat. Als Kaiser Johann Schaisar am Orontes belagerte, hatte er vor dem Eintreffen der Lateiner schon bedeutende Kämpfe durchzumachen; Wilhelm weiß nichts davon und

---

1) Davon überzeugt man sich am Leichtesten in den Reynaud'schen Excerpten.

2) Will. Tyr. X. 29. Radulf und Albert stehen hier zu ihm in völligem Widerspruch über den Anlaß des Krieges; beide geben von der Niederlage der Armenier eine durchaus falsche Vorstellung und Albert läßt Tancred einen Nachekrieg führen, der durch bloße chronologische Berechnung zerfällt.

läßt den Krieg erst mit der Ankunft der fränkischen Fürsten beginnen.[1]
Die Thatsachen, für die ihm keine lateinischen Quellen vorliegen,
verschwinden ihm also wie gar nicht vorhanden. In arabischen Dingen wächst der Reichthum und die Sicherheit seiner Kunde in stetem
Verhältniß mit der Nähe, in die sie zu dem christlichen Reiche **treten**;
über den Ursprung Zenki's, den Anfang Nureddin's, die Herkunft
Schirkuh's führt er nichts Besonderes an, er charakterisirt sie aber
vortrefflich, sobald sie mit den Franken die ersten Gefechte bestehen.
Auch wo er einmal Dinge erörtert, die bei Arabern zur Vergleichung
vorliegen, pflegt er, wie erwähnt, so weit zu stimmen, um an der
thatsächlichen Richtigkeit der Erzählung keinen Zweifel zu lassen; aber
der völlig verschiedene Ursprung beider Berichte ist trotzdem an keinem
Punkte zu verkennen. Es ist nicht zu denken, daß ein Mensch von
seiner Ruhe und Erfahrung die Belehrung durch Araber etwa in
gläubigem Hochmuth verschmäht haben sollte; sagt er selbst doch,
daß er für jenes andere Werk arabische Schriften durchlesen und
ihren Inhalt für seine Zwecke benutzt hätte. Nachrichten dieser Art
hat er also hier aus anderen Gründen nicht einziehen wollen; es
scheint mir am Einfachsten, die Erklärung des Umstandes in einer
Abneigung zu suchen, Kunde so völlig verschiedener Art zu einem
Ganzen zusammenzuschmelzen. Freilich spräche sich darin kein sehr
hoher Begriff von kritischem Vermögen aus; aber gerade dies Un-
geschick zeigt doch das Bewußtsein und den Wunsch einer wissenschaftlichen Thätigkeit. So führt auch der Tadel auf den Grund-
charakter des Werkes zurück, welches im Vergleich mit den früher
erwähnten Schriften auf völlig verändertem Boden erwachsen ist.
Es bildet ein abgeschlossenes Ganzes, mit fester Einheit des Gedankens, der selbstthätig sich den Stoff erwählt und seine Formen
erschaffen hat.

Persönliche Richtung Wilhelm's.

Wilhelm wiederholt nach der erwähnten Einleitung die Darstellung Fulcher's von dem Zustande des Abendlandes. Hier tritt
nun sogleich hervor, wie er die Angaben seines Gewährsmannes erweitert; wie dieser das Treiben der Raubritter, die Verwüstung frucht-

---

1) Wilken II. S. 632 flg.

barer Ländereien, die Bedrückung der Wehrlosen und Armen beklagt, wie Wilhelm dagegen aus denselben Zügen ein Bild allgemeiner Versunkenheit, nicht der Rohheit allein, sondern der rechten Sünde erschafft.[1] Fulcher steht mitten in diesem Elend, auf allen Seiten davon ergriffen und berührt; ihm ist das Eintreten des Kreuzzuges als Heilmittel dagegen eine selbst erlebte Thatsache, ein göttliches Wunder im strengsten Sinne des Wortes. Wilhelm hat die geschicht= liche Ansicht, daß die Kreuzfahrt sittliche Besserung bewirkt habe; aber indem er Fulcher's Angaben allgemeiner faßt, giebt er dem Kreuzzuge eine irdische Grundlage, und setzt an die Stelle des Wun= ders eine unbestimmte göttliche Vorsehung. Nicht in das Treiben einzelner Sünder greift Gott selbstthätig und heilend ein, sondern aus dem Zustande eines Erdtheiles entspringt eine welterschütternde Bewegung, und sie entspringt und wirkt durchaus nach dem Gesetze menschlich faßbarer Causalität.

Die Gesinnung, welche dieser Aenderung zu Grunde liegt, tritt nun in dem Verlaufe des ganzen Buches hervor. Bei allem Glauben an einen lebendigen persönlichen Gott fühlt der Verfasser bei irdischen Dingen stets die Nothwendigkeit einer irdischen Begründung, während etwa die Gesten von einer Weissagung des Evangeliums unmittelbar ausgehen. Er vermag in dem Hergange der Ereignisse keine Fort= schritte zu machen, bis er sich nach jeder Richtung in Raum und Zeit vollständig festgestellt hat. Die ersten Schaaren brechen auf, vor allen Dingen orientirt er uns durch kurze aber passende Er= örterung im ungarischen Reiche. Ehe Gottfried vor Constantinopel anlangt, sucht er von der Lage des griechischen Kaiserthums, später von dem Zustande Dalmatiens, Bulgariens, Serbiens richtige Be= griffe zu geben. Die Erzählung der Kreuzfahrt selbst lehnt er darauf an eine Beschreibung Constantinopels, Nicäas, Antiochiens; Edessa und Jerusalem werden geschildert, die wichtigsten Ereignisse aus der Geschichte der einzelnen Orte in Erinnerung gebracht. So geht er weiter von Schritt zu Schritt, je näher er seiner Zeit kommt, desto zahlreicher, gründlicher und ausführlicher werden diese Digressionen. Am weitläufigsten verbreitet er sich bei Amalrich's Geschichte über den Zustand des ägyptischen Landes; hier giebt er ganze Abhand=

---

1) Fulcher p. 381. 285. Will. I. 8. 16.

lungen über die Lage und das Alter des ägyptischen Babylon, über die Entstehung des fatimidischen Khalifats, über die Zahl der Nilmündungen, das Anwachsen des Nildelta, den indischen Handel über die Landenge von Suez.[1]) Seine Forschungen gehen bis in das Alterthum zurück; findet er Abweichungen, so ruht er nicht, bis er sie sich erklärt hat; seinen Zweck, den erzählten Thatsachen auf jeder Seite festen Boden zu geben, erreicht er aller Orten. In demselben Sinne versäumt er nie, das Ableben und die Nachfolge der Päpste und der Kaiser von Rom und Constantinopel beizubringen, in den meisten Fällen mit einer kurzen Uebersicht ihrer Regierung und einer Schilderung der wichtigsten Persönlichkeiten. Wie hätte er diese Bezüge aus den Augen lassen sollen: er hatte gesehen, wie die Patriarchen von Jerusalem in Rom sich Recht erholten oder Unrecht erlitten; der Streit zwischen Friedrich I. und Alexander III. hatte unter seinen Augen das christliche Syrien berührt; folgenreiche Bündnisse mit Kaiser Manuel hatte er selbst angeknüpft und für sein Vaterland zu benutzen versucht. Wie diese Verhältnisse die Entstehung seiner Geschichte erleichtert hatten, so wirkten sie auf deren Ausarbeitung entscheidend ein. Er ist weit über die Gesinnung der ersten Kreuzfahrer hinausgekommen; er sucht vor allen Dingen logischen Zusammenhang und geschichtliche Verbindung im menschlichen Sinne.

An diesem Punkte angelangt, können wir zu einer umfassenden Vergleichung zwischen ihm und den früheren Quellen und damit zur Ansicht des Verfahrens, das er bei ihrer Benutzung verfolgt hat, fortschreiten. Es ist nicht schwer, den Gegensatz, den wir bisher an einzelnen Punkten andeuteten, von hier aus nach allen Seiten seiner persönlichen Natur und seiner schriftstellerischen Thätigkeit zu verfolgen.

Wie wir oben sahen, haben wir mehrfache Nachrichten über den Kreuzzug, theils von Selbsthandelnden unter den Ereignissen niedergeschrieben, theils durch gleichzeitige Bewunderung erschaffen und verbreitet. Ein gewaltiges Heer, in einem Enthusiasmus ohne Beispiel, sonst ohne Einheit, wenn man will ohne Führer, und nur durch gemeinsame Leidenschaft auf denselben Punkt hingetrieben, hatte das heilige Grab erobert. Hier standen sie in fremdem Lande, der Krieg war vorbei, und doch fehlte für jede Art weiterer Existenz Alles,

---

1) XIX. 14. 19. 22. 26.

was bürgerliche, gesellschaftliche, staatliche Form genannt werden
konnte. Nur wohin ihr Fuß trat, beherrschten sie den Boden, die
umwohnende Bevölkerung war ihnen völlig rechtlos, wer bleiben
wollte, war allein auf sich und das Schwert an seiner Seite gewiesen.[1] In solcher Lage, in dem Gefühle völliger Mitleidenschaft,
das Herz noch voll von der Begeisterung, welche den Occident in
Waffen gebracht, wurden die Berichte jener ersten Art abgeschlossen.
Im Abendlande ergriff man den vielfach und schwankend überlieferten
Stoff; die Ideen, welche jene Thaten zu Stande gebracht, waren
nicht minder lebendig in der Brust der Hörer; da nahm sich ein
jeder nur die Abbilder der eigenen Ideen aus den Thatsachen heraus,
und fand er sie nicht, so hatte er sie nach wenig Tagen sich selbst
erzeugt. Die echten Quellen erzählten wenig von menschlichem oder
logischem Zusammenhang — wie wir ihn denn für die Ereignisse
aus ihnen mit Mühe errathen oder in einzelnen Fällen auch wohl
leugnen müssen. Die Ueberlieferung der Sage ging von innerer
Einheit freilich aus und schaute die Dinge in großartiger Verbindung
an, aber Einheit und Verbindung war anderer Art, als sie ein Geschichtschreiber äußerer Vorfälle und der aus diesen hervorleuchtenden
Gesetze hätte gebrauchen können.

Und dagegen nun Wilhelm. Der ganze Mensch in ihm ging
auf in dem Leben seines Staates, welcher damals, wenn irgend einer
in der christlichen Welt, ein politisches Ganze bildete. Zwar ist es,
zum großen Theile durch Wilhelm selbst, feststehende Ansicht geworden,
daß der Zustand der christlichen Besitzungen in Syrien damals in
unhemmbarem Verfall begriffen, daß religiöse und vaterländische Begeisterung verschwunden und nicht einmal die alte kriegerische Tapferkeit vorhanden gewesen sei. So redet man immer von dieser Zeit
der Schlechtigkeit und Schwäche, und wundert sich nur, wie bei Nureddin's und Saladin's Kraft die Vernichtung noch so lange verzögert
werden konnte. Ich gestehe nun, daß ich so viel weder in Wilhelm's
Aeußerungen entdecken — die arabischen Quellen geben noch ein viel
ehrenhafteres Bild — noch was sich bei ihm von dieser Ansicht vorfindet, vollkommen bestätigen kann. An materieller Kraft zunächst
war man, wie es Wilhelm oft ausspricht, den früheren Generationen

---

1) Das Nähere s. unten im zwölften Capitel.

weit überlegen; unter Balduin IV. kamen Rüstungen zu Stande von
mehr als zwanzig Tausenden, man hatte ein Heer, sagt Wilhelm,
gewaltig, wie seit Menschengedenken kein einzelnes Reich gerüstet ge=
wesen.[1] In sittlicher Rücksicht ist Habsucht und Ueppigkeit freilich
im Anwachsen, manche einzelne Burg mag dadurch rascher verloren
oder verrathen worden sein. Aber nicht eine Thatsache wüßte ich
anzuführen, aus der man Abnahme der kriegerischen Tüchtigkeit folgern
könnte: so zahlreich ihre Niederlagen sind, so erleidet man sie fast
durchgängig durch die Unvorsichtigkeit der Führer, durch Ungebunden=
heit der Streitenden, aber niemals durch Feigheit, durch matte Un=
thätigkeit auf irgend einer Seite. Wohl hatte das Treiben der ersten
Könige aufgehört, die Jahr für Jahr ihre Plünderungen und Er=
oberungszüge hierhin und dorthin unternahmen, aber der einfache
Grund war der, daß **man** einen Staat unter Staaten bildete, daß
man nicht mehr rechtlos dem rechtlosen Feinde gegenüberstand, son=
dern sich in stillschweigender Uebereinkunft, freilich als unversöhnliche
Gegner aber als gleichberechtigte Individuen anerkannt hatte. So
war in jedem Augenblicke ein Waffenstillstand, ein einstweiliger Frieden
gedenkbar, und auch der Kampf, wenn er eintrat, erschien in geregel=
teren Formen. Nach innen gewandt, zeugte dies Gefühl politischen
Lebens die Corporationen des Reiches, die hier in zahlreicher Ab=
stufung und fester Begrenzung sich gegenüber standen. Freilich schien
mehrmals das Gemeingefühl neben den Interessen der Corporation
zu verschwinden, wie z. B. die beiden großen Orden durch Hochmuth
und Widersetzlichkeit vielfach geschadet haben — aber im Allgemeinen
reden die Thatsachen lauter als die Verneinungen der Schriftsteller,
daß Bewußtsein und Aeußerungen der Einheit in großem Maße
vorhanden waren. Gerade in diesen Zeiten des Verfalles wurde der
Zustand vollendet, der in den Assisen seine Gesetze erschuf; die
Aristokratie hatte zahlreiche Vertreter, deren Fähigkeit niemand leug=
net; den Wohlstand und die Bedeutung der Städte bezeugt, wenn
nichts Anderes, das Steuergesetz von 1182[2]; und Beispiele, daß
abgesehen von den Orden irgendwer sich den Anforderungen des
Reiches entzog, gehören erst seit Guido's Zeiten nicht mehr zu den
Seltenheiten. Faßt man Alles zusammen, so wird man wichtige

---

1) XXII. 27. 2) **XXII. 23.**

Mängel in diesem Zustande nicht verkennen, aber das gewöhnliche
Urtheil, es sei hier das edelste Streben Einzelner an der Versunkenheit des Ganzen gescheitert, geradezu umkehren. Was diesem Staate
in seiner ganzen Dauer gefehlt hat, war ein geistreicher Herrscher,
der den Antrieb zum Vorwärtsschreiten mit hinreißendem Nachdruck
zu geben verstanden hätte, war ein Fürst, wie etwa Boemund im
ersten Kreuzzuge erscheint. Und ein solcher kaum hätte, nach allgemeinen territorialen Bedingungen, den Angriffen Saladin's dauernden Widerstand entgegengesetzt.

Dies einmal angeschaut und nun weiter in Betracht gezogen,
daß Wilhelm von dem eben geschilderten Wesen vollkommen durchdrungen ist, so erscheint der unermeßliche Gegensatz, in dem er sich
zu seinen Gewährsmännern über den ersten Kreuzzug befindet, von
selbst klar. Wilhelm ist ein Geist eben so voll von Ruhe und Würde,
als entfernt von jeder Aufwallung, mag diese nun zur Begeisterung
oder zum Fanatismus führen. Die Tüchtigkeit seines Wesens erscheint nicht in glänzenden Leistungen und schlagenden Worten; er
gehört vielmehr zu den Naturen, die gerade in ruhigem Verhalten
am Gewissesten unsere Achtung gewinnen. Er zeigt keine Stärke,
aber Sicherheit, er erweckt Vertrauen, wenn auch nicht Bewunderung:
wie er als Geschichtschreiber die Verschiedenheit seiner Quellen wahr-
nimmt, aber nicht auflöst, so weiß er als Staatsmann die Dinge
nicht zu bewältigen, aber er erkennt sie und spricht ihnen ihr Urtheil,
wie es wenige seiner Zeitgenossen vermocht hätten. Wie vernünftig
und fest beklagt er Amalrich's habsüchtige Politik gegen Aegypten[1]),
wie regsam ist seine Dankbarkeit gegen Kaiser Manuel, seinen stärksten Beschützer. Aber niemals hat er einen thätigen Einfluß auf
irgend eine Politik geübt, und auch die griechischen Interessen bei
aller Mühe an keiner Stelle mit Erfolg gefördert.[2]) Wir bemerken
nun wohl, daß er den Kanzler über dem Schriftsteller nicht vergißt:
er geht rasch über die Vorfälle von 1148 hinweg und hält über
spätere innere Händel sichtlich zurück: auch klagt er ausdrücklich, wie
schwierig es sei, die Wahrheit zu sagen, ohne anzustoßen und dadurch
neuen Zwiespalt im Reiche zu stiften. Allein diese Behutsamkeit hat
sogleich die löblichsten Folgen; sie erzeugt vor allen Dingen die Vor-

---

1) L. XX. c. 11.
2) Man sehe z. B. die angezogenen Verhandlungen mit Philipp von Flandern

sicht, niemandem mit Unrecht wehe zu thun. An hundert Stellen begleitet er die Angaben mit der Versicherung, nur das Gerücht erzähle so, er selbst habe nichts Gewisses darüber erkundet. Zuweilen häuft er dergleichen in fast komischer Weise, man sagt, daß der König, wie gesagt wird, dies oder jenes gewußt haben soll — und dem Aehnliches, nicht selten bei unwesentlichen Dingen. Gesteht man ein, wie es denn nicht zweifelhaft erscheint, daß solche Denkweise der Gesinnung des ersten Kreuzzuges geradezu entgegensteht, was soll ich noch den Einfluß seiner allgemeinen Studien erwähnen? wie er die römischen Dichter eben so häufig wie die biblischen Bücher anführt, wie er an dem Vorgange des Livius sich zu der Beschreibung unglücklicher Zeiten stärkt und endlich von den Erzeugnissen der classischen Philosophie tief durchdrungen ist. Wichtiger ist an dieser Stelle die Bemerkung, daß der Abstand zwischen ihm und seinen Quellen, zwischen der Zeit Gottfried's und Amalrich's, ihm kaum zur Anschauung kommt. Hier wie dort sieht er die allgemein menschlichen Dinge, Glück und Elend, Heldenthum und Schwäche, Steigen und Verfall; zieht er einmal die Vergleichung, so trägt er, wie erwähnt, kein Bedenken, die Zeit des ersten Fürsten von Jerusalem für die glücklichste, nie wiederherzustellende Vergangenheit zu erklären.[1])

Diese bis jetzt im Allgemeinen bezeichnete Richtung wird in ihrem Inhalte deutlicher erkennbar, wenn man ihren Einfluß auf die Gestaltung des darzustellenden Stoffes im Einzelnen verfolgt. Der Sinn jedes Menschen äußert sich wie natürlich da am Bestimmtesten wo die aufzufassende Thatsache ihren Höhepunkt erreicht: bei dem ersten Kreuzzug also, diesem Erzeugnisse religiöser und kriegerischer Begeisterung, wird man sich von der einen Seite an die Ansicht der göttlichen Dinge und wo es sich findet an die des Wunders, von der anderen an die Formen des Heldenthums oder nach der Weise jener Zeit an die des Abenteuers zu halten haben. Es ist nun bekannt, wie das Abendland gegen Ende des elften Jahrhunderts mit Visionen, Träumen und Mirakeln erfüllt war, mit welch heißem Glauben man eine unmittelbare Verbindung mit dem Himmel annahm. Diese

---

1) Man vergleiche XXI, 7. Im neunten Buche freilich erkennt er die bedenkliche Lage Gottfried's sehr wohl. Aber das persönliche Bild, das er von diesem Fürsten **hat**, hält trotz **aller** Forschung **die** allgemeine Sehnsucht nach dessen Zeiten lebendig.

Begeisterung gab die Grundfarbe für die geistige Existenz der Pilger:
daß sie ihr Wesen durchaus unabhängig von der hierarchischen Kirchen-
gewalt entwickelte, werden wir unten näher darzustellen haben. Wie
sehr die gleichzeitigen Quellen von ihr eingenommen sind, habe ich,
so wie manche Spuren von anderweitiger Richtung bei Wilhelm, bereits erwähnt: aber auch abgesehen von seiner weltlichen Wissenschaft
und Denkweise erkennt man auf dem religiösen Felde selbst einen
durchaus veränderten Standpunkt. Er ist voll von dem Geiste, der
das christliche Morgenland am Ende des 12. Jahrhunderts überhaupt
erfüllte: die religiöse Seite ist noch immer hervorgekehrt, aber das
mystische Entzücken ist verschwunden und an die Stelle des ascetischen
Eifers sind hierarchische Bestrebungen getreten. Nicht mehr der Pilger
erzählt oder der bloße Geistliche, dem es einzig auf Entzückung und
Zerknirschung ankommt: wir vernehmen den Bischof, dessen Leben
innerhalb einer wohl organisirten Kirche und in weltlichen Geschäften
der bedeutendsten Art verflossen ist. Von Peter dem Eremiten sagt
Albert: nachdem er eingeschlafen, in visu ei maiestas domini Iesu
oblata est, Wilhelm: visus est ei Iesus Christus quasi coram posi-
tus exstitisse.[1]) Der Unterschied im Ausdrucke erscheint gering, aber
er enthält den Gegensatz einer wunderbaren Wirklichkeit und eines
frommen aber ganz natürlichen Traumes. Bei Albert geht Peter
zum Papste, der Papst zieht nach Clermont, und am 8. März —
wörtlich in diesem Uebergange — steht Walter mit seinen Tausenden
an der ungarischen Grenze. Man sieht, wie Albert auch hier ein
Wunder, ein unmittelbares Einwirken des Himmels anerkannte; aber
auch hier findet Wilhelm einen natürlichen Hergang, in dem allerdings noch religiöse Begeisterung sichtbar ist, gemäßer und wahrscheinlicher. Er schiebt ein, wie Peter alle Lande durchzieht, den
Occident aufregt, die Predigt des Papstes auf das Wirksamste vorbereitet. Bei Albert ist damit die Sache beendigt, es braucht, nachdem Peter seine Sendung erfüllt hat, keine Angabe über seinen Ausgang. Wilhelm findet diesen Schluß ohne Abschluß unerträglich und
meldet demnach bei der Einnahme von Jerusalem, wie die Surianen
ihm, ihrem Befreier, heißen Dank gesagt.[2]) Wie erwähnt, berichtet
Wilhelm die Auffindung der heiligen Lanze nach Raimund Agiles,

---

1) Alb. I, 2; Will. I, 11.　　　2) VIII. 23.

der an dieser Stelle gar kein Ende der Wunder und der himmlischen
Herrlichkeit zu finden weiß; Wilhelm seinerseits schneidet ohne Be-
sinnen den größten Theil hinweg, und wird aus ganz anderen Gründen freilich fast noch knapper als Albert an dieser Stelle.[1] Wieder
nach Raimund erzählt er den Hergang bei Gottfried's Königswahl;
hier mochte ihm der Bericht für ein Ereigniß von dieser Bedeutung
zu kurz erscheinen, genug er beschloß ihn durch anderweitige Nachrichten auszudehnen. Es ist keine Frage, daß er dafür die reichste
Auswahl hatte; kaum eine andere Begebenheit war durch begeisterte
Ueberlieferung so vielfach bearbeitet worden; Visionen, Wunder, aller
Glanz des Himmels und der Erde war bei Albert und Anderen hier
zusammengebracht. Ihm aber sagte das Alles wenig zu, eine Anekdote
von etwas kleinem Style, der Hauptpunkt darin Klagen der Diener-
schaft über kaltes Essen, wird mit Behagen an die Stelle aller der
Pracht gesetzt. Es reicht ihm hin, daß Gottfried's Andacht bei
schönen Altarbildern daraus hervorgeht, auf jenen übernatürlichen
Schmuck leistet er gerne Verzicht. Später kommt er dann auf Gottfried's frühere Geschichte und tilgt auch hier alles Wunderbare bis
auf sehr schwache Reste.

Je weiter er nun in seiner Erzählung vorschreitet, desto seltener
wird ihm die Gelegenheit, auch nur eine solche Abneigung an den
Tag zu legen: er bleibt ohne irgend eine Ausnahme auf festem,
irdischem Boden. Einer einzigen Stelle erinnere mich, wo von einem
Wunder ausdrücklich Rede ist, aber auch hier hebt er die Gründe
gegen eine natürliche Erklärung so weitläufig hervor, daß man auf
nichts weniger als auf lebendige Ueberzeugung bei ihm rathen möchte.
Er leugnet es nicht, aber es begeistert ihn nicht mehr; er stellt es
hin, weil man ihm davon gesprochen, und hätte dieselbe Ansicht von
göttlicher Vorsehung. wenn nichts dergleichen zu seiner Kunde gelangt
wäre.[2] Zuweilen finden sich dann Aeußerungen, ein einzelnes Un-

---

1) Raim. p. 179; Will. IX, 2.

2) Das heilige Kreuz dämpft den Brand der Steppen, durch die das Heer
zieht. Ein weißer Ritter leitet dann die Christen durch unwegsames Gebirge;
sehr bestimmt wird bemerkt, bei jeder Lagerung sei er verschwunden und später
nie wieder gesehen worden. XVI, 11. 12. Es war die unglückliche Expedition
Balduin's III. gegen Bosra, es heißt, nie hätten die Franken in Syrien solches Elend gelitten, solch' übermenschlicher Anstrengung zur Rettung bedurft.

glück oder die allgemeine Verschlechterung ihrer Lage sei durch den
Zorn Gottes über ihre Sünden herbeigeführt[1]), indeß bedarf es
keiner Erörterung, wie weit eine solche Gesinnung von dem Wunder=
glauben seiner Vorgänger noch absteht. Einmal untersucht er aus=
drücklich die Gründe ihres Sinkens[2]): drei giebt er an, als ersten
eben den Unwillen des Herrn, aber ganz auf gleiche Linie damit
stellt er die Schwäche des damaligen Geschlechtes und die Vereinigung
der früher getrennten türkischen Reiche. Natürlich: wie es dem recht=
gläubigen Christen jener Jahre geziemte, ist er weit entfernt die all=
gemeine Vorsehung des persönlichen Gottes zu leugnen, aber eine
weitere Einwirkung derselben als durch die Kette natürlicher Ursache
und Wirkung ist ihm nur geschichtlich und nicht in eigener Erfahrung
vorhanden. Will man den Grund seiner religiösen Anschauung in
Worte fassen, so kennt er nur Eine mystische Thatsache in der Ge=
schichte, das Dasein und die Thätigkeit der Kirche, wie sie damals
in der Hierarchie Gestalt gewonnen hatte. Deren Entwickelung stellt
er mit der größten Vorliebe dar, zunächst so weit sie seine heimischen
Kreise betrifft, aber mit stetem Hinblick auf die weitere Einheit der
römischen Christenheit: hier hat er die glänzendsten, sichersten For=
schungen ganz und gar urkundlichen Charakters gemacht, hier zeigt
er auch alle Vorzüge seines historischen Talentes in weiter Entfaltung.
Ich habe früher zu zeigen versucht, wie nur bei ihm über das Ge=
schick des ersten Patriarchen, Dagobert, echte Belehrung anzutreffen
ist; und bei späteren Verwickelungen hat man das gleiche Verhältniß
nicht leicht bezweifelt und nicht wohl bezweifeln können. Nur an
ein Beispiel will ich erinnern, an seine Darstellung des Patriarchen
Radulf von Antiochien.[3]) Solche Ausführlichkeit, Klarheit und Ruhe
giebt das lauteste Zeugniß, wie sehr seine ganze Seele auf diesen
Gebieten beschäftigt war. Man sagt ihm um so bereitwilligeren
Dank, als ohne seine Nachrichten diese so wirksame Richtung des
syrischen Lebens uns fast ganz in Dunkel gehüllt wäre.

Wenden wir uns nun zur weltlichen Seite des Ereignisses, so
braucht es nicht viel, um ein ganz entsprechendes Verhältniß zur
Anschauung zu bringen. An die Stelle des Abenteuers tritt der

Unter solchen Umständen erzeugten sich damals die Wunder, wie einst bei der
Belagerung von Antiochien durch Kerbuga.
1) XX, 19.　　　2) XXI, 7.　　　3) XV, 12—17.

Feldzug, und ritterliches Kämpfen fügt sich in bestimmte Heer= und Reichsverfassung. Die Umwandlung geht durch den ganzen Verlauf des Buches, und mehr um sie scharf auszusprechen, als um eines einzelnen Beleges willen, hebe ich einen bestimmten Fall hervor. Der Krieg um Antiochien enthält die Culmination der ritterlichen Thätig= keit jener Kreuzfahrer und gerade den Schriftsteller, der für solche Dinge die größte Vorliebe hat, legt Wilhelm mit einigen Zusätzen seiner Darstellung zu Grunde. Albert von Aachen entfaltet hier das Abenteuer in seiner rechten Fülle: die Ritter ergehen sich in ihren Thaten, die Fürsten bedecken sich mit Ruhm, der Unglückliche fällt, der Kräftige kommt zu Ehre und Gewinn: so schreitet das fort in endloser Reihe ohne die Idee eines zu Grunde liegenden Planes. Einen solchen nun herzustellen ist Wilhelm emsig bemüht. Zunächst zeigt er, wie wenig sein Sinn einem Heldenthume dieser Art geneigt ist, indem er eine Menge der Albert'schen Anekdoten mit der Bemerkung hinwegstreicht, bei der Kürze, die er anstrebe, könne er den unendlichen Stoff ohnedies nicht erschöpfen. Den Rest der Erzählung knüpft er darauf nothwendig aneinander, was ihm bei seiner Kenntniß der übrigen Quellen nicht schwer fallen konnte, und so entsteht ein Ganzes, was ohne Kenntniß seines Ursprunges ge= ordnet und verständig genug sich ausnehmen mag. Aber in dieser Ordnung ist ihm die frische Fülle jenes Ritterwesens fast gänzlich untergegangen, sie ist abgestorben mit der freien Planlosigkeit, aus der allein sie Leben und Fortgang erhalten konnte. Und immer noch steht zu untersuchen, ob nun des Erzbischofs verständiges Erzeugniß einem Bilde gegenüber, welches allein aus den echten Quellen gezogen ist, Bestand erhalten kann; in wie weit diese überhaupt einen Plan des Fortschreitens, und ob sie denselben, welchen Wilhelm erkennen läßt, aussprechen.

Folgende Bemerkung scheint ebenso in diesen Zusammenhang zu gehören. Wilhelm giebt mehrfache Angaben über die Zahl der Streit= kräfte in den kämpfenden Heeren, durchaus unabhängig von den uns vorliegenden Quellen, also auf seine Weise bei anderen Theilnehmern erkundet.[1] In den Gesten, bei Raimund oder Albert finden sich freilich auch Angaben dieser Art; wie oft sie die Wilhelm'schen be=

---

[1] Ueber das ganze erste Kreuzheer l. II. extr., l. IV, 12, dann über die Truppenzahl in und vor Jerusalem, bei Askalon ꝛc.

stätigen oder widerlegen, lasse ich hier dahin gestellt, aber zu erwähnen ist der Unterschied in dem Motive ihrer Einflechtung. Den Quellen ist die Sache an sich fast gleichgültig, und die Angaben halten sich demnach häufig in maßloser Unbestimmtheit. Das Interesse entspringt ihnen erst aus anderweitiger Ueberlegung, etwa wie groß die Macht des Herrn gewesen, die so Wenigen über so Viele den Sieg gegeben. Da ihnen die Macht des Herrn das einzig Wesentliche ausmacht, erscheint ganz folgerecht die Zahl der irdischen Kämpfer an sich bedeutungslos.[1] Bei Wilhelm dagegen findet sich solch eine Ueberlegung nicht leicht oder doch nur in beiläufiger Anführung; ihm ist es, unserem Sinne sehr gemäß, Bedürfniß, auch von dieser Seite her die Entwickelung der Begebenheit auf festen Grund zu stellen. Man bedauert, daß er die Angaben nicht häufiger und, wie ich gleich hinzusetzen will, nicht besser verarbeitet liefert; gegen die Zahlen in der ersten Hälfte seines Werkes erregen einzelne spätere Stellen ein starkes Mißtrauen, in denen er über türkische Heere von 20, höchstens 40000 Mann redet und mit Nachdruck hinzusetzt: dicebatur a senioribus regni principibus, quod a primo Latinorum in Syriam introitu nunquam tantas vidissent hostium copias.[2] Man fühlt, daß man allerdings hier auf festerem Boden steht, als bei den gewaltigen Angaben der früheren Bücher.

Es ist nun keine Frage, daß wie bei den kirchlichen Dingen, so auch auf weltlichem Gebiete diese Geistesrichtung Wilhelm's ihre positiven und dankenswerthen Folgen hat. Die Verfassung des Reiches, die hier zur Sprache kommende Seite, wird freilich nicht mit der Vorliebe und Ausführlichkeit wie die Geschichte der Kirche behandelt; im Gegentheil nur an wenigen Stellen wird etwas ausdrücklich dahin Gehöriges beigebracht. Aber das ganze Buch, wie es auf politisch geordnetem Boden erwachsen ist, trägt die Spuren seines Ursprunges; man würde irren, glaubte man etwa aus den Assisen irgend ein Verhältniß ohne Zuziehung Wilhelm's erschöpfend behandeln zu können. Er spricht die Formen nicht aus, aber das Leben, was er schildert,

---

1) Fulcher in seinen späteren Theilen wendet die Sache wohl etwas anders und klagt unbefangen, wie waren unserer so Wenige, wie gern hätten wir stärkere Heere gehabt. Weniger das Wunder als das Verwunderliche hebt er hervor.

2) W. T. XXII, 16., hier sind es 20,000, XX, 21, wo eine ähnliche Aeußerung sich findet, 40,000 M.

bewegt sich nur in diesen Formen; so wird er den Urkunden nicht
leicht widersprechen, wohl aber ihre inhaltslosen Schemata mit einer
Fülle von Persönlichkeit, Wechsel und Inhalt umkleiden. Ein Näheres
darüber gehört nicht in diesen Zusammenhang, da es durchaus über
die Geschichte des ersten Kreuzzuges hinaus fällt.

Wir sehen also, daß Wilhelm nach der Natur seiner Persön=
lichkeit die Ansicht des Kreuzzuges, ohne die Thatsachen selbst zu
ändern, doch in den wesentlichsten Theilen umwandelt. Wir wenden
uns jetzt zu der mehr formalen Frage, durch welche Mittel er diese
Aenderungen möglich macht, ohne geradezu gegen seine Quellen an=
zugehen; wir werden hier zunächst auf sein stylistisches Verfahren
zurückkommen, dann aber von seiner Weise unter den Quellen aus=
zuwählen und die gewählten Berichte zu verbinden, im Einzelnen
handeln müssen.

Darstellung des ersten Kreuzzuges.

Im Allgemeinen rühmten wir Wilhelm's stylistisches Talent, in
dem sich ein gebildeter Geschmack, umsichtige Kraft und lebendige
Anschaulichkeit vereinige; man wird kein Bedenken tragen, diese Vor=
züge auch den früheren Büchern, wo sich die Darstellung des ersten
Kreuzzuges findet, zuzuerkennen. Indessen macht die Vergleichung
mit seinen Quellen, hierauf angewandt, sogleich nähere Bestimmungen
erforderlich. Es ergiebt sich, daß er, wenn nicht den Inhalt, doch
die Form derselben völlig umschmilzt: man muß ihn loben, denn
zahllose Rohheiten, Ungefügigkeiten und Widersprüche verschwinden
unter seiner Hand, die aus so viel Verschiedenartigem ein gebildetes
Ganze herstellt. Andererseits gewahrt man aber, daß er mit dem
Ungenießbaren auch manches Bezeichnende anstilgt und sehr häufig
ein sinnlich sichtbares Detail mit einer allgemeinen und dadurch inhalt=
losen Anführung vertauscht. Er schreibt Geschichte mit hinreichender
Lebendigkeit und überwiegender Bildung, aber mit größerer Rohheit
und schwächerer Kunst wissen seine Vorgänger doch in anderer Weise
anschaulich und plastisch zu erzählen. Albert von Aachen meldet
über den Zug des Priesters Gottschalk durch Ungarn: dum per aliquot dies moram illuc (bei Meßburg) facerent et vagari coepissent:
Bavari vero et Suevi, gens animosa, et ceteri fatui, modum po-
tandi excederent, pacem indictam violarunt, Ungaris vinum, hor-

9*

deum et cetera necessaria paulatim auferentes, ad ultimum oves et boves per agrum rapientes occiderunt, resistentes quoque et excutere volentes peremerunt, ceteraque plurima flagitia, quae omnia referre nequivimus, perpetrarunt, sicut gens rusticano more infulsa, indisciplinata et indomita. Iuvenem quendam Ungarum pro vilissima contentione palo per secreta naturae transfixerunt in foro plateae. Wilhelm, der diese Quelle benutzte, liefert folgende Erzählung: alimentorum abutentes opulentia et ebrietati vacantes, ad inferendas enormes indigenis se contulerunt iniurias: ita ut praedas exercerent, venalia foris illata publicis violenter diriperent et stragem in populo committerent, neglectis legibus hospitalitatis. — — Commiserunt gravia in locis quam plurimis, turpiaque nimis et relatione indigna. Es ist klar, daß nicht allein das Be= streben, seinen Vorgänger abzukürzen, Wilhelm's Redeweise gestaltet hat. Denn bei Albert folgt Bild auf Bild und eine bestimmte That= sache löst die andere ab: Wilhelm dagegen beschränkt sich auf ein Inhaltsverzeichniß der Vorfälle, die er mit gleicher Ausführlichkeit selbst darzustellen vermocht hätte. Rühmt Albert etwa die purpur= nen Banner und die goldenen Feldzeichen nach seiner Weise, so sagt Wilhelm, das Heer sei in stattlicher Pracht von dem einen zum ande= ren Orte gezogen. Bei Doryläum, sagt Fulcher, war Bischof Adhe= mar mit vier anderen Bischöfen, dann noch viele Priester in weißen Kleidern, die baten Gott demüthigst um den Sieg; Viele gingen zu ihnen hin und beichteten, unsere Fürsten waren im heftigsten Kampf. Wilhelm schreibt dieß folgender Gestalt um: dominus vero Podiensis cum multis eiusdem officii comministris populos admonent, hor- tantur principes, ne manus remittant, sed certi de victoria di- vinitus conferenda interemtorum sanguinem ulciscantur, et de fidelium strage fidei hostes et nominis Christiani non patiantur diutius gloriari. Hier ist gar nicht einmal von Abkürzung die Rede, im Gegentheil, Wilhelm ergeht sich breiter und weitläufiger als Fulcher, aber nichts als rednerische Ausmalung ist an die Stelle schlichter Wirklichkeit getreten. Beiläufig bemerkt, unterscheidet sich auch das Factum wesentlich von dem bei Fulcher angeführten, und zwar ganz so, wie wir es nach den früheren Bemerkungen erwarten durften. Während bei Fulcher ein Bild des Kampfes erscheint, in welchem alle Ordnung aufgehört hat — die Priester liegen selbst in Noth und Zittern auf den Knieen, mitten im Getümmel eilen einzelne Beichtende zu ihnen heran — ist bei Wilhelm der Clerus feierlich versammelt, in Schlachtordnung gleichsam, den Führer an der Spitze: so ermahnen sie in gebührender Begeisterung die Krieger zum Kampfe des Herrn.

Aehnliche Wahrnehmungen liefert die Vergleichung mit jedem seiner Gewährsmänner. Ich schlage das Buch des Raimund Agiles auf, der nicht eben um kunstgemäße Redaction bemüht, unmittelbar an die letzten Worte seiner Vorrede anknüpft und die Erzählung beginnt: „also der Graf von Toulouse und der Bischof Adhemar zogen durch Slavonien und hatten viel Beschwerden des Weges zu leiden, besonders des Winters wegen, der damals war. Denn Slavonien ist wüst und unwegsam und bergig; weder Thiere noch Vögel haben wir drei Wochen lang dort gesehen." Dann sagt er, wie die wilden Einwohner sie belästigt, viele Nachzügler ihnen erschlagen, alle Verfolgungen in den Gebirgswegen leicht vermieden hätten. Eine herrliche That des Grafen will ich nicht übergehen, fährt er fort, und erzählt nun weitläufig von den guten Folgen eines Hinterhaltes, den Raimund den Eingeborenen einmal gelegt hat. Ueberhaupt, heißt es, ist nicht zu sagen, welche Thaten der Graf damals gethan; vierzig Tage lang waren wir in Slavonien, in denen wir so dicken Nebel erlitten, daß wir ihn greifen und mit den Händen wegschlagen konnten; in alle der Zeit war der Graf nicht einen Augenblick müßig, der erste an der Spitze, der letzte im Nachtrab, rüstig bei Tag und bei Nacht, bis er das Heer ohne wesentlichen Schaden hindurch geführt hatte. Hier erkennt jeder mit den ersten Worten den Augenzeugen, der vor allen Dingen melden will, was für Eindrücke er besonders erhalten; so ungefüge seine Redeformen sind, so versetzt er doch auf der Stelle in seine Lage und seine Stimmung; man tappt sich mit ihm durch den Nebel und über die unbekannten Gebirgssteige hinweg, und freut sich vor Allem des Führers, dessen Geschick und Stärke das Heer in Sicherheit erhält.

Haben wir hier nun das Ereigniß **selbst, so treffen wir** bei Wilhelm eine Geschichte desselben. Zuerst meldet er vom Aufbruche des Grafen und giebt eine Uebersicht über seine Streitkräfte; dann, auf Slavonien übergehend, versammelt er die topographischen Notizen, die bei Raimund bei den einzelnen Begebenheiten einfließen, in den geschlossenen Rahmen **einer ruhenden** Beschreibung: endlich wird das

Heer in den Schauplatz eingeführt, gemeldet, daß sie vielfach beun=
ruhigt, aber durch den Grafen kräftig beschützt worden sind. So
schließt er, ohne irgend eine Thatsache oder eine Bezeichnung aus=
gelassen, aber auch, ohne den Eindruck seines Originales in einer
Sylbe erreicht zu haben. Freilich ist er mit seinem Gegenstande im
Allgemeinen in so lebendiger Berührung, wie ein warmes Vater=
landsgefühl sie nur hervorrufen kann, aber bei den einzelnen That=
sachen dieser früheren Ereignisse tritt deutlich ein größeres Interesse
an der Geschichtschreibung als an der Geschichte hervor.

Auch dauert dies Verhältniß bis tief in die Mitte des Buches
fort. Man vergleiche die Niederlage Raimund's von Antiochien im
Jahre 1119, wie sie der Kanzler Gauthier, und wie sie nach diesem
Wilhelm darstellt; man wird dasselbe Streben nach historischer Kunst
und den gleichen Mangel unbefangenen Ergriffenseins wiederfinden.
Es ist keine Frage, daß er vieles Ungehörige herausschneidet mit
seinem Gefühl für Ebenmaaß und Klarheit, daß die Anordnung und
der Zusammenhang des Ganzen deutlicher und leichter als bei Gauthier
erkannt wird. Aber alle diese Vorzüge können ihm nicht den Cha=
rakter der Quelle verleihen, seine Gemälde sind richtig gezeichnet, aber
neben dem Originale von matter, von völlig veränderter Farbe. Sein
herrschender Wunsch geht auf Einheit der eigenen Darstellung; mag
die Quelle, wie sie will, sich verhalten, er bringt ihre Angaben in
seine überall unwandelbare Form. Freilich entsteht so ein breites,
harmonisches Ganzes, aber die Anschauung der Wirklichkeit wird ver=
nichtet, die Sonderung der Materialien und ein Urtheil über die=
selben unmöglich gemacht.

Noch von einer anderen Seite her ist dieselbe Verfahrungsweise
zu erkennen. Wilhelm bringt nämlich auch in den ersten Büchern
seiner Geschichte eine große Menge von Briefen, Urkunden, Reden
und Verhandlungen bei, wie es scheint und oft geglaubt worden ist[1],
in wortgetreuer Copie einer authentischen Ueberlieferung. Ich halte
sie nun, um es von vorn herein auszusprechen, sämmtlich für reine
Erfindung des Erzbischofs, durchaus ohne die Stütze einer früheren

---

1) So rechnet, auf seine Erzählungen gestützt, die hist. litt. de la France
t. VIII. p. 600 Gottfried als den Verfasser einzelner Briefe zu den franzö=
sischen Schriftstellern. Beispiele einer Benutzung in diesem Sinne ließen sich in
großer Menge anführen.

Aufzeichnung. Da sind gleich zu Anfang die Verhandlungen Peter des Eremiten mit dem Patriarchen von Jerusalem; in dieser Form finden sie sich in keiner uns bekannten Quelle, aber die einzelnen Bestandtheile verläugnen keinen Augenblick den Ursprung aus Albert's doch wesentlich abweichender Erzählung. Einer viel allgemeineren Annahme trete ich entgegen mit derselben Behauptung in Bezug auf die Rede Urban's II. zu Clermont.[1] So häufig sie auch als ächtes Actenstück benutzt worden ist — ich sehe weder eine äußere Beglaubigung dafür, noch erscheint mir der Inhalt ihrer Umgebung und Wirkung angemessen. Worauf es hier vor allen Dingen ankam, auf maaßlosen und formlosen Fanatismus, davon ist in dieser ausgearbeiteten Redaction, voll von Eleganz und Gelehrsamkeit, keine Spur vorhanden. Nicht in einer Sylbe, so wenig, wie alle noch anzuführenden Verhandlungen, unterscheidet sie sich in Denk- und Ausdrucksweise von der sonstigen Haltung des Wilhelm'schen Buches.

Ich übergehe die zwischen Herzog Gottfried und König Kalmani gewechselten Reden und Schriften[2], um die wichtigeren Verhandlungen mit Kaiser Alexius einer kurzen Betrachtung zu unterwerfen. Für Gottfried bleibt es bei der bloßen Anführung der Gesandtschaft, wörtlich wie in dem Albert'schen Berichte, dafür wird die Aufforderung Boemund's, Alexius den Krieg zu machen und Gottfried's ablehnende Antwort in extenso und im besten Curialstyle mitgetheilt.[3] Doch überzeugt man sich auf der Stelle, daß nur eine verbesserte Ausarbeitung der von Albert gegebenen Briefe vorliegt, ganz wie c. 11 bei der letzten Anrede des Kaisers an Herzog Gottfried.[4] Zweifelhafter könnte das Verhältniß erscheinen bei der Botschaft des Kaisers an Boemund, welche bei Baldrich, der Quelle dieser Nachrichten[5], so wie bei der an den Grafen von Toulouse, die bei Raimund Agiles fehlt.[6] Doch trage ich auch hier kein Bedenken, eine Erdichtung Wilhelm's anzunehmen: der Inhalt der beiden Schreiben

---

1) L. I, c. 15.

2) Riant lettres p. 118 bemerkt sehr richtig, daß Kalmani's angeblicher Brief an Gottschalk bei Albert, hier Wilhelm's Quelle, als Rede erscheint, **und** schon dadurch den urkundlichen Charakter verliert. Um so weniger sehe ich einen Grund, die oben entwickelte Ansicht zu modificiren.

3) L. II, c. 6. 10; Alb. II, 7. 14.

4) **Alb. c. 16.**   5) **Baldr. p. 93.**

6) **Raim. p. 140; Will.** II, c. 13—16. 18.

ift der allgemeinſte, die Form ganz und gar die Wilhelm'ſche, nicht die griechiſche, wie ſie bei Anna Comnena in mehreren Proben vor= liegt; nicht anders verfährt Radulf, welcher die Botſchaft an Boemund gleichfalls in directer Rede einführt, aber nicht im Mindeſten freie Schöpfung verkennen läßt.

Ein ferneres Beiſpiel, auch ſeinem Inhalte nach bezeichnend für Wilhelm's ganze Geſinnung, findet ſich in den Verhandlungen über Nicäa. Ich kann hier als bekannt vorausnehmen, daß Alexius mit großer Gewandtheit die Beſatzung der Stadt zu einem Vertrag ohne Rückſicht auf die Kreuzfahrer bewog und ſich glücklich in Beſitz ſetzte, ohne daß die Pilger irgendwie Antheil an der Eroberung zu erlangen vermochten. So hat denn auch bei Wilhelm Tatikios die Stadt ein= genommen, doch, heißt es, die Fürſten ſeien nicht erzürnt darüber geweſen, ſie hätten ja ohnedies nicht bleiben können. Dieſe Geſinnung läßt er ſie in einem beſonderen Schreiben an Alexius ausſprechen, ſie bitten den Kaiſer darin, er möge hinreichende Beſatzung ſenden, weil ſie zu baldigem Aufbruche ſich genöthigt ſähen.[1] Nun wiſſen wir auf das Beſtimmteſte, daß ſie allerdings durch den Verluſt einer ſolchen Beute höchſt erbittert waren, daß ſie von keinem Verkehr mit dem Kaiſer wiſſen wollten, und nur durch dringende Bitten zu neuen Unterhandlungen bewogen wurden. Wir wiſſen ferner, daß die griechiſchen Truppen in Nicäa ſtark genug waren, den Ort, feſt wie er war, ſelbſt gegen die Streitkräfte der Pilger zu vertheidigen; was ſoll nun die Aufforderung, weitere Beſatzung hinüberzuſchicken. Wil= helm's Geſinnung ſcheint mir deutlich genug; er vermag ſich wieder nicht in das leidenſchaftliche formloſe Treiben jener Tage hineinzu= denken, Hinterliſt eines ſolchen Kaiſers, Beuteluſt ſolcher Fürſten, ſo wenig Ordnung in den beiderſeitigen Verhandlungen, das Alles hätte er nicht geglaubt und wenn geglaubt nicht erzählt. Er hatte das Bild zweier höchſt bedeutender, trefflich conſtituirter Mächte; deren Verhandlungen bringt er bei, wie ſie ihm gebührend erſcheinen. In einer gleich folgenden Stelle wird dann berichtet: in pactorum serie quae inter eos inita fuerant, haec formula dicebatur interserta: quod si aliquam de urbibus etc., eben die Beſtimmung, die Grund= ſtücke, die man erobere, ſolle Alexius, die bewegliche Beute das Kreuz=

---

[1] L. III, c. 11.

heer erhalten.[1]) Es ist das nichts, so sicher es sich ausnimmt, als eine neue Form für die Angabe Albert's, die Fürsten hätten die Rückgabe der Städte, Länder und Burgen versprochen[2]), die Bestimmung über die Beute ist aus der Natur der Sache hinzugefügt. Noch deutlicher verräth sich eine ähnliche Zusammensetzung, l. VI. c. 15, bei der Gesandtschaft Peter's und Herluin's an Kerbuga; Fulcher's Erzählung davon erscheint als der Auftrag, den man den Gesandten mitgiebt, Baldrich's Nachricht als die Verhandlung mit dem heidnischen Emire selbst: auf beiden Seiten ist wieder alles Ungefüge, Unmanierliche getilgt, sie reden die beste diplomatische Sprache, nicht in dem wilden Eifer gesetzloser Glaubenskrieger.[3]) Und so in allen übrigen Fällen: für erwiesen urkundlich, ja nur mit Wahrscheinlichkeit als solche zu betrachten, kann ich keine dieser Mittheilungen annehmen; die erste dieser Art finde ich in dem Schreiben Dagobert's an Boemund, wo Wilhelm's ausdrückliche Versicherung nicht in Zweifel gezogen werden darf.[4])

Ich bin absichtlich bei diesem Punkte etwas länger verweilt, theils des allgemeinen Beifalls wegen, dessen sich die entgegenstehende Ansicht erfreut, theils in Rücksicht auf die Wichtigkeit der Sache für unser Urtheil über Wilhelm. Wären diese Dinge authentischer Natur, so müßten wir ihn für eine Quelle, für eine sehr bedeutende, anerkennen: jetzt dienen sie vortrefflich, den Standpunkt, welchen er den Quellen gegenüber einnimmt, bezeichnen zu helfen. Wir gewahren, wie weit er von deren Ansicht abgekommen ist und welche Richtung er mit Entschiedenheit verfolgt.

Wir erkennen, wie bei ihm allgemeine Zeitlage, persönliche Stellung und Denkweise, Sammlung und Bearbeitung seines Stoffes eines mit dem anderen zusammenhängt und aus ihm hervorgeht; ein Punkt ist uns hier noch zurück, nach dessen Prüfung wir dieser Geschichte mit Fug ihre literarische Stellung anweisen können. Ohne

---

1) L. III, c. 12.

2) Promiserunt enim iuramento, nihil de regno imperatoris, non castra non civitates nisi de eius voluntate seu dono retinere. Alb. II, 28.

3) Fulcher S. 393, mit wenig Aenderungen abgeschrieben, stärker ist Baldrich S. 119 umgeschmolzen, doch ist die Identität zu deutlich, um wörtliche Anführung nothwendig zu machen. Will. VI, 15.

4) Will. X, 4.

eine genauere Erörterung seiner kritischen Methode, die wir oben nur ankündigten, würde unsere Untersuchung des Abschlusses und der praktischen Anwendbarkeit völlig ermangeln.

Wir vermutheten, Wilhelm habe arabische Nachrichten deshalb seinem Werke nicht einverleibt, weil sie neben die christlichen gestellt auf zu verschiedener Grundlage ruhend erscheinen mußten. Hier ist nun hinzuzusetzen, daß ihm die Verschiedenheit der christlichen Quellen selbst nicht zur Anschauung gekommen ist, daß er wohl einzelne Fehler verbessert, aber nie zu der Würdigung eines ganzen Berichtes sich erhebt. Wohl scheinen Spuren solchen Bestrebens vorzuliegen; aber sehr bald erkennt man sie als das Erzeugniß einer ganz äußerlichen Betrachtungsweise. Das zweite Buch enthält den Zug der einzelnen Schaaren durch das griechische Reich; da liefert er zuerst aus Albert die Darstellung des lothringischen Marsches, geht dann bei Boemund auf die Gesta Francorum oder Baldrich, bei den Tolosanern auf Raimund Agiles, und endlich bei den Nordfranzosen auf Fulcher von Chartres über. Er sucht also stets die nächste und sicherste Quelle, für jeden Fürsten die Nachricht eines Landsmannes oder persönlichen Begleiters. Daß er neben diesem Allen aus sonstigen Erkundigungen manches Unrichtige und Unverbürgte beibringt[1]), kann unser Urtheil nicht bestimmen — wie wäre dergleichen bei der Natur solcher Ueber= lieferungen zu vermeiden gewesen. Entscheidend aber wird der Um= stand, daß der unhistorische Charakter Albert's ihm gänzlich entgangen ist, daß er mit Beseitigung der sagenhaften Form den Inhalt seiner Nachrichten der Geschichte zu retten sucht.

Erinnern wir uns an seine persönliche Natur im Ganzen, wie Wunder und Abenteuer, weltliche und religiöse Poesie diesem ordnungs= liebenden Geiste fern standen, so muß uns sein gutes Vertrauen für Albert mehr noch als seine Aenderungen in Erstaunen setzen. Auf der anderen Seite, war einmal sein Zweifel nicht kühn genug, Albert's Nachrichten ganz bei Seite zu werfen, so erhielt, jene Abstreifung der poetischen Farbe einmal vollzogen, der trockene Kern der Nachrichten sehr leicht ein historisches Gewand. Nachdem er das Abenteuer in

---

1) Solches findet sich S. 705. 708. 710, wie Boemund feindliche Spione braten läßt, Bagi Sijan Verdacht gegen Firuz hat, Tancred und Robert von Flandern Antiochien stürmen, wie Raimund von Toulouse vor der Einnahme der Stadt gegen Boemund's Herrschaft daselbst protestirt.

militärische und politische Planmäßigkeit gebracht, und an die Stelle
mystischer Begeisterung hierarchische Formen gesetzt hatte, war nur
ein Merkmal noch vorhanden, welches den Schluß auf sagenhafte
Natur jener Berichte verstattet hätte, die Widersprüche, die sie in sich
oder gegen andere Nachrichten enthielten, die Fabeleien, die ohne
weiteres mit allen Denkgesetzen im Streite erschienen. Gelang es
Wilhelm, diese verschwinden zu machen, so war sein Werk vollbracht
und seine Aufgabe gelöst. Mit wie wenig Bedenken er zu diesem
Ziele hindurchdrang, wird die Vergleichung mit einigen früher zur
Kritik Albert's angeführten Stellen sogleich ergeben.

Albert setzt den Frieden zwischen Gottfried und Alexius in den
Januar 1097 und erwähnt ihn gleich darauf als um Weihnachten
1096 abgeschlossen. Wilhelm entfernt die letzte Angabe vollständig
und weiß die erste aus sonstigen Quellen dann näher festzustellen.
Im Uebrigen erzählt er die Verhandlungen mit wörtlicher Treue nach
Albert.[1])

Die Schlacht von Doryläum beschreibt der Letztere mit einem
großen Aufwande poetischen aber haltlosen Details; macht uns die
Form schon mißtrauisch, so zerfällt der Inhalt vollkommen durch die
Vergleichung mit den Quellen. Wilhelm benutzt sie alle gemeinschaftlich; was Albert betrifft, so läßt er die poetische Form sogleich
fallen und bemerkt auch die Widersprüche des Inhalts, ohne jedoch
gegen den Bericht im Ganzen mißtrauisch zu werden. Er schneidet
heraus, was am Schärfsten ein fabelhaftes Gepräge zeigt; er tilgt,
was offenbar den Quellen widerspricht und stellt auch wohl beide
Nachrichten als verschiedene Darstellungen nebeneinander.[2]) Was
dann noch zurückbleibt, setzt er mit den Nachrichten der Quellen zusammen; er sieht nicht, daß er nur eine todte Masse gerettet hat, die
werthlos an sich ihm stets noch die Anschauung des Lebendigen ver-
kümmert.

Den Fürsten Swen von Dänemark führt Albert zuerst nach
Nicäa, dann nach Constantinopel zurück, darauf zu seiner Niederlage
durch Soliman. Wilhelm schreibt die ganze Geschichte ohne Bedenken
aus, aber sorgfältig ändert er den einen Punkt, diesen sinnlosen
Reiseweg.[3])

---

1) W. T. II, 10—13.   2) W. T. III, 13—15.
3) Ibid. V, 20.

Herzog Gottfried wird nach Albert bei Antiochetta in einem
Bärenkampfe verwundet und auf mehrere Monate an das Siechbette
gefesselt. Gleich darauf aber besteht Gottfried gewaltige Kämpfe,
leitet in glänzendem Harnisch den Zug des Heeres und bricht mit
wehenden Bannern die feindliche Schlachtreihe. Wilhelm unterläßt
nicht, das Eine mit großer Vorliebe nach dieser Quelle auszumalen,
das Andere entfernt er bis auf die letzte Spur aus seinem Berichte.
Hier wie aller Orten hat ihn der Unsinn nur in so weit stutzen gemacht, daß er ihn selbst nicht aufnimmt; der Bericht selbst, auf dessen
ganze Natur er hätte aufmerksam werden sollen, ist ihm unver-
dächtig geblieben.

In dieser Weise geht das nun fort durch das ganze Buch.
Was Albert über die türkischen Verhältnisse, wie wir oben sahen,
ungereimt genug berichtet, merzt Wilhelm aus, ohne sich von dem
Einflusse dieser Nachrichten auf andere Thatsachen losmachen zu
können. Manches Aehnliche haben wir früher angeführt, wie er mit
der Legende von Peter dem Einsiedler verfährt, wie er bei der Gesandtschaft an Kerbuga Sage und Geschichte verschmilzt, wie er Albert's Nachrichten über die Belagerung von Antiochien der geschichtlichen Wirklichkeit zu gewinnen versucht. Die Kritik, deren er sich
befleißigt, ist wesentlich conservativ, aber ohne den Halt eines allgemein gültigen Grundsatzes; er versucht aus zwei abweichenden Angaben die Wahrheit herzustellen, indem er hier wegnimmt und dort
zusetzt, bis die Ecken weggeschliffen und flache aber charakterlose
Ebenen gewonnen sind. Wilhelm hat das in den späteren Büchern
sehr wohl gefühlt, aber freilich erst, als Albert's Abweichungen den
innersten Kreis seiner Lebensthätigkeit berührten. Er benutzt ihn
nämlich in der angegebenen Weise bis zu dem Beginne des Reiches;
hier verläßt er ihn mit einem Male um nie wieder zu ihm zurück-
zukehren. Ueber den Grund dieses plötzlichen Mißtrauens äußert er
sich nicht, doch glaube ich nicht zu irren, wenn ich sie in Albert's
Bericht über den Patriarchen Dagobert und Arnulf finde. Wir entwickelten oben die Schärfe des hier erscheinenden Widerspruches zwischen beiden Schriftstellern, wir sahen, mit welcher Vorliebe Wilhelm
sich diesen Theilen seiner Erzählung widmet; hienach kann es nicht
befremden, wenn er seitdem einen Gewährsmann völlig verwirft, der ihm
den Angelpunkt seines geschichtlichen Bewußtseins zu zerstören drohte.

Hätte er die hier gewonnene Ueberzeugung nur auf seine Be=
arbeitung der früheren Geschichten anwenden mögen. Man kann es
mit Bestimmtheit aussprechen, daß einzig durch sein Werk das An=
sehn der Sage auf diesen Gebieten für so viele Jahrhunderte fest=
gestellt worden ist: der geschichtliche Schein, mit dem er sie umkleidet,
hat keinen Gedanken an Mißtrauen aufkommen lassen, welcher den
ursprünglichen Gestalten der Sage gegenüber sehr bald sich hätte
einstellen müssen. Wie lange hätte man sich bei einer Feldherrnschaft
Gottfried's beruhigt, die von Wundern ausgeht, eigentlich nur in
Wundern zur Erscheinung kommt und in wunderbarem Tode ihr
Ende findet? Wilhelm nun verfährt auch bei der gesammten Ueber=
lieferung nichts anderes, als bei einzelnen Erzählungen. Den mystischen
Rathschluß Gottes und die Thatsachen, in denen er sich ausspricht,
übergeht er mit Stillschweigen, im Uebrigen nimmt er die Verherr=
lichung Gottfried's ohne Bedenken auf und erschafft so die Ansicht,
die in immer wachsendem Einflusse durch fast sieben Jahrhunderte
hindurch die geschichtliche Auffassung des Kreuzzuges beherrscht hat.
Der Herzog wird weder durch ausdrückliche Wahl der Menschen noch
durch wunderbare Fügung des Himmels der Anführer des Kreuzzuges;
aber, heißt es weiter, Weisheit, Kraft, Rechtschaffenheit, und welchen
Namen die menschlichen Tugenden alle tragen, hoben ihn stillschweigend
an die erste Stelle. Mit einem solchen Bilde befreundete sich leicht
auch ein zweifelndes Zeitalter; Wilhelm galt selbst schon für eine
Quelle, und man dachte nicht daran, seinem Anrecht auf diese Stellung
schärfer nachzuforschen. Eine Zeitlang gingen neben seinem Werke
und dessen Uebersetzungen und Fortsetzungen bei dem europäischen
Publicum einzelne Wiederholungen oder directe Benutzungen der echten
Quellenschriften, besonders Ekkehard's oder der Gesten in der Bear=
beitung des Mönches Robert's her; andere Kreise, wie wir sahen,
erbauten oder ergötzten sich an den Gesängen und Romanen von
Gottfried und den überseeischen Eroberungen. Aber seit der Epoche,
welche das 16. Jahrhundert auch für die Erneuerung gelehrter histo=
rischer Studien machte, wurden die Romane mit einer gewiß nicht
unverdienten Verachtung auf die Seite geschoben, und je größeres
Gewicht die Zeit der Renaissance auch in wissenschaftlichen Dingen
auf das formale Talent des Schriftstellers legte, um so gewisser trug
es Wilhelm's großes Werk über die unbeholfenen, dürftigen Auf=

zeichnungen der Gesta, Fulcher's, Raimund's davon. Auf das Wort
des Erzbischofs nahm man seine Verschmelzung geschichtlicher und
sagenhafter Elemente als zweifellose Wahrheit an; die Quellen, aus
denen er seine Kenntniß erst geschöpft, wurden nach den Ergebnissen
seiner Darstellung controlirt und corrigirt; die reine Gestalt der
Sage, weit umher zerstreut und durch keinen berühmten Gewährsmann vertreten, kam gar nicht mehr zur Sprache oder galt mit ihrem
Glanze und ihren Wundern für Ausschmückung und Uebertreibung
des echten Thatbestandes. Man redete von der heißen Erregung,
von der gläubigen Wundersucht des Zeitalters, da seien solche Ver-
zierungen der Wahrheit leicht begreiflich. Aber niemand vermuthete,
daß gerade die Verzierung das Ursprüngliche, und die geglaubte Wahrheit nur ein abgeleitetes, geschwächtes Erzeugniß aus derselben war.

In dem zuletzt angegebenen Verhältniß ist, wenn ich nicht ganz
irre, der positive Charakter des Wilhelm'schen Buches, so weit es
den ersten Kreuzzug angeht, ausgesprochen. Wilhelm steht auf der
Stufe, die in jeder Literatur unmittelbar auf eine Entwickelung der
Sage folgt: der Unterschied zwischen geschichtlicher und poetischer
Wirklichkeit ist ihm verschwunden, er sucht nun die erste mit der
letzten zu vereinigen. Er sieht nicht, wie ihm dabei die Wahrheit der
einen und die Schönheit der anderen verloren geht, er fährt fort in
seinem Werke mit Talent und Energie, und das Werk, auf dessen
Vollendung er die ganze Fülle seiner Natur geworfen hat, besticht
den Leser, indem es ihm ein treues Abbild dieser Natur entgegenhält.
Freilich schmälern wir den Ruhm seiner Zuverlässigkeit mit dieser
Ansicht um ein bedeutendes, wir zerfällen sein Werk in zwei Hälften,
deren eine als eine vortreffliche, die andere, was den Inhalt angeht,
als ganz unbrauchbare Quelle gelten muß. Um so mehr trat die
Aufgabe hervor, die Einheit beider nach dem persönlichen Wesen des
Verfassers darzuthun, wir mußten nachweisen, daß dasselbe Streben
hier seine Trefflichkeit, dort seine Mängel gleich nothwendig in sich
schloß; die vermittelnde Stellung, die er zwischen Sage und Geschichte
sich erwählt hat, mußte als natürliches Ergebniß dieser ganzen Richtung anerkannt werden. Freilich verbirgt man sich nun nicht mehr,
was einem solchen Ergebniß geopfert worden ist; ohne Bedenken
zieht man es vor, so weit es möglich ist, sich zu den uranfänglichen
Formen der Dinge in Poesie und Wirklichkeit zurückzuwenden.

Geschichte und Sagen des Kreuzzuges.

Erstes Capitel.

Motive und Anlaß.

Man kann die Bedeutung der Kreuzzüge nicht verstehen, wenn man sie nur als eine Fortsetzung und Erweiterung der Wallfahrten nach Jerusalem betrachtet. Aus so kleinen Momenten entsteht keine Wandlung der Weltgeschichte. Die Kreuzzüge sind vielmehr aufzufassen als ein großer Abschnitt in dem Kampfe der beiden Weltreligionen, des Christenthums und des Islam, einem Kampfe, der im 7. Jahrhundert an den Grenzen Arabiens und Syriens begonnen, der in rascher Ausdehnung alle Lande um das Mittelmeer überfluthet, und nach tausendjährigem Wechsel unsere Zeit wie jene Gregor's VII. in Bewegung gesetzt hat. Es giebt in der menschlichen Geschichte keinen heftigeren, längeren, umfassenderen Krieg als diesen. Es giebt keinen, der einen größeren Schauplatz erfüllt, keinen, der die Leidenschaften der Völker tiefer aufgeregt und ihre Fähigkeiten stärker in Anspruch genommen hätte. Als der Prophet Muhammed in Mecca auftrat, war Arabien der übrigen Welt so gut wie unbekannt. Fünfzig Jahre nach seinem Tode herrschten bereits seine Nachfolger über die Lande bis zum Indus im Osten, dem Kaukasus im Norden, den Küsten des Atlantischen Meeres im Westen. Niemals hatte die Welt eine raschere und reißendere Eroberung gesehen. Es war Muhammed gelungen, die erregbare Phantasie seiner Landsleute vollständig mit dem einen Gedanken des heiligen Krieges zu erfüllen. In kurzen einschneidenden Sätzen predigte er ihnen die Größe und die Macht des Einen, allherrschenden Gottes. Er erörterte nicht und bewies nicht, aber er riß mit sich fort. In glühenden Farben schilderte er den Lohn des Paradieses und die Qualen der Ver-

dammten, und faßte seine ganze Religion in das eine Wort: Ge=
horsam gegen Gott und seinen Propheten, zusammen. Seine Lehre
war die Verkündigung einer neuen Herrschaft, ohne ein dogma=
tisches Mysterium, ohne eine philosophische Anschauung. Dadurch
allein wird der Mensch gerecht, daß er Gottes Willen durch den
Propheten erfährt, und dann die Gebote des Propheten erfüllt. Gott
erlöst nicht, sondern er regiert: Religion ist, nicht mit ihm innerlich
eins werden, sondern ihm gehorchen. Deshalb war hier von Anfang
an die Mission nicht Belehrung, sondern Unterwerfung: die Un=
gläubigen galten als Rebellen, welche mit der Schärfe des Schwertes
zu treffen und zur Bekehrung oder zum Tribut zu zwingen waren.
Der Glaubenskrieg entsprang hier also aus den ersten Grundsätzen
des Glaubens, und kaum in Mekka anerkannt, ließ Muhammed bereits
drohende Ausschreiben an den Perserkönig und den Kaiser von By=
zanz ergehen. Dem Spotte, womit diese Potentaten dem namenlosen
Fanatiker antworteten, folgten die wüthendsten Angriffe; weder
römische noch persische Truppen waren fähig, den Reitermassen zu
widerstehen, welche blitzesschnell, unerschöpflich, und mit jubelnder
Todesverachtung sich über die Lande ergossen. Sie hatten keinen
anderen Gedanken als den Fanatismus für den Chalifen, keinen
anderen Genuß, als den Kampf gegen die Ungläubigen, keine andere
Hoffnung als den Eingang in das Paradies. Es waren Menschen
fast ohne Bedürfnisse, tapfer im Kampfe und unempfindlich gegen die
Strapaze, höchst beweglich und ebenso ausdauernd, weder dem Luxus
noch der Bildung zugänglich. Sie wohnen, sagt einer der Dichter,
in dem Schatten ihrer Lanzen, und setzen ihre Kochtöpfe auf die
Trümmer der eroberten Städte.

Im Jahre 715 hatten diese Schaaren ganz Vorderasien, sodann
den gesammten Nordrand Afrikas, endlich Spanien bis über die
Pyrenäen hinaus überschwemmt. Der ehrgeizige Eroberer Spaniens,
Musa, entwarf damals den gewaltigen, aber für diese Weltenstürmer nicht
übertriebenen Plan, mit einem großen Doppelangriff die ganze
Christenheit auf einen Schlag dem Propheten dienstbar zu machen.
Es sollte zu diesem Zwecke ein Heer von Kleinasien aus auf Con=
stantinopel, ein anderes über die Pyrenäen gegen das fränkische Reich
sich stürzen, und dann beide von Osten und Westen her in Rom,
als dem Mittelpunkte der Christenheit, ihren Siegeslauf vereinigen.

Zum Glücke Europas fiel Musa gerade damals bei dem Chalifen in Ungnade, und sein großer Entwurf wurde nur bruchstückweise, und deshalb ohne Erfolg zur Ausführung gebracht. Man schritt für's Erste zu dem Angriff auf Constantinopel, und bedrängte die Stadt drei Jahre lang zu Wasser und zu Lande. Kaiser Leo III. aber hielt unerschütterlich aus, vernichtete die Flotte mit seinen Brandern durch das kurz zuvor erfundene griechische Feuer, und zwang endlich 718 auch das Landheer zum Rückzug. Es dauerte **dann** länger als ein Jahrzehnt, ehe es im Westen zu dem Anfalle auf das fränkische Reich kam. Er hätte früher die größte Aussicht gehabt weil zu Musa's Zeit die Franken in arger innerer Verwirrung lagen; seitdem aber hatte sich dort einer der kampfesmuthigsten Helden aller Zeitalter erhoben, Karl Martell war an die Spitze des fränkischen Reiches getreten, und er war es, der in sechs heißen Schlachttagen bei Poitiers die arabischen und afrikanischen Schaaren vollständig besiegte. Das Volk des Ostens, sagt ein spanischer Geschichtschreiber, das Volk der Deutschen, Männer von scharfem Blicke, schwerer Brust und eiserner Hand, haben die Araber zermalmt. Mit diesem doppelten Mißlingen war die große Offensive des Islam zum Stehen gekommen. Das Christenthum hatte harten Verlust erlitten, es hatte seine Geburtsstätte, Palästina, es hatte seine ältesten Kirchen in Kleinasien und Afrika eingebüßt. Aber es hatte sein Dasein gerettet, und sehr bald nach Karl Martell erhielt es durch dessen mächtigen Enkel, Karl den Großen, einen Vertreter seiner Einheit und seiner Gesammtinteressen, der als Kaiser des christlichen Abendlandes von dem Chalifen selbst eine gewisse Anerkennung errang. Der Kampf zwischen beiden Religionen kam seitdem für mehrere Jahrhunderte zur Ruhe, und nur in einigen Grenzgebieten, den spanischen Marken, den Inseln Italiens und den Küsten Kleinasiens setzten sich örtliche Fehden fort, als stete Erinnerung an den in der Tiefe unaufhörlich glimmenden Gegensatz.

Von diesem Punkte an zeigt sich merkwürdig genug in den beiden Welten eine völlig entgegengesetzte innere Entwickelung. Im Islam hatte bis dahin das religiöse Element alle anderen in den Schatten gedrängt; der religiöse Krieg war die einzige Beschäftigung der Völker, die Herrschaft der Chalifen der einzige Stoff des Staatslebens gewesen. Seit dem 9. Jahrhundert wurde diese Einseitigkeit nach allen

Richtungen gebrochen. Irdischer Lebensgenuß, weltliche Bildung, nationale Selbstständigkeit machte sich geltend: Wissenschaft und Kunst begannen eine reiche Blüthe, die Allgewalt des Chalifates wurde gebrochen, und allein auf eine geistliche Würde beschränkt; überall erhoben sich unter oder neben ihm weltliche Staatsgewalten, und überall verdrängte das politische, geistige und gewerbliche Interesse den Eifer für den Glaubenskampf. Der Islam als streitende Weltreligion verlor damals seine Furchtbarkeit, und seine kriegerische Macht gerieth in immer tieferen Verfall; im Uebrigen war für seine Bekenner selbst diese Wendung vom Fanatismus zur Cultur ein offenbarer Gewinn; in diese Zeit gehört fast Alles, was der Islam für die positiven und bleibenden Interessen der Menschheit, für geistigen Fortschritt und mildere Sitte geleistet hat.

Einen anderen Verlauf nahmen die Dinge im Abendlande. Wenn die muhammedanischen Völker auf Kosten der religiösen Kraft und Einheit zu geistiger Vielseitigkeit und politischer Bewegung gelangten, so lenkte vom 9. bis zum 11. Jahrhundert bei den europäischen Nationen umgekehrt die Gesinnung immer stärker und ausschließlicher in die kirchlichen Bahnen. Man bemerkt diese Wendung schon bei Karl dem Großen selbst. Wohl ist in seinem Regimente das weltliche, politische und nationale Element in hohem Glanze vertreten. Die kaiserliche Würde hat er in ungeahnter Machtfülle hergestellt, und der Papst zu Rom ist ihm dienstbar wie jeder andere Bischof seines Reiches; Wissenschaften aller Art werden gepflegt, altrömische Schriftsteller nachgeahmt, altdeutsche Heldensagen gesammelt. Aber bei alledem faßt bereits Karl seinen kaiserlichen Beruf wesentlich als einen religiösen. Auf dem ersten Reichstage nach seiner Kaiserkrönung erörtert er, daß jetzt, nachdem das Kaiserthum hergestellt sei, alle Menschen den rechten Glauben an die Dreieinigkeit haben und ein gottseliges Leben in Christo führen müßten. Wo er im Inneren des Reiches kirchliche Mängel, Reste des Heidenthums, ketzerische Neigungen findet, tritt er ihnen mit der vollen Wucht der Staatsgewalt entgegen. Nach Außen liegt ihm kein Krieg mehr am Herzen, als der Streit gegen die Barbaren, das heißt die Nichtchristen, die Saracenen in Spanien, die heidnischen Sachsen, Dänen und Slaven. Die Eroberung ist hier überall auch Bekehrung: wohl dient umgekehrt die Ausbreitung der christlichen Lehre auch zur Befestigung der Herrschaft, aber das erste leitende Gefühl ist doch stets der Gedanke, daß der Kaiser der Herr des Erdkreises und der Wächter des echten Glaubens auf Erden sei.

Entsprechende Stimmungen gingen damals durch den Klerus und durch alle Schichten des Volkes hindurch. Uns Modernen ist es geläufig, in der Religion vor Allem eine Sache der innersten, persönlichsten Gesinnung zu sehen, das tiefste und deshalb auch freieste Bündniß der einzelnen Seele mit Gott, eine eigene Ueberzeugung des Herzens, die nur Werth hat, so weit sie innerlich erzeugt und erlebt worden ist. In jener alten Zeit strebte man freilich auch nach solcher Gesinnung, aber man war überzeugt, daß sie nur auf dem Wege der äußeren Kirchlichkeit zu erreichen sei, und auf diesem sicher erreicht werde. So wirkte man für diese mit zwingenden Gesetzen, mit Waffen und Heereszügen; die Religion wurde für's Erste als Gebot, als Herrschaft Gottes gefaßt, und wer nicht die rechte Religion hatte, als Rebell gegen die Majestät des Herrn verfolgt.

Es geschah nun, daß bald nach dem Tode Karl's das Kaiserthum zerfiel, die Staatsordnung sich auflöste, eine wilde Anarchie über den ganzen Länderkreis Karl's, über Deutschland, Frankreich Italien hereinbrach. Zwar erhob sich aus der zweiten Zerrüttung unser Deutschland noch einmal zur Macht und Einheit unter dem edelen Kaiserhause der Sachsen, unter Heinrich I. und Otto dem Großen. Es wurde für einen Augenblick die Macht der Karolinger erneuert, halb Europa zollte unserem Kaiser seine Anerkennung, und unter dessen starkem Schutze setzte die deutsche Dichtung und das Studium der Antike reiche Blüthen an. Aber auch dieser Schöpfung war kein längerer Bestand als der Karolingischen bestimmt. Gleich nachdem Otto der Große seine thatenreiche Laufbahn beschlossen, riß sich ein Land Europas nach dem anderen von der kaiserlichen Oberhoheit los, Frankreich und Burgund, Italien und Polen, Wenden und Dänen. Einstweilen gelang keinem derselben die eigene Ausbildung eines gedeihlichen Staatswesens; die Monarchien sanken in tiefe Ohnmacht, unbändige kleine Machthaber traten die bürgerliche Ordnung mit Füßen, die Bestrebungen auf wissenschaftliche Bildung und künstlerischen Genuß gingen in der allgemeinen Rechtsunsicherheit ebenso zu Grunde wie der äußerliche Wohlstand und das materielle Gedeihen der Völker. Eine düstere und rauhe Zeit, gewaltthätig,

leidenschaftlich und unbarmherzig, lagerte sich über Europa. In
Deutschland behaupteten noch eine Zeit lang einige kräftige Regenten,
Konrad II. und Heinrich III., Männer von ebenso eiserner Härte
wie ihre Umgebung, eine überwiegende Stellung, aber auch hier ver=
siegte der ideale Schwung, die heitere Hoffnung, die Blüthe des
geistigen Lebens, wie es die Tage Otto des Großen erfüllt hatte.
Es bezeichnet das herrschende Gefühl der Noth und der Hoffnungs=
losigkeit, daß, als das erste Jahrtausend unserer Zeitrechnung zu
Ende ging, in allen Landen Europas das Volk mit Sicherheit den
Untergang der Welt erwartete. Die Einen vergeudeten Hab und
Gut in verzweifelter Lustigkeit, die Anderen schenkten es zum Heil
ihrer Seelen an Kirchen und Klöster, wehklagende Massen lagerten
bei Tag und bei Nacht um die Altäre, Viele sahen mit Schrecken,
die Meisten jedoch mit geheimer Hoffnung dem Brand der Erde und
dem Einsturz des Himmels entgegen. Der bestehende Zustand war
so trüb und elend, daß das Bild seiner Vernichtung die Herzen bei
allem geheimen Grauen doch erquickte.

Die Askese.

Aus dieser gepreßten, freudelosen Lage richteten sich nun, wie
immer in großem Unheile, die Gedanken hülfesuchend nach Oben, zu
göttlicher Rettung und Erfrischung. Alle anderen Interessen waren
werthlos geworden, kein Besitz und keine Existenz war sicher vor
roher Gewalt, nirgendwo zeigte sich, nachdem die leuchtenden Gestalten
der Ottonen dahingegangen, eine Persönlichkeit oder ein großes Streben,
welches die Begeisterung eines edlen Herzen hätte entflammen können.
Es gab nichts, woran das ermattete Geschlecht sich halten konnte,
als die Religion. So kam eine Stimmung auf, zugleich voll von
feindseligem Hasse gegen die irdische Welt und glühend von heißer
Sehnsucht nach der Seligkeit des Himmels, eine allgemeine Erregung
der Gemüther, welche bereit war, jedes irdische Gut hinweg zu werfen,
jeder menschlichen Beziehung den Rücken zu kehren, wo immer ihr
ein Weg zu einer mystischen Verbindung mit Gott dem Herrn er=
öffnet schien. Es ist unerläßlich, uns die Entwickelung und Aus=
gestaltung dieser Denkweise im Einzelnen zu vergegenwärtigen: denn
eben hier entspringt die Quelle des gewaltigen Stromes, welcher am

Schlusse des Jahrhunderts das gesammte Abendland zu dem bei=
spiellosen Unternehmen des Kreuzzuges fortgerissen hat.

Papst Alexander II. schrieb an Peter Damiani, Bischof von
Ostia und Cardinal der römischen Kirche, er möge sich durch seine
beschaulichen Studien nicht von dem Briefwechsel mit ihm abhalten
lassen. Damiani antwortete: Könnte ich nur, stets von der Welt in
Anspruch genommen, der Beschaulichkeit obliegen; Gottes Gesetz wurde
auf dem Horeb gegeben, das heißt in unserer Sprache Trockenheit:
so lange des Menschen Herz durchnäßt ist von der Lust der Welt,
so lange ist es nicht fähig, die göttliche Gnade in sich aufzunehmen.
Die Allegorie über den Horeb wird nun weitläufig ausgeführt, darauf
fährt Damiani fort: so ergeht es uns Sündern, wir erlangen nicht
das Feuer des inneren Glanzes, nicht die Gnade der Zerknirschung:
das ersehne ich, danach seufze ich aus ganzem Herzen, zu dessen Er=
reichung erhebe ich mich nicht. Die Geschäfte dieser Welt lassen
mich den Glanz des inneren Lichtes nicht anschauen, und sie, nicht
die Contemplation, halten mich auch von dem Briefwechsel fern.[1])
In diesen Worten ist die religiöse Gesinnung der Majorität dieser
Zeiten ausgesprochen. Sie ging auf ein sich Versenken in die innersten
Tiefen des Geistes, in denen dann das Licht der göttlichen Gnade
sich entzünden und den Menschen in seinem ganzen Wesen durch=
dringen sollte. Jeden Gedanken an die äußere Welt, an die Lust
der Sinne entfernten sie sich aus dem Herzen, sie erfüllten sich mit
dem Bewußtsein ihrer Verworfenheit und Sünde, sie wandten das
Auge auf die Herrlichkeit und Gnade Gottes des Herrn: mit allen
äußeren Mitteln, wie auf jede geistige Weise steigerten sie die Gluth,
die schon verzehrend genug in ihnen brannte; wenn sie dann in
Thränen ausbrachen, wenn sie zerknirscht und vernichtet auf dem
Antlitz lagen, dann kam wohl ein Moment des Entzückens über sie,
sie glaubten den Himmel geöffnet und den Glanz des Empyreums
auch über sich ausgegossen zu sehen. Das waren die Augenblicke,
die sie für ihr rechtes Leben hielten, die Stunden, die ihnen ohne
diesen Wechsel des Jammers und Entzückens verstrichen, däuchten
ihnen eine Gefangenschaft in der Materie und der Sünde. So thaten
sie das Ihrige wohl hinreichend, ihr leibliches Dasein zu Grunde

---

1) Epist. Dam. I, 15 in dessen opp. et Caietan., t. I.

zu richten; wie hätte ein körperliches Wohlsein bestehen können bei dieser fortdauernden Erhitzung und Aufregung, bei diesem heißen und finsteren Enthusiasmus, bei der stürmischen Erschütterung, die sie ihren Nerven und ihrem Geiste täglich zumutheten. Wir sehen das Wort Compunctio, die Bezeichnung des erhöhten Zustandes, als festen und geläufigen Kunstausdruck; sie machen sich ihre Mittheilungen, wie die Compunctio ihnen heute trefflich gelungen, wie sie gestern dem verstockten Herzen unmöglich gewesen.[1] Kurz, es war ein anhaltender Kriegszustand gegen die Welt des Körpers und der Sinne, sie hatten keine Ahnung von einer gesunden Weltansicht, die auch mit heiterem Antlitz und in der Ruhe des täglichen Zustandes der Anwesenheit Gottes bewußt zu werden vermag

Wie man sich denken kann gingen die Klostergeistlichen auf diesem Wege mystischer Seligkeit durch Abtödtung des Fleisches ihren Zeitgenossen voran. Die Zeiten waren vorüber, in denen Benedict von Aniane Epoche machte durch die Vorschrift, nicht allein durch Keuschheit, sondern auch in Demuth und Liebe zur Heiligung zu streben, in denen der Abt Odo von Clugni es aussprach, einem ertappten Diebe zu verzeihen, sei ein Zeichen größerer Heiligkeit, als ihn in Stein verwandeln zu können, in denen ein Nilus sein Leben mit dem Grundsatze erfüllte, keine Werke, keine Casteiungen, kein Abendmahl ersetze den Mangel tugendhafter Gedanken.[2] Man war eben nicht gleichgültig gegen böse Gedanken geworden, aber man sah hier nicht mehr das Wesentliche, über diese einfache Sinnesweise war man weit hinausgekommen. Nun wurde die Disciplin in den Klöstern geschärft, nicht etwa nur um Ungehorsam oder Unsittlichkeit auszuschließen, sondern geradezu um einen Jeden in solch erhöhten Seelenzustand zu versetzen. Clugni leuchtete damals schon aller Welt voran; von Majolus, dem zweiten Nachfolger Odo's, heißt es, durch ihn sei das Mönchsthum so gehoben worden, daß der Erdkreis sich freue, die Wahrheit der Religion und Ordnung von dort erhalten zu haben.[3] Nach diesem wird Odilo gepriesen, eifrig habe er gebetet, streng den Körper mit Fasten gepeinigt, täglich — im Laufe von 56 Jahren

---

1) Einzelne Citate sind hier unnöthig. fast alle auf den nächsten Seiten anzuführende Schriften enthalten zahlreiche Beispiele.

2) **Neander**, Kirchengeschichte, Bd. IV, S. 204. 213. 246.

3) **Aus** der vita Maioli auct. Nalgod, discip. eius, angeführt bei Neander.

— die Messe gelesen[1]); über dem Gebete sei er wohl eingeschlafen, aber seine Lippen hätten sich fortbewegt.[2]) Bei ihm kam es wohl noch vor, daß man ihn wegen zu großer Milde gegen Uebelthäter berief, er sagte dann: ich will lieber wegen Barmherzigkeit als Härte verdammt werden[3]) — aber welch ein anderes Bild giebt uns darauf sein Nachfolger Hugo, einer der einflußreichsten Menschen dieses Jahrhunderts. Schon als Kind, sagt seine Biographie[4]), erschien er ernsthaft wie ein Greis, unerbittlich verfolgte er die Sinnenlust, nur das Alter war dem Jüngling mit der Jugend gemein. Im Kloster ist er unersättlich die Schrift zu durchforschen, dem Gebete, der Armen- und Krankenpflege obzuliegen; dabei hüllt er sich in tiefe Schweigsamkeit, er redet nur, heißt es, mit dem Herrn oder über den Herrn. Uns graut es bei einer so tiefen Verachtung der Welt, die hier schon das Gemüth des Kindes ergriffen hat; selbst diese Werke der Barmherzigkeit entspringen aus anderer Quelle als der einfachen Milde in unserem Sinne.

Was soll ich Beispiele so düsterer Art noch weiter zusammenstellen, nachdem einmal angeschaut die Macht dieser Geistesrichtung nicht verkannt werden kann. Sie erfüllte nun in der weitesten Ausdehnung das christliche Abendland und in allen denkbaren Formen trat sie zu Tage. Merkwürdig ist es, wie die Neigung zum Eremitenleben damals allgemein wurde; aus dem Verbande der Familie und des Staates, selbst aus den Zellen der Klöster entfliehen diese Menschen in die Wälder, sie brauchen List und Gewalt, wenn man ihnen Widerstand entgegensetzt[5]), kaum daß Erscheinungen der Heiligen, die ihnen die Flucht verbieten, sie zum Bleiben bewegen.[6]) Aus Baumzweigen

---

1) Vita Odil. auct. Damian. in dessen Werken, und bei Bolland, Januar.

2) Vita eiusdem auct. Iotsald (cf. Gieseler Kirchengeschichte II, 1 S. 257) monacho aequali, bei Bolland. Wie geschrieben steht, sagt Jotsald: ego dormio sed cor meum vigilat.

3) Damiani: malo de misericordia quam ex duritia damnari.

4) Von Hildebert, später Bischof zu Mans, sechs Jahre nach Hugo's Tod geschrieben, bei Bolland 29. April c. 1.

5) So Desider, später Abt von Monte Cassin Leo Ost. III. 1 ff. Wie schwer wurde es dem Abt Robert von Moleme, von dort nach Citeaux zu entkommen — Vita eius Bolland 29. April — der heil. Philaret entflieht seinen Eltern. Bolland 6. April rc.

6) So Lanfrank, vita eius auct. Milone, vor Lanfrank's Werken und

bauen sie sich Hütten, zuweilen finden sich mehrere zusammen, sie fliehen vor dem Volke, das ihnen voll Bewunderung nachsieht, nur der Hunger treibt sie wohl, ihre mageren, verwilderten Gestalten menschlichen Blicken zu zeigen. Aber ihre Noth ist auch ihre höchste Lust; ist's doch kein Wunder, daß Gott und seine Engel ihrem Auge erscheinen, wenn die wildeste Meditation ihre Geister erregt hat, wenn ihre Körper dem Hunger, der Geißelung, den Nachtwachen zu er- liegen drohen. Damals sind die Einsiedlervereine in Camalduli und Vallombrosa zusammengetreten, gegen Ende des Jahrhunderts wurden die Carthause und Citeaux bevölkert und wie viel Einzelne wären zu nennen, welche noch heute die Kirche unter ihren Heiligen verehrt, wie große Massen sind unbemerkt und ohne bleibendes Andenken dahingegangen.

Man sagt wohl, nie werde einem Menschen mißlingen, was er mit der ganzen Kraft seines Lebens verfolgt. Diesen Mönchen nun ist ihr Streben wahrlich nicht fehlgeschlagen; die überirdischen Dinge wurden ihnen geläufig, wie uns Anderen der gewöhnlichste Lebens- gang. Sie verkehrten mit Gott, mit dem Heilande und seiner Mut- ter, mit den Schaaren der Seligen, die täglichen Ereignisse ver- wandelten sich unter ihrer Hand in Wunder und Schöpfungen Gottes. Man ermüdet, wenn man in ihren Biographien diese endlose und doch höchst eintönige Reihe von Mirakeln an sich vorübergehen läßt; eine Menge kindischer Dinge würde uns von vorn herein zurück- schrecken, wären sie nicht Erzeugnisse der tiefen Ueberzeugung und des geistigen Leides von Menschen, lebendigen Menschen voll von Kraft und Seelenfrische, eines Geschlechtes, das zu gewaltigen Dingen be- rufen war und in allen Verirrungen Gewaltiges geschaffen hat. Auch denke man nicht, daß diese Ascetik nur in engen Kreisen ge- herrscht habe; schon die Zahl der Klöster und der Eremiten und die maaßlose Energie der ganzen Richtung müßte einen allgemeineren Einfluß vermuthen lassen. So erkennt man leicht, daß die Seelen-

---

bei Volland 28. Mai, c. 2. Man kann an Lanfrank schlechterdings alle Ge- stalten geistigen Daseins, welche das 11. Jahrhundert hervorbrachte, kennen lernen, mit unglaublicher Leichtigkeit hat er sie sich angeeignet und gewechselt, bis zur höchsten Höhe ausgebildet und wieder abgelegt. Profane Gelehrsamkeit, mystisches Entzücken, hierarchische Pracht, weltliche Geschmeidigkeit, alles ist ihm, und manch- mal zu derselben Zeit gleich geläufig gewesen.

stimmung, die ihr zu Grunde lag, in allen Kreisen der Gesellschaft ihre Wirkungen hervorbrachte.

Die wissenschaftliche Theologie und Philosophie jener Zeit stehen zunächst unter dem Einflusse dieser Denkweise, mehr als man der Natur der Sache nach für möglich halten sollte. Denn an sich ist eine so beschaffene Askese aller Wissenschaft geradezu entgegengesetzt, und leicht wird man inne, daß ihre Pfleger nur in bestimmter Rücksicht den Studien obliegen. So erlernt Hugo von Clugni die **Gram-** matik, um die Bibel verstehen zu können; Lanfrank, berühmten Namens, geht aus Ueberdruß an den weltlichen Wissenschaften in's Kloster und vergißt dann über dem Studium der Theologie den Vorsatz Eremit zu werden. Und so ist keine Frage, daß mit dem Aufblühen der scholastischen Philosophie dieses Treiben völlig vernichtet worden wäre, hätte es nicht damals schon mit der Hierarchie seinen Bund geschlossen.[1]) Um so weniger kann es befremden, daß **es im** Laufe des Jahrhunderts die damals erst aufkeimende Wissenschaft an vielfachen Punkten zu durchdringen strebt. Der Gründer fast aller späteren Bildung in Frankreich und dessen Grenzprovinzen war Fulbert, Bischof zu Chartres[2]); man würde irren, wollte man ihn irgendwie mit jenen Schwärmern in eine Reihe stellen, aber auch er ermahnte seine Schüler, nicht zu hadern, sondern anzubeten, wo sie nicht begreifen könnten[3]); einen langen Brief, mit großem Aufwande von historischer und theologischer Gelehrsamkeit, schreibt er zur Erläuterung einiger Wunder. Neben der buchstäblichen hebt er nach altem kirchlichen Brauche eine allegorische Bedeutung hervor, Blut ist auf Steine, auf das Fleisch und die Kleider der Menschen gefallen, die Steine bedeuten die Kirche, die auf einen Felsen gegründet ist, das Fleisch ist das Volk, die Kleider, was dieses zum

---

1) Lanfrank hat das sehr wohl gefühlt; als Erzbischof von Canterbury schreibt er einem Bischofe Domnald hochmüthig genug: quaestiones secularium litterarum nobis solvendas misisti: sed episcopale propositum non decet operam dare huiscemodi studiis: olim quidem iuvenilem aetatem **in his** detrivimus, sed — abrenunciandum eis decrevimus.

2) Hist. litt. de la France t. VII. p. 13 ff. giebt eine Uebersicht über den Zustand der Schulen, die freilich gar sehr in's Erfreuliche gemalt ist, jedoch Fulbert's Einfluß recht wohl erkennen läßt.

3) In einem oft angeführten Briefe seines Schülers Adelmann an Berengar **von Tours.**

sinnlichen Lebensunterhalt bedarf 2c.[1]) Einem ähnlichen Verfahren begegnen wir in der Auslegung der heiligen Schrift bei den berühmtesten Männern; ich erwähnte jener Deutung des Horeb bei Peter Damiani, seine Briefe sind voll von entsprechenden Beispielen. Selbst Anselm von Canterbury, der weiter, als irgend ein Mensch seiner Zeit von jener Schwärmerei entfernt war, ist in diesem Punkte davon berührt; seine Homilien über Schriftstellen betreten stets denselben Weg, er findet überall die Verhältnisse der Gegenwart, oft durch die sonderbarsten Vergleichungen, in den Worten des Heilandes wieder.[2]) Bedenkt man, wie fest diese Männer zugleich an den wörtlichen Sinn des Evangeliums glaubten, wie ferner die Allegorie ihnen nicht eine zufällige Aehnlichkeit, sondern eine wesentliche Identität enthielt, so erscheint auch hier das Streben nach sinnlich realer Gemeinschaft mit dem Himmel deutlich ausgesprochen; es ist derselbe Sinn, in welchem Damiani jene Exegese unternahm und durch blutige Geißelungen seinen Geist zu erheben versuchte.

Auf das Schlagendste aber erscheint der Drang auf materielles Ergreifen des Mysteriums in dem Abendmahlsstreite, welcher durch Berengar von Tours und Lanfrank begonnen, bald das ganze Abendland mit seinem Geräusche erfüllte. Man wird die Heftigkeit und den Inhalt jener Meinungen auf das umfassendste gewahr: zwei Concilien verdammen den Gegner, ohne seine Rechtfertigung gehört zu haben, zweimal scheitert Hildebrand, vor dessen Blick sonst die Geister der Menschen zusammensinken, an der Hartnäckigkeit dieser Eiferer. Endlich muß Berengar ein von dem Cardinal Humbert aufgesetztes Glaubensbekenntniß unterschreiben: in der Hostie werde der wahre Leib Christi von den Händen des Priesters zerbrochen, von den Gläubigen betastet, von ihren Zähnen zerkaut. Er thut es

---

1) Fulb. epist. hist. 40, bei Duchesne t. IV, 96 in der Sammlung seiner Werke.

2) Quod in lectione Evangelica, sagt er z. B. homil 14, de uno regulo (dem Hauptmann zu Capernaum) et eius filio singulariter factum audivimus, humano generi generaliter consonare videbimus, si — mysticum intellectum superficiei litterae coaptemus. Nun interpretirt er: erat quidam regulus, der Mensch war rex im Paradies, nach dem Sündenfalle aber nur noch, regulus; das Imperfect erat zeigt, daß er seine frühere Substanz verloren habe der Sohn, der ihm gestorben, ist die sündige Seele 2c.

aus Todesfurcht und weicht einem siegenden Geiste, von dem er sich loszureißen, den er aber nicht zu bestehen vermochte. Ich bin entfernt davon, den geistigen Gehalt in jener Sinnlichkeit zu verkennen; vielmehr freue ich mich, auch in meinem Zusammenhange die Worte eines berühmten Forschers wiederholen zu dürfen: „ihrem überschwenglichen Gefühl war nur der Leib Christi das Reale, die Substanz des Brodes so gut wie nicht **vorhanden**. Alles ist hier **ins** Himmlische verklärt, nichts Irdisches **mehr**. Dem verständig besonnenen Berengar war es Bedürfniß, das Göttliche, was der Glaube ergreift, und das Natürliche, was die Sinne wahrnehmen, scharf **zu** sondern. Bei seinen Gegnern konnte eine solche Unterscheidung keinen Raum gewinnen und sie mußte ihnen als etwas gar Kaltes, als eine Ausleerung des Mysteriums erscheinen".[1] Wie auf die Brodverwandlungslehre, so lassen sich diese Worte auf die ganze Richtung im allgemeinsten Sinne anwenden. Jene Zeit hatte das natürliche Verhältniß von Geist und Materie verloren; sie fühlte sich durch Unbildung und Leidenschaft überall in der Materie gefesselt; sie empfand die Regungen eines geistigen Lebens mächtig aber gehemmt in ihrem Innern; stürmisch und angstvoll zugleich suchte sie durch die Vernichtung des Irdischen ein himmlisches Leben zu erreichen. Beinahe noch in gleicher Rohheit finden wir dieselbe Vorstellung in einem Buche, vielleicht aus der Feder, jedenfalls aus der Schule des heil. Anselm hervorgegangen, nachdem man doch schon nach allen Seiten so wesentliche Fortschritte gemacht[2]: da heißt es, zwei Kräfte lägen im menschlichen Geiste, die eine welche das Geistige und Himmlische anschaue, die Vernunft, die andere welche den Körper beherrschen solle, welche Fleischlichkeit genannt werde. Diese sei wie die Gattin der Vernunft, der Leib beider Magd, von der Magd verlockt verführe die Gattin den Mann, wie Eva den Adam, und ziehe ihn ab von der Betrachtung des Himmlischen. Es sei kein Mittel, als dem Körper durch Fasten und Wachen die Kraft zu rauben, dann werde der Geist sich ohne Störung zu Gott erheben.

Wie **die** Mönche, die Eremiten, die Theologen und Philosophen sehen wir dann auch die Laien, die Menschen der praktischen Welt-

---

[1] Neander S. 367.

[2] Elucidarium c. 13. **Ueber** die Echtheit s. die Vorrede Gerberon's.

lichkeit von dem mystischen Geiste ergriffen. Ohne Weiteres erscheint eine allgemeine Bewunderung für die Helden der Askese; alle Stände aller Länder wetteifern, jenen Büßenden und Schwärmenden einen ungemessenen Enthusiasmus zu widmen. Kaiser Heinrich III. rief Hugo von Clugni 1051 nach Köln, um seinen Sohn aus der Taufe zu heben; König Alfons VI. von Castilien kam selbst nach Clugni, um dort dem heil. Petrus für seine Befreiung aus der Gefangen= schaft zu danken.[1] Herzog Hugo von Burgund war so hingerissen von der Heiligkeit des Ortes und seiner Bewohner, daß 1073 auch die stärksten Abmahnungen Gregor VII. ihm nicht von dem Entschlusse dort Mönch zu werden zurückbrachten.[2] Sein Nachfolger Odo war in ähnlicher Gesinnung; als die Einsiedler von Citeaux um seinen Schutz baten, sagte er: geht hin und thut, was der Geist euch be= fiehlt, meine Hülfe soll euch nicht entstehen.[3] Nun in Italien, welchen Ruhm haben mehrere Frauen durch die Anwendung ihrer Macht in diesem Geiste erlangt. Der Kaiserin Agnes, der Mutter Heinrich IV. schrieb Damiani, der ausgeprägteste Vertreter jener Richtung: du hast Italien verlassen, wäre ich bei dir gewesen, ich hätte den Kopf deines Pferdes herumgewandt, daß es nicht die Alpen überstiegen hätte.[4] Gregor VII. hatte, wie aller Welt bekannt ist, keine festere Stütze, als die Macht der Gräfinnen Beatrix und Mathilde; seine Briefe an sie lassen wenig Zweifel, von welcher Seite her ihm die Eroberung dieser Herzen gelungen ist. Sie sehen in ihm nur den Wiederher= steller einer strengen Religiosität; er ermahnt sie, oft, ja täglich das Abendmahl zu nehmen und zu der heiligen Jungfrau zu flehen; er sagt: ich würde Euch rathen, ein Einsiedlerleben zu führen, wäret ihr nicht dem Dienste der Kirche so gar unentbehrlich.[5] Wenden wir uns nach Frankreich zurück, so finden wir den Grafen Wilhelm von Toulouse in Streit mit dem Oberhaupte der Kirche, weil er

---

1) Die angeführten Biographien dieser Männer. Was Alfons VI. betrifft, so ist kein Grund seinen Besuch in Clugni in Zweifel zu ziehen; übrigens ist bekannt, daß er seine Befreiung ebenso sehr seiner Schwester Urraka als dem hl. Petrus und dem Gebete Hugo's verdankte.

2) Greg. VII. reg. VI. 17.

3) Vita Roberti l. c. Weitere Angaben über Odo giebt Plancher hist. de Bourg. I. p. 275 ff.

4) Ep. Dam. VII. 4 ff. giebt eine ganze Reihe solcher Aeußerungen.

5) Reg. I. 47. 50.

einige Klöster freilich nur dadurch bedrängt, daß er ihnen gegen ihren Willen eine strengere Disciplin aufzunöthigen trachtet.[1] Nach dem Zeugnisse Guibert's von Nogent sind zu keiner Zeit im Norden Frankreichs durch Fürsten und Adelige mehr Klöster gestiftet worden, als in dem letzten Viertel des 11. Jahrhunderts[2]): in denselben Jahren sehen wir den Grafen Robert von Flandern, so rauh er allen Ansprüchen der Hierarchie entgegentritt, das gleiche Mittel für sein Seelenheil auf das Eifrigste in Anwendung bringen.[3]

Stand es nun so mit den Fürsten, was soll man von dem Volke erwarten; man wundert sich nicht, hier diese Gesinnung bis zu völlig ausschließender Kraft und in den rohesten Formen auf= tretend zu erblicken. Wo solch ein Heiliger lebte, strömten ihm die Massen zu, ihn zu sehen, sein Gewand zu berühren, seinem Beispiele zu folgen. Keine andere Pflicht kam gegen diese höchste in Betracht: irdische Bande, und wären sie die heiligsten, wurden zerrissen, mensch= liche Freuden und Leiden ohne Bedenken hintangesetzt. Der Reliquien= und Heiligendienst war zugleich auf das Höchste gestiegen; es mag hinreichen, an das eine oft angeführte Factum zu erinnern, daß die Volksmenge einen abreisenden Gottesmann erschlagen wollte[4]), um seine Gebeine als segnenden Besitz in der Stadt zu behalten. In Deutschland, wo der Sinn des Volkes weniger als bei den romanischen Nationen diesem Treiben zugewandt war, drang doch auch in der Erschütterung und dem Elend der kirchlichen Kriege der ascetische Geist ein: gegen Ende des Jahrhunderts traten in Schwaben die Laien zu einer Art von canonischem Leben zusammen und hielten sich unter dem Vorsitze von Geistlichen und Mönchen nach gewissen kirchlichen Regeln: die Sache fand allgemeinen Beifall und dehnte sich in Kurzem weit über die Grenze Schwabens aus.[5]

In diesem Zusammenhange erscheint denn das Pilger= und Wall= fahrtenwesen als eine höchst natürliche Aeußerung wesentlicher Ge= sammtrichtungen; wie viel Gelegenheit zur Casteiung bot eine Wan=

---

1) Hist. de Languedoc t. II. p. 264.
2) Vita Guib. I. c. 9—13.
3) Die einzelnen Data bei Mayer comment. rer. Flandr. ad a. 1070 —1090.
4) Den h. Romuald, Stifter des Camaldulenserordens.
5) Bern. ad a. 1091.

derung nach Rom oder gar nach Jerusalem, wie sehr mußte dieser Drang, Gott vor dem leiblichen Auge zu haben, sich befriedigt fühlen bei dem Betreten des Bodens, auf dem Christus gewandelt, bei dem Ergreifen der Steine, welche seine Grabstätte gebildet. Wie die Anfänge des sinnlich mystischen Wesens sich in die ersten Jahrhunderte verlieren, so hört man seit Constantin's Zeiten von dem Besuche des heiligen Landes; die Zahl der Pilger wuchs mit der Kraft jener Gesinnung, jetzt im 11. Jahrhundert, wo die letztere alle anderen Bestrebungen überflügelt hatte, stieg auch die Vorliebe für die heiligen Wanderungen zu nie erlebter Höhe. Einzeln und schaarenweis zog die Menge des Volkes hinüber, Geistliche und Laien, Vornehme und Geringe, Männer und Weiber. Sie beteten am heiligen Grabe, badeten im Jordan, und brachen Palmzweige bei Jericho, im Garten des Abraham, wie sie sagten.¹) Keiner zweifelte, von nun an mit Gott in der unmittelbarsten Verbindung zu stehen. Herzog Robert von der Normandie, der im Jahre 1035 die heiligen Stätten besuchte, erfreute sich der Stockschläge, die ihm unterwegs einmal zu Theil wurden: er hielt dafür, das seien beneidenswerthe Büßungen. Graf Robert I. von Flandern, von dessen Klostergründungen wir sprachen, erlebte höchst wunderbare Dinge in Jerusalem wenige Jahre vor dem Kreuzzuge; die Thore der Stadt schlossen sich ihm, bis er für seine Sünden Genugthuung gelobte.²) Auch Bischof Adhemar von Puy hatte Palästina gesehen³); Wilhelm IV. von Toulouse starb daselbst wenige Jahre vor dem allgemeinen Aufbruch seiner Landesgenossen.⁴) Vielfach hat man eine Menge hierher gehöriger Nachrichten zusammengestellt; ich könnte die Zahl sehr leicht durch eine Reihe neuer Angaben vermehren, doch würde ich ganz bedeutungslose Notizen aufzuzählen fürchten. In unserem Zusammenhange wenigstens hat die Geschichte der einzelnen Wallfahrten nicht mehr

---

1) Fulcher p. 400.
2) Wann er hingezogen und wiedergekommen, ist nicht genau festzustellen. Nach einer Geneal. com. Fldr. (Bqt. t. 13. p. 418) ist er zwei Jahre entfernt gewesen, nach Andr. Marcian (ibid. p. 419) und Joh. Iper. 1085 ausgezogen, nach Guib. p. 549 zwölf Jahre vor dem ersten Kreuzzuge, was jedenfalls zu früh ist. Nach einer Urkunde bei Mayer comment Flandr. war er noch 1089 abwesend.
3) Im Jahre 1086. Mabill. ann. Bened. ad a. c. N. 7.
4) Gaufr. Vos. p. 304.

Interesse, als genauere Angabe verschiedener Bußübungen; uns reicht
es hin, die allgemeine Begeisterung für die Geißelungen wie für die
Pilgerzüge und den Ausdruck eines tiefwurzelnden Gemeingefühls
darin anzuerkennen. Auch sehen die Wallfahrten eine der anderen
so ähnlich, wie sich die Thaten der Heiligen gleichen; Entzücken,
Schwärmerei, begeisterter Glaube drückt ihnen allen sein Gepräge
auf; die Heiligkeit des Ortes bethätigte sich oft in Erscheinungen und
Wundern; brennende Entrüstung über die Herrschaft der Ungläubigen
entsprang ohne Weiteres aus dem Glauben an Christi wirkliche Gegenwart.

Absichtlich bin ich bei dieser Darstellung der Askese etwas länger
verweilt, weil eben hier die Elemente für eine, uns mährchenhaft
dünkende Erhebung wie die des Kreuzzuges naturgemäß vorbereitet
sind. Für diesen Geist war es die geläufigste Vorstellung aus der
irdischen Heimath zu der Wohnung der Seligen hinaufzustreben;
zeigte man ihm das himmlische Jerusalem in irgend einem Winkel
der Erde, so mußte er alle Bande zerreißen, die ihn von dessen Er=
reichung zurückgehalten hätten. Freilich erkennt man wohl, daß ein
Kreuzzug, wie er 1095 beschlossen wurde, durch die Ascetiker allein
nie zu Stande gekommen wäre; ein Unternehmen, so schwer mit
irdischem Apparate belastet, hätte sich nie mit ihrem fantastischen
Wesen in Einklang gesetzt. Ferner: die Compunction, auf der ihr
ganzes Treiben zuletzt beruhte, war ihrer Natur nach etwas höchst
Persönliches, ein Gespräch der einzelnen Creatur mit ihrem Schöpfer
aus der tiefsten Einsamkeit des Geistes hervor: darin, und in deren
Folgen konnten wohl, wie bei den Wallfahrten, zahllose Einzelne zu=
fällig zusammentreffen; aber ein Heereszug nach einhelligem Beschlusse
und in gemeinsamer Ausführung war hier nicht denkbar. Jeder große
Krieg bedarf des Feldherrn, der ihn ausführt, des Herrschers, der
ihn leitet. Indessen die Weltverachtung, aus welcher jene Askese
hervorging, war nicht bei allen ihren Bekennern zugleich auch Welt=
flucht; es gab andere Gemüther, in welchen sie sich zu dem Gedanken
der Weltbeherrschung entfaltete, und damit auch kriegerische Unter=
nehmungen großen Styles ermöglichte.

Erhebung des Papstthums.

Einst, in den Tagen Karl's und Otto's der Großen, hatte die
Christenheit ein solches Haupt in dem Kaiserthume gehabt: damit

aber war es jetzt vorbei für immer, da die kaiserliche Hoheit selbst
in Deutschland und Italien von dem Adel nur mit Ungeduld er=
tragen, in dem übrigen Europa aber gar nicht mehr anerkannt wurde.
Allein diese Lücke zu füllen und dem lateinischen Abendlande einen
neuen Imperator zu geben, dafür war eben jener kirchliche Sinn,
der zum Kriege gegen den Islam drängte, bereits in voller Thätig=
keit. Ihm erschien überhaupt die weltliche Monarchie als unfähig,
die Menschen zum Heile zu führen; ihre Inhaber waren irdischen
und sündhaften Stoffes wie die sonstige Welt; für ihn gab es auf
Erden nur Ein Institut, in welchem der Geist Gottes sich unauf=
hörlich bekundete und bethätigte, und dies Institut war die Kirche
mit ihren Behörden, mit ihrem Haupte, dem Papste. Sie also und
sie allein war für jenen Sinn zur Beherrschung der Erde berufen;
nachdem das Kaiserthum zur Vertretung der Christenheit unfähig
geworden, war der Papst bereit, neben der kirchlichen auch die kaiser=
liche Gewalt zu ergreifen, und dann als oberster Kriegsherr Europa's
den Feldzug gegen das muhammedanische Asien zu eröffnen. Es war
nun Papst Gregor VII., welcher diesen Standpunkt zum ersten Male
mit umfassenden Nachdruck in dem Völkerleben Europa's zur Gel=
tung brachte.

Ohne Zweifel war Gregor einer der hervorragendsten Menschen
aller Zeiten. Niemals sonst hat sich, so weit unsere Kenntniß reicht,
ein religiöser Enthusiasmus mit einem so weiten Weltüberblick, eine
geistliche Schwärmerei mit einem so ausgesprochenen Herrschertalent
zusammen gefunden. Hildebrand, wie er ursprünglich hieß, war der
Sohn eines armen Bauern in einer kleinen toscanischen Stadt. Er
hatte seine erste Bildung in Rom erhalten, dann aber aus Wider=
willen gegen die wüste Sittenlosigkeit des dortigen Zustandes die
Einsamkeit des Klosters aufgesucht. Dort hatte er gebetet, gewacht,
sich kasteit, wie hundert Andere, hatte ekstatische Entzückung und
thränenreiche Zerknirschung erlebt, und die Meinung getheilt, daß
nur in dieser Abwendung von der Welt der Weg zum Himmel zu
finden sei. Bald aber gab ein unvermuthetes Ereigniß seinem Leben
eine andere Richtung. Die Kirche lag damals in gleich arger Auf=
lösung wie das Staatswesen; Kaiser Heinrich III., hier wie dort auf
Zucht und Ordnung bedacht, griff auch in Rom durch, setzte drei mit
einander hadernde Päpste ab, entfernte sie aus Rom und ernannte

selbst ihren Nachfolger. Der junge Mönch, der einen der Abgesetzten
persönlich hochschätzte, begleitete diesen nach Deutschland in die Ver=
bannung, gleich sehr entrüstet über die Fäulniß der Kirche und über
die Heilversuche der profanen kaiserlichen Gewalt. Aus seiner Kloster=
andacht hatte er das Bewußtsein mitgenommen, daß alle Herrlichkeit
dieser Welt tief unter der erhabenen Glorie der Kirche läge. Daß
ein Laie, wäre es auch der Kaiser selbst, geschähe es gleich in der
frommsten Absicht, die Kirche bevormundete, erfüllte ihn mit heiliger
Entrüstung, und dieser Zorn riß mit einem Male seine eminent
praktische Natur aus der unthätigen Beschaulichkeit des Klosterlebens
hervor. Nicht die Welt zu fliehen, sondern sie zu heilen durch feste
Unterwerfung unter die gereinigte Kirche, wurde seitdem die Aufgabe
seines Daseins. Im Jahre 1048 kam die Nachricht von dem Tode
des neuen Papstes nach Deutschland, und der Kaiser bezeichnete auf
der Stelle den Bischof von Toul als das künftige Haupt der Kirche.
Dieser — Leo IX. — in schlichter und anspruchsloser Frömmigkeit
zuerst erschrocken über die Schwere des Berufs, wandte sich an
Hildebrand mit der Bitte, ihn als sein Rathgeber nach Rom zu be=
gleiten. Die Antwort war ein entschiedenes Nein; er könne keinem
Papste dienen, der durch königlichen Befehl sein Amt erhalten habe.
Seine Persönlichkeit erschien damals schon so gebietend, daß der
Papst vor dem Mönche gleichsam zusammensank. Leo versprach, mit
bloßen Füßen nach Rom zu wandern und dort die canonische Wahl
nachzuholen, und Hildebrand, hierdurch versöhnt, wurde von Stund
an die Seele der päpstlichen Regierung, bis er im Jahre 1073 den
Thron des römischen Bisthums selbst bestieg.

Kaum hatte er die Zügel des kirchlichen Regiments ergriffen,
so entwickelte dieser Bauernsohn ein allseitiges Herrschergenie, wie
es ähnlich seitdem nur in den beiden großen Emporkömmlingen der
neueren Zeit, in Cromwell und Bonaparte, erschienen ist. Er ver=
stand Alles, konnte Alles, wollte Alles. Er wurde Reformator der
Kirche, Staatsmann und Eroberer, Demagoge und Diplomat, Alles
mit gleicher Kraft und gleicher Meisterschaft. Indem seine Ueber=
zeugung unerschütterlich auf einem festen Gottesbewußtsein ruhte,
wußte er doch, daß Gott seine Beschlüsse durch menschliche Hände
ausführt, und war ohne Rasten bemüht, zur Verwirklichung seiner
Gottesherrschaft auch die irdischen Mittel in volle Bewegung zu

setzen. Sein Ziel stellte er sich in dem Schwunge der Begeisterung höher, als irgend ein Mensch vor ihm es zu träumen gewagt hatte.

Er wollte Freiheit der Kirche als eines fest geschlossenen, nur dem Papste dienenden Ganzen; aber auf dieser Grundlage schritt er fort zu einer Oberhoheit über alle Lande christlichen Glaubens, zu der Vernichtung aller damit concurrirenden weltlichen Macht, zu der Herrschaft der Erde mit einem Worte, als Inhaber einer unmittelbar vom Himmel entstammten Gewalt. Schon das Verbot der Laieninvestitur mußte ihm, wie klar vor Augen liegt, eine Fülle auch irdischer Herrschaft in die Hand legen, wie sie kein anderer Fürst jener Tage besaß; daneben forderte er nun den Lehnseid fast von **allen** Königen des Abendlandes, und griff, wo er dies unterließ oder ohne Erfolg versuchte, in die Verwaltung der weltlichen Dinge auf das Entschiedenste ein. Seine Grundidee sprach er aller Orten, in Ermahnung, Bekämpfung, selbst in seiner Nachgiebigkeit unverkennbar aus.

Er schreibt den spanischen Fürsten und der spanischen Nation, von alten Zeiten her sei der heil. Petrus der Herr und Eigenthümer ihres Landes, in den Saracenenkriegen habe man es vergessen, jetzt sei die Zeit gekommen, das Recht wieder aufleben zu lassen. Nicht anders verfährt er gegen die östlichen und nördlichen Länder Europa's: wenn er nicht geradezu Vasallenpflicht und Lehnstreue fordert, so redet er von der dem heiligen Stuhle gebührenden Obedienz: jedenfalls macht er allerorten praktische Anwendung seiner Oberhoheit und setzt sie in den meisten Fällen durch.[1] Wie man es dann von einem Geiste **seiner Art** erwartet, der nur durch die Größe des Zweckes und nie durch die Furcht eines Mißlingens erregt wurde, schärft er eher seine Ansprüche größeren Mächten gegenüber, als daß er Zurückhaltung oder Nachgiebigkeit zeigte. So fordert 1079 sein Legat Humbert den Lehnseid vom König Wilhelm von England[2]: als dieser das Ansinnen ohne Weiteres zurückweist, erfährt Erzbischof Lanfrank, des Königs nächster Vertrauter scharfen Tadel: seine Nachlässigkeit sei anzuklagen, wenn der König Widersetzlichkeit gegen die Kirche zeige.[3] Später hört der Papst wenigstens nicht auf, den König zur

---

1) Die Stellen bei Stenzel fränkische Kaiser I. S. 278 flg.
2) Epist. Lanfranci 7. Brief König Wilhelm's an den Papst.
3) Reg. Greg. VI. 30. Dieser Brief ergiebt das Datum 1079 für die

Ehrerbietung gegen den heil. Petrus und zu gerechter Regierung zu ermahnen: denn der Papst, setzt er hinzu, müsse vor Gottes Thron von den Sünden der Fürsten Rechenschaft ablegen.[1]) Wie viel härter schon lautet seine Sprache gegen den schwachen Philipp von Frankreich; ein Schreiben an die französischen Bischöfe rügt die kirchlichen Mißbräuche, die sich der König auf das Entsetzlichste zu Schulden kommen lasse; darauf folgt aber noch ein Schlimmeres, Philipp habe italienische Kaufleute bedrückt, mit Bann und Interdict wird gedroht, wenn das andauere.[2]) Seine Maßregeln endlich gegen Deutschland sind zu bekannt, als daß es näherer Anführung bedürfte; **eine** Erinnerung an die Eidesformel, die er dem neuzuwählenden Könige vorlegte, mag hinreichen.

Man hat Gregor's Kampf gegen Heinrich wohl einen Krieg des Wortes gegen das Schwert, einen Sieg des Geistes über die Gewalt der Materie genannt; wohl habe es sich glücklich getroffen, daß die deutsche Aristokratie für ihn gewesen, daß er die dem Könige feindlichen Normannen zu seinem Schutze habe gebrauchen können rc. Indessen eine geistige Idee vertrat doch auch den Kaiser, und wahrlich nicht blos ein günstiger Zufall hat dem Papste die irdischen Waffen in die Hand gegeben. Aus zahlreichen sonstigen Maaßregeln will ich nur eine weniger bemerkte hervorheben. An den Grafen Wilhelm von Burgund schreibt er 1074[3]): wie du es Alexander II. versprochen, komme mit deiner Ritterschaft der Römischen Freiheit zu Hülfe, wenn es nöthig ist, komme hieher mit deinen Schaaren im Dienste des heil. Petrus, erinnere den Grafen von St. Gilles daran, den Schwiegervater des Fürsten von Capua, Amadeus, den Sohn Adeletta's und die übrigen Getreuen des heil. Petrus, die solches, die Hände zum Himmel erhoben, versprochen haben. Ebenso ermahnt er

---

ganze Sache; es ist die Antwort auf Lanfr. ep. 8, die zugleich mit Wilhelm's Schreiben nach Rom ging.

1) VII. 25. In welchem Sinne dies gemeint ist, zeigt VIII. 21. (S. 1473 bei Harduin), wo er sagt, jeder Fürst müsse von den Sünden seiner Unterthanen Rechenschaft ablegen. Beiläufig bemerke ich hier einen Irrthum Orderic. Vit. p. 647, der die Gefangennehmung Odo's von Bayeux zu 1085 (vier Jahre vor dem Tode Wilhelm I.) erzählt und offenbar sie sich nach Gregor's Tode geschehen **denkt.** Gregor verwandte sich für den Bischof, Reg. XI. 2; der Brief ist hier zu 1081 gesetzt.

2) II. 5. 3) I. 46.

den Abt Hugo von Clugni, die Getreuen des heil. Petrus anzurufen[1]); wenn sie dessen rechte Krieger sein wollten, möchten sie ihn höher achten, als die weltlichen Fürsten; ich will wissen, schließt der Brief, klarer als der Tag, wer in Wahrheit jene Getreuen sind. Solche Getreuen hat er nicht minder in Italien versammelt, Menschen wie jenen Herlembald in Mailand, der Gut und Leben an die Sache des Papstthums setzte; nachdem dieser gefallen, steht er mit einem Ritter Wifred in Verbindung, dem er über den Stand der Ereignisse genaue Nachrichten giebt und dann hinzusetzt: ein Weiteres werden wir schreiben, wenn wir mit den Getreuen des heil. Petrus berathen haben.[2]) Den Wetzelin ermahnt er zum Frieden mit Dalmatien, weil er dem heil. Petrus Treue gelobt; den Herzog Gottfried schilt er hart, weil er die versprochenen Truppen noch nicht geschickt habe.[3]) Die normannischen Fürsten endlich verheißen bei ihrem Lehnseid jede weltliche Unterstützung, und Herzog Welf von Baiern wird an sein Versprechen erinnert, seine Besitzungen dem päpstlichen Stuhle zu Lehn aufzutragen.

Kurz wir bemerken, daß Gregor nicht bei einer allgemeinen Oberhoheit über die Könige stehen bleibt. Ohne Zaudern nimmt er auch die Unterthanen unmittelbar in Pflicht, er will die Formen dieser Welt zertrümmern, um ihre Theile in seiner überirdischen Herrschaft zusammenzufassen. In einem Briefe an Swen Estrithson von Dänemark schreibt er: unsere Vorgänger sandten ihre Legaten, allen Völkern den Weg des Herrn zu lehren, alle Könige und Fürsten, wenn sie Tadelhaftes unternahmen, zu bessern und zu ewiger Seligkeit mit gesetzlicher Disciplin Alle zu berufen. Denn das Gesetz der Päpste umfaßt weitere Länder als das der Kaiser. Des Papstes Fuß, heißt es an einer anderen Stelle[4]), sollen alle Fürsten küssen, nur er soll kaiserliche Insignien tragen, durch das Verdienst des heil. Petrus ist er ein Heiliger des Herrn. Er ist wohl die ausschweifendste Idee, welche unter diesen Himmelsstrichen jemals ein menschlicher Geist gefaßt hat; und in ihm wacht sie nicht blos in der Begeisterung erregter Augenblicke auf, sondern sie durchdringt sein ganzes Dasein und erfüllt die kleinsten Aeußerungen seiner Thätigkeit.

---

1) II. 49 extr.   2) III. 15.   3) I. 72.
4) Dictatus papae nach II. 55. Aehnliches findet sich VIII. 21; die Frage über die Echtheit dieses Dictates kann deshalb hier auf sich beruhen.

Er, dessen Blick die damals bekannte Welt umfaßt, dessen Tage mit der Ueberwältigung der irdischen Machthaber durch alle Mittel recht=loser Gewalt erfüllt sind, er findet die innere Kraft und Ueberzeugung in der täglichen Einsamkeit des Gebetes, des heißen, tief bekümmerten Gebetes. Mich selbst, schrieb er dem Abte von Clugni, sehe ich so in Sünden versunken, daß das Gebet aus meinem Munde keine Er=hörung findet, denn mein Leben ist löblich, aber mein Thun von dieser Welt: deshalb bitte, flehe, beschwöre ich dich, lasse die Frommen für mich beten. Mehrmals erfahren wir, daß er, wenn bei den ge=wohnten Gebeten ihm die Compunctio versagt bleibt oder die innere Erleuchtung sich nicht einstellt, fromme Priester oder Mönche für sich beten und fasten läßt, bis die Sicherheit des Gewissens bei ihm wieder hergestellt ist. So stärkt er sich durch momentane Rückkehr zu den beschaulichen Entzückungen der Klosterzelle für den Kampf um die Herrschaft der Welt. Der Beruf, an dessen Erfüllung er sein Leben setzt, ist mystisch von Grund aus; nicht anders als jene Eremiten und Mönche bedarf er täglicher Aufregung und Ekstase, um sich den Inhalt desselben immer neu zu erschaffen. Erst indem er die hier gewonnene Idee auf die Dinge dieser Welt anwendet, setzt er die logische Kraft seines Verstandes in Thätigkeit, und groß und gewaltig ist er auch hier wie in allen Stücken seines Wesens. Aber den Weg jener Mystiker verläßt er hier, sobald er logisch und weltlich wird, auf der Stelle, wie sehr er den Grundtrieb, das Göttliche zur irdischen Erscheinung zu bringen, mit ihnen gemein hat. Denn jene wollen dem Göttlichen den Weg bereiten, indem sie die Materie vernichten; sie treten ihr entgegen, wie einem von Grund aus feindlichen Element. Er seinerseits sucht die irdische Welt zu erobern wie eine abgefallene Provinz: die Schlechtigkeit derselben liegt ihm nur darin, daß sie gewagt hat, selbständig zu werden, oder gar die Kirche beherrschen zu wollen. Schon hierin bemerkt man einen zweiten Gegensatz; die Ascetik um ihn her erkennt allerdings die äußere Kirche und deren Satzungen an, aber innerhalb derselben wird das Höchste erst durch jene persönlichen Entzückungen erreicht; er dagegen stützt sich zwar fortdauernd auf diese letzteren, aber das Wesentliche, die rechte Theophanie ist ihm die in dieser Welt sichtbar gewordene Macht der Kirche. Ohne die Wendung, welche er seinem Jahrhundert gegeben, hätte sich die Kirche in unzählige Eremitenzellen

aufgelöft; er faßte fie mächtig zufammen, und gründete den ftolzen
Bau feiner Theokratie auf Jahrhunderte.

Seine hiermit charakterifirte Stellung zeichnet fich deutlich in
einem feiner Entwürfe, der nicht blos die Gründung, fondern auch
die Erweiterung feiner Monarchie betrifft: ich meine den berühmten
Aufruf an die abendländifchen Völker zur Eroberung des Orients.
Man hat darin, lobend oder tadelnd, oft den erften Anftoß zu den
Kreuzzügen gefehen; in wie fern das begründet ift, werden wir an
diefer Stelle zu erörtern haben.[1])

Vier feiner Schreiben liegen uns vor, in denen er diefe Ange=
legenheit behandelt, fämmtlich aus dem Jahre 1074, vom Februar
bis zum December. Das erfte ift jenes an Wilhelm von Burgund:
vielleicht fetzt Gregor hinzu, gehen wir nach Conftantinopel hinüber.[2])
Ebenfo ermahnt er am 1. März 1074 die gefammte Chriftenheit,
nach Conftantinopel **den** überfeeifchen Chriften zu Hülfe zu ziehen.[3])
Es war die Zeit, in der die Seldfchuken ganz Kleinafien von dem
griechifchen Reiche losriffen, im Occident aber König Heinrich fo eben
den nachtheiligften Frieden mit den Sachfen abfchloß. Das Jahr
verging, die Seldfchuken breiteten ihre Eroberungen aus, das griechifche
Reich zerfiel in inneren Streitigkeiten, in Deutfchland gewann aber
der König wieder ein entfchiedenes Uebergewicht. Um den Papft
hatten fich bedeutende Schaaren gefammelt, allein fo dringend ihn
der Zuftand des Orients hinüberrief, fo wollte er jetzt doch fich von
Deutfchland und Italien nicht entfernen. Wohl aber wandte er fich
an König Heinrich felbft[4]): in friedlichen Worten ermahnt er ihn
zur Liebe und Ehrfurcht gegen die Kirche und giebt ihm Nachricht,
50 Taufende feien verfammelt, bereit unter feiner — des Papftes —
Anführung gegen die Türken zu ziehen und bis zum heiligen Grabe
hinzuwandern. Auch das, fährt er fort, treibt mich am Meiften zu
diefem Unternehmen, daß die griechifche Kirche abgefallen ift, daß
auch die Armenier fämmtlich den rechten Glauben verloren haben[5]),

---

1) Vgl. comte Riant, lettres historiques S. 56 ff.
2) Reg. I, 46, 4 Non. Febr. 1074.   3) I. 49.
4) II. 31. 7. Id. Dec. 1074. Ueber Heinrich's damalige Stellung Sten=
zel l. c. p. 323.
5) Bekanntlich hat Gregor auch mit dem armenifchen Patriarchen Gregor
Wkajafar in Briefwechfel geftanden.

daß alle Orientalen von dem heil. Petrus die Entscheidung über ihren Glauben erwarten. Hierbei verweilt er noch in ausführlicher Erörterung, er schließt mit der Bitte um Unterstützung von Seiten des Königs. So schreibt er wenig Tage darauf an alle Gläubigen, sie möchten sich in Rom versammeln zur Hülfe der überseeischen Brüder im griechischen Reiche.[1]

Nach alle diesem ist nun, wie mir scheint, an einen Kreuzzug im späteren Sinne bei Gregor's Aufforderungen nicht zu denken. Das heilige Grab wird nur einmal und ganz beiläufig erwähnt, **die** Wiedereroberung Kleinasiens, die Befreiung und darauf die Erwerbung Griechenlands sind die Punkte, auf die es hier ausschließlich ankommt. Unendlich wichtig mußte es allerdings auch für diese Seite des abendländischen Wesens bleiben, daß er alle Nationen, als wären sie die Schaaren eines einzigen Reiches, zu einem gemeinsamen Kriege gegen die Feinde des Glaubens aufgerufen hatte. Aber ein Unternehmen, mystisch in seinen Zwecken, ohne sichtbaren Zusammenhang mit den Interessen des Abendlandes, ein Kreuzzug einzig zum Besten des heiligen Grabes und der Seligkeit der Kämpfenden — dergleichen konnte nicht in dem Geiste Gregor's entspringen, in dem ebensoviel weltliche Consequenz wie Begeisterung für himmlische Dinge vorhanden war. Das Schicksal des Planes war das der meisten dieses Papstes: seinen die Welt umwälzenden Ideen setzte sich die Kraft der bestehenden Dinge entgegen, und aus heftigem Kampfe ging ein Drittes hervor, weder dem einen noch dem anderen gleich, aber nach beiden Seiten hin seine Abstammung beurkundend. Der Krieg mit Heinrich IV., der kurze Zeit nach jenem Schreiben ausbrach, nahm Gregor's Kräfte völlig in Anspruch; von einem Zuge über das Meer redet er später niemals wieder.

Es ist hier nun nicht der Ort, alle Stadien des großen Lebenslaufes Gregor's durchzugehen; was das Ergebniß betrifft, so kann man nicht anstehen, den Plan des Papstes in der erwähnten Ausdehnung für gescheitert zu erklären. Jene Ansprüche auf weltliche Herrschaft wurden völlig beseitigt, und bezeichnend ist es, wie Erzbischof Lanfrank, nachdem er die englische Kirche ganz in Gregor's Sinne organisirt hat, jetzt seine Hinneigung zu Heinrich IV. unver-

---

1) I. 37. 17 Kal. Ianuar.

holen bekennt.[1]) Wichtiger noch, ja entscheidend für die allgemeine
Entwickelung der Dinge wurde aber, daß nach Gregor's Tode Desider,
Abt von Monte Cassin, die päpstliche Würde erhielt, ein Mann, der
jener Vermischung des Kirchlichen und Weltlichen aus kirchlicher Ge-
sinnung ebenso abhold war, wie Lanfrank aus weltlicher Politik.
Schon als junger Mensch hatte er seine Neigung dem Kloster und
beschaulicher Einsamkeit zugewandt, später nach dem Ausbruch des
Krieges suchte er Ruhe und Vermittelung, und besprach schon 1081
in diesem Sinne die Angelegenheiten der Kirche mit Heinrich IV.[2])
Nachdem er, wie es heißt, auf Gregor's Empfehlung, der seine Fähigkeit sehr wohl erkannte[3]), Papst geworden, suchte er Frieden mit dem
Kaiser, und in diesen Verhandlungen kam sogleich der volle Gegensatz
zu Gregor's Streben zur Erscheinung.[4]) Gerade dessen rechte Genossen, der Erzbischof von Lyon an der Spitze, erhoben sich gegen
den Papst; es kam zu dem heftigsten Zwiespalt, Victor drohte den
römischen Stuhl zu verlassen und ging in der That für längere Zeit
in seine Klosterzelle zurück. Einen entschiedenen Sieg erfocht er nicht,
wie denn sein Nachfolger Urban II., ehemals Bischof von Ostia,
erst in der Opposition gegen ihn die letzte Bedeutung gewann: aber
auch dieser konnte sich nicht verbergen, daß der Mönch Desider für
eine lange Folgezeit Gregor's weltliche Ansprüche aus der Kirche
ausgewiesen hatte. Urban blieb also im Wesentlichen auf dem begonnenen Wege, wenn er auch vermied, von Frieden mit dem an-
stößigsten Gegner, dem Kaiser, zu reden. Aber die Mittel zu seiner

---

1) Gregor bedroht ihn 1081 schon mit Suspension, Reg. IX. 20; an
Lanfrank mag der Streit Gregor's mit König Wilhelm und sein Benehme
gegen Berengar gleichsehr gewirkt haben. Als der Krieg für Heinrich IV. so
günstig sich wendet, schreibt er, er könne sich nicht zwischen Gregor und Clemens
(nicht Guibert) entscheiden, credo tamen, quod imperator sine magna ratione
tantam rem non est aggressus patrare, nec sine magno auxilio Dei tantam victoriam potuit consommare. Lanfr. epist. 59.

2) Leo Ost. III. 50.

3) Will. Malmesb. läßt Gregor sagen: si vellent hominem in seculo
potentem, eligerent Desiderium, qui salubriter et in tempore numero mili-
tari violentiam Guiberti infringeret.

4) Die lehrreichste Quelle hierüber scheinen mir die Briefe Hugo's von
Lyon (Harduin t. VI. p. 2 init.), deren Angaben, wie mich dünkt, sich mit Leo
von Ostia recht wohl vereinigen lassen.

Besiegung suchte er nicht in der Unterwerfung, sondern in dem Bunde mit den übrigen christlichen Reichen. Gegen Gregor's Absichten und ganz im Sinne Victor III. erkannte die Kirche die bestehenden Staats= formen jetzt an; dafür umfaßte ihr Einfluß das gesammte Abend= land, und trat von hier aus mit allen Aeußerungen des weltlichen Lebens in nächste Berührung.

Die Folgen des so geänderten Grundsatzes lassen sich leicht er= kennen, wenn **man** sich den **Zustand** vergegenwärtigt, wie **er durch** Gregor's Verfahren sich bis zum **Jahre 1088** gestaltet hatte. Ohne Frage war die Sache der Hierarchie in **sehr** ungünstige Verfassung gerathen und aller Orten mußte Urban seinen Weg fast von Neuem beginnen. Die Deutschen hatten zu Gregor nur ein halbes Herz, seine Unterstützung **war** ihnen theils zu gewissenhaft, theils zu selbst= süchtig gewesen[1]); sie zeigten, nachdem die eigene Erbitterung gegen Heinrich sich in dem jahrelangen Kampfe abgekühlt, wenig Be= geisterung mehr für die kirchliche Sache. Der Gegenkönig Hermann vertrug sich mit dem Kaiser, das Volk ermordete in Sachsen den eifrigsten Verfechter Gregor's, Burkard, Bischof zu Halberstadt; im Süden war Schwaben und Franken beinahe verloren und nur Baiern blieb in fester Widersetzlichkeit gegen Heinrich IV. Durch ganz Italien und in Rom selbst hatte Heinrich's Partei die Oberhand, die einzige Gräfin Mathilde dauerte in unerschütterlicher Treue aus und war für den Papst von Bedeutung, denn die Normannen, damals in innerem Kriege[2]), vermochten **ihr Land** höchstens als Rettungsort im Unglück anzubieten. Die übrigen Nationen, sämmtlich durch Gregor's Ansprüche verletzt, hielten sich in völliger Theilnahmlosigkeit. Urban faßte nun auf der Stelle und nach **allen Seiten** hin die geeigneten Entschlüsse, setzte sich mit den weltlichen Bundesgenossen in ganz andere Verbindung, als Gregor es jemals gethan und erreichte bald die umfassendsten Resultate. Gegen Deutschland **war** außer Mathilden's Kriegsglück das Wichtigste, daß er dem Kaiser den eigenen Sohn gegenüberstellte[3]); an einen Lehnseid, wie ihn **Gregor** von Hermann gefordert, dachte er **nicht** und vertraute **mit Grund** auf die Macht

---

1) Ich verweise auf Stenzel l. c. S. 443 flg. S. 458 flg. S. 532 flg.

2) Lupus Protospata **ad** a. 1088. Muratori ann. d'Italia giebt die chronologischen Verhältnisse.

3) Ueber seine Thätigkeit dabei s. Stenzel S. 549 flg.

seines geistlichen Einflusses. Heinrich schloß sich unthätig, seine Kraft gebrochen, in Verona ein, ebendorthin wurde aus Rom der Gegen-papst gejagt, es gelang auch in Deutschland die antikaiserliche Macht neu zu organisiren. Damals im Jahre 1094 konnte der Papst nach menschlicher Einsicht den Kampf als beendet und den Sieg als er-rungen betrachten; das Kaiserthum lag zertrümmert zu seinen Füßen; wo in den Theilen des Reiches noch Leben war, athmeten sie Treue und Bewunderung für den Papst.

Mit ähnlichem Verfahren wußte nun Urban die übrigen Nationen eine nach der anderen zum Gehorsam zu bringen. Er vermied, die feindselige Stellung, die Gregor gegen Philipp von Frankreich be-hauptet, wieder aufzunehmen; dennach erkannte ihn der König 1089 als das rechtmäßige Oberhaupt der Kirche an[1]), und so wenig er selbst zu bedeuten hatte, so war doch hier auch das Land entschieden derselben Meinung. In demselben Jahre übergab Urban dem Erz-bischof Bernhard von Toledo das Pallium, der seitdem die spanische Kirche einrichtete, wie er nach unbeschränkter eigener Ehrfurcht gegen Rom sie sich dachte. Der Ansprüche Gregor's auf Oberhoheit über das Reich geschah keine Erwähnung weiter; dafür kam es vor, daß man freiwillig eine Stadt, eben den Saracenen abgenommen, dem heil. Petrus übertrug.[2]) Bei dem Papste pflegte man in kirchlichen Streitigkeiten sein Recht zu suchen[3]), König Alfons VI. endlich schaffte trotz vielfachen Widerstandes die gothische Liturgie im Jahre 1090 für immer ab.[4])

Wir sahen, wie in England sich Lanfrank von Rom oder viel-mehr von Gregor absonderte, nach seinem Tode sagte sich Wilhelm Rufus von beiden kirchlichen Parteien los, ließ Lanfrank's Stelle unbesetzt und verwandte die Kirchengüter zu weltlichen Zwecken.[5]) Er sagte: denkt nicht einen Erzbischof zu erhalten neben mir. Trotz-dem ernannte er 1093 in schwerer Krankheit vom Gewissen gerührt Anselm den Abt zu Bec; dieser, nachdem er sich lange geweigert,

---

1) Bernold ad a. 1089.
2) Tarragona im Jahre 1090. Die Urkunde bei Baron. ad. a. 1091.
3) So bei dem Streite zwischen Ausona und Narbonne. Marca hispan. ad a. 1089. Pagi ad a. 1091.
4) Näheres bei Aschbach Almoraviden Buch II.
5) Eadmer hist. novorum p. 34 flg.

forderte dann unbedingte Anerkennung Urban's II. und Vernichtung des weltlichen Einflusses auf die Kirche. Der König gerieth in heftigen Zorn, **und** knüpfte, als seine Drohungen über Anselm nichts vermochten, hinter dessen Rücken eine Unterhandlung mit dem Papste **an.** Im Jahre 1094 nämlich sandte er zwei seiner Geistlichen nach Rom und forderte Urban II. auf, das erzbischöfliche Pallium durch ihn, den König, Anselm überreichen zu lassen. Solch ein Verfahren, wobei die Insignie der Metropolitangewalt durch Laienhände verliehen wurde, hätte zu Gregor's System in schroffem Widerspruche gestanden, Urban aber war gefügiger als sein Vorgänger und selbst als Anselm, welcher trotz des Papstes wenigstens in der Form der Uebernahme die kirchliche Selbständigkeit behauptete. Indeß erreichte Urban für den Augenblick seinen Zweck, und stellte den seit Jahren unterbrochenen römischen Einfluß in England wieder her. Anselm beherrschte — nicht lange freilich — den Clerus der Insel ohne Widerrede in römischem Sinne: ein Einfluß auf die Reichsverwaltung, wie ihn Lanfrank besessen, war schon nach Wilhelm's II. Natur nicht denkbar, lag aber ebenso wenig in den Absichten Anselm's wie des Papstes. Darum war die Begeisterung, mit welcher Adel und Volk den Erzbischof verehrten, nicht geringer.[1])

So lagen die Reiche des Abendlandes, als das Jahr 1094 zu Ende ging, vor dem zufriedenen Blicke des Papstes, die Befreiung und Herrschaft der Kirche war erreicht und ihr Mittelpunkt im Papstthum durchaus souverain. Die volle Unterwerfung der weltlichen Gewalten hatte man aufgegeben, dafür stand man überall mit ihnen im Bunde, wirkte an zahllosen Punkten auf ihr inneres Leben und hielt sie fest in dem eigenen, streng geschlossenen Verbande. Der Gehorsam gegen Rom bildete den Mittelpunkt des religiösen Bewußtseins; auf allen Seiten brach diese neugeschaffene Herrschaft an das Licht, man fühlte das Abendland nach bisher ungekannten oder unbewußten Gesichtspunkten geeinigt. Es war freilich noch keine Vollendung, noch nicht einmal eine unerschütterliche Grundlage vorhanden; wie viele Gegensätze an den bedeutendsten Stellen machten sich in den nächstfolgenden Jahren geltend und drohten zuweilen alles Gewonnene wieder aus dem Dasein zu verdrängen. Aber in all diesen

---

1) Vgl. Lappenberg England II. S. 183 flg.

Anfechtungen, so gefährlich sich die Dinge mehr als einmal aus=
nahmen, das Dasein der Kirche hielt sich aufrecht und ließ die Idee
ihrer Herrschaft nicht mehr erschüttern.

Und nun bedenke man den Zustand von 1094[1]), man bedenke,
daß die Siegesfreude nie größer ist, als gleich auf dem Felde der
gewonnenen Schlacht, wo nur augenblicklicher Erfolg, nicht endlicher
Ausgang und möglicher Wechsel dem Glücklichen sich darstellt. Wie
wäre es denkbar gewesen, daß ein Geist, wie der Urban's, rüstig,
schöpferisch, voller Lust am Handeln, hier stehen geblieben wäre, daß
er diese Macht in seiner Hand gefühlt hätte, ohne ihre Kraft und
ihre Einheit an einem großen, andauernden Unternehmen zu erproben?
Gregor's VII. Beispiel, in seiner Absicht auf Griechenland, lag vor
Augen; freilich hatte er, seiner starren Consequenz gemäß, sogleich
auf ihre Verwirklichung verzichtet, weil er den bisherigen Wirkungs=
kreis noch nicht völlig beherrschte. Aber in Urban war einmal eine
freiere Art zu sein und zu handeln, eine größere Beweglichkeit bei
weniger Tiefe, noch stand er in den Jahren, wo das Betreten un=
bekannter Bahnen eher erfreut, als zurückschreckt.[2]) Dann aber stellte
er sich von vornherein die Aufgabe selbst verändert: auch hier ließ
er den Kräften, die ihm dienen sollten, größere Freiheit: er begnügte
sich, wie in den weltlichen Dingen des Abendlandes, mit einer un=
bestimmteren aber um so weniger angefochtenen Oberleitung. Vor
Allem kam er mehr als Gregor der ascetischen Richtung entgegen;
Gregor hatte sein Ziel nur in dem Sinne seiner kirchlichen Monarchie
gewählt, Urban setzte es sich auf dem Felde, welches jenen Mystikern
vor Allem genehm sein mußte. Indem er die Lande zu der Be=
freiung des heiligen Grabes aufrief, schuf er ein Unternehmen, welches
nur durch den entzückten Glauben jener Schwärmer mit den heimischen
Dingen Zusammenhang hatte: mit einem Worte, der Gegenstand des
Kampfes gehörte der Askese, dem Papste aber die Einheit und Voll=
endung desselben an.

---

1) Nach der obigen Darstellung kann ich die gewöhnliche Ansicht nicht
theilen, die Urban aus dem hoffnungslosesten Zustande hervor den Kreuzzug
verkünden läßt.

2) Nach Ruinart's Berechnung war er etwa 52 Jahre alt. Vita Urbani
II. p. 8.

Kriegerische Richtung.

Dem Papste, als er sich zur Predigt des Kreuzzuges entschloß, **kamen** die Völker des Abendlandes durch eine bestimmte Richtung ihres kriegerischen Wesens entgegen, deren Grundlage leichter als die bisher dargestellten Momente erkennbar und für uns mit der bloßen Angabe allgemeiner Gesichtspunkte festzustellen ist. Wir sahen oben, wie die Einheit des Abendlandes alle bisherigen Ausdrucksformen verloren hatte, eine neue Zeit bahnte **sich an**, und es konnte nicht fehlen, daß auch **auf** der weltlichen Seite jene Einheit neue Vertreter aufsuchte. Forscht man aber **nach einem** Elemente, welches in jenen Jahren alle Theile des Abendlandes berührte und ihren Bestrebungen eine gemeinsame Färbung mittheilte, so kann man **nicht** zweifeln, die Normannen als ein solches im ganzen Umfange des Wortes anzu-erkennen. Seit dem 9. Jahrhundert, in dem sie zuerst mit dem karolingischen Reiche in Berührung traten, hatten sie auf Deutschland vielfach gewirkt, in Frankreich sich festgesetzt, Italien mit ihren Colonien und ihrem Einfluß erfüllt, noch vor Kurzem endlich England völlig eingenommen. Ihre Stammesgenossen durchstreiften die **Meere** bis nach Island und Grönland, gründeten in den weiten Ebenen Ost-europas russische Fürstenthümer und traten von **hier** aus mit dem griechischen Reiche in unmittelbare Verbindung. Unter scharfen und gleichen Formen erscheinen sie an allen Orten: tapfer und unruhig, gewandt und habsüchtig verfolgen sie stets dieselben Zwecke; sie be-haupten kräftig den Kern ihres Wesens und sind doch bereit mit der mannichfaltigsten Umgebung sich rasch zu verschmelzen. Den vor-handenen Formen des politischen Lebens, dem Verbande des Staates und der Anziehungskraft des Vaterlandes setzen sie sich beinahe ent-gegen; sie bilden ein Helden- und Fürstenthum aus, ohne alle Grund-lage von Recht und Gesetzlichkeit, nur auf persönlicher Tapferkeit beruhend. Bei der Rastlosigkeit der Einzelnen, bei der Verbreitung ihrer Schaaren durch ganz Europa konnte es nicht fehlen, sie brachten den Geist des Abenteuers, des Krieges, der nur im Kriege seinen Zweck findet, zu der großartigsten Erscheinung, welche die Welt je gesehen hat. Alle Nationen, die sie berührten, sahen sich freundlich oder feindlich in dieses Treiben hineingerissen, eine neue Unruhe er-füllte seitdem die Länder und Meere von Kiew **bis** Island. In ihrem Eifer, ihrer Verbreitung, ihrer Richtung auf ein persönliches Heldenthum kann man sie den Ascetikern der Kirche vergleichen: für den Kreuzzug wenigstens haben beide eng verbunden und in sehr verwandter Weise gewirkt.

Anfangs schienen die Normannen freilich zu einer Verbindung mit christlichen und kirchlichen Tendenzen wenig geneigt. Es ist bekannt, wie sie in der Heimath am Asendienste festhielten, wie sie im Auslande nachher nur durch weltliche Antriebe für Frömmigkeit oder Unglauben bestimmt wurden. Noch im Anfange des Jahrhunderts fühlten sie sich so wenig für, als früher gegen das Christenthum zu eigentlichen Religionskriegen berufen. Allein wie sie in weltlichen Dingen sogleich mit ihrer Umgebung verschmolzen, so gaben sie sich nicht minder rasch auch den geistlichen Einflüssen hin, und nahmen bald an deren Entwickelung entscheidenden Antheil. Einmal wurden auch sie von der herrschenden Schwärmerei ergriffen; seit dem Beginn des Jahrhunderts pilgerten sie nach Jerusalem, wie nur irgend eine der abendländischen Nationen; als sie zum erstenmal in Apulien mit den Griechen feindlich zusammengetroffen, klagt ein Geschichtschreiber[1]), sei den Normannen für mehrere Jahre der Weg nach Jerusalem versperrt worden. Dann aber schließen sie sich aller Orten eng an die hierarchischen Bestrebungen an, ein Ergebniß der ziemlich gleichartigen Stellung, in der beide Theile sich gegen die weltlichen Gewalten befanden. In Frankreich ist das schon im 9. und 10. Jahrhundert deutlich, in England ist die Berufung und Bevollmächtigung Lanfrank's eine der ersten Maßregeln Wilhelm's I., in Apulien wird Robert Guiscard der Beschützer, die Fürsten von Salerno und Capua werden die getreuesten Vasallen Gregor's VII. Der Geist, der sie erfüllt, ist freilich auf das Sonderbarste gemischt: sie markten und zanken mit dem Papste, den sie im Allgemeinen höchlich verehren, über die kleinste Berechtigung, über jeden Fußbreit Landes. Gregor seinerseits erkannte sie wohl und war ihnen gewachsen, er sagte mehrmals: ich kann Frieden mit ihnen haben, wann ich nur will, aber ich will auch nur vortheilhaften Frieden schließen.[2]) So stritten sie herum, bis Kaiser Heinrich gegen Rom zog, da war

---

1) Ademar Cab. p. 156, von Lappenberg angeführt.
2) Reg. I. 25. III. 15.

auf der Stelle die Eintracht erneuert. Ebenso verhielten sie sich
gegen die Klöster, sie plünderten und brandschatzten sie ohne Be=
denken[1]), aber ihr Seelenheil nahmen sie eifrig wahr durch reiche
Geschenke nach Monte Cassin, durch eine tiefe Ehrfurcht gegen heilige
Aebte und Mönche, endlich durch eine allgemeine Lossprechung, die
sie wohl beim Papste auswirkten.

Wir können hier nun zu einer Reihe von Unternehmungen über=
gehen, in denen die neugeschaffene Verbindung der abendländischen
Völker sogleich im Gegensatze nach Außen Leben gewinnt. Im Ein=
zelnen sind es die Normannen, im Allgemeinen die romanischen Völker
— sie waren wie von der Askese so auch von normannischen Elementen
mehr durchdrungen als die Deutschen — die wir mit den Ungläubigen
im Kampfe erblicken.

Von Apulien aus machte schon 1059 wenig Jahre nach der
Belehnung durch Leo IX. Graf Roger den ersten Versuch, Sicilien
den Saracenen zu entreißen. Er meinte, das sei Vortheil nach zwei
Seiten, ein irdischer und ein geistlicher Gewinn, ein Nutzen für seinen
Leib und seine Seele. Aber auch durch Robert Guiscard unterstützt,
vermag er nichts auszurichten, bis in höchster Verlegenheit beide sich
an den Beistand des Himmels wenden: sie lassen das Heer beichten
und geloben, sie wollten frömmer werden, wenn der Herr ihnen das
Land beschere. In großer Genugthuung sagt dann Roger's Chronist,
mit solchen Mitteln habe es nicht fehlen können, jetzt habe man ge=
siegt. In gleicher Weise erringen sie ihre Erfolge weiter; sie be=
haupten, der heil. Georg stehe ihnen auf milchweißem Roß im Treffen
bei; Papst Alexander **giebt ihnen** eine **geweihte Fahne, und** kaum
das Land **erobert, organisiren sie es zu** Bisthümern.[2])

Dieser Krieg **nun** hatte erst wenige Jahre gedauert, als auch
schon weitere Bundesgenossen sich daran betheiligten. Pisa und Genua
waren seit der arabischen Herrschaft in Spanien und Sardinien mit
diesen Feinden in lästigem Kampfe, noch im Jahre 1015 war Pisa
durch eine spanische Flotte eingenommen und zerstört worden. Seit=
dem hatten sich die Umstände geändert, Italien hatte keine Angriffe
mehr zu befürchten, und ohne Aufenthalt ging man zu weiterer Be=

1) Statt vieler Beispiele nur die charakteristische Geschichte bei Leo Ost. II. 71.
2) **Gaufred. Malat. II. 1. 3. IV. 7.**

drängung der Feinde über. Bereits 1032 hatten Pisaner einen Zug an die afrikanische Küste unternommen und Bona zerstört[1]): obgleich die sehr dürftigen Quellen darüber schweigen, ist an ununterbrochener Fortdauer der Reibungen und Feindseligkeiten nicht zu zweifeln. 1063 forderten pisanische Abgeordneten die Normannen zu einem Unternehmen **gegen Palermo auf**; Roger, anderweitig beschäftigt, lehnte **den Vorschlag ab**[2]); darauf erschien die pisanische Flotte allein vor **dem Hafen der Stadt.** Trotz aller Gegenwehr wurde die Kette des Eingangs gesprengt, die Flotte im Hafen zerstört und die Stadt selbst stark beschädigt. Als sie mit ansehnlicher Beute zurückkamen, wurde beschlossen, den Gewinn der Kirche zuzuwenden und aus den Schätzen der Ungläubigen die Cathedrale von Pisa neu zu verschönern.[3]) Indessen dauerten die Beschränkungen fort, welche ihr Handel durch die Saracenen erlitt; im Jahre 1087 bereiteten sie mit den Genuesern vereint einen größeren Schlag. Sie wandten sich jetzt als Kämpfer des christlichen Glaubens an das Oberhaupt der Kirche; Papst Victor III. gab ihnen den apostolischen Segen und überreichte ihnen zu dem verdienstlichen Kriege das Banner des heil. Petrus. So fuhren sie aus, dieses Mal wieder nach der afrikanischen Küste; sie eroberten mehrere Ortschaften im tunesischen Gebiete und zwangen durch theilweise Zerstörung seiner Hauptstadt den saracenischen Emir zu den ehrenvollsten Zugeständnissen.[4])

In demselben Jahre waren denn auch die französischen Normannen und mit ihnen eine zahlreiche Ritterschaft aus den übrigen Provinzen **ihres** Reiches unter den Waffen in einem heiligen Kriege,

---

1) Chron. Pis. ad a. citt. (Muratori VI. p. 108).

2) Gaufred. Malaterra II. 5.

3) Inschrift daselbst, angeführt bei **Tartini** ser. rer. Ital. I. p. 326. Das chron. Pis. l. c. hat die unrichtige Jahreszahl 1065, hiernach und weil Gaufred über den Angriff schweigt, hat man ihn wohl, aber ohne Grund, von jener Aufforderung an Roger völlig getrennt. Das breviar. Pisan. bei Murat VI. p. 168 hat die richtige Jahreszahl, aber gewaltige Uebertreibungen.

4) Der Zusammenhang bei Leo Ost. III. 17 ergiebt die Jahreszahl 1087 ohne Zweifel, wie auch Baronius angenommen hat. Das chron. Pis. giebt 1088, doch bemerkt Muratori annali d'Italia selbst, **es** sei hier die pisanische Computation (9 Monat voraus) in Anschlag zu bringen. Er seinerseits bringt freilich, **auf** Gaufr. IV. 3 gestützt, 1088 heraus, doch nur vermittelst einer verwickelten, **völlig** haltlosen Argumentation.

in einem Abenteuer unter dem Banner des Kreuzes. In Spanien war seit mehreren Jahrhunderten das Feld für ritterliche Frömmig= keit und religiöse Streitlust; die Christen, nachdem sie schwere An= fänge standhaft überwunden, erlangten im 11. Jahrhundert ein un= bezweifeltes Uebergewicht. Die Franzosen sahen mit mehrfachem Interesse auf diese Kämpfe, der Adel der südlichen Provinzen betrach= tete sich mit den Grafen von Barcelona als stammverwandt, Familien= und Lehnsverbindung kreuzte vielfach die Grenze der beiden Länder. So sehen wir 1062 den Grafen von Poitou sich erheben, den spanischen Glaubensgenossen zu Hülfe; ein großes Heer sammelt sich um seine Feldzeichen; ausdrücklich wird die Menge der ihn begleitenden Nor= mannen hervorgehoben.[1]) Eine zweite Expedition unternahm etwa 1076 Herzog Hugo von Burgund, derselbe, den religiöser Drang zwei Jahre später nach Clugni[2]) trieb. Auch mit ihm waren Frei= willige in großer Zahl, und gleichzeitig, vielleicht verbunden mit ihm überschritt der Graf von Roucy mit päpstlichen Freibriefen und könig= licher Heeresmacht die Pyrenäen.[3]) Die Spanier selbst entwickelten ihre Kräfte nicht minder glänzend, da fiel Toledo, da wurde Sevilla auf der einen, Saragossa auf der anderen Seite bedroht, in Kurzem, so schien es, würde der Halbmond aus dem Lande ausgerottet sein. Indeß vereitelte alle diese Hoffnungen das Eindringen der Almora= bethen, die damals gerade ihre africanischen Eroberungen vollendet hatten; als Jussuf ben Taschfin seine Schaaren über die Meerenge führte, zogen allerdings auch französische Streitkräfte den Castilianern zu[4]), aber in der Schlacht bei Zalacca erlitten die Christen eine voll= kommene Niederlage.[5]) In höchster Bedrängniß hielt Alfons kräftig aus, und ein Heer, stattlicher als man je gesehen, kam ihm aus allen Gegenden Frankreichs zu Hülfe.[6]) Wieder erblickte man eine Menge

1) Chron. Malleac. ad a. c. Daß diese Angabe der des Sigeb. Gembl. ad a. 1063 derogiren muß, ist offenbar.

2) Frag. hist. Franc. p. 88 bei Duchesne t. IV. Die Urkunden bei Plancher hist. de Bourgogne t. I. p. 271 lassen für den Zug die Zeit von Mai 1076 bis Februar 1077 frei, wonach denn die Zweifel der Art. d. v. L. d. t. XI. p. 42 zerfallen.

3) Greg. Reg. I. 6 flg. Suger vita Lud. Grossi I. 5.

4) Chron. Lusit. an. 1125 (Florez t. 14).

5) Die Chronologie für die Schlacht bei Aschbach Almoraviden I. p. 343.

6) Chron. Malleac. ad a. 1087. Fr. hist. Fr. p. 89 mit den Noten bei

12*

normannischer Edeln, neben ihnen Herzog Odo von Burgund mit
bedeutendem Gefolge; sie eroberten Tudela und Estella, kamen aber
mit den Almoravethen selbst nicht zum Treffen. Odo war noch am
5. August 1087 in Leon[1]), seine Verwandten Raimund und Heinrich
blieben dauernd in Spanien zurück; es ist bekannt, wie beide Alfons' VI.
Schwiegersöhne, wie der letzte der Gründer des Königreichs Portugal
wurde.

Es wird uns nun nicht schwer, den Krieg der lateinischen
Christenheit gegen die Ungläubigen auch auf der dritten Halbinsel
des südlichen Europa wahrzunehmen, und zwar was die Normannen
an dieser Stelle angeht, von zwei entgegengesetzten Seiten her. Die
griechische Kirche hatte sich während des Pontificates Alexander's II.
der abendländischen definitiv entgegengesetzt; wir erwähnten der Absicht
Gregor's, sie mit Waffengewalt wieder zu unterwerfen; als er den
Plan aufgab, sprach er wenigstens amtlich seinen Segen über die
Kriege Robert Guiscard's gegen Alexius aus. Wie sehr dieser die
Griechen bedrängte, wie oft bei seinen Kämpfen von der Ketzerei der
Gegner die Rede war, brauche ich nicht auszuführen; es kam dazu,
daß Alexius eine Menge saracenischer Soldtruppen in seinen Diensten
hatte, und so die gehässige Stimmung der Lateiner gegen sich um
ein Bedeutendes vermehrte.[2]) Um so geläufiger mußte dem Abendlande, wo den normannischen verwandte Tendenzen täglich mehr
emporkamen, die Idee eines allgemeinen nach Osten gerichteten Re-
ligionskrieges werden, in dem freilich der erste Angriff sich auf Kaiser
Alexius hätte richten müssen. Andererseits focht Alexius, wie mit
Turcopulen gegen Robert, so mit Franken und vorzugsweise mit
Normannen gegen die Seldschuken von Iconium; die Warangen, seine
dänische oder normannische Leibwache, waren der Kern des byzantinischen Heeres, und ihnen gesellten sich täglich neue und wechselnde
Schaaren zu. Deutsche Auswanderer bildeten eine gesonderte Heeresabtheilung, so beträchtlich war ihre Anzahl[3]), italienische Normannen

Bouquet t. XII. p. 1. Die Chronologie dieses Fragmentes ist so confus, wie
sie nur gedacht werden kann, die Anordnung seiner Thatsachen ergäbe folgende
Reihe der Jahreszahlen: 1070. 1062. 1066. 1075. 1089. 1087. 1075.
1) Urkunde angeführt in der Art. de v. I. d. I. c.
2) Anna p. 105. 141.
3) Anna p. 62 mit den Noten Ducange's zu dieser Stelle.

werden uns in Schaaren von Tausenden genannt[1]), hier im Osten vereinen sich flüchtige Angelsachsen mit den Unterdrückern ihres Stammes zu kriegerischer Genossenschaft.[2]) Aus allen Völkern des Abendlandes gesammelt, werden sie im ganzen Umfang des Reiches verwandt; selbst in Provinzen, wo die kaiserliche Herrschaft völlig vernichtet ist, in Edessa z. B. um 1060 im Kampfe gegen Togrulbeg.

Wollen wir ein richtiges Bild von ihrer Stellung innerhalb des griechischen Reiches gewinnen, so müssen wir uns erinnern, daß sie seit Menschenaltern im Verbande dieses Heeres einheimisch sind. Hier wird nun ihre Tapferkeit einstimmig gerühmt; ihre festen, wenn auch unbehülflichen Massen werden von den Türken mit Furcht, von den Griechen mit scheuer Anerkennung erblickt.[3]) Ihre Führer, die stets aus ihrer Mitte emporsteigen, gelangen oft zu den höchsten Ehrenstellen im Reiche, sie behaupten nicht selten entscheidenden Einfluß in den Thronhändeln des 11. Jahrhunderts. Wohl kommt es vor, daß einzelne mit ihren Schaaren sich unabhängig zwischen Freund und Feind hinstellen; an der Spitze ihrer Haufen leben sie dann an der Grenze des Reiches, rechts und links das Land durchplündernd, nur auf ihre Schwerter vertrauend, sonst mit Christen und Ungläubigen im Kampf. Unterliegt der Führer, so senden wohl **die Türken** dem Kaiser Glückwunsch, daß sie ihn von diesem Abenteurer befreit hätten. Die Reste der Schaar treten dann unbedenklich wieder in kaiserlichen Dienst, wo man sie mit offenen Armen empfängt; mit demselben Eifer, wie vor ihrer Empörung jagen sie dann Seldschuken oder Petschenären vor **ihren** Speerreihen dahin. Von strengem Glaubenseifer war hier natürlich wenig Rede, aber täglich erprobten doch neue Ankömmlinge ihre Kraft gegen die heidnischen Widersacher. Bekannte Namen treten zuweilen in diesen Händeln hervor: da erblicken **wir** den Grafen Robert von Flandern, den Vater des späteren Kreuzfahrers, der als jüngerer Sohn sich in der Fremde ein Erbtheil suchen soll, vergeblich gegen die spanischen Saracenen eine Unternehmung versucht und dann auf die Aufforderung jener Abenteurer

---

1) Nicephor. Bryenn. **p. 130 (ed. Bonn.).** Anna p. 109 (ed. Paris.)

2) Ord. Vital. p. 725.

3) Man sehe z. B. die bei Stritter III. p. 178. 199. 848 gesammelten Stellen.

zum Sturz des ganzen Reiches nach Constantinopel ausziehen will.[1]) Siebenzehn Jahre später kommt er als büßender Pilger von Jerusalem dorthin; jetzt bittet ihn der Kaiser um Hülfe und erlangt 500 geharnischte Reiter, die nach entscheidendem Sieg über die Petschenären reich beschenkt wieder entlassen werden.[2]) So ging man ab und zu, der Lohn war beträchtlich, das Verhältniß, wenn es nicht mehr gefiel, leicht aufzulösen: es konnte nicht fehlen, daß hierdurch der Occident mit dem Bilde eines Saracenenkrieges, und zwar dem griechischen Reiche zu Hülfe, vertraut wurde. Auch ließ es Alexius selbst an wiederholten Aufforderungen nicht ermangeln; wie Robert I. ging er auch dessen gleichnamigen Sohn um Hülfe an, und wenigstens gute Wünsche wurden in Folge dieses Schreibens rege. Entscheidend aber wurde, daß er im Jahr 1094 sich unmittelbar an das Oberhaupt der Christenheit wandte[3]), an Papst Urban II., den gerade damals, wie wir sahen, die Entwickelung des Abendlandes selbst zu einer solchen Unternehmung auf das Höchste befähigte und einlud. Es war der letzte bewegende Anstoß, nachdem von allen Seiten her die lateinischen Völker sich in diese Richtung geworfen hatten. Hierarchische Einheit und mystische Begeisterung, abenteuernde Unruhe und ritterliche Kampflust erschienen hier vereinigt. Eine neue Gemeinschaft, soeben erst begründet, strebte Bewußtsein und Ausdruck zu gewinnen. durch das Abendland in seinem ganzen Umfange ging der Wunsch, gemeinsame Gegner in gemeinsamem Angriffe aufzusuchen. Das Gefühl für diese Einheit war so lebendig, daß es noch unbewußt sich poetische Aeußerungen erschuf: man gedachte von Neuem des großen Kaiser Karl, der zuerst die Christenheit zu einem kriegerischen und christlichen Verbande geeinigt hatte. Die Sage, daß er bereits Jerusalem den Heiden entrissen, die schon im 10. Jahrhundert in Italien aufgetaucht war[4]), trat wieder in das Bewußtsein der Völker ein. Das Buch des falschen Turpin wurde verbreitet, und neben dem Preise Roland's vernahm man die Erzählung, der Kaiser selbst habe zum würdigen Abschluß seiner Thaten das heilige Grab befreit und göttliche Wunder in der Auferstehungskirche erlebt.[5])

---

1) Lambert. Schafnab. a. 1071.
2) Anna p. 201. 205.   3) Bernold ad a. c.
4) Chronik des Benedict von Sora, im fünften Band der Monumente.
5) Ausführlichst in der Chronik von St. Denis, hier um die Mitte des

Aufruf Urban II.

Indem wir hier zum Papste zurückgelangen, knüpfen wir an das vorher über die Wendung des großen kirchlichen Krieges Gesagte an. Wir sahen, das deutsche Kaiserthum hatte im Jahr 1094 eine vollständige Niederlage erlitten, Urban wandte seinen Blick sogleich einem anderen Lande zu, um in einer Streitsache geistlichen Charakters sein Ansehen neu zu erproben. Wie erwähnt hatte in Frankreich König Philipp 1088 dem päpstlichen Stuhle Obedienz geleistet, bald darauf aber begann er ein Unternehmen, das ihn mit der Kirche wieder in heftigen Zwiespalt bringen mußte.[1] Er verstieß seine Gemahlin und entführte Bertrada, die Gemahlin des Grafen Fulco von Anjou, und schon 1092 zog der Eifer Ivo's von Chartres den Papst in diese Händel hinein. Mehrfache Versuche von beiden Seiten führten zu keinem Ergebniß und mit Pfingsten 1095 lief die letzte Frist ab, die Philipp auf dem Concil zu Piacenza von dem Papste erbeten und erlangt hatte. Urban faßte darauf den Beschluß, persönlich nach Frankreich zu gehen, und alle kirchlich Gesinnte einmal auch äußerlich in dieser Sache zu vereinen; niemand **konnte** sich verbergen, daß gerade in ihr die Zahl und **der** Eifer derselben in Frankreich auf das Höchste gesteigert worden war. Schon früher war der Graf von Toulouse, bedeutend durch eigene Macht und verschwägert mit Aquitanien und Burgund, dem Papste völlig ergeben; jetzt zürnten dem Könige außer Anjou auch Graf Robert von Flandern, der Stiefbruder der verstorbenen Königin, und Herzog Robert von der Normandie, der einst die Ehe des Grafen Fulco hauptsächlich befördert hatte. Der Clerus des Reiches, ursprünglich sehr getheilter Gesinnung, war durch die Unhaltbarkeit der Stellung, welche König Philipp vertheidigte, dem Papste fast unumschränkt dahingegeben, wie denn eine bloße Mahnung Urban's eine beabsichtigte Synode der königlich gesinnten Bischöfe zu vereiteln im Stande **war.** Unter diesen Aussichten hatte Urban die griechischen Gesandten zu Piacenza vernommen, der Gedanke war in ihm erwacht, den er

zwölften Jahrhunderts aufgezeichnet. Daß die Kreuzfahrer **daran** glaubten, zeigt Gesta **p. 1.**

1) Vgl. Brial de repudiata Berta regina etc., vor dem 16. Bande des recueil.

als zündenden Funken in unabsehbare Minen zu werfen beschloß; mit solchen Hoffnungen und Plänen verließ er Italien und fand sich im Juli 1095 in Puy im Mittelpunkt der Provence, im Lande des rechtgläubigsten Fürsten, unter einer heißen, leicht erregbaren Bevölkerung, neben einer Ritterschaft endlich, welche Jahr für Jahr ihre Waffen in Saracenenkriegen übte.

Auf den 18. November hatte er den Clerus Frankreichs zum Concile nach Clermont berufen und mehrere Laienfürsten aufgefordert, durch ihre Gegenwart die Versammlung zu stärken. Bis dahin durchzog er die Provence, deren kirchlicher Zustand vielfach der Wiederherstellung bedurfte: er weihte Altäre und Kirchen, verschaffte die Aufhebung geschehenen Unrechts, versöhnte feindselige Prälaten und Ritter[1]): die weitesten Pläne im Sinne, war er in den kleinsten Kreisen, wo man es forderte, thätig. Indeß zogen Geistliche und Laien von allen Seiten in Menge heran; des Papstes Versprechen und Drohungen lockten oder schreckten die Widerspenstigen; allgemein war das Gerücht, auch außer der Ehesache König Philipp's werde man die wichtigsten Dinge erleben. So zählte man am Eröffnungstage 14 Erzbischöfe, 250 Bischöfe, 400 Aebte; für die Massen der geringeren Cleriker, so wie der von nahe und fern anlangenden Laien schien jede Schätzung unmöglich. Das Resultat der sonstigen Verhandlungen, so wichtig es für andere Kreise wurde, ist hier gleichgültig; es genügt uns die Anführung, daß über Philipp und die Gräfin von Anjou feierlich der Bann ausgesprochen und der König nach kurzer Frist zum Nachgeben genöthigt wurde. Die Verhandlungen hierüber so wie über bestimmte Maßregeln rein kirchlicher Art füllten eine Woche; endlich am 26. November, als mehrere Canones festgestellt und die Verhandlungen geschlossen waren, berief der Papst noch einmal alle Anwesenden zu einer feierlichen Versammlung. Der Andrang war so groß, daß kein geschlossener Raum die Menge zu fassen vermochte, man verließ also die Stadt, und auf weiter Ebene, von Bischöfen und Fürsten, Geistlichen und Rittern, endlich von einer unübersehbaren Volksmenge umgeben, begann Urban den Nationen des Abendlandes von dem Grabe Jesu Christi zu reden.

---

1) Das Einzelne aus den Urkunden bei **Ruinart vita** Urbani p. 189 flg. und hist. de Langued. II. p. 288.

Die Worte, welche er an jenem Tage gesprochen, haben das Leben einer Welt auf neue Bahnen geworfen, aber auch sie, wie aller Orten die Anfänge des Lebens in Dunkel gehüllt sind, haben sich bis auf schwache Spuren verloren. Mehrere Augenzeugen haben aus dem Gedächtniß eine Aufzeichnung versucht, aber sie selbst verzichten von vornherein auf den Anspruch wörtlicher Treue[1]); das Bedürfniß der Zeitgenossen hat dann andere Bearbeitungen auf uns gebracht, die aber jeder Art von Beglaubigung entbehren; Alle weichen dabei wesentlich von einander ab, und verrathen in ihrem Inhalte rednerisch ausschmückende Geschichtsschreibung auf den ersten Blick.[2]) Dem rechten Historiker, wenn er nicht auf die Darstellung der umgebenden Thatsachen und auf eine bereite Phantasie seines Lesers vertrauen will, bleibt hier nichts übrig, als eine selbständige Schöpfung, eine erdichtete Wahrheit zu versuchen. Es wäre eine schöne, aber nicht die leichteste Aufgabe, hier auf den Wendepunkt der tiefgewurzelten, weit verzweigten Motive und einer plötzlichen, weltumfassenden Entwickelung zu treten, und die Worte nachzubilden, die solche Vorbereitung erfüllen und den Keim solcher Zukunft in sich tragen konnten.

Der Papst hatte noch nicht geendet, als die Begeisterung seiner Hörer schon nicht mehr zu halten war. Der Gedanke, Jerusalem zu befreien, Palästina zu erobern, dem Oriente das Heil des Glaubens wiederzubringen, ergriff sie Alle ohne Rücksicht mit einem Schlage. Ihnen Allen war er gemäß und längst in ihnen lebendig, nur gewußt hatte keiner davon und schwerlich irgendwer eine Ahnung gehabt: jetzt einmal ausgesprochen, bemächtigte er sich ihrer Herzen und trieb sie umher in Schmerz und Zorn und in maßlosem Entzücken. Nachdem Urban geschlossen, war kein Aufhalten mehr; während der Zuruf: Gott will es, der seitdem das Losungswort des Zuges blieb, sich unablässig unter den Schaaren wiederholte, strömten Geistliche und Laien zum Papste, das Gelübde in seine Hände niederzulegen.

---

1) So Rob. mon. p. **31.** Baldr. p. 86: Urbanus generaliter in haec verba **prorupit.** p. 88: his vel huiuscemodi aliis intimatis. Guib. **p.** 478: etsi non verbis, tamen intentionibus.

2) Nicht anders, **als** oben **über die** Arbeit Wilhelm's von Thyrus kann ich hier über die Redaction bei Wilhelm von Malmesburh und bei Baron. ad a. 1095 urtheilen. **Letztere ist** offenbar mit Baldrich verwandt.

Wir sehen einstweilen ab von der Menge, um einzelne später Bedeutende jetzt schon hervorzuheben.

Einer der ersten war Adhemar von Monteil, Bischof von Puy,
dessen frühere Pilgerung nach Jerusalem wir oben erwähnten. Heiteren
Angesichts, ritterlicher Haltung und stattlichen Ansehens nahte er dem
Papste, und bat knieend, ihm die Weihe zu dem Zuge zu ertheilen.
Adhemar war ein Mensch, der in vornehmer und heiterer Natur
weltliche und kirchliche Fähigkeiten nach den Forderungen seiner Zeit
vereinte. Eine Chronik seines Stiftes nennt ihn facilis ad omne
bonum, gracilis ad equitandum[1]), in beiden Wissenschaften, geistlicher und irdischer, sagt Robert, war er erfahren, und in seinen
Handlungen höchst umsichtig. Seine Frömmigkeit war berühmt, und
noch niemand hatte die kirchliche Haltung seiner Diöcese zu tadeln
vermocht. Dabei verstand er, auf weltliche Dinge sich mit Nachdruck
einzulassen, die Rechte seines Bisthums zu schützen und die mächtigsten
Großen um sich her in Ehrfurcht zu halten. Kurz er war eine
Natur nach Urban's Sinn, ein rechter Sohn der hierarchischen Richtung, wie sie durch diesen Papst neu gestaltet worden war. Man
begreift es, mit welcher Freude Urban seinem Begehrem damals
willfahrte und ihn sogleich zu seinem Legaten, also zum Befehlshaber
des sich bildenden Heeres ernannte[2]): er soll, schrieb Urban den
flandrischen Herrn, an des Papstes Statt der Anführer dieses Zuges
und Werkes sein, jeder Theilnehmer desselben seinen Befehlen wie
den unseren gehorchen und seinen hierauf bezüglichen Bindungen und
Lösungen unterliegen.[3]) Mit Fug und Recht wurde die Leitung eines
Unternehmens, das auf solchen Grundlagen erwachsen war, in solch
eine Hand gelegt.

Den folgenden Tag kamen Boten von Raimund von St. Gilles,
Grafen von Toulouse und Markgrafen von Provence: auch er werde
sich anschließen und hoffe bedeutende Streitkräfte mit sich führen zu
können.[4]) Hatte man bisher noch Zweifel über die Möglichkeit des
Unternehmens gehabt, so glaubte man sie jetzt vollkommen gesichert:

---

1) Chron. Pod. in der hist. de Lang. II. pr. p. 8.
2) **Baldr.** p. 88. Nach **Rob.** mon. p. 82 erst am folgenden Tage, in einer
Versammlung der Bischöfe.
3) Brief Urban's an die Flandrer, Februar 1096, bei Riant lettres p. 221.
4) Baldr. l. c.

auf die Macht und das Beispiel dieses Fürsten baute man die größten Hoffnungen. Noch in Clermont berieth der Papst mit den Bischöfen den Auszug; tagtäglich wuchs die Zahl der Hinzugetretenen und bald sah man, daß ein mächtiges Heer versammelt, daß aber auch an augenblicklichen Aufbruch nicht zu denken sein würde. Demnach gab der Papst alle ihm möglichen Verordnungen, die Rüstung zu er=leichtern — ein Gottesfrieden, kirchlicher Schutz für die Güter der Pilger u. dgl. m. wurde verkündigt; an alle Bischöfe des Abend=landes ergingen apostolische Schreiben, in denen sie zur Kreuzpredigt in ihren Diöcesen aufgefordert wurden.[1]) Adhemar seinerseits be=schloß, den Sammelplatz der Schaaren nicht im Abendlande zu geben. Er wählte dazu Constantinopel, unterhandelte näher mit einzelnen Fürsten[2]) und überließ sonst jedem, sich nach Belieben dort einzu=finden. Nach Entlassung des Concils verweilte Urban in Frankreich, bis tief in den Sommer hinein, und hielt, wohin er kam, die Be=geisterung für den Orient lebendig. In Anjou, so wie auf einem Concile zu Nimes ermahnte er zu dem Kreuzzuge und aller Orten wirkte seine heitere Würde, seine imponirende Freundlichkeit auf die Menschen hinreißend.[3]) Es wurde dann beschlossen, für den Auf=bruch der um Adhemar sich sammelnden Schaaren den Tag der Himmelfahrt Mariä in Aussicht zu nehmen.[4])

Damals schon wenige Monate nach dem Concil zu Clermont war es deutlich, daß man ein Unternehmen begonnen hatte, welches den Occident in allen Theilen bewegte. Die verschiedensten Kreise aller Länder zeigten sich erschüttert: wir haben hier zunächst die Er=scheinungen zu verfolgen, welche für einen Augenblick die ganze Ober=fläche der abendländischen Welt umzugestalten drohten, und wirklich hier nachhaltigere Wirkungen, als im Oriente hervorgerufen haben.

---

1) Absolution für die Pilger nennt Orderich, den Gottesfrieden Fulcher p. 383, Schutz für die Güter Guib. p. 481. Ueber das Ganze außer den Con=ciliensammlungen Ruinart p. 224 flg.

2) Chr Pod. l. c.

3) Höchst bezeichnend ist die von Eadmer in der vita Ans. aufbewahrte Vergleichung Urbans mit dem Erzbischof von Canterbury.

4) Riant l. c.

Zweites Capitel.

Peter der Einsiedler. Erste Bewegungen.

Die Begeisterung, wie sie unmittelbar nach der Rede des Papstes die Anwesenden ergriffen hatte, erfüllte binnen Kurzem die Länder und Völker, wohin die Kunde von ihr gelangte. Frankreich, wie sich denken läßt, war vor Allem in der mächtigsten Bewegung[1]), von hier pflanzte sich der Anstoß auf der einen Seite nach Italien und Spanien[2]), auf der anderen nach England und Scandinavien fort. Was Deutschland angeht, so läugnet Ekkehard das Dasein eines ähnlichen Aufschwunges[3]); er versichert, hier sei durch den Kampf und den Einfluß Heinrich's IV. der Sinn des Volkes dem Unternehmen des Papstes abgewandt gewesen und geblieben. Doch wenn man die Thatsachen selbst genauer in's Auge faßt, so wird man, wie mir scheint, ihn der Verwechselung näherer und fernerer Wirkungen an- klagen müssen. Die streng kaiserlich Gesinnten haben gewiß nicht das Kreuz genommen, eben weil es von den Händen des Papstes überliefert wurde; aber gerade in diesem Augenblicke hatten sie, wie wir sahen, durchaus nicht die Majorität, in Deutschland so wenig

---

1) Am besten bei Guibert p. 482 flg.

2) Cf. Navarete disertacion sobre la parte que tuvieron los Espano- les etc. Madrid 1816.

3) Ekkehard c. 9, später sehr oft aus dem Annal. Saxo und Chron. Ursp. angeführt. Das rechte Gegenbild giebt Mutius (de Germanorum mori- bus p. 748 flg.), der gern den ganzen Kreuzzug zu einem deutschen Kriege machte. Hutten erster Versuch c. bricht gerade da ab, wo die Frage in den entscheidenden Punkt käme.

wie in Italien, auf welches Land übrigens Ekkehard's Behauptung ebenso wie auf Deutschland anwendbar sein müßte. Die größte Mehrzahl der Deutschen, so viel kann wohl keinem Zweifel unterliegen, hielt sich in theilnamloser Gleichgültigkeit bei dem Kampfe zwischen Kaiser und Papst. So stand es mit dem hierarchischen Motiv; was die anderen bewegenden Triebe angeht, so ist sogleich zuzugeben, daß an der ascetischen Richtung die Deutschen nach dem uralten Gepräge unserer Nation im Vergleich mit den romanischen Völkern nur sehr schwachen Antheil nahmen. Wir hoben ferner den Einfluß der Normannen hervor, die Lust zu Abenteuern, die sie in dem ganzen Abendlande erweckten und die religiöse Färbung, welche diese in eine Reihe von Saracenenkriegen bereits erhalten hatten: auch hier ist keine Frage, daß die Deutschen weniger als irgend ein anderes Volk von diesen Einflüssen berührt worden waren. Das Alles scheint Ekkehard's Ansicht durchaus zu bestätigen, und faßt man einmal die gesammte Geschichte der Kreuzzüge in einer Uebersicht zusammen, so wird man nicht zweifeln können, Deutschland hat den geringsten Antheil an ihnen genommen, und die Rückwirkungen, die es von ihnen erfuhr, gingen sämmtlich auf eine Romanisirung, also auf eine Verwischung des ursprünglichen deutschen Wesens hin.

Aber, wie gesagt, dies sind fernere Folgen, und hier, wo es uns auf die nächsten ankommt, müssen wir unser Urtheil anders fassen. Hatte der langwierige innere Kampf die kirchliche Gesinnung der Einen abgestumpft, so hatte er sie in Anderen auch zu unbekannter Höhe gesteigert; zahlreiche Spuren der Askese, wenn auch nicht so zahllos wie bei den Romanen, gab es auch hier, und was sonst die Normannen und die Züge nach Afrika und Spanien, eine wilde Neigung zu kriegerischem Treiben, hatten hier die lang dauernden Bürgerkriege geschaffen. So kann es uns nicht Wunder nehmen, die ersten Zuckungen, welche der Rede des Papstes folgten, auch durch ganz Deutschland hindurchgehen zu sehen: die Aufregung war weit verbreitet, wenn auch nicht einstimmig; Gottschalk, Volkmar, endlich der Herzog von Lothringen konnten an der Spitze großer deutscher Schaaren zum heiligen Kriege ausziehen. Ekkehard liefert uns zahlreiche Beweise von der Bewegung des Volkes, auch in den Provinzen, wo wie in Baiern und Schwaben die Vornehmen wenig Antheil nahmen; man sah Wunder und Zeichen am Himmel wie auf der

Erde[1]), und wer nicht selbst aufbrach, verfolgte mit lebhaftem Interesse die beginnenden Rüstungen. Ekkehard selbst bemerkt, daß, wenn im östlichen Deutschland die Einwohner anfangs über die unerhörte Kunde gespottet hätten, sie doch bald, durch die vorüberziehenden Pilger **belehrt, von der** Begeisterung für das heilige Unternehmen ergriffen worden wären. Mit einem Worte, diese Schwingungen des großen Impulses waren durch ganz Europa fühlbar.

Die allgemeinen äußeren Erscheinungen, die er hervorrief, deute **ich nur an:** sie sind zu oft und zu wahr geschildert worden, als daß **eine neue** Darstellung noch Interesse haben sollte. Wie Vornehme und Niedrige sich aufmachten, wie alle Straßen erfüllt waren von Waffnenden und Ausziehenden, wie alle Beschäftigungen stockten, alle anderen Interessen in den Hintergrund traten. Das Abendland durch das Uebermaaß seiner Kräfte bewegt sah sich einen beseligenden Ausweg geöffnet: im Zwiespalt zwischen Geist und Materie hatte man ein Ziel gefunden, vollkommen ideal aber mit irdischen Waffen zu erreichen. Der älteste Bericht über den Kreuzzug beginnt mit den Worten[2]): als die Zeit erfüllet war, die Christus im Evangelium gesetzt, indem er sagte: wer mit mir sein will, nehme sein Kreuz auf sich und folge mir nach — da entstand die große Bewegung durch ganz Gallien. Es ist deutlich, daß man hier das Ereigniß unmittelbar an eine göttliche Vorausbestimmung anknüpft und in unverfänglichen Bibelworten eine Prophezeiung auf den Kreuzzug findet. Diese Anführung ist häufig wiederholt oder durch ähnliche Erörterungen ersetzt worden, wie z. B. Guibert sich unendlich lange abmüht, die auf den Kreuzzug deutenden Weissagungen zusammenzustellen.[3]) Nun ist das nicht als eine allgemeine Fügung der Vorsehung zu nehmen, es ist eine bestimmte That Gottes, ein Wunder im positiven Sinne des Wortes, wie es auch jene Zeit auf kein weltliches Ereigniß anzuwenden sich vermaaß. Seit der Schöpfung der Welt, seit dem Mysterium des Kreuzes, sagt der Mönch Robert, geschah nichts, diesem Zuge zu vergleichen, der ein Werk Gottes, nicht der Menschen war.[4]) Gott erscheint als der Führer des Heeres, es wird häufig

---

1) Ekkehard giebt auch wohl Beispiele des Unglaubens, das thut aber auch in Frankreich Guibert.

2) Gesta p. 1.   3) S. 542 flg.   4) Rob. in praef.

hervorgehoben, kein irdischer König sei unter ihnen gewesen, der heilige Geist selbst habe den Occident zur Befreiung Palästinas berufen.[1])

Fragt man bei diesen Schriftstellern nach den Gründen des Ereignisses, so zeigt sich Morgen= und Abendland in dem größten Verderben befangen; dort bricht die Macht der Türken, hier Laster und Unsitte mit zerstörender Wildheit herein.[2]) Der Streit zwischen Kaiser und Papst ist unzählige Male genannt, aber nirgendwo ist der Kreuzzug an eine dieser Gewalten, freundlich oder feindlich, oder an den Kampf derselben angeknüpft.[3]) Da heißt es: das Volk erhob sich gegen das Volk, die Fürsten standen auf gegeneinander, es zog der Papst über die Alpen, weil er ringsum Krieg und Verwüstung, Brand und Mord erblickte. Wie gewöhnlich finden wir den lebendigsten Ausdruck solcher Gesinnung bei Orderich, der nicht genug zu wiederholen weiß, wie damals eine neue Zeit, ein **Leben voll** von Laster und Unheil hereingebrochen sei. Die alte Sitte, sagt er, verschwindet, die Tracht der Väter wird verlassen, damals erfindet Fulco von Anjou, der Mann dreier Weiber, die Schnabelschuhe, deren Spitzen wahnsinnig in die Luft ragen, die Ritter gehen vorne kahl wie die Diebe, hinten mit Locken wie Buhlerinnen — Geroin le Gros klagt, die Redlichkeit sei vorüber, die Treue sei ausgestorben.[4]) **An** anderen Stellen wird Hungersnoth und Erdbeben erwähnt, mit einem Worte, es ist ein Zustand des Unheils, der ganz und gar, hier aus höherer Fügung, dort aus sittlicher Verschlechterung entspringt, und von beiden Seiten nur auf Gott, den einzigen Helfer hinweist.

Hiegegen **tritt nun der** Kreuzzug als unmittelbares Heilmittel

---

1) Baldr. in praef. Orderic. in praef. Chr. Cas. p. 497. Uno omnes Christo rege, sagt Ekkeh.

2) Ekkeh. c. 10 flg. Fulch. p. 381 flg., aus ihm weiter ausgeführt bei Will. Tyr. p. 633 flg. Man hat mehrmals aus der letzten Stelle den Stab über jene Zeit gebrochen, ohne sich durch die Verherrlichung des unmittelbar folgenden Jahres, durch die wunderbare Umwandlung durch den Kreuzzug **irren** zu lassen.

3) Natürlich redet Urban zu Clermont, aber nicht aus hierarchischen Motiven. Ord. Vit. p. 718 nennt den Angriff, den Kaiser Heinrich auf den Papst unternommen, unter den Motiven des Kreuzzugs, aber nur als ein Zeichen der sündhaft frevelnden Zeit.

4) **Ord. Vit. p. 782. 783.** Vgl. **hist. litt.** de la France t. XII. p. 200.

ein, von Gott selbst, seinem Führer und Feldherrn verkündigt und
anbefohlen. Am 4. April 1095, sagt Lupus Protospata[1]), fielen
Flammen vom Himmel wie kleine Sterne, weit und breit in allen
Landen, seitdem zogen die Völker Galliens, ja ganz Italien zog in
Waffen zum heiligen Grabe. Am Himmel und an der Erde, in
Wolken und Träumen spricht der Herr, er beruft sich seine Prediger
und redet durch Auge und Ohr zu der Menge.[2]) Da erhebt sich
das Abendland, den Osten zu befreien, und auf der Stelle zeigt sich
der Segen des Himmels. Das Erdbeben bleibt aus, ein fruchtbares
Jahr, wie es noch nie erschienen, folgt dem Mangel, Friede und
Eintracht kehrt der Welt zurück. Unter solchen Zeichen sehen sich
die Pilger im Beginne ihrer Fahrt, sie selbst erleben, die Zurückbleibenden verfolgen deren Ereignisse in gleichem Sinne. Wir können
hier vorausnehmen, wozu die Belege oft genug sich uns bieten werden: auf jedem Schritte des Heeres tritt diese gemischte Gesinnung
zu Tage, die rein sinnlich dennoch fest an dem Mysterium hält. Sie
umgiebt das Heer des Herrn mit aller irdischen Pracht der Waffen,
der Fahnen, der Thaten und verlangt streng eine vollkomme Abtödtung des Weltlichen und Fleischlichen. Sie sucht dem Ruhme
ihrer Helden zu Liebe die Wirkungen des Ungefährs auszuschließen,
und zugleich preist sie aller Orten Jehovah als den einzigen Feldherrn des Heeres. Und zwar dies Letzte im eigentlichsten Sinne:
Christus erfüllt in ihren Augen fortdauernd die Pflichten eines guten
Anführers, er erhält die Manneszucht im Heere, straft die Uebertreter,
schickt himmlische Hülfstruppen zur Verstärkung und hilft durch irgend
welche Mittel in jeder Noth.[3])

Was braucht es der Anführungen mehr? in jedem Worte sehen
wir den Geist der früher geschilderten Askese in Kraft. Was nach
den erwähnten Voraussetzungen nicht ausbleiben konnte, war in un-
absehbarem Maaße erfüllt worden: die ganze Fülle dieser Schwärmerei hatte sich der Idee des Papstes, sobald sie in Wort und That

---

1) Mur. V, p. 47. Ebenso Chron. Cas. l. c. Baldric. ausführlichst,
hist. belli sacri c. 1. Vielfach sonst.

2) Am reichhaltigsten an solchen Dingen sind Ekkehard und Guibert.

3) Bekannt sind die Heiligen in der Schlacht bei Dorylaeum, bei Antiochien,
bei dem Sturme auf Jerusalem. Das stärkste Beispiel von göttlicher Hülfe hat
wohl Radulf c. 120.

zur Erscheinung gekommen, bemächtigt. Wir sehen die allegorische
Schriftauslegung Damiani's, die Entzückungen und Visionen der
Eremiten, ein sinnlich materielles Eingreifen der göttlichen Macht;
wir können nicht zweifeln, daß dieselbe Gesinnung nach dem Concil
von Clermont das ganze Abendland in verstärktem Aufschwung erfüllte. Die nächste Frage war nun, wie dieser Aufschwung sich zu
den Modificationen verhalten würde, welche die Asketik bis hierhin
durch Hierarchie und Ritterthum erfahren; ob er diese in sich aufnehmen oder ob er sie ausstoßen und jene zu ihrer ursprünglichen
Reinheit, zu der strengen Vernichtung aller Formen dieser Welt
zurückführen würde. Man kann sich nicht verbergen, daß mehrere
Ursachen zusammentrafen, um im Anfange der Sache die bedenklichste
Wendung zu geben.

Während die Fürsten sich waffneten, die Vasallen ihnen zu-
zogen und die Ritter und die Krieger, deren Herren die Fahrt nicht
mitmachten, irgend einen Großen in ihrer Nähe sich auswählten,
dauerte auch unter den niederen Volksklassen, die längst des Waffen-
werkes entwöhnt waren, die einmal angeregte Bewegung fort und
führte aller gesetzlichen Ableiter beraubt bald zu heftigen Ausbrüchen.
Der Zustand des Landvolkes in Frankreich war damals ein sehr
trauriger; in allen Provinzen war die bürgerliche Ordnung in Verfall und der Einzelne gegen die Bedrückungen des Grund- oder
Lehnsherrn ungeschützt. Durch eine Reihe tüchtiger Regenten war
ein ähnlicher Zustand im deutschen Reiche in etwas verbessert worden;
allein der langjährige Streit zwischen Staat und Kirche hatte auch
dort die größte Rohheit wieder hervorgerufen. Völlige Herrenlosig-
keit hatte in Italien, ein grausamer Despotismus, der vor Allem die
Niederen traf, in England dasselbe Resultat bewirkt, aller Orten erschien die Eröffnung des Morgenlandes als eine tröstliche Aussicht
auf Befreiung. Schaarenweis, vor Allem in Frankreich, rottete sich
das Landvolk zusammen, ganze Dörfer wanderten aus, sie verkauften
was sie hatten, erwarben sich so viel sie vermochten **Waffen und**
Reisegeräth und waren **nun** bereit, den Weg des Herrn anzutreten.
Von der Hungersnoth des vorigen Jahres war aber das Land **be-**
sonders in den niederen Kreisen erschöpft; sie hatten sich genöthigt
gesehen, ihre Habe zu einem Spottpreise loszuschlagen, 12 Schafe,
wird uns gemeldet, **zu** 7 Denaren; was sie brauchten, Waffen u. dgl.,

war durch die allgemeine Nachfrage im Preise gestiegen: so mußten ihre Hülfsquellen in kurzer Zeit versiegen.[1]) Hätten sie sich auch an die Fürsten wenden wollen, man hätte sie schwerlich aufgenommen, denn auch deren Mittel reichten nicht hin, solche Massen ganz und gar zu ernähren. Dazu kam dann noch, daß diese Haufen bei Weitem nicht allein aus streitfähigen Männern bestanden: Weiber, Kinder, entlaufene Mönche und eine Menge zuchtlosen Gesindels befand sich darunter[2]): sie mußten hinweg, um nicht zu verhungern, am liebsten sogleich in Feindes Land, denn nur durch den Krieg selbst konnten sie sich ernähren.

Indessen waren sie selbst in keiner Weise gesonnen, sich dem geregelten Zuge fürstlicher Führer anzuschließen. Mit allen Mitteln versehen, hätten **sie** dennoch nicht **gewartet**; sie glaubten sich auf geradem Wege zu der Seligkeit des Himmels in diesem und in jenem Leben. Da gedachten sie nicht zu zaudern, etwa den Adel zu erwarten, unter dessen Druck sie bis dahin geschmachtet, und auch jetzt das Joch noch nicht abzuschütteln. Ihre äußere Lage zwang sie, den gewohnten Zustand ihres bürgerlichen Lebens zu verlassen: ihrerseits folgten sie diesem Zwange mit wilder Lust und fanatischer Begeisterung. Sie waren überzeugt, Gott selbst würde ihr Führer und Schützer sein, sie gedachten auf ihn zu bauen und nicht auf verhaßte weltliche Leiter. Den Kriegern des Herrn gebühre das höchste Glück auf Erden; so werde der Herr für sie sorgen und die Güter der Gottlosen und Ungläubigen in ihre Hand geben. Mit einem Worte, sie rissen sich völlig los von den weltlichen Formen ihrer Heimath, sie erhoben sogar offenen Krieg gegen sie in jeder denkbaren Weise.

Forschen **wir** nun, wie dieser ascetische Eifer gegen den Papst gesinnt war, oder sich, allgemeiner ausgedrückt, zu den hierarchischen Bestrebungen der Zeit verhielt, so muß man auch hier wenn nicht bewußten Haß doch vollständige Gleichgültigkeit behaupten. Man findet nicht gerade thatsächliche Aeußerungen davon, dazu war die allgemeine Ehrfurcht vor dem apostolischen Stuhle doch schon zu fest

---

1) Am besten bei Guib. p. 481.

2) Am stärksten hebt diesen Umstand Orderic. Vit. p. 721 hervor, sowie Ekkehard in den ersten 10 Capiteln. Uebereinstimmende Angaben giebt es in großer Menge, doch thut man Unrecht, wenn man die ganze Masse dieser Schaaren mit solchem Gesindel in eine Kategorie setzt.

gegründet: nicht minder beweisend ist aber eine historische Ansicht von der Entstehung des Kreuzzuges, die nur unter ihnen entstanden sein kann und geradezu darauf ausgeht, den wichtigsten Theil des päpstlichen Einflusses einem Schwärmer, einem Ideal der Askese zuzueignen. Diese Tendenz der Sage von Peter dem Einsiedler — denn sie ist es, die ich hier im Auge habe — ist an und für sich klar: die Behauptung aber, daß sie nicht den mindesten Anspruch auf geschichtliche Glaubwürdigkeit habe, macht eine nähere Ausführung und einen kritischen Hinblick auf ihre Quellen erforderlich.[1]

Peter, der Einsiedler von Amiens hat nach der von Albert eingeführten und von Wilhelm festgestellten Ueberlieferung[2] den Ruhm, das Abendland zu jenen Fahrten aufgerufen und den Papst erst durch seine Begeisterung fortgerissen zu haben. „Tief bekümmert ob des heidnischen Gräuels — so erzählt Albert — ist er in der Kirche des heiligen Grabes betend entschlafen; da erscheint ihm der Heiland in himmlischem Glanze und spricht zu ihm, dem schwachen und gebrechlichen Menschen: Peter, theuerster Sohn, stehe auf, gehe hin zu meinem Patriarchen und nimm von ihm den Brief meiner Sendung. In der Heimath sollst du erzählen von dem Elende der heiligen Stätten und sollst die Herzen derer die da glauben erwecken, daß sie Jerusalem reinigen und die Heiligen aus der Hand der Heiden erretten. Denn die Pforten des Paradieses sind ihnen geöffnet, die ich erwählt und berufen habe. Und Peter stand auf in der Frühe und ging zu dem Patriarchen, daß er den Brief der Sendung empfänge. Der Patriarch aber gab ihm den und dankte ihm sehr, und Peter ging hin und vollbrachte die Meerfahrt in großer Angst, bis er nach Bari kam und endlich nach Rom. Da vernahm der Papst in Demuth und Freuden das Wort des Berufes und zog hin nach Vercelli und dann nach Clermont, den Weg des Herrn zu predigen. Und es erhoben sich alle Lande, und alle Fürsten und Ritter in ganz Frankreich, um das heilige Grab zu befreien: am 8. März aber des Jahres 1096 betrat Walter Habenichts, ein gewaltiger Ritter mit einer großen Menge Fußvolks und acht Reitern,

---

1) Vgl. die gründliche Erörterung bei Hagenmeyer, Peter der Eremite, S. 53 flg., sowie Riant, lettres S. 93 flg.
2) An den schon oben erwähnten Stellen.

der erste auf dem Wege nach Jerusalem, das mächtige Reich
Ungarn."

Der Charakter dieser Erzählung scheint mir nicht zu verkennen:
es ist die Geschichte eines Wunders, eine heilige Legende, wenn je
eine solche existirt hat. Christus der Heiland der Welt erscheint
selbst, um den Kreuzzug anzubefehlen: er spricht das Wort und die
That ist geschehen, sobald Peter das Wort gemeldet hat. Der Papst
vernimmt es, er sagt es den Anderen, und am 8. März, ohne viele
Zwischenhandlung, stehen die ersten Kreuzfahrer in Ungarn. Es ist
eine Schöpfung durch Gottes Geheiß, durch den schwachen Eremiten
als Werkzeug; der Papst steht erst an dritter Stelle, und auch hier
nur höchst unbedeutend. Fast noch stärker gefärbt, wie wir sahen,
erscheinen alle Momente der Sage in dem Liede von Antiochien:
Peter erblickt in der Grabeskirche die Majestät Gottes, erwirkt sich
bei dem Papste eine Empfehlung an den König von Frankreich, bringt
dann auf eigene Faust sein Heer zusammen, bekämpft die Türken, und
hierauf erst erhebt sich der Papst auf Peter's neues Betreiben zur
Kreuzpredigt in Clermont.

Wilhelm von Thrus unternahm nach seiner Weise, die Angaben
der geschichtlichen Quellen mit der ihm durch Albert überlieferten
Legende zu verknüpfen. Peter faßt seinen Entschluß auf eigenen Antrieb, ein göttlicher Traum bestärkt ihn, so gelangt er zum Papste.
Urban ist auf der Stelle für seine Idee gewonnen und übernimmt
darauf die Leitung der Sache; bis er aber Italien verlassen kann,
zieht der Eremit durch alle Länder und regt alle Herzen auf. Niemand
widersteht seinem Feuer, seine Beredsamkeit entzündet die Muthigen
und belebt alle Trägen; so hat er das Werk zur Hälfte vollendet,
als Urban in Clermont anlangt und das Vorhaben amtlich und entscheidend bekannt macht. Wir sehen, daß der mystische Ton der Erzählung verwischt ist; bis auf den Traum Peter's, den Wilhelm
übrigens ebenso seines Wundergehaltes entkleidet, verläuft sich Alles
in streng verständiger, einfach menschlicher Weise. Während Albert
hervorhebt: dem schwachen, gebrechlichen Menschen erschien der Herr
— wird hier die Lebhaftigkeit seines Geistes, die Leichtigkeit seiner
Rede gerühmt. Albert geht von dem Befehle des Herrn auf der
Stelle zur äußeren That über, Wilhelm füllt die Lücke mit einer
weitläufigen Darstellung der Zwischenereignisse. Ich glaube aber

gegen die letzteren nicht ungerecht zu sein, wenn ich sie als ganz willkürliche Erfindung bezeichne; ehe ich dies jedoch nach den Quellen darzuthun versuche, ist noch von weiteren Gestalten der Ueberlieferung zu reden.

Die bald nach der Mitte des 12. Jahrhunderts geschriebenen Annalen von Rosenfeld im Bisthum Bremen berichten, und aus ihnen wiederholen es der Annalista Saxo, so wie die Annalen von Magdeburg und Disibodenberg, daß im Jahre 1096 ein aus dem Kloster ausgetretener Mönch Namens Peter in den Landen umher= gezogen sei; er habe einen vom Himmel gefallenen Brief vorgezeigt, welcher die Völker zur Befreiung des heiligen Grabes aufgerufen, und durch seine Predigt Vornehme und Geringe, Könige und Fürsten, Bischöfe und Aebte zur Kreuzfahrt bestimmt. Auch hier also ist der Ruhm des Papstes durch den eines entlaufenen Mönches verdrängt, und Peter zum Urheber des großen Unternehmens gestempelt. Da= gegen bleibt seine frühere Pilgerfahrt und die in Jerusalem erlebte Vision unerwähnt, und wird durch den noch fabelhafteren himmlischen Brief ersetzt. Man wird in diesem Umstande nicht gerade eine positive Widerlegung der Albert'schen Legende erkennen, aber ebenso wenig behaupten wollen, daß die Glaubwürdigkeit derselben durch die Rosenfelder Erzählung bekräftigt werde.

Um dieselbe Zeit, in welcher dieser bremische Bericht aufgezeichnet wurde, erzählte man in Genua, Gottfried von Bouillon und Robert von Flandern seien nach Jerusalem gepilgert, und hätten nach ihrer Rückkehr mehrere andere Fürsten nach Puy beschieden, um hier Rath zu pflegen, wie man das heilige Grab befreien könne. Damals hätten zwölf Männer in der dortigen Marienkirche denselben Gegenstand drei Tage lang erwogen; in der dritten Nacht sei einem derselben, Namens Bartholomäus, der Engel Gabriel erschienen, habe ihm ein Kreuz auf die rechte Schulter geheftet, und ihm befohlen, zu Bischof Adhemar zu gehen, und ihm zu sagen, er solle durch ihn den Papst auffordern, daß er die Völker unter Vergebung ihrer Sünden zur Kreuzfahrt aufrufe. So sei es geschehen, und der Papst sei sofort auf die himmlische Botschaft herübergekommen, und habe in einer großen Versammlung die Kreuzpredigt begonnen.[1] Es ist dieselbe Grundanschauung wie bei Albert: ein unmittelbarer göttlicher Befehl

---

[1] **Caffar.** de liberatione Orientis, Pertz, monum. XVIII, p. 40.

an einen geringen Mann ruft das heilige Unternehmen in das Leben.
In den Einzelnheiten zeigt die Sage ihre wechselnde Productivität:
hier ist es nicht Christus, sondern Gabriel, nicht Jerusalem, sondern
Puy, nicht Peter, sondern Bartholomäus, die als Personen und Ort
der Vision genannt werden. Wir werden später sehen, daß ein Geist=
licher Namens Petrus Bartholomäus zu Antiochien in Folge einer
Vision die heilige Lanze auffindet; die chanson d'Antioche theilt nicht
ihm, sondern Peter dem Eremiten diese Ehre zu; umgekehrt, scheint
es, überträgt die genuesische Legende nicht dem Eremiten, sondern
dem Entdecker der heiligen Lanze den Ruhm, den ganzen Kreuzzug
veranlaßt zu haben, ganz ähnlich wie die bremische den Eremiten
nicht durch eine Vision in Jerusalem, sondern durch einen schriftlichen
Befehl Gottes in Bewegung setzt. Mit einem Worte, alle diese an=
geblichen Thatsachen sind Schöpfungen der Phantasie: die einzige
wirkliche Thatsache, die sie uns lehren können, ist die Ueberzeugung
des 12. Jahrhunderts, daß der Kreuzzug nicht Menschen=, sondern
Gotteswerk gewesen.

Wenden wir uns nun zu den historischen Quellen, so wird zu=
nächst der Bericht Albert's und der chanson des chétifs durch das
Zeugniß der byzantinischen Kaisertochter, Anna Comnena, ausge=
schlossen.[1]) Wohl sagt auch sie ohne Erwähnung des Papstes, daß
Peter, aus Asien zurückgekehrt, alle Welt zum Kreuzzuge ermahnt
und das ganze Abendland in Bewegung gesetzt habe. Indessen gerade
in ihrem Zusammenhange wird man dem Schweigen über den Papst
geringe Bedeutung beilegen, wenn man sich erinnert, auf welche Art
Peter in Constantinopel bekannt wurde. Zuerst kam die Schaar
Walther's Habenichts dorthin, Leute des eben bezeichneten Schlages,
die von Peter versammelt worden waren, die für ihren Apostel
schwärmten und von einer Mitwirkung des Papstes vielleicht nicht
eine Sylbe vernommen hatten. So verkündeten sie Peter's Ruhm:
er habe die Welt aufgerufen, und für ihre Welt hatten sie denn
auch Recht in vollem Maaße. Durch diese nun war man in Byzanz
vorbereitet, als mit neuen stärkeren Schaaren der Hochgefeierte selbst
ankam; der Kaiser forderte ihn vor sich, hatte vielfache Verhand=
lungen mit ihm, und deren Inhalt ist es, den uns Anna mittheilt.

---

1) S. 284 ed. Paris.

Daraus geht dann zunächst hervor, daß Peter vom Papste nicht
besonders geredet hat: wozu sollte er auch? ob er ihn in Wirklich=
keit jemals gesehen, ist sehr fraglich, und nach seinem eigenen Glauben
ging seine Mission ganz sicher von einem Höheren aus, als von dem
Redner des Clermont'schen Concils. Aber, was gegen Albert ent=
scheidend ist, auch von Peter's früherem Aufenthalt und **von** seiner
Vision in Jerusalem hat der Kaiser nichts erfahren. Im Gegentheil
Anna erklärt, daß Peter auf seiner Pilgerfahrt von den ganz Asien
durchplündernden Türken Vieles **erduldet**, daß er deshalb sein Ziel
nicht erreicht, und somit in **der** Heimath **das** Kreuz gepredigt habe,
theils aus Unwillen über die Heiden, theils aus Furcht, die Pilgerung
allein zu wiederholen. Durch diese einfachen, **in** sich höchst wahr=
scheinlichen und bestens beglaubigten Angaben fällt, wie deutlich ist,
der ganze Bau der Legende zusammen. Und noch mehr. Wenn
wir den Inhalt prüfen, welchen die historischen Quellen im Abend=
lande über Peter und dessen Leistungen gewinnen lassen, wenn wir
wahrnehmen, daß diese sämmtlich, und die seiner nächsten Heimath
am meisten, von dem Ruhme schweigen, den Kreuzzug veranlaßt zu
haben, so scheint einzig aus diesem Mangel die Natur der gewöhn=
lichen Erzählung erwiesen und die Feststellung eines anderen Her=
ganges nothwendig. Und so verhält es sich: kein Mensch, außer den
vorher genannten Gewährsmännern, der in jenen Zeiten **und** an
jenen Orten gelebt, der mit einfachem Sinn **äußere** Thatsachen zu
berichten denkt, weiß eine Sylbe von Peter, dem Botschafter des
Herrn, dem Vorläufer des Papstes, dem Erwecker des Abendlandes.
Die Nordfranzosen kennen ihn als einen Prediger des großen Haufens,
ganz so wie wir sonst von Gottschalk, Volkmar und Emicho wissen[1]);
die Engländer und Italiener **haben seinen** Namen nicht; unter **ben**

---

1) So Rob. p. 32. Baldr. p. 87 Guib. p. 482. **Orderic.** p. 721 (wohl
1129 geschrieben, Lappenberg II, 291), der sonst genaue Personalangaben über
ihn hat. Fulcher nennt ihn gar nicht. Fulco Andag. (bei d'Achery spic.
III, p. 234) kennt seine Familie, erwähnt aber nur seine Niederlage in Bithy=
nien. Hugo Floriac. (bei Bouquet XII. p. 799) nennt ihn mitten unter den
übrigen Fürsten (geschrieben 1108), ebenso mit den Uebrigen auf gleicher Linie
wird er fast in allen französischen Chroniken jener Zeit kurz erwähnt. Wenn
Hagenmeyer S. 123 die obige Gleichstellung Peter's mit Gottschalk bemängelt,
so finde ich sie bei ihm S. 109 so nachdrücklich wie möglich bestätigt.

Deutschen erwähnt ihn Ekkehard noch als Führer der ersten jener Horden[1]), und erst ein halbes Jahrhundert nach dem Ereigniß zeigen sich die inhaltreicheren Rosenfelder Nachrichten. In einem entsprechenden Verhältniß erscheint er dann im Verlaufe des ganzen Kreuzzuges: ein einziges Mal tritt er handelnd auf[2]) und entflieht ein anderes Mal mit mehreren Uebrigen aus dem Lager, ohne dort besondere Hervorhebung oder hier auffallenden Tadel zu erfahren.[3]) Ja sogar die ältesten Lieder, jene des Pilgers Richard, bezeichnen nicht Peter's Aufruf, sondern die Bittgesuche des griechischen Kaisers als die Veranlassung des Kreuzzuges. Ueber seinen Tod finden sich einige Angaben: er sei zu Huy gestorben, in einem Kloster, das er nach seiner Rückkehr gegründet. Und sonst nicht ein Wort weiter: wie hätte ein Landsmann und Zeitgenosse in solcher Weise solch eine Nachricht melden können, wenn Albert's Erzählung nur in einer Sylbe auf geschichtlichem Boden ruhte. Es ist aber nichts, durchaus nichts damit. Die ganze Ueberlieferung giebt uns, wie gesagt, nicht eine Thatsache, sondern allein einen ferneren Beweis, wie energisch die Gesinnung jener Schwärmer gewesen ist. Die Richtung, die im Laufe des ganzen Jahrhunderts vor Allem in den Eremitenzellen lebendig war, sucht sich hier des ganzen Kreuzzuges zu bemeistern, indem sie einen Eremiten statt des Papstes an die Spitze desselben stellt. Man weiß, wie es ihr gelungen ist. Der Ruhm Peter's des Eremiten ist ein weltgeschichtlicher geworden. Jahrhunderte lang hat kein Mensch es bezweifelt, daß er dem Abendlande den entscheidenden Impuls zu den Kreuzzügen gegeben. Die Gelehrten haben es bezeugt, die Dichter haben es gefeiert, die Völker haben es angenommen, noch in der Galerie von Versailles hat er demgemäß seine Stelle erhalten. Und das Alles hat keine Grundlage als die Lieder, aus denen einst Albert und Graindor geschöpft, Lieder, die sonst kaum ein wahres Wort enthalten, die in phantastischem Schaffen schwelgen, und dann freilich sofort das eben Erdichtete als Thatsache preisen. Alle geschichtlichen

---

1) So bei Ekkehard, der ihn auch nicht im Mindesten über Volkmar rc. erhebt. Ueber dessen Copisten s. o.

2) Er führt die Unterhandlung mit Kerbuga; daß eine Rede, die er vor Jerusalem gehalten haben soll, nicht zu beglaubigen ist, werde ich gehörigen Ortes darzuthun versuchen.

3) Gesta p. 11 und sonst: nirgendwo ein Erstaunen, daß gerade er so schwach gewesen, stets nur die einfache Thatsache.

Aufzeichnungen der Zeit widersprechen; allen ist Peter ein obscurer
Fanatiker, der erst nach dem Aufrufe des Papstes sein Bauernheer
gebildet hat.

Die Frage, wie diese Fabel, wenn es eine war, sich so lange
und unumschränkt behaupten konnte, erledigt sich durch unsere früheren
Bemerkungen über Albert und Wilhelm. In dem Letzteren erschien
die Möglichkeit, die Legende des Anderen der Geschichte zu gewinnen:
wie hätten gegen diese Gewährsmänner **die** zerstreuten Notizen unserer
ruhmlosen Schriftsteller in Anschlag **kommen** können? Gegen Albert's
Ausführlichkeit und die ruhige Ueberlegenheit Wilhelm's hatten sie
nichts einzusetzen, als die einfache **Nähe, in der** sie räumlich und
zeitlich zu dem Ereigniß gestanden. Uns freilich muß diese schlechthin entscheidend werden; wir dürfen uns **nicht sträuben**, gegen all
jenen Schmuck ihre schlichteren aber wahreren Thatsachen einzutauschen.
Erinnern wir uns aber auch der positiven Seite: hier scheint mir
nicht bloß ihrer Befähigung, sondern auch ihrem Inhalte nach die
Ansicht der Quellen die einzig annehmbare. Es ist eine Beschränkt-
heit, die Motive des Kreuzzuges vorzugsweise im Morgenlande zu
suchen und durch den pilgernden Eremiten die Thaten dieses Heeres
an die Geschichte der früheren Wallfahrten anzuknüpfen. Der Kreuzzug entsprang vielmehr aus einer großen inneren Entwickelung, die
in dem Papstthum nach jeder Rücksicht ihren höchsten Ausdruck fand:
demnach vermochte allein der Papst, sobald er seiner Stellung bewußt wurde, diesem Triebe Wort und Verkörperung zu geben. Auch
haben wir gesehen, was ihn bewog, ein lange Vorbereitetes endlich
zu vollziehen, und ihm allein ist der Ruhm zu erhalten, den ihm
der Einsiedler von Amiens bis auf unsere Tage zur größeren Hälfte
streitig gemacht hat. Er kam nach Clermont, als eine unbewußte
Richtung auf den Orient bei Allen, ein ausgesprochenes Wort darüber
schlechterdings an keinem Orte vorhanden war. Er sprach es aus,
da erhoben sich Fürsten und Ritter, Vornehme und Geringe, unter
den Geringen auch Peter der Eremit, und um an dieser Stelle **ihm**
die gebührende Ehre widerfahren zu lassen, dazu, wie **gesagt**, liegen
uns hinreichende Mittel vor.

Während überall die Menge des Volkes in der heftigsten Gährung
begriffen war, erschien in der Normandie Peter von Achery[1]), aus

---

1) Den Familiennamen **geben Orderich und Fulco.**

Amiens gebürtig, um das Kreuz mit einem Enthusiasmus zu ver-
kündigen, wie er selbst bei der allgemeinen Bewegung noch nicht erschienen war. Er hatte eine Weile als Einsiedler nach strenger Regel
gelebt[1]), ein lang fortgesetztes Fasten, Büßungen und Wallfahrten
hatten sein Gesicht gebräunt und seine Glieder abgemagert. Desto
schärfer funkelte sein Auge, desto heftiger strömte ihm die Rede, ent-
flammend und überwältigend rief er sogleich die Gesinnung jener
niederen Kreise auf. Wie es seiner Begeisterung gelang, brauche ich
nun nicht weiter zu erörtern. Das Volk erhob sich, wo er erschien;
die Massen sammelten sich um den unbekannten Einsiedler, wie um
einen Propheten des Herrn, und in Kurzem stand das Landvolk des
nördlichen Frankreichs unter den Waffen. Wohin Peter nicht gerade
persönlich kam, predigten Walther von Pacy, ritterlichen Geschlechts,
und vier Neffen desselben, die neue Botschaft des Heils[2]): sie hatten
noch vor Ende des Winters über 15,000 Menschen vereinigt, einen
Haufen freilich ohne Mannszucht, Bewaffnung und Lebensmittel,
dafür aber glühend heißen Sinnes, voll Begierde nach Kampf und
durch kein Gesetz mehr gebändigt. Ein anderer Schwarm von gleicher
Beschaffenheit sammelte sich um den Vicomte von Melun, Wilhelm
den Zimmermann, einen Menschen von riesiger Körperkraft, aber gemeiner, zugleich roher und haltungsloser Natur: durch Plünderung
des platten Landes erwarb er sich die Mittel zum Zuge und gleich-
gesinnte Genossen führten ihm täglich Verstärkungen zu.[3]) Gottschalk,
ein Priester vom Rheine, hatte den Eremiten gehört, sich dann aber
von ihm abgesondert, er brachte an 15000 Franken, Schwaben und
Lothringer zusammen[4]), die er durch Ostfranken und die Donau
hinunterzuführen beschloß.[5]) Der Priester Volkmar durchzog Lothringen mit einem zahlreichen Gesindel von gleich furchtbarem Schlage;
als er sich stark genug glaubte, richtete er seinen Marsch durch
Sachsen nach Böhmen und Ungarn.[6]) Wir erkennen nun deutliche

---

1) Rob., Guib. l. c. Sonderbar ist die Meinung Accolti's oder seines
Commentators, wohl nach Oultremont, er sei kein Einsiedler gewesen, l'hermite
sei Familienname. Accolti p. 13.
2) Orderic. l. c. 3) Rob. p. 48. Guib. p. 501.
4) Alb. Aq. p. 198. 5) Ekkeh. c. 12.
6) Ihrer 12000, Ekkehard l. c. Cosmas Prag. ad a. 1096 verwechselt
ihn mit Gottschalk.

Spuren einer solchen Aufregung durch halb Europa; ohne Sinn und Ueberlegung brachen die Einzelnen auf, wo es an solchen Führern fehlte; wie z. B. Walther von Pacy noch in Deutschland durch zahlreiche Lombarden verstärke wurde.[1]) Aus England kam Schiff auf Schiff an die flandrischen und französischen Küsten; diese Pilger und zahlreiche Flamänder mit ihnen zogen dann den Rhein hinauf, wo sie schon bei Mainz das Land in voller Aufregung fanden. Es hauste dort Graf Emicho, grausam, tyrannisch, ein anderer Saul, so beschreibt ihn Ekkehard; auch er hatte das Kreuz genommen und ähnliche Schwärme um sich versammelt. Zu ihm stießen jene Eng=länder, dann auch Wilhelm von Melun und Andere, zusammen an 14000 Mann: hier waren der Wildheit, den Ausschweifungen, des Fanatismus nicht Maaß und Ziel mehr.[2])

Es konnte nun nicht fehlen, daß die so vereinigten Elemente der Unordnung, ehe sie an das Ziel ihrer Rüstung gelangten, ge=waltsame Erschütterungen schon im Abendlande hervorriefen. Peter selbst hielt sein Heer noch erträglich in Schranken: kaum aber war er durch Ungarn abgezogen, als die übrigen Massen im Großen und wie nach fester Verabredung losbrachen. Durch religiöse, hab=süchtige oder zufällige Motive bestimmt, warfen sie sich auf die jüdische Bevölkerung aller Orten, zu gleicher Zeit und mit thätlichem Trotze gegen die Landesgewalt. In Speier, in Worms, in Trier und Mainz wurde gemordet und geplündert, was jüdischem Stamm und Besitz angehörte; wohin die gesetzlosen Rotten gelangten, er=neuerten sie die Gräuelscenen in ungeschwächter Wuth.[3]) Volkmar, der, wie erwähnt, durch Böhmen vorrückte, fand Prag ohne Besatzung, da Herzog Brzetislav seit kurzem gegen Polen zu Felde lag; so wurden auch hier die Juden angefallen und mißhandelt.[4]) Die

---

1) Gesta p. 1. Petrus invenit Constantinopoli Lombardos et Longo-bardos. Es kann nur Walter's Schaar gemeint sein, mit welcher Lombarden nur unterwegs sich vereinigen konnten.

2) Alb. p. 194. Ekkeh. l. c.

3) Trier: histor. Trevir. (d'Achery II, p. 208, Martene coll. ampl. IV, p. 183. Wyttenbach's Ausgabe ist mir nicht zur Hand). Worms und Speier: Bern. Const. ad a. 1096. Mainz Ursp. ad a. c. Rouen: vita Guib. bei Bouquet S. 240. Im Allgemeinen Ekkeh. c. 12.

4) Cosmas Prag. a. c.

Vergeltung folgte bald genug; als der Haufe nach Ungarn gelangt war, kam es bei Reitra zu Tumult und Kampf, in dem die Pilger unterlagen, und weitaus die meisten in Tod und Gefangenschaft geriethen. Der Rest stäubte auseinander, jetzt in Schrecken und Entsetzen ebenso maaßlos, wie in ihrer Wildheit vorher: sie erzählten, nur ein Kreuz vom Himmel her über ihren Häuptern erscheinend habe sie aus dem schrecklichsten Tode errettet. [1]

Gottschalk, der nach ihnen sein Heil versuchte, fand nach gleichem Verdienste ein gleiches Ende, dessen nähere Umstände indeß besonders zu erörtern sind. Die gewöhnliche Ansicht ist aus den Berichten Ekkehard's und Albert's zusammengesetzt, hat aber dadurch beide entstellt, ohne für sich einen festern Grund gewinnen zu können. Albert rechnet nämlich, wie man deutlich sieht, Gottschalk's Schaar in keiner Weise zu diesen aller Ordnung feindlichen Haufen [2]): er sagt, etwa 15,000 Mann stark an Reiterei und Fußvolk, mit unaussprechlichem Gelde und allem Nothwendigen wohl versehen, sei man friedlich bis Ungarn gelangt: dort, bei Meßburg (Moson) gut aufgenommen, habe man einige Tage in Frieden gelebt, bis Baiern und Schwaben, stets reizbar und durch Trunk noch gesteigert, zuerst Unordnungen, dann Plünderung, darauf bei wachsendem Widerstand offnen Kampf, zuletzt die gräßlichsten Grausamkeiten begonnen hätten. König Kalmani, nachdem er sein Heer schleunig versammelt, habe die Pilger, die auf ihrer Hut gewesen, durch Friedensverhandlungen getäuscht, dann, als sie die Waffen niedergelegt, jämmerlich ermordet. [3]) Wir sehen die deutlich ausgesprochene Absicht, die Ungarn als den schuldigen Theil erscheinen zu lassen: ein stattliches, friedlich dahinziehendes Heer wird um einiger Uebelthäter willen feige, grausam und hinterlistig vernichtet. Dieses schöne und tragische Bild hat dem Albert, wie er selbst uns angiebt, nach Berichten von Flüchtlingen aus der unglücklichen Schaar selbst entworfen; und ich glaube nicht,

---

1) Ekkeh. c. 12. Die übrigen Autoren übergehen die ganze Unternehmung, wie sie auch bei Wilken fehlt.

2) S. 194.

3) Ekkh. hatte zuerst dieselbe Nachricht erhalten, sie seien dolo potius quam armis umgekommen. Daß er die Nachricht hatte und sie später ausmerzte, ist der stärkste Beweis für ihre Nichtigkeit.

daß man Leute dieser Art gegen die Umsicht und Ruhe Ekkehard's geltend machen wird.

Nach diesem war aber Folgendes der Hergang des Ereignisses.[1]) Gottschalk bezeichnete seinen Weg durch Franken, Baiern und Oesterreich mit gleichen Verwüstungen, wie sie Volkmar in Böhmen geübt hatte. Er kam bis an die ungarische Grenze und mochte hier durch die Nachricht von Volkmar's Unglück zu einem vorläufigen **Einhalten** bestimmt werden. Sein Haufen befestigte sich in irgend einer Stadt nicht weit von der Grenze; es mag sein, daß Albert den richtigen Namen aufbewahrt hat. Indeß verhielten sie sich nicht ruhig und durchstreiften sengend und brennend die Umgegend, so daß die Besatzung Mosons natürlich geschwächt wurde. Hier blieb denn die Rache nicht lange aus; der Ort ging bei einem unvermutheten Angriffe der Ungarn ohne besondere Vertheidigung über und das Schicksal der Pilger wurde mit einem Schlage entschieden. Tod, Gefangenschaft oder schimpfliche Flucht war das Loos des gesammten **Heeres**.

Mit desto größerer Wuth näherte sich darauf die letzte dieser Schaaren unter Emicho und seinen Genossen der ungarischen Grenze. Sie betrachteten sich jetzt als in offenem Kampfe mit diesen Feinden der Pilgerschaft begriffen, und wie sie ihre Vorgänger in jeder Zuchtlosigkeit übertrafen, so waren ihre Drohungen gegen Ungarn auch unverholener. König Kalmani war dieses Mal persönlich an der Grenze, um den Widerstand zu organisiren, er selbst vertheidigte Moson sechs Wochen lang unter heftigen Kämpfen. Während die Führer **haderten, wer den Thron** Ungarns erhalten sollte, stürmten die Pilger mit fanatischer Tapferkeit die Mauern: schon verzweifelte der König, ihrer Wuth einen glücklichen Widerstand entgegenzusetzen und wollte die Stadt anzünden und verlassen. Plötzlich aber hörten die Angriffe auf und einen Moment nachher sah man die Pilger in aufgelöster Flucht. Mitten im Siege war ein Grauen über sie gekommen, unbegreiflich und unwiderstehlich; sie ließen Beute, Gepäck und Verwundete zurück, nur das Leben zu erretten war ihr einziger Gedanke. Sie zerstreuten sich völlig und nur wenige finden wir später bei dem französischen Heere des großen Kreuzheeres wieder.[2])

---

1) Ekheh. **l. c.**
2) So den Vicomte von Melun, Clarembold von Vendeuil u. A.

Nachdem wir bis hierher die Entwicklung dieser Dinge, so weit sie das Abendland unmittelbar berührten, verfolgt haben, ist jetzt auch der Fortgang, welchen Peter's und Walther's Unternehmen hatte, näher darzustellen. Sie feierten Ostern 1096 in Köln[1]), hier ließ sich Peter durch den Erfolg seiner Predigten festhalten, während Walther die bereits gesammelte Schaar weiter führte. Durch Ungarn kamen sie ohne Gefahr und wie es scheint, ohne besondere Ausschweifungen; übler aber erging es ihnen in Bulgarien, wo sie mit einer gleich gesetzlosen aber viel kriegsmuthigern Nation als sie selbst waren, zusammentrafen. Vom ersten Augenblick sahen sie sich als Feinde behandelt und mit der größten Energie angegriffen, nicht in geschlossenen Schaaren oder offener Feldschlacht, wohl aber in einem rastlos geführten kleinen Kriege.[2]) So zogen sie fort, keinen Moment außer Gefahr, in dem drückendsten Mangel, bei dem geringsten falschen Schritte unrettbar verloren: eine Aufgabe, welche die Kraft ihres Führers, wie ihre eigene weit überstieg. Es dauerte nicht lange, so löste sich jede nur denkbare Ordnung ohne Halten auf, Verlust folgte auf Verlust, Menschen, Lastthiere, Vorräthe, aller und jeder Besitz wurde eingebüßt, ein schwacher, elender, muthloser Rest erreichte den griechischen Boden. **Hier** nahm man sie friedlich auf[3]) und Kaiser Alexius bewilligte ihrem Führer (jetzt nach Pacy's Tode Walther Habenichts) Aufenthalt in Constantinopel bis zu Peter's Ankunft. Wie elend ihr Haufe beschaffen gewesen sein muß, zeigt auch der Umstand, daß Anna Commena seine Ankunft mit völligem Stillschweigen übergeht.

Peter hatte indeß in Köln und weiterhin neue beträchtlichere Streitkräfte zusammengebracht und zog mit 40,000 Mann den ungarischen Grenzen zu.[4]) Albert erzählt nun von seinem Zuge ganz ähnliche Dinge, wie von dem der beiden Walther; sie gerathen mit

---

1) Nach Orderic. p. 723. Falsch sagt also Alb. p. 186, Walther habe am 8. März Ungarn betreten; auch lassen seine Worte nicht zu, das Datum auf den Aufbruch aus Frankreich zu beziehen.

2) Alb. I, 7.

3) Zuerst in Nissa, was Albert freilich noch zu Bulgarien rechnet. Allein letzteres Wort wird äußerst unbestimmt gebraucht, Albert begreift gleich darauf **Adrianopel**, Raimund und **der** Verf. der Gesten Macedonien darunter. Vgl. Wilken **I, p. 124** N. 5.

4) Ord. u. Ekkeh. l. c.

den Ungarn in Streit, erleiden in Bulgarien starke Verluste, das
Heer wird einmal völlig zerstreut, es verliert Hab und Gut und erst
nach mehreren Tagen finden sich wieder die Schaaren zusammen,
mit denen Peter in Constantinopel eintrifft.[1]) Diese Darstellung
scheint mir aber zum mindesten sehr problematisch zu werden durch
folgende Betrachtung. Anna berichtet[2]), Peter sei mit 80,000 Reitern und
100,000 Mann zu Fuß, also mit einem furchtbaren Heere, in der
Hauptstadt angelangt: ich bin freilich weit entfernt für diese Zahlen
einstehen zu wollen, aber auch die späteren Thatsachen zeigen, **daß**
kriegslustige, nicht eben geschlagene Truppen das Heer gebildet haben
müssen. Orderich, der gerade über Peter besonders sich unterrichtet
zu haben scheint, sagt ganz bestimmt, der Eremit sei unangefochten durch
Ungarn und Bulgarien gekommen; alle übrigen Quellen, die später
seinen Kampf gegen Nicäa ausführlich berichten, melden hier mit drei
Worten: Peter kam nach Constantinopel. Hiernach also hat er auf
dem Zuge dorthin nichts Mittheilenswerthes erlebt.[3])

Doch sei dem wie ihm wolle, so viel ist sicher, daß sie am
30. Juli vor Constantinopel erschienen[4]), noch ganz dieselben an Begeisterung und Rohheit, wie sie aus der Heimath ausgezogen waren.
Kaiser Alexius, schon früher von der Bewegung des Abendlandes
unterrichtet, ließ den Eremiten vor sich fordern und gab ihm nach
freundlicher Anrede den Rath, die Ankunft weiterer Zuzüge und
besserer Truppen zu erwarten: mit solchen Schaaren, wie er sie
führe, sei an keinen Sieg über die wohlorganisirte türkische Macht

---

1) Alb. p. 187 flg.　　　2) Anna p. 285.

3) Der einzige Autor, der die Albert'sche Tradition und zwar noch weiter
ausgebildet zeigt, ist Fulco p. 893. Er unterscheidet nicht die Heere Peter's und
Walter's; wie bei Alb. 1. 7. 140 Christen in einer Kirche verbrannt werden, so
werden bei ihm ganze Heerschaaren in templo sanctissimo erschlagen. Gott
zürnt darüber, seitdem strömt eine blutige Quelle aus der Kirche hervor. Hagenmeyer, Ekkehard S. 53 bezeichnet zwar Albert's Bericht als unzuverlässig, meint
aber, Ekkehard's und Orderich's Angaben schlössen die Möglichkeit einzelner Gefechte nicht **aus.** Ich lasse **die** Möglichkeit dahingestellt, aber was unser Wissen
betrifft, beruhige ich mich bei der Thatsache, daß nur ein „unzuverlässiger" Bericht **von** Gefechten erzählt, die zuverlässigen Gewährsmänner nichts dergleichen
erwähnen. Dasselbe gilt von Hagenmeyer's Ausführung, Peter der Eremit
S. 161.

4) So nach dem berichtigten Texte der Gesten **im Recueil.**

zu denken.[1]) Durch die bisherige Erfahrung belehrt, ging Peter leicht auf diesen Vorschlag ein, er versprach, wenn man ihm den nöthigen Unterhalt zusichere, in Ruhe und Ordnung die größeren Heere abzuwarten. Merkwürdig ist mir immer diese Mischung seines Charakters erschienen, daß ein Fanatiker, wie er es war und sein mußte, zugleich so gutmüthig und so beschränkt sein konnte: bei aller wilden Energie, mit der er seine Schaaren zusammenbrachte, hatte er wohlwollende Gesinnungen und war in fortdauernder Täuschung über seine Fähigkeit, sie zu verwirklichen. So erschien er auch dem Abendlande, wenigstens zeigt ihn so die Albert'sche Erzählung seiner ungarischen Händel; stets will er den Frieden, aber gerade in dieser Friedensliebe kommt er zu den ungeschicktesten und verderblichsten Maaßregeln. Auch hier in Constantinopel erging es ihm nicht besser: wohl hatte er es verstanden, seine Schaaren in Bewegung zu setzen, aber diese Bewegung zu hemmen oder gar zu leiten, lag völlig außerhalb seines Vermögens. Was jene von Hause hinweggetrieben hatte, wirkte auch hier noch, und wirkte um so gefährlicher, als es an allen Punkten mit der abgemessenen byzantinischen Verwaltung zusammentraf. Sie streiften in der Stadt umher, mit wenigen Geldmitteln, aber desto größerer Habsucht und in der Meinung, den Kriegern Gottes gebühre vor Allen ein reicher Besitz und ein freudiges Leben. Sie nahmen also, was ihnen gefiel; wo man ihnen wehrte, plünderten sie mit Gewalt, hier gingen ganze Paläste in Flammen auf, dort stahlen einzelne Wagehälse das Blei von den Kirchendächern.[2]) Dazwischen wurden Stimmen laut, es sei gottlos, hier in weltlicher Lust so lange zu zögern, man müsse weiter zum heiligen Grabe und zur Rettung des christlichen Glaubens.[3]) Den Kaiser seinerseits hatte ihr Treiben schon mit großer Unruhe erfüllt: mit unverhehlter Freude ging er auf dieses Verlangen nach weiteren Abenteuern ein und schaffte sie schleunigst über den Bosporus, an dessen östlichem Ufer, bei Helenopolis, sie ihr Lager aufschlugen.[4])

1) Gesta und Anna l. c. Albert weiß davon nichts (S. 191), nach ihm ist Peter hochgeehrt und setzt in Freuden über den Bosporus.
2) Gesta l. c.   3) Anna p. 286.
4) So hat Anna, die Abendländer nennen Civitot statt Helenopolis, ohne Frage Kibotus. Der Unterschied ist nicht groß, da Civitot nach der entscheiden-

Zum ersten Male standen sie hier auf asiatischem Boden, erlöst von aller bürgerlichen Ordnung der Christenheit, und von dem Feinde, so nahe er ihnen war, noch nicht unmittelbar bedroht. Hier mochte denn Peter predigen und zu christlichem und gottgefälligem Betragen auffordern: sie ergossen sich ohne Aufenthalt über die Umgegend, in einzelnen Schaaren, die jegliches Uebel verübten, die Ortschaften an= zündeten und weder Menschen noch Kirchen verschonten. In einigen Wochen hatten sie das Land mehrere Stunden umher rein ausge= plündert[1]): jetzt machten sie sich auf zu größeren Unternehmungen, erfüllten aber damit ein Verhängniß, das sie lange genug verschont hatte. Auch über ihre Katastrophe liegen uns abweichende Berichte vor, die sich indessen vereinigen lassen, wenn man die ursprünglich unhistorischen Elemente derselben geradezu zu verwerfen den Muth hat.

Einige tausend Normannen und Franzosen brachen zuerst auf: sie streiften bis nahe vor Nicäa, schlugen dort eine türkische Abtheilung und kamen mit großer Beute und noch größerem Hochmuth nach Helenopolis zurück. So berichtet Anna, und Albert stimmt damit bis auf die Zahlangaben über die Stärke der Abtheilung[2]): in den Gesten ist diese Unternehmung mit Stillschweigen übergangen. Ihres Rühmens war, so viel Peter auch tadelte, kein Ende; zuletzt erbosten sich Italiener und Deutsche, setzten sich einen besonderen Führer, Rainald genannt, und schickten sich zu einem **ähnlichen** Streifzuge an.[3]) Peter versuchte sein Aeußerstes: mit aller Energie, deren er fähig war, zeigte er ihnen die Gefahr, der sie entgegen gingen. Es war aber Alles umsonst, sie wiesen ihn ab und zogen in lautem un= geordnetem Tumulte von hinnen. Das war auch ihm zu viel: er gab sie mit Verdruß und Schmerzen auf und ging über die Meer= enge nach Constantinopel zurück.[4]) Sie gelangten nach einigen Tage=

---

den Aussage Villehardouin's wie Helenopolis an dem Südufer des sinus asta- cenus lag. Vgl. Hagenmeyer, Peter der Eremit, S. 180.

1) Alb. p. 191 sagt, sie hätten hier zwei Monate still gelegen. Allein am 1. August kamen sie nach Constantinopel, am 1. Okt. schon wurden die Deut= schen vernichtet.

2) Nach Anna 10,000, nach Alb. 7300 M.

3) Gesta p. 1 und 2. Auch Anna hat Kunde von diesem zweiten Zug, nur läßt sie ihn wieder von den Franzosen unternehmen.

4) So die Gesta, Anna leugnet das; ihr Bericht reicht gerade hin, Albert

märschen nach Xerigordon, einem befestigten, damals aber verlassenen Orte, richteten sich mit Freuden ein und gedachten hier bis zur Ankunft der Genossen allen Angriffen der Feinde Troß zu bieten.¹) Jetzt aber nach so vielfachen Reizungen erhob sich die Besatzung von Nicäa und am 1. Oct. erfolgte der erste, aber entscheidende Angriff auf das christliche Castell. Ein Hinterhalt der Christen wurde sogleich entdeckt und aufgerieben, der Rest in dem Orte eingeschlossen und ihnen **auf** der Stelle auch das Trinkwasser abgeschnitten. Unter dem Drangsal des schrecklichsten Durstes hielten sie mehrere Tage aus: endlich ging ein Theil zu den Belagerern über²), darauf wurden die Uebrigen gefangen und niedergemacht. In dem Lager bei Helenopolis wußte der selbschukische Emir el Chan — Elchanas bei Anna — falsche Siegesnachrichten zu verbreiten³): die Deutschen hätten Nicäa genommen, man möge, wenn man an der Beute Theil haben wolle, schleunigst ausziehen. Einige Führer warnten umsonst, die Menge stürzte sich blindlings aus dem Lager, der Marsch nach Nicäa wurde unter lautem Jubel ohne Vorsicht und Ordnung angetreten. Albert erzählt nun, wie sie der Weg lange Zeit durch Wald und Gebirge führte, dann, als sie hinaus in die Ebene traten, sahen sie die türkische Macht schlachtgerüstet vor sich. Verwirrt und schlecht **geordnet** versuchten sie einen Angriff: die türkische Mitte wich vor ihnen zurück, bis die Flügel von beiden Seiten einschwenken und die Gegner völlig umringen konnten. Hier fällt wohl sogleich die sonderbare Kriegführung auf, einen Feind, der immer furchtbar erscheinen konnte, durch schwierige Pässe unangefochten hindurchzulassen, um erst

---

zu widerlegen, der dem Eremiten nicht den Zorn über seine Leute, sondern Verhandlungen mit Alexius als Motiv zur Rückkehr leiht.

1) Auch hier **hat Albert** falsches aber bisher nie bezweifeltes Detail; er läßt den Ort im Sturm nehmen.

2) Fulco p. 894 hat eine ehrenhaftere Version: die Türken stellen sehr vernünftig vor: was wollt ihr hier verhungern, legt die Waffen nieder, so wollen wir Euch sicher nach Jerusalem geleiten. Es geschieht; sie führen sie in ein abgelegenes Thal, das heiße Jerusalem, sagen sie, und metzeln sie nieder.

3) Albert hat das gerade Gegentheil: sie wären ausgezogen, um die Niederlage ihrer Freunde zu rächen. Hagenmeyer, Peter S. 192, meint, Albert's Bericht sei zu umständlich, um für bloße Sage gelten zu können. Aber die Fülle farbigen Details ist ja gerade für die Sage charakteristisch.

in freier Ebene ein ungewisses Treffen zu wagen. Der Weg von
Helenopolis nach Nicäa geht stets bergan, durch enge Thäler und
zwischen schroffen Felsketten hindurch, zwanzigmal muß man in der
kleinen Strecke den Fluß Drakon passiren. So erscheint Anna's
Bericht höchst glaubwürdig, el Chan habe alle diese natürlichen
Stellungen anf das Beste besetzt und in diesen Schluchten das
christliche Heer völlig aufgerieben. Albert's Darstellung ist nichts
als eine Erfindung dem allgemeinen Bilde gemäß, welches man von
der türkischen Kriegführung im Abendlande hatte. Hier fielen denn
Walther und seine Brüder, mit ihnen die Mehrzahl der Genossen,
wenige, die sich durchschlugen, warfen sich, da das Lager gleich darauf
verloren ging, in das feste, aber sehr verfallene Kibotus. Die Türken,
aller Orten Herr, schlossen sie dort ein; sie kämpften mit dem Muth
der Verzweiflung, hielten Geschosse und Feuer aus, endlich erlagen
auch sie, die Letzten, den wiederholten Angriffen. [1] Das Heer
war mit einem Schlage vernichtet; seine Begeisterung hatte ihm
keine Hülfe, seine Gesetzlosigkeit ein schleuniges Verderben gebracht.
Einzelne Versprengte, welche nach Helenopolis entkommen waren,
rettete die griechische Flotte unter Euphorbenus; in Constantinopel
verkauften sie ihre Waffen und zerstreuten sich elend und dürftig
zu der Rückkehr nach Hause.'

Dies war, im Monat October 1096, das Ende der ersten
Bewegung des Abendlandes: fanatisch in ihrem Beginn und ord-
nungslos in ihrem Fortgang mußte sie in umfassendem Elend und
sicherer Zerstörung untergehen. Mit Heftigkeit riß sie sich gleich im
ersten Momente von dem ganzen Zustande des abendländischen Lebens
los: genutzt hat sie Niemanden, wohl aber dem späteren Unternehmen
vielfache Hindernisse geschaffen. Ich erkenne nicht den Inhalt des
Lobes, sie habe Europa und den Kreuzzug von dem Auswurfe der
Proletarier befreit; denn den größten Bestandtheil dieser Schaaren
bildete nicht ein besitzloser Pöbel, sondern die Menge des Landvolkes,
welches erst in der Bewegung seinen Besitz einbüßte oder aufgab.
Sie gingen zu Grunde durch den Geist, der in ihnen waltete, so wie

---

1) Albert verlegt den Angriff durch Feuer nach Xerigordon, und läßt statt
Kibotus ein altes Castell in dessen Nähe vertheidigen. Das Richtige in den
Gest. p. 2.

14*

das große Heer der Kreuzfahrer trotz einer Menge gleich schlechter Individuen sich erhielt, weil **es** diesen Geist zu unterwerfen verstand. Jedenfalls wird uns sichtbar, welche dämonischen Elemente in dem Busen der Völker verborgen ruhen, bei jedem heftigen, wenn auch trefflichen Antriebe loszubrechen bereit. Glücklich, wenn wie hier die Vernichtung nur als ein Zeichen übervoller, auf der Stelle neu schaffender Lebenskraft erscheint.

Drittes Capitel.

Aufbruch des großen Heeres.

Indessen hatte die regelmäßige Erhebung des Abendlandes, sich anlehnend an die Hierarchie und von dem Ritterthume durchdrungen, mit Kraft begonnen. Die Heere kamen zusammen; der Adel, vor Allem in Frankreich, mit Vasallen und Ministerialen, war in voller Bewegung. Sobald irgend ein Bannerherr seine Rüstungen beendigt hatte, brach er auf, die ersten schon im März 1096, seitdem ohne Unterbrechung die Folgenden; mit kleineren und größeren Schaaren zogen sie des Weges, den ganzen Sommer und Herbst hindurch, wohl die meisten über die Alpen nach Apulien, um dort sich nach Griechenland einzuschiffen.[1]) Die Aufregung war unermeßlich, die Städte waren von bewaffneten Haufen, die Straßen von fortdauernder Bewegung erfüllt; wer **über** Land ging, kam aus einem Lager, aus einer kriegerischen Niederlassung in die andere. Noch waren sie Alle frisch und begeistert, rechte Mühen und wirkliche Gefahren standen ihnen fern: die Zurückbleibenden, **an** deren Städten **und** Dörfern sie vorüber kamen, sahen ihnen verwundert nach, **wie so** viel Tausende, sich **gänzlich** fremd, heute eine Schaar aus **dem** Norden, morgen aus **dem** Süden eine andere, mit gleichem Jubel zu gleichem Ziele hinzogen. **Die Meisten** hatten sich gerüstet wie auf Nimmerwiederkehr; was sie an Hab und Gut, an Waffen und Geräthen, an Geld und Gefolge aufbringen konnten, führten sie mit sich. Ihre Zelte blinkten von Gold, Fischnetze und Reiherfalken sah

1) Fulcher p. 384.

man bei dem Gepäck, die Lust an aller Pracht der Welt war ihnen in dem geistlichen Treiben nicht abgestorben. Bald zog ihnen nach, wer aus diesem Jubel Vortheil zu ziehen hoffte, Sänger, Lustig= macher, Musiker, in großen Banden beiderlei Geschlechts; dazwischen erklang ihr geistlicher Schlachtruf: Deus lo volt, Deus lo volt; in Freude und Inbrunst, in buntem und rastlosem Drängen ging es vorwärts. Die Menge lief zusammen, wohin sie gelangten; sie zogen vorbei, wohl mochte es manchem, der sie gesehen, wie ein Traum bedünken.[1])

In der Mitte des Sommers, August etwa, erfolgte dann der erste Aufbruch eines der größten Fürsten, die das Kreuz genommen, Gottfried's von Bouillon, Herzogs von Nieder=Lothringen. Seine Eltern waren Eustach von Boulogne und Ida, die Schwester Herzog Gottfried des Bucklichen von Lothringen, des großen Freundes Heinrich's IV., des ersten Gemahls der Gräfin Mathilde von Tuscien.[2]) Beide leiteten ihr Geschlecht bis auf Karl den Großen zurück,[3]) so war seine Abstammung die erlauchteste, und eine bedeutende Macht und Persönlichkeit entsprachen dem Ruhme der Ahnen. Noch sein Oheim Gottfried übte in Lothringen die herzogliche Gewalt mit starker Hand; so lang er lebte, ließ er um sich her keine Opposition gegen den König aufkommen.[4]) Im Beginn aber des kirchlichen Streites fiel er 1076 zu Antwerpen durch Meuchelmord — höchst wahrscheinlich auf Anstiften Graf Robert Friso's von Flandern[5]) — und seitdem war die Macht des Herzogthums in jenen Gegenden gebrochen.[6]) Die Würde ging an den unmündigen Königsohn Konrad über; unser Gottfried, durch den Ermordeten adoptirt, erhielt dessen sehr bedeutendes Allode und vom Könige die Mark Antwerpen

---

1) Hist. b. S. c. 1. 2 giebt das anschaulichste Bild.
2) Die Genealogie häufig erwähnt bei Will. Malm. p. 143 und sonst.
3) Für Ida Genealogia b. Arnulfi bei Bouquet XIII. p. 648 und viel= fach, für Eustach Geneal. Caroli M. ibid. p. 585 (auch bei Duchesne scr. t. IV. ante Tudeb.).
4) Vgl. Stenzel, Fränk. Kaiser I. p. 350 u. 386.
5) Lambert. und Sigeb. Gembl. ad a. 1076 (der richtige Text des Letz= teren bei Bqt. XIII. p. 237 N.). Außerdem mehrere locale Quellen, die hist. Andag. monast. p. 586 u. A.
6) Das zeigt Laurent. a Leod. p. 629 (Bqt. XIII.).

zu Lehn.[1]) Er war ritterlich erzogen und hatte durch den Einfluß seiner Mutter eine starke Richtung auf geistige und geistliche Bildung empfangen; damals wohl noch sehr jung, hielt er sich ohne weiteren Einfluß auf seinen Gütern und fand gegen mächtigere Nachbarn Schutz bei Bischof Heinrich von Lüttich.[2])

Als er, manches Jahr hernach), durch wackere Thaten den Kreuzzug fördern helfen, als er, durch glückliche Fügung und den Willen seiner Genossen Beschützer des heiligen Grabes, die Augen des ganzen Abendlandes auf sich gezogen: erschien denen, die ihn bewunderten, der Anfang seines Wirkens nur in ähnlicher Weise gedenkbar. Sie mochten glauben, dem begünstigten Liebling des Herrn gebühre eine Jugend, reich an irdischen Ehren und auf göttliche Wunder vorbereitend, wie sich kein anderer Sterblicher ihrer rühmen könne: aus einem solchen Sinne, wenn er allgemein ist, entspringt aber Thatsache auf Thatsache, Entwickelung auf Entwickelung, zuletzt zeigt jedes Einzelne schon die ganze Summe des Ganzen in sinnlicher Gestalt. Diese Ueberlieferung als **solche** anzuerkennen und auszuscheiden, muß hier unser erstes Geschäft sein.

Zuerst wendet Wilhelm von Malmesbury, ohne Zweifel einheimischen Ueberlieferungen folgend, seine Aufmerksamkeit zusammenhängend auf Gottfried's frühere Schicksale. Gottfried, sagt er[3]), der auf der Straße Karl des Großen zum heiligen Lande gezogen, er selbst ein zweiter Karl, gehörte dem Stamme des großen Kaisers an; Ida erzog diesen mittleren Sohn zu großen Hoffnungen, Eustach, der ältere, sollte das väterliche Gut erhalten.[4]) Orderich steigert diese Daten: Gottfried wird der älteste Sohn[5]), diese Angabe findet sich dann wieder bei Wilhelm von Thyrus und allen Späteren. Die Mutter, erzählt Guibert, prophetischen Geistes voll, sagt von den Söhnen, hier der eine, der Graf, **der andere,** der Herzog, der dritte,

1) Laurent. p. 628. **631.** Die große Gräfin Mathilde machte fruchtlose Reclamationen, epist. Manassae archiep. bei Bqt. XIV. p. 611.

2) Hist. Andag. mon. p. 587. Laurent. p. 629.

3) S. 133.

4) Daß Gottfried der zweite Sohn war, wird entscheidend bestätigt durch die gleichzeitige Vita Idae bei Bqt. XIV. p. 113.

5) Ord. Vit. p. 757.

der König werden wird. [1]) Stellen wir weiter zusammen, was sich von einzelnen Angaben dieser Art vorfindet, so sehen wir ihn in allen Kämpfen geübt und voll von heißer Frömmigkeit zum Manne heranwachsen. Am Hofe des Kaisers, wird erzählt, ritt er mit glänzendem Gefolge ein, der Kaiser fragte: Wer ist es, der so stattlich aufzieht, und küßte ihn, nachdem er den Namen gesagt, zweimal auf Kinn und Wange. [2]) Bald erwarb sich der junge Held ritterliche Ehren, vertheidigte im Zweikampf gegen einen stolzen Burgherrn eine beraubte Waise [3]) und focht mit höchstem Ruhm einen eigenen Streit mit einem Verwandten über sein väterliches Erbe durch. [4]) Solch ein Verhalten lohnte ihm dann der Kaiser durch die Ertheilung des Herzogthums Lothringen [5]), und als er, seinem Herrn stets getreu, gegen Rudolf von Sachsen dem Kaiser mit mächtiger Hülfe zuzog, waren Alle einstimmig, dem Herzoge allein gebühre die Ehre, das Reichsbanner in den Kampf zu tragen. An jenem Tage begab sich aber, daß Gottfried, den Adler in der Hand, tief in die Feinde drang, dem falschen Könige begegnete und in Gegenwart des Kaisers die Brust des Feindes durchbohrte. Sogleich, als die Sachsen deß inne wurden, flohen sie aus dem Treffen; sie überlieferten ihre Burgen und unterwarfen sich der Gnade des Kaisers. [6]) Nach diesem zog Gottfried mit dem Kaiser über die Alpen, um Rom zu belagern: er drang zuerst in die Stadt ein und öffnete den Nachfolgenden ein großes Fenster in der Stadtmauer; so überwältigten sie die Römer in heißer Schlacht, bis die Stadt eingenommen und der Sieg erfochten war. Der Herzog, erschöpft, athemlos und erhitzt, kam in ein unterirdisches Gewölbe, wo er von Durst gequält, unmäßig an Wein sich erquickte. Die Folge war, daß er in ein Quartanfieber verfiel [7]), an dem er langsam dahin

---

1) Guib. p. 485. Der Autor, der sonst über französische und benachbarte Dinge gut unterrichtet ist, leitet diese Nachricht doch mit einem ni fallor ein.

2) Roman. de God. de Bouillon bei Michaud bibl. I. p. 275.

3) Ibid.   4) Will. Tyr. l. c.

5) Will. Tyr. l. c. läßt es ihn noch früher erhalten; Will. Malm. l. c. sagt, er habe es wegen der ausgezeichneten Kriegsdienste, die er dem Kaiser geleistet, empfangen.

6) Will. Tyr. und Alberic.

7) Will. Malm. l. c. Andere Varianten der Sage waren: er trank vergifteten Falerner — er erkältete sich in den Tibernebeln — er wurde von der

fiechte, bis er von dem Aufbruche der Christenheit zum heiligen Grabe vernahm, und gelobte, wenn er gesunde, mit hinauszuziehen. Sogleich war er genesen, er schenkte sein väterliches Erbe der Kirche von Lüttich zu ewigem Besitze und zog als Streiter des heiligen Grabes gen Osten.[1]

Wir sehen nun in dieser Darstellung festen Zusammenhang und organische Gliederung, wie sie dem Epos oder dem Roman gebührt, können ihr aber nicht die Treue in der Auffassung des Factums zugestehen, welche die Geschichte von ihren Gewährsmännern fordert. Wunderbare Abstammung, ritterlicher Heldenmuth, edle Gesinnung und himmlischer Beruf zu dem Kreuzzug heben den Helden über die Menge seiner Genossen hervor: dabei ist es sonderbar, wie ghibellinischen Charakters diese Ueberlieferung ist, wie sie sich bemüht, die Hingebung Gottfried's an die Sache Heinrich's IV. deutlich zu machen und zu verherrlichen. Daneben gehen freilich Nachrichten entgegengesetzter Art: alle Welt kennt die Streitigkeiten Kaiser Heinrich's IV. mit seiner Gemahlin Praxedis, einer russischen Fürstin; hier wird nun berichtet, Praxedis sei die Schwester Gottfried's gewesen, nachdem der Kaiser sie so abscheulich mißhandelt, habe Gottfried sich bewaffnet, den Kaiser im Felde getroffen und nach heftigem Kampfe in die Flucht geschlagen.[2] Spätere Darsteller haben der eigenen Sinnesweise gemäß sich an **die eine oder** die **andere** Seite gehalten: einige haben die Kraft gerühmt, **mit** der er seiner Schwester sich angenommen; andere haben ihn als Büßenden wegen der Treue für Heinrich den Zug antreten lassen[3], ein dritter bedauert den Kaiser, daß er durch Urban's Kreuzpredigt einen so tüchtigen Anhänger verloren. Aber diese Reflexionen lösen sich auf, sobald ihre Grund-

---

Pest angesteckt. Alb. Aq. p. 263. Ich habe die angeführte Version aufgenommen, weil die Sage an sie seinen Tod anknüpft: als er sein Werk erfüllt hat, sendet Gott jenes Fieber wieder.

1) Will. Tyr. l. c.
2) So Order. p. 639.
3) Den ältesten Ausspruch dieser Art finde ich in einem Schreiben des heil. Bernhard an König Ludwig VII angeführt bei Molanus militia sacra ducum Brabantiae (bei Mabillon, der einzigen Ausgabe, die mir zur Hand ist, suche ich es vergebens): — ita qui corruerat contra pontificiam militans, maior excitatus est. Man sieht, Bernhard hat ganz die Ueberlieferung, wie sie Will. Malm. **giebt,** vor Augen.

lage zerfällt, und diese zeigt auf den ersten Blick sehr bedenkliche Punkte. Die Ausschmückung der Herkunft, das Anlangen bei Hofe, die Beschützung der Jungfrau, das Alles tritt von selbst in sein gebührendes Licht. Unsere Autoren machen ihn dann einstimmig vor seinen Kriegsthaten **zum** Herzog von Lothringen; es ist aber hinreichend beglaubigt, daß er erst im Jahre 1088 zu dieser Würde gelangte.[1]) Was den Zweikampf angeht, dessen mit solchem Rühmen gedacht wird, so kennen wir den Streit, der ihm zu Grunde gelegen haben soll, vollkommen, aber es ist nicht daran zu denken, daß es je zu solchen Vorgängen in demselben gelangt wäre.[2]) Es sind das nämlich Händel mit dem Grafen von Namur, einem Verwandten Gottfried's, der ihm gewisse Besitzungen mehrere Jahre hindurch streitig machte. Allein von des Kaisers Gegenwart, von einem Zweikampfe ist keine Rede; in Feldschlacht und Besprechung, unter Mitwirkung der geistlichen und weltlichen Nachbarn wurde der Kampf ausgefochten. Von der Erlegung Rudolf's von Schwaben weiß kein Zeitgenosse eine Sylbe, selbst die Anwesenheit Gottfried's ist nicht unzweifelhaft. Denn die einzige einheimische Nachricht, welche derselben gedenkt, ruht auf durchaus unhistorischem Grunde[3]), und die allgemeinen Quellen, auch die ausführlichsten, nennen seinen Namen nicht einmal.[4]) Daß er in Italien gewesen, ist uns positiv bezeugt,

---

1) Sigeb. Gembl. a. c.

2) Hauptquelle dafür ist die gleichzeitige hist. Andagin. monast. l. c., wozu man Laurent. a Leod. l. c. und Gisleb. Mont. p. 544 (Bqt. XIII) vergleichen kann.

3) Laurent. a Leod. p. 629. Er sagt, Godefridus Henrico regi reconciliatus, sei gegen Rudolf mitgezogen — war er denn je mit Heinrich in Streit gewesen? **Ferner:** nachdem Rudolf umgekommen ist und der Sieg gefeiert wird, kommt die Nachricht, Bischof Theodorich von Lüttich sei gestorben. Dieser herrschte aber bis 1075, die Schlacht war 1081. Welchen Glauben soll man einer Nachricht schenken, die mit solchen Fehlern behaftet ist?

4) Vgl. **Gerbert's** gründliche Erörterung de Rudolfo Suevico **p. 101.** Bruno de b. **Sax.** p. 226 zählt mehrere Fürsten auf Heinrich's Seite auf, Gottfried ist nicht darunter, er, der doch, wenn Wilhelm Historie und nicht Sage berichtete, den Sieg allein entschieden hätte. Chron. Petershus. ad a. 1081 giebt eine detaillirte, aber sagenhaft umgestaltete Darstellung der Schlacht: um so mehr muß es auffallen, daß Gottfried, dieser Held der Sage, hier fehlt. Ganz verwirrt ist Otto Fris. de gestis Frid. I. 6, der ihn unter den Herzogen in der Schlacht **an** der Unstrut aufzählt.

allein jene römischen Heldenthaten sind nicht sicherer verbürgt. Die Leonina wurde durch einige Mailänder überrumpelt[1]), die übrigen Stadttheile gingen durch Vertrag über[2]); wie wenig er dauernd krank gewesen, wird uns sogleich deutlich werden. Anzunehmen, er sei erkrankt und nur früher genesen, als uns gesagt wird, hieße der Sage ihren besten Gehalt rauben, um der Geschichte ein unverbürgtes Factum zu gewinnen. Nur die Verbindung der früheren Thaten und Leiden mit dem Kreuzzuge giebt dieser Ueberlieferung einen, wenn auch nicht geschichtlichen, wohl aber poetischen Werth.

Nachdem wir so die Sage in ihren verschiedenen Gestalten und Beziehungen dargelegt haben, wenden wir uns wieder zu dem wirklichen Herzog von Lothringen zurück, um von seinem Wesen und Handeln, so viel die Quellen verstatten, ein möglichst getreues Bild zu gewinnen. Gehen wir von dem Allgemeineren aus, von dem, was wir vorher über die antikirchliche Neigung jener Berichte bemerkten, so ist auch von der geschichtlichen Seite her unverkennbar, daß sich Gottfried seit dem Römerzuge der kaiserlichen Partei anschließt und aus der Hand des Kaisers die Herzogswürde empfängt. Jedoch ist er weit entfernt, irgend etwas Wirksames für das kaiserliche Interesse zu unternehmen. Er sitzt auf seinem Stammschlosse, einzig mit den Angelegenheiten seines Geschlechtes und seiner Heimath beschäftigt: weitere Gesichtspunkte faßt er nicht und bekümmert sich wenig um kaiserliche und päpstliche Interessen bei Freunden und Gegnern.[3]) Mit dem Grafen Theodor von Flammes, einem Vertrauten des Kaisers, liegt er in Fehde, nimmt ihn gefangen und hält ihn bis zu seinem Tode in ritterlicher Haft.[4]) Die Bischöfe von Lüttich sind eifrig für den Kaiser: mit Bischof Heinrich steht Gottfried in gutem Vernehmen, weil ihn dieser gegen Namur unterstützt[5]), mit dessen

---

1) Landulf sen. IV. 2. Gleichzeitig.

2) Die Beweise zusammen bei Stenzel I. S. 485 flg.

3) Die Angelegenheiten des Herzogthums waren fast ausschließlich in der Hand des Bischofs Heinrich von Lüttich, worüber Aegid. aur. Vallis (Bouq. XIII. p. 605) die besten Aufschlüsse giebt, ein Autor des 13. Jahrhunderts, aber einheimisch und gut unterrichtet.

4) Andag. mon. hist. l. c. Alberic. ad a. 1081 meint wohl denselben. Die Begebenheit fällt in das Jahr 1082.

5) Man sehe Note 2 S. 218.

Nachfolger Obert geräth er auf der Stelle in Hader, als dieser das
Kloster St. Hubert seines päpstlichen Verhaltens wegen angreift.[1])
Gottfried beschützte das Kloster aus Familienrücksichten, er drängte
und verfolgte den Bischof auf alle Weise, ohne irgend einen Ge-
danken an Kaiser und Papst. Wie die Freundschaft mit Bischof
Heinrich, so knüpfte sich auch ein langdauernder Streit mit Verdun
an jene namur'schen Händel. Die Herren von Bouillon waren noch
1076 in Besitz der Verdun'schen Grafenwürde; damals aber fand
Bischof Theoderich für gut, sie ihnen zu entziehen und dem Grafen
Albert von Namur zuzuwenden. Gottfried verfuhr hier, wie gegen
Obert von Lüttich; weder bei Theoderich noch bei dessen Nachfolger
Richer nahm er Rücksicht auf dessen kaiserliche Gesinnung; er ver-
heerte die Diöcese, befestigte sich auf seinem Gebiete und ließ ihm
auf keiner Seite Ruhe.[2]) Es ist ebenso gewiß, daß er bei alle
diesem des Papstes nicht gedachte; indessen wird niemand behaupten,
daß er die Sache des Kaisers befördert habe, indem er die Kräfte
seiner eifrigsten Freunde in steter Spannung erhielt.

In solchem Getriebe, in einem steten Auf und Nieder localer
Händel geht es nun fort, bis die große Aussicht auf das Morgen-
land ihm auf einmal einen neuen Wirkungskreis eröffnet. Wir
können nicht zweifeln, daß eine starke Religiosität in ihm war, wie
er denn schon früher den Wunsch geäußert haben soll, einmal in
Waffen nach Palästina zu ziehen. Jedoch hatte er keineswegs die
Absicht, sein ganzes Leben diesen Kreisen zu widmen; denn sein
Stammschloß verpfändete er an den Bischof von Lüttich, mit dem
Einlösungsrecht für sich und drei Nachfolger.[3]) Auch mit Verdun
vertrug er sich jetzt, schenkte jene Burg Falkenstein, die er so eben
gegen die Stadt angelegt hatte, der Liebfrauenkirche daselbst, und
veräußerte Behufs seiner Rüstungen Mosay und Stenay an den
Bischof.[4])

Bis dahin hatte er den Ruf eines tapferen, geraden und kirchlich frommen Mannes erlangt; ein Weiteres, besondere Intelligenz

---

1) Ueber den ganzen Handel siehe den Brief der Mönche an den Papst
vom Jahre 1093, bei Bouquet XIV. p. 730.
2) Lorenz von Lüttich und Theodor von Verdun sind einstimmig darüber.
3) Aegid. l. c.
4) Laurent. l. c. und vielfach sonst.

oder geistlicher Enthusiasmus war nicht hervorgetreten. Wie er sich im Verlaufe des Kreuzzuges gestaltet, werden wir dort leicht wahrnehmen können: er zeigt überall den persönlichsten Ausdruck, den nur die Sage mit einem allgemeinen Schimmer himmlischen und irdischen Glanzes umgeben hat.

Wir wissen nicht, wie stark das Heer war, welches er aus Lothringen hinwegführte; Anna giebt 70000 Mann, doch ist diese, wie jede ähnliche Angabe bei ihr, unverbürgt.[1]) Mit ihm zogen seine Brüder Eustach und Balduin, von denen der letztere unsere besondere Aufmerksamkeit verdient. Wie er später gezeigt hat, gehörte er zu den bedeutendsten Menschen seiner Zeit, eine Natur voll von Kraft und Wärme, nicht immer fest und umsichtig, aber thätig und gewandt, nicht zu hindern und nicht zu erschrecken. Er war größer als sein Bruder, von schlankem Wuchs, hoch über alles Volk hinüberragend, mit scharfen Zügen, großer Adlernase und blondem Haar. In allem Reit- und Waffenwerk gebildet, in allen Bewegungen gemessen und ruhig, imponirte er Freunden und Feinden.[2]) Auch seinen Auszug hat die Ueberlieferung mit wunderbaren Farben geschmückt; es wird uns gemeldet, wie er als junger Mensch zu Conches mit mehreren Gefährten der Dame des Schlosses Geschichten erzählte: wie sie berichteten, der eine, Christus sei ihm erschienen, blutig mit drohendem Blicke; der andere, Christus habe ihn im Traume zu sich gerufen; Balduin sagte: auch ich habe den Herrn gesehen, aber leuchtend und mild, mich anlächelnd und segnend. Die Hörer priesen ihn selig; die Beiden, heißt es, kamen bald darauf um, er aber heirathete die Tochter jenes Hauses, und zog dann aus zur Herrschaft im heiligen Lande.[3]) Seine Gemahlin, Godehild von Conches, begleitete ihn, starb aber auf dem Wege zu Meraasch. Was Eustach betrifft, so ist weniger über ihn zu sagen; tapfer, wie alle seine Genossen, war auch er; Näheres wird weder in Geschichte noch Tradition angegeben. Ich weiß nicht, wie Albert zu der Nachricht gekommen ist,

---

1) S. 293. Dieselbe Zahl hat Fulco p. 891.

2) Ich habe kein Bedenken getragen, die Angaben des Will. Tyr. X. 2 über sein Körperliches zu wiederholen, solche Dinge pflanzen sich am intactesten fort. Unsicher ist mir die Notiz, er sei zuerst Geistlicher gewesen, die sonst sich nirgendwo findet.

3) Ord. Vit. p. 688.

er sei mit den Nordfranzosen durch Apulien gezogen, die übrigen
Berichte einstimmig zeigen ihn bei dem Heere seines Bruders.[1] Aus
der Zahl der sonstigen Begleiter ist hier noch hervorzuheben Bal=
duin von Hennegau, der Vetter Robert's von Flandern, diesem aber
durch angeerbte Feindschaft entfremdet. Er hielt sich also zu Gott=
fried, natürlich ganz selbständig, wie wir es am deutlichsten bei der
Belagerung von Antiochien und vielfach sonst wahrnehmen werden.
Auch er verkaufte einzelne seiner Besitzungen an den Bischof von
Lüttich, dem er um Hülfe gegen Robert schon früher sein ganzes
Land zu Lehn gegeben.[2] Eine ausführliche Darstellung seiner Ver=
hältnisse zu Flandern gehört nicht in diesen Zusammenhang; doch
erwähne ich einiges Allgemeinere, weil es auch für das Verhältniß
der Fürsten während des Kreuzzuges charakteristisch ist.[3]

Robert Friso, der erste dieses **Namens**, Graf von Flandern,
Zeeland und Holland, erscheint in allen Berichten jener Zeit als eine
kräftige, aber rohe und gewaltthätige Natur. In unaufhörlichen
Kämpfen trieb er sich umher und wagte sich, unerschrocken, weil er
kein Mittel scheute, an die überlegensten Gegner: so gerieth er mit
Gottfried dem Bucklichen zusammen und ließ ihn ermorden, nachdem
er vor des Herzogs Waffengewalt aus dem Lande fliehen müssen.[4]
Nach einer anderen Seite hin lag er in Zwist mit seiner Schwägerin
Richildis von Hennegau, verwittweten Gräfin von Flandern, für
deren Söhne Arnulf und Balduin — eben jenen Kreuzfahrer — er
Flandern verwalten, aber nicht in eigenem Namen beherrschen sollte.
Die Sache kam vor den König von Frankreich, als Oberlehnsherrn
beider Länder; hier war es Eustach von Boulogne, der Vater des
jerusalemitischen Gottfried, der das Urtheil gegen Robert wandte.
Allein das Glück des Krieges entschied anders: in dem ersten Treffen
fiel Arnulf[5], in dem zweiten wurde Eustach gefangen, in dem dritten

---

1) Alb. II. **21.** Dagegen Rob. p. 33, Baldr. p. 91, Guib. p. 485, der
letzte weitläufigst.

2) Urkunde bei Miraeus I. p. 364.

3) Eine gute Zusammenstellung dieser Verhältnisse giebt Meyer comment.
Flandr. p. 24 flg., daraus Leo, Niederl. Gesch. I. p. 20 flg.

4) Sigeb. Gembl. ad a. 1076. Hist. Andag. p. 586.

5) Hierauf bezieht sich das von Andr. Marc. p. 419 und Gisleb. Mont.
p. 540 erzählte Mirakel in **Jerusalem**: das Stadtthor habe sich vor Robert durch
unsichtbare Kraft verschlossen, bis er Genugthuung und Restitution gelobt.

schlug Robert die vereinten Kräfte Gottfried's von Lothringen, Albrecht's von Namur und Anderer. Kurz er behauptete sich mit solchem Glücke, daß Balduin, sein Neffe, sich glücklich schätzen mußte, nur Hennegau unter lüttich'schem Schutze gegen ihn zu sichern.

Sein Sohn Robert glich ihm in manchen Dingen, nur nicht in dem wichtigsten, in consequenter und rücksichtsloser Energie.[1] Wie sein Vater, war er kampflustig und voll von persönlicher Tapferkeit; wie jener, hatte er seine beste Lust an dem Getümmel der Schlacht und der persönlichen Gefahr, einem rüstigen Feinde Angesicht gegen Angesicht gestellt. Er war nicht so grausam, nicht so roh und streng, aber es schien sehr bald, daß diese Fehler in dieser Umgebung die besten Tugenden des Vaters gewesen. Unter diesem war kein Räuber und Friedensstörer im Lande als der Fürst selbst; unter dem Sohne schien der Fürst der einzige, der nach Ruhe und Ordnung Verlangen hatte.[2] Was die allgemeineren Verhältnisse anlangt, so trafen mehrere Umstände zusammen, ihn durchaus zu der kirchlichen Partei hinüberzudrängen. Die Königin Bertha, von Philipp I. verstoßen, war seine Stieftante; in dem Streite gegen den Ehebruch des Königs fand er sich von selbst mit Urban zusammen. Kaiser Heinrich seinerseits forderte unmittelbar vor dem Kreuzzuge gewisse Lehn des deutschen Reiches von Flandern zurück[3]: wäre die Wallfahrt nicht eingetreten, so würde, was 1102 auch erfolgte, ein offener Kampf ausgebrochen sein. Seine Gesinnung zeigte Robert noch in den letzten Jahren vor seinem Aufbruch bei kirchlichen Händeln über das Bisthum Cambrai, wo er den kaiserlichen Bewerber hart bedrängte, zugleich aber auch ohne Bedenken dem Bisthume Vasallen und Güter nach Kräften entzog. Als er nach Palästina gezogen, schöpfte die kaiserliche Partei wieder Athem und er fand den Zustand in Cambrai 1099 nicht anders, als er ihn vor drei Jahren verlassen.hatte.[4]

Erinnern wir uns an dieser Stelle noch einmal Urban II., des Schöpfers dieser Ereignisse. Er hatte gehandelt, durch die Fülle eines weltgeschichtlichen Lebens vorwärts getrieben, gewiß ohne Be

---

1) **Recht** gut charakterisirt ihn Radulf c. 15.
2) Herm. Tornac. l. c.
3) Das Nähere bei Meyer.
4) Gesta Camer episc. p. 479 (Bouq. XIII.).

wußtſein über den Umfang der Folgen, die an ſeine Schritte ſich
knüpften. Und wie ſein ſtärkſter Beweggrund, der Sieg über
Heinrich IV., unmittelbar hernach gefährliche Reactionen erfuhr, ſo
erſchienen die nächſten Ergebniſſe ſeines Thuns der päpſtlichen Sache
durchaus nachtheilig; den Biſchöfen von Lüttich und Verdun wuchſen
die Kräfte, das Bisthum Cambrai wurde von Neuem in Frage ge=
ſtellt, wenn irgendwo, war jetzt in Lothringen für den Kaiſer ein
ſicherer Boden. Das iſt die Sicherheit menſchlicher Einſicht nach
menſchlichen Erfolgen abgeſchätzt: der Gang der Jahrhunderte hat
den Beſchluß des Papſtes gerechtfertigt, er ſelbſt aber erlebte keinen
Troſt, als den, nicht anders gehandelt zu haben, als er gekonnt und
gemußt.

Gehen wir nun weiter die franzöſiſchen Provinzen durch, um
die bekreuzten Großen aufzuſuchen, ſo tritt zunächſt hervor Herzog
Robert von der Normandie, Bruder König Wilhelm's von England.[1]
Ueber ſeine Perſönlichkeit und die Umſtände, die ihn zu der Pilgerung
bewogen, iſt außer dem allgemein Bekannten wenig beizubringen. Er
zog aus, ſchwerlich durch heißen Religionseifer getrieben, ſo wenig
wie durch großartige Ritterlichkeit beunruhigt: ihm war es unbehag=
lich in der Heimath, zwiſchen zwei Brüdern von unruhigerer und
feſterer Art als er ſelbſt, um ſich her einen Adel, roh und gewalt=
thätig, den er weder zu gewinnen, noch zu ſchrecken verſtand; er ſelbſt
zwar tapfer, aber ſchwach, nicht ohne Verſtand, aber ohne Conſequenz,
voll von Herzensgüte, aber unglücklich, ſie ſtets am falſchen Orte zu
zeigen. König Wilhelm beſaß damals über 20 Schlöſſer in der
Normandie, Heinrich behauptete Domfront; durch einen großen Theil
des Adels unterſtützt, hauſten ſie in dem Herzogthum nach Belieben.
Das Land litt unendlich, die Großen ſtanden in fortdauerndem Kampfe
untereinander und gegen Robert, Mord und Raub ging von einer
Grenze zur anderen. Wahrhaftig, ſagt Orderich, nur harte Herr=
ſchaft hält dieſe Normannen in Ordnung; ohne die wächſt ihr Ehr=
geiz, bis er Treu und Glauben vergißt; das haben die Franzoſen,
die Flandrer, das haben ihre Nachbarn alle, und die Angelſachſen

---

1) Lappenberg charakteriſirt ihn durchaus richtig, wie denn die Zeugniſſe
aller Zeitgenoſſen (Radulf's, Wilhelm's von Malmesbury, Orderich's u. A.)
nicht im Mindeſten zweideutig ſind.

bis zur Vernichtung gefühlt.[1]) Herzog Robert war mehr davon überzeugt als jeder Andere, von keiner Seite her wußte er sich Hülfe: da vernahm er von dem Aufruf des Papstes und beschloß auf den Rath einiger Geistlichen den Kreuzzug anzutreten. Zwar fehlte es ihm, der weder zu erwerben noch zu sparen verstand, an Gelde; doch wußte er bald Rath und Auskunft. Sein ganzes Land, dessen Besitz ihm die stete Anfechtung der Brüder zugezogen, verpfändete er dem Könige für 10000 Mark — 6666 Pfund — Silber, eine Maßregel, ebenso verschwenderisch im Moment, als unbesonnen für die Zukunft. Wilhelm raffte das Geld auf jede Weise zusammen, und nahm im September 1096 Besitz von dem erwünschten Unterpfande. Unmittelbar nachher brach **Robert** auf, eine zahlreiche Menge normannischer und englischer Großen in seinem Gefolge.[2])

Schon im Februar desselben Jahres hatte zu Paris eine bedeutende Versammlung französischer Edlen Statt gefunden; unter dem Vorsitze König Philipp's selbst beriethen sie hier die Wallfahrt.[3]) Graf Hugo von Vermandois, des Königs Bruder, der Große zubenannt, ragte unter ihnen hervor, durch die Würde der Abstammung und Tadellosigkeit des Benehmens. In keiner Weise ein bedeutender Mensch gefiel er den Rittern durch leutseliges Wesen, den Geistlichen durch ausgesuchte Demuth: schon als sie auszogen, waren einige entschlossen, bei etwaigen Eroberungen nur ihn, keinen Anderen, zum Könige zu setzen. Doch war es noch weit bis zum Ziele, und Hugo, der wie alle seine Genossen Kampf und Schlacht nicht scheute, hatte weder die geduldige Standhaftigkeit im Einzelnen, noch eine großartige Auffassung des Ganzen, um sich der jahrelangen Reihe von Mühen und Entbehrungen zu unterziehen, die ihn allein zu dem Resultate hätte führen können.[4])

Eine etwas räthselhafte Stellung nimmt unter den Fürsten des Kreuzheeres ein Stephan Graf von Blois und Chartres, der Schwager des Königs von England. Seine Macht war nicht gering; Guibert

---

1) Ord. Vit. p. 722, vgl. p. 683. 685. 700.
2) Deren vollständigste Aufzählung giebt Orderich S. 724. Vgl. Lappenberg S. 219.
3) Guib. p. 486.
4) Der Erfolg hat das am deutlichsten gezeigt, Guib. p. 487 u. Rad. l. c. sprechen es aus.

führt ein Sprichwort an[1]), nach dem er so viele Burgen, als Tage im Jahre besessen. Dabei wird auch seine geistige Fähigkeit gerühmt; er hatte eine bedeutende Gabe, durch sein persönliches Erscheinen zu gewinnen und Vertrauen zu erwecken, so daß in Asien die übrigen Fürsten ihn sogar zum oberen Anführer des Heeres setzten.[2]) Andererseits fehlt es nicht an verringernden Aeußerungen über ihn, er sei freigebig, aber nicht leutselig, kühn, aber nicht kräftig gewesen, sagt Radulf; auch Baldrich hebt diese Schwäche hervor. Und was bedeutender ist als diese Angaben, der Erfolg seiner Thaten steht mit jenem Lobe in betrübtem Gegensatz; selbst Guibert, sein stärkster Bewunderer, und warmer Verehrer seiner Gemahlin, weiß sehr wenig Factisches von dem Ruhme des Helden beizubringen.[3]) Doch ist es möglich, diese Züge sämmtlich zu einem Bilde zu vereinigen: man begegnet nicht selten ähnlichen Naturen, die ohne die Fülle schaffenden Lebens in sich, durch glänzendes Erscheinen, durch eine breite und sichere Art sich darzustellen, auch auf Begabtere Eindruck zu machen wissen.

Während so in dem Norden Frankreichs drei große Massen zusammentraten und eine Menge einzelner Anführer außerdem für sich ihre Straße zogen, hatte in der Provence Graf Raimund von St. Gilles ein Panier erhoben, dem alle Nachbarn und Vornehme des Landes in bereiter Unterordnung zuströmten.[4]) Raimund selbst war damals fünf und fünfzig Jahre alt[5]), einäugig, trotzdem vor kurzer Zeit zum dritten Male vermählt[6]), jedenfalls voll von Leben und Eifer. Seine ganze Sinnesrichtung ging nach der religiösen oder vielmehr kirchlichen Seite: der Curie zu Rom war er von jeher ergeben gewesen, obgleich er mit Gregor VII. in unangenehmen Händeln gestanden. Schon vor 1075 hatte er sich nämlich mit der

---

1) S. 486.

2) Eigener Brief des Grafen bei d'Achery, spicil. t. III. Auch die Gesta erwähnen es.

3) S. 486.

4) Daß über Raimund die hist. génér. de Languedoc t. II stets zu Rathe gezogen wurde, versteht sich von selbst. Freilich nicht über die Charakteristik des Grafen, welche dort mit großer Vorliebe in das Lichte gemalt ist.

5) Hist. p. 283. Die Rechnung ist nicht gewiß, aber höchst wahrscheinlich.

6) Ibid. p. 624 sqq. Daß er einäugig gewesen, meldet Guibert, bei Gelegenheit seiner Wahl zum König von Jerusalem.

Erbtochter seines Oheims Bertrand von Provence vermählt, welche Ehe, durch Gregor im Jahre 1078 aufgelöst, ihm dennoch die unbestrittene Herrschaft der Provence verschaffte. Ein Sohn aus dieser Verbindung war Bertrand, den er bei seinem Aufbruch als den Regenten seiner Länder zurückließ. Seine jetzige Gemahlin, Elvire, so wie einen **Sohn** im zartesten Alter nahm er mit sich zum heiligen Grabe[1]); hier in der Heimath suchte er durch reiche Schenkungen an Kirchen und Klöster die Gnade des Himmels für sein Unternehmen zu gewinnen. Denn er war nicht, wie die übrigen Fürsten, in Geldnoth, und hat nicht eine Scholle seiner weitläufigen Besitzungen zum Behuf seiner Rüstungen verkauft oder verpfändet.[2]) Ohne Grund aber, so viel ich sehe, ist die Angabe, Raimund habe damals schon das Gelübde ewiger Entfernung ausgesprochen; es wird das durch keine gleichzeitige Angabe bezeugt, und der Umstand, daß Bertrand im Jahre 1100 sich Graf von Toulouse nennt, kann für 1096 nichts entscheiden.[3]) Gegen den October dieses Jahres hatte er seine Rüstungen beendigt[4]); er zog noch einmal zum Kloster Chaise Dieu, betete zu seinem verehrtesten Patrone, dem heil. Robert, erbat sich eine Reliquie desselben und einen Mönch des Klosters, sie ihm zu bewahren[5]), und begann darauf die Wanderung.

Mit ihm war ein gewaltiges Heer, wohl das stärkste, welches irgend einer der Fürsten unter seinen Befehlen vereinigte. Alle Aquitanier, die Bewohner von ganz Languedoc, von der Provence, von allen Ländern zwischen Alpen und Pyrenäen nach Wilhelm's Ausdruck[6]), waren unter seinem Banner vereint. Der Adel hatte sich auf das Stärkste betheiligt, die mächtigsten Familien zählten ihre Repräsentanten im Heere, mehrere verkauften ihre Güter, um die

---

1) Guib. p. 487.

2) **Hist.** note 42. Das Gegentheil ist nach einer Stelle des **Gaufred. Vos.** allgemein angenommen, allein die Argumente der hist. de Lang. sind entscheidend.

3) Die hist. de Lang. urgirt dies, zum Beweis, daß Raimund schon 1096 seinem Sohne das Land übertragen habe.

4) Diesen Zeitpunkt fixirt die hist. note 41.

5) Acta SS. Bened. sec. 6, p. 2. p. 215 sqq.

6) Will. Malm. p. 133. Quicunque populus inter Alpes et Pyrenaeos diffunditur.

Reisekosten aufzubringen.[1]) Auch in der Zusammensetzung des Heeres, wie in der Gesinnung des Anführers erschien das geistliche Element vorherrschend: die Fahne des Grafen zeigte das Bild der heiligen Jungfrau[2]); hier zog der Legat des Papstes einher; neben ihm der Bischof Wilhelm von Orange, ferner der Bischof von Apt[3]), sie Alle mit einem zahlreichen Clerus in ihrem Gefolge.

So war die Bewegung durch ganz Frankreich hindurch zu den größesten Resultaten gediehen, und nicht geringer war die Aufregung in dem zweiten romanischen Lande Europas, in Italien. Deutlich bemerken wir hier den entscheidenden Einfluß der Normannen auf die Gestaltung dieser Ereignisse, und schon deswegen, abgesehen von der Bedeutung der dort auftretenden Persönlichkeiten, werden wir ihnen eine nähere Betrachtung widmen müssen. Boemund, der älteste Sohn Robert Guiscard's, in seiner Jugend zu einer bedeutenden Stellung erzogen, zweimal schon Sieger über die Macht des byzantinischen Reiches, sah sich nach dem Tode seines Vaters durch Stiefmutter, Bruder und Oheim beeinträchtigt und nach kurzem Streite auf das unbedeutende Fürstenthum Otranto beschränkt.[4]) Er hatte nicht den geduldig ruhigen Geist, in Jagd und Fehde unthätige Tage fortzuspinnen; als der Papst zu dem Kreuzzug aufforderte, ergriff er auf der Stelle den Gedanken, hier sich für den Verlust der Heimath zu entschädigen. Ohnehin können wir sicher sein, daß er den Orient nie aus den Augen verloren: und solche Absichten zu verwirklichen, konnte jetzt oder niemals gelingen. Freilich mußte bei seinen beschränkten Mitteln eine günstige Fügung eintreten, ihn in die erste Reihe der Pilgerfürsten hineinzurücken[5]); doch verstand er es wie Wenige, eine solche mit Gewandtheit und Glück herbeizuführen. Wie wir erwähnten, füllte sich das Land von Woche zu Woche mit Schaaren von Pilgern, die den Aufbruch der größeren Heere nicht

---

1) Peter von Fay, Gerenton von Biage, hist. de Lang. pr. p. 345 sqq. Roger **II.** von Foix unternahm bedeutende Verpfändungen, **ibid.** p. 336 sqq.

2) Raim. p. 146.

3) Episcopus Atensis bei Raim. Ag. p. 173 und sonst.

4) Muratori annali d'Italia stellt das Nöthige hierüber zusammen.

5) Die ausführlichsten Angaben, sowohl zur Charakteristik Boemund's und **Tancred's,** als über die Bildung ihres Kreuzheeres geben Radulf und die Gesta.

hatten erwarten wollen. Hier an der Seeküste, an der Grenze des heimathlichen Bodens mochten sie zaudern oder durch äußere Umstände aufgehalten werden: mit ihnen begann Boemund zu unterhandeln und wußte manche zu seiner Heeresfolge zu bewegen.[1])

Dies war der erste Schritt; zu einem zweiten bot sich gleich nachher der günstigste Anlaß. In jenen Tagen nahm das Kreuz Tancred, Sohn Odo's und Emma's, der Schwester Robert Guiscard's, demnach Boemund's Vetter[2]), eine der merkwürdigsten und am schärfsten ausgeprägten Naturen dieses Kreuzzuges. Auf den ersten Blick erkennt man, daß er kriegerisch war, wie diese Fürsten sämmtlich, listig wie alle seine Landsleute und habsüchtig wie nur irgend ein Mensch. Näher aber bezeichnet ihn eine brennende Ehrbegier, die er nicht zur Schau trägt, die aber jeden seiner Schritte beseelt. Er dürstet, sagt Radulf, nicht von sich zu reden, aber von sich reden zu machen, er verlangt nach Hunger und Anstrengung, wie andere Menschen nach Ueberfluß, Wohlleben und Ruhe. Dieser Ehrgeiz ist von der bestimmtesten Art, nicht gerade auf Feldherrnruhm und Macht, sondern auf die Auszeichnung seines Selbst, auf einen höchst persönlichen Ruhm gerichtet. Nicht die Schlacht, sondern das Abenteuer ist sein Feld, er sucht sich das ganz Besondere, Seltsame, von niemand Geahnte. Da ist denn sein Eifer, seine Rastlosigkeit unendlich, stets ist er im Vortrab, an der ausgesetztesten Stelle, die große Straße vermeidend wo er kann, unermüdlich weiß er den Feind aus Nacht und Einöden herauszufinden. Nachher, wenn er die Waffen abgelegt hat, sieht man ihn bescheiden, freigebig und leutselig, aber immer voll von Nachdenken, in tiefem Ernste, bedeutende Gespräche aufsuchend. Dann etwa ein kleiner Anstoß, das leiseste Gefühl einer Kränkung, und Leidenschaften aller Art brechen in wildem, ungezügeltem Gusse hervor: dann hält ihn nichts, erschreckt ihn nichts, bringt ihn nichts zur Besinnung. Sonderbar und doch ganz begreiflich ist es, wie er religiöse Dinge verarbeitet; die Bibel in der Hand, wirft er sich ängstliche Fragen über die Rechtmäßigkeit des Waffenhandwerks auf: lange beunruhigen ihn die Friedensgebote des Evangeliums, bis er in dem Kreuzzug die volle Versöhnung seiner

---

1) Gaufred. Malat. IV, 29.
2) Nach Radulf's Angabe. Die anderen Quellen nennen ihn dessen Neffen. Schlosser sagt ganz richtig, der Punkt sei nicht weiter zu bringen.

Zweifel erblickt. Fassen wir diese Züge zusammen — eine jener ernsten, in sich gekehrten Naturen, deren Inneres desto heißere Leidenschaft erfüllt und verzehrt, edel, so lange sie ruhig bleibt, aber von schwerem und großem Style in ihrer Ruhe wie in ihrer Erregung.

Wir brauchen nicht zu zweifeln, daß Boemund damals schon erkannte, welche Fülle von Kraft in diesem Menschen verborgen lag; ihn zu gewinnen, in freier Unterordnung sich seinem Heere anzuschließen, konnte dem Fürsten von Tarent nicht schwer fallen.[1]) Die ganze Richtung seines Verwandten war dem politischen und administrativem Treiben, dessen ein Heerführer sich nicht entschlagen kann, abgewandt; ohne Bedenken entschloß er sich, seinem Verwandten und Freunde Gehorsam zu geloben, um mit ganzer Seele Krieger und nichts als Krieger sein zu können. Er ist in diesen Grenzen geblieben, so lange Boemund bei dem Heere war, nachher hat er höchstens in dessen Auftrage selbständig gehandelt, und erst seit dem Sommer 1100 kommt der Reichthum seiner Natur zu voller Erscheinung. Damals war Boemund gefangen und Antiochien in der größten Noth, damals hat er gezeigt, was er war und was er vermochte. Man erkennt, daß jener Ernst, jener Drang auf das Seltsame, jene wilden Aus= brüche endlich nur die ungeordneten Regungen waren, in denen die gewaltigen, in sich ungeeinigten, nach Innen zurückgedrängten Kräfte zur Erscheinung kamen.

Das hier gegebene Bild weicht nun von der gewöhnlichen Vor= stellungsart in schroffer Weise ab. Trotzdem vermag ich an dieser Stelle noch nicht den vollen Beweis dafür zu liefern, einzelne der angeführten Züge kann man bei seinem Biographen Radulf nach= lesen[2]), andere und die wichtigsten gerade zu seiner Gesammtan= schauung sind nur in seinen Thaten aufzufinden.[3]) Die Quelle der gewöhnlichen Vorstellung ist nicht allein Radulf — bei diesem ist Tancred der tapferste, aber auch der wildeste Held; seine Menschlich= keit wird wohl in Worten, aber nicht in Werken dargestellt, und das

---

1) Radulf c. 2.

2) Im ersten Capitel, von seiner Unermüdlichkeit, seiner Leutseligkeit, seinem Ernst.

3) Und dann erst, wenn man diese aus der rechten Quelle mit Ausscheidung des Sagenhaften nimmt. Vor Tarsus, Arkas und Jerusalem werden wir seine Habsucht, in Pelekanum seine Hitze, aller Orten seine Verschlagenheit und Son= derbarkeit kennen lernen.

nationale Gepräge, Habsucht vor Allem, kommt an vielen Stellen
zum Vorschein, — sondern Wilhelm von Thyrus hat dieser wie
mancher anderen Fiction die Vollendung gegeben. Persönliches und
nationales Wesen ist hier verschwunden, um einem Ideale aller
menschlichen und ritterlichen Tugenden Platz zu machen. Eine be=
stimmte Quelle, der Wilhelm dabei folgte, oder die er so umgestaltet,
wüßte ich nicht anzugeben; was nicht auf seine Rechnung allein zu
setzen ist, mag localer Ueberlieferung die Entstehung verdanken.[1]

Wenden wir uns nun zurück zu dem Jahre 1097, so sehen wir
Boemund, von zwei Seiten her verstärkt, sich zu der letzten entschei=
denden Maßregel erheben.[2] Die einheimische Bevölkerung Apuliens,
obgleich längst unterworfen, hielt noch ein tiefes Mißvergnügen gegen
die Normannen fest: hier und da, ohne Plan und Zusammenhang,
brachen einzelne Empörungen aus, und die Spaltung unter den Nor=
mannen selbst hielt Griechen und Longobarden in steter Aufregung.
Amalfi erhob sich im Jahre 1096, die Stadt, ein wichtiger Handels=
platz[3], erschien bedeutend genug, um die Vereinigung aller nor=
mannischen Kräfte zu fordern. Die beiden Söhne Guiscard's, Roger
von Sicilien und eine zahlreiche Ritterschaft waren hier auf engem
Umkreis versammelt; man stürmte mit großer Anstrengung, fand
aber langwierigen Widerstand. Indeß erfüllte sich das Land mit
täglich wachsender Kunde von dem Kreuzzug, wie das Abendland in
Bewegung sei, wie die größesten Fürsten mit gewaltigen Heeren
heranzögen. Es konnte nicht fehlen, besonders da die Angriffe auf
Amalfi wenig Hoffnung gaben, daß das Lager mit vollem Interesse
diese Ereignisse verfolgte: einmal in zahlreicher Versammlung, als
gerade bestimmtere Botschaft von dem Heranzuge Hugo's und der
Roberte gekommen, als Alle in Staunen gesetzt waren durch die Be=

1) Ich habe hier die Stelle IX, 13 im Sinne, wo er von Tiberias unter
Tancred's Verwaltung redet.
2) Die genaue Chronologie dieser Dinge zu ermitteln, ist mir nicht ge=
lungen. Nirgendwo, so viel ich sehe, findet sich ein bestimmteres Datum als das
bloße Jahr 1096 für Boemund's und Tancred's Bekreuzung, für die Ankunft
der Franzosen in Italien, für die Belagerung von Amalfi. Ich habe die im
Text gegebene Anordnung gewählt, weil sie mir zu dem Bilde der Personen
am besten zu passen schien.
3) Cf. Gibbon decl. and fall. c. 56 (p. 1040 ed. Londin. 1836); eine
glänzende Verarbeitung des meistens von Guil. App. gelieferten Stoffes.

schreibung dieser Heerschaaren, rief plötzlich, wenn auch nicht ohne Vorbereitung, Boemund das Losungswort: Gott will es — wenn die ganze Welt sich erhebt, so denke ich nicht zu feiern. Ich ziehe hinaus, wer von Euch, ihr Herren, nimmt mit mir das Kreuz des Heilandes und folgt mir nach in den Streit für Christum? Es war wie die Flamme in der Mine, sie drängten sich alle herzu; der Mantel des Fürsten reichte nicht aus, Kreuze daraus für die Menge zu schneiden.[1]) Die beiden Roger sahen sich vereinsamt und Amalfi diesmal gerettet; Boemund aber hatte sich die Bahn seines Ruhmes glänzend eröffnet. Er stand an der Spitze eines mächtigen Heeres, so konnte er hoffen, sich ein Loos zu bereiten, würdig des Vaters und der Hoffnungen seiner Jugend.

Was ihn selbst betraf, so fehlte ihm keine der Kräfte, die ein solcher Beruf erfordert. Innere Bedenken, verborgene Hitze, losbrechende Leidenschaft, dergleichen war nicht in ihm, wohl aber eine freie und gewaltige Art, die Dinge zu behandeln und zu gestalten. Der Mittel seiner Natur ist er sich bewußt und beherrscht sie vollkommen; er hat eine großartige Gewandtheit, eine rücksichtslose Energie; so hält er sich stets im Bewußtsein seines Zieles und treibt auch das Einzelnste nur in Rücksicht auf dies Ganze. Ein unerschütterlicher Körperbau begünstigte seine Thätigkeit[2]), er war groß, wohlgebaut, von blondem Haar und tief blasser Gesichtsfarbe[3]) — die Sage ging, in Folge einer durch seine Stiefmutter versuchten Vergiftung. Fernere Züge seines Bildes wird uns die Geschichte der Kreuzfahrt, zu deren Gestaltung er mehr als irgend ein anderer Mensch beigetragen, in Menge liefern. An besonderen religiösen Enthusiasmus in ihm wollten schon die Zeitgenossen nicht glauben; die Meisten dachten, seine Waffen seien nur gegen Constantinopel, nicht gegen Jerusalem gerichtet.[4]) Da erzeugten oder verbreiteten sich die Sagen, wie Alexius ihm den Vater vergiftet oder vergiften

---

1) Am ausführlichsten die Gesta p. 3. Der Mönch Robert p. 35 übertreibt, das ganze Land ist menschenleer geworden. Kürzer ist Gaufr. IV, 24.

2) Anna Comnena schildert seine Persönlichkeit bei Gelegenheit des Friedensschlusses von 1109.

3) Orderic. p. 644.

4) Will. Malm. sagt sogar, er habe, um seinen Vater an Alexius zu rächen, den Papst zur Predigt des Kreuzzuges bewogen.

laſſen[1]), wie er ſelbſt ſchon früher im Kampf mit den Griechen ſieg=
kündende Stimmen aus den Wolken vernommen habe.[2]) Bald werden
wir weitere Erzeugniſſe dieſer Volksmeinung kennen lernen, die mit
der Auffaſſung des Kreuzzugs ſelbſt auf das Beſtimmteſte zuſammen=
hängen.

Bis hierher nun waren die Dinge in der Mitte des Sommers
1096 gediehen, die Bewegung erfüllte das geſammte Abendland,
durch alle heimiſchen Intereſſen hindurch verbreitete ſich die Be=
geiſterung für das heilige Grab. In Lothringen ſtand der Herzog
ſelbſt unter den Waffen mit gewaltigem Heer: er hatte beſchloſſen,
durch Deutſchland und Ungarn die griechiſchen Grenzen zu erreichen.
Die Nord=Franzoſen ſämmtlich hatten den Weg durch Italien bis
Apulien erwählt, die Provenzalen wollten durch Slavonien und
Dalmatien nach Conſtantinopel gelangen. Wohin dieſe Schaaren
kamen, fanden ſie ſtets neue Verſtärkungen, Wanderungsluſtige aller
Art erwarteten ſie oder folgten ihrem Zuge. Unterdeß rüſteten
Piſa und Genua ihre Flotten, ſie gedachten weder an religiöſem
Eifer, noch an kluger Ernte weltlichen Vortheils zurückzubleiben.[3])
Zu Lande und zu Waſſer bereitete man den mächtigſten Angriff: es
war das merkwürdige Beiſpiel einer unendlichen Thätigkeit ohne **den**
beherrſchenden Willen eines Einzelnen, aus der freien Uebereinſtim=
mung einer Geſammtheit hervor. Denn hier war von keiner oberſten
Einheit die Rede; zwar ſtand **der** Legat des Papſtes, Adhemar von
Puy, **dem Namen nach an erſter** Stelle, **aber** unmöglich konnte er
doch auf eine poſitive Leitung der Kriegsereigniſſe ſelbſt Anſpruch
machen.[4]) Sonſt aber ging jeder ſeinen eigenen Weg, durch alle
Grade hindurch war kein Gebot als das, welches freiwillige Unter=
ordnung anerkannte, vorhanden. Es iſt nicht daran zu denken, daß
etwa die beſonders erwähnten Fürſten eine beſtimmt ausgeſprochene

---

1) Das Eine ſehr häufig erwähnt, bei Guibert, Wilhelm von Malmesbury
und ſonſt, das Andere, weniger Bekannte bei Orderic. l. c., Sigelgayta iſt die
Vergiſterin.

2) Orderic. ibid.

3) Mehrere der piſaniſchen Chroniken bei Murat. t. IV.

4) Ueber die Feldherrnſchaft des Grafen Stephan von Blois vergleiche oben
S. **10.**

Feldherrnschaft gehabt hätten[1]); vielmehr sieht man deutlich, wie jeder Adlige sich ihnen vollkommen gleichgestellt erachtete und nur so lange es ihm gefiel, sich ihren Schaaren anschloß.[2]) Einzelne hielten sich fortdauernd in freier Stellung, Anselm von Ripemont z. B. und Roger von Barnaville, Andere gingen ab und zu, von einem Fürsten zum anderen; so sehen wir Tancred's Bruder Wilhelm zuerst mit Hugo, dann mit Boemund vereinigt. Und nicht blos von den Bannerherrn gilt dies, bis auf die Ritter und Soldaten hinab erstreckt sich die völlige Freiheit, den Dienst zu ändern oder aufzugeben.[3]) Einmal in Feindesland angelangt, zogen sich die Bande der Subordination natürlich fester und ein strengerer Gehorsam wurde gefordert, aber auch hier, besonders gegen das Ende der Unternehmung, trat der Geist der ursprünglichen Zwanglosigkeit mehrmals hervor. Der Gegensatz zu Peter's Banden war bei alledem unermeßlich: hier existirten doch alle Formen und es kam nur auf den Willen an, sie in das Leben treten zu lassen; Peter's Heere beruhten ihrem Wesen nach auf der Vernichtung derselben, und es wäre undenkbar gewesen, sie jemals hervorzurufen. Aber auch dieses Heer, was wäre aus ihm geworden, ohne den einen Alle durchdringenden Gedanken, ohne das Bild des heiligen Grabes vor den Augen jedes Einzelnen, ihnen Allen der mächtigste Führer, das stätigste Gesetz für Ordnung und Fortschritt? Wenn die äußeren Bande vollkommen zerfielen, erhob sich diese Einheit erst zu der kräftigsten Erscheinung.

1) Natürlich hatten sie die factische Macht, die aber einzig auf dem freien Willen der ihnen Folgenden beruhte. Die Provenzalen hielten ohne Frage am besten zusammen; ihr Zerwürfniß mit ihrem Anführer — bei Arkas und Maara — wird über den ganzen Zustand den besten Aufschluß geben.

2) Wie hat sich Boemund's Schaar nach dessen Zurückbleiben in Antiochien zerstreut.

3) Das Abendland hatte dieselbe Ansicht im größten Maße. Wenn Albert vor belagerten Städten die Reihenfolge der Angreifenden nennt, so erscheinen stets die großen Fürsten, andere Grafen, einzelne Ritter, die verschiedensten Nationen in buntem Gemenge. Es ist nach den deutlichen Angaben der Quellen an eine solche Unordnung nicht zu denken, aber sie bezeichnet den allgemeinen Zustand. Die Quellen selbst, wenn sie von dem Rathe der Fürsten oder den Anführern des Heeres sprechen, weichen häufig untereinander ab; Anselm, Roger, Wilhelm, Balduin von Hennegau, Balduin von Burg u. A. werden oft mitgenannt, oft weggelassen.

Viertes Capitel.

Aussichten im Morgenlande.

Wir sahen bisher, wie die innere Entwickelung des Abendlandes eine mächtige Einheit geistlicher Herrschaft gegründet, in dieser die Theile der damals verfallenden weltlichen Mächte zusammengefaßt und sogleich zu einem gewaltigen Angriff nach Außen sich erhoben hatte. Die Rüstung war beschaffen, wie die Macht, welche sie unternommen; der Gedanke des Unternehmens gab ihr den einzigen Zusammenhang, den sie überhaupt besaß; in diesem Sinne war der Ausspruch, Christus sei der alleinige Feldherr des Unternehmens, zur Erfüllung gekommen.

Damals aber, als diese durch Religion und Streitbegier erregten Lateiner an den Grenzen ihrer heimathlichen Welt, an den Ufern der Donau und des adriatischen Meeres angelangt waren, befand sich das Morgenland, das Ziel ihres Angriffes, in nicht geringerer Bewegung. Mit rascher Energie hatte sich aus dem östlichen Asien her, auf der einen Seite die ägyptischen Fatimiden, auf der anderen das griechische Kaiserthum bis zur Vernichtung bedrohend, das Reich der Seldschuken erhoben; drei thatkräftige Regenten hatten seine Ausbreitung und seine Einheit gegründet, und bis zum Jahre 1092 ein unbezweifeltes Uebergewicht in den weiten Ländermassen Westasiens behauptet. Im November aber des angegebenen Jahres starb Melek Schah; in dem Mittelpunkte des Reiches, unter den Söhnen des Sultans selbst kam es zu heftiger Reibung und langdauerndem Kriege; auf der Stelle setzten sich die Wirkungen desselben von den Ufern des Indus bis zu den Küsten von Chalcedon und Askalon

fort. Die Bestandtheile des Reiches trennten sich unter heftigen
Zuckungen, die beiden Nachbarn, Aegypter und Griechen, begannen
ihr politisches Dasein von Neuem zu organisiren, mitten in dieses
Für und Wider isolirter oder feindseliger Bestrebungen trat der An=
griff der Kreuzfahrer übermächtig hinein.

Versuchen wir zunächst, die wesentlichen Punkte dieser Entwick=
lung für jedes der genannten Reiche näher darzulegen, und so ein
möglichst bestimmtes Bild der Hoffnungen oder Gefahren, die hier
den Kreuzzug erwarteten, zu gewinnen.

Griechisches Reich.

Für die Haltung des byzantinischen Kaiserthums im Kreuzzuge,
ja für den Gang seiner gesammten späteren Geschichte ist es ent=
scheidend geworden, daß der Andrang der Seldschuken gerade mit
dem Aussterben der macedonischen Dynastie und den inneren Hän=
deln seit der Absetzung des Romanus Diogenes zusammentraf. Eine
Spaltung der Centralgewalt, wie sie auch in diesem Reiche selten
vorgekommen, ein mächtiger Feind von Außen, der mit den bisher
bekämpften Barbaren nicht zu vergleichen war, beides vereinigt warf
das Reich von der unter den Macedoniern erreichten Entwicklungs=
stufe in eine Tiefe der Gefahr und des Elendes, worin die Fort=
dauer des ganzen Daseins in Frage gestellt wurde. Nun gelang es
zwar 1081 Alexius I., den letzten jener Usurpatoren zu beseitigen
und gleich darauf mit den Seldschuken dauernden Frieden abzuschließen;
aber an den äußeren Feind mußte ganz Asien bis an den Drakon
— wenige Meilen von der Meerenge entfernt — aufgegeben werden
und unmittelbar nachher trat mehrfacher Anlaß ein, die gänzliche
Erschöpfung des Reiches zu offenbaren und zu steigern. Von 1081
bis 1085 hatte man sich gegen Robert Guiscard, den normannischen
Herzog von Apulien, von 1088 bis 1091 gegen die turkmanischen
Horden der Petschenären zu vertheidigen[1]); und auf beiden Seiten
gelang es dem Kaiser allerdings, sich zu behaupten und, wenn man
will, das letzte Wort in dem Streite zu behalten. Aber gegen Ro=
bert vermochte Alexius nach dem Falle von Dyrrhachium das Feld

---

[1]) Ueber die Chronologie vgl. die zweite Beilage.

nicht mehr zu behaupten, und nur die italienischen Verwicklungen jener Jahre, sowie der unvermuthete Tod des Herzogs gaben den Griechen ein halb sicheres Uebergewicht zurück. Ebenso nahmen die Petschenären nach dem **ersten** Siege bei Silistria ungehindert ihr Winterlager wenige Stunden von Constantinopel entfernt, und **erst** im vierten Jahre gelang endlich mit cumanischer und seldschukischer Hülfe die Befreiung. Wir sehen, wie in beiden Kriegen dem Kaiser die Disposition über die europäischen Besitzungen außer Morea und Constantinopel geraubt, und in beiden die Anspannung aller Kräfte bis zum Aeußersten gefordert wurde. Erst 1092 konnte eigentlich von einem byzantinischen Staate wieder Rede sein, insofern ein solcher auf territorialem Bestande ruhte; bis dahin hatte man freilich eine Hauptstadt und schlagfertige Kriegshaufen, aber kein Dasein als ein Volk auf eigener Erde, als ein Reich auf festem Boden gegründet.

Es ist nicht ohne Interesse, und wichtig für die Beurtheilung der griechischen Politik im Kreuzzuge, einzelne Aeußerungen dieses Wesens näher in Betracht zu ziehen. Es ist begreiflich, daß bei dem damaligen Zustande der äußeren Angelegenheiten die Heerverfassung alle übrigen Theile des öffentlichen Lebens absorbirte und der ganze Staat durchaus kriegerische, man möchte sagen lagerähnliche Formen annahm. Deutlicher als irgend sonstwo erkennt man an diesem Punkte die Schwäche und die Hülfsmittel dieser Regierung, am bestimmtesten, sobald man das Verhältniß der einheimischen und der auf Sold geworbenen Streitkräfte sich vergegenwärtigt. Von den Abtheilungen provinzialer Truppen, um deren Aushebung frühere Imperatoren dem ganzen Reiche **eine** neue Verfassung gegeben[1]), bemerken **wir** damals **nur** noch die Macedonier und Thracier, etwa 3000 Mann stark[2]), einige thessalische Reiterei und eine bald verschwindende cappadocische Schaar.[3]) Den Umfang des Verfalls, in dem das Reich begriffen war, bezeichnen dann Maßregeln, wie die Bildung der Archontopulen und der Unsterblichen, die einen die Kinder gefallener Krieger, die nahrungs- und heimathslos dem Heere nach-

---

1) Die Eintheilung des Reiches in die Themata, vollendet unter der macedonischen Dynastie.

2) Nicephor. Bryenn. p. 130 ed. Bonn. Anna p. 109 ed. Par.

3) Die Chomatener; cf. Ducange ad Annam p. **176**.

zogen[1]), die anderen ein Rest asiatischer Söldner, damals definitiv dem Heere einverleibt und mit dem stolzen Namen geschmückt, wenn sie bei ihren Uebungsmärschen die Anforderungen ihrer Oberen befriedigten.[2])

Daß nun bei diesem Zustande das ganze Gewicht kriegerischer Tüchtigkeit auf die Seite der Miethvölker fiel, kann uns nicht weiter in Erstaunen setzen. Zum Theil verfuhr man hier nach dem altrömischen Systeme, ganze Heere und Stämme der Barbaren auf dem Boden des Reiches gegen Verpflichtung zum Kriegsdienste anzusiedeln: so finden wir die Reste der Petschenären, eine Anzahl um Achrida wohnender Türken, dalmatinische Slaven und Andere mehr. Eine Menge türkischer Unterthanen waren schon vor Menschengedenken in den Reichsverband aufgenommen worden; ihre Nachkommen werden wir unter dem Namen der Turcopulen vielfach in Berührung mit dem Kreuzheere erblicken. Gegen diese ganze Klasse bildeten nun die oben schon erwähnten abendländischen Miethsvölker dadurch einen großen Gegensatz, daß sie keinen griechischen, sondern ihren eigenen Anführern gehorchten. Ohne Frage lag in ihnen die beste Kraft des Heeres, der Zahl und der Tüchtigkeit nach; dafür waren sie unzuverlässig im höchsten Grade und treten begreiflicher Weise in den Conflicten mit den Kreuzfahrern fast gar nicht hervor. Eine Menge einzelner Abtheilungen sind erkennbar, nach der Abstammung oder nur nach den einzelnen Anführern gesondert, die berühmtesten unter ihnen, auch durch ihre Hingebung an die kaiserliche Gewalt, sind dann die Warangen, eine Schaar scandinavischer Abenteurer, neben der gewöhnlichen Bewaffnung mit zweischneidigen Streitäxten versehen — die Barbaren aus Thule nach dem griechischen Ausdruck.

Dem Zustande des Kriegswesens entsprach vollkommen die mit ihm eng zusammenhängende Finanzverwaltung. Mit dem Lande, das man beherrschte, hatte man auch die ausgebildete Ordnung dieses Faches, die einst im römischen Reiche berühmt gewesen war, eingebüßt und nur die Flecken des alten Systems, seine Härte und seinen Despotismus errettet. Exceptionelle Maßregeln, wie sie zu

---

[1] Anna p. 204. Der Titel sollte nur zur Aufmunterung dienen.

[2] Niceph. p. 133. Auch Anna, die sie einmal die ἰδιαίτατοι der griechischen Truppen nennt, spricht sonst nur mit Verachtung von ihnen.

allen Zeiten von schlechten Regierungen gebraucht worden sind, waren
hier eine andauernde, gewöhnliche Nothwendigkeit; die Münze wurde
wiederholt verschlechtert, rohes und verarbeitetes Metall, wo man es
fand, hinweggenommen, gezwungene Anleihen erhoben, außerordent=
liche Abgaben ohne Bedenken fixirt.[1] Man fristete sich von einem
Tage und einer Anforderung zur anderen; jeder Augenblick, den man
zurückgelegt, schien ein Gewinn, der Drang der Gegenwart ließ keinen
Gedanken an zukünftiges Heil oder Unglück aufkommen.

So war die Lage der Dinge noch im Jahre 1092, vier Jahre
vor der Ankunft der ersten Pilgerschaaren in Constantinopel. Die
Zeiten, sagt Anna[2]), in denen der römische Name von Thule bis
Meroe geherrscht, waren vorüber, Adrianopel auf der einen, der
Bosporus auf der anderen Seite bildeten die Grenzen des Reiches.
Alexius seinerseits, setzt sie hinzu, hielt an dem Vorsatze, hier den
Euphrat und dort das adriatische Meer wieder zu erreichen: auch
muß man eingestehen, daß in der Richtigkeit des damaligen Zustandes
nur solch ein historisches Bewußtsein und solch ein Drang, es nach
Außen zu verwirklichen, eine gänzliche Auflösung fern halten konnte.
Freilich ist es durchaus unrichtig, so oft man es auch wiederholt
hat, in diesen Ländern habe damals todte Ruhe, wehrloses Sinken
und unfähige Ueppigkeit geherrscht. Im Gegentheil, seit der Mitte
des Jahrhunderts erfüllt sie ein so wildes kriegerisches Treiben, wie
es im Abendlande selten bis zu einer ähnlichen Ausschließung aller
übrigen Lebensformen herangewachsen **ist**. Alexius hält sich ohne
Frage darin mit großer Kraft und noch größerer Gewandtheit auf=
recht und windet sich mit schwachen Mitteln durch die heftigsten An=
griffe hindurch: aber in der ersten Hälfte seiner Regierung erscheint
er doch nur wie der Führer einer großen Condotta, in welcher die
Sprößlinge aller Weltgegenden zusammengeströmt sind, um an den
Ufern des Bosporus reichliche Beute dahinzunehmen. Ein Krieg
ernährt den anderen, ja der Kampf selbst muß die Mittel erst schaffen,
ihn glücklich zum Ende zu führen; seiner Söldner wird er nur
sicher, indem er sie eine unbegrenzte Fortdauer der Anarchie hoffen
läßt. Von den Bestrebungen eines Landesherrn oder dem Wesen

---

[1] Zonaras hat die ausführlichsten Angaben darüber, einen Auszug aus
ihm giebt Glycas p. 332 sqq. **ed.** Paris.

[2] S. 176.

der alten Imperatoren konnte einstweilen wenig Rede sein. Wohl
waren die Titel und Formen des Hofes geblieben, aber auch sein
Glanz und seine Bedeutung waren vergessen. Den höheren Beamten
hatte man die reichlichen Einkünfte entzogen, die jüngeren in einer
besonderen Heeresschaar untergesteckt[1]), der Kaiser selbst reiste ohne
den hergebrachten Prunk zwischen der Hauptstadt und dem Lager
umher und war persönlich vor allen Dingen Soldat, wie seine Würde
den Charakter des Heerkönigthums angenommen hatte. Mit einem
Worte, das Dasein des Reiches hatte sich völlig in den Umfang des
Lagers zurückgezogen.

Vielleicht, wenn gerade damals der Kreuzzug sich über die
griechischen Gebiete ergossen hätte, die Verhältnisse wären zu reinerer
und einfacherer Gestaltung gediehen. Aber in Alexius, wie gesagt,
war das Gefühl für die geschichtliche Größe der Nation lebendig;
er war nicht gesonnen, die Ansprüche auf Wiederherstellung und
territoriale Begründung irgendwie aufzugeben, und ohne Frage hatte
er beträchtliche Fortschritte bis zum Jahre 1096 auf diesem Wege
gemacht. Seit der Besiegung der Petschenären war Macedonien
und Thracien gesichert und ein Angriff der Cumanen mit kurzer
Anstrengung abgewehrt worden; Bulgarien, dessen Chane den früheren
Kaisern so manches Unheil gebracht, war in Folge der letzten Kriege
wieder in Unterthänigkeit getreten. Im Westen sperrte man 1095
durch eine fortlaufende Kette von Feldbefestigungen die serbischen
Grenzen, im Osten gelang es in nachdrücklichen Kämpfen gegen tür=
kische Emire, eine Reihe von Inseln und Küstenplätzen der griechischen
Herrschaft zu unterwerfen. So war doch ein erwähnenswerther
Grundbesitz von Neuem zusammengebracht und deutlich zeigen die
Händel mit den Kreuzfahrern, daß auch die innere Verwaltung zu
ergiebiger Ordnung und Strenge zurückgeführt wurde: der Schatz
war gefüllt und die Provinzen unter so sorgfältiger Aufsicht, daß
man den Gedanken einer vollständigen Isolirung der einzelnen Kreuz=
heere fassen konnte.

Unterdessen begannen auch geistige Richtungen von eigenthüm=
lichem Gehalt in schwachen Anfängen sich zu regen. Auch hier, wie
im Abendlande herrschten religiöse Bestrebungen vor; die Mutter des

---

1) Die Aguren oder Epheben, vgl. Ducange glossar. Annaeum s. v.

Kaisers stellte eine strenge Sittenreinheit im Palaste wieder her, der seitdem wie ein heiliges Kloster sich ausgenommen haben soll. Aller Lust, sagt Anna[1]), war sie abgeneigt, aber ernsthaften Menschen und besonders den Geistlichen gnädig: wir sehen, wie auch hier vorzugsweise praktische Sittlichkeit erstrebt wird, freilich mit weniger Aufwand von Hitze und Polemik als gleichzeitig im Abendlande. Die in Byzanz hergebrachte Neigung zur Speculation tritt dann mildernd hinzu, und auch sie findet in der Familie des Kaisers selbst **ihre** Vertretung. Während der **Tafel** beschäftigt **sich** die Kaiserin Irene mit den Dogmen der Kirchenväter **und kann** sich von dem Buche nicht trennen, obgleich die Feinheit der Abstraction, wie sie bekennt, ihr Schwindel und Betäubung erregt.[2]) Endlich erwachen damals auch die Studien **des** klassischen Alterthums wieder, die unter **dem** Getümmel der letzten Kriege weit zurückgetreten waren: Anna des Kaisers Tochter wurde mit aristotelischer Philosophie von Kindheit auf genährt; Zonaras, der damals die Materialien zu seinem Geschichtswerke sammelte, bekleidete eine einflußreiche Stelle im kaiserlichen Palaste; Alexius selbst pries diese Bestrebungen hoch und wollte sie nur der Forschung in den biblischen Schriften nachgesetzt wissen. Und allerdings liegt die Bedeutung dieser Dinge hier weniger in dem eigenen Werthe, **als in dem** Umstande, daß **sie für** dieses Geschlecht die Anknüpfung mit einer nationalen Vergangenheit in **sich** schlossen.

Denkt man sich hier nun etwa einen gleichzeitigen Beobachter, der diese Punkte zusammenfaßte und mit der Zukunft des Kreuzzuges in Verbindung setzte, so hätte er diesem **doch** immer nur schwache Förderung durch die griechischen Kräfte vorhersagen müssen. Der Zustand, wenn auch augenblicklich gefahrlos, war doch unsicher im höchsten Grade, die geistige Richtung, sofern sie erwacht war, von der abendländischen vollkommen verschieden und den Tendenzen der Kreuzfahrer eigentlich entgegengesetzt. Eine völlige Auflösung ist in dem letzten Viertel des Jahrhunderts eingetreten, ein formloses kriegerisches Treiben hat alle Elemente bürgerlichen und geistigen Lebens zurückgedrängt. Aus ihm erhebt sich ein vielfach befähigter Fürst, das Ziel der Wiederherstellung unverrückt im Auge: lange

---

1) p. 87.   2) Anna p. 147.

Jahre hindurch kann er der Verwirrung nicht Meister werden und muß sich der Elemente derselben als seiner einzigen Mittel bedienen. Endlich hat er mühsam Boden gewonnen und Fuß gefaßt, der erste Anfang zu einer neuen Ordnung ist gelegt. Es scheint möglich, daß das Reich sich wieder erhebe, eine Verwaltung, wenn auch unsicher und willkürlich, wird doch wieder erkennbar. Dabei fühlt man auch eine Regung geistigen Lebens, halb klassischen, halb kirchlichen Inhaltes, von allem Enthusiasmus entfernt und einzig auf besonnene Speculation gerichtet. Aber aller Orten steht man erst im Beginn der Wiederherstellung, nur die nächsten Bedürfnisse sucht man zu befriedigen und den dringendsten Nöthen abzuhelfen; vor allen Dingen muß man sich Ruhe und die Fortdauer des gewohntesten Zustandes wünschen.

Ueber dieses Reich ergießt sich nun das Heer des Kreuzzuges, eine Welt von fremden ungebändigten Kräften, voll von Rohheit, so weit es irdische Dinge berührt, voll von Begeisterung in dem Streben nach einem mystischen Ziele. Vielleicht feindselig und jedenfalls rücksichtslos, übermächtig im höchsten Grade und außerordentlich in jedem Bestandtheile nähert es sich von allen Seiten den Mauern Constantinopels.

Asiatische Herrschaften.

Die weiten Ebenen Turkestans, der kleinen und großen Bucharei hatten trotz mehrfacher Angriffe muhamedanischer Eroberer ihre Freiheit und den heidnischen Glauben fortdauernd behauptet. Türkische und turkmanische Horden zogen mit Pferden, Vieh und Kameelen in diesen Steppen umher, und verbrachten ihr Leben zu Roß oder unter den Zelten, unbekannt mit jeder Verweichlichung des Reichthums und der Cultur. Ihre Religion war Sterndienst, wie denn natürlich in den endlosen, einförmigen Steppen der Blick am Firmamente haftet; die einfachste Sittenlehre regelte ihr Handeln, sie schätzten, sagt ein einheimisches Sprüchwort, beim Manne nur die Streitlust, und nur die Keuschheit beim Weibe.[1] So erfüllten sie ihre Gebiete mit stetem kleinem Kriege gegen einander und belästigten Jahr für

---

1) Malcolm Persia ch. 10.

Jahr benachbarte reichere Landstriche mit ihren Plünderungszügen. Voll von Kraft, Einfachheit und Begehrlichkeit treten sie im 10. Jahrhundert mit der damals höchst cultivirten muhamedanischen Welt in Berührung.

Zwar hatten schon früher zahlreiche Auswanderungen Statt gehabt, einzelne Horden hatten sich zu dauernder Selbstständigkeit im westlichen Asien festgesetzt und schon seit dem 9. Jahrhundert wurden sie wichtig als Leibwachen der Chalifen zu Bagdad und Kahira, später auch bei kleineren Emiren. Aber dies Alles ist mit den Ereignissen des angegebenen Zeitpunktes weder an unmittelbarer Bedeutung, noch in der Dauer seiner Folgen zu vergleichen. Damals erfüllt eine allgemeine Unruhe jene Steppen: zuerst erhebt sich ein Schwarm nach Westen, erfüllt das Kiptschak, die Ebenen darauf zwischen Don und Donau und fällt endlich — wir erwähnten bereits mit welchem Ungestüm, denn von den Petschenären ist hier die Rede — das byzantinische Reich an.[1]) Auf einer anderen Seite kommt mit 100 Reitern, 1500 Kameelen und 150000 Schafen ein Hordenführer, Seldschuk, nach Dschund bei Bochara; seine Enkel, durch wachsenden Zugang verstärkt, überwältigen die persischen Emirate, bemeistern sich des Chalifen zu Bagdad und erreichen bis zum Ende des 11. Jahrhunderts die Ufer des Bosporus. Faßt man beide aus einem Stamme entsprungene Völker zusammen, so erkennt man, **welche** Stellung die Turkmanen sich damals erobert hatten. Beide Ufer des schwarzen Meeres waren in ihrer Hand und der ganze Orient, bis auf den kleinen Raum zwischen Adrianopel und dem Bosporus, den letzten Rest der römischen Herrschaft, ihren siegreichen Kriegshaufen geöffnet. Denn auch ihre südlichen Nachbarn, die Fatimiden von Aegypten, hatten kein besseres Schicksal gehabt. Bereits zwischen 1073 und 1075 schränkte sie Melekschah auf ihre afrikanischen Besitzungen ein: sie, welche vor etwa zwanzig Jahren Syrien beherrschten, in Arabien mächtig waren und selbst **auf** die Residenz der sunnitischen Chalifen Angriffe versuchen konnten.

So glänzend und furchtbar dies Reich indessen erscheinen mochte, so fehlte doch viel, daß es einer wahren inneren Festigkeit theilhaftig gewesen wäre. Die eigentliche Eroberung **war** mit unendlicher

---

1) **Dies und das Folgende nach** Hammer Gemäldesaal V. S. 1 flg.

Schnelligkeit — etwa in 40 Jahren — ausgeführt worden, die unterworfenen Länder, an sich die verschiedensten Bestandtheile vereinigend, waren an geistiger Entwicklung den Siegern überlegen: demnach hätte nur der kräftigste persönliche Wille diese Massen in einer Herrschaft zusammenhalten können. Dagegen trafen hier von den Uebelständen asiatischer Regierungsweise zwei der wichtigsten zur Auflösung der Einheit zusammen, die großen Befugnisse der Provinzialstatthalter nämlich, dann der Mangel einer gesetzlich festgestellten Erbfolge. Was den ersten Punkt betrifft, so hatte schon der Vater Melekschah's das Reich in mehrere Emirate getheilt, deren Vorsteher dem Sultan persönlich verantwortlich im Uebrigen ihre Herrschaften wie selbstständige Fürsten verwalteten.[1]) Aushebung und Anführung der von ihnen geforderten Streitkräfte, Bestimmung und Beitreibung der Steuern[2]), von denen sie nur eine feste Summe an die Reichskassen abzuliefern hatten[3]), Regulirung ihrer Verhältnisse zu auswärtigen Mächten: alles dies Wichtigste war ihrem völlig freien Ermessen anheimgestellt. Schon unter Melekschah regten sich die so genährten Kräfte; indessen setzte er noch seine Anordnungen und oft seine Willkür durch und ließ nirgendwo dauernden Widerstand emporkommen. Nun starb aber 1092 zuerst der Wesir und dann der Sultan selbst, und nun trat das zweite der angegebenen Momente entscheidend für die ganze Entwicklung ein. Die Centralgewalt trennte sich unter den Kämpfen der Söhne Melek's, von hier breitete sich der Verfall nach allen Seiten aus: die Provinzen traten auseinander und eine Zersetzung bis in die letzten Atome machte sich unaufhaltsam Bahn.

Wir beobachten nun an dieser Stelle einzig die auf dem Wege der Kreuzfahrer liegenden Provinzen und haben kurz die Lage anzugeben, in welche sie bis zum Jahre 1096 durch jene Verwicklungen gerathen waren. Unter drei größere Massen, so vielfach

---

1) Hammer S. 39. Abulfaradsch p. 276 führt an, wie einmal Suleiman von Nicäa ohne Weiteres in Antiochien das Connubium zwischen Christen und Türken aufhebt.

2) Inabsch Peigu, Statthalter von Herat z. B. wird abgesetzt, weil er diese Befugniß mißbraucht hat.

3) So tödten die Emire einen Finanzbeamten Berkjarok's, weil er ihre Vortheile der Reichskasse zuwenden will.

diese auch wieder in sich getheilt sind, können wir sie ordnen, das Emirat von Iconium, die armenischen Besitzungen und die Fürstenthümer Syriens.

————

Ueber die Entstehung des Emirates von Iconium, deren Hergang manchem kritischen Bedenken unterliegt[1]), stelle ich nur die folgenden, zweifellosen Angaben zusammen: sie sind gleichsehr für die Eile, womit auch hier die Eroberung geschah, wie für den Charakter, den hierdurch der Besitz erhalten mußte, bezeichnend. Melekschah sandte seinen Vetter Kutlumisch im Jahre 1075 zur Eroberung Klein-Asiens aus[2]): das griechische Heer hielt damals noch Ancyra besetzt, doch streiften die türkischen Reiter schon bis nach Bithynien hinein.[3]) Bald darauf finden wir die Türken im oberen Phrygien gelagert und zugleich am Sangaris und um die Städte des Pontus mit den Griechen im Kampfe.[4]) An den Besitz des Landes können sie aber noch nicht denken, denn schon 1078 haben die beiden Heere ihre Stellung fast gewechselt: die Griechen stehen in Phrygien, die Türken, jetzt von Suleiman geführt, bei Cotyäum in Bithynien[5]), wie es scheint, ganz unbesorgt um die Freiheit ihrer Rückzugslinie. Es fiel das in jene stürmische Zeit des byzantinischen Reiches, und jetzt erst gelang es dem Emir, im Bunde mit mehreren sich folgenden Empörungen dauernd im Lande Fuß zu fassen. Schon 1078 überlieferte ihm Botoniates Nicäa, 1071 Melissenos ganz Phrygien und Galatien, 1081 hat er in Nicäa, obgleich es Melissenos als Preis seiner Abtretungen erhalten, Residenz genommen.[6]) Gleichzeitig war auch Pamphylien und ein Theil von Cilicien erobert worden[7]), und Alexius, durch den normannischen Krieg bedroht, entschloß sich, in dem angegebenen Jahre zur Abtretung Klein-Asiens bis an den Drakon.

————

1) Wilken hat sie besonders erörtert, Kreuzzüge I. Beilage 2.
2) Die Jahreszahl bei Hammer l. c. p. 76.
3) Nicephor. p. 65.
4) Ibid. p. 82. 86. Anna p. 18. Hammer verwirft hier Wilken's Unterscheidung zwischen Tutach und Tutuses.
5) Nicephor p. 117.
6) L. c. p. 130. 158. Anna p. 95.
7) Anna p. 10.

Wir sehen nun wohl, daß eine so gegründete Herrschaft, in drei Jahren zusammenerobert, und immer noch von fremden Besitzungen durchbrochen — denn die Städte im Pontus und einzelne Theile Kappadociens blieben **trotz** des Friedens griechisch — unmöglich feste Haltung und friedliche Sicherheit haben konnte. Es war die erste Ansiedelung eines wandernden Heeres; jeder richtete sich ein, wo er den Boden behauptete, und gehorchte dem Fürsten, weil dessen Feldherrnstellung frisch im Gedächtniß war. Suleiman selbst ließ sich nicht Ruhe, sein Reich zu befestigen: schon 1084 wandte er seine Waffen nach Osten, eroberte Antiochien und fiel dann zwei Jahre nachher im Kampfe gegen einen Bruder Melekschah's, Tutusch, den Statthalter von Syrien. Sogleich brach die vollständigste Verwirrung im ganzen Umfang seiner Territorien aus, welcher selbst Melekschah, damals noch in voller Kraft der Herrschaft, nicht zu steuern vermochte. Die Händel zwischen den Häuptlingen, ihr Krieg unter sich und gegen Melekschah's Bevollmächtigte, zogen sich bis zu dem Tode des letzteren hin, und dann erst langte Kilidsch Arslan, der Sohn Suleiman's, von Bagdad her in Nicäa an, um wo möglich das Erbtheil des Vaters wieder in seiner Hand zu vereinigen.[1]) Es gelang ihm freilich nur in beschränkter Ausdehnung; mehrere Emire hielten ihre Selbständigkeit aufrecht, die Griechen behaupteten ihre Besitzungen und schritten an mehreren Punkten zu ferneren Eroberungen fort. Im Jahre 1096 erscheint Klein=Asien unter folgende Herren vertheilt, wobei im Allgemeinen zu bemerken ist, daß feste Grenzen für uns nicht erkennbar, aber sicher auch nicht vorhanden gewesen sind. Ein Jeder befahl, so weit seine Waffen Gehorsam fanden, unaufhörliche Schwankungen gingen von einer Grenze des willkürlich zerrissenen Landes zur anderen.

Kilidsch Arslan beherrschte ohne Zweifel den Stamm der ganzen Halbinsel, **in** welcher Ausdehnung **indeß** nach Osten, möchte schwer **zu** bestimmen sein. Die Kreuzfahrer haben die letzten Kämpfe mit **seinen** Schaaren bei Erkle an der Grenze Ciliciens bestanden; was Kappadocien angeht, so habe ich schon früher auf die Dunkelheit der betreffenden Nachricht aufmerksam gemacht. Jedenfalls erstreckte

---

1) **Anna** p. 168 sqq. **Daß** sie p. 179 den Tod Melekschah's mit der Ermordung seines Wesirs und **nicht** mit der seines Vaters verwechselt, hat Hammer bemerkt.

sich, wenn nicht sein Regiment, doch sein Einfluß bis zum Euphrat: als die Pilger an seinen Grenzen anlangten, war er fern von Nicäa mit der Belagerung von Melitene beschäftigt.[1]

1090 begründete Zakhas in Smyrna eine vorzugsweise maritime Herrschaft. Er erschien als ein Seeräuber gefährlichster Art, besiegte die griechischen Flotten und Heere, und setzte sich in Mytilene, Clazomenä und anderen Punkten fest. Alexius bekämpfte ihn von 1091 bis 1093; Zakhas gewann indeß eine solche Macht, daß Kilidsch Arslan einwilligte, sein Schwiegersohn zu werden, dann aber plötzlich die Politik wechselte und den Anträgen des Kaisers Gehör gab, mit der Kraft beider Reiche sich des gefährlichen Verwandten zu entledigen.[2] Zakhas wurde hinterlistig bei einem Gastmahl er-mordet, doch zerfiel seine Herrschaft nicht und wenigstens Smyrna hielt sich in dauernder Absonderung.

Um dieselbe Zeit herrschte in Ephesus Tangripermes, andere Emire in benachbarten Küstenplätzen und Inseln bis Rhodos himunter, den Griechen besonders lästig, weil sie ihre Truppen-Werbungen in Asien hinderten. Weiter landeinwärts finden sich ähnliche Emirate in Sardes, Philadelphia, Laodicäa und Polybotus[3]); daß hier nur an die lydischen, nicht an die phrygischen Städte gleichen Namens zu denken ist, wird aus dem griechischen Feldzuge von 1098 näher erhellen.

Nehmen wir nun dazu, daß im Westen und Norden griechische, im Osten und Süden armenische Besitzungen den Zusammenhang der türkischen Emirate unterbrachen, so erkennen wir die Auflösung des Landes in ihrem ganzen Umfange; in diesem Getriebe unruhiger Autonomien konnte von Einheit und Nationalgefühl, von geistiger oder politischer Haltung keine Rede sein. Ein Umstand ist noch hervorzuheben, der die Schwäche der Regierung, vor Allem bei einem Angriff, wie man ihn durch die Kreuzfahrer erlitt, vollenden mußte, ich meine das Verhältniß der eingeborenen Christen. Das System fast aller muhamedanischen Eroberer, die Besiegten gegen gewisse Steuern und Herausgabe der Waffen in ihren inneren Ver-

---

1) Matthias Eretz, in notices et extraits IX. 305 und Recueil, docu-ments Arméniens I, 24 sqq.
2) Vgl. die Beilage.
3) Anna p. 321. 324.

hältnissen zu belassen, mußte hier bei der eilfertigen Eroberung und der sofort eintretenden Verwirrung vielfach modificirt werden: im Einzelnen mochte der tumultuarische Zustand manche Bedrückungen herbeiführen, dafür erhob sich an den meisten Punkten die Lage der Eingeborenen fast zu völliger Selbständigkeit. Auf dem platten Lande findet sich keine Spur von muselmännischer Bevölkerung, und selbst von den Städten haben nur die wichtigsten türkische Besatzung.

Mit einem Worte, eine Form, welche den Namen eines Reiches, eines nur halbgeordneten Staates verdient hätte, war hier in keiner Hinsicht vorhanden. Das Land war in eine weite Masse gährender Elemente zerfallen, wo ein entschlossener Angreifer vielleicht auf heftigen Kampf, nie aber auf festen Widerstand zu rechnen hatte. Die östlichen Nachbarländer, welche die Brücke zu dem Mittelpunkte des seldschukischen Reiches hätten bilden müssen, waren in gleichem Zustande, und boten sogar einem Feinde, wie den Kreuzfahrern, sehr bestimmte positive Aussichten.

———

Seit dem Beginn der Angriffe, welche die Seldschuken auf das große armenische Reich unternahmen, wichen beträchtliche Theile dieser Nation einem hoffnungslosen Kampfe aus und suchten auf griechischem Gebiete ein sicheres Dasein.[1] Sie kamen herüber unter einzelnen Häuptlingen, meistens die ganze Bevölkerung irgend eines Districts, der Heerführer mit seinen Kriegsleuten, mit seiner Gemahlin, seinen Brüdern und Freunden, mit allem Gesinde und Geräthe.[2] In solchem Verbande blieben sie auch auf griechischem Grund und Boden; der Kaiser gab den Führern kleine Herrschaften zu Lehn, meistens nicht weit von der türkischen Grenze, wo sie dann von ihren Schlössern und Städten aus stete Kämpfe mit den Seldschuken zu bestehen hatten. Ohne Unterbrechung strömten ihnen neue Flüchtlinge zu, durch ganz Cilicien, Kappadocien und Cölesyrien verbreiteten sich armenische Colonien und selbst der Patriarch ihrer Kirche, Gregor Vikajasar, nahm seine Residenz in den Klöstern der

---

1) Das Folgende größtentheils aus St. Martin mémoires sur l'Arménie t. I. Vgl. Dulaurier, Recueil, documents Arméniens I, p. L sqq.

2) Ein Beispiel bei Samuel An. a. 1075. (Mai-Zohrab), welche Jahreszahl übrigens nach Matthias Eretz unrichtig ist (statt 1072).

schwarzen Gebirge, einer nicht weit vom Orontes auslaufenden Kette des Amanus, die sich allmählich ganz mit kirchlichen Niederlassungen dieser Nation erfüllt hatte.

Indeß war dem hart bedrängten Volke auch diesseit des Euphrat nur kurze Ruhe zugemessen. Kaiser Constantin Monomachos hatte im Jahre 1045 die Schwächung ihres Reiches durch die Seldschuken zu eigner Vergrößerung benutzt, und in einem rechtlos begonnenen, blutig geführten und hinterlistig vollendeten Kampfe in der That Armenien fast ganz unterworfen. König Kakig II. wurde von ihm gefangen genommen und erhielt zur Entschädigung Bisu, einen kleinen Ort nicht weit von Cäsarea Mazaca entfernt, zu Lehn.[1]) Freilich machten die Seldschuken der so gegründeten Herrschaft bald ein Ende, aber wenn die Armenier über der dringenderen Noth die alte Erbitterung vergaßen, so ließ griechischer Seits schon der religiöse Haß eine Versöhnung mit diesen Ketzern nicht gedeihen. Man behandelte die Fürsten mit Härte, das Volk mit Verachtung, endlich steigerten sich Neckereien und Brutalitäten zu solcher Höhe, daß man im Jahre 1080 die völlige Ausrottung der armenischen Fürsten-Geschlechter ins Werk setzte.[2]) Gleichzeitig zwang ein griechischer Dynast, Philaret, bis 1084 Herr zu Antiochien, die ihm unterworfenen Armenier, zwei Patriarchen seiner Schöpfung zu Honi und Meraasch anzuerkennen[3]); kurz, die Nation sah sich durch ihre Beschützer mit politischer und kirchlicher Knechtschaft bedroht.

Hiergegen aber erhob **sie** sich in einem Widerstande, ebenso einmüthig und kraftvoll, als ihre Lage verzweifelt erschien. Ruben, ein Abkömmling des Pagratidengeschlechts, warf sich, kaum den Mördern entronnen, in die cilicischen Gebirge, wußte alle Angriffe der Griechen zu vereiteln und befestigt tief im Taurus auf unzugänglichen Felsen sein Bergschloß Parbserpert.[4]) Mehrere andere Häuptlinge folgten mit wechselndem Glück **seinem** Beispiel; der be-

---

1) St. Martin I. 370 sqq., nach Matthias, Samuel und Cedren. Die Uebersetzung Samuel's bei Mai weicht hier beträchtlich ab und hat sehr verwirrte Angaben.

2) Chronicle of Vahram, translated by Neumann p. 23. Chamid history of Armenia (by Avdall) p. 158.

3) Klarer als bei Samuel bei St. Martin p. 441. 442.

4) Vahram p. 25.

deutendste wurde Basil, ein Abenteurer niederer Herkunft, der von seinen Plünderungen den Beinamen Kogh (Räuber) erhielt und endlich zu Khesun in Commagene eine eigene Herrschaft gründete. Nachdem Philaret durch Suleiman von Nicäa Antiochien eingebüßt hatte, wurde ihm Kogh Basil unbedingt überlegen: er eroberte Meraasch und nöthigte den dortigen Patriarchen sechs Monate nach dessen Einsetzung zur Abdankung. Bald darauf, 1091, wurde auch der Patriarch von Honi durch einen Neffen Vikajasar's vollkommen beseitigt.

Aus diesem Treiben hatte sich nun 1097 bei der Annäherung der Kreuzfahrer folgender Zustand der Dinge entwickelt.[1]) Fünf Districte diesseit des Euphrat sehen wir mit armenischen Einwandrern erfüllt, die Lage derselben aber nach den Umständen auf das Verschiedenste gestaltet. Das erste Armenien, mit dem Hauptort Cäsarea, wo Kakig II. einst seinen Sitz gehabt, war durch dessen Gefolge durchaus eingenommen worden. Erfahren wir auch nicht von einzelnen, besonders angesehenen Fürsten, so findet sich doch noch weniger eine Spur von griechischer oder saracenischer Herrschaft.

Dagegen war das zweite Armenien — Sebaste — 1080 von den Griechen besetzt, dann aber an die Seldschuken verloren worden; jetzt herrschte dort Kameschtekin Ibn Danischmend, ein kräftiger aber milder Regent, später den Franken ein höchst bedeutender Gegner. Das dritte Armenien — Hauptstadt Melitene — wurde von Gabriel noch für Kaiser Alexius behauptet.

Unterdeß hatte auch die ehemalige Provinz Commagene, jetzt das Euphratese genannt, armenische Bevölkerung erhalten. Neben den türkischen Herrschaften zu Tellbascher und Ravendan finden wir zu Gargara einen armenischen Fürsten Constantin; in Meraasch regierte dann Kogh Basil und erstreckte seinen Einfluß bis tief nach Cilicien hinein.

Hier in Cilicien hatte nun der Sohn Ruben's, Constantin, seit 1095 die Anfänge seines Vaters mit Glück und Eifer fortgesetzt. Mehrmals besiegte er die Griechen und war im Stande, seine Residenz aus dem Gebirge nach Vagha bei Tarsus zu verlegen. Weit und breit stand er in Ansehen, der Geschichtsschreiber seines Volkes

---

1) St. Martin p. 180.

giebt ihm den Titel Großfürst: wir können hinzusetzen, daß die Kreuzfahrer ihm 1098 den Rang eines Markgrafen ertheilten[1]), daß er der Ahnherr eines zu königlicher Würde emporgestiegenen Fürsten-Geschlechtes geworden ist. Neben ihm behauptete sich Abelkarip in Mopsvestia[2]), Ursinus in Adana[3]), Pasumi in Lampron[4]), Oschin endlich, dessen Bruder, freilich eine türkische Besatzung neben sich, in Tarsus.

Ein ähnlicher Zustand war dann in denselben Jahren auch jenseit des Euphrat in Mesopotamien eingetreten, dessen wichtigste Stadt Edessa, längst mit armenischen Einwohnern erfüllt, seit der ersten griechischen Eroberung von 1031 mehrmals den Herrn gewechselt hatte.[5]) Ein Armenier Sempad, Philaret von Antiochien, ein Emir Melekschah's Pursak von Harran, darauf Tutusch von Damascus[6]), waren nacheinander hier mächtig gewesen; nach des Letztern Sturze gewann die Stadt ihre Unabhängigkeit wieder und wird 1097 in nomineller Anerkennung der griechischen Hoheit von einem Armenier Thoros oder Theodor verwaltet.[7]) Edessa blüht mitten im feindlichen Lande durch Volksmenge und Reichthum: ringsumher freilich in allen Orten und Castellen hausen türkische Emire, die den Einwohnern Jahr um Jahr die Aecker verwüsten, die Gärten plündern und hart bis an die Thore ihre Streifzüge ausdehnen. Zwei Orthokiden treten besonders hervor, Balduk Herr zu Samosata und Balak von Sarudsch und Mambeg: auch hier wie aller Orten finden wir rastlosen Krieg und unendliche Zersplitterung. Seldschuken und Griechen, Turkmanen und Armenier drängen sich in buntem Gewirre nebeneinander: zuweilen geschieht des kaiserlichen Hofes oder des Sultanats von Isfahan eine kurze, aber dann auch wirkungslose Erwähnung.

---

1) Matthias p. 308.

2) St. Martin p. 197. Chamid p. 158 nennt Tarsus statt Mopsvestia, was Cirbied (Notices p. 308) hinreichend widerlegt.

3) Radulf Cadom. c. 40.

4) Samuel a. 1075.

5) Meist nach Tchamchean III. 8 sqq., bei Lebeau hist. du bas-empire par St. Martin t. XIV. p. 441. XV. 151. 197.

6) Im Jahre 1093. Rehm Mittelalter III. 2. S. 34.

7) Matthias Eretz.

Man muß nun die Armenier jener Zeit als kriegerisch und un=
erschrocken anerkennen. Schon ihr Widerstand gegen Monomachos
und Alp Arslan war in hohem Grade energisch: vollends die Aus=
dauer, womit sie seit 1080 sich erhielten, verdient volle Bewunderung.
Bekanntlich haben Griechen und Franken ein weniger günstiges Bild
von ihnen in Umlauf gebracht, wie man sie denn mit den Gewapp=
neten des Occidents schwerlich vergleichen kann. Aber auch diesen
hat ihre Verbindung wesentliche Vortheile zugewandt, und hatte
ihnen zwischen Seldschuken und Griechen eigene Kraft und eigenes
Glück gemangelt, so haben sie einem fränkischen Anführer niemals
und an keinem Orte versagt.

Von vorn herein mußte die Wichtigkeit ihres Beistandes den
Kreuzfahrern schon aus der geographischen Lage ihrer Besitzungen
erhellen. Sie hatten in Cilicien die Pässe nach Klein=Asien wie
nach Syrien, dann im Euphratese die Straße von Meraasch nach
Antiochien inne: endlich isolirten sie Syrien, indem sie im Westen
eine Vorlage gegen Iconium und im Osten gegen Mosul bildeten.
Wie sehr der Verlauf, ja die Entscheidung des ganzen Kreuzzuges
auf diesen Verhältnissen beruht hat, wird bei mehreren Gelegenheiten
hervorzuheben sein.

––––––––––

Syriens Eroberung hatte im Auftrage Melekschah's dessen
Bruder Tutusch um 1080 begonnen[1]), in den nächsten Jahren Pa=
lästina hinzugebracht und in dem volkreichen, durch Garten= und
Ackerbau berühmten Damascus seine Residenz genommen. Er war
einer der unruhigsten und willkürlichsten jener Emire, dessen Gewalt=
thätigkeiten das unterworfene Land und die benachbarten Großen un=
aufhörlich zu empfinden hatten. Gegen ihn fiel, wie erwähnt,
Suleiman von Nicäa und Antiochien; doch wurde er durch Melekschah
genöthigt, in Antiochien einem Verwandten, Bagi Sijan, eine beson=
dere wenn auch abhängige Herrschaft zu gestatten.[2]) Desto entschie=
dener erhob er sich nach dem Tode Melekschah's zu einem umfassenden

––––––––––

1) Quatremère mémoires etc. II. 430 sqq., angeführt bei Schlosser. Im
Folgenden führe ich nur die wichtigeren Herrschaften an; eine Liste der kleineren
giebt Hammer V. 134.
2) Vgl. Wilken I. S. 174.

Angriff auf die Würde des Sultanates selbst. Im Bunde mit Akfonkor von Haleb nahm er 1093 Mosul, Nisibis, Diarbekr, kurz den ganzen Landstrich zwischen Euphrat und Tigris ein, beseitigte sogleich den bisherigen Verbündeten und vereinte in einer kräftig verwalteten Herrschaft die Länder **von** Bagdad bis zum Mittelmeer.[1]) So hielt er sich bis 1095, in welchem Jahre er die Entscheidung des Streites mit Berkjarok im Inneren von Iran aufsuchte: er unterlag aber damals seinem jugendlichen Gegner bei Rei, und sein Reich löste sich sogleich in die früheren Bestandtheile wieder auf.[2])

In Haleb gründete sein Sohn Ridwan **unter** beständigen Kämpfen nach Innen und Außen ein besonderes Emirat.[3]) Bagi Sijan, treu mit Ridwan verbündet, machte Antiochien völlig unabhängig; ebenso hielt Sokman ben Orthok, früher Statthalter des Tutusch, jetzt Herr zu Jerusalem, diese Partei. Gleichzeitig mit ihnen und von Anfang gegen sie im Kampfe setzte sich Ridwan's Bruder Dekak in Damascus fest; seine Angelegenheiten leitete **sein** Athabeg Taghtigin, ein harter aber begabter und kräftiger Mensch); ihnen ge**sellte sich dann, durch Ridwan mit Meuchelmord bedroht, Dschanah Eddewlet zu, der Statthalter von Emessa. So stand sich Syrien in zwei feindselige Gruppen getheilt, zu offenem Kriege entgegen; in keiner war eigentliche Einheit und innere Kraft, dafür aber desto größere Streitlust und völlig verwilderte Rohheit. Den Schlachten ging wohl eine Besprechung der Anführer vorher, welche meist mit heftigen Schmähreden zu enden pflegte. Die nicht muselmännische Bevölkerung stand unter dem härtesten Drucke, den sie jemals durch muhamedanische Eroberer erfahren hat: **die traurige** Lage Jerusalems ist schon durch die Kreuzpredigten weltberühmt geworden, und manche ähnliche **Beispiele** ließen sich diesem berufensten hinzufügen. Noch einmal **trat die** ursprüngliche Barbarei dieser Turkmanen in breitem

---

1) Ibn Alatir in den Notices et extraits I. 547. Abu Schamah bei Wilken II. 577.

2) Hammer V. 87. giebt 1096 nach türkischen Quellen, Wilken II. Beilage 7. dagegen 1094. Aber Kemaleddin's Angaben führen sicher auf 1095.

3) Dies und das Folgende nach Kemaleddin bei Wilken l. c. Reinaud's Auszüge sind dürftiger und Freitag's Geschichte von Haleb habe ich nicht einsehen können. Um so erfreulicher ist der vollständige Abdruck, bei Röhricht, Beiträge I, 209 flg.

und ungeſtörtem Erguſſe zu Tage; die in Perſien eben überkommene
Cultur ging in dem wüſten Lagerleben völlig zu Grunde.

In dieſem wilden und inhaltsloſen Hader entſchloß ſich 1096
Ridwan zu einer Maaßregel, welche die locale Spaltung unmittelbar
in einen der großen Gegenſätze des ganzen Islam hineinzog. Er
eröffnete Haleb den ſeit einigen Jahren mächtig emporwachſenden
Aſſaſſinen, eine Verbindung, in der zunächſt die feige und tückiſche
Neigung ſeines Weſens klar wurde und allgemeinen Widerwillen gegen
ſeine Partei hervorrief. Wichtiger aber war die zweite Folge, daß
er 1097 ſich von dem ſunnitiſchen Chalifen zu Bagdad losſagen und
den Fatimiden von Kahiro als Oberhaupt anerkennen mußte. Damit
war die Möglichkeit jeder Ausſöhnung vernichtet, und der Haß der
Gegner verdoppelte ſich in der Verſchmelzung mit dem religiöſen Zer=
würfniß. Selbſt ein Angriff von Außen konnte vielleicht eine vor=
übergehende Annäherung, nie aber eine nachhaltige Verbindung be=
wirken.

Was nun Ridwan und ſeine Genoſſen von Aegypten erwarten
durften, wird ſich aus einem allgemeinen Ueberblick über die Lage
dieſes Staates ſogleich ergeben: hier iſt noch zu erwähnen, daß nach
dem Falle des Tutuſch ſeine Beſitzungen jenſeit des Euphrats ſich
zu dem Emirate von Moſul vereinigt hatten, unter der Herrſchaft
Kerbuga's, eines ehemaligen Parteigängers des Akſonkor von Haleb.
Der Umfang dieſes Gebietes iſt aus den vorhandenen Quellen nicht
zu ermitteln, doch zeigt der Krieg gegen die Kreuzfahrer eine jedenfalls
ſtärkere Macht, als ſie in Syrien in irgend welcher Hand ver=
einigt war.

Chalifat der Fatimiden.

Die Herrſchaft der Fatimiden in Aegypten hatte nach einer Zeit
kräftiger Blüthe um die Mitte des 11. Jahrhunderts einen jähen,
von mehreren Seiten hereinbrechenden Verfall erlebt. Ein Chalif
ohne Talente und Energie, der ein halbes Jahrhundert lang das
Werkzeug eigennütziger Parteien blieb, die Herrſchaft und der Kampf
der Miethsvölker turkmaniſchen, arabiſchen und afrikaniſchen Stammes,
an den Grenzen der übermächtige Angriff der Seldſchuken und im
Inneren Erdbeben und Hungersnoth in ſchrecklichen Wiederholungen

— dies Alles vereint hatte das Land auf den letzten Grad der Unmacht und Leblosigkeit hinuntergedrückt.

Erinnern wir uns hier in Kurzem der Vergangenheit dieses Reiches. Man war emporgekommen, indem man dem Chalifen zu Bagdad das Recht der Oberherrschaft über die islamitische Welt bestritt, ein großer Theil von Africa, Arabien, Palästina, Syrien, selbst einige Quartiere und die Umgegend von Bagdad hatten den schiitischen Chalifen von Misr und Kahiro anerkannt. Eine Verwaltung der Stammländer, musterhaft nach allen staatswissenschaftlichen Gesetzen, lieferte die Mittel, solch eine Stellung zu behaupten: an die Ausbildung der theologischen Geheimlehren knüpfte sich ein selbständiges Betreiben auch weltlicher Wissenschaften, wodurch man sich des geistigen Uebergewichtes über die Unterworfenen versicherte. Bei **einer großartigen** Verfolgung politischer, kriegerischer **und administrativer** Gesichtspunkte blieb die religiöse Färbung, die den Staat eigenthümlich charakterisirte, oft bis zum Uebermaaß in Frische.

Aber die unglückliche Regierung Mostanser's hatte dies Alles zertrümmert und nur unverbundene Reste der früheren Bildungen aufrecht erhalten. Die geistliche Kraft des Chalifates war untergegangen und weder die weltliche Gewalt konnte gegen die Willkür der Wesire, noch die Ehrfurcht des Volkes gegen die herrschende religiöse Indifferenz behauptet werden. Nothdürftig und mit Mühe wurde die Verwaltung Aegyptens wieder geordnet: **der** Wesir Bedr, von entschiedenem administrativem Talente, durfte dabei kein Mittel scheuen und brachte mit aller Gewissenlosigkeit die Einnahme des Reiches schwerlich über eine Million Dinare.[1]) Der Krieg gegen die Sunniten endlich nahm die unglücklichste Wendung. Einmal, wie wir sahen, gingen die außerafrikanischen Besitzungen verloren; in Syrien errettete man nur wenige Küstenstädte, wie Ascalon, Tyrus, Gibellum und Tripolis; und wenigstens eine Zeitlang büßte man mit Mekka der heiligen Stadt auch den Einfluß auf Arabien ein.[2]) Dann waren selbst die glücklichen Erfolge solcher Art, daß sie dem Reiche weder Vortheil

---

1) Unter Yazuri betrug die gesammte Einnahme zwei Mill., wovon die Hälfte auf Syrien kam. Macrizi bei Schlosser III. 1 S. 99. Seitdem war Syrien verloren gegangen und Nasr ed dewlets unglückliche Verwaltung hatte Statt gehabt.

2) Von 1069—1075. Rehm Mittelalter II. 2. S. 298.

noch Ehre zuzuwenden vermochten: die Assassinen, die seit 1090 von ihren Felsklippen und Bergschlössern in Persien die Kraft der Sultane lähmten und dann in Syrien eine starke Partei zur Anerkennung des schiitischen Chalifen nöthigten, lebten in der That doch völlig nach eigener Willkür und nur im Bunde mit ihnen zu stehen, gereichte dem geordneten Staate zum Schimpf. Das Verhältniß zwischen Kahira und Haleb, erwachsen auf solcher Grundlage, war auch an sich nicht besseren Gehaltes: Ridwan, um religiöse oder politische Grundsätze wenig bekümmert, hatte nur nach dem Bedürfnisse des Augenblicks gehandelt; in Aegypten dachte man stets der alten syrischen Herrschaft und hoffte gerade durch die Verbindung den Weg zur Unterwerfung zu ebnen. Die folgenden Ereignisse werden zeigen, daß man Jerusalem, die Stadt, der auch unser Interesse zunächst gewidmet ist, vorzugsweise im Auge hatte.

Ueberhaupt war diese Absicht auf Syrien damals der einzige Punkt, an dem noch eine Lebensthätigkeit des ägyptischen Reiches zur Erscheinung kam. Man fühlte sich schwach an äußerer Macht, dafür aber durch keine Rücksicht des Gewissens innerlich gebunden. Mit allen Mitteln, die sich darbieten würden, gedachte der Wesir al Afdal diesen Zweck zu verwirklichen. Der Chalif Mostali hatte so wenig wie sein Vater Mostanser Kraft oder Neigung, das Verfahren seines Würdenträgers zu modificiren.

Das war die Lage des Morgenlandes, als die Völker der lateinischen Christenheit ihre Rüstung beendigten und sich zum Beginne des Angriffes erhoben. Man wird nicht in Abrede stellen daß Urban II. aus richtiger Einsicht oder umfassendem Glücke den günstigen Moment erwählt hatte und seine Krieger am Ende des Jahres 1096 unter hoffnungsvollen Aussichten zum Kampfe entlassen durfte. Freilich im griechischen Reiche, dem man sich doch verbündet wünschte, war wenig auf nachhaltige Hülfe, aber bei etwaigem Zwiespalt noch weniger auf bedenklichen Widerstand zu rechnen. Und nun Asien: aller Orten fand man die Trümmer zerbrochener Größe, die Erbschaften Melekschah's und der früheren Fatimiden, um deren Theile von zahllosen Prätendenten ein heftiger Streit ohne Entscheidung und Voraussicht gekämpft wurde. Die geistige Bildung, die noch im An-

fang des Jahrhunderts den persischen Dynastien Haltung und Farbe
gegeben hatte, war der Rohheit der Soldaten und der Barbarei der
Turkmanen, der geistliche Enthusiasmus, welcher vor Zeiten Abbassiden
und Fatimiden, und in diesem Augenblicke die Abendländer zur Welt=
eroberung aufrief, war weltlichen Interessen und stumpfer Gleich=
gültigkeit gewichen. Endlich der Boden selbst, auf welchem jene Emire
ihre Schlachten schlugen, war kaum mehr ihr Eigen; an den **wich=
tigsten** Punkten und von diesen aus in weiter Verbreitung war ein
Volksstamm gelagert, der jedem Angriffe auf seine Unterdrücker mit
Sehnsucht entgegen sah.

Fünftes Capitel.

Das Kreuzheer im griechischen Reiche.

Nach dem angegebenen Zustande des griechischen Reiches schien dem Kaiser Alexius und seiner Politik gegen die Kreuzfahrer ihre nothwendige Richtung vorgezeichnet. Ueber die Zusammensetzung, die Zahl und die Gesinnung des Heeres war man in Constantinopel hinlänglich unterrichtet; man sagte, es seien der Pilger mehr als der Sterne am Himmel, als des Sandes an der Meeresküste, man wußte von der Gewaltthätigkeit der Abendländer, deren Priester sogar Blut= vergießen und Handgemenge aufsuchten, man argwohnte sehr bestimmt bei einem Theile der Kreuzfahrer feindliche Absichten gegen Constan= tinopel. Im Gegensatz dazu die eigenen Hülfsmittel zu übersehen, war nicht die schwerste Aufgabe, und der Vergleich mit dem frän= kischen Heere konnte zu keinem zweideutigen Ergebniß führen. An rechte Bundesgenossenschaft, wie sie von Gleichen und Gleichartigen geschlossen wird, war nicht zu denken; vielmehr mußte man besorgen, das schwache Gebäude der letzten Jahre durch eine solche Fülle der Zuflüsse aufgelöst zu sehen. Der einfachste Entschluß wäre gewesen, den Lauf derselben, so lange man davon berührt war, nach Kräften zu regeln, dann aber ihn so rasch wie möglich aus den Grenzen zu entfernen und seiner eigenen Bestimmung zu überlassen.

Auch gab es einen Weg, der die Möglichkeit dieses Vorhabens zeigte, angedeutet schon durch die eigenen Beschlüsse der Kreuzfahrer, wenn auch nicht frei von manchen Schwierigkeiten. Wir erwähnten, daß Adhemar von Puy erst Constantinopel zum Sammelplatze des Heeres bestimmt hatte, daß dorthin außer den zahllosen Einzelnen

von Ungarn her die Lothringer und Deutschen, durch Dalmatien die
Provenzalen, endlich von Apulien aus die Franzosen und Normannen
heranzogen. Die griechische Regierung konnte nun auf eine erträg=
liche Stellung hoffen, wenn ihr nicht bloß bis, **sondern** auch in der
Hauptstadt des Reiches Isolirung der Heerführer gelang. Jede der
genannten Schaaren vermochte man einzeln zu beaufsichtigen: die
Masse aller Kreuzfahrer, noch in Europa vereinigt, würde dagegen
nach Willkür über das Schicksal des Reiches verfügt haben. Es
kam also darauf an, die Fürsten, wie sie allmälig griechischen Boden
betraten, bei möglichster Friedfertigkeit zu erhalten, und was dann
nicht schwer sein konnte, jeden Einzelnen gleich bei der Ankunft in
Constantinopel zur Ueberfahrt auf die asiatische Seite des Bosporus
zu vermögen. Was man hierzu bedurfte, war durch die emsige Ver=
waltung der letzten Jahre hinlänglich vorhanden, Truppen, Geld und
ein geordneter Zustand der Provinzen: hätte man sich hiermit be=
gnügt, es wäre schwerlich irgend eine Verwickelung eingetreten.

Ich hebe diesen Standpunkt so bestimmt hervor, weil das Be=
nehmen des Kaisers gewöhnlich nach einem ganz entgegengesetzten
Maßstabe beurtheilt wird. Was wir so eben eine Unmöglichkeit
nannten — Bündniß mit den Pilgern ohne Rückhalt, dann ein ver=
einter großartiger Angriff auf die Saracenen — wird als das einzig
Richtige und Löbliche gepriesen: daraus folgt dann scharfer Tadel
gegen Alexius, daß er so wenig dahin Abzweckendes gethan, hier
liege, sagt man, die Schuld der Griechen, durch die sie die Erreichung
jedes Gewinnes aus den Kreuzzügen verwirkt hätten. Nach der
früheren Ausführung scheint mir dagegen der Vorwurf gegen den
Kaiser gerecht, nicht daß er so wenig, sondern daß er überhaupt
etwas gewinnen wollte, daß **er** hoffte, einen Uebermächtigen sich dienst=
bar zu machen, und zu genießen, was nicht mit eigener Kraft **zu**
erringen war. Die Lage seines Reiches forderte eine völlige Theil=
nahmlosigkeit, aber freilich mochte eine so umfassende Resignation
gerade einem so national gesinnten Fürsten unendlich schwer fallen.
Nüchterne Besonnenheit fühlt sich stets einer fantastischen Begeisterung,
so wie selbst eine absterbende Bildung einer talentvollen Rohheit
überlegen: in diesem Verhältniß fühlte man sich den Pilgern gegen=
über und sollte trotzdem eine so glänzende Möglichkeit patriotischer
Erfolge aus der Hand geben. Genug zu einer vollständigen Uneigen=

nützigkeit konnte man sich nicht entschließen, und von vornherein ent=
schieden, an dem Kriege selbst keinen Antheil zu nehmen, hoffte man
auf diplomatischem Wege gebührenden Antheil am Gewinn zu er=
langen.

Der Kaiser gedachte, sich berufend auf die vergangene Größe
seines Volkes, auf die alte Herrschaft über Kleinasien und Syrien,
mit den neuen Bundesgenossen, wenn nicht den Besitz, doch jedenfalls
das **Anrecht auf die** künftigen Eroberungen zu theilen. Die Kreuz=
fahrer **sollten** ihm Lehnstreue geloben für **die** den Türken zu ent=
reißenden Länder, ohne sein Geheiß keine Verfügung darüber treffen
und überhaupt dieselben als Theile des griechischen Reiches aner=
kennen. Des Kaisers Tochter drückt dies so aus: Alexius habe ge=
fordert, die Fürsten sollten nach lateinischer Weise seine Mannen
werden und alle einzunehmenden Städte griechischen Befehlshabern
überliefern. Ob Alexius wirklich die Ausführung des Versprechens
im Auge gehabt, oder nur die Begründung eines Anspruches, und
eines Rechtes für die Zukunft bezweckt habe, möchte ich kaum **ent**=
scheiden: jedenfalls sah er ein, daß er nach diesem Beschlusse auf
lange und mißliche Unterhandlungen, auf den Widerstand rauher und
gewaltiger Contrahenten, selbst auf offene Feindseligkeiten jeden Augen=
blick gefaßt sein mußte. Er nahm seine Maßregeln, so weit die
Kräfte des Reiches sie verstatteten; das Heer und die Flotte wurde
in Stand gesetzt, der Schatz befand sich in erträglicher Verfassung,
die Aufmerksamkeit aller Provinzen war gespannt. Wenn jemals,
bedurfte man jetzt einer vollständigen Aufhebung des Verkehrs
zwischen den einzelnen Pilgerschaaren: wohlberechnete persönliche
Einwirkung auf die Führer mußte dann die Entscheidung definitiv
feststellen.

Einen günstigen Beginn des Weges bereitete dem Kaiser sein
gutes Glück ohne eigene Anstrengung. Wir erwähnten früher die
unruhige und bedachtlose Natur Hugo des Großen, des Grafen von
Vermandois, wie sehr er um äußerliche Ehren besorgt und durch
dieselben geschmeichelt gewesen: daß gerade mit ihm die Verhand=
lungen zwischen Griechen und Franken sich eröffneten, konnte schon
als erfreuliche Verheißung gelten. Nachdem er einmal das Kreuz
auf die Schulter geheftet, hatte es ihn nicht länger im Abendlande
geduldet; ehe seine eigene Schaar, geschweige ein größeres Heer zu=

ſammengetreten war[1]), verließ er Frankreich und zog wie ſo un=
zählige Andere nach Apulien hinüber, wo Boemund eben ſein Heer
zu bilden im Begriffe ſtand. In Conſtantinopel hatte er ſich durch
ein ſchwülſtiges Schreiben angemeldet[2]), Papſt Urban, damals in
Lucca, gab ihm zu großer Freude ein geweihtes Panier des hl. Petrus
mit[3]), von Bari aus ſandte er dann eine zweite, höchſt glänzende
Geſandtſchaft nach Dyrrhachium hinüber. Hier ſchloſſen ſich manche
ihm an, jener Vicomte von Melun, der einſt mit Emicho gezogen[4]),
Wilhelm, ein Bruder Tancred's, und Andere. Dagegen ergingen
gleich auf ſein erſtes Schreiben von Conſtantinopel aus gemeſſene
Inſtructionen an den Befehlshaber von Dyrrhachium, ſich durch die
Ankunft des Grafen nicht überraſchen zu laſſen und ihn auf jede
Weiſe von den freundlichen Geſinnungen des griechiſchen Hofes zu
überzeugen. Nach dem ehrenvollſten Empfange ſollte man ihn ſchleunig
nach der Hauptſtadt zu geleiten ſuchen. Demgemäß kreuzte eine Ab=
theilung der griechiſchen Flotte ohne Unterbrechung in jenen Ge=
wäſſern, die Küſte ſelbſt war durch eine fortlaufende Kette einzelner
Truppentheile bewacht. Des Grafen Leichtſinn und ein günſtiges
Glück machte indeß ſolche Maßregeln faſt überflüſſig: er ſchiffte ſich
in Bari mit Tancred's Bruder und wenig Anderen ein[5]), wurde
durch Sturm auch von dieſen getrennt und erreichte mit Mühe und
Gefahr faſt ohne Begleitung das Ufer. Der nächſte griechiſche
Poſten rief ihn an, einer der beiden Reiter gab ihm ſein Pferd, in

---

1) Guib. p. 487. Non expectata suorum et militum conprincipumque
comitia — adito portu Bari etc.

2) Anna p. 288.

3) Rom. Mon. p. 35. Man hat wohl erwogen, ob er dadurch eine be=
ſtimmte Stellung im Heere erlangt habe, wie ihn Robert denn manches Mal
dux et signifer exercitus nennt. Allein es iſt daran nicht zu denken, der
Titel iſt Robert'ſcher Erfindung, ganz wie der auch bei ihm für Hugo vor=
kommende dux ducum. Die Verleihung einer ſolchen Fahne bezeichnet nur das
Verdienſt des Kampfes, nicht die Auszeichnung des Feldherrn. So giebt Victor III.
den Normannen eine Fahne gegen Palermo mit; es giebt eine Menge ähnlicher
Beiſpiele.

4) Anna l. c. Τζερπεντήριος (Carpentarius) nennt ſie ihn.

5) Baldr. p. 91. Praepropere pelagum ingressi. Ebenſo Fulcher p. 384,
nach dieſem Will. Malm.

so ärmlichem Aufzug gelangte er nach Dyrrhachium.[1]) Gleich darauf
kam auch Wilhelm aus Land, und nun wurden beide nach Constantinopel weiter befördert. Ihre Behandlung bezeichnet Anna in drei
Worten charakteristisch genug: ἀνέτως μὲν, οὐκ ἐλευθέρως δέ,
gefangen, ohne daß irgend etwas davon sichtbar wurde. Jedenfalls
war dafür gesorgt, daß unterwegs nur griechische Einflüsse sie erreichten, dann in der Hauptstadt angelangt, vollendete ein glänzender
Empfang die Zufriedenheit der fürstlichen Pilger. In einer kurzen
Unterhandlung verstand Alexius seinen Vortheil so wohl zu verfolgen,
daß der Graf ohne alle Schwierigkeiten den Lehnseid leistete.[2])

Ein sonderbares Verhängniß war es doch, wodurch dieses aller
Berechnung und Weltlichkeit so abgeneigte Unternehmen bei seinem
ersten Schritte mit Byzanz in Berührung gerieth, mit diesem Brenn-
punkte sorglicher Besonnenheit, weltlicher Ueberlegung und mühsam
sich erhaltender Schwäche. Der Graf von Vermandois war ohne
Anstand gewonnen worden, gleich darauf aber lernte man an dem
Herzog von Lothringen, mit welchen Elementen man sich auf un-
gewissen Kampf eingelassen hatte. Die unbändige Art derselben entlud sich gleich zu Anfang in wilden Ausbrüchen, dann folgte ein
endloses, allen Gründen unerreichbares Zögern, zuletzt mußte man
wohl oder übel auf die Weise des Gegners eingehen und sich gegen
Gewalt der Gewalt bedienen. Uns ist die Anschauung dieser Dinge
durchaus nicht leicht gemacht, da sich auch unsere Quellen von den
Folgen des Conflictes durchdrungen zeigen; mehr als irgendwo muß
man hier die Natur der einzelnen Gewährsmänner vor Augen halten,
um von ihrem Bericht auf die Thatsache zurückzugelangen. Anna
Comnena giebt mehr eine officielle Erörterung über die Handlungs-

---

1) Anna p. 289. *Παραδόξως δὲ τούτῳ σωθέντι περιτυχόντες δύο
τινὲς περισκοποῦντες τὴν τούτου ἔλευσιν, μεταχαλοῦντο αὐτόν* etc. Es
scheint mir deutlich, daß man nach diesen Worten weit eher an eine Vedette, als
an eine feierliche Gesandtschaft, wie es wohl geschehen ist, denken muß. Guib.
p. 487 spricht von einer felix navigatio, allein Anna ist zu speciell, um hier
nicht größeren Glauben zu verdienen.

2) Das Datum ist nicht genau zu bestimmen, etwa November oder December. Albert S. 200 hat über den ganzen Vorgang nur eine sehr kurze
Notiz.

weise der griechischen Regierung, als eine unbefangene Erzählung der damals eingetretenen Begebenheiten: klar und bestimmt läßt sie die Grundsätze erkennen, nach denen Kaiser Alexius gegen die Pilger verfuhr, darauf hebt sie den regellosen Trotz der letzteren und ihren bösen Willen gegen das griechische Reich hervor, ausdrücklich verwahrt sie sich gegen den Anspruch, die einzelnen Vorfälle in scharfer Unterscheidung darzustellen. Ihr kommt es nur auf das Ergebniß an und auf die allgemeine Darlegung des Verfahrens, mit welchem man dahin gelangte. Den geradesten Gegensatz zu ihr bildet Albert von Aachen, der von diesen allgemeinen Dingen durchaus keine Vorstellung hat, der nichts als eine Reihe vereinzelter Vorfälle anzuführen weiß, und die Einheit derselben nicht in räumlichem und zeitlichem Zusammenhang, sondern in einer vorausgefaßten Ansicht von den Tendenzen Herzog Gottfried's sucht. Macht man sich dies deutlich, löst man seinen Bericht in seine Bestandtheile auf, und bleibt dann eingedenk, wie wenig auf seine Genauigkeit im Einzelnen und auf die historische Grundlage seines ganzen Standpunktes zu bauen ist, so wird man manche lehrreiche Notizen von ihm empfangen, die sich in die Grundlage der Erzählung, wie sie Anna liefert, verarbeiten lassen. Endlich ist noch der Bericht der Gesten zu erwähnen; er ist kurz, durchaus fragmentarisch, aber, wenn auch nicht der eines Augenzeugen, richtig in jedem Worte. Versuchen wir nun die Darstellung selbst.

Gottfried begann die Wallfahrt, wie uns gesagt wird, in der Mitte des August: er zog die Donau hinunter bis an die ungarische Grenze, wo er den größten Theil des September verweilte, um den Durchzug durch Ungarn mit König Kalmani zu ordnen. Gottschalk und seines Gleichen hatten hier, wie man denken kann, den folgenden Heeren große Schwierigkeiten geschaffen; indeß kam man zu günstigem Abschluß und erreichte ohne bemerkenswerthe Ereignisse zuerst die bulgarische, dann die griechische Grenze. Hier, in Nissa, wurde man **von einer** Gesandtschaft des Kaisers begrüßt, welche die beste Aufnahme verhieß und um gute Behandlung des Landes bat; die Verpflegung des Heeres sollte in jeder Weise erleichtert und der Handel zwischen Griechen und Kreuzfahrern völlig freigegeben werden. So gelangte man in bestem Vernehmen über Sternitz nach Philippopel, **wo durch** die erste unbestimmte Nachricht über Hugo's Gefangennehmung eine starke Mißstimmung gegen Alexius hervorgerufen wurde.¹) Albert erzählt, der Herzog habe durch eine feierliche Gesandtschaft die Freilassung des Fürsten gefordert, habe in Selymbria eine bestimmt abschlägige Antwort erhalten, darauf Befehl zur Plünderung des Landes gegeben und endlich vor den Thoren von Constantinopel die Befreiung der Franzosen erzwungen. Man sieht nicht recht, wie sich das mit den vorher entwickelten Verhältnissen vertragen soll: Hugo war, wie wir bemerkten, allerdings nicht frei, aber mit dem Kaiser im besten Einverständniß; Alexius strebte nach Dingen, die jeder offene Bruch ihm vereiteln mußte, ein Betragen, wie es Albert angiebt, wäre sinn= und zwecklos für ihn gewesen. Mir ist hiernach und aus dem Folgenden das Wahrscheinlichste, daß Gottfried durch das Gerücht die Gefangennehmung Hugo's erfuhr, daß er keineswegs durch diesen zur Hülfe aufgerufen wurde (daß also auch von keiner Weigerung des Kaisers, die Gefangenen freizugeben, die Rede war), und daß vielmehr die Bereitwilligkeit Hugo's seinen Zorn bis zu der Plünderung des Landes steigerte. Was die Tradition bezweckte, zeigt sich noch deutlicher bei dem Mönch Robert²): der große Herzog Gottfried erscheint dem Grafen, seinem Verwandten, dem Freunde seines Herzens, der Stütze des Heeres als Retter und Befreier, so eröffnet er würdig die Thätigkeit, welche ihn bis zu der Krone des heiligen Grabes hinführt.

Feindseligkeiten, die bloß aus dem Aerger über geschehene, nicht mehr zu ändernde Dinge hervorgingen, mußten bald zum Ende gelangen: am 23. December lagerte das Heer vor Constantinopel³), eine Zusammenkunft zwischen Hugo und Gottfried fand Statt ohne besonderes Resultat, ein Botschafter des Kaisers brachte die Einladung, der Herzog möge persönlich zu einer Unterredung in die Residenz kommen. Man war wieder in Frieden, doch zeigte sich auf der Stelle ein Anlaß zu ferneren Streitigkeiten. Einzelne Franken, entweder von Peter's oder von Hugo's Schaar, ließen dem Herzoge

---

1) Alles nach Albert S. 198 flg. Er ist der einzige Autor, der diese Dinge berührt: auf sein Detail habe ich mich nicht verlassen mögen; dafür, daß der Marsch des Heeres bis hierhin friedlich war, ist das Schweigen der übrigen Schriftsteller Zeugniß genug.

2) S. 36. 3) Gesta p. 2.

heimliche Einflüsterungen über die griechische Treulosigkeit zukommen[1]):
der Herzog verweigerte die Zusammenkunft, verhieß jedoch, was wohl
gewiß, was das wichtigste, aber von Albert ausgelassen ist, den Lehns=
eid zu leisten.[2]) Nach Weihnachten bot der Kaiser dem Heere Quar=
tiere in Pera an, er hoffte es hier zwischen dem Bathyssus und
dem Meere zu isoliren und etwaigen Unordnungen am leichtesten zu
steuern[3]): Gottfried willigte ein, lehnte aber nochmals jede Unter=
redung ab und schob entscheidende Maßregeln von Tag zu Tage
hinaus. Natürlich: er wünschte in Constantinopel, wo möglich **ohne**
Kampf, die übrigen Fürsten zu erwarten, und den Lehnseid zu leisten,
war er trotz seines Versprechens ein für allemal nicht gesinnt.

So stand man sich gegenüber in sonderbarer Lage, ohne Streit
einstweilen, aber ohne Vertrauen, der Kaiser stets unterhandelnd, von
Tage zu Tage dringender, der Herzog ausweichend, trocken und ruhig
betheuernd: noch traue er dem Kaiser nicht so weit, um eine persön=
liche Zusammenkunft zu wagen.[4]) Wie deutlich auch die Natur
eines solchen Vorwandes hervortrat, so ging Alexius in den Ver=
handlungen dennoch darauf ein: er hoffte stets in friedlichem Wege
den Herzog zu gewinnen und wollte um jeden Preis Feindseligkeiten
vermeiden. Es verging Woche auf Woche, Monat auf Monat, der
Herzog blieb in seiner Stellung, Alexius sah die Nothwendigkeit,
seine Streitkräfte zu verstärken, **er** umgab die fränkischen Quartiere
mit türkischen und slavischen Truppen. Sie hatten den strengsten
Auftrag, jede Communication zwischen Gottfried und den übrigen
Fürsten des Kreuzheeres, vor Allem mit Boemund zu hindern. Der
Winter ging zu Ende, von allen Seiten erhielt man Nachrichten von
der Annäherung der übrigen Heeresmassen, die Gefahr wurde täglich
dringender, und jede Aussicht löste sich auf, wenn bei Boemund's

---

1) Albert S. 200. Ein Umstand, der sonst nicht vorkommt, an sich aber
höchst natürlich erscheint. Albert nennt jene Verläumder advenae de terra
Francorum, ein unbestimmter Ausdruck, unter dem Wilken fränkische Einwohner
von Constantinopel versteht.

2) Denn Anna p. 294 bezieht sich ausdrücklich auf solch ein früheres Ver=
sprechen.

3) Ekkeh. c. 13, alle anderen Quellen einstimmig. Nach Albert S. 201
am **29.** December.

4) Anna p. 293: ἡμέραν ἐξ ἡμέρας ὑπερτιθέμενος καὶ αἰτίαν αἰτίᾳ
συνείρων ἀνεβάλλετο. Einzelne Verhandlungen bei Albert S. 201.

Ankunft hier keine Entscheidung erreicht war.[1]) Indeß wartete Alexius bis auf das Aeußerste, endlich, am Gründonnerstag 1097, 3. April, als Boemund's Heer nur wenige Märsche noch von der Hauptstadt entfernt stand, entschloß er sich zu gewaltsamen Maßregeln. Noch im letzten Augenblick versuchte er eine Unterhandlung mit einzelnen lothringischen Edeln: sie möchten den Herzog zur Erfüllung seines Versprechens anhalten. Aber es war umsonst, und ehe noch diese Ritter zurückgekehrt waren, hatte draußen der Kampf begonnen.[2])

Alles dies ist nun sehr verschieden von der durch Albert in Geltung gebrachten Ueberlieferung. Zunächst weicht die Zeitbestimmung durchaus ab, Albert läßt die Kämpfe, wenn man möglichst weit hinaus rechnet, Mitte Januar eintreten[3]) und füllt die Zeit von Weihnachten bis dahin mit den speciellsten Ereignissen. Er giebt Namen, Orte, Thatsachen, an jedem einzelnen Punkte führt er das bestimmte Datum an, nichts kann sich sicherer und historischer ausnehmen, als sein Bericht. Allein das Ganze fällt zusammen durch Anna's ganz unzweifelhafte Notiz, daß am Donnerstag der Charwoche das erste Gefecht Statt gefunden habe, es war ein Tag unglücklich bezeichnet in der Regierung ihres Vaters, sie konnte darüber nicht irren.[4]) Ein zweiter Umstand, den Albert allein hat, die Aufforderung Boemund's an Gottfried, das griechische Reich mit vereinter Kraft zusammen zu werfen, wird sich erst unten erörtern lassen. Das aber erscheint schon hier gewiß, daß Albert nicht ein Gewährsmann ist, um auf ihn gestützt, den Bericht der Cäsarissa außer Anschlag zu lassen und die Charakteristik der handelnden Mächte einzig von dem abendländischen Standpunkte aus zu entwerfen. Ein anderer Fall ist es mit der Darstellung der Kämpfe selbst: wenn Anna hier sagt, die Lateiner hätten den Angriff auf einen grundlosen Verdacht hin selbst begonnen, so ist an sich deutlich, was davon gehalten werden muß.

---

1) So Anna p. 302. Nicht undeutlich klagt sie p. 293 auch den Herzog einer feindseligen Absicht geradezu gegen Byzanz an.

2) Ich habe so versucht, die Angabe Anna's, die Lateiner hätten wegen des Ausbleibens der Gesandten den Streit begonnen mit dem Zeugniß der Abendländer, Alexius sei der angreifende Theil gewesen, zu verbinden. Anna p. 294. Gesta p. 2. 3.

3) 19 Tage nach Weihnachten l. II. c. 11. (p. 201).

4) **Anna** p. 294. 295.

Am 3. April also begann Alexius die Feindseligkeiten, eben nicht sehr ritterlich mit einem Angriff auf arglose fränkische Pilger, die zum Einkauf von Lebensmitteln herankamen.[1]) Der Plan war, die Lothringer in Pera einzuschließen, und sie hier ohne offene Feld= schlacht durch ein stetes Geplänkel zur Unterwerfung zu nöthigen. Es erschien das um so leichter, als man See und Fluß beherrschte und von dem Wasser aus ohne eigene Gefahr zu kämpfen vermochte. Jedoch scheiterte diese Absicht an der Entschlossenheit des Herzogs und der raschen Energie seines Bruders: bei dem ersten Streitruf war das ganze Heer unter den Waffen und Balduin mit einiger schweren Reiterei auf der Brücke des Bathyssus.[2]) Hiermit war dem Heere der Rückzug aus Pera geöffnet, Balduin behauptete sich gegen alle Angriffe, bis der Rest der Schaaren, nachdem man die Quar= tiere geplündert, den Fluß passirt hatte. Sogleich richteten sie sich gegen die Mauern der Hauptstadt selbst, wo man nicht im Mindesten an solch eine Wendung dachte; die Volksmenge war außer sich in Unruhe und Angst, und der Kaiser selbst eilte auf die Werke, um den Angriff abzuwehren. Freilich war augenblicklich die Gefahr nicht groß und an die Einnahme der Stadt nicht zu denken. Indeß be= fahl Alexius, nach diesem Beginne wieder zu friedlicher Lösung ge= neigt, über die Köpfe der Franken wegzuschießen, und sie so, wenn es möglich wäre, in Schrecken zu setzen. Jedenfalls machten die Lateiner keine Fortschritte; sie ließen von dem Mauergefecht ab und zerstreuten sich plündernd und verwüstend in der nächsten Umgebung der Stadt.

Der Kaiser sah sich in ängstlicher Lage. Boemund hatte einen Tag früher sein Heer verlassen[3]), um zu einer Zusammenkunft nach Constantinopel zu eilen: das Schicksal des griechischen Reiches konnte davon abhängen, daß er nicht vor der Unterwerfung Gottfried's an= langte, daß er von diesen Kämpfen nicht einmal unterrichtet wurde. In der That hatte Alexius seine Isolirungsmaßregeln so gut ge= nommen, daß von allen Schwierigkeiten, die Gottfried erhob, nicht eine Sylbe im normannischen Lager bekannt war, als es Boemund

---

1) Gesta l. c.

2) Ekkeh. l. c. bestätigt hier die Erzählung Albert's.

3) Quarta feria ante coenam domini, also am 1. April. Gesta p. 4.

verließ.[1]) Ihm unterwegs jede Mittheilung abzuschneiden, konnte **nicht** schwer fallen, aber wie ihn hindern an der endlichen Ankunft, **wie** für seine und Gottfried's Beschlüsse dann einstehen? Hier schon, eigentlich noch im Anfang des eingeschlagenen Weges, sah man, welchen Möglichkeiten man sich selbst und das Geschick des Vaterlandes hingegeben hatte. Die Zähigkeit Gottfried's und den geistlichen Freiheitsdrang seiner Lothringer hatte man nicht überwinden können: was sollte man erst von seiner Verbindung mit Boemund's umfassender Gewandtheit und dem gefürchteten Hasse der Normannen erwarten? Man mußte demnach zurück zu Gottfried: auf eine oder die andere Art mußte er zur Nachgiebigkeit gebracht werden. Noch einmal versuchte Alexius eine Unterhandlung; er bestimmte den Grafen Hugo, im deutschen Lager für den Frieden thätig zu sein. Allein Gottfried empfing den Abgesandten auf die rauheste und unfreundlichste Art: du eines Königs Sohn, bist ein Sclave geworden, und willst jetzt mich zum Sclaven machen? Er erklärte, er werde weder den Lehnseid leisten, noch, wie Alexius gewünscht hatte, sein Heer vor der Ankunft der Uebrigen nach Asien übersetzen.[2]) Hierauf hatte man keine Wahl mehr, am Charfreitag gab Alexius den Befehl zu einem Ausfall auf die Franken mit allen Kräften.

· Ueber den Ausgang dieses Treffens liegen uns scheinbar widersprechende Berichte vor. Die Gesten schreiben Gottfried den Sieg zu, es seien sieben Griechen umgekommen, die übrigen in die Stadt zurückgetrieben worden, nach fünf Tagen hätte darauf Gottfried sämmtliche Forderungen **des** Kaisers bewilligt. Solch eine Niederlage wäre **nun** erträglich gewesen, und man wird Anna nicht tadeln, wenn sie von dem günstigsten Erfolge des Kampfes berichtet: die Franken hätten einen solchen Verlust erlitten, daß nach wenigen Tagen der Herzog sich besonnen, den Eid geleistet und das Heer nach Asien übergesetzt habe. Mit einem Worte also, die beiden Erzählungen enthalten dieselbe Thatsache, und nur ihr Ausdruck ist auf begreifliche Weise verschieden. Gottfried, wie es scheint, von Boemund's Annäherung nicht mehr als dieser von seinen Kämpfen unterrichtet, bequemte sich zu unbedingtem Nachgeben. Er schwor, alle Städte,

---

1) Boemund's Abreise nach Constantinopel ist dafür Zeugniß genug.
2) **Anna** p. 297.

Länder und Burgen, die ehemals zum römischen Reiche gehört hätten, nach der Eroberung dem Kaiser herauszugeben und versprach dem griechischen Reiche die Treue eines Vasallen zu jeder Zeit zu halten. Seitdem hörten alle Feindseligkeiten auf, die Deutschen gingen etwa am 8. oder 10. April über die Meerenge, dem Herzoge selbst gegen= über bewies Alexius sein großes Talent, bei persönlichem Verkehre zu gewinnen und zu imponiren. Gottfried, von dem Kaiser reich beschenkt und in jeder Weise gefeiert, ließ seitdem nur Ergebenheit gegen Alexius blicken: häufig war er bei den Verhandlungen mit den später eintreffenden Fürsten zugegen und zeigte seinen Einfluß mehr= mals dem Kaiser zum Vortheil. So war man endlich zu einem Ziele, befriedigend an sich und beruhigend für weitere Schritte, hin= durchgekommen. Die griechische Besonnenheit hatte es vermocht, ihre Absichten gegen die Hitze und den Widerwillen der Kreuzfahrer durch= zusetzen und in dem Moment der dringendsten Gefahr mit eigenem Widerstreben die Unterwerfung der Pilger für den Augenblick zu erzwingen. Man konnte hoffen, daß das Beispiel Herzog Gottfried's auf die Gesinnung aller Nachfolgenden entscheidend einwirken würde.

Auch für diese letzten Ereignisse bleibt nun die abendländische Ueberlieferung in ihrer abweichenden Ansicht. Nachdem Gottfried die Vorstadt verlassen hat, kommt es zu keiner Schlacht weiter, der Kaiser wird durch die Plünderung des Landes, mehr noch durch Boemund's erwähnte Aufforderung an Gottfried ganz entmuthigt: er bequemt sich, seinen Sohn Johannes als Geißel zu stellen, worauf dann Gottfried in die Stadt kommt und den Lehnseid ablegt.[1]) Wir sehen, worauf es dieser Tradition ankommt: sie legt auf das Vasallen= verhältniß kein Gewicht, sie kennt keinen anderen Grund des Haders, als das persönliche Mißtrauen Gottfried's gegen Alexius. Als dieses durch eine glänzende Bürgschaft gehoben ist, erfüllt Gottfried die Forderung des Kaisers: mitten im Siege, seinem Gegner furchtbar, leistet er Alles, was ein Geschlagener nur hätte thun können. Alles ist aus dem Gebiete der politischen, staatsrechtlichen Entwickelung hinweggerückt und auf rein persönliche Beweggründe zurückgebracht. Ob Gottfried ein Vasall des griechischen Reiches geworden, ist gleich= gültig; darauf kommt es an, seine Vorsicht, seine Großmuth, seine

---

1) Alb. p. 202. 203.

Frömmigkeit in das rechte Licht zu stellen. Letzteres geschieht auf das Kräftigste in der Antwort, womit der Herzog den Beistand Boemund's für einen offenen Krieg mit Alexius zurückweist: er sei nicht ausgezogen, um christliche Reiche zu stürzen, er wolle, wo möglich mit des Kaisers Hülfe, christliche Waffen gen Jerusalem tragen. Albert führt diesen Antrag an als entscheidend für den Entschluß des Kaisers, sich zu demüthigen, Alexius habe unmittelbar hernach seinen Frieden mit Gottfried geschlossen. Nach dem Zusammenhang bei Albert, wie erwähnt, fiele das in den Januar, nach dem Datum der Thatsache selbst in den April 1097: was soll man nun über **den** Werth der ganzen Nachricht urtheilen, wenn die Gesandten, von Gottfried zurückgewiesen, zu Boemund nach Apulien zurückkehren? während Boemund schon zu Weihnachten in Castoria, gegen Ostern in Constantinopel eintraf. Und wenn wir dies Alles fallen ließen, wenn wir, um die Nachricht selbst zu retten, ihr Datum einzig nach der Connivenz der Umstände zu bestimmen versuchten — in diesem Falle macht uns die Geschichte selbst eine Abweichung von den Grundsätzen der geschichtlichen Kritik unmöglich. Denn wir überzeugen uns sogleich, daß alle authentischen Quellen uns bei Boemund zur Anerkennung einer völlig entgegengesetzten Politik nöthigen müssen.

Boemund nämlich war von Anfang an entschieden über den Weg, den er in diesen Angelegenheiten einzuschlagen gedacht. Seine Pläne gingen auf die Gründung einer Macht im Orient und zwar zunächst mit Benutzung der griechischen Streitkräfte selbst. Ihm **war ein** gutes Vernehmen mit Alexius schlechterdings nothwendig; **wir** werden sehen, wie er auf das Festeste in dieser Politik bis zu der Einnahme von Antiochien beharrte. Auch ließ sich nur ein Moment denken, in dem er auf glücklichen Erfolg eines griechischen Krieges hätte hoffen können: es war das der Augenblick, den Albert auch für seinen Antrag gewählt hat, damals, als Gottfried in offenem Streite mit Alexius stand. Dann aber, am 1. April, hätte er, einen solchen Plan im Sinne, sein Heer verlassen und sich in der Gesellschaft und unter der Aufsicht griechischer Gesandten allein auf den Weg nach Constantinopel gemacht? Es ist daran nicht zu denken, und die ganze Sache als ein Erzeugniß jener Meinung des Occidents über Boemund's Absichten zu bezeichnen. Es findet sich zu dieser **Sage ein** völlig entsprechendes Gegenbild, Orderich erzählt denselben

Hergang zwischen Boemund und den Nordfranzosen.[1]) Die beiden Roberte, Hugo und Stephan vereinigen ihr Heer mit dem Boemund's nach einem Gefecht am Wardar; Boemund schlägt ihnen die Belagerung von Constantinopel vor, muß sich aber bei ihrer Weigerung, gegen Christen führten sie keinen Krieg, beruhigen. Orderich, obgleich seine Angabe durchaus von demselben Stamme und inneren Werthe wie die Albert'sche ist, hat wenig Glück damit gemacht und sie wirklich auch ungeschickter in die thatsächliche Geschichte eingeflochten; Hugo, wie er selbst Fulcher schon nacherzählt hat, war längst in Constantinopel, **die** Uebrigen theils in Griechenland, theils noch in Apulien zurück. Aber, wie gesagt, das Ganze steht mit der Albert'schen Erzählung auf einer Linie, es sind Aeußerungen abendländischer Sinnesweise, die nur in ihren Formen von einander abweichen. Elemente dazu waren hinlänglich vorhanden: der Schrecken **vor** Boemund's Feindschaft ging mächtig durch das griechische Reich; der Hof und die Provinzen waren überzeugt, das Ziel seiner Waffen sei kein anderes als die Eroberung von Constantinopel.

Hier halte ich einen Augenblick inne, um den scharfen Gegensatz zwischen der geschichtlichen und sagenhaften Ansicht dieser Vorgänge noch einmal im Ganzen zu übersehen. Die Natur der beiden Hauptpersonen, Gottfried's und Boemund's, ist in der letzteren geradezu umgekehrt worden. Boemund, der freilich nicht aus Wohlwollen oder christlicher Milde, aber immer doch den Frieden zu möglichster Festigkeit abschließen wollte, muß sich bald von dem frommen Herzog von Lothringen, bald von den ritterlichen Franzosen zur Ordnung und Ruhe verweisen lassen. Gottfried, sahen wir, hielt in zäher Unbeugsamkeit aus in der Opposition gegen Alexius bis zu der letzten, zwangvollsten Nothwendigkeit; über die **Motive** seines Benehmens wird **uns** nichts gemeldet, genug, einmal entschlossen den Eid nicht zu leisten, wich er erst nach hartem Kampfe und bedenklichen Verlusten. Dennoch steht die Sage nicht an, ihn gleichsehr als den Helden der Friedensliebe und des Sieges zu feiern, und sehr folgerecht meldet sie die Leistung **des** Vasalleneides mit völliger Gleichgültigkeit. **Fanden** gleich Einzelne, wie der Graf **von** Toulouse, eine Unschicklichkeit für die Streiter Christi in solchem Lehnsverhältniß, so

---

1) Order. p. 727.

war doch diese Ansicht weit davon entfernt, eine allgemeine oder nothwendig sich aufdrängende zu sein. Vielmehr wurde Gottfried's himmlischer Beruf, wie ihn die Sage in den Wundern seiner Jugend begründet dachte, nicht im Mindesten davon berührt: weltliche Rück=sichten jeder Art gingen neben und tief unter ihm her: hier hatte man nur den Zweck, seine religiöse Begeisterung und seinen geist=lichen Heldenmuth im gebührenden Glanze zur Erscheinung zu bringen. Wir sahen, wie beiden Forderungen genügt wurde: wir haben jetzt nachzuweisen, in welchem Lichte Boemund's Verfahren nach Aus=scheidung der sagenhaften Elemente sich darstellt.

Was seinen Zug von Dyrrhachium und Aulon bis in die Hauptstadt angeht, so erspare ich mir das nähere Detail, als unbe=zweifelt und in vielfachen Darstellungen wiederholt.[1]) Nachdem er sein Heer auf griechischem Boden vereinigt — mehrere Bannerherrn waren schon im Herbste 1096 über das Meer vorausgegangen[2]) — sprach er seinen festen Willen aus, die griechischen Provinzen in Frieden zu durchziehen: er sagte, als Pilger des Herrn müssen wir besser und demüthiger sein, als wir es gewesen sind, so halte sich ein jeder hier im christlichen Lande in Schranken. Alexius unterwarf auch dieses Heer einer strengen Aufsicht, auf allen Seiten umgaben es seine leichten Truppen: ein Schloß bei Pelagonia zerstörten die Pilger und erfuhren unmittelbar darauf, wie zur Warnung und Strafe, den heftigsten Angriff. Tancred wehrte ihn ab und machte mehrere Gefangene: als Boemund dann von diesen erfuhr, daß sie nach kaiserlichem Befehl gehandelt, setzte er sie auf der Stelle in Freiheit. Meistens weigerten die Einwohner den Verkauf von Lebensmitteln: Boemund erlaubte nur die nothwendigste Plünderung und entzweite sich einmal heftig mit Tancred, der eine Burg bei Serra anzugreifen gedachte, weil sie voll von Vorräthen, das Heer aber sehr schlecht versehen war. Indeß hörte hier der Anlaß zu diesen Verdrießlichkeiten auf; Gesandte des Kaisers, zwei Palastbeamte von hohem Range, trafen damals im Lager ein, ordneten die Ver=pflegung und forderten Boemund auf, mit ihnen allein nach Con=

---

1) Die vollständigste Nachricht darüber geben die Gesta p. 3 sqq. Radulf c. 3 flg. hat wenig Wesentliches.
2) **Hist** bell. Sacri c. 8.

stantinopel vorauszugehen. Wirklich trennte sich der Fürst am 1. April von dem Heere; er ließ Tancred als Stellvertreter zurück und empfahl Allen Ruhe und Mäßigung auf das Nachdrücklichste an. Allein kaum war er hinweg, so folgte Tancred seinem eigenen Sinne; er verließ die angewiesene Straße, um in wohlhabendere Gegenden zu gelangen: er sprach: hier laßt uns bleiben und Ostern in allem Wohlleben begehen.

Boemund seinerseits machte nun dem Kaiser die Verhandlungen äußerst leicht. In dem ersten Gespräche blieb man bei gegenseitigen Freundschaftsversicherungen; dann forderte Alexius den Fürsten zur Eidesleistung auf. Boemund erhob anfangs einige Einwendungen, leistete bald aber den Schwur ohne Zaudern und Einschränkung. Alexius war hoch erfreut und beschenkte ihn auf das Reichste, so daß Boemund ausrief: hätte ich solche Schätze, die ganze Welt sollte mir dienen. Er versuchte unter diesen Umständen noch einen Schritt weiter und bat den Kaiser um die Würde eines Großdomesticus im Orient, eine Forderung, die von den größten Folgen gewesen wäre, und dem Normannen zunächst die ausgesprochene Anführung des Kreuzheeres eingetragen hätte. Man kann hinzusetzen, der ganze Charakter des Kreuzzuges wäre dadurch verändert worden: an die Stelle des Papstes und seines Legaten, deren hierarchisches Ansehen **den** eigentlichen Verlauf des Krieges doch einer vollständigen Selbstbestimmung überließ, wäre dem Namen nach Alexius und in Wirklichkeit der kräftige Ehrgeiz des Fürsten von Tarent getreten: der Kreuzzug wäre in eine weltliche, von dem festesten Geiste gelenkte Hand gerathen. Um so mehr beeilte sich Alexius, solch eine Bitte zurückzuweisen und nur durch die besten Hoffnungen den Sinn des Normannen sich geneigt zu erhalten.[1] Jedenfalls hatte Boemund

---

1) Anna p. 301 sqq. Bei den Gesten findet sich statt jener Bitte **um das** Domesticat die von Alexius bewilligte Forderung, Antiochien zu erhalten. Der Umstand, daß sich Boemund später nie darauf berief, ist entscheidend für die Grundlosigkeit der Notiz: jedenfalls zeigt sie, worauf Boemund schon damals sein Augenmerk gerichtet hatte. Ebenso wenig ist anzunehmen, daß Boemund und Gottfried zugleich den Eid geleistet, wie das aus den Worten der Gesten hervorzugehen scheint. Das System des Kaisers für Separatverhandlungen ist zu deutlich ausgesprochen und durch Anna zu bestimmt beglaubigt. Andererseits ist nichts auf die Erzählung der Cäsarissa zu geben, nach welcher Boemund **der letzte** der anlangenden Fürsten war: es kommt ihr nur darauf an, den

Urſache, mit ſeinen Erfolgen zufrieden zu ſein und bald fand ſich Gelegenheit, ſeine Intentionen weiter an den Tag zu legen.

Graf Raimund von Toulouſe und Biſchof Adhemar von Puy waren im Spätherbſt 1096 aus Languedoc aufgebrochen[1]) und hatten durch Dalmatien hindurch einen beſchwerlichen Marſch gehabt. Unwegſames Gebirge, ſtrenges Winterwetter und die Anfälle der rohen Bewohner vereinigten ſich, um auch den Ruhigſten zur Un= geduld zu bringen: der Graf machte endlich durch grauſame Ver= ſtümmelung einiger Gefangenen den Feindſeligkeiten ein Ende. Auf griechiſchem Territorium angelangt, begann auch für ſie dieſelbe Reihe von Freundſchaftsverſicherungen, ſtrenger Controle und unaufhör= lichen Reibungen, welche Lothringer und Normannen zu beſtehen gehabt hatten. Jeder Schritt des Heeres wurde von Turcopulen und Petſchenären bewacht, es kam mehrmals zu Feindſeligkeiten, doch hielt ein dauernder Wechſel von Geſandtſchaften den Frieden aufrecht. Der Marſch ging über Dyrrhachium, Theſſalonich, Ruſa und Rodeſto: von hier reiſte, wie Boemund, auch der Graf von St. Gilles allein nach Conſtantinopel voraus. Wann er dort ein= traf, iſt nicht genau zu beſtimmen, indeß iſt die zweite Hälfte des April der wahrſcheinlichſte Zeitpunkt, da ſein Heer erſt im Beginn des Mai daſelbſt anlangte.[2]) Der Kaiſer legte ihm darauf dieſelben Forderungen vor, wie den übrigen Fürſten, fand aber hier die größten Schwierigkeiten.

Raimund iſt eine der wenigſt liebenswürdigen Naturen dieſes Kreuzzuges; er erſcheint heftig, eigenſinnig und unverträglich, aller= dings von der religiöſen Seite des Zuges auf das Eifrigſte durch= drungen, zugleich aber den weltlichen Dingen ſehr nachdrücklich zu= gewandt. Zu Boemund bildet er dabei den geraden Gegenſatz: dieſer, ſtets das Ganze im Auge, fügt ſich in allen kleineren Dingen,

---

allgemeinen Gang des Ereigniſſes zu ſchildern, und deſſen Entwicklung war unabänderlich beſtimmt, ſobald Boemund ſich ausgeſprochen hatte. Ueber den Grafen Raoul bei Anna p. 298 verweiſe ich auf Ducange not. ad l. c., und über den κόμης Πρεβέντζης auf die hist. de Lang. N. 43 des zweiten Theils.

1) Hist. de Lang. l. c. Raim. Ag. p. 139 sqq.

2) Es war noch nicht angekommen, als die übrigen Truppen ſich nach Nicäa in Bewegung ſetzten. Gesta und ſonſt.

er gebraucht Alles und unterzieht sich Allem, wenn es ihm zum
Zwecke dienen kann. Raimund dagegen ist scrupulös und störrisch
zugleich, jedes Nachgeben, jedes augenblickliche Opfer weist er heftig
zurück, er will nichts einbüßen und in nichts weichen, so verringert
er sich bei jedem Schritt die Summe seiner Erfolge. Eine An-
muthung wie die des Alexius verletzte ihn in jeder Hinsicht — von
religiöser Seite: sollte er, der Kämpfer des Herrn, ein irdisches Joch
auf sich nehmen? — nach weltlicher Berechnung: sollte er von vorn
herein auf den Lohn so vieler Anstrengung, auf den Besitz der Eroberung verzichten? Boemund, den keine Rücksicht zu binden vermochte, war darüber leicht hinausgekommen; hatte er sich die
Möglichkeit des Gewinnes festgestellt, so mochten nachher die Griechen
für die Erfüllung der Eide sorgen. Raimund, dessen Habsucht durch
Gewissensstrenge noch überwogen wurde, blieb bei dem heftig ausgesprochenen Worte, ein gottloses und schädliches Versprechen nie zu
leisten, möge daraus entstehen, was wolle. Alexius versuchte endlich
das Mittel, welches bei Gottfried gelungen war; ein kräftiger Angriff
geschah auf das provenzalische Heer, welches, auf nichts der Art
gefaßt, bedeutenden Verlust erlitt und fast aufgelöst wurde.[1] Raimund aber war aus anderm Stoffe als der Herzog von Lothringen;
diese Gewaltthat brachte ihn statt zur Nachgiebigkeit nur zu gesteigertem
Zorne; er klagte den Kaiser offen des Verrathes an und hatte keinen
anderen Gedanken, als Rache und Strafe für solchen Treubruch.
Alexius wies den Vorwurf mit Kälte zurück: er wisse von keinem
Schaden, den die Provenzalen gelitten, wohl von mancher Unbill,
die man dem Reiche und seinen Unterthanen zugefügt habe: der Graf
habe keinen Grund zur Klage, seine Schaaren, plündernd im Lande
umherziehend, hätten bei dem Anblick des kaiserlichen Heeres die
Flucht ergriffen. Doch auch so wolle er, der nur den Frieden
wünsche, Genugthuung leisten. Hier nun war es, wo Boemund mit
dem ganzen Einfluß seines Namens dem Grafen entgegen trat: ihm
mußte diese Verhandlung widerlich an sich und gefährlich für seine
Zwecke erscheinen: er erklärte, er sähe den Kaiser im vollen Rechte,
er verpfände sich für dies Recht, er werde es gegen jeden Angriff
zu vertheidigen wissen. Bedenken wir, daß Boemund's Absichten dem

---

[1] Raim p. 140.

Grafen sicher bekannt waren, daß wahrscheinlich Boemund selbst ihn durch deren Darlegung für die Eidesleistung zu gewinnen versucht hatte, so begreift man den Zorn, in welchen diese Wendung den Grafen versetzte: er brach den Streit ab, hielt mit seinen Begleitern eine kurze Ueberlegung und erklärte dann: er sei bereit zu dem Gelübde, nichts gegen Leben und Ehre des Kaisers zu unternehmen, ob Alexius damit sich begnügen wolle? nicht um sein Leben werde er sich zu dem Vasalleneide verstehen. Alexius, dem Boemund's Einschreiten gleichfalls zu manchen Betrachtungen Anlaß gegeben hatte, erklärte sich zufrieden gestellt, und damit schien Alles in den früheren Zustand zurückgekommen zu sein.[1]

Indeß hatte dieser Auftritt zu einer wichtigen Complication Veranlassung gegeben. Boemund versah es in einem Punkte, in der Schätzung des Vertrauens, welches ihm der Kaiser schenkte: er glaubte ihn durch die letzte Maßregel ganz gewonnen zu haben und bewirkte nur, daß er sich an den bisherigen Gegner auf das festeste anschloß. Es kam dazu, daß in denselben Tagen das normannische Heer die Hauptstadt passirte, und Tancred, gegen die Griechen einmal voll von Haß und nicht im Stande einen augenblicklichen Antrieb zu überwinden, mit mehreren Anderen verkleidet über die Meerenge ging.[2] Zwar versprach Boemund feierlich, ihn nachträglich zur Eidesleistung zu nöthigen, allein er vermochte den Eindruck auf den Kaiser nicht zu verwischen. Es dauerte nicht lange, so hatte sich dieser mit Raimund vollkommen geeinigt, auf die Grundlage des gemeinsamen Hasses gegen die Normannen.

Noch vor Raimund war auch Robert von Flandern in Constantinopel angelangt, auf demselben Wege, wie Boemund, und mit gleicher Bereitwilligkeit, den Forderungen des Kaisers Genüge zu leisten.[3] Nur die Nordfranzosen waren noch zurück: sie waren durch die Lombardei nach Lucca gezogen, wo sie Urban II. begrüßten, hatten in Rom beklagt, die Anhänger des Gegenpapstes nur mit

---

1) Gesta p. 5 Raim. p. 140. S. ob. p. 19 die nähere Deduction.

2) Gesta und Radulf. Besonders der Letztere läßt den heftigen und unbezähmten Haß des Normannen deutlich erkennen.

3) Nirgendwo als bei Alb. p. 204 wird Robert ausdrücklich aufgeführt, indeß ergiebt sich dieser Zeitpunkt seiner Ankunft auch aus Fulcher p. 384. 385. und Raim. p. 140.

Gebet bekämpfen zu können[1]) und darauf einen ruhigen Winter in Apulien verlebt. Im Frühling 1097 brachen sie auf, folgten über Dyrrhachium der Straße der vorausgegangenen Heere und kamen etwa Mitte Mai in Constantinopel an. Sie Alle, Robert von der Normandie, Stephan von Blois, Roger von Barnaville u. A. leisteten den Eid ohne Schwierigkeit. Doch versäumte auch bei ihnen Alexius keine Vorsicht: die Truppen lagerten vor der Stadt; nur in kleinen Abtheilungen wurde ihnen der Eingang verstattet. Sie verweilten dort etwa vierzehn Tage und vor Allem Graf Stephan wurde durch des Kaisers Gewandtheit ganz und gar gewonnen. Er schrieb an seine Gemahlin: er ist mir wie mein Vater, er liebt mich mehr als alle andere Fürsten, und wie reich, wie mächtig er ist! Dein Vater hatte viele Schätze, aber gegen ihn ist er gar nichts.

Mit diesem letzten glänzendsten Erfolge sah Alexius den Kreis seiner Bemühungen geschlossen. Er versprach seinerseits den Fürsten, binnen Kurzem persönlich ein Heer ihnen nachzuführen, und mochte damals schon erkennen, daß er ganz ohne eigene Anstrengung seinen Gewinn doch nicht dahinnehmen würde. Ein echtes Einverständniß hatte er von Anfang an nicht bezwecken können: eine förmliche An= erkennung durch die Pilger hatte er aber erlangt und für die Zukunft die weitesten Ansprüche begründet. So sah er diese Tausende auf= brechen, um mit umfassender Feindseligkeit in die inneren Händel der Saracenen hineinzutreten; der erste Angriff galt dem Emirat von Iconium, welches auch ihm seit Jahren der lästigste Gegner, der gefährlichste Nachbar gewesen war. Die geistliche Aufregung der Pilger hätte wohl unter allen Umständen eine Unterhandlung mit Kilidsch Arslan verschmäht: jetzt wurde auch die leiseste Erwähnung einer solchen durch das griechische Bündniß abgeschnitten.

---

1) Fulcher l. c. Nil aliud facere potuimus, nisi quod a Domino vin= dictam fieri optavimus. Urban war und blieb den Sommer hindurch in Lucca.

Sechstes Capitel.

Krieg gegen Iconium.

Belagerung von Nicäa.

In den letzten Tagen des April brach das vereinigte lothringische und italienische Heer von Chalcedon auf, und richtete unter der Anführung Gottfried's, Robert's von Flandern und Tancred's seinen Marsch auf Nicomedien. Raimund und Adhemar erwarteteten in Constantinopel die Ankunft ihrer Schaaren, von dem Kaiser in jeder Art gefeiert; Boemund war ebendaselbst, aber in nützlicherer Thätigkeit; er unterhandelte mit Alexius über die Verpflegung der Pilger und kam bald über die passenden Maßregeln überein. Doch erfuhr die Ausführung Hindernisse und das Heer litt Mangel an allem Nothwendigen, bis Boemund persönlich an Ort und Stelle anlangte und sogleich die Anfuhr der Lebensmittel in regelmäßigen Gang brachte.[1]

Denn nach dreitägigem Aufenthalte in Nicomedien hatte das Heer mit großer Mühe sich durch unwegsames Waldgebirg eine Straße nach Nicäa gebrochen, welche Stadt man am 6. Mai 1097[2], aus dem Walde hervortretend, in einem weiten Bassin vortrefflich angelegt, vor sich erblickte. Im Kreise umher von Bergen umgeben, liegt sie in dem Mittelpunkte des Thales etwas erhöht, auf drei Seiten durch sumpfige, aber fruchtbare Vertiefungen, auf der vierten durch den ascanischen See gedeckt, dessen Wellen damals noch die Stadt-

---

1) Gesta p. 5.   2) Gesta l. c.

mauern bespülten.¹) Die Befestigungen waren vortrefflich und im besten Stande, die Besatzung zahlreich und mit Lebensmitteln versehen; nur schien man den Anfang der Belagerung nicht so früh, die Stärke des angreifenden Heeres nicht so furchtbar erwartet zu haben. Kilidsch Arslan selbst war entfernt, um so mehr regte sich bei den christlichen Einwohnern die Zuneigung zu den Glaubensgenossen, in der türkischen Besatzung die Furcht vor jedem Mißgeschick. Anna erzählt nun²): die Bewohner, nachdem sie den Sultan vergeblich erwartet, nachdem sie sich viele **Tage der** feindlichen Stürme erwehrt, gaben dem Butumites, dem kaiserlichen Bevollmächtigten **bei** den Kreuzfahrern, Gehör und erklärten sich auf gewisse Bedingungen zur Uebergabe an Alexius bereit. Man kam so **weit** überein, daß Butumites, näherer Beschlüsse wegen, drei **Tage** lang in der Stadt zugelassen wurde. Da habe aber, fährt Anna fort, nacheinander die Ankunft des Grafen Raimund, der sogleich den Kampf erneuerte, und das Gerücht, Kilidsch Arslan sei mit starker Macht im Anzug, **die** Unterhandlungen zerrissen. In dieser Erzählung ist eine offenbare Unrichtigkeit, die Ankunft des Grafen Raimund vor dem Eintreffen des Sultans: im Uebrigen dient sie vortrefflich, die Berichte der Abendländer zu ergänzen. In diesen fehlt alle und jede Angabe über die Ereignisse der ersten 10 Tage der Belagerung; daß aber bei der Stimmung des Heeres ohne irgend welchen Grund die Waffen so lange geruht haben sollten, hat nicht die geringste Wahrscheinlichkeit. Albert sagt³): bei der Ankunft des Heeres bewunderten die Ritter die Thürme und Zinnen, aber ohne den Muth zu verlieren, sie tummelten ihre Rosse und sprengten an die Mauern heran: das Fußvolk, nicht minder kriegerisch, bedrängte die Ungläubigen **mit** Speer und Pfeil, und mancher wackere Kämpfer verlor sein Leben. Da beschlossen die Fürsten eine regelmäßige Belagerung ꝛc. Es versteht sich, daß an solch ein Lanzenrennen und Bogenschießen gegen feste Mauern nicht zu denken ist, allein höchst glaublich erscheint, daß die Nicäner in manchen Einzelngefechten bedrängt, und über den Ausgang **im** Allgemeinen beunruhigt, die Unterhandlung mit Butumites begannen. So lange sie dauerte, blieb man in Waffenstillstand; als

---

1) Raim. Ag. p. 141, aus ihm Will. Tyr.
2) Anna p. 310.　　　**3)** Alb. p. 204.

der griechische Bevollmächtigte aus der Stadt ausgewiesen wurde,
war man dadurch in Pelecanum wie im fränkischen Lager von der
Annäherung Kilidsch Arslan's unterrichtet.

Dieser hatte, nach der Niederlage Peter des Eremiten, seine
Thätigkeit gegen die östliche Grenze des Emirates gewandt; er be=
drängte Melitene, als er die erste Nachricht von der Gefahr seiner
Hauptstadt erhielt.[1]) Sogleich hob er die Belagerung auf und be=
mühte sich auf das Aeußerste, hinreichende Streitkräfte zu sammeln:
denn die Falschheit der Vorstellung, er habe nur einen Streit, wie
den gegen Peter und Walther erwartet, ergiebt sich sogleich aus dem
Umstande, daß er so spät zur Rettung seiner Hauptstadt eintraf.
Nach einer gewiß übertriebenen Notiz bei Albert hat er 500000
Mann zusammengebracht (wir werden sehen, daß er in dem Treffen
am 18. Mai unmöglich so stark gewesen sein kann); doch war es
sicher kein unbeträchtliches Heer, mit welchem er gegen den 15. Mai
in der Nähe des christlichen Lagers anlangte, und der Stadt die
Nachricht baldiger Hülfe zukommen ließ.

Kurz vor dem Abbruch der Unterhandlungen hatte sich indessen
Boemund mit seinen Genossen vereinigt[2]), und auf der Stelle wurde
die größeste Energie in dem Betrieb der Angriffe auf die Stadt
sichtbar.[3]) Jedem der Bannerherren war eine bestimmte Mauerstrecke
zur Bestürmung angewiesen worden[4]); die Normannen berannten die

---

1) Matth. Eretz p. 305. (28 im Recueil.) Matthias begeht den Irr=
thum, ihn erst nach dem Falle Nicäas gegen die Franken ziehen zu lassen.
Uebrigens sehe ich keinen Grund, mit Peyré und Dulaurier (Note zu p. 28)
an des Sultans Unternehmen gegen Melitene zu zweifeln, weil er sich bei der
Nähe der Franken schwerlich so weit von Nicäa entfernt hätte. Er hatte Peter's
Heer im October 1096 besiegt; er konnte dann immer einen Zug an seine
Ostgrenze unternehmen, ehe er von der Annäherung Gottfried's und seiner Ge=
nossen erfuhr.

Peyré's Buch ist mit höchst achtungswerthem Fleiße gearbeitet; ich habe
aber nur sehr selten Anlaß, mich mit ihm auseinanderzusetzen, da er den Unter=
schied zwischen Albert und den Quellen gar nicht wahrgenommen hat, seine
Auffassung also überall von der meinigen abweichen muß.

2) Dieser Zeitpunkt ergiebt sich aus dem Zusammenhang der Erzählung
in den Gesten; Tudebod's falsche Nachricht, er sei den 6. Mai schon gekommen,
entsteht aus unglücklicher Compilation.

3) Vom Himmelfahrtstage an, 15. Mai. Alle Quellen einstimmig.

4) Anna l. c.

Nordseite der Stadt, am meisten westlich dem See zunächst Boemund, dann Tancred, neben diesem standen der östlichen Mauer Gottfried und Robert gegenüber. Mit unermüdlichem Eifer war man an allen Punkten thätig, die Normannen hatten schon am zweiten Tage die Mauer untergraben und machten sich Hoffnung, in Kurzem eine hinreichende Bresche zu legen. Graf Raimund mit den Provenzalen **war in** schleunigem Anmarsche, sein Heer hatte den Bosporus passirt an demselben Tage, als Boemund in dem Lager ankam[1]): man durfte hoffen, mit ihm vereinigt, jedem Angriffe Kilidsch Arslan's die Spitze zu bieten. So standen die Dinge, als man in Nicäa die Nachricht von der Nähe des Sultans erhielt: daß auch Raimund kaum einen Tagemarsch entfernt sei, war dort noch unbekannt; auf dessen Ab=wesenheit gründeten sie ihren Plan zur Rettung.

Sie sandten an den Sultan, er solle ohne Bedenken der christ=lichen Stellung sich nähern, die ganze Südseite Nicäas sei noch un=besetzt, dort könne er ungestört die Thore erreichen.[2]) Kilidsch Arslan, der eben auf der Südseite in den Gebirgen versteckt lag, beschloß auf diesem Wege eine rasche Entscheidung: der Haupttheil seines Heeres sollte hier durch die Stadt gehen, sie an dem entgegengesetzten Thore verlassen und sich mit aller Macht auf Boemund werfen; andere Abtheilungen würden indeß die Lothringer und Flandrer an=greifen und in Athem erhalten.[3]) Am 18. Mai, Sonntags nach Himmelfahrt, sollte der Schlag geschehen, jene Abtheilung, haupt=sächlich Reiterei, war früh am Morgen in vollem Vorrücken und nur noch eine kleine Strecke von der Stadt entfernt. Allein diesmal war es zu spät; in demselben Moment — die Entscheidung hing von wenigen Minuten ab — waren die Provenzalen in ihre Stellung unter den Belagerern eingerückt. Wie auf Verabredung, sagt **der** Chronist des Grafen St. Gilles, trafen wir hier ein, eben als die Türken in vollem Jubel heranzogen. In geschlossenen Gliedern warf sich Raimund auf den völlig überraschten Feind: das Gefecht dauerte nicht lange und die Türken sprengten mit bedeutendem Verluste nach dem Walde zurück. Hiermit war die Absicht des Sultans und die Hoffnung der Stadt vereitelt, der Hauptschlag war mißlungen und

---

1) Gesta l. c.   2) Ibid.

3) Raim. l. c. giebt ausdrücklich diesen Plan, **auch ist er** so klar, daß **an** sich **gar kein** Zweifel darüber sein kann.

alle sonstigen Demonstrationen konnten jetzt zu keinem Ergebnisse
führen. Freilich hatten die dazu bestimmten Schaaren sich auch
gegen Gottfried mit großer Zuversicht in Bewegung gesetzt; in kleinen
Abtheilungen, eine der andern folgend, drangen sie aus dem Walde
vor, des Sieges sicher, mit Stricken versehen, die Gefangenen zu bin=
den; sie dachten nicht anders, als ihre Genossen hätten den Tag
schon entschieden. Aber nach des Sultans Mißgeschick war für sie
nichts mehr zu gewinnen; die Deutschen empfingen sie auf das Ernst=
lichste, so viel ihrer herabstiegen, ist der kräftige Ausdruck eines
Chronisten, so viele ließen ihre Köpfe in der Ebene zurück.¹) Darf
man dem officiellen christlichen Berichte Glauben schenken, so hätte
ihnen der Tag im Ganzen 30000, den Christen dagegen nur 3000
Todte gekostet.

In der sonst fehlerhaften Darstellung Anna's²) findet sich, dem
Grafen Raimund habe bei dem ersten Angriff der Türken jeder der
übrigen Heerführer eine Schaar von 200 Mann zur Verstärkung
geschickt — eine Angabe, die an sich nichts Unglaubliches hat und
uns eine Thatsache liefert, an die wir die Bearbeitung dieses Treffens
durch die Tradition anknüpfen können. Wir sahen, im Allgemeinen
war man auf einen Angriff des Emirs gefaßt und hoffte auf das
Eintreffen der Provenzalen, wie denn diese ein gutes Glück wenig
Momente vor den türkischen Schaaren in die Schlachtlinie führte.
Der Sage aber war solch eine Voraussicht zu unbestimmt und solch
ein Glücksfall in diesem göttlichen Kriege unglaublich; beides ver=
tauschte sie mit positiver Unterweisung und voller Bereitschaft der
Christen und schuf aus der Reihe der beschriebenen Einzelgefechte
eine gewaltige, zusammenhängende Schlacht, die würdigste Eröffnung
des ganzen Kreuzzuges. Albert von Aachen erzählt³): — noch ist
von Kilidsch Arslan keine Rede gewesen — zwei Boten des Sultans,
durch die er der Stadt die Rettung verkündigte, seien bei dem Durch=
schleichen durch die christlichen Posten ergriffen und vor die Fürsten
gebracht worden. Auf ihre Aussage habe man schleunig an den

---

1) Alles aus den Gesten und Raimund. Man kann dazu vergleichen epist.
com. Steph. Bles. (Mabill. mus. Ital. II. p. 238). Fulcher hat gar nichts
über die Schlacht, Radulf nur einen tönenden Panegyricus Tancred's.

2) S. 310. Sie läßt die Kämpfe mit dem Emir zwei Tage lang dauern.

3) L. II. c. 27.

Grafen von Toulouse gesandt, der dann die Nacht hindurchgezogen und am Morgen eine Stunde nach Sonnenaufgang, zwei vor dem türkischen Angriff, in dem Lager angelangt sei. Ein Vortrab von 10000 Bogenschützen zu Pferd habe nun zuerst die Provenzalen bedrängt, denen sei Balduin von Boulogne zu Hülfe gekommen; dann ein allgemeiner Angriff der Türken, Vereinigung des ganzen christlichen Heeres, nach langem Kampf ein vollständiger Sieg, vor Allem, denn es sei die höchste Gefahr gewesen, durch die Begeisterung des Bischofs von Puy. Daß der letztere hier hervorgehoben wird, kann uns nicht Wunder nehmen: der Stellvertreter des Papstes mußte Geltung erhalten in der Exposition der vom Papste befohlenen Pilgerfahrt. Aber auch kein Anderer ihrer berühmteren Helden durfte hier bei der Eröffnung des Schauplatzes fehlen; ohne Bedenken werden Robert von der Normandie, Roger von Barnaville u. **A.** unter den Streitenden genannt, die erst Wochen lang nachher bei **der** Belagerung eintrafen. In dieser Gestalt hat sich die Erzählung unbestritten im Abendlande fortgepflanzt; im Morgenlande verwischten sich zwar die bestimmten Formen, doch wissen armenische Geschichten wenigstens von den ungeheuren Thaten, die hier geschehen, von den furchtbaren Schlachten, die man hier im Anfang des Kreuzzuges durchgefochten habe.[1])

Die thatsächliche Bedeutung des Sieges war nun, daß Kilidsch Arslan die Unzulänglichkeit seiner Streitkräfte gegen die hier vereinigten Massen einsah. Er gab deshalb der Stadt die Nachricht, sie müsse selbst für sich sorgen, ermahnte sie zu kräftigem Widerstande und rüstete sich für künftige Tage.[2]) Ihrerseits nahmen die Pilger die Maßregeln gegen Nicäa mit doppelter Kraft wieder auf, und bestürmten die Mauern an allen Orten und in aller Form der damaligen Belagerungskunst. Folgendes waren nun die wesentliche Vorgänge des Ereignisses, so wie die Reihenfolge, in der sie nacheinander eintretend die Entscheidung herbeiführten.

In der ersten Woche des Juni langte die letzte Abtheilung des Kreuzheeres vor Nicäa an, Robert von der Normandie, Stephan von Blois und ihre Begleiter.[3]) Sie rückten auf der Ostseite in

---

1) Matth. Eretz l. c.
2) Anna l. c.
3) Fulcher p. 387 und sonst.

die Reihe, zwischen Robert von Flandern und den Provenzalen, so
daß die Stadt jetzt auf drei Seiten eingeschlossen war. Das Heer
zählte damals 300000 waffenfähige Männer[1]), bei welcher Angabe
die meisten unserer Autoren einen Ruhepunkt machen, um die Trefflichkeit desselben nach allen Rücksichten, seinen Muth, seine Zucht
und seine Frömmigkeit zu rühmen. Niemand wird ihnen wohl diese
Tapferkeit und den heißesten religiösen Enthusiasmus streitig machen:
fragt man aber nach Weisheit, Einheit, Feldherrnthum, so macht man
sehr leicht traurige Beobachtungen. Von einem festen Plane der
Belagerung war keine Rede, jeder einzelne Fürst oder Ritter versuchte an seiner Stelle in die Stadt zu bringen und natürlich wurde
jeder mit Verlust zurückgetrieben. Es konnte geschehen, daß die
Türken einen Ritter, der sich zu nahe an die Mauern gewagt, mit
Eisenhaken heraufzogen, ohne daß irgend ein Versuch zu seiner Rettung
gemacht worden wäre.[2]) Man war völlig rathlos und wartete auf
irgend glückliche Zufälle.

Endlich erreichte Graf Raimund einen einigermaßen scheinbaren
Gewinn. Um die Entscheidung schneller herbeizuführen, hatte er sich
den stärksten Punkt der ihm entgegenstehenden Werke ausersehen,
den Eckthurm der südlichen Mauer und beschlossen, diesen durch
Minen zu zerstören. Eine starke Abtheilung war dazu befehligt und
zahlreiche Schleuderer und Wurfmaschinen zu ihrer Deckung bestimmt.
Man grub bei Tag und bei Nacht; endlich gelangte man an die
Fundamente, schaffte sie allmälig bei Seite und stützte die Mauern
einstweilen mit Rasen und Balken. Als man weit genug gediehen
war, zündete man diese Unterlagen an, entfernte die Arbeiter und
wartete ungeduldig des Erfolges. Unglücklicher Weise geschah das
am Abend, der Thurm stürzte in der Nacht zusammen mit gewaltigem Geprassel, die Stadt war auf der Stelle in Bewegung, und
da man im Dunkeln nicht anzugreifen wagte, war am Morgen die

1) Epist. Urbani II., ebenso Ettehard. Fulcher giebt die doppelte Anzahl,
aber in einem stark begeisterten lyrischen Ergusse. Will Tyr. II. extr. hat
100000 M. schwerer Reiterei, 600000 Menschen zu Fuß, promiscui sexus.
2) Es war ein Franzose, Fulcher erwähnt l. c. den Vorfall, ebenso Alb.
II. 34. Die Darstellung, die dieser giebt, so wenig ich für ihre Specialien einstehen möchte — so die heldenmüthige That Gottfried's c. 33 — zeigt den ein-
heitlosen Zustand auf das deutlichste.

entstandene Bresche durch eine rasch gezogene Mauer wieder gesperrt.
Arbeit, Zeit und Gefahren waren umsonst verwendet, man sah sich
keinen Schritt breit gefördert.[1])

Indessen hatte der Vorfall die Belagerten immer eingeschüchtert
und ein zweites, gleichzeitig eintretendes Ereigniß vollendete ihre
Muthlosigkeit. Bis jetzt war ihnen der See ein stets offener Weg
zur Verproviantirung gewesen, es fehlte den Kreuzfahrern an Schiffen
ihn zu sperren, und trotz des Ueberflusses an Streitern dachte man
nicht daran oder fand es unthunlich, eine getrennte Abtheilung an
dessen Westufer aufzustellen. Ein Rath der Fürsten trat zusammen,
diese Schwierigkeit in Ueberlegung zu nehmen: man beschloß, sich an
Kaiser Alexius zu wenden und ihn um die nöthigen Fahrzeuge zu
bitten. Alexius ging um so lieber darauf ein, als ihm die Maß=
regel einen Vorwand gab, griechische Truppen zu der Belagerung
herzuzubringen, ohne sie der gefährlichen Nähe der Pilger unmittel=
bar auszusetzen. Die Schiffe wurden in Kibotus zusammengebracht,
auf Schleifen geladen und durch Zugochsen über das Gebirge an
den See hinangeschleppt; eine ansehnliche Schaar Turcopulen, unter
dem Befehl des Butumites, diente jetzt zur Deckung und später zur
Bemannung der Flotte. Gegen Abend langte man an dem Seeufer
an; man fand die Franken in Bereitschaft und war die Nacht über
höchst angestrengt thätig, die Fahrzeuge in den See zu lassen. Da
es an wirkenden Händen nicht fehlte, kam man bald damit zu Stande;
Butumites vertheilte seine Turcopulen, dann, noch in der Stille der
Nacht, gab er den Befehl zum Auslaufen. So schnell und geheim
waren die Anstalten getroffen worden, daß die Türken völlig getäuscht,
bei Sonnenaufgang eigene Schiffe auf den Wellen zu erblicken glaub=
ten: erst als sie die Fahrzeuge dicht unter ihren Mauern sahen, als
die Griechen mit Trompeten und Pauken — über das Verhältniß
der Bemannung zahlreich — das fränkische Lager begrüßten, als
saracenische Nachen plötzlich verfolgt und genommen wurden: dann
erst entdeckten sie zu großer Betrübniß den wahren Stand der
Dinge.

---

1) Gesta und Copisten l. c. Raim. p. 141 zeigt, daß der Vorfall in den
letzten Tagen der Belagerung, gleichzeitig mit der Sperrung des Sees Statt
fand. Die Gesten irren also, wenn sie ihn noch vor die Ankunft Robert's und
Stephan's setzen.

Werfen wir auch hier einen Blick auf die Ueberlieferung Albert's, so verbirgt sich auch hier unter scheinbar zufälligen Umgestaltungen ein wesentlicher Grundgedanke.[1]) Nach einer glänzenden Reihe von Einzelgefechten meldet er zuerst von der Besetzung des Sees: eine Generalversammlung aller Pilger, nicht der Fürsten allein, wird berufen und hier der Beschluß gefaßt griechische Schiffe heranzuholen. Griechische Fahrzeuge benutzt man nun wohl, aber den Transport besorgt eine fränkische Schaar, fränkische Hände lassen sie in den See und fränkische Krieger bilden die Bemannung der Fahrzeuge. Noch aber ist der Muth der Nicäner nicht gebrochen, da erhebt sich aus der Mitte des Kriegsvolkes ein unbekannter Lombarde und verspricht dem Fürstenrathe: diesen Thurm, den unüberwindlichen, will ich untergraben, wenn ihr die nöthigen Hülfsmittel liefern wollt. Mit künstlichen Maschinen erfüllt er seine Verheißung, und wenn auch die Belagerten die Bresche selbst wieder schließen, so hat doch der Donner des zusammenstürzenden Gemäuers und die furchtbare Gewandtheit des Angriffes ihnen den weitern Widerstand verleidet. Sie eröffnen die Unterhandlung.

Die Sage, nachdem sie die Pilger würdig in ihre Bahnen eingeführt hat, sehen wir hier also bemüht, das Heer von dem Einflusse der griechischen Hülfe zu lösen und den Geist seiner Gesammtheit als den Urheber seines Glückes hervorzuheben. Im Verlaufe des ganzen Kreuzzuges hat nie eine berathende Versammlung aller Pilger stattgefunden; hier tritt sie zusammen, um die Sperrung des Sees anzuordnen und auszuführen. Die Griechen verlieren die Ehre, die Schiffe herangebracht zu haben und nur ein einziges behält Turcopulen zur Besatzung. Graf Raimund endlich, der sein Heil an dem unüberwindlichen Eckthurm versucht hat, muß einem namenlosen Lombarden weichen, der ohne bessern Erfolg dennoch den Ausgang der Belagerung entscheidet.

Was den letzten Punkt angeht, so hat für ihn Wilhelm von Tyrus in seiner Weise ein nie bezweifeltes Beispiel der Ausgleichung und Vermittlung gegeben.[2]) Er erschafft aus den verschiedenen Angaben ohne Bedenken verschiedene Vorgänge, und der Thurm muß sich nun zweimal, zuerst vor, dann nach der Besetzung des Sees

1) Alb. II. 28 sqq.
2) Will. III. 8. 10.

untergraben laſſen. Es wäre aber nicht denkbar, wie die Quellen
ſo bedeutende Anſtrengungen ſo entſcheidenden Erfolges das eine Mal
ſo hartnäckig verſchweigen ſollten: auch zeigt Radulf durch eine ver=
mittelnde Anſicht die Identität beider Vorfälle, indem er Raimund
als den Urheber deſſelben bezeichnet, ſonſt aber wie Albert die Ueber=
gabe der Stadt daraus folgen läßt.[1]

Wenn in dieſer Weiſe nachträglich das Abendland den griechi=
ſchen Einfluß auf die Belagerung zu verringern ſuchte, ſo **zeigte**
er den Pilgern ſelbſt unmittelbar nach den berichteten Vorgängen,
von welcher Wichtigkeit er noch in dieſen Landſtrichen war. Wie
erwähnt, war den Einwohnern die Hoffnung auf Entſatz verloren,
Mangel an Lebensmitteln vorauszuſehen, die Kraft der Angreifer
im hohem Grade furchtbar geworden. Die Gemahlin Kilidſch Ars=
lan's, ſein Schatz und wie viel ihm Wichtiges ſonſt noch, befand
ſich in der Stadt, aber in dieſen Türkenſchaaren war nicht die Treue,
ein Gut zu vertheidigen, welches der Herr ſelbſt aufgegeben hatte.
So war die Stimmung der Belagerten, als die Griechen von Neuem
in den Lauf **der** Ereigniſſe einzugreifen verſuchten; wenigſtens fand
Butumites, der jetzt die alten Unterhandlungen wieder anknüpfte,
einen unbezweifelt günſtigen Boden. Nach ſeinen Inſtructionen und
der Lage der Dinge konnte es ihm nicht ſchwer fallen, den Ein=
wohnern eine unmittelbare Uebergabe an den Kaiſer als das beſſere
Loos erſcheinen zu machen: bald willigten ſie ein, Alexius ſtellte die
erträglichſten Bedingungen und es kam nur darauf an, die Franken
von dem Beſitze der Stadt ſelbſt auszuſchließen.[2]

Alexius hatte für dieſen Fall alle Vorbereitungen getroffen.
Unmittelbar nach der Ausrüſtung der Flotte waren Tatikios und
Tzitzas mit 2000 Leichtbewaffneten nach Nicäa abgegangen, um
nöthigen Falls Butumites bei ſeinen Maßregeln zu unterſtützen.
Alexius ſelbſt hatte anſehnliche Streitkräfte zwiſchen Chalcedon und
Pelekanum zuſammengezogen; er ſah ſich im Stande, dem erſten

---

1) Rad. c. 17. Auch Raimund Agiles ſpricht von der Furcht der Türken
bei dem Sturze des Thurmes, erzählt aber erſt nachher die Beſetzung des Sees.
Anna p. 313 ſtimmt zu den Geſten.

2) Anna l. c. Die Geſten und Graf Stephan haben natürlich von dieſen
geheimen Verhandlungen keine Kunde. **Sie** ſagen ſchlechtweg: die Türken ſandten
an **den** Kaiſer und übergaben ſich ihm.

Anfall der Franken sicher die Stirne zu bieten. Am 19. Juni hatte man Alles beendigt; Butumites trieb die fränkischen Fürsten zu einem allgemeinen Sturm zu Wasser und zu Lande; plötzlich, verabredeter Maßen, ließ die Besatzung hier die Turcopulen, dort den Tatikios in die Stadt. Auf der Stelle waren die Thore wieder geschlossen, die kaiserliche Fahne wehte auf den Thürmen, die Franken, selbst Boemund, sahen sich völlig überrascht und überlistet. Die Sache selbst war gelungen, unter den Franken war Unzufriedenheit, heftiger Groll und lautes Murren; jedoch trugen sie Bedenken, offene Gewalt zu gebrauchen. Es kam jetzt darauf an, durch geschickte Unterhand=lung sich möglichst sicher zu stellen, Ausbrüche des Mißvergnügens abzuwenden und aus dem Geschehenen alle möglichen Vortheile zu ziehen.

Die Gemahlin des Sultans wurde nach Constantinopel gebracht und dort in höchst anständiger Haft gehalten. Es ist eine Erdichtung der Albert'schen Tradition, von gleichem Gehalt, wie die früher er=wähnten, sie sei nach dem Einsturze des Thurmes über den See geflohen, von den Franken gefangen und erst später dem Kaiser aus=geliefert worden.[1]) Die türkischen Einwohner erhielten freien Abzug, doch mit Zurücklassung ihrer Besitzungen[2]); man bot ihnen griechische Dienste an und hatte das Vergnügen, manche darauf eingehen zu sehen. Die christliche Bevölkerung blieb in dem alten Zustande, im Besitz aller ihrer Güter und hatte den reinen Gewinn der Eroberung. Alexius seinerseits hatte mit wenigen Opfern seinem Reiche den wich=tigsten Waffenplatz wieder gewonnen; den Sultan sah er geschwächt, gedemüthigt und noch dazu sich für mehr als einen Dienst ver=pflichtet. Mit den Fürsten des Kreuzheeres trat er darauf in nähere Unterhandlung. Er stellte vor, dem geleisteten Eide gemäß, gebühre ihm ohnedies der Besitz der Stadt mit ihren unbeweglichen Per=tinenzen: für die Beute sie zu entschädigen, sei er in jeder Weise erbötig. Man könne ihm nicht verargen, einen kostbaren Theil seines Reiches vor Plünderung und Zerstörung bewahrt zu haben: ob sie, auch wenn sie gewollt, die Stadt vor dem Ungestüm ihrer Krieger

---

1) Alb. II. c. 36. Anna's Angabe, sowie das Stillschweigen der übrigen Abendländer widerlegen ihn hinreichend. Wir sahen, daß die Franken auf dem See keine Mannschaft hatten.

2) Graf Stephan l. c.

zu schützen vermocht hätten? Die Fürsten schwankten; jedenfalls blieb Groll und Aerger, daß ihnen so viele sichere Schätze entrissen worden, zurück. Indeß mochten sie überlegen, daß ein Kampf gegen das griechische Nicäa ihrem Gelübde nicht eben ganz entspräche, daß Nachgiebigkeit ihnen doch die verheißenen Geschenke eintragen würden, daß sie des Kaisers noch in manchem Falle bedürfen könnten. Genug, sie willigten ein, auf die Stadt und was darinnen sei, Verzicht zu leisten; Alexius, hoch erfreut, blieb nicht zurück, den übernommenen Verpflichtungen zu genügen. Die Fürsten erhielten reiche Geschenke, die Geringen und Armen im ganzen Heere bedeutende Almosen; Fulcher sagt ausdrücklich, der Kaiser habe das Heer aus seiner Kasse für die entgangene Plünderung entschädigt. Vollständig konnte solch ein Ersatz seiner Natur nach nicht sein: es mußte mancher übergangen werden, mancher Beschenkte glauben, bei Zerstörung der **Stadt** besseres Glück gehabt zu haben. So wird ein Zeugniß, wie es Raimund ablegt, nicht befremden, der Kaiser gab so viel, daß er für immer ein Verräther heißen und verflucht sein wird unter dem Volke.[1])

Uebrigens ist doch der ganze Vorgang höchst bezeichnend für das eigentliche Wesen dieser Verhältnisse. Auf der einen Seite das Recht des alten Besitzes und der neuen Verträge, in schwachen aber geschickten Händen, mit Gewandtheit aber beleidigendem Mißtrauen durchgesetzt. Auf der andern die Ansprüche einer heißen und kräftigen Masse, die von jenem Besitze nichts weiß, die Verträge mit Widerwillen eingegangen ist und nur daran denkt, daß sie ihr Blut und ihren Glauben an die Eroberung des Gewinnes gesetzt hat.[2]) Dabei nun gegenseitige Geringschätzung und eigener Stolz, der hier auf den Ruhm der Vorfahren, dort mehr noch auf künftige, ja auf himmlische Erfolge, als auf die Gegenwart und das eigene Dasein darin sich stützt. Ehe man für immer auseinander ging, kam der Gegensatz noch in einem kleineren aber nicht minder heftigen Conflicte zur Sprache.

---

1) Fulcher p. 387. Raim. p. 142. Man hat Widersprüche in den einzelnen Angaben der übrigen Autoren gefunden, wo man nur unvollständige Nachrichten hätte sehen sollen. Der Eine erwähnt nur die Almosen an die Armen, der Andere **nur** die Beschenkung der Fürsten.

2) **Die Beute an** beweglichen Sachen **war** ihnen zugesichert, s. oben.

Alexius nämlich berief nach der Einnahme der Stadt die Fürsten des Heeres noch einmal zu sich nach Pelekanum, wo er den weiteren Zug mit ihnen schließlich berathen und den Schwur der noch nicht Vereidigten, besonders Tancred's, entgegen nehmen wollte. Sie kamen sämmtlich bis auf die Grafen Raimund von Toulouse und Stephan von Blois, welche so lange die Beaufsichtigung sämmtlicher Truppen übernahmen[1]), Alle erneuerten den Lehnseid, mehrere Maß= regeln wurden ohne Schwierigkeit beschlossen, nur Tancred blieb stets noch hartnäckig auf seinem Sinne. Freien Geistes war er, sagt Anna[2]); und in der That, war er einig mit sich über den Beschluß einer Sache, so imponirte ihm keine Drohung, keine Furcht und kein Ansehen. Er hatte nur ein Argument: er sei dem einzigen Boemund Treue schuldig, dem wolle er sie halten bis zum Tode — dabei blieb er, mochten die griechischen Großen noch so eifrig und belehrend auf ihn eindringen. Allmählich begann seine Hitze sich zu regen, er durchschnitt die Verhandlungen mit dem an den Kaiser ge= richteten Worte: willst du mir das Zelt, worin du sitzest, mit Geld und Kostbarkeiten füllen, willst du hinzufügen, was du allen anderen Fürsten zusammen geschenkt, dann leiste ich dir den Eid: das ist meine Bedingung. Den Byzantinern nun schien der Hochmuth un= erträglich, womit dieser Fremde die Hand nach den Zeichen kaiser= licher Würde ausstreckte; ein Paläologe spottete verächtlich des Nor= mannen, und Tancred, ohnehin auf dem letzten Punkte seiner Geduld, brach los, zog mit wenigen Worten das Schwerdt und stürzte auf ihn ein. Sogleich der wildeste Tumult, Alexius verließ seinen Thron und stand im Moment zwischen den Beiden, Boemund riß den Vetter hinweg und warf ihn mit heftigen Worten seine Unklugheit, das Unpassende wie das Schädliche seines Betragens vor. Tancred kam zur Besinnung; wie es häufig ergeht, führte die Explosion eine Wendung herbei, und die ärgerliche Scene bereuend, ließ er sich zur Leistung des Vasalleneides jetzt endlich bewegen.

Anna Comnena erzählt diesen Vorgang gut und kurz, und so, daß die innere Richtigkeit der Thatsachen auf der Stelle in das Auge springt. Radulf, der ebenfalls davon gehört hat, giebt eine viel längere Beschreibung, die aber zu den schwachen Theilen seines

---

1) Brief Stephan's l. c.
2) S. 316.

Buches gehört.[1]) Er hat nur unbestimmte Kunde von der Forderung
Tancred's und dem Zorn der Griechen; so legt er jenem eine weitläufige Rede in den Mund, in der er seine Gründe, seine Absichten,
seine Forderungen höchst umsichtig und ritterlich entwickelt und dem
Kaiser in solchem Grade imponirt, daß dieser ihm die Gewährung
jeder Bitte versichert. Tancred, nichts Gemeines wünschend, bittet
dann um das kaiserliche Zelt, worauf Alexius höchst erzürnt eine
gewaltige Strafrede hält, und beide in offenem Hader auseinander
gehen. Indeß verräth sich auf den ersten Blick, daß Radulf allein
der Verfasser beider Reden ist; auch sieht die Gesinnung deutlich
durch, der das Ganze seine Entstehung verdankt. Nicht einmal das
Locale ist richtig angegeben, das europäische Ufer des Bosporus wird
als der Ort der Zusammenkunft genannt.

Schlacht bei Doryläum. Marsch bis Erkle.

Wir werden unten sehen, wie Alexius die Eroberung von Nicäa
für seine Staaten ausbeutete; zunächst müssen wir dem Zuge des
fränkischen Heeres folgen, welches am 27. Juni 1097 das Lager
vor Nicäa verließ, um durch Phrygien und Cilicien die Pässe des
Taurus und damit Syrien zu erreichen. Hier an der Grenze der
muhamedanischen Welt hatten die Fürsten über den politischen Zustand
jener Länder sich genau unterrichtet; die Zersplitterung der türkischen
Macht, die Selbständigkeit so vieler Territorien, die Zwietracht unter
den seldschukischen Häuptern war ihnen nicht verborgen geblieben.
Sie erkannten, daß die Masse aller dieser Elemente, wenn auch noch
so gährend in sich, für sie doch stets eine feindselige sein würde:
sie sahen zugleich, auf welche Potenzen sie zu ihrem Beistande rechnen
könnten. Es war das zunächst die den Seldschuken feindliche
Regierung von Aegypten, dann außer der christlichen Bevölkerung
der türkischen Provinzen die freien armenischen Fürsten. Nach beiden
Seiten gingen ihre Gesandten ab: nach Kairo die Ritter Hugo von
Bellefair und Bertrand von Scabric, nach Armenien zu Constantin
dem Sohne des Ruben und zu Theodor von Edessa: auf die Folgen
beider Schritte werde ich fernerhin zurückkommen. Jene brachen

---

1) C. 17 sqq.

schon vor der Einnahme von Nicäa auf, etwa den 10.—12. Juni[1]), von diesen ist der Zeitpunkt nicht so genau zu bestimmen, doch fällt er wohl gewiß noch in denselben Monat.[2]) Ihr Auftrag war allgemeiner Art, er ging auf Feststellung der zu erwartenden Vortheile, wo möglich Anknüpfung eines dauernden Freundschaftsverhältnisses.

Indeß machte man sich bereit, so angemeldet, seine Ankunft selbst nicht lange erwarten zu lassen, und, wie erwähnt, am 27. Juni waren alle Abtheilungen des Heeres in vollem Zuge gegen Südosten begriffen.[3]) Der erste Tagemarsch war nur klein; etwa 6 Stunden weit von Nicäa an dem Ufer des Gallus machte man Halt und blieb den ganzen folgenden Tag aus unbekannten Gründen an derselben Stelle.[4]) Den 29. früh Morgens noch vor Tagesanbruch ging das Heer auf einer einzigen Brücke über den Fluß; die Marschordnung war eben nicht die genaueste, Unbekanntschaft mit dem vorliegenden Lande, zugleich auch die Dunkelheit der Nacht mochte einen Irrthum befördern, genug, die Abtheilungen des Heeres verloren sich aus dem Gesicht. Sämmtliche normannische Fürsten schlugen eine weiter südlich führende Straße ein, mit ihnen Graf Stephan von Blois; das Gepäck des Heeres befand sich völlig untermischt auf dem Wege, der jedem Einzelnen der nächste war. An eine Theilung nach Beschluß der Fürsten, der leichteren Ernährung wegen, wie es Albert angiebt[5]), an die Ernennung zweier Oberbefehlshaber, Gottfried's und Boemund's, für die Hälften des Heeres, wie Gilo ausschmückend hinzufügt[6]), ist nicht zu denken. Wie sich später herausstellte, war man etwa zwei Meilen weit auseinandergerathen[7]); da die allgemeine Richtung des Zuges nicht zweifelhaft war, erschien auf beiden Seiten ein Vorrücken um so weniger bedenklich, als bei der Stärke der

---

1) Hist. belli Sacri c. 22. Sie setzt die Abreise der Gesandten unmittelbar nach der Ankunft Robert's von der Normandie.

2) Matth. Eretz.

3) Das Datum ergiebt sich nach dem der Schlacht von Doryläum aus den Gesten und Raimund.

4) Fulcher und Anna rechnen den Marsch erst von dieser Stelle an; man sieht, daß die Pilger noch nahe bei Nicäa gestanden haben müssen. Daß der Fluß nur der Gallus, ein Nebenfluß des Sangarius, sein kann, ergiebt sich aus den localen Verhältnissen; die Entfernung von Nicäa giebt Leake journal p. 12.

5) L. II. c. 38.　　　　6) p. 40.　　　　7) Raim. p. 142.

beiden Massen eine solche Entfernung gar nicht in Anschlag kommen
konnte. Jedenfalls beging man die Unvorsichtigkeit, keine dauernde
Verbindung zu unterhalten: daß jeder übrigens von dem Aufenthalts=
orte des Andern im Allgemeinen unterrichtet war, zeigt der Verlauf
des folgenden Treffens deutlich genug.¹) Ohne weitere Anfechtung
wurde der Marsch beider Heere den 29. und einen Theil des 30.
hindurch fortgesetzt²), der Weg war gebirgig, doch dachte man am
folgenden Tage in bequemere Gegenden zu gelangen. Bei den Nor=
mannen war Tancred, seiner Weise gemäß, unermüdlich voraus; er
gab im Laufe des 30. die Nachricht, in der Ebene vor ihm zeigten
sich feindliche Streitkräfte, schwerlich werde man am nächsten Tage
in gleicher Ruhe weiter gelangen.³) Gegen Abend wurde man bei
dem Heere selbst die ersten türkischen Reiter in der Ferne ansichtig:
den Anführern geschah auf der Stelle Meldung davon und man
beschloß nahe bei Doryläum Halt zu machen und die Nacht hindurch
schlachtgerüstet zu lagern.⁴) Man hatte die Berge schon verlassen,
auf völlig ebenem, hier und da sumpfigem, mit Schilf und Rohr
bewachsenem Boden schlug man die Zelte auf. Die Nacht verging
ruhig, mit Tagesanbruch setzte man sich schlachtgerüstet in Bewegung
und hatte zwei Stunden nach Sonnenaufgang den Feind vor sich.⁵)
Boemund, dem eigene Tüchtigkeit oder das Zutrauen der Anderen
an diesem Tage die Oberleitung gab⁶), befahl, eiligst Verschanzungen
aufzuwerfen und dort sämmtliches Gepäck abzulegen; hier sollte das
Fußvolk zur Deckung stehen bleiben, die Reiterei darauf dem Feinde
entgegen gehen.⁷)

Es war Kilidsch Arslan, der nach seiner ersten Niederlage von
allen Seiten her Verstärkungen an sich gezogen hatte, und nun

---

1) Denn die Schlacht dauerte im Ganzen nur fünf Stunden; erst nachdem
man eine Weile gekämpft hatte, sandte Boemund seine Boten ab, die auf der
Stelle das andere Heer erreichten.

2) Die Entfernung vom Gallus bis Doryläum giebt Leake l. c. auf 22
Stunden; man sieht, daß die Tagemärsche nicht klein waren. Ebenso Kinnear
journey through Asia minor p. 32. 35.

3) Fulcher p. **387**. **Radulf** c. 21.

4) Den Namen Doryläum giebt Anna.

5) **Fulcher** l. c.

6) **Dies** zeigen die sämmtlichen Quellen.

7) **Gesta** p. 8. Fulcher.

150000 M. stark, die Eroberung seiner Hauptstadt zu rächen ge=
dachte.[1]) Da sein Heer nur aus leichter Reiterei bestand, konnte
er gegen die vereinten Kräfte der Kreuzfahrer wenig Erfolge hoffen;
von der Trennung der Pilger war er auf der Stelle unterrichtet
und benutzte den günstigen Moment mit großer Energie. Unter einem
dichten Pfeilregen warfen sich seine Schaaren auf die normannische
Reiterei; es handelte sich zunächst um den Besitz eines Baches, der
zwischen beiden Theilen fließend, den Türken die Annäherung sehr
erschwert hätte. Allein die fränkischen Gepanzerten sahen sich auf
der Stelle überholt; ehe sie heran kamen, hatten die Türken den Bach
überschritten und begannen unter betäubendem Geschrei ein wildes
wüthendes Reitergefecht.[2]) Ueberzahl und Behendigkeit war in furcht=
barem Maße auf ihrer Seite, mit Schwert, Lanze und Geschoß
bedrängten sie die schweren christlichen Massen, auf beiden Seiten
war im ersten Augenblicke starker Verlust.[3]) Die Normannen wichen
langsam, dann rascher an einzelnen Punkten, zuletzt begann ihre
ganze Linie in gefährlicher Unordnung zurückzugehen. Nur mit
größter Mühe brachte Robert von der Normandie, dann Boemund
selbst sie wieder zum Kampfe und hielt hier ein unentschiedenes, aber
sehr blutiges Handgemenge im Stehen.[4]) Der Tag war heiß, die
Kraft der Streitenden auf das Aeußerste angestrengt; jetzt erst gewann
Boemund einen Augenblick der Muße, um an die zweite Hälfte des
Heeres dringende Aufforderung zur Hülfe abzusenden.[5])

Bis dahin war das Fußvolk der Kreuzfahrer noch nicht im
Kampfe gewesen; sie hatten die Zelte aufgeschlagen und sich rings
um einen Hügel verschanzt; da war der Troß der Unbewehrten,
Geistliche, Weiber und Kinder in größter Aufregung zusammen.
Alle verschiedenen Affecte zeigten sich, die Mönche ergossen sich in
Gebeten, unter den Weibern hielten manche so sehr Stand, daß sie
den Kämpfenden Wasser in die Schlacht herantrugen, die meisten
schweiften mit Geschrei und Klagen durch die Zeltreihen. Plötzlich
drang aus dem Getümmel vor ihnen eine dichte Masse hervor, eine
türkische Schaar, welche die fränkische Reiterei durchbrochen oder

---

1) Raimund l. c. Die Gesten und Fulcher haben eine sicherlich übertrie-
bene Angabe.
2) Rad. l. c. 3) Gesta l. c.
4) Radulf l. c. 5) Gesta und Fulcher.

umgangen hatte; in vollem Laufe kam sie heran, umgab das Lager von allen Seiten und erfüllte seine Räume in einem Moment ohne Widerstand. Die Christen waren überrascht: hätten hier die Gegner größere Kräfte entwickelt, der entscheidendste Verlust wäre erfolgt: auch jetzt mordeten sie, wen sie antrafen, Streitende und Wehrlose, doch kam es zu keinem rechten Kampfe, da sie sich sogleich dem Tumult und der Plünderung überließen.[1]) Bei der Reiterei bemerkte man den Vorgang mit Schrecken, doch hielt Boemund seine Schaaren streng zusammen und duldete keinen Rückzug dem Lager zu Hülfe. Tancred allein wollte sich dem nicht fügen — sollten ihre Weiber, ihre Kinder dort umkommen, während sie hier ohne dringende Gefahr waren? — allen Vorstellungen zum Trotz, raffte er eine kleine Schaar zusammen und fiel mit dieser in das Lager über die Türken her. Auf der Stelle warf er sie von dem Hügel in dessen Mitte hinunter; jetzt begann auch hier ein regelmäßiges Gefecht, in dem kein Theil unterlag und Tancred's Bruder Wilhelm mit manchem Anderen fiel.[2]) So stand auf beiden Seiten das Treffen, als eine Staubwolke im Rücken des Lagers und der eilig nahende Schlachtruf: Gott will es, die Ankunft des deutschen und französischen Heeres ankündigte. Der Tag war für die Christen gerettet.

Bei der anderen Heeresabtheilung, zu der wir uns hier zurückwenden, waren die Fürsten durch Boemund's Aufforderung in das höchste Erstaunen versetzt worden. Sie dachten sich nicht die Möglichkeit eines Angriffes, viel weniger die einer Gefahr; einen Augenblick hatten sie die Idee einer List des Feindes.[3]) Indeß mußten sie sich rasch überzeugen und bereiteten sich sogleich, dem erfolgten Begehren schleuniges Genüge zu leisten. Sie rückten vorsichtig und wohlgeordnet aus, zuerst die Franzosen unter Hugo und Anderen, dann Robert von Flandern und Gottfried von Bouillon, zuletzt mit den Provenzalen Raimund und Adhemar von Puy. Als sie des Schlachtfeldes ansichtig wurden, wandte sich Adhemar mit einer starken Schaar zur Linken, um hier die Feinde zu umgehen und im Rücken zu fassen, Hugo und Gottfried zur Rechten, Raimund blieb

---

1) Diese Trennung der Kämpfe der Reiterei und des Fußvolkes zeigt am deutlichsten Radulf c. 23 flg.

2) Ibid. Der Tod Wilhelm's wird vielfach erwähnt.

3) Gesta p. 9.

in geradem Vorrücken; so schlossen sie sich neben den Normannen an, deren rechten Flügel sie darauf bildeten.[1] Wie ein Heerführer in die Schlachtlinie einrückte, begann er den Angriff; die Türken hatten das Lager auf der Stelle verlassen und leisteten stark ent= muthigt nur geringen Widerstand. Das Erscheinen Adhemar's im Rücken ihrer Stellung vollendete die Verwirrung, nach kurzem aber heftigem Handgemenge waren ihre Schaaren gebrochen und die Christen aller Orten in heftiger Verfolgung begriffen. Nur Gottfried bedurfte größerer Anstrengung; seine Gegner hielten einen Hügel besetzt, dessen Höhe die christliche Reiterei schlechterdings nicht zu erklimmen ver= mochte. Erst als Hugo und Raimund, an ihrem Theile Sieger, der eine rechts=, der andere linksher die Feinde umgingen, wurden **auch** diese Letzten überwältigt.[2] Der Tag war glänzend entschieden, wenn auch theuer erkauft durch Boemund's beträchtlichen Verlust: die Verfolgung wurde mit Jubel und Nachdruck, zunächst bis zum feindlichen Lager, wo man ansehnliche Beute machte, dann von einem Theile des Heeres bis zum Abend fortgesetzt.[3] Der Kampf selbst hatte 5 Stunden gedauert[4], eine bedeutende Länge für ein fast un= unterbrochenes Reitergefecht.

Wie die Sage einerseits die Jugend des Herzogs von Lothringen mit dem Himmel und seinen Wundern verknüpfte und hiernach seinen Erlebnissen im griechischen Reiche ein persönliches und christliches Heldenthum unterschob; wie sie auf der anderen Seite den Beginn des Kreuzzuges zu einem Siege größten Styles gestaltete und die Eroberung Nicäas der Gesammtheit der Pilger vorbehielt — diese Erschaffung zuerst des Feldherrn, dann seines Heeres und seines Krieges, haben wir oben nachzuweisen versucht. Hier ist nun an= zugeben, wie Feldherr und Heer zusammentreten und wie Gottfried die von Gott geordnete Herrschaft zum ersten Male in Wirksam= keit setzt.

Boemund, bemerkten wir, berief die übrigen Fürsten zur Hülfe; sie schenkten zuerst der Nachricht geringen Glauben und rückten dann

---

1) Ibid.   2) Radulf c. 31. 32.   3) Fulcher p. 388.
4) Nach Fulcher von hora 1—6, nach Raimund von hora 3—9.

vorſichtig zu einem geordneten Kampfe aus, in dem gerade Gottfried einen ſchwierigen Poſten oder ſtarken Gegner erſt mit Hülfe der Provenzalen überwältigte. Boemund's Bote, erzählt aber Albert[1]), ſprengt durch das Gebirge und langt bei Gottfried an, athemlos und traurigen Blickes, als dieſer eben mit einer Muſterung ſämmt= licher Schaaren beſchäftigt iſt. Auf ſeine Kunde ruft Gottfried die Gefährten ſchleunigſt zum Marſche auf: die Trompeten erklingen, die Ritter werfen ſich in die Sättel; bei lichtem Sonnenſcheim, von dem die Halsbergen erglänzen, und jubelnden Laufes geht es vor= wärts. Keiner erwartet den Anderen, ſie treiben die Roſſe, als ginge es zum Feſt, ſo erreichen ſie den Feind, eine herrliche Maſſe von 40000 Reitern. Der wendet ſich zur Flucht und nur der Sultan mit ſeinen Tapferſten hält ſich, ohne zu wanken, auf der Höhe des Gebirges. Gottfried, hoch erzürnt, wenig Genoſſen um ſich her, eilt ihm entgegen, ſie kämpfen Mann gegen Mann, in heißem, blutigem Gedränge, bis die Tapferkeit der chriſtlichen Ritterſchaft die Feinde durch „weglofe Wege und abſchüſſige Gebirge" von hinnen treibt.

Hier iſt es alſo ausgeſprochen, Gottfried ſteht im Beſitze der Oberleitung für das geſammte Heer der Kreuzfahrer, er muſtert die Truppen, befiehlt den Angriff und entſcheidet den Sieg. Alle ge= naueren Umriſſe werden klüglich verwiſcht, geblendet von Sonnen= ſtrahlen und Waffengefunkel erkennen wir ſtatt der Ordnung der Schlacht nur wehende Paniere, ſtürmende Reitermaſſen und den gottgeſandten Führer an ihrer Spitze. Woher dieſe Feldherrnſchaft entſprungen ſei, wer weiß es außer dem Gotte, der ſie eingeſetzt hat? und was ferner aus ihr geworden, wer möchte danach forſchen und um ihre Wirkſamkeit beſorgt ſein? An den bedeutendſten Stellen, wo ein menſchlicher Sinn den Einfluß einer umfaſſenden Leitung zuerſt aufſuchen möchte, iſt ſie ſpurlos verſchwunden und läßt die Maſſen **des** Heeres ihre Kämpfe und Verlegenheiten unberathen überwinden.[2])

---

1) Alb. II. 40.

2) Gilo p. 266 giebt ähnliche Dinge und hebt neben Gottfried Hugo den Großen hervor. Rob. p. 40 sqq. verbindet das ungeſchickt genug mit der Erzählung der Geſten, Will. Tyr. III. 13 sqq. verfährt in gleicher Weiſe und größerem Maßſtabe. Die ſo entſtandene Anſicht, aus Thatſache und Dichtung zuſammengegoſſen, iſt hier wie an **den** meiſten Stellen die herrſchende geblieben.

Die Resultate des Schlachttages waren für das Kreuzheer von großer Wichtigkeit: Kilidsch Arslan wagte seitdem die Franken nicht mehr zu beunruhigen oder ihnen den Durchzug durch sein Land noch streitig zu machen. Er beschränkte sich darauf, ihren Marsch durch Verwüstung des Landes zu erschweren, und erschien mit seinen leichten Schaaren stets in der Nähe der Pilger oder kurze Strecken ihnen voraus. Sie schafften alle Lebensmittel fort, nahmen aus den Ortschaften hinweg, was den Marsch eines feindlichen Heeres erleichtern konnte, und hoben aus der eingeborenen Bevölkerung eine Menge von Geißeln aus, die ihnen die Treue des Landes versichern mußten. Fulcher deutet auf diese Maßregeln hin, und einmal angeregt stellen sie sich aus einer ganz übersehenen Erzählung der Gesten noch specieller heraus. Hier wird berichtet, der Sultan habe auf seiner Flucht 10000 Araber angetroffen, denen er sein Leid geklagt und dann gerathen habe, mit ihm hinwegzufliehen. „Sie Alle, heißt es weiter, wandten den Rücken und erfüllten ganz Romanien; wir aber verfolgten die schlechten Türken, die täglich vor uns flohen. Wo sie aber an ein Castell oder eine Stadt gelangten, sagten sie den Einwohnern: alle Christen haben wir erschlagen, keiner erhebt sich mehr gegen uns, keiner ist entronnen; nun machet auf und laßt uns hinein in die Stadt. Waren sie aber darinnen, so plünderten sie Häuser und Kirchen und alles Andere, nahmen Gold, Silber, Pferde, alles Brauchbare, was sie finden konnten, mit sich fort. Auch viele Christenkinder raubten sie und verwüsteten das Land, in großer Furcht vor uns fliehend." Der tumultuarische Zustand des Emirates den wir früher bezeichneten, tritt uns hier in vollem Maße entgegen. Krieg und kriegerisches Treiben erfüllt das gesammte Land, streifende Horden schließen sich dem geschlagenen Fürsten an, die Eingeborenen halten sich in den ummauerten Städten, und mit Listen und Lügen muß der Herrscher sich den Eingang bahnen. Durch den äußeren Angriff ist auch im Inneren der Streit der Religionen wieder erwacht; obgleich besiegt und der Theilnahme der Bevölkerung dringend bedürftig, ergeht man sich in wilden Mißhandlungen, die auf eine Auflösung des ganzen Zustandes hindeuten. Der Feind in voller Uebermacht zieht seine Straße dahin, von eigentlichem Kampfe, von Bedrängung, Sieg und Verfolgung ist keine Rede mehr, aber der bloße Durchmarsch wirkt zersetzend auf die berührten Gegenden und ist voller Mühseligkeit für die Kreuzfahrer selbst. Den letzten Punkt hebt vor Allen Albert von Aachen hervor; seine Darstellung des Elends, das man bis zu den pisidischen Antiochien erlitten, geht wieder über alle Schranken des in jenen Gegenden Gedenkbaren hinaus. Er redet von dem Durste, den die Hitze des August über die Pilger gebracht habe: Menschen und Thiere seien zusammenge=stürzt, lechzend, wahnsinnig und sterbend habe man die Unglücklichen am Wege liegend erblickt; schwangere Weiber seien vor der **Zeit** niedergekommen, auf freiem Felde ohne Besinnung und Scham, die Neugeborenen habe man halblebend oder todt auf der Ebene umher verstreut gefunden.[1]) In wie weit ein solches Bild afrikanischer Wüstenfahrten hier statthaft ist, wird sich aus der folgenden quellen=mäßigen Darstellung sogleich ergeben.[2])

Das christliche Heer zog von Doryläum aus bis Synnada wohl auf der alten Römerstraße, die bis auf den heutigen Tag noch die Verbindung zwischen Constantinopel und Adana herstellt. Von Synnada aus führten dann zwei Straßen nach dem pisidischen An=tiochien (Antiochetta), die eine über Nacolea, die andere über Euphor=bium[3]); welche und ob eine von ihnen die Pilger eingeschlagen haben, ist nach den vorhandenen Quellen nicht zu ermitteln. Der Ort, der uns darauf nach Antiochien zuerst namentlich angegeben wird, ist Iconium, die spätere Hauptstadt des Emirates, endlich Erkle, dicht an der Grenze der armenischen Besitzungen gelegen. Ueber die Zwischenorte fehlt uns alle und jede Kunde.

Fragt man nach der Verpflegung des Heeres auf dieser Strecke, so sind wir mehr auf Vermuthung als auf Belehrung angewiesen. Jedenfalls rechnete man zumeist auf die Kräfte des Landes selbst, das man durchzog, nicht eben auf mitgenommene Vorräthe. Von der einen Seite trat Boemund's Wirksamkeit, von der anderen der Einfluß des griechischen Bündnisses hervor: als das Heer vor Nicäa stand, heißt es, berieth jener mit Alexius, wie man den Völkern

---

1) Alb. III. 3.

2) Die Beschaffenheit seiner Chronologie bemerkten wir schon oben S. 81; mit den räumlichen Angaben steht es nicht besser, Albert dreht die Reihenfolge der **Orte** geradezu um, **er** führt Reclei, Stancona, Antiochien nacheinander **auf.**

3) Tabula Peutinger.

jenseits Nicäa die Ernährung der Pilger anbeföhle.[1]) Wir sahen die
Stärke der christlichen Bevölkerung in Kleinasien, und wie Alexius
sie nur als factisch, nicht rechtlich vom Reiche abgerissen betrachtete:
nun hatte er einen seiner tüchtigsten Beamten, den Tatikios, dem
Heere mitgegeben, und ich sollte denken, daß hauptsächlich auf diesem
Felde der Gegenstand seiner Instructionen zu suchen ist. Sein Rang
war zu hoch, als daß man ihn sich nur als Wegweiser denken könnte,
und entblößt von allen eigenen Streitkräften, hätte er etwaige feindliche Schritte der Pilger nur durch Remonstrationen zu hindern vermocht. Dagegen entspricht seiner Stellung der Auftrag vollkommen,
den asiatischen Christen gegenüber für den Kaiser einzutreten, und in
dessen Namen die Verhältnisse zwischen Franken und Eingeborenen zu
ordnen. Auch hielt er sich der inneren Abneigung der Pilgerfürsten
gegenüber nicht einen Augenblick mehr, als diese den angegebenen
Zweck durch eigene Verbindung mit den Armeniern erledigt sahen.

Ueber den Zustand des Heeres nach solchen Antecedentien geben
uns freilich die Quellen nur spärlichen Aufschluß. Graf Raimund
von Toulouse war eine Zeitlang durch schweres Siechthum in Gefahr; sein Caplan, einzig hiermit beschäftigt, berichtet sonst nur in
drei Worten: durch ganz Romanien zogen wir friedlich unseres
Weges.[2]) Vielfache Entbehrungen lassen die Gesten erkennen: wir
kamen durch wüstes und wasserloses Land, Hunger und Durst bedrängten uns, wir hatten oft nur Aehren zu essen, die wir mit den
Händen zerrieben; nachdem die meisten Pferde umgekommen, ritten
wir auf Ochsen und luden das Gepäck auf Ziegen und Hunde.[3])
Was die Dürre des Landes angeht, so wäre sie nicht wie nach Albert vor Antiochetta, sondern hinter Iconium am Stärksten gewesen;
von dem letzten Orte führte man einige Tage lang das Trinkwasser
in Schläuchen mit sich. Auch Fulcher klagt über den Mangel an
Lebensmitteln, denn die Türken hätten Romanien, sonst das frucht-
barste Land, schrecklich verwüstet — er hebt aber auch den guten
Muth und die **regsame Frische** hervor, die man bei allen Strapazen
dennoch behauptete. **Wir verstanden uns** gegenseitig nicht, sagt er,
ich wußte einem Deutschen oder Britannen nicht zu antworten, aber

1) Gesta p. 5. 2) Raim. p. 142.
3) Gesta p. 8.

wir waren wie die Brüder einmüthig in der Liebe: hatte wer etwas
verloren, so suchte er den Finder, und der Finder ging umher, bis
er den Eigenthümer entdeckte, denn so geziemt es den Gerechten, die
da pilgern.[1])

Hier gewahrt man doch **ein** anderes Bild, als es in Albert's
glänzender Leidensherrlichkeit erscheint, und zu ihm stimmt die Natur
des Landes, so viel wir von ihr wissen, vollkommen; mag **man den**
Weg des Kreuzheeres auf der Straße nach Synnada oder über Ni=
colea aufsuchen.[2]) Es sind eben keine gesegneten Landstriche und heut
zu Tage sehr schlecht angebaut, **aber** aller Orten **voll** von Spuren
einer früheren Cultur und großer Culturfähigkeit, auch jetzt nicht
anders als bei Fulcher: die Türken haben Romanien, ein fruchtbares
Land, entsetzlich verwüstet. Wie es einem Heere dort ergehen kann,
das nicht selbst seine Verpflegung mit sich führt, zeigt uns bestimmt
und ausführlich der Kreuzzug Friedrich Barbarossa's, der wenn nicht
ganz dieselbe, doch eine nur wenig entfernte Straße verfolgte. Sehr
häufig litt man Mangel an Lebensmitteln für Menschen und Pferde;
dagegen gebrach es an dem nöthigen Trinkwasser nur einmal — bei
Laodicäa Kekaumene — und dann erst wieder ganz wie den ersten
Kreuzfahrern in der Nähe von Iconium.[3]) Gerade in den von Al=
bert bezeichneten Gegenden ist keine Rede von Durst und Dürre.
Dazu kam damals noch, daß man von eingeborenen Christen nicht
die mindeste Unterstützung erhielt, wovon die Ursache in der kräfti=
geren türkischen Herrschaft oder in Friedrich's Entzweiung mit Kaiser
Isaak gelegen haben mag.

In solcher Lage und Stimmung gelangte nun das Heer unserer
Pilger nach Antiochietta, wandte sich hier nach Osten und zog seitdem
an der Südseite des Sultan Dagh entlang, wohl auf derselben
Straße, die noch 1706 und 1715 der Franzose Paul Lucas passirte.[4])
Iconium öffnete seine Thore ohne Widerstand; dagegen mußte Erkle,
welches nicht weit von **dem** Eingang der cilicischen Pässe **an** der

---

1) Fulcher p. 389.

2) Jene hat Leake p. 20, diese Kinneir journey through Asia minor
p. 217 sqq. aus eigener Ansicht beschrieben.

3) Tageno, Ansbert und der Briefsteller an den Papst einstimmig.

4) Schwerlich auf der Römerstraße, die hier weit nach Süden abführt, cf.
Mannert Geographie **VI. 2. p. 180 sqq.**

Stelle des alten Archalla[1]) befestigt worden war, mit stürmender Hand genommen werden. Hier blieb man drei Tage, um dem Heere einige Ruhe zu gönnen und über die weiteren Maßregeln Rath zu pflegen.[2])

1) Nach Leake. Mannert l. c. p. 231 will an der Stelle des alten Claudiopolis.

2) Die Data sind nicht festzustellen, da die Quellen nur für die Schlacht von Doryläum und die Ankunft an Orontes eine zeitliche Bestimmung geben.

Siebentes Capitel.

Besetzung Armeniens.

———

An den Grenzen Ciliciens hatten sich die Fürsten über den Weg zu entscheiden, der sie nach Antiochien, der Hauptstadt Syriens, führen sollte. Es war die Frage, an welchem Punkte man das Taurusgebirge, zwischen ihnen und Antiochien gelegen, am Leichtesten übersteigen würde. Die kürzeste aber auch die beschwerlichste Straße hätte durch Cilicien geführt: Cilicien, nur an der Küste eben, ist durchaus mit Bergketten durchsetzt und leicht zu sperren, da gefähr= liche Pässe den Ein= und Ausgang des Landes bilden. Zog man dagegen auf der Nordseite des Taurus bis an den Euphrat, so konnte man das Gebirge, mit bedeutendem Umweg freilich, ganz umgehen; und endlich, nahm man diese Richtung, ohne sich völlig so weit in das Land gegen Osten zu vertiefen, so vermochte man doch mit einer einzigen Gebirgspassage in Commagene einzudringen.

Daß man sich für das Letzte entschied, scheint mir aber deutlich noch auf einem zweiten Motive zu beruhen. Es wurde oben die Gesandtschaft erwähnt, die man von Nicäa aus an die armenischen Fürsten dieser Gegenden abschickte; freilich sind uns nur die Fürsten Constantin und Thoros ausdrücklich genannt, daß man aber eine allgemeine Erhebung der Armenier wünschte, kann keinem Zweifel unterliegen. Sehen wir nun zurück auf den früher geschilderten Zu= stand dieser armenischen Provinzen, so war Cäsarea Mazaca, so wie Cocussus unabhängig, Cilicien sowohl als das Euphratese mit selb= ständigen Herrschaften erfüllt, Melitene dagegen **von den Griechen und** Sebaste **von den** Saracenen unterworfen. Die beiden letzten

Orte kamen also nicht in Betracht; dafür war Edessa armenisch und durch die türkische Umgebung den Griechen völlig fremd geworden. Erwog man die hieraus entspringende Aufgabe und suchte demnach den Weg auf Antiochien festzustellen, so war deutlich, daß der Marsch durch Cilicien dies Land zwar in Bewegung gesetzt, alle übrigen der genannten Territorien aber außer den Bereich der Franken gebracht hätte. Blieb man dagegen auf der Nordseite des Taurus, so konnte man Cocussus, und ohne großen Umweg auch Cäsarea berühren, und nothwendig passirte man später den westlichen Theil des Euphratese. Durchaus ungefährlich erschien dann, Cilicien durch eine abgesonderte Schaar unter die Waffen zu rufen, in Commagene angelangt, eine zweite Abtheilung nach Osten vorzuschieben, dadurch den Rest dieser Provinz zu befreien und wenn möglich, mit Edessa eine direkte Verbindung herzustellen.

Der wirkliche Erfolg, darüber existirt kein Zweifel, ist nun buchstäblich genau so eingetreten. Mir erscheint die Evidenz schlagend genug, um darauf, so wie auf jene Gesandtschaft gestützt, eine frühere Erwägung desselben durch die Kreuzfahrer anzunehmen. Freilich schweigen die Quellen darüber, aber wo hätten diese jemals solche Berathungen, die ohne sichtbaren Streit oder öffentliches Gepränge vor sich gingen, erwähnt? Wollte man zufälliges Eintreffen annehmen, welch ein berechnender, an logisch geordneten Prämissen haltender Zufall müßte hier das Ereigniß geschaffen haben.

Genug, der Beschluß fiel dahin aus, das Hauptheer nach Cäsarea zu führen, und nach Cilicien eine abgesonderte Schaar zu entsenden, nicht von übermäßiger Stärke, da man auf die Theilnahme der Eingebornen rechnete. Tancred und Balduin, jeder mit einigen hundert Rittern und entsprechendem Fußvolk, wurden zu dieser Expedition bestimmt. Albert's Angabe, sie hätten schon in Pisidien das Heer verlassen, wird durch das bestimmte Zeugniß der Gesten widerlegt[1]: in diesen ist, verstümmelt freilich, sogar der Name des unbedeutenden Podandus, am Eingange der Pässe gelegen, aufbewahrt. Intraverunt simul, sagt der Autor, vallum de Botrentot; es ist das noch heutigen Tages der Punkt, an welchem die Straße von Adana nach Constantinopel das Gebirge verläßt. In Podandus trennten sich darauf

---

1) Alb. III. 3. Gesta p. 8.

die beiden Fürsten von einander, freiwillig oder aus Unkunde der
Gegend; Tancred überstieg das Gebirge am schnellsten und erreichte
ohne weitere Ereignisse die Umgegend von Tarsus. Ueber die dortigen
Vorfälle liegen uns widersprechende Nachrichten vor; ich beginne
mit der Darstellung der allgemein gültigen durch Albert von Aachen
aufgestellten Ansicht.

Albert erzählt[1]), die türkische Besatzung von Tarsus sei dem
heranrückenden Tancred entgegengegangen, aber von ihm mit Verlust
in die Stadt zurückgewiesen worden; man habe darauf wegen **der**
Uebergabe unterhandelt, unter Vermittelung eines mit Tancred befreundeten Armeniers: die Türken, durch das Ansehen des normannischen Namens bewogen, haben eingewilligt, die Fahne des Siegers
aufzustecken, dagegen solle die Uebergabe selbst erst bei Boemund's
Ankunft erfolgen. Nach diesem Vertrage nun sei auch Balduin angelangt, habe sich mit Tancred vereint, und am anderen Morgen,
als er das normannische Panier auf den Mauern erblickte, sich die
schimpflichsten Beleidigungen erlaubt. Auf seine Drohungen habe
die Besatzung die normannischen Feldzeichen in einen Sumpf geworfen und die lothringischen aufgesteckt; Tancred, obgleich tief bekümmert, sei geduldig geblieben, und des Weges weiter gezogen. Um
das Gehässige in Balduin's Benehmen recht hervorzuheben, wird noch
hinzugefügt, er habe 300 verirrte Normannen, die nach Tancred's
Abzug anlangen, aus der Stadt ausgeschlossen; diese, von barm-
herzigen Deutschen verpflegt, seien vor den Mauern eingeschlafen, die
türkische Besatzung, die auch Balduin bis zur Ankunft Gottfried's
in der Stadt gelassen, habe sich heimlich aufgemacht, die Normannen
erschlagen bis auf den letzten Mann, und hierauf **sich** aus der Gegend
entfernt.

Ziehen wir die übrigen Quellen zu Rathe, so scheint eine Notiz
bei Fulcher, dem Caplan Balduin's, die Glaubwürdigkeit Albert's
festzustellen. Er giebt eine Charakteristik des Grafen: er war tapfer
und edel, wird gesagt, freilich hatte er Tarsus mit Gewalt dem
Tancred weggenommen, dessen Leute mit Einwilligung der Türken
schon die Stadt besetzt hatten.[2]) Indeß zeigt sich hier auf der Stelle
manches Bedenkliche: einmal war Fulcher bei diesen Vorgängen nicht

---

1) L. III. c. 5—14. 2) Fulcher p. 389.

Augenzeuge, und wir wissen, wie wenig er anderweitige Erkundigungen zu sichten und wiederzugeben verstand. Dann verräth auch der Inhalt durchaus die unbestimmte Natur eines Gerüchtes, einer Kunde vom Hörensagen, und die Uebereinstimmung mit Albert ist mehr scheinbar als wirklich. Denn darüber ist doch weder bei Albert, noch sonstwo der mindeste Zweifel, daß bei Balduin's Ankunft noch kein Mann von dem fränkischen Heere in der Stadt war, daß es überhaupt hier nicht zu Gewaltthätigkeiten gekommen ist.

Noch in höherem Grade zeigt sich das gleiche Verhältniß, wenn wir uns zu einem Berichterstatter der anderen Partei, zu Radulf wenden. Im Allgemeinen bestätigt er die Mißhandlung, welche Tancred erlitten: Balduin langt an, nachdem das normannische Panier schon aufgesteckt ist, seine Ansprüche verletzen also ein wohlerworbenes Recht des normannischen Fürsten. Mehreres Einzelne aber steht zu Albert in schroffem Widerspruch: Tancred erhält die Stadt nicht von den Türken, die sind schon entfernt, sondern von der christlichen Bevölkerung selbst — es ist offenbar, welch ein großer Theil des Albert'schen Details durch diese Ansicht wegfällt.[1]) Balduin ferner, der Unterdrücker und Usurpator, wird mit Lob und Preis eingeführt, er sei ein Mensch gewesen, wie man ihn sich denke, wenn von einem wahren Ritter die Rede sei. Freilich begreift man nicht, wie er den kleinsten Theil dieses Lobes nach jenen Gewaltthätigkeiten verdienen konnte. Endlich motivirt Balduin selbst seine Forderung: die Flucht der Feinde sei nicht dem Schwerte Tancred's, sondern dem Schrecken über die Ankunft der Lothringer zuzuschreiben, demnach habe Tancred gekämpft, die Palme des Sieges aber gebühre ihm, Balduin. Diese Aeußerung ist mit der übrigen Erzählung Radulf's nicht in Einklang zu bringen: wer sollte vor den anrückenden Lothringern erschrocken sein, wenn schon vorher die Türken geflohen, die Armenier in Tancred's Schutz waren? Jedenfalls ist hieraus klar, daß noch eine andere Meinung über diese Ereignisse existirte, und diese ist uns in einem vollständigen, nach meiner Ansicht entscheidenden Berichte aufbewahrt. Es sind auch hier wieder die Gesta Francorum, denen

---

1) **Rad.** c. 84 sqq. In c. 36 ist freilich an entscheidender Stelle der Text verstümmelt, allein daß nicht die **Türken,** sondern die Armenier die Stadt übergaben, ist doch vollkommen erkennbar.

wir unbedingte Belehrung verdanken; ich kann mir nicht versagen, ihre Erzählung in wörtlicher Uebersetzung zu wiederholen.

Tancred verließ in Botrento den Fürsten, und kam vor Tarsus allein mit seinen Gefährten. Darauf verließen die Türken die Stadt, kamen ihnen entgegen und eilten in Einer Schaar zum Kampfe gegen die Christen. Als aber die Unserigen heranrückten, flohen sie, und Tancred, der verständige Ritter und ehrenhafte Streiter des Herrn, verfolgte sie und lagerte sich vor dem Thore der Stadt. Von der anderen Seite kam nun der ruhmvolle Graf Balduin mit seinem Heer, und forderte und bat Tancred, den grimmen Krieger, er möge ihm freundlichen Antheil verstatten an dieser Eroberung. Ihm sagte aber Tancred: dir verstatte ich in keiner Weise irgend einen Antheil. In der Nacht darauf flohen die Türken hinweg, und Einwohner des Ortes kamen im Dunkel, und riefen mit lauter Stimme: eilt, ihr Franken, eilt und kommt in die Stadt, die Türken sind sämmtlich entflohen. Am Morgen kamen auch die Vornehmen, übergaben Tarsus freiwillig, und sprachen zu jenen, die untereinander haderten: laßt ab, ihr Herren, laßt ab, wir wollen und bitten, daß, wer gestern so mannhaft mit den Türken gekämpft, jetzt auch über uns herrsche. Balduin aber, der wunderwürdige Graf, haderte weiter mit Tancred und sprach: laß uns zugleich hineingehen und plündern, und wer das Meiste ergreift, der möge es haben. Dagegen sagte der kühne Tancred: das sei ferne von mir, Christen zu plündern; haben mich doch diese Leute zu ihrem Herrn erwählt. Doch konnte der tapfere Ritter nicht lange mit Balduin streiten, weil dessen Heer zu stark war; er verließ sie also, mochte er wollen oder nicht, und zog von hinnen.

Wir finden hier nun die volle Bestätigung jener bei Radulf zweifelhaften Punkte. Als Balduin anlangt, ist die Eroberung keineswegs vollbracht; noch hat er das Recht, einen Antheil an dem künftigen Gewinne zu verlangen. Die Türken entfliehen, nachdem er gekommen; so kann er sagen, daß sein Erscheinen den Ausschlag gegeben, daß ihm die Palme gebühre. Nehmen wir dies nun an, so stellt sich allerdings das Verhältniß der beiden Streitenden weit anders, als man es gewöhnlich auszudrücken pflegt. Tancred freut sich einer sicheren Beute; nun sieht er mit Unwillen die Ankunft eines Theilnehmers, welchen zurückzuweisen er weder rechtlich noch physisch befähigt ist. Jedoch macht er den Versuch, dann, nachdem sich die Stadt ergeben, tritt er heftig zurück, lieber als theilen, will er ganz und gar verzichten. Ich glaube nicht zu irren, wenn ich dies Benehmen in einen weiteren Zusammenhang bringe: schon da= mals war es auf ein normannisches Fürstenthum in jenen Gegenden abgesehen, und hierbei erschien freilich jeder Mitbesitzer als Feind und Beeinträchtiger. Balduin, nachdem seine ersten Bitten fruchtlos gewesen, zeigt sich eben nicht aufopfernd und großmüthig; er fühlt sich in seinem Rechte, und setzt es nachdrücklich, ja leidenschaftlich durch. Aber er ist doch weit entfernt, alle die Prädicate der Hab= sucht, der Gewaltthätigkeit, der Ungerechtigkeit zu verdienen, die man seitdem ihm so reichlich gespendet hat: es ist dieselbe Natur, wie man ihn als Balduin I. von Jerusalem in jeder Aeußerung kennen lernt. Gleich bei den nächsten Vorgängen werden wir beide Fürsten in derselben, hier angegebenen Weise weiter handeln sehen.

Vorher aber noch eine Bemerkung über die Ueberlieferung bei Albert, die, wie mir scheint, auf einem umfassenderen Grunde beruht, als der persönlichen Parteilichkeit für Tancred oder gegen Balduin. Tancred, vor Tarsus angelangt, bedroht die Türken mit der Ankunft Boemund's, Boemund werde sie züchtigen oder belohnen nach Ver= dienst, nie würden sie Boemund's Rache entgehen. Die Armenier erklären dann, sie wollten Tancred dienen, keinem Anderen, nicht aus Neigung des Herzens, sagt Albert, sondern aus Furcht vor Boemund's Ankunft, wie denn lange vor diesem Zuge Boemund's Ruhm den Orient erfüllte. Balduin, höchst erzürnt, entgegnet darauf: Ihr haltet Boemund und Tancred hoch, und doch sind sie mit meinem Bruder, dem Fürsten und Führer der fränkischen Ritterschaft nicht zu ver= gleichen: den verehrt das ganze Heer, dessen Wort und Rath zu folgen, werden Vornehme und Geringe nicht müde, denn zum Haupte und Herrn ist er von Allen erwählt. Dies führt zur Entscheidung, und Tancred's Fahne wird vom Thurme hinabgeworfen. So er= kennen wir als Grundgedanken der Darstellung den großen Gegen= satz zweier Nationen im Kreuzheere, an den sich sogleich eine weite Verherrlichung Gottfried's anknüpft. Auf der einen Seite steht der Ruhm der Normannen, rein kriegerisch, weltlich und profan, auf der anderen die Suprematie Gottfried's, hier von heimischen Grundlagen ausgehend, wie er denn als Fürst des römischen Reiches erwähnt wird, sonst aber in der uns bekannten Gestalt verharrend. Sie überwindet Boemund's Ansehen und das irdische Recht Tancred's durch ihre bloße Erwähnung und hier in der schlechtesten Anwendung. Balduin's Rohheit giebt, wenn man will, den dunkelen Hintergrund, auf dem die Trefflichkeit des Herzogs sich doppelt leuchtend abhebt.

Tancred, von Tarsus hinwegziehend, verfolgte nun den Weg, den ihm das Geheiß der Fürsten angewiesen hatte.[1]) Die nächste Stadt gegen Osten war Adana, dessen armenischer Beherrscher Ursinus sich sogleich mit den Normannen in Verbindung setzte. Tancred verweilte nur kurze Zeit und rückte dann auf Mamistra vor, dessen türkische Besatzung sich ohne Zaudern ergab. Das Land zeigte sich, wie man es vermuthet hatte, die armenische Bevölkerung erhob sich aller Orten und eine Menge kleinerer Ortschaften und Burgen bezeugten ihre Ergebenheit für die christliche Sache. Balduin seinerseits blieb nicht lange in Tarsus; er folgte dem Wege seines Gefährten und langte vor Mamistra an, als es eben von Tancred besetzt worden war. Noch kam der Groll des Normannen in allen denkbaren Dingen zum Ausbruch; die Brücken, über welche der Weg führte, waren abgetragen oder gesperrt und mühsam mußte man auf Fuhrten den Fluß durchwaten. Da man die Thore Mamistras geschlossen fand, nahm Balduin sein Lager unter den Mauern, und bat nur um Lebensmittel, die er zu vergüten bereit sei. Er wäre weitergezogen, hätte ihn nicht die Krankheit seines vornehmsten Begleiters, eines Grafen Cuno von Montaigu, zurückgehalten: indeß versprach man beiderseits über die Erhaltung des Friedens zu wachen. Mittlerer Weile war der Verkehr eröffnet worden, die Normannen, reichlich versehen, kamen hinaus in das Lager, aber bei der gegenseitigen Erbitterung blieb es nicht lange ruhig. Zänkereien der Einzelnen führten zu einem allgemeineren Handgemenge; mehrere Normannen flohen in die Stadt zurück; da trat Graf Richard del Principato zu Tancred, warf ihm seine Lauigkeit vor und entschied ihn, der nicht lange sich bitten ließ, für rasches Einschreiten. Ein heftiger Ausfall und nachdrücklicher Kampf erfolgte; die Lothringer, über-

---

1) Ich folge durchaus dem Berichte Radulfs l. c., der hier höchst detaillirt seinen unmittelbaren Ursprung aus den Erzählungen Tancred's nicht verkennen läßt. Albert hat eine Menge Abweichungen, die aber nicht charakteristisch genug sind, um eine nähere Darstellung erforderlich zu machen.

raſcht, wichen zurück, Graf Cuno wurde gefangen; bald aber geord=
net drangen die Deutſchen übermächtig vor, trieben die Gegner in
die Stadt zurück, und ergriffen mit mehreren Anderen auch den Au=
ſtifter des Kampfes, den Grafen del Principato. Dieſer Ausbruch
hatte indeß das Gute, daß er die Gemüther zur Beſinnung brachte;
man ſah ein, wie weit man gekommen war, und ſchloß mit gegen=
ſeitiger Entſchädigung aufrichtigen Frieden. Balduin willigte ein,
den Ort zu verlaſſen, um die Reibungen der Geringeren ſicher zu
verhüten.

Troz dieſer Händel ſah man den urſprünglichen Zweck des
Unternehmens durchaus verwirklicht: die ciliciſchen Armenier waren
unter den Waffen und die Türken aus dem ganzen Umfange der
Provinz vertrieben. Man trug kein Bedenken, von hier aus weiter
vorzugehen und ſich unmittelbar auf die nächſten antiochiſchen Be=
ſitzungen zu werfen. Balduin wandte ſich nach Artaſia, einem be=
feſtigten Orte, nur wenige Märſche von Antiochien entfernt[1]): bei
ſeiner Annäherung vertrieb die Bevölkerung die Türken; Balduin
zog ein, wurde aber bald durch Verſtärkungen, die von Antiochien
heranzogen, ſeinerſeits eingeſchloſſen. Hier kam es nun zwiſchen ihm
und Tancred zu der vollen Verſöhnung: die Normannen waren un=
mittelbar nach ihm aus Mamiſtra aufgebrochen, hatten die ſyriſchen
Päſſe glücklich überſtiegen und nöthigten die Türken ſogleich zum
Rückzug auf ihre Hauptſtadt. Dann trennten ſich die beiden Fürſten,
Tancred ging nach Süden, auf Alexandrette, wo er ſich mit Waffen=
gewalt feſtſetzte und die Ankunft des großen Heeres abzuwarten be=
ſchloß; Balduin, nachdem er ſeinen Verwandten Balduin von Burg
in Artaſia zurückgelaſſen, wandte ſich nach Norden, um die übrigen
Fürſten in Meraaſch am Euphrat zu treffen.

Was nun den Zug des großen Heeres von Erkle bis Meraaſch
angeht, ſo erſcheint ſeine Beſtimmung genauer als nach den ſchon
oben genannten Punkten faſt unmöglich. Alle Berichterſtatter ſchweigen
darüber; nur die Gesta Francorum haben eine kurze Erzählung, die
aber wenig Beſtimmbares erkennen läßt. Der nächſte Ort, der uns
genannt wird, iſt Cäſarea in Kappadocien, darauf Coxon, eben das

---

1) 15 milliaria. Will. Tyr. IV. 7. Albert hat unrichtig 10. In ſolchen
localen Dingen iſt Wilhelm meiſt zuverläſſig.

vorher genannte Cocuſſus am Fuße des Taurus, dann Meraaſch
Ueberall fand man die Armenier in offenem Kampfe mit den Türken;
man hatte Gelegenheit, mehrere Caſtelle und feſte Städte, in denen
jene ſich mit Waffengewalt vertheidigten, zu entſetzen und ließ an
einzelnen Punkten Beſatzungen zurück, entweder fränkiſche oder, nach=
dem man ſie in Eid und Pflicht genommen, armeniſche.[1] Eine
ſchon früher erwähnte Aeußerung Stephan's von Blois läßt **auch**
hier ein planmäßigeres Vorſchreiten erkennen, als man nach den ab=
geriſſenen Notizen der Quellen vermuthen ſollte: alle dieſe Beſatzungen
wurden einem, uns leider nicht näher bezeichneten Fürſten des Heeres
untergeben; und die beſtimmte Abſicht, hier eine feſte Stellung zur
Deckung rückwärts gegen Kilidſch Arslan feſtzuhalten, an ſich höchſt
wahrſcheinlich, ſcheint ſo durch das Zeugniß eines Mithandelnden
beglaubigt. Von Cocuſſus aus ging dann eine provenzaliſche Schaar
über das Gebirge nach Süden in das antiochiſche Gebiet, Peter von
Caſtillone, Wilhelm von Montpellier und Andere mit 500 Rittern.[2]
Es heißt, Graf Raimund habe die Nachricht erhalten, Antiochien ſei
leer von Türken, und ſogleich jene Truppen abgeſandt, um dieſen
wichtigen Ort zu beſetzen. An der Thatſache ſelbſt iſt um ſo weniger
zu zweifeln, als Bagi Sijan damals einen Zug gegen Emeſſa unter=
nommen hatte, und hieraus ſich die Entſtehung eines ſolchen Gerüchtes
leicht erklärt. Dazu kam, daß Deutſche und Normannen, wie wir
ſahen, nur wenige Meilen von Antiochien entfernt waren; Raimund
mußte natürlich wünſchen, bei etwaiger Ueberrumpelung der Stadt
auch toloſaniſche Truppen unter den Angreifern zu ſehen. Dieſe
Ritter ſollen bis unter die Mauern Antiochiens gekommen ſein[3] und
einige glückliche Gefechte mit den Türken beſtanden haben; wo ſie
ſich wieder mit dem Heere vereinigten, wird uns nicht geſagt. Zwiſchen
Cocuſſus und Meraaſch, erzählen dann die Geſten, hatte man **höchſt**
beſchwerliche Gebirge zu überſchreiten; ſie ſchildern den Marſch als
gefahrvoll und mühſam im größten Maße, die Pilger ſeien ganz

---

1) Einzelne gute Bemerkungen giebt hier Lappenberg S. 221. Seine Ver=
muthung, daß Baldrich den Namen des Ritters de Alpibus ($A\lambda\iota\varphi\tilde{\alpha}\varsigma$ bei Anna
p. 416) mit dem Namen der Stadt Alfia confundirt habe, iſt gewiß richtig.

2) Gesta p. 9.

3) Sogar etwas weiter noch, bis Rugia, einem Orte zwiſchen Antiochien
und Maara.

und gar verzweifelt gewesen. Der ganze Zusammenhang zeigt, daß
nur der Taurus unter diesem Gebirge verstanden werden kann, daß
also hier der östlichste Punkt berührt ist, bis zu welchem die Kreuzfahrer ihren Zug ausgedehnt haben. Durch den südlich gewandten
Gebirgsmarsch drang nun auch das Hauptheer in das Euphratese
ein, Meraasch war der erste beträchtliche Ort, den man erreichte:
hier angelangt, machte man drei Ruhetage[1]), um Boemund zu erwarten, der einen fruchtlosen Streifzug gegen einzelne türkische
Schaaren unternommen hatte. Hier traf auch Graf Balduin aus
Cilicien ein, aber nur um nach kurzem Verweilen eine zweite Seiten-
expedition anzutreten. Er machte noch einen Tagemarsch mit dem
Heere, dann wandte er sich mit wenigen Begleitern nach Osten, zu
einer höchst folgenreichen Unternehmung, auf die ich sogleich im Zusammenhange zurückkommen werde. Ueber den Zug der übrigen
Fürsten bis Antiochien läßt sich wenig Genaues ermitteln, erkennbare Ortsnamen werden gar nicht erwähnt und erst am Orontes
leisten die Türken einen nachdrücklicheren Widerstand. Was Albert
von den Kämpfen vor Artasia berichtet, zerfällt von selbst durch die
oben wiederholten Angaben Radulf's. Artasia war durch Balduin
von Burg besetzt, die ganze Gegend durch Balduin und Tancred
schon für die Christen gewonnen worden: es ist demnach nicht daran
zu denken, daß hier Robert von Flandern ganz ähnliche Dinge,
Sieg, Bedrängniß und Entsatz durch andere Kreuzfahrer zum zweiten
Male erlebt haben sollte.[2]) Am 20. October 1097 erreichte man
den Orontes, einige Meilen oberhalb Antiochiens, fand aber den
Uebergang von einer zahlreichen feindlichen Abtheilung besetzt.[3]) Der
Vortrab des christlichen Heeres begann sogleich den Angriff; es han-

1) Fulcher p. 389.
2) Alb. III. 28 sqq.
3) Wilken (nach ihm Hammer V. p. 139) weicht ohne Grund von den
Quellen ab, wenn er den Jfrin dem Orontes und irgend einen befestigten
Uebergang der berühmten Eisenbrücke substituirt (I. p. 171). Das Kreuzheer
kam von Osten her, zog von Anfang an in der Ebene südlich vom Jfrin und
hat denselben niemals überschritten oder zu überschreiten nöthig gehabt. Armar
Corry and Arrow Smith map of Syria, 1818, sowie die detaillirte Karte bei
Robinson travels in Syria and Palestina (Reise von 1830) zeigt das in voller
Deutlichkeit.

delte sich um den Besitz einer Brücke, uralt, von Eisen erbaut[1]); der
Kampf dauerte eine Weile, bald aber trieb die Energie der Franken
den Feind in die Flucht. Das Gefecht war entschieden, ehe noch
die Hauptmacht anlangte; letztere lagerte darauf die Nacht hindurch
zu beiden Seiten des Flusses[2]) und nur die Vorhut, 4000 Reiter
stark, Boemund selbst an ihrer Spitze, ging noch am Abend bis
unter die Mauern Antiochiens vor. Indeß verließ nicht ein Mann
der Besatzung die Stadt und die Nacht verging in völliger Ruhe.
Am Morgen des 21. brachen auch die übrigen Abtheilungen auf
und erreichten gegen Mittag den Schauplatz für jahrelange Kämpfe
und Mühen.

Ich habe diese letzten Umstände so ausführlich erwähnt; weil
Albert das Bild desselben wieder in sein eigenthümlichstes Licht gerückt hat. Der Vortrab vermag die Brücke nicht zu nehmen, da
versammelt Adhemar von Puy das Heer und ermahnt die Fürsten
greifet an und weichet nicht, denn siehe, heute kämpft für Euch der
Herr. Und Alle werfen sich auf den Feind: Boemund, Gottfried,
Raimund entfalten die bunten Paniere und lenken die Schlachtreihen,
bis die Türken im schnellsten Rosseslaufe entfliehen. Am andern
Tage erheben sich die Fürsten von Neuem in Helm und Harnisch,
und wieder ermahnt sie der Bischof: jetzt gehe es gegen den gefährlichsten Feind, so fest sei die Stadt, so wohlgerüstet der Emir, jetzt
vor Allem sei die strengste Ordnung zu halten. Darauf giebt er
die Marschordnung, und so ziehen die Schaaren im Schmucke der
Waffen, auf kriegsmuthigen Rossen mit den goldnen, purpurnen Feldzeichen, auf der königlichen Straße dahin, bis sie die drohenden
Zinnen Antiochiens erblicken.[3])

So ist das ritterlichste Wesen der Erde vereint, in allem Schmucke
irdischer Herrlichkeit; es führt und leitet sie zum Kampf für das
heilige Grab der Bischof, der Stellvertreter des Papstes, der Legat
des Dieners der Diener Gottes.

---

1) Wilhelm sagt, die Brücke sei von Steinen erbaut. **Allein** Poujoulat berichtet den arabischen Namen, Dschibr-Haddid, Eisenbrücke. Ich sehe deshalb
keinen Grund, mit Peyré I, 424 das pons ferreus der Quellen durch „Brücke
über den Fer oder Farfar (volksthümlicher Name des Orontes)" zu übersetzen.
2) Gesta p. 9., hist. b. S. c. **34.**
3) Alb. III. 31 sqq.

Ehe wir aber die Kämpfe vor Antiochien und die Gründung eines normannischen Fürstenthums daselbst verfolgen, wenden wir uns zu Balduin's Thaten in den armenischen Landen und der Feststellung seiner Herrschaft über Edessa, einem Ereignisse, entscheidend für den Verlauf des Kreuzzuges selbst und wichtig für alle spätere Entwickelung der syrischen Angelegenheiten. Es liegen uns zahlreiche Berichte über diese Dinge vor, in mannichfaltiger Umgestaltung der Wichtigkeit des Ereignisses entsprechend: unsere nächste Sorge muß sich darauf richten, nach der Darstellung der Augenzeugen für unsere Erkenntniß festen Boden zu gewinnen. Wir besitzen dazu die Angaben Fulcher's, aus dem Gefolge Balduin's, und die eines gleichzeitigen Armeniers, Matthias Eretz von Edessa[1]): sie liefern folgende Ansicht der Begebenheit.

Balduin verließ, wie angegeben, das Hauptheer nicht weit von Meraasch und hielt sich, während dieses am Südfuße des Amanus nach Westen zog, in der Nähe des Euphrats nach Süden und Südosten. Von fränkischen Kriegern hatte er nur eine geringe Anzahl bei sich[2]); hinreichend, wenn der Zweck seiner Sendung, Erregung der Armenier gelang; im entgegengesetzten Falle wäre eine verdoppelte und verdreifachte Anzahl nutzlos gewesen. Aber das Glück und die Gesinnung der Armenier war für ihn; er war tapfer, gewandt und rastlos; so hielt er gegen alle Angriffe der Türken aus, beherrschte das platte Land und gewann eine Menge fester und offener Ortschaften. Im Laufe des Winters unterwarf er Tellbascher und Ravendan, die Hauptorte jener Gegend; sein Ruhm verbreitete sich weit umher und wandte ihm auch über den Euphrat hinaus die Neigung der Eingeborenen zu. Thoros, der alte Fürst von Edessa, nicht mehr vermögend, die Angriffe der Türken zurückzuweisen, sandte an Balduin nach der Einnahme von Tellbascher[3]); er möge zum Schutz des Landes nach Edessa kommen, er verheiße ihm dafür die einstige Nachfolge in seine Herrschaft. Balduin, rasch entschlossen machte sich auf mit 60 oder 80 Reitern[4]), setzte, trotz aller Nachstellungen

1) Fulcher p. 389. Matth. p. 308 sqq.
2) Alb. III. c. 17 sagt 700, Will. Tyr. IV. 1—200 Ritter. Auf beide Zahlen ist freilich nicht viel zu bauen.
3) Matth. l. c.
4) Matth.: une soixantaine de cavaliers, Fulcher: cum octoginta equitibus.

Balduk's von Samosata über den Euphrat und erreichte Edessa von dem lauten Jubel der Armenier empfangen. Thoros einigte sich sehr bald mit ihm über die Bedingungen der Hülfe, dann in feierlicher Versammlung entkleideten sich beide Fürsten, und Thoros, indem er die bloße Brust des Grafen gegen die seinige drückte[1]), erklärte ihn für seinen Sohn und Nachfolger, um die Mitte Februar 1098.[2]) Nach wenigen Tagen schon rückte Balduin in's Feld gegen Balduk von Samosata, mit seinen Rittern, den Streitkräften von Edessa und dem Fürsten Constantin von Gargara. Freilich erntete er nach Außen wenig Gewinn auf diesem Zuge und erlitt diesmal eine gänzliche Niederlage; dagegen wurde für ihn von entscheidender Wichtigkeit, daß in Folge des Unglücks das Verständniß mit Thoros vollkommen zerfiel. Denn Balduin überzeugte sich bald, daß er die Bevölkerung der Stadt, unzufrieden mit dem Benehmen ihres Fürsten, auf seiner Seite hatte, und wenige Wochen nach der Adoption sah er die Vornehmen Edessas in nächtlicher Versammlung bei sich. Es wurde beschlossen, dem Alten die Herrschaft zu nehmen, und sie, ohne seinen Tod abzuwarten, dem Grafen zu übertragen. Am Tage darauf war die Bevölkerung unter den Waffen, Thoros floh in die Citadelle und erhielt gegen Niederlegung seiner Würde das Versprechen freien Abzuges aus der Stadt. Er wollte nach Melitene, Balduin und die Armenier leisteten ihm eidliche Gewähr für seine Sicherheit: als er aber am folgenden Tage auszuziehen bereit war, brach die Volksmenge in wildem Aufruhr auf ihn ein. Sie warfen sich auf den Unglücklichen, stürzten ihn von dem Wall der Citadelle, schleiften den Leichnam vor den Augen Balduin's durch die Straßen und zerhieben ihn endlich mit roher Grausamkeit in Stücke.[3]) Eine Theilnahme des Grafen an diesem Attentat ist nicht nachzuweisen; vielmehr ist gewiß[4]), daß er der Menge nach Kräften Einhalt gethan, obgleich ihm die Bewegung nur Vortheil bringen konnte. Nach Herstellung der Ruhe überlieferte man ihm die Schlüssel der Stadt, die er seitdem in ruhiger Anerkennung beherrschte.

---

1) Dies Ceremonial bei Alb. III. 21. und Guib. p. 496.

2) Die Zeitungen sämmtlich bei Matth., in der zweiten Fastenwoche sagt er.

3) Am Tage der 40 Märtyrer, 9. März 1098. Matth.

4) Nach den sehr bestimmten Ausdrücken Fulcher's. Auch klagt ihn Mat-

Die Ueberlieferung hat nun die so gestaltete Begebenheit nach mehreren Seiten hin in neue Formen gekleidet. Ich habe oben angeführt, welche Gründe mir das erwähnte Motiv für Balduin's Unternehmung, Aufregung der Armenier nach bestimmtem Beschluß der Fürsten, unzweifelhaft machen. Die Quellen schweigen freilich darüber, und die Tradition zeigt nur sehr verstümmelte Spuren davon. Albert läßt den Grafen gar nicht aus Cilicien zum Hauptheere zurückkommen, er geht auf Anrathen eines Armeniers Pancraz sogleich nach Tellbascher. Wilhelm von Tyrus ändert das in seiner Weise, und schiebt, um Geschichte und Tradition zu verbinden, einen willkürlich erfundenen Zwischensatz ein.[1]) Er hat früher nach Albert von einer noch anzuführenden Verwundung Herzog Gottfried's berichtet, und läßt auf die Nachricht davon Balduin jetzt zum Hauptheere zurückeilen, damit er bei Gottfried's etwaigem Ableben der Nachfolge nicht verlustig gehe. Wie unbegründet diese Bemerkung ist, zeigt schon der Umstand, daß nach der Sage selbst jenes Unglück geschah, ehe Balduin oder irgend ein Mensch Cilicien betreten hatte.[2]) Nicht besser ist das Folgende: das ganze Kreuzheer sei höchst empört über sein Benehmen gegen Tancred gewesen, nur die Ehrfurcht gegen Gottfried habe Boemund's Rache gezügelt, und Balduin, durch Tancred's Ruhm aufgereizt, eine neue Unternehmung beschlossen. Aber Alles das ist reine Erfindung Wilhelm's, es sind grundlos gemachte Folgerungen aus der Albert'schen Darstellung der Vorfälle in Tarsus. Geht man nun die Albert'sche Erzählung weiter durch, so sieht man, wie wesentlich verschiedenen Ursprungs von den Berichten über Tarsus sie ist: dort wo es auf einen Gegensatz zu Gottfried ankam, wird alle Rohheit und Gewaltthätigkeit auf Balduin zusammengehäuft, hier, wo wir eine selbständige Verherrlichung Balduin's vor uns haben, ist nur von Heldenthum, Edelmuth und hochherziger Gesinnung die Rede. Thoros will die versprochene Adoption durch reiche Geschenke ersetzen, Balduin sagt, er sei nicht um Solddienst sondern der Ehre wegen hergekommen. Die Niederlage von Samosata verwandelt sich dann in freiwilligen Rückzug, welchem die Schwäche der Armenier zum Vorwande dienen muß. Nun verschwören sich

thias nicht an, obgleich der keineswegs mit der Revolution zufrieden ist und die Undankbarkeit der Edessianer gegen Thoros hervorhebt.

1) L. IV. c. 1 sqq.   2) Alb. III. c. 2.

die Einwohner gegen Thoros, Balduin fleht auf das Inständigste,
seinen Namen nicht zum Schimpf bei den Abendländern zu machen,
und eilt selbst zu dem Alten, um mit diesem die Rettung zu berathen.
Als sich kein Ausweg findet, schickt ihn der hinweg und läßt sich an
einem Stricke aus dem Fenster der Burg, wird aber, ehe er die Erde
erreicht, von tausend Pfeilen durchbohrt. So verschwindet **freilich**
der Verdacht über Balduin's mögliche Theilnahme, und der Vorwurf,
daß er wenn nicht den Mord, doch jedenfalls die Umwälzung herbeigeführt, ist glänzend beseitigt. In den Nachrichten, aus denen Guibert schöpfte, sind diese Umstände noch gesteigert: als der Aufruhr
beginnt, ist Balduin im Schlosse des Fürsten, Thoros beschwört ihn,
sich zu retten, als er sich weigert, den Greis zu verlassen, wendet sich
dieser an die Empörer: so nehmet denn mein Leben, aber versprecht
diesen Jüngling zu schonen. So sprach er, so geschah es, schließt
Guibert. Die Erzählung ist hervorzuheben als die einzige abendländische Version, in welcher Thoros eben so günstig wie Balduin
behandelt[1]) und die Schuld einzig auf die Edessaner zurückgeworfen
wird.

Die übrigen Erzählungen, in der letzten Hinsicht der Albert'schen
verwandter, übertreffen sie weit in maßloser Umgestaltung der einzelnen Thatsachen. Die neueren Darsteller[2]) rechnen die Besetzung
Edessas zum Jahre 1097; außer den positiven Angaben des Matthias
Eretz könnte man **auch** einen Zweig der Ueberlieferung dagegen anführen, nach welchem Balduin erst einen Theil der Belagerung von
Antiochien mitmacht und aus dem Lager daselbst durch eine Gesandtschaft der Edessener abgerufen wird.[3]) Da thut er denn die herr-
lichsten Thaten, der Fürst wird neidisch und giebt bei nächster Gelegenheit den Armeniern Auftrag, Balduin im Kampfe zu verlassen.
Aber der Graf siegt trotz dem und will nun empört über solche **Un**-
dankbarkeit aus dem Lande. Da erhebt sich das Volk, ermordet den
Alten und setzt den Grafen zum Herrscher ein.[4])

---

1) So viel nämlich auf die Verschwörung ankommt. Im übrigen erscheint
er, wie überall sonst, schwach, alt, ohne irgend eine Trefflichkeit.

2) Selbst Wilken und Michaud.

3) Gilo p. 223 sqq. Die Gesandtschaft kommt an Gottfried und der giebt
ihnen den Bruder mit.

4) Auch Ekkeh. c. 21 hat die **Kunde**, Balduin sei erst von Antiochien **aus**

Nichts aber mag den Bericht Orderich's über diese Dinge an epischer Ausführlichkeit und historischer Grundlosigkeit übertreffen. Nach seinem Streit mit Tancred, sagt Orderich[1]), trat der Graf in die Dienste des türkischen Fürsten, der damals Edessa beherrschte, zeichnete sich dort aus und hatte ein reichliches Leben. Gottfried und die übrigen Fürsten, darüber erfreut, verschonten darauf Edessa mit Krieg. Dieser Ritter, heißt es, war hoher Gestalt, schön, edlen Sinnes, unterrichtet in aller Wissenschaft, ehrenhaft und tugendsam. Er führte zahlreiche Kriege und machte den Namen seines Fürsten weit umher gefürchtet. Dieser aber eifersüchtig, befiehlt bei der nächsten Unternehmung, Balduin auf dem Rückweg zu ermorden; seine Diener ermahnen den Grafen, er solle doch die Rüstung ablegen, er würde sich den Marsch damit erleichtern. Balduin, hochbeliebt und deshalb gewarnt, bleibt in Waffen und belagert nach einem miß= lungenen Angriff der Heiden die Stadt. Eine Gesandtschaft der Bürger kommt zu unterhandeln; als er die ihm geschehene Beleidigung erzählt, ruft deren Führer, diese Sache wolle er ordnen. Sie eilen in die Stadt, **eine** gewaltige **Menge dringt** ihnen nach, sie fordern von dem Fürsten Bestrafung der Verräther. Auf seine Weigerung wird dieser selbst enthauptet, das Haupt und die Schlüssel der Stadt dem Grafen übergeben und dieser vermählt sich mit der Tochter des Ermordeten, die den herrlichen Helden schon seit lange heimlich ge= liebt hat. Nun muß er unendliche Mühen und Kämpfe bestehen, deshalb kann er nicht zu der Belagerung von Antiochien mitwirken, nachher aber besucht er dort seinen Bruder und vernichtet unterwegs die abziehende türkische Besatzung der Burg. In Edessa herrscht er darauf, bis er König von Jerusalem wird, auf das Glorreichste, besiegt die Türken, richtet christliche Kirchen ein, vermehrt den Clerus &c.

Mehrere Merkmale zeigen an dieser Erzählung den späteren Ursprung. Ein Dienstverhältniß, wie es hier Balduin mit einem türkischen Fürsten eingeht, wäre den gleichzeitigen Abendländern etwas Undenkbares und Gräuelvolles gewesen; es dauerte sogar im Orient mehrere Jahre, bis man Freundschaftsverbindungen mit den Ungläu= bigen abzuschließen für erlaubt hielt. Dann die Erwähnung der

---

nach Edessa abgegangen. **Diese** Ueberlieferung weiß offenbar nichts von einer Unternehmung ohne Wissen und Wollen der übrigen Fürsten.

1) Ord. p. 743. 744.

Leidenschaft, welche Balduin der Tochter des Türkenfürsten einflößt: kein früherer Autor dieser Geschichten hätte solch einen Umstand der Meldung würdig gehalten. Zugleich erscheint Balduin's Verherr= lichung auf das Weiteste ausgeführt, ein voller poetischer Glanz legt sich über seine Thaten hin, durch den nur in schwachen Andeutungen die Elemente des Thatbestandes sichtbar bleiben.

So gut wir nun auch über den Beginn dieser Herrschaft unter= richtet sind, was wirkliche Gestalt des Factums und stufenweise Entwickelung der Tradition angeht — über ihren Fortgang sind wir nur auf spärliche und unzuverlässige Quellen verwiesen.[1]) Das ist gewiß, daß Balduin große Energie und Umsicht entwickelte und in kurzer Zeit seine Macht zu bedeutender Höhe steigerte. Im Norden unterwarf er sich Samosata, im Süden Sarudsch, und eröffnete sich damit hier die Verbindung mit den nördlichen und westlichen Ar= meniern, dort mit dem großen Kreuzheere, damals noch vor Antiochien beschäftigt. Seine Fortschritte und der Verlust einer Stadt wie Edessa, verfehlten nicht, die Aufmerksamkeit des Sultan Berkjarok's rege zu machen; unmittelbar zu derselben Zeit traf auch über An= tiochien die betrübteste Kunde in Bagdad ein; der Sultan entschied sich für eine umfassende Erhebung des seldsukischen Ostens. Balduin war der nächsten Gefahr preisgegeben; zugleich mußte aber auch die Bedeutung seiner Stellung, der fränkischen Macht als Schutz und Vorlage zu dienen, in ihrem ganze Umfange hervortreten. Hiernach nahm er seine Maßregeln.

---

1) Fulcher p. 401 hat nur eine allgemeine Notiz, Matthias schweigt ganz. Am ausführlichsten ist Albert, im Verlauf der angeführten Stelle, doch habe ich nur seine allgemeinsten Angaben zu benutzen gewagt. Wie wir sehen, sind seine Berichte an diesem Orte lange nicht so täuschend, wie die Gilo's und Orderich's, aber immer nach einem bestimmten Gesichtspunkte modelt. Ich habe also auch ferner nur aus ihm genommen, was sich unter solchen Voraussetzungen recht= fertigen ließ.

Achtes Capitel.

Belagerung von Antiochien.

———

Als nach der Streifzügen Balduin's, Tancred's und der Provenzalen das große christliche Heer das Thal des Orontes erfüllte, standen die beiden Parteien Syriens zu offenem Kampfe gegen einander gerüstet. Bagi Sijan war mit dem Fürsten von Aleppo und Sokman von Jerusalem auf jenem Zuge gegen Emessa begriffen[1]), erhielt in Schaisar (Cäsarea am Orontes) die ersten Nachrichten von der drohenden Gefahr, und forderte, entschlossen nach seiner Weise, die beiden Verbündeten zu einem raschen Angriffe auf die Christen auf. Allein beide waren zu so unnöthigen Anstrengungen nicht zu bewegen, ihr Heer ging auseinander, und der alte Emir kehrte in starkem Mißmuth nach Antiochien zurück. Hier sah er die Uebermacht der fremden Gegner, er wußte jetzt, was er von Ridwan und dem fatimidischen Bündniß zu hoffen hatte, und zauderte nicht lange unter neuen Umständen ein neues System zu ergreifen. Was fielen jetzt die innern Zänkereien und der Streit mit den Sunniten ins Gewicht, diesen Schaaren des unbekannten Westens gegenüber, welche den Hadernden sämmtlich nicht Krieg, sondern Vernichtung ankündigten? Bagi Sijan warf sich mit völliger Hingebung der Gegenpartei von Damascus und Bagdad in die Arme. Zu Dekak und Taghtigin sandte er seinen ältesten Sohn Schams Eddewlet, schrieb gleichzeitig an den eben angegriffenen Feind, den Emir von Emessa,

———

1) Kemaleddin S. 32 bei Wilken, S. 5 bei Reynaud.

und rief zahlreiche in jenen Gegenden streifende Araberhorden auf.[1] Sein zweiter Sohn Muhammed Aßfar ging nach Osten ab, um Kerbuga und Berkjarok zu dem heiligen Kriege anzutreiben und unter den Turkmanen umfassende Werbungen zu veranstalten. Der Impuls war kräftig genug, um seines Zieles nicht durchaus zu verfehlen. Zum Glück der Christen war freilich so viel Vergangenes nicht ganz ungeschehen zu machen: so erfolgte die Erhebung dieser Seldschuken langsam, unvollständig, und mit ganzer Kraft erst nach gewonnener Entscheidung.

Indessen setzte der greise Emir selbst seine Stadt in furchtbaren Vertheidigungszustand. Die Berichte auch seiner Landsleute nennen ihn tapfer und gewaltig, aber grausam und roh[2]; sein Leben war in den innern Kriegen dahingegangen, in denen er Verachtung aller Geringern, zügellosen Despotismus und alleinige Herrschaft des Schwertes kennen gelernt hatte. Ritterliches Wesen war ihm fremd, kein Interesse eines Dritten dachte er zu schonen und freilich vermochte er in diesem Sinne seine Gegenwehr auf das Gründlichste zu ordnen. Die christliche Bevölkerung war ihm, wie sich denken läßt, verdächtig; er zwang sie, ihre Vorräthe und Schätze herauszugeben, trieb darauf die Angesehensten aus der Stadt und behielt nur die Weiber und Kinder als Geißeln zurück.[3] Den Patriarchen nahm er gefangen; christliche Berichte erzählen, er habe gesagt: wir wollen ihn festhalten, er ist ein Heiliger, wäre er draußen, so würde sein Gebet die Einnahme der Stadt befördern.[4] Aber auch die Muselmänner schonte er nicht, und nöthigte sie, freiwillig oder gezwungen zu den Bedürfnissen des gemeinen Wesens beizusteuern. So brachte er in Kurzem Vorräthe und Lebensmittel für etwa sechs Monate zusammen, vermehrte die Besatzung bis auf 16,000 Mann[5] und sah die Festungswerke aller Orten in trefflichem Stande. Die Mauern wurden von 450 Thürmen gedeckt und beherrscht; dabei hatten sie solche Dicke, daß ein Viergespann auf ihnen umherfahren

---

1) Muhamed Jbn Wettab führte sie; **wir werden ihnen weiter begegnen.**
2) So Abulfeda und Kemaleddin.
3) Hist. b. S. **c**. 35. Wer damals noch verschont blieb, wurde gegen Ende der Belagerung verjagt oder geplündert. Raim. p. 148. Jbn Giuzi bei Reynaud IV. **p**. 7.
4) **Hist**. l. **c**.   5) Raim. p. 143.

konnte. Versuchen wir hier nun, die ferneren topographischen Ver=
hältnisse der Stadt, so weit es zum Verständniß des Folgenden noth=
wendig ist, kurz zu bezeichnen.[1])

Das Thal, worin Antiochien liegt, ist etwas über 2000 Schritte
breit[2]), es wird durch zwei parallel von Osten nach Westen strei=
chende Bergrücken eingeschlossen und in seiner ganzen Länge von
dem Orontes durchströmt. Der Fluß, hier von Nordosten kommend,
erreicht etwa 12 Millien vom Meere den Fuß der südlichen Kette,
den er von diesem Punkte an bis zur Küste ohne Unterbrechung be=
spült. Gerade hier nun, zwischen Berg und Fluß wie eingeklemmt,
ist die Stadt angelegt; sie berührt den Orontes mit ihrer Nordwest=
ecke und steigt von dort nach Süden und Südosten das Gebirge
hinan. Innerhalb ihrer Mauern zertheilt sich dies in mehrere Ab=
hänge, mehr oder weniger steil und von schmalen und schroffen
Thälern durchsetzt, durch welche Bäche hinabstürzen und die Stadt
mit Wasser versorgen. Auf der höchsten dieser Bergspitzen, gerade
in der Südwestecke der Mauer, erhob sich damals die Citadelle; sie
beherrschte die übrigen Quartiere um ein Bedeutendes und übersah
die Stadt, den Strom und das Thal weit bis zum Meere hin. Von
hier zog sich die Stadtmauer, nach Süden sehend, etwa 12,000 Schritte
weit über den Rücken des Gebirges, auf dieser Seite ohne Thor
oder Ausgang, vor ihr ein morastiger Graben, der alle Angriffe von
Außen hinderte, dafür aber auch Ausfälle der Belagerten auf dieser
Seite unmöglich machte.[3]) Dagegen lag in der westlichen Mauer
zwischen der Burg und dem Strome das Georgsthor, eben nicht
stark befestigt, da der gebirgige Boden hinlängliche Sicherheit zu
bieten schien. Auf den Orontes, der hier auf einer festen, von
Quadersteinen erbauten Brücke passirt wurde, mündete hart an der
Westecke der Stadt das Brückthor; von dort zog sich die Mauer
nach Osten, parallel mit dem Gebirge, also von dem Flusse sich weit
und weiter entfernend; auf dieser Strecke lagen das Herzogs= und

---

1) Will. Tyr. IV. c. 10 sqq. giebt eine weitläufige Topographie, wovon
das Wesentliche sich aber schon bei Raim p. 143 vorfindet. Für die militärische
Ansicht ist Radulf c. 48 am deutlichsten.

2) Raim. p. 154. Erant enim montana longe a ponte quasi duobus
magnis milliaribus. Neuere Angaben stimmen damit.

3) Raim. p. 146.

neben demselben weiter nach Osten das Hundethor.[1]) In der vierten
Mauerseite endlich, welche auf die Thalebene des Orontes hinaussah,
gab es nur einen Ausgang, das Paulsthor; die Werke waren auf
dieser und der nördlichen Seite die beträchtlichsten, da man hier in
der Ebene sich zunächst eines Angriffes versah. Der Boden des
ganzen Thales war weich und fruchtbar, wasserreich und wohlan=
gebaut; besonders auf der östlichen Seite dehnten sich, jetzt von christ=
lichen Zelten und Feldzeichen erfüllt, große Obstgärten weitumher
aus; Bagi Sijan hatte Früchte und Vorräthe in die Stadt schaffen
lassen, ohne jedoch den Christen das Land durchaus zur Wüste
machen zu können.

Der Kriegsrath der Fürsten beschloß nun die Berennung der
Stadt in möglichst kurzer Frist zu beginnen. Einige Stimmen riethen
zum Aufschub, allein ihre Motive, die herannahende schlechte Jahres=
zeit und die Ankunft eines griechischen Heeres im Frühjahr, ver=
mochten nicht durchzudringen.[2]) Demnächst bestimmte man die Ver=
theilung der Schaaren; die Süd= und Westseite der Stadt sollten
unangegriffen bleiben, dagegen das Paulsthor durch die Normannen
und Nordfranzosen, die nördliche Mauer von den Provenzalen und
Lothringern bestürmt werden. Boemund's Zelte dehnten sich dem=
nach bis zu dem Fuße des Gebirges aus, nördlich neben ihm waren
Robert von der Normandie, die Grafen von Blois, von Boulogne,
von Hennegau, überhaupt sämmtliche Nordfranzosen gelagert. Vor
dem Hundethore nahm Herzog Gottfried mit Graf Robert von
Flandern seine Stellung, neben diesem der Bischof von Puy und
endlich vor dem Herzogsthore Graf Raimund von Toulouse; letzterer
hatte zwischen Fluß und Stadt schon so wenig Raum, daß seine
Zelte unmittelbar das Ufer berührten und feindliche Schützen ihn über
den Orontes hinüber erreichen konnten.[3]) Gleich in den ersten Tagen

---

1) Hammer Gemäldesaal V. 139. nennt nach morgenländischen Quellen
das Paradiesesthor, das Gärber= und Lagerthor, giebt aber über ihre nähere
Lage nur theilweise Vermuthungen.

2) Raim. p. 142.

3) Alb. III. 39. stellt Raimund vor das Hunde=, Gottfried vor das Her=
zogsthor, und diese Abweichung erhält Gewicht durch den ortskundigen Wilhelm
IV. 4.: nach Gottfried habe dies Thor erst seinen Namen empfangen. Allein
zu einstimmig sind die Quellen für das Gegentheil. Radulf c. 49.: neben den
Franzosen lagerten, eo ordine quo paginam nomina: Godefridus, Podiensis

schafften die Provenzalen deshalb Schiffe und Balken herbei, um den Strom zu überbrücken und des andern Ufers Meister zu werden[1]); seitdem verging, da die Türken aus der Stadt durch das Brückthor über den Strom gelangten, selten ein Tag ohne Scharmützel auf dem nördlichen Ufer des Orontes.

Wir sind nicht im Stande, den Angriffsplan der Pilger mit Bestimmtheit anzugeben; so viel ist gewiß, daß sie, ehe die Ausführung zu beginnen vermochte, ihrerseits auf ihre Vertheidigung bedacht sein mußten und sich auf eine bloße Absperrung der Ein- und Ausgänge beschränkt sahen. Die ersten Tage vergingen in unbekümmertem Jubel, indem man sich einrichtete und in dem Lande umher festsetzte. Auch hier hatte die bloße Ankunft des Heeres der türkischen Herrschaft ein Ende gemacht und die christliche Bevölkerung unter die Waffen gerufen.[2]) Alle Ortschaften innerhalb des antiochischen Emirates waren von fränkischen Abtheilungen genommen oder von den eingeborenen Christen ihnen überliefert worden; die Besatzungen hatten sich theils in die Hauptstadt geworfen, theils in die benachbarten Territorien zurückgezogen.[3]) Für das große fränkische Heer stellten sich aus diesem Glücke zunächst nur unangenehme Folgen heraus: die Zahl seiner Mannschaft wurde durch eine Menge getrennter Besatzungen verringert und bei der schwachen Einheit der

---

episcopus, Raimundus. Citeriorem (portam, vom normannischen Lager aus) dux **Godefridus aggrediens** etc. Nach Raimund und der hist. b. S. bauten die Provenzalen die Schiffbrücke, die auch nach Albert vor dem Herzogsthore lag. Die ausgesetzte Stellung der Provenzalen dicht am Orontes ist nur am Herzogs- nicht am Hundethore denkbar. Hist. b. S. c. 55 sagt, Raimund habe das Castell vor dem Brückenthore besetzt, weil es seinem Lager zunächst gelegen. Endlich Albert läßt den Grafen von Toulouse vor dem Hundethore gewaltige Kämpfe bestehen, von denen sonst niemand eine Sylbe weiß, die dagegen sich leicht als sagenhafte Verpflanzung der späteren Gefechte vor dem Brückthore erklären.

1) Raim. p. 143. 144. Daß die Provenzalen es waren, zeigt auch die **hist. b. S. c.** 35.

2) Kemaleddin bei Michaud bibl. IV. p. 5.

3) Rad. c. 59 giebt ein Verzeichniß solcher Orte. Raim. 143: omnia castella regionis eiusdem et finitimae civitates se nostris reddiderunt, tum timore nostri exercitus, tum amore fugiendae Turcarum servitutis. Quae res exercitum nostrum multum dispersit, volebat enim quisque privatam rem maximam facere, de publica nihil cogitabat.

Verwaltung nicht der kleinste Vortheil für das Ganze gewonnen. Die Verpflegung wurde nicht geordnet; jene abgesonderten Haufen lebten jeder in seinem Wohnort vortrefflich; sie folgten dem Hange ungeordneter Verschwendung, und nicht ein Korn gelangte in das Lager vor Antiochien. Hier waren die Maßregeln nicht vorsichtiger genommen: man lebte, so lange Vorräthe existirten, in sorgloser Ueppigkeit von Tag zu Tag, sah sich bald aber zu Beschränkungen genöthigt. Das Land wurde vollkommen ausgesogen, und ein **gänz-**licher Mangel zeigte sich in baldiger Nähe.

Bagi Sijan, einen energischen Angriff erwartend, hielt unterdeß seine Kräfte zusammen. Bald begann er **aber, als** er die Christen unthätig in seinen Territorien zerstreut sah, seinerseits die Feind-seligkeiten. Seine leichten Truppen verließen **die** Stadt durch das Brückthor, so wie auf der Westseite ungehindert zu jeder Stunde: sie waren unermüdlich, das christliche Lager zu umschwärmen und jeden einzelnen, der sich irgend hervorwagte, aufzufangen. Etwa acht Millien von der Stadt entfernt, lag Harim[1]), ein befestigter sonst durch seine Granatäpfel berühmter Ort, im Gebirge; hier setzten sie sich fest und durchstreiften das **Land** nach allen Seiten. Schon in der ersten Hälfte des November mußten sich die Franken entschließen, um irgend welche Zufuhr wieder möglich zu machen, mit einer größeren Unternehmung diesem Treiben ein Ziel zu setzen. Boemund rückte also mit einer starken Schaar gegen Harim aus, erlitt zwar im Anfang einigen Verlust, siegte dann aber durch glücklich gelegten Hinterhalt vollständig.[2]) Bald darauf gelang ihm auch gegen **An-**tiochien selbst eine festere Deckung seines Lagers, welches bis dahin von einem Berge, Maregart oder Malregard genannt, beherrscht und auf alle Weise beunruhigt wurde. Er bewirkte hier einen gemein-samen Beschluß der Fürsten, demzufolge man die Höhe besetzte und ein Castell darauf errichtete, welches diese Seite der fränkischen Stellung vollkommen sicherte.[3]) Es sollte von allen Fürsten der

---

1) Vgl. Wilken Kreuzzüge I. p. 180 und Hammer l. c. p. 140.

2) **Gesta** p. 10, Gilo schmückt die Sache aus.

3) **Gesta** l. c. Raim p. 146 erzählt die Anlage des Castells erst zum Februar 1098, doch ist deutlich, daß er dort die sämmtlichen Befestigungen im Zusammenhange aufzählen will. Ebenso erzählt Anselm. Ripem. (in d'Achery spic. **III.** p. 432) die Anlage vor jenem **Gefechte** bei Harim; er giebt die Be-

Reihe nach bewacht werden[1]), doch übernahm bald Hugo der Große die stehende Besetzung desselben.[2])

Damit hatte man sich freilich gegen türkische Pfeile und Speere einigermaßen gesichert; allein ein gefährlicherer Gegner wurde durch solche Siege und Bauten nicht zurückgewiesen. Gegen Ende des November waren die Vorräthe vollständig erschöpft, und damals schon begann man zu den schlechtesten Nahrungsmitteln, zu Blättern, Baumrinden und dem Fleisch der gefallenen Pferde und Rinder, seine Zuflucht zu nehmen. Die nächste Umgebung vermochte nichts mehr aufzubringen, niemand wagte entferntere Districte zu betreten, und in dieser Lage sah man sich erst im Beginne der üblen Jahreszeit, deren Strenge sich 1097 unfreundlich genug ankündigte. Sturm und Regenwetter trat ein; die Zelte gaben nach kurzem Widerstande keinen Schutz mehr, sie verfaulten in der Nässe oder wurden von dem Winde demolirt. Wie gewöhnlich in solchen Fällen, gesellten sich dringendere Gefahren sogleich hinzu: Mangel und Strapazen, und die Menge dicht zusammengedrängter Menschen erzeugten eine tödliche Epidemie, der, wie man berechnete, der siebente Mann in allen Heeresabtheilungen unterlag. Kurz, man ging einer völligen Auflösung entgegen, und die rastlose Thätigkeit Bagi Sijan's verstattete auch die Stärkung durch bloßes Ausruhen nicht. Am meisten hatte damals die provenzalische Reiterei in ihrer ausgesetzten Stellung am Orontes gelitten, und ihre Pferde bis auf einen kleinen Rest durch die türkischen Pfeile eingebüßt.[3]) Nun war Herzog Gottfried erkrankt[4]) und Robert von der Normandie, brav im Gefechte aber ungeduldig gegen die Strapaze, verließ das Lager auf eine Einladung der griechischen Besatzung von Laodicäa, worauf ich später noch zurückkommen werde.[5]) Diese Entziehung zwei der bedeutendsten Führer konnte das Heer nur entmuthigen, und Verfall, Elend und Hoffnungslosigkeit zeigte sich in allen Punkten. Bagi Sijan dagegen, jetzt wieder Meister des kleinen Krieges und von dem Zustande der Franken unterrichtet, sah vertrauenden Muthes nach Osten, wo sich ihm Aussichten auf schnelle und gänzliche Befreiung eröffneten.

---

festigung in Verbindung mit der Umlagerung, und stellt dann die Gefechte nach Außen zusammen.

1) **Gesta** l. c.   2) Rad. c. 49.   3) **Raim.** p. 145.
4) **Raim.** p. 144.   5) **Cap.** XII.

Denn die Ankunft der Kreuzfahrer hatte wie seine eigene, so auch die Stellung der syrischen Fürsten mit einem Schlage verwandelt. Dekak und Taghtigin entschlossen sich ohne Bedenken, den alten Zwist mit Antiochien zu vergessen und vor allen Dingen die gefährlichen Eindringlinge zu beseitigen. Dschanah Eddewlet trat in demselben Sinne hinzu, obgleich nur die Ankunft der Franken ihn vor einem Angriffe der Antiochener bewahrt hatte; es war in ihnen eine freie und großherzige Politik, wie sie besonders Taghtigin auch später niemals verläugnet hat.[1]) Gegen Ende December beendeten sie ihre Rüstungen und brachen zu dem Entsatze der angegriffenen Stadt auf. Den Orontes hinunterziehend, erhielten sie in Schaizar die Nachricht, eine fränkische Abtheilung von 30000 Mann habe die Besitzungen von Aleppo überschwemmt und hause dort auf das Wildeste, verwüstend, mordend und plündernd. Ohne Zaudern beschlossen sie hierauf, sich zunächst gegen diese zu wenden und nach deren Besiegung den Rest des Heeres anzugreifen, dessen üble Lage auch ihnen nicht unbekannt sein mochte.[2])

Es waren das aber Boemund und der Graf von Flandern, die in diesen Gegenden Vorräthe und Lebensmittel für sich und ihre Genossen aufzubringen gedachten. Gegen Weihnachten nämlich war die Noth im Lager unerträglich geworden; zu irgend einer Maßregel mußte man sich entschließen und setzte im Rathe der Fürsten den Vorschlag durch, mit einer stärkeren Abtheilung Lebensmittel aus entfernten Landstrichen zusammenzubringen. Boemund war sogleich bereit dazu und erbat sich den Grafen von Flandern zum Begleiter. Sie rückten aus, nicht den Orontes hinauf, sondern südlich in das Gebirge und fielen von dort in das Gebiet von Aleppo ein, am 30. December 1097.[3]) Mit reicher Beute drangen sie bis Albara vor, brachten nicht weit von diesem Orte die Nacht zu und fanden sich dann in der ersten Frühe des Morgens den Feinden gegenüber. Sie waren allerdings überrascht, aber auf dem ganzen Zuge in

---

1) Womit seine blutdürstige Barbarei gegen die Christen keineswegs geläugnet werden soll.

2) Alles nach Kemaleddin ibid. p. 5.

3) Das Datum in den Gestis, Raim., Anselm. l. c. die Richtung in's Gebirge erhellt aus dem Umstande, daß Boemund nach dem Treffen in Tancredi montaneam kommt, dorthin, wo Tancred später sein Castell erbaute.

steter Verfassung zur Gegenwehr: die Türken griffen von zwei Seiten her mit Nachdruck an, und sogleich wurde das heftigste Handgemenge allgemein. Die Berichte beider Theile schreiben sich den Sieg zu; so viel ist gewiß, daß Graf Robert sich christlicher Seits auszeichnete, daß aber Türken sowohl als Franken ansehnlichen Verlust erlitten. Denn die Damascener gaben den Vorsatz auf, ihre Waffen gegen das Lager vor Antiochien zu versuchen, sie kehrten um, und Schams Eddewlet, ohne einen Versuch, sie festzuhalten, wandte sich nach Aleppo um Hülfe.[1]) Dagegen kamen Boemund und Robert den 31. December oder 1. Januar in das Lager zurück, wohlerhalten zwar, aber obgleich sie noch auf dem Rückmarsche einige Ortschaften geplündert hatten, mit leeren Händen. Ihre Schaaren waren in völliger Auflösung, und mit der größten Anstrengung vermochte Boemund Ordnung und Manneszucht nicht wieder herzustellen. Indem sie die Damascener schlugen, hatten sie ein unvorhergesehenes Uebel abgewehrt, aber den gewünschten Zweck ihres Unternehmens darum nicht weniger verfehlt. Dazu kam, daß die Lothringer und Provenzalen an demselben Tage bei einem nachdrücklichen Ausfall der Antiochener eine empfindliche Niederlage erlitten hatten; hier war neben anderen Edeln der Bannerträger von Puy gefallen und das Banner selbst von den Türken genommen worden.[2]) Es gab dies Anlaß zu der Maßregel, das gesammte christliche Lager mit Wall und Graben zu umziehen, um in künftigen Fällen wenigstens gegen ein Unheil dieser Art gesichert zu sein.[3])

Bei der täglich wachsenden Noth im Lager trat nun die ganze Wichtigkeit des guten Vernehmens mit der armenischen Bevölkerung hervor.[4]) Jene Zersplitterung des Heeres in einzelne Besatzungen der umliegenden Ortschaften gab den Franken wenigstens feste Anhaltspunkte in der umliegenden Gegend, und nach diesem Siege über das anrückende Entsatzheer scheinen sie auch über das platte Land

---

1) Hammer l. c. schmilzt diesen Sieg Boemund's mit dem Treffen bei Harim zusammen, wie es scheint ohne besondere morgenländische Quellen dafür anführen zu können.

2) Raim. l. c.

3) Kemaleddin p. 5, hist. b. S. c. 45.

4) Am wichtigsten ist das Zeugniß des Matth. Eretz; die Abendländer erwähnen nur des Detailhandels der Einzelnen.

die Herrschaft wieder gewonnen zu haben. Denn von der Nothwendigkeit, selbst in der Ferne die Nahrung aufzusuchen, ist jetzt
keine Rede weiter, vielmehr erscheint der Weg in das Lager den umliegenden Gegenden geöffnet und wird von ihnen zu dauerndem Verkehre benutzt. Zuerst waren es die Bewohner der näheren Districte,
die nach Kräften Lebensmittel herbeischafften, und zu den ungeheuersten
Preisen freilich, im Lager verkauften. Dann nahmen sich die cilicischen Fürsten der Sache im Großen an: Constantin, Rubens Sohn,
die Fürsten Pasuni und Oschin, dann auch die Klöster jener Gegenden ordneten regelmäßige Lieferungen. Sie sorgten für Vorräthe
aller Art, an Lebens- und Kriegsbedürfnissen, die ganze Bevölkerung
zeigte einen löblichen Enthusiasmus und lebendige Sympathien für
das Kreuzheer. Wie drückend und bedenklich auch der Mangel für
die Unvermögenden bleiben mochte, so wurde doch durch ihre Sorgfalt der dringendsten Gefahr und der unnatürlichsten Lebensweise
abgeholfen. Für ein anderes Auskunftsmittel sorgte dann Graf
Raimund von Toulouse: da die Pferde im Lager bis auf sieben-
hundert etwa gefallen und diese wenigen im hohen Grade herunter
gekommen waren, scheute sich jeder Ritter sein Thier irgend einer
Gefahr auszusetzen; natürlich mußte dadurch der Erfolg der Fouragirungen um ein Bedeutendes gelähmt werden. Raimund versprach
nun aus seiner Casse jeden Verlust dieser Art zu vergüten und bewirkte dadurch in der That eine neue Energie in den Bewegungen
der fränkischen Reiterei.[1])

Während so der Zustand nach Außen eine halb gesicherte Gestalt annahm, wurde das Innere des christlichen Lagers durch ein
verborgenes Treiben erschüttert, dessen eigentlichen Verlauf wir allerdings nur nach wenigen daraus erst entspringenden Thatsachen zu
ermessen haben, bei dessen Darstellung ich mich also, um Factisches
und Vermuthetes auch äußerlich zu scheiden, zunächst an den wörtlichen Inhalt der Quellen halten werde. Raimund Agiles giebt nun
die umfassendste Meldung und trägt kein Bedenken, den griechischen
Bevollmächtigten zum Gegenstand seiner Anklage zu machen. Tatikios,
sagt er, lag damals den Fürsten unaufhörlich an, die Belagerung
aufzuheben, und das Heer in den Burgen des Landes zu vertheilen.

---

1) Raim. p. 145.

Alexius, stellte er **vor**, sei mit einem zahlreichen Heere unterwegs, wenn man seine Ankunft abwarte, werde man durch die bessere Jahres= zeit begünstigt und für die Eroberung Antiochiens die besten Aus= sichten gewinnen. Nicht bloß solche Erdichtungen, fügt Raimund hinzu, brachte **er vor**, sondern Bestechung, Verrath der Bundesge= nossen und Meineid wandte er an, er trat an Boemund Adana, Mamistra und Tarsus ab, und entfloh dann, unter dem Vorgeben, zu dem kaiserlichen Heere zurückzugehen.[1])

In dieser Stelle bemerkt man nun leicht die bunteste Reihe, **keineswegs** aber einen gemeinsamen Grund verschiedenartiger Schritte. Was wollte der Grieche mit der Aufhebung der Belagerung? wie **hängt** damit sein **Verrath und** seine Bestechung, wie endlich die Ab= tretung der cilicischen Städte mit seiner Flucht zusammen? Die Ant= wort auf diese Frage, denke ich, giebt uns Raimund selbst, wenn auch unbewußter Weise, in einem früheren Bruchstücke seiner Er= zählung. Es ist dort von Boemund's Benehmen im Anfang des Jahres 1098 die Rede, der nach dem Treffen des 31. Decembers nachdrücklich behauptet habe, er sei der Ehre wegen, nicht um Unheil zu gewinnen, mitgezogen, er werde nach Hause zurückkehren, er sei kein reicher Mann, um solche Kosten bestreiten zu können. Das Alles, fährt Raimund fort, war nur eitles Vorgeben, wie wir später erfuhren, weil er nach dem Besitze von Antiochien lüstern war. Darauf versprachen die Fürsten sämmtlich, außer dem Grafen von **Toulouse**, Boemund **die** Stadt zu überliefern, wenn sie in ihre Hände fiele. Außer einer indifferenten Anführung der Gesten sind hiermit folgende Aeußerungen Anna's zu vergleichen. Sie bemerkt, Boemund allein trage die Schuld von dem Weggehen des Tatikios, er habe ihn **vor dem** Zorne der übrigen Fürsten gewarnt, welche die An= näherung Kerbuga's für ein Werk der griechischen Verrätherei hielten und ihm, dem Gesandten, deshalb nach dem Leben trachteten.

Abgesehen von der Nennung Kerbuga's, die nur auf einer Ver= wechselung mit dem sogleich zu erwähnenden Entsatzheere beruhen kann, werden diese Angaben immer neben einander bestehen können. Faßt man sie zusammen, so erkennt man **ohne** Weiteres den Mittel= punkt des Streites und die Kräfte, mit denen er gekämpft wurde:

---

1) Raim. p. 186. Ein ähnlicher Vorwand des **Griechen** Gesta p. 11.

Boemund ist es, der seine Lenkung in Händen hat, der ihn gegen die Stadt, gegen Tatikios und die übrigen Fürsten nach allen Seiten mit gleicher Gewalt und gleicher Gewandtheit hindurchführt. Eine selbständige Herrschaft im Orient sich zu gründen, war sein uran= fänglicher Beschluß, auf den wir in Apulien, in Constantinopel und bei den Vorgängen vor Tarsus hindeuteten. Hier am Orontes schien ihm die Zeit erfüllt, und der Gegenstand der Aufgabe gesetzt zu sein: nun beginnt er seine Thätigkeit nicht eben mit ehrlicher, wohl aber mit siegreicher Klugheit. Zuerst erringt er die Beistimmung der Fürsten und hält sie gegen alle Bemühungen des Tatikios in Kraft; dann folgen scheinbar freundliche Unterhandlungen mit diesem, wo er gegen heuchlerische Warnungen unredlich gemeinte Concessionen eintauscht; zuletzt sind die Dinge zum Ausschlag gediehen und mit der erzwungenen Flucht des Tatikios behält Boemund entscheidend das Uebergewicht. Für einen glücklichen Ausgang der Belagerung hatte er seine Wünsche gesichert und durch die Einwilligung der Fürsten Ansprüche sehr bestimmter Natur sich gegründet. Sogar diese ungünstigste Zeit des ganzen Krieges hatte seinen Zwecken dienen müssen: wenn irgend jemals nutzte in ihrer damaligen Lage Boemund's Drohung, sie zu verlassen, die Fürsten zur Nachgiebigkeit stimmen und jeden Preis zur Erhaltung dieses Bundesgenossen erträglich machen. Daß nur Graf Raimund unerschütterlich blieb, ist bezeich= nend für dessen harte Festigkeit und griechische Sympathien: an der Sache selbst hat er wenig geändert, da die Kriegsereignisse, auf die wir hier zurückkommen, seinem scrupellosen Gegner sehr bald ent= scheidende Zwangsmittel zuführten.

Wie vor einigen Wochen gegen die Damascener, so hatte man jetzt gegen die Fürsten der Partei von Aleppo einen Strauß zu be= stehen; denn auch diese waren durch die Macht des Angriffes aus ihrem beschränkten Treiben endlich herausgerissen worden. Schams Eddewlet bewog den Emir von Haleb, trotz der letzten Verbindung zwischen Antiochien und Bagdad, wenn nicht selbst auszurücken, doch seine Truppen der bedrängten Stadt zu Hülfe zu senden. Der un= ermüdlichste seiner Emire, Sokman von Jerusalem, war auch bei diesem Heere, welches 15,000 M. stark in den ersten Tagen des Februar[1] Aleppo verließ. Die Nachricht kam zeitig in das frän=

---

1) Kemaleddin p. 6.

kische Lager; der Fürstenrath trat zusammen, und beschloß auf Boemund's Vorschlag die Reiterei dem Feinde entgegen zu führen, mit
dem Fußvolk aber die Verschanzungen des Lagers gegen die Stadt
zu decken.[1]) Den 8. Februar rückte man aus, spät in der Nacht,
damit der Abmarsch von der Stadt her nicht bemerkt werde; zwei
Meilen vom Lager entfernt, nicht weit von der Eisenbrücke[2]) machte
man Halt, um den Feind zu erwarten. Den 9. Morgens kam es
zum Treffen; die Franken waren bedeutend schwächer an Zahl, und
schwankten einen Augenblick, da entschied Boemund mit einem wohl-
geordneten Angriff, in geschlossener Linie, mit wehenden Fahnen, den
Sieg für die Lateiner. Der Verlust der Türken an Todten war
nicht beträchtlich, doch gewannen die Christen eine ansehnliche Beute
an Pferden und Kriegsgeräth. Als sie Abends siegesfroh in das
Lager zurückkehrten, fanden sie auch hier den heftigsten Kampf glücklich beendigt. Bagi Sijan hatte an allen belagerten Thoren den
ganzen Tag hindurch Ausfälle gemacht, allein an keinem Punkte die
feindlichen Stellungen überwältigen können. Es war dies der letzte
der vereinzelten Entsatzversuche der umliegenden Emire; Kerbuga begann bereits, durch Muhammed Asfar aufgefordert und von dem
Sultan bevollmächtigt, umfassendere Rüstungen, deren Vollendung
abzuwarten, die übrigen Fürsten überein gekommen waren. Ich werde
hierüber, so wie von dem Verhältniß der Franken zu den Fatimiden,
später zu reden haben: eine ägyptische Gesandtschaft befand sich damals im christlichen Lager[3]), der man einige hundert Köpfe der erschlagenen Türken nach diesem so wie nach einem späteren Gefechte
überreichte.

Unterdeß besserte sich die Lage des Kreuzheeres mit jeder Woche.
Die Witterung wurde günstiger, die Armenier lieferten reichliche Zufuhr, die Umgegend war sicher und durchaus von den Christen eingenommen. Bagi Sijan seinerseits steigerte seine Hartnäckigkeit,
seinen Eifer, und erfüllte mit seinen Reiterschaaren tagtäglich das
nördliche Ufer des Orontes. Hier zwischen der städtischen und der

---

1) Gesta p. 12. Raim. p. 146. Tudebod p. 788. Der letzte erwähnt
auch Robert von der Normandie wieder.

2) Epist. Anselmi p. 431.

3) Die hist. b. S. c. 46 ist darüber am Ausführlichsten, doch reden auch
die übrigen Quellen davon.

fränkischen Brücke gab es unaufhörliche Gefechte, in denen die Franken nicht übermannt wurden, aber doch manchen Verlust erlitten[1]), während den Türken bei einem mißlungenen Angriff der Rückzug in die Stadt nicht leicht verwehrt wurde. Man beschloß endlich, ihre Brücke auf jede Weise zu sperren: es erschien das um so wichtiger, als die Straße nach St. Simeonshafen (an der Mündung des Orontes) unmittelbar hier vorbeiführte und die Verbindung mit dem Meere jetzt schon die bestimmtesten Vortheile darbot. Wir erwähnten, daß unmittelbar nach dem Concil von Clermont Genua und Pisa Flotten nach dem Orient zu senden beschlossen hatten: auch war im Laufe des Winters ein genuesisches Geschwader an der syrischen Küste erschienen, und hatte in St. Simeonshafen Anker geworfen.[2])

Auf ihre Mitwirkung rechnete man in diesem Augenblicke; man gedachte mit der Hülfe ihrer Werkmeister und Zimmerleute in möglichst kurzer Zeit ein Castell vor der feindlichen Brücke zu errichten und dadurch jene Ausfälle ein für alle Mal abzuschneiden. Boemund und der Graf von Toulouse übernahmen, die Genueser in das Lager zu geleiten[3]); die Uebrigen sollten indeß den Bau beginnen und nach Kräften fördern. Unmittelbar vor der Brücke lag ein muhamedanischer Begräbnißplatz, etwas erhöht, eingezäunt, ein natürlicher Anhaltspunkt[4]): kaum aber hatten dort die Arbeiten begonnen, so erfolgte ein nachdrücklicher Anfall der Türken, denen die Wichtigkeit des Punktes nicht verborgen war; die Christen wurden nach kurzem Gefechte verjagt und erlitten beträchtlichen Verlust.[5]) Am dritten Tage kam Botschaft von den abgesandten Fürsten, sie hofften im Laufe des Tages im Lager einzutreffen, doch möge man ihnen zu größerer Sicherheit eine Strecke Weges entgegenziehen. Es schien nicht nothwendig oder war nicht so schnell erreichbar, das ganze Heer hinauszuführen, es ritten also die Fürsten mit geringer Begleitung voraus,

---

1) Einzelne solcher Vorfälle schildert die hist. b. **S.**, mehr noch Albert.

2) Gesta p. 12.

3) Raim p. 147. Gesta l. c. Graf Stephan von Blois sagt cum LX tantum militum milibus; hier ist sicher irgend ein Fehler, und die Zahl entweder verschrieben oder durch Stephan selbst irrthümlich angegeben.

4) Raim. p. 143.

5) Epist. Anselmi p. 431 sagt, einige Franken hätten das Gefecht aus reiner Kampflust begonnen; die Angabe des Textes stützt sich auf die Gesten l. c.: Nos qui remansimus, congregati in **unum,** castrum incipiebamus etc.

hielten aber inne, als sie dem Brückthore gegenüber angelangt, feind=
liche Massen bemerkten, die in bedeutender Zahl und wildem Ge=
tümmel von St. Simeonshafen her anlangten. Sogleich sandten sie
in das Lager Befehl zum schleunigsten Ausrücken aller Heerestheile,
und auch Boemund und Raimund trafen, während die Schaaren
sich ordneten, mit dem größeren Theile ihrer Truppen im Lager
wieder ein.[1]) Sie hatten glücklich den Hafen erreicht, die Genueser
bereitwillig gefunden und unangefochten die Hälfte des Rückweges
zurückgelegt, als sie plötzlich von allen Seiten her angegriffen und
mit einem Verluste von etwa 1000 Mann in die Flucht getrieben
wurden. Sie hatten sich seitwärts in das Gebirge geworfen und
waren so entkommen[2]); das antiochische Heer war im Siegesjubel
zur Stadt zurückgeeilt und hier, wie wir erwähnten, den übrigen
Fürsten begegnet. Die Erzählung dieses Unfalles regte das ge=
sammte christliche Heer zur wildesten Erbitterung auf; zugleich aber
erhob sich Getümmel in der Stadt, Schaar auf Schaar zog von
innen den Besiegern Boemund's zu, man gewahrte, daß Bagi Sijan
mit einem Schlage den ganzen Krieg zu beendigen dachte.[3]) Die
christlichen Heerhaufen schlossen eng zusammen, langsam und in dicht
aufgereihten Gliedern rückten sie vor, einstweilen unthätig, bis sie
zu geordnetem Handgemenge kämen. Die Türken umschwärmten sie
auf allen Seiten, bald näher, bald ferner, ihr Pfeilregen belästigte
zwar die Franken auf das Aeußerste, vermochte sie aber nicht zu
einer vorzeitigen Auflösung ihrer Glieder zu bewegen. Endlich waren
sie in nächster Nähe; Isuard von Gage, ein Provenzale fürstlichen
Geblütes, und 150 Genossen mit ihm, warfen sich zur Erde, sie
beteten leise einen Moment und sprangen dann auf mit dem Rufe:
Vorwärts ihr Streiter Christi; so warfen sie sich in den Feind.[4])
Die übrigen Abtheilungen folgten, jede Schaar unter ihrem Banner=

---

1) Gesta p. 12, die Briefe Anselm's und Stephan's. Die Berichte stimmen
vollkommen, bis auf den einen Umstand, daß Anselm das Gefecht einen Tag
früher, als die Gesten angiebt.

2) Gesta: Boemundus viam quam tenuerat non tenuit, sed celerius
ad nos venit, qui eramus in unum congregati. Daß er nur in das nörd=
liche Gebirge ausweichen konnte, ergiebt die Localität von selbst. Raim. p. 147
giebt nur 300 Gebliebene.

3) Raim. p. 147.   4) Ibid.

herrn, in bester Ordnung durchbrachen sie die türkische Linie in einem Moment und begannen unter den verwirrt dahinfliehenden Feinden das fürchterlichste Gemetzel. Bagi Sijan, um den Muth seiner Truppen zu steigern, hatte die Thore schließen lassen, **die** Brücke war sogleich mit Flüchtigen erfüllt, sie stürzten übereinander, **wurden** zertreten, in den Fluß gedrängt, von den Christen fast ohne Gegenwehr erschlagen. Am furchtbarsten war ihnen die lothringische **Reiterei**, den Herzog selbst an der Spitze, welche unermüdlich vordringend mit den ersten Fliehenden die Brücke erreicht hatte; ihren breiten wuchtigen Schwertern widerstand weder Hieb noch Deckung und von dem Herzoge selbst wird erzählt, er habe mit einem Schlage den Rumpf eines Türken durchhauen.[1] Die untere Hälfte sei von dem Pferde darauf in die Stadt getragen worden, fügt ein Bericht hinzu, so fest habe jener Taugenichts im Sattel gesessen.

Der Verlust der Geschlagenen war entscheidend für die ganze Dauer der Belagerung und kein türkisches Streifcorps wagte sich seitdem in das freie Feld. Die Franken vollendeten in den nächsten Tagen den Bau ihres Castells auf jenem Kirchhofe, den die Einwohner Machumaria nannten: man hielt es durch zwei Thürme, Wall und Graben für hinreichend gesichert, und vertheilte hiernach die Errichtung der einzelnen Werke unter die Fürsten. Bagi Sijan versuchte noch einmal, sich hier Luft zu schaffen und überfiel die Besatzung unvermuthet; indessen wurde durch schleunige Hülfe der Angriff abgewehrt und bewog die Franken, ihrerseits die Brücke zu besetzen und wo möglich mit ihren Maschinen zu durchbohren. Man kam auch im Laufe des Tages damit zu Stande, allein in der Nacht erfolgte ein Ausfall, wobei die Türken die Maschinen verbrannten und den Schaden wieder herzustellen wußten. Dabei blieb es aber und die Christen behaupteten hier ihre Stellung.[2] Graf Raimund von Toulouse übernahm die Bewachung des Castells, unterstützt durch eine große Zahl provenzalischer Ritter, die er dafür aus eigenen Mitteln besoldete.[3]

---

1) Aller Orten erwähnt, mit vielfachen Ausschmückungen.
2) Tudebod p. 790. 791, hist. **b. S.** c. 55. Dies sind die Gefechte, deren Verlegung an das Hundethor ich oben erwähnte. Außer Albert findet sich nicht die geringste Spur derselben an der letzten Stelle.
3) Hist. b. S. l. c. **Raim. p. 148.**

Ungeachtet dieser Vortheile zauderten die Belagerer noch immer, **einen** unmittelbaren Angriff auf die Mauern zu unternehmen. Durch die Umstände und die Angriffe der Gegner selbst auf die bisherige Kriegsweise hingeführt, hatte man von zwei Seiten her Antiochien völlig eingeschlossen: man mußte nun nothwendig zu der Idee gelangen, dies System nach Kräften zu vervollständigen und das letzte den **Türken** noch übrige Thor ebenfalls zu sperren. Freilich war, da die ganze Südseite frei blieb, eine strenge Blocade damit keineswegs erreicht; jedoch versprach ein dort stattfindender Verkehr der Natur des Bodens nach den Türken nur beschränkten Gewinn. Man kam also überein, sich auf der Westseite, dem Georgsthor gegenüber, **wie auf** Machumaria zu befestigen, mußte sich aber, bei der vereinzelten Lage des Postens, sogleich von der Schwierigkeit des Planes überzeugen. Als man Freiwillige zu der Besetzung desselben aufforderte, fand sich niemand, der besondere Lust zu der mißlichen Ehre getragen hätte, einen Menschen ausgenommen, der hier die Luft seines rechten Lebens zu athmen hoffte. Tancred hatte in der Reihe der belagernden Feldherrn seine Stelle neben dem Fürsten von Tarent erhalten, fand aber schon in den ersten Tagen seine Stellung nicht ausgesetzt und ausgezeichnet genug, obgleich er dort allen nur denkbaren Ruhm einzuernten im Stande war.[1] Mit wenigen Begleitern warf er sich darauf in das Gebirge, gerieth nach einigem Hin- und Herziehen auf die Westseite der Stadt und lagerte sich tief im Walde, nicht weit von dem Georgsthore entfernt, in den Ruinen verfallener Klostergebäude ein. Von aller Welt geschieden, lauerte er hier türkischen Schaaren auf, die ohne Besorgniß vor feindlicher Nähe auf ihren Streifzügen vorüberkamen und ließ, wie man sich denken kann, durch keine Uebermacht oder den Anschein irgend einer Gefahr sich schrecken. Gerade das zu wagen, woran kein anderer Mensch gedacht hätte, war seine Lust, ob er bemerkt und seine Thätigkeit anerkannt wurde, galt ihm dabei völlig gleich. Nach einiger Zeit kam er zurück in das Lager und war in dem Treffen vom 11. Februar: seitdem wird er uns bei keinem Anlasse besonders erwähnt. Jetzt **aber**, als alle Anderen schwiegen, trat er hervor und bewies allerdings sogleich, daß **er** nicht bloß der Ehre wegen zu streiten ge-

---

1) **Radulf** c. 51.

dachte; er sprach: Wüßte ich, was dabei zu gewinnen wäre, ich wollte allein mit meinen Leuten den Ort bewahren und den Weg den Ungläubigen verbieten.[1]) Nun kam man schnell überein: Raimund von Toulouse versprach 100 Mark[2]), welche Summe die übrigen Fürsten bis auf 400 Mark ergänzten; damit war der **Normann** zufrieden und führte seine Krieger an die ihm bekannte Stelle. Er that mehr, als man gefordert hatte: nicht bloß das Thor hielt er blofirt, sondern hatte in Kurzem den Umkreis des ganzen Gebirges von türkischer Besatzung gesäubert. So ganz und gar beschäftigt war er mit seiner Jagd, daß er von dem wichtigsten Ereignisse, von der Einnahme Antiochiens erst erfuhr, als das ganze christliche Heer die Stadt bereits erfüllte.[3])

Entwicklung der Tradition.

Indem ich mich hier zu **der** Sage und ihren Erzeugnissen zurückwende, gedenke ich zunächst ein durchaus isolirt stehendes Bruchstück zu untersuchen, welches durch Albert in die Geschichte eingeführt, **von** Wilhelm als ächt historisch beglaubigt und durch Tasso's Bearbeitung in aller Welt berühmt geworden ist: das tragische Ende des dänischen Königssohns Sven mit seinen 1500 Rittern und seiner Braut Florina, der Tochter des Herzogs von Burgund, der Wittwe des Fürsten von Philippi. Nach der Einnahme von Nicäa, sagt Albert[4]), hatte er sich einige Tage verspätet, war von Alexius gut aufgenommen worden und zog dann durch Romanien bis nach Finnimini und Ferna.[5]) Hier von einigen Griechen den Ungläubigen verrathen, wird er von Soliman oder Kilidsch Arslan im Waldesdickicht überfallen und niedergemacht mit allen seinen Begleitern. Florina flieht, so schnell ihr Maulthier sie fortbringen kann, wird

1) Gesta p. 13. 14.   2) Raim. p. 148.
3) Rad. c. 70.   4) III. 54.
5) Für Ferna finde ich keine ältere Nachweisung als in den Berichten über den Kreuzzug Barbarossa's, dieser steht den Montag nach Himmelfahrt bei Philomelium, siegt den Tag nach Pfingsten bei Firma und erreicht fünf Tage hernach Iconium. Graf Riant (les Scandinaves en terre sainte p. 147), liest statt Ferna Terma, das heutige Eligun, drei Tagereisen von Philomelium. Doch zeigt auch die neueste Ausgabe Albert's im Recueil keine Variante in der handschriftlichen Ueberlieferung.

aber von mehreren Pfeilschüssen durchbohrt, und sinkt, nachdem sie auch so eine Strecke weitergeritten, todt von dem Thiere hinunter. Ich habe schon oben auf den sagenhaften Eingang dieser Erzählung aufmerksam gemacht; dazu kommt nun, daß keine unserer Quellenschriften von dem Vorgange Kunde hat.[1]) Wie gesagt, steht die Erzählung völlig isolirt; sie ist es auch bei Albert selbst, der nichts von dem Prinzen zu sagen weiß, als daß er jung und schön gewesen, der über Früheres und Späteres, damit Zusammenhängendes nicht eine Sylbe beibringt. Es war natürlich, daß man in Dänemark schon früh auf diese Begebenheit aufmerksam wurde. König Christian V. ließ sie durch ein Gemälde darstellen, dies in Erz nachgraben und mit einem lateinischen Gedichte zu Ehren Swen's versehen. Die Gelehrten des Landes bemühten sich, diesen vaterländischen Helden auch in vaterländischen Geschichten wieder aufzufinden, allein alle Anstrengungen blieben vergeblich, es fehlte durchaus an einheimischen Nachrichten über ihn.[2])

König Swen Estrithson war 1074 gestorben, mit Hinterlassung von 14 Söhnen; unter diesen findet sich aber nur ein Swen, der 1104 auf dem Krankenbette zu Wiborg endete.[3]) Man ging nun weiter und suchte jenen Märtyrer des Kreuzes etwa unter Estrithson's Enkeln aufzufinden. Von den fünf ältesten Söhnen dieses Königs konnte bei dieser Untersuchung keine Rede sein, da deren Nachkommenschaft und die Schicksale derselben genau bekannt waren; aber nicht mehr vermochten die jüngsten in Betracht zu kommen, da Estrithson, um 1018 geboren, von ihnen keinen im Jahre 1097 mannbaren Enkel haben konnte. Es blieben also nur die mittleren Söhne übrig, und schon bei dem sechsten, eben jenem Swen, sieht man sich genöthigt, ihn mit 20 Jahren einen Sohn zeugen zu lassen, der 1097, 17 Jahre alt, mit einer Wittwe verlobt, in Asien umkommen konnte.

Die Möglichkeit dieser Vermuthung ist nun klar und soll auch von mir nicht geleugnet werden, doch wird man die problematische

---

1) Eine ganz verkümmerte Spur hat sich in den Annal. Saxo ad a. 1096 verloren; der nennt unter den ausziehenden Fürsten einen frater regis Danorum cum duobus episcopis.

2) Langebeck script. rer. Danic. III. p. 631. 635.

3) Saxo Grammat. p. 229. Mit Recht verwirft Langebeck, daß diesem Berichte durch Albert derogirt werden könne.

Lebenskraft eines Helden, eines Märtyrers und Jerusalemfahrers zugeben, dessen ganzes Dasein einer so eng abgegrenzten Berechnung Schutz und Rettung verdankt. Die localen Quellen verharren über ihn und ihn allein in tiefem Schweigen, denn im Allgemeinen ist ihre Aufmerksamkeit keineswegs von den Zügen nach Palästina abgelenkt. Es wird erwähnt, daß Gottfried Jerusalem eingenommen und Balduin nach ihm geherrscht habe[1]: aller Orten und weitläufigst wird von der Pilgerung Erich des Guten und Botilden's Bericht erstattet[2]: daß der Bischof Swen von Seeland eine solche Fahrt unternommen, ist der Meldung nicht unwerth erachtet worden.[3] Wie ist es zu denken, daß ein Ereigniß, wie der Auszug eines Königssohnes, mit solchem Heere, ein so rühmliches Mißgeschick, in solche Vergessenheit gerathen sein sollte? Und was **ist es** denn, um dessentwillen man sich solchen Conjecturen unterziehen, solche Unwahrscheinlichkeiten vergessen zu müssen glaubt? Der glaubwürdige Charakter eines Schriftstellers, der aller Orten das völlige Gegentheil historischer Treue zu Tage legt, die Authencität einer Erzählung, die durch ihren Gewährsmann selbst auf der Stelle widerrufen wird. Denn einige Seiten weiter führt Albert den Sultan von Iconium, der nach ihm etwa im Januar 1098 den dänischen Fürsten in Kleinasien erschlagen hätte, um dieselbe Zeit in Antiochien und Mosul ein[4]: man sieht, **wie** sehr diese Angaben verdienen, daß die ganze Geschichte und geschichtliche Literatur Dänemarks im 11. Jahrhundert nach ihnen modificirt werde.[5]

Eine natürliche Frage bei Verneinungen dieser Art ist die nach)

---

1) Ann. Albiani ap. Langebeck t. I. p. 202.

2) Saxo p. 226 sqq., über die Fabel von der Exaltation Erich's durch Musik. Vgl. Dahlmann Dänemark I. p. 209.

3) Saxo p. 223. Anon. Roskild ap. Lgb. I. p. 379. Im J. 1088.

4) Freilich ist die Nachricht von Suleiman's Abwesenheit in Mosul oder Samarkand ebenso fabelhaft, vgl. oben S. 89, doch wird man für Swen's Existenz daraus kein ferneres Argument gewinnen.

5) Schon **Mailly** esprit des crois. IV. p. 111—115 bezweifelt die Glaubwürdigkeit **der** Albert'schen Erzählung, ohne sich jedoch **bestimmt** entscheiden zu können. Gibbon hist. of the decline etc. p. 1072 führt das an; Münter Kirchengeschichte II. 718. ist gleichfalls ungewiß. Plancher hist. de Bourgogne I. p. 280 hat Florina ebenso vergeblich gesucht; die Nichtigkeit der Sache ist ihm so klar, daß er **gar** keine Worte darüber verlieren will.

dem Ursprunge der Fabel, und in dem vorliegenden Fall halte ich eine wenigstens wahrscheinliche Antwort für möglich. Nationalen Gehalt möchte ich ihr allerdings retten durch die Annahme, daß sie von den dänischen Schaaren im byzantinischen Reiche herzuleiten sei, die auch in dem Heere vorkommen, welches Alexius zum Entsatze Antiochiens gerade bis Philomelium heranführte.[1]) Man kehrte damals ohne beträchtliche Thaten wieder um, und wie die Lust nach Saracenenkämpfen sich dann solche Vorgänge erschaffen konnte, ist begreiflich genug. So war es ein Erzeugniß dänischen Volkssinnes, welches noch in lebendiger Ueberlieferung bis zu Albert gelangte, aber freilich in Dänemark selbst erst durch gelehrte Studien einge= führt werden mußte.

Auf einen anderen Boden treten wir nun allerdings, indem wir die poetische Gestalt des Herzogs von Lothringen wieder auf= suchen, die seit dem Tage von Dorylänm sich unseren Blicken fast ganz entzogen hat. Wir gaben an, wie er vor Tarsus mittelbar, doch nicht weniger glänzend verherrlicht wurde, wie dann aber auf dem Zuge nach Antiochien der päpstliche Legat durchaus in den Mittelpunkt des Heeres trat. Albert scheint nun in folgender Er= zählung, die uns noch einmal nach Pisidien zurückführt, den Schlüssel zu der Unthätigkeit des Herzogs zu geben.

Die Fürsten, sagt er[2]), nach den Leiden der wasserlosen Wüste in Klein=Antiochien angelangt, beschauten die Gegend, wie sie voller Forsten und zur Jagd geeignet war, nahmen Bogen und Köcher und zogen über Bäche und Wiesen in den Schatten des Waldes hinaus. Da ereignete sich, daß Gottfried allein im tiefsten Dickicht einen armen Pilger aus den Klauen eines gewaltigen Bären errettete, das Unthier erlegte, selbst aber im Schenkel gefährlich verwundet wurde. Die Genossen kamen herbei, die gottlose Kunde drang in das Lager und Alle eilten an die Stelle, wo der Kämpfer und Rather, das Haupt der Pilger, bleich, ermattet und blutend dahingetragen wurde. Nun siecht er viele Monate lang und das Kreuzheer kommt endlich vor dem syrischen Antiochien in die größte Noth: Boemund erleidet

---

1) **Alb.** IV. 40. Den schwachen Gewährsmann verstärkt hier die innere Glaublichkeit der Sache. Cf. Langebeck III. p. 634 in nota, sowie über das ganze Ereigniß Riant, l. c.

2) **L. III.** c. 2.

eine Niederlage, und Frömmigkeit, Zucht und Sitte ist in vollständi=
gem Verfall. Darauf hält der Bischof von Puy Rath mit allen
Geistlichen und durch die strengsten Maßregeln stellen sie Gottesfurcht
und Keuschheit wieder her. Und als so die Gerechtigkeit, fährt Albert
fort, im Volke Gottes durch den Beschluß der Fürsten stark geworden
war, um den Zorn des Herrn **zu** lindern, **da** genas Herzog Gottfried
von der Hinfälligkeit seiner Wunde.[1]

Zunächst muß hier von der geschichtlichen Seite her bemerkt
werden, daß dort in Pisidien solch ein Vorfall gar nicht gedenkbar
ist. Es weiß keiner der Augenzeugen eine Sylbe davon, vielmehr
zeigt Radulf den Herzog gleich bei dem Beginne der Belagerung
von Antiochien in voller Thätigkeit.[2] Auch andere Theile der Sage
schließen ihn völlig aus und Gottfried kämpft bei den erwähnten
Thaten Bischof Adhemar's in Helm und Harnisch wie alle übrigen
Fürsten.

Ferner ist das wesentliche Resultat der Erzählung doch nur die
Wahrnehmung, mit der Krankheit Gottfried's sei das Heil von dem
Kreuzheere, so wie nach dessen Bekehrung zum Guten die Krankheit
vom Herzoge gewichen. In diesem Zusammenhange erscheinen alle
Zwischenereignisse bedeutungslos, und der Glanz, mit dem die Ankunft
vor Antiochien geschmückt wird, zeigt sich auch von hier aus als
erwachsen aus wesentlich verschiedenem Ursprung. Die ursprüngliche
Sage von Gottfried hat Verwundung und Heilung nicht durch so
weiten Zwischenraum getrennt; einige andere, hierhin gehörige Zeug=
nisse gewinnen an dieser Stelle entscheidende Bedeutung.

Guibert nämlich erzählt den Bärenkampf mit ähnlichen Einzeln=
heiten, verlegt seinen Ort aber ohne Weiteres vor das syrische An=
tiochien.[3] Eine gleiche Angabe hat dann Wilhelm von Malmesbury
und läßt sogar den Bären zu einem Löwen heranwachsen.[4] Endlich,
wie wir erwähnten, giebt Raimund die auch thatsächlich zweifellose
Nachricht, Gottfried sei im December 1097, der übelsten Zeit der
Belagerung von Antiochien, durch Krankheit den Waffen entzogen

1) C. 57. 58. 2) Rad. c. 49.
3) Guib. p. 537.
4) Will. Malm. 144. Lupus Protosp. p. 47 setzt das Ereigniß sogar
später als die Einnahme von Jerusalem und läßt Gottfried an der Wunde
sterben.

worden. Dies zusammengenommen, scheint mir kein Zweifel mehr, die Verpflanzung nach Pisidien selbst von Seiten der Sage für eine Entstellung zu erklären: erst in Syrien wurde der Herzog kampf= unfähig, ob in der That durch ein Jagdunglück, lasse ich dahingestellt, jedenfalls sprach sich dahin die Meinung des gleichzeitigen Abend= landes aus.

Ihren Werth erhalten diese Einzelnheiten durch ihre, schon bei Albert vorhandene weitere Verbindung. Nach der Ansicht des Mythus ist Gottfried's Heilung der poetische Ausdruck für die neu gewonnene göttliche Gnade, in seiner ausgesprochenen reinen Gestalt erscheint auch die Krankheit als das concentrirte Bild eines wirklichen Unglücks, des Zustandes im December 1097. Der Zorn des Herrn ruht auf den Pilgern und offenbart sich vor Allem in der Entziehung ihres ihres von Gott gesetzten Feldherrn. Nun lösen sich ganze Schaaren auf, 15 Tausende, sagt Guibert, die nur um des Herzogs willen mitgezogen, treten die Rückkehr an. Albert erzählt von dem Zuge Boemund's und Robert's (vom 31. December 1097): beide Fürsten, heißt es, träumten ihres Weges daher, so konnte es nicht fehlen, beide wurden überfallen und schimpflich geschlagen: Gottfried's erste Maaß= regel nach seiner Genesung war es dann, diese Scharte in einem ähn= lichen, aber erfolgreichen Unternehmen auszuwetzen. Wird nun so die Wahrheit, wenn sie nicht passen sollte, entstellt, so erräth man den Nachdruck, der auf die der Sage gemäßen Thatsachen gelegt wird, das Elend und die Versunkenheit des Heeres, bis „die Gerech= tigkeit erstarkt und Herzog Gottfried von seiner Wunde erstanden ist."

Der hieran sich knüpfende völlige Umschwung kommt dann in gleicher Weise zur Erscheinung, nicht in Worten, womit der Herzog gepriesen, sondern in den Erfolgen, die ihm beigelegt werden. Gott= fried wird der Hauptsieger gegen die Mannschaft von Aleppo; und wie bei Doryläum führt er das Heer zur Rache, als Boemund und Raimund auf dem Wege von St. Simeonshafen besiegt worden sind.[1] Wir wissen, wie es damit bewandt war, wie das ganze Lager schon gegen die Antiochener unter den Waffen stand und wie wenig statt= haft die Ausdrücke sind: Gottfried rief zu den Waffen, Gottfried befahl bei Todesstrafe, daß keiner zurückbleibe ꝛc. Das folgende

[1) Alb. III. 60. 63. 64.

Gefecht, in Wirklichkeit ein Abbild besonnener Kraft neben unordent=
licher Beweglichkeit, wird hier zu einem Lanzenbrechen höchst ritter=
licher Art, in Einzelkämpfen beginnend, durch anwachsende Haufen
fortgeführt, endlich durch den Herzog und seine Ritter sieghaft vollendet.
Wie dann die ganze Belagerung in gleichem Sinne von Albert bear=
beitet worden ist, habe ich schon früher erwähnt. Die wesentlichen
Ereignisse, die Befestigungen der Christen, die Entsatzversuche der
Türken werden verwirrt und dürftig beigebracht, dafür reiht sich an
die Verherrlichung Gottfried's eine Ueberzahl einzelner Thaten, Zwei=
kämpfe, Leiden und Auszeichnungen lothringischer und nordfranzösi=
scher Ritter. Endlich das wichtigste Ereigniß, die Einnahme der
Stadt, wird völlig in denselben Kreis hineingezogen. Wir werden
sehen, daß sich Gottfried in der entscheidenden Nacht im Lager be=
fand und Boemund die Mauern erstieg: Albert kehrt dagegen den
Hergang völlig um: Boemund, obgleich Anstifter der Uebergabe,
bleibt zurück, und Gottfried und Robert von Flandern, jener mit
Boemund's Ring versehen, um sich gegen Firuz auszuweisen, voll=
bringen die Eroberung.[1]

Kurz, wir bemerken, wenn in den früheren Theilen der Kreuz=
zugsgeschichte die Sage von Gottfried nur bruchstücksweise und ab=
gerissen vorkommt, so steht sie hier auf der Höhe ihrer Geltung und
erfüllt den Raum des Krieges in herrschender Ausführlichkeit. Ihr
Charakter ist immer derselbe: die festen Formen der irdischen Hand=
lung lösen sich auf in dem Glanze und der Unbestimmtheit ritterlichen
oder religiösen Heldenthums; ohne daß man ein Wie und Warum
erführe, knüpft sich Glück und Unglück, Heil und Vernichtung an die
Person des einen von Gott gesetzten Herrn an. Weiterentwickelung
im wesentlichen Gehalte ist an dieser Stelle noch nicht sichtbar: ich
unterlasse also die Aufzählung einzelner Züge, um nach den echten
Zeugnissen den Fortgang der Thatsachen, wenn es möglich ist, fest=
zustellen.

Einnahme von Antiochien.

Die Sperrung sämmtlicher Thore führte bald das von den Be=
lagerern beabsichtigte Resultat herbei: während sie selbst durch Ar=

---

1) Alb. IV. 21.

menier und Genueser reichliche Zufuhr erhielten, lähmte ein täglich anwachsender Mangel, verbunden mit dem Verlust in dem letzten Gefechte, die Kräfte der Stadt vollkommen. Ein Gesuch um Waffenstillstand, zu dem sich **Bagi Sijan** bald darauf genöthigt sah, wurde von den fränkischen Fürsten bewilligt, wohl in der Hoffnung, es werde nur der Anfang weiterer Unterhandlung sein. Die christlichen Verschanzungen, so wie die Thore der Stadt wurden geöffnet; die Türken aber, nachdem sie einige Vorräthe hereingebracht, fielen über die Franken her, tödteten eine beträchtliche Anzahl und zogen sich unversehrt in die Mauern zurück.[1]) Indeß waren die Früchte dieser Treulosigkeit rasch geschwunden, und die Hungersnoth erneuerte sich **doppelt** beschwerlich: doch vernahm man auch von den bald beendigten **Rüstungen** in Mosul und Damascus, und sah, nur noch kurzes Ausharren würde vollständige Rettung bringen. Bagi Sijan bedachte sich nicht lange; er gab den Befehl, **wer von** den Einwohnern noch Lebensmittel besäße, sollte die Hälfte **davon** zu gemeinem Nutzen ausliefern; trotz manchen Widerstrebens und, mit großer Härte wurde die Verordnung ausgeführt.[2]) **Dabei blieb** der Emir indeß nicht stehen, sondern wandte sein Augenmerk ferner auf einzelne Begüterte: die Folge davon **waren** mehrere Bedrückungen gehässiger Art, deren eine endlich die letzte Entscheidung des Krieges herbeiführte. Nach der türkischen Occupation waren eine Menge der christlichen Einwohner zum Muhamedanismus übergetreten; sie bewahrten dann unter den neuen Glaubensgenossen dieselbe vornehme oder geringe Stellung, die sie nach Abstammung, Reichthum und Amtswürde in früherer Zeit eingenommen hatten. Einer der Angesehensten dieser Renegaten, armenischen Geschlechts, war Firuz Az Zerrad[3]), Befehlshaber eines Eckthurmes **an der** Westseite der Stadt[4]), der zu der allgemeinen

---

1) Anselm. p. 432. Guib. p. 553 aus diesem. Mit starken Ausschmückungen Gilo p. 229, danach Rob. mon.

2) Rad. c. 62. Cf. Raim. p. 148.

3) Pyrrhus bei den Abendländern, Firuz nach Ibn Giuzi **p. 7**, Zerrad, Panzerschmidt, nach Kemaleddin ibid. Will. Tyr. nennt ihn emir **Feirus e familia Beni** Zerrad, p. 704. Daß er ein Renegat war, zeigen Anna **Comn.** p. 319. Rad. c. 62. Raim. **p. 729.**

4) Rad. c. 63. Die Gesten u. A. lassen ihn drei Thürme befehligen; der Irrthum rührt wohl daher, **daß die Christen im ersten** Anlauf drei Thürme besetzten. **Fulcher** p. 792.

Contribution seinen Antheil vollständig beigetragen hatte. Ihm ließ Bagi Sijan die Hälfte seiner noch übrigen Vorräthe hinwegnehmen und wies Vorstellungen und Flehen unerbittlich zurück. Firuz, leidenschaftlich entschlossen, ergriff den Vorsatz, die Härte des Emirs an der ganzen türkischen Bevölkerung zu rächen und die Stadt den Franken in die Hände zu liefern.

Boemund war damals unter den Orientalen mehr als irgend ein anderer Fürst berühmt[1]); sie hielten ihn für den Anführer des Kreuzheeres, sie wußten, sagt Wilhelm von Tyrus, daß er alles, was nach Außen hin geschah, unbedingt leitete.[2]) An ihn wandte sich der Armenier, an ihn, der um dieses Zieles willen bereits das gesammte christliche Lager erschüttert hatte: man kann sich denken, wie schnell die Beiden zum Abschluß gelangten.[3]) Boemund ging darauf den Fürstenrath mit der erneuerten Verheißung an, der Stadt ohne beträchtliche Anstrengung Meister zu werden, doch werde er seine Mittel nur dann in Thätigkeit setzen, wenn man ihm die Herrschaft daselbst überlasse. Noch einmal siegte die Meinung unter den Fürsten, eine solche Verheißung sei nicht zuzulassen, und stehe wegen der Verpflichtungen gegen Kaiser Alexius nicht in ihrer Macht; Boemund wurde zurückgewiesen und gab scheinbar seine Anforderungen, zugleich aber auch seine Versprechungen auf.[4]) Unterdeß verstärkten sich die Gerüchte über die umfassenden Rüstungen der östlichen Seldschuken, tagtäglich kamen drohendere Nachrichten; man vernahm, eine unendliche Macht versammele sich unter Kerbuga's Befehl, alle Emire ohne Ausnahme seien in Waffen, die ganze Kraft des Seldschukenreiches erhebe sich gegen den Kreuzzug. Gegen die Stadt kam man nicht weiter, auf die Mauern geschah kein Angriff, die Blokade zeigte keine Erfolge. In den **ersten** Tagen des Juni lief die Botschaft **ein**, Kerbuga habe den Euphrat überschritten, und werde in kürzester Frist Antiochien erreichen: im christlichen Lager verkannte man nicht länger

---

1) So wie in späterer Zeit der Graf von Toulouse.
2) Will. Tyr. p. **704.**
3) Den Abendländern ist das Motiv der Verrätherei nie sehr bekannt geworden; die Gesta, Tudebod, hist. b. S. und Guib. gehen stillschweigend darüber hinweg; über die mannichfaltigen Schöpfungen der mündlichen und dichterischen Ueberlieferung vgl. oben, zur Kritik, Capitel 2.
4) **Gesta** und Copisten.

die Dringlichkeit der Gefahr und die dunkelste Aussicht, wenn bis dahin die Stadt nicht falle.[1]) Graf Stephan von Blois verlor die Hoffnung gänzlich: unter dem Vorwande einer Krankheit hatte er das Lager verlassen und befand sich bereits entfernt in Alexandrette. In dieser Stimmung traten die Fürsten von Neuem zusammen, und jetzt fand Boemund **ein** bereitwilliges Gehör.[2]) Ohne Ausnahme fielen ihm die **Fürsten** bei und versprachen ihm einstimmig, wenn er sie errette, den Besitz **von** Antiochien. Auch Raimund von Toulouse gab seinen Widerspruch auf; es ist unrichtig, wenn Wilhelm von Tyrus **und alle** Späteren das Gegentheil versichern.[3])

Es ist keine Frage, daß der Fürst von Tarent das verwegenste Spiel, das sich ersinnen läßt, mit seinem Glücke und seinen Genossen gespielt hat. Ihn bekümmerten die Verluste nicht, die er dem Kreuz= heere ersparen konnte, wenn er uneigennützig die Einnahme sogleich herbeiführte; ohne Rücksicht auf den unausbleiblichen Ruin im Falle des Mißlingens blieb er unthätig bis auf den äußersten Moment; er wollte den Gewinn, den er sich einmal erkoren und nichts Anderes, nichts Geringeres, und hätte er und mit ihm alle seine Gefährten zu Grunde gehen sollen. Ich weiß nicht, wie man ohne ein positives Nichtwollen von seiner Seite, die gänzliche Unthätigkeit der Christen erklären will, wenn nicht vom October 97, aber doch vom März 98 **an,** wo die Stadt völlig eingeschlossen und die Mittel der Ver= theidigung ganz und gar reducirt waren. Er hat es mehrmals ge= zeigt, daß er für sich allein die Kraft des Heeres zu beleben ver= mochte; ohne Frage hatte er auch die Fähigkeit, wenn es ihm paßte, alle Unternehmungen in Stillstand zu bringen. Sein Wunsch mußte es sein, **das** Heer vor Antiochien festzuhalten, bis es ihm die Stadt

---

1) Alb. p. 244 sagt: Als man bestimmte Nachricht über Kerbuga's An= rücken erhielt, rieth Gottfried, man sollte ihm in Helm und Harnisch entgegen gehen und ihn **mit Gottes Hülfe besiegen;** da tritt Boemund **auf.**

2) Rad. c. 64 berichtet, zuerst habe Boemund den Bischof von Puy ge= wonnen.

3) Radulf, Raimund, die Quellen alle wissen von keinem Widerspruche des Grafen von Toulouse; auch ist der Ursprung der Wilhelm'schen Nachricht sehr leicht erkennbar. Kemaleddin hat die Vorstellung, die Fürsten hätten einen wochenweisen Wechsel des Oberbefehls festgesetzt; in wessen Woche die Stadt ge= wonnen **würde,** der sollte **sie haben.**

für sich hinzunehmen erlaubte; so viel ist gewiß, daß sein Wille oder ein günstiges Geschick diesen Wunsch in Erfüllung gehen ließ.

Ueber die Eroberung, welche das Schicksal des ersten Kreuzzuges bestimmte, und durch den ganzen Occident die lebhafteste Bewunderung rege machte, sind wir vielfach unterrichtet. In den Gesten liegt uns der Bericht eines Selbsthandelnden vor, gedrängt und kurz, aber höchst anschaulich, höchst glaubwürdig. Von abendländischer Seite geben Raimund und Radulf schätzbare Ergänzungen; Kemaleddin bringt authentische, im Orient fortgepflanzte Notizen herzu. An diesen Kern — das Einzige, woran ich in der folgenden Erzählung festzuhalten gedenke — reiht sich nun eine beträchtliche Menge von Nachrichten, die auf dem verschiedensten Boden erwachsen, nur für die Erkenntniß dieses Bodens Interesse haben. Sie zeigen uns, welchen Eindruck das gleichzeitige Abendland von jenem Erfolge seines Heeres empfing, und wie das Bild der Thaten schöpferisch auf das Gemüth der Hörer zurückwirkte. Die Vergleichung der Copisten der Gesten, Albert's von Aachen, der Chansons und Wilhelm's von Tyrus giebt dazu aller Orten die Belege.

Nachdem Boemund mit den übrigen Fürsten übereingekommen, setzte er mit Firuz Ort und Stunde auf das Genaueste fest. Firuz rieth, um die Aufmerksamkeit der Besatzung abzulenken[1]), möchte man das Heer so geräuschvoll wie möglich zu einer Expedition in das Gebirge hinausführen[2]); dann in **der** Nacht mit einer Abtheilung am Fuße jenes Thurmes bereit stehen; sei Gefahr vorhanden, so werde er **zwei Steine,** im günstigen Falle nur einen hinunterwerfen.[3]) Am Abend des 2. Juni hatte man alle Vorbereitungen beendigt und die folgende Nacht zur Ausführung des Unternehmens bestimmt. Abends sandte Boemund seinen vertrautesten Diener durch das Lager und machte bekannt, eine Abtheilung der Normannen solle sich zu einem Streifzug gegen ein herannahendes türkisches Heer anschicken. Als es dämmerte, rückten sie aus, Reiter und Fußvolk, meist Normannen, doch auch einige Franzosen mit ihnen.[4]) Boemund führte

1) Will. Tyr. p. 708 setzt hier **die** bekannte Geschichte hinzu, Bagi Sijan habe Verrath befürchtet, Firuz darauf selbst auf Wechsel der einzelnen Posten für den folgenden Tag angetragen, in der Nacht dann den Verrath vollzogen. 2) Gesta und Copisten. 3) Rad. c. 66. 4) Nach den Gesten sollte es scheinen, als sei das ganze Heer aufgebrochen,

sie durch das Gebirge, hier brachten sie die Nacht unter fortdauern= den Hin= und Hermärschen zu. Endlich, kurz vor Sonnenaufgang näherten sie sich den bestimmten Thürmen: in einiger Entfernung machten sie Halt und Boemund sandte einen Vertrauten zur Erkun= digung voraus. Der kam zurück: es stehe gut, doch solle man die Fackeln, die man auf der Mauer erglänzen sah, vorübergehen lassen.[1]) Als Alles ruhig geworden, schlich Boemund selbst zu dem Thurme und rief den Armenier an; keinem Anderen wollte er dies Gefähr= lichste überlassen.[2]) Firuz warf ihm einen Strick zu, schnell war eine Leiter befestigt, dann eilte der Normann zu den Truppen zu= rück: jetzt ersteigt sicheren Muthes Antiochien, es wird in Euerer Hand sein, so Gott will. Nur sechzig ließ er zuerst hinaufklimmen, die sogleich den Thurm des Firuz und die beiden zunächst gelegenen be= setzten; dann wartete er auf eine Aeußerung des Erfolges. Firuz harrte nicht minder auf stärkere Macht; als niemand kam, rief er ungeduldig und in heftiger Angst: das sind der Franken wenig, wo ist Boemund, wo ist der unbesiegte Held? Ein longobardischer Knappe entschloß sich, hinabzusteigen; er eilte zu Boemund, gab ihm Kunde, und nun drängte sich Alles in fröhlichem Laufe zur Mauer.[3]) Unter dem Rufe, Gott will es, dem ersten Laute, der bei der Unternehmung erklang, erstiegen sie den Thurm, verbreiteten sich nach beiden Seiten **über** die nächsten Werke, und metzelten nieder, wen sie antrafen. Unterdeß entstand Leben in der Stadt, man wurde inne, wie sich Bewegung zuerst in der Nähe, dann Tumult in allen Quartieren

---

doch zeigt **der** Verlauf des Ereignisses deutlich, daß nur von einer einzelnen Abtheilung die Rede sein kann. Die beiden ersten auf der Mauer waren Fran= zosen, Fulcher **aus** Chartres, ein Ritter, nicht der Geschichtschreiber, Raim p. 189, und dessen Bruder Boellus oder Budellus. Rad. l. c. Die hist. b. S. c. 63 nennt ihn Paganus, ebenso Baldr. p. 710.

1) Die Patrouille ging mit Fackeln. Raim. l. c. Bei Albert kommt sie erst, als die Christen schon oben sind und wird auf der Stelle niedergemacht.

2) Brief der Fürsten: ego B. scalas parum ante diem muro applicui.

3) **Will.** Tyr. p. **710** sagt, Firuz habe zuerst seinen Bruder, der mit auf der Wache stand, ausgeforscht, sei aber von diesem schnöde zurückgewiesen worden. Als darauf Boemund heraufklettert, ergreift er dessen Hand und ruft: vivat haec manus. Anselm. p. 432 sagt, die Stadt sei durch drei Bürger verrathen worden. **Ibn** Giuzi l. c., die Franken seien durch ein Gitterfenster der Mauer hineingeklettert.

erhob, um so eifriger drängte man sich herzu, die Leiter brach, aber
man fand und öffnete eine Ausfallpforte, jetzt warfen sie sich mit
hellem Haufen in die Stadt. Boemund trieb sie nach den Thoren
hin, um den übrigen christlichen Schaaren Eingang zu schaffen; dann
unermüdlich und stets die entscheidenden Stellen im Auge, eilte er
in das Lager zurück, um hier des letzten, nothwendigen Angriffes
gewiß zu sein.[1])

Außer Gottfried, Raimund, dem Bischof von Puy und den
beiden Roberten wußte hier niemand von dem, was sich in solcher
Nähe und Wichtigkeit zutrug, doch hielt die Vorsorge der Führer
die Truppen bereit. Plötzlich, bei dem ersten Dämmern der Morgen-
röthe, vernahm man innerhalb der Mauern den wildesten Tumult.
Die Besatzung des Brückencastells, der Stadt am nächsten, unterschied Geschrei der Weiber und Kinder mitten durch den Waffenlärm
hindurch; sie sagten: ihr Entsatz langt an — nein, rief ein Anderer,
das ist kein Jubelgeschrei[2]); zugleich ging durch das Lager der Ruf
zu den Waffen; der Tag brach an, sie sahen normannische Feldzeichen auf dem Berge in der Stadt, nördlich von der Citadelle.
Sogleich warf sich jede Schaar in nachdrücklichem Anlauf auf das
Thor ihr gegenüber, die Türken, den Feind in unbekannter Stärke
unter sich und von allen Seiten auf das Hitzigste angegriffen, leisteten
wenig Widerstand; sie gelangten überhaupt nicht mehr zur Besinnung,
viel weniger zu rechtem Kampfe. Im Moment waren die Thore
sämmtlich überwältigt, Flucht, Morden, Verfolgung durch alle Straßen,
grenzenloses Entsetzen auf der einen, losgelassene Wildheit auf der
anderen Seite, so wurde kein Gefangener gemacht und kein Fliehender
verschont. In wildem Jagen ging es durch die Straßen, man trieb
die Ungläubigen wohl in jene Felsentiefen hinein, die den südlichen
Theil der Stadt zerrissen, kein Haus, kein Schlupfwinkel gab Schutz,
Männer und Weiber, Greise und Kinder wurden erschlagen.[3]) Die

---

1) Radulf c. 67. Die Angreifer sind in der Stadt, darauf: ad portas
descendunt nostri, — Boamundo aperiunt alteram, quae Boream incipit
et pontem Raimundo. Ad illam per abrupta, per avia Boamundus descen-
derat etc.

2) Raim. p. 149. Albert sagt, die Türken selbst hätten Kerbuga in der
Stadt geglaubt, offenbar nur eine Umkehrung der Fabel bei Gilo, die Franken
hätten Kerbuga's Truppen für das Heer des Alexius gehalten.

3) Die Details in den Gesten, Raimund, Radulf, Kemaleddin.

Christen in der Stadt führten die Schwärme der Verfolger, zeigten ihnen die versteckten Schlachtopfer und die reichsten Häuser; zuweilen kam es vor, daß der zügellose Blutdurst sich auch auf sie warf, dann retteten sie sich durch lautes Anstimmen geistlicher Lieder.

Unterdeß raffte Schams Eddewlet etwa 3000 Mann zusammen, mit denen er alle Angriffe einzelner lateinischer Schaaren zurückwies, die Citadelle erreichte und sich dort einschloß. Auch hier war Boemund den Uebrigen voraus, er erkannte die Wichtigkeit des Postens und griff ihn auf das Entschlossenste an.[1] Diesmal aber war es vergeblich, die Türken widerstanden verzweifelten Muthes, endlich wurde Boemund selbst im Schenkel verwundet und zog seine Truppen zurück. Der alte Bagi Sijan irrte mit wenigen Begleitern durch die Straßen, ohne Nachricht von dem Erfolge des Sohnes, er hielt Alles für verloren und entfloh durch ein kleines Ausgangsthor in das Gebirge. Noch war er nicht weit gekommen, so waren seine Kräfte zu Ende, seine Begleiter fanden ein Dorf, nicht weit von Tancred's Kloster, wo sie eine Weile zu rasten gedachten. Bald aber wurden sie von armenischen Bauern entdeckt, die bereits weit in der Gegend umher in Bewegung waren; der greise Emir nahm hier nach einem Leben voll von Unruhe und Gewaltsamkeit ein gewaltsames ruhmloses Ende. Haupt und Wehrgehenk wurde dem Fürsten von Tarent überbracht. Unterdeß war es in Antiochien ruhig geworden, der Kampf war beendigt und das Schlachten vorüber, weil man keinen Feind mehr zu opfern fand. Die Eroberer, mit Beute aller Art beladen, verließen die Mauern, weil ihnen selbst der Modergeruch beschwerlich fiel, und erst nachdem die christlichen Einwohner für die nothdürftigste Reinigung Sorge getragen hatten, begann Raub und Plünderung von Neuem. Die wenigen Vorräthe, die man noch vorfand, wurden in brutalen Festlichkeiten verschleudert, und zwei Tage lang tobte der lärmende Jubel durch die blutbefleckten Straßen: die Fürsten, von diesem Getümmel umringt und nicht im Stande ihm Einhalt zu thun, mochten besorgt genug der Nachrichten von Osten harren.

---

1) Gilo und nach ihm der Mönch Robert erwähnen dies Gefecht allein. Die Nachricht hat in sich die größte Wahrscheinlichkeit. Die Fürsten melden Urban nur: wir konnten das Castell nicht einnehmen; als wir es am anderen Tage angreifen wollten, kam Kerbuga heran, der uns am dritten Tage einschloß.

Neuntes Capitel.

Krieg des Kerbuga von Mosul.

Vergegenwärtigen wir uns hier in Kurzem die allgemeinen Verhältnisse des Orients, und die Einwirkungen, welche der Verlauf des Kreuzzuges daselbst hervorgerufen hatte.

Die Christen, obgleich eben erst in das Land eingedrungen, hatten doch jetzt schon eine bedeutende Macht gewonnen. Das Emirat von Jconium war von ihnen in seiner ganzen Ausdehnung durchzogen und kampfunfähig gemacht worden.[1]) Hier und weiterhin war die christliche Bevölkerung in Bewegung, und noch vor Ende des Jahres 1097 hatten die Türken Cilicien, einen Theil von Kappadocien und das Euphratese räumen müssen. Rasch nacheinander war dann 1098 durch Balduin Edessa und Mesopotamien, durch das große Heer trotz der einzelnen türkischen Feldzüge Antiochien eingenommen worden, und für weitere Fortschritte hatte man sehr bestimmte, wenn auch noch nicht festbegründete Maßregeln vorbereitet. Auf der einen Seite war nämlich Alexius mit einem starken griechischen Heere auf dem Marsche durch Kleinasien begriffen und hatte an mehreren Stellen schon den Kampf mit den Türken begonnen: auf der anderen stand man mit den Fatimiden in Verhandlungen, welche gerade damals von dem Abschlusse wenig entfernt erschienen. Ich erwähnte, wie man von Nicäa aus die Verbindung mit Kahira eröffnete, und vor Antiochien im Februar 1097 die ersten Mittheilungen Al Afdal's empfing: auf diese hin schlug man dem Wesire

---

1) Daß Kilidsch Arslan nicht, wie Albert angiebt, im Heere Kerbuga's war, beweist Kemaleddin's Stillschweigen hinreichend.

einen gemeinsamen Krieg gegen die Seldschuken vor, nach dessen Beendigung Jerusalem mit seinen Pertinenzen den Lateinern, alles
Andere, gleichviel **von wem erobert**, den Aegyptern zufallen sollte.
Man hoffte **mit** Sicherheit, hierdurch zum Zwecke zu gelangen, und
versprach sich **dann** von dem Bündnisse bedeutenden Erfolg: auch
war, so **wenig ein** unbetheiligter Betrachter **in** jene Hoffnungen ein-
stimmen **wird**, den Seldschuken **und Griechen** die Unterhandlung
keineswegs gleichgültig. Christliche Berichte melden[1]), **jene** hätten
den **Fatimiden** nebst anderen Zugeständnissen **die Anerkennung** Ali's
versprochen, Kaiser Alexius aber den Khalifen sogar zu einem Bündniß gegen die Pilger zu bereden gesucht. Wie mir scheint, kann der
Inhalt dieser Vorschläge schwerlich **auf** Glaubwürdigkeit Anspruch
machen: man erkennt sehr leicht die Möglichkeit solcher Befürchtungen
von Seiten der Pilger, nicht aber den Zusammenhang der Propo-
sitionen, weder **von** griechischer noch von türkischer Seite, mit den
wirklichen Ereignissen und Zuständen. Die Anerkennung Ali's, d. h.
der ägyptischen Oberhoheit, wäre höchstens den syrischen Fürsten zu-
zutrauen, und hinsichtlich Kaiser Alexius' werden wir später nachweisen, wie in diesem Zeitpunkt bei ihm feindliche Absichten gegen
die Kreuzfahrer alle nur denkbare Gründe gegen sich haben. Freilich stützt sich Raimund Agiles auf die authentischen Briefschaften,
die sich nach seiner Aussage in der Beute von Ascalon vorgefunden
hätten, und jedenfalls wird man an der glänzenden Stellung nicht
zweifeln können, welche die Fatimiden **in** diesem Augenblick ein-
nahmen, damals als Lateiner, **Griechen und** Seldschuken sich wechsel-
seitig ängstigten, und alle die einzige noch unbetheiligte Macht mit
dringenden Anforderungen umwarben.

Wir haben gesehen, wie Sultan Berkjarok während des Jahres
1097 die Lateiner ihre Unternehmungen ungestört fortsetzen ließ, und
durch die inneren Kriege beschäftigt den angegriffenen Landschaften
höchstens mit Versprechungen zu Hülfe kam. Nun aber zeigte sich
mehr und mehr, wie wenig die territorialen Kräfte zur Hemmung
dieses Stromes ausreichten, und im März 1098, als Balduin hart
an den Grenzen des Emirates von Mosul sich festsetzte, erhielt Kerbuga die Vollmacht, alle Kräfte des Reiches gegen die unbefugten

---

1) Raim. p. 164.

Eindringlinge aufzubieten. Er rüstete darauf mehrere Monate hin=
durch, und brachte ein Heer zusammen, welches an Zahl und Pracht
die fränkischen Gegner weit überbot. Die Angaben wechseln zwischen
200 und 600,000 M., deren größter Theil aus Reiterei bestand;
die syrischen Häuptlinge bis auf Ridwan hatten sich angeschlossen,
Dekak und Taghtigin von Damascus, Dschanah Eddewlet von Emessa,
Sokman und Ilgazi von Jerusalem, endlich Muhamed Ibn Wettab
mit seiner arabischen Schaar. Streitkräfte von solchem Belange
konnten hinreichend erscheinen, sämmtliche Erfolge des Feindes **mit**
einem Schlage zu vernichten: das große Heer der Kreuzfahrer war
damals noch vor Antiochien beschäftigt, und wenn dessen Besiegung
gelang, so stürzte das ausgedehnte aber schwach gestützte Gebäude
griechischer, **armenischer und** fatimidischer Aussichten und Entwürfe
unrettbar zusammen.

Hier war nun das Glück der Pilger, daß Kerbuga nicht er=
kannte, wo die Entscheidung für das ganze Unternehmen zu suchen
war. Auch er kam nicht über den beschränkten egoistischen Stand=
punkt hinaus, welcher die Thätigkeit der Saracenen in diesem ganzen
Kriege unwirksam machte: er sah nur auf die eigene von Balduin
bedrohte Grenze und wandte seine Operationen statt gegen die Quelle,
nur gegen die nächste Aeußerung des Uebels. Er überließ einstweilen
noch Antiochien seiner eigenen Kraft und belagerte drei Wochen lang
den Grafen Balduin in Edessa, der sich seiner nachdrücklich **zu** er=
wehren und mit großer Gewandtheit sein Heer **dort** festzuhalten
wußte. Die Gegend um Edessa wurde schrecklich verwüstet, aber
für die türkische Sache nichts gewonnen; endlich bewirkten die drin=
genden Vorstellungen Bagi Sijan's, daß man diesem nutzlosen Treiben
ein Ziel setzte und gegen Ende Mai sich anschickte, dem hartbedrängten
Antiochien endlich und entscheidend zu Hülfe zu kommen. Auch jetzt
ruhte Balduin nicht, sondern folgte dem Feinde mit allen Streit=
kräften, die er aufzubringen vermochte; doch war er allerdings nicht
stark genug, den Marsch solcher Heeresmassen wesentlich zu er=
schweren.[1]) Sie erreichten den Euphrat, belagerten Tellmiß oder
Tellmeneß, einen **Ort,** dessen Einwohner ihre türkische Besatzung ver=

---

1) Matth. Eretz p. 310 ist am Ausführlichsten hierüber. Auch Alb. Aq.
IV. 10. giebt Nachricht davon, **doch** läßt er Kerbuga **nur** dies aliquot ver=
weilen.

trieben hatten[1]), und langten endlich in Artasia auf antiochischem Territorium an. Von Artasia gingen einzelne Haufen bis an die Eisenbrücke des Orontes vor, und trafen hier mit den ersten Franken, einer Abtheilung lothringischer Reiterei, zusammen, die von Antiochien aus auf die Nachricht der türkischen Bewegungen daselbst aufgestellt worden war. Sie nahmen die Brücke und vernichteten die Besatzung[2]); aber die wichtigste Aussicht auf unmittelbaren Erfolg war damals schon versäumt und unwiederbringlich dahin. Es war der 6. Juni, drei Tage nach der Eroberung Antiochiens[3]), nur um so kurze Frist war man zu spät gekommen. Die Bedrängniß Edessas **hatte** die Christen gerettet; das fränkische Heer war unausbleiblich **verloren** ohne jene Wochen, welche Armenien dem feindlichen Heere **kostete.**

Als die Türken ihren Sieg verfolgend an die Stadt kamen, erfuhren sie, daß hier statt der Rettung nur noch von Rache die Rede sein könnte. Ihre Anführer setzten sich mit der Citadelle in Verbindung, Schams Eddewlet bat um Hülfe und versprach den Geboten Kerbuga's unbedingte Folgeleistung. Jene machten dem Haupttheere ihre Meldungen und am 8. Juni langten die Schaaren, das nördliche Orontesufer hinunterziehend, vor dem Castell der Provenzalen an, welches jetzt mit veränderter Fronte, wenn man den Ausdruck erlauben will, den Christen als Brückenkopf diente.[4]) Kerbuga beschloß seinen Angriff von anderen Seiten her als die Christen bereinst zu beginnen; und ließ demnach auf der Ostseite der Stadt, deren ebener Boden die leichteste Annäherung erlaubte, nur jenen Vortrab, der die Eisenbrücke gestürmt hatte. Die Hauptmacht wollte er des Beistandes der Citadelle nicht berauben, die, wie erwähnt, fast ganz in der Südwestecke der Stadt lag, und beschloß trotz des unwegsamen Gebirges seine Thätigkeit auf die Westseite zu richten, dieselbe, auf welcher Firuz den Christen die Stadt geöffnet hatte. Das Heer ging unterhalb Antiochiens über den Orontes und lagerte sich der westlichen Mauer gegenüber in ihrer ganzen Länge.[5]) Schams

---

1) Kemaleddin bei Wilken II., Beilage **7.**
2) Kemaleddin, Gesta p. 16.
3) Raim. p. 149.   4) Raim. p. 150.
5) **Raim. p. 149. In principio** adventus sui — **usque** ad pontem civi-

Eddewlet, der sich jetzt außer dringender Gefahr sah, versuchte seine
Unterwerfung auf Bedingungen zu machen, allein Kerbuga ließ ihn
nicht mit einer einzigen durchdringen. Er mußte das Commando an
Ahmed Ebn Merwan abtreten, der noch an demselben Tage mit
zahlreichen Verstärkungen in die Citadelle einrückte[1]); am folgenden,
den 9. Juni, geschah dann der erste regelmäßige Angriff, **auf den
Brückenkopf**, auf der ganzen Westseite und von der Citadelle her.

Unter den Christen hatte die erste Nachricht von der Ankunft
der Feinde allem Jubel und aller Unordnung ein leider nur **zu**
spätes Ende gemacht.[2]) Die Truppen waren auf der Stelle wieder
in ihren Quartieren, die Plünderung und Vergeudung hörte auf,
und man beschloß vor allen Dingen das Nöthigste, hinreichende Vorräthe, zu beschaffen. Nach allen Seiten hin wurden leichte Schaaren
auf Fouragirung entsandt, aber die nähere Umgebung war völlig
ausgesogen, die Ferne in der Gewalt der Türken, eine dieser Abtheilungen nach der anderen kam mit leeren Händen zurück. Man
sah sich plötzlich in der bedenklichsten Lage, vor sich den übermächtigen
Feind, mitten in der Vertheidigungslinie einen starken türkischen Posten,
es schien, die Feinde hätten nur durch die Citadelle einziehen dürfen.
Dabei ein gänzlicher Mangel an allem Nöthigen, Aussicht auf Entsatz in ungewisser Ferne; es war schlechterdings nicht abzusehen, wie
die Zukunft sich gestalten sollte. Indessen beschloß man an allen
Punkten und so lange wie möglich muthige Gegenwehr zu leisten;
man war wenigstens an wilder Begeisterung, an fanatischer Erreg-
barkeit dem Feinde weit überlegen, und mußte dem Glücke vertrauen,
dessen Gunst, trotz der augenblicklichen mißlichen Lage, sich so eben
noch in glänzender Anwendung erprobt hatte.

Die Provenzalen vertheidigten am 9. Juni den Brückenkopf mit
unerschütterlicher Tapferkeit, und wiesen alle Angriffe der Muselmänner kräftig zurück. Nachts überlegten sie ihre Stellung, wie der

---

tatis pervenit. Kemaleddin: die Emire lagerten an der gebirgigen Seite der
Stadt. Ebenso Gesta p. 19.

1) Gesta und Kemaleddin. Die Fürsten l. c. sagen mit 100000 Mann.
Schwerlich ist eine feste Zahlangabe beabsichtigt.

2) Raim. l. c. ist entscheidend über jene Verschwendung, und die sogleich
ausbrechende Hungersnoth bestätigt seine Angaben. Nach Alb. p. 247 hätte
man sich mit großer Sorgfalt verproviantirt.

23*

Feind stets frische Kräfte heranführte, wie sie selbst weder auf Ent=
satz noch Verstärkung rechnen könnten: darauf am 10., als die Türken
den Sturm wiederholten, steckten sie ihre Werke in Brand und zogen
ohne Einbuße freiwillig in die Stadt zurück.[1]) Unterdeß hatte der
Kampf innerhalb der Mauern gegen die Besatzung der Citadelle ohne
Aufhören von Morgen bis Abend gestanden; die Türken entwickelten
auch hier die größte Uebermacht, ohne jedoch zu einem Erfolge ge=
langen zu können. Als die Nacht dem Streite ein Ende machte,
hatte keiner der kämpfenden Theile einen Fußbreit Landes gewonnen.
Bestimmteren Charakter aber nahm das Gefecht auf der Westseite
an, wo die Christen einen Augenblick im Vortheil, sogleich durch
energischen Ausfall die Feinde zu zerstreuen versuchten. Es gelang
ihnen, die türkischen Linien zu durchbrechen, sie löften siegesfroh be=
reits ihre Reihen zur Verfolgung und Beute auf, da sahen sie sich
plötzlich von neuen Schaaren angegriffen, und an allen Theilen über=
wältigt, besiegt, und in die Flucht geworfen. In ordnungslosem
Gewühle drängten sie dem Thore zu, hinter ihnen das Schwert der
Sieger, der engste Eingang vor ihnen; Pferde und Menschen wurden
erdrückt oder niedergehauen[2]) und selbst am Thore waren sie nicht
im Stande, den Feind zurückzuhalten. Die Sieger drangen zugleich
mit ihnen in die Stadt, so daß erst innerhalb der Mauern die
Christen sich zu neuem Kampfe sammelten. Auf Steinwurfsweite
stand man den Rest des Tages und die ganze Nacht hindurch sich
gegenüber, und ein nachdrücklicher Angriff der Franken warf erst am
Morgen des 10. die Saracenen aus der Stadt.[3]) Immer war ihr
Widerstand so nachdrücklich gewesen, daß er den Emir von Mosul
zur gänzlichen Aenderung seines Planes vermochte: er sah, daß diese
Menschen sich selber Mauer und Wall wären, wenn auch die Citadelle
ihm den weitesten Zugang in die Mauern eröffnete. Er beschloß,
keinen Sturm mehr zu versuchen, das Heer über den Orontes zurück=
zuführen, übrigens der Stadt durch abgesonderte Schaaren jede Zu=

---

1) Raim. p. 150.

2) Gesta l. c. ex parte, in qua castrum erat, also von der Süd= und
Westseite her geschah der Angriff. Raim. l. c. sagt geradezu per castellum,
doch zeigt die Erwähnung des Stadtthores und der ganze Ausfall, daß die
Türken nicht bloß von der Citadelle her stürmten.

3) Anselm S. 432 erwähnt diesen Umstand allein.

fuhr zu hindern und die Franken durch rastlose, nie ausgesetzte, stets mit frischen Truppen wiederholte Anfälle durch die Citadelle zu ermüden. Demnach ging der Haupttheil seines Heeres wieder auf die nördliche Seite des Orontes hinüber und verschanzte sich dort mit Wall und Graben.[1]) Ueberall war Waffenruhe seitdem, nur an der Citadelle brach der angestrengteste Kampf nicht einen Augenblick ab, und binnen Kurzem schien die Absicht des Emirs nicht fern mehr von ihrer Erfüllung.

Es ist keine Frage, daß diese Kämpfe den Höhepunkt alles Heldenthums und aller Leiden bilden, welche den Namen unserer Kreuzfahrer verewigt haben. Ihre zeitliche Dauer war nicht bedeutend, drei Wochen ungefähr, aber in diesem engen Raume ein Uebermaß von Elend, Gefahr und übermenschlicher Anstrengung, ohne einen Moment der Ruhe und der Erleichterung. Hier bedauert man, das Factum nicht in völlig gewissem Bestande und geschichtlicher Anordnung herstellen zu können: ein Tagebuch dieser Belagerung zu liefern, sind wir trotz vielfacher Belehrung aus verschiedenen Quellen nicht im Stande. Die Gesten sowohl als Raimund erzählen zu solchem Behuf weder vollständig noch gleichmäßig genug; Radulf's Bericht über diese Vorgänge ist völlig unbrauchbar, und Kemaleddin giebt freilich lehrreiche aber sehr sparsame Notizen. Ueber dies Alles legt sich nun die Tradition mit den wechselndsten Gestalten und den trügendsten Scheinbildern: Albert, Gilo und andere Autoren sind voll davon und haben kein anderes Ereigniß so vielfach bearbeitet und für unsere Erkenntniß in solchem Grade erschwert. Ihre hauptsächlichen Abweichungen beizubringen, werde ich in dem Folgenden nicht unterlassen: für die Sache selbst wiederhole ich, daß eine feste chronologische Anordnung nicht zu erreichen war.

Der Citadelle gegenüber, durch ein langes schmales Thal von ihr getrennt, erhob sich ein zweiter, niederer Bergrücken, derselbe, auf welchem Boemund in der Nacht der Einnahme sein Panier aufgesteckt hatte. Von hier aus deckten die Christen die Stadt gegen Ahmed Ebn Merwan; in dem Thale, durch kein Gebäude gedeckt oder gehindert, kämpfte man wie auf freiem Felde. Anfangs standen wohl nur Normannen hier zur Besatzung, bald aber wurde die

---

1) Kemaleddin.

Stelle so gefährlich, daß man dem einzigen Herzog von Lothringen die Vertheidigung der übrigen Werke überließ[1]), und alle sonstigen Streitkräfte hier vor der Citadelle vereinigte. Die Türken schlugen sich heldenmüthig, wobei ihre Ueberzahl und gute Verpflegung ihnen allen denkbaren Vortheil gewährte: die Franken dagegen behaupteten jeden Tag ihre Stellung, sahen aber an jedem Abend ihre Kräfte im Abnehmen, ihre Zahl verringert, ihre Hoffnung geschwächt. Wer hier vom ersten Tageslichte an mit Aufbieten des letzten Athemzuges gekämpft hatte, mußte mit dem Einbruche des Dunkels zur Wache; dann am Morgen sahen sie neue Gegner und unbekannte aber stets verstärkte Feinde vor sich. Mit unglaublicher Standhaftigkeit hielten sie aus in diesen Mühen des Kampfes: es kam vor, grausenhaft zu erblicken, sagt ein Autor[2]), daß mitten im Gedränge ein Fechtender zusammensank, unverletzt aber krafterschöpft, einschlief und wenn ihn kein feindliches Schwert traf, erwacht, sich wieder in den Streit stürzte. Dazu kam nun, daß in den ersten Tagen die geringen Vorräthe erschöpft waren, und mit einem Schlage eine drückende Hungersnoth hereinbrach, in welcher höchstens die Fürsten und Vornehmen sich auf eine Weile zu fristen vermochten. Nachdem man einige Tage ausgehalten hatte, warf sich die Menge des Volkes mit wüthender Begier auf die ekelhaftesten Dinge, wenn sie nur verzehrbar schienen, Gras, Baumrinden, Schuhsohlen, Panzerriemen; das Aas gefallener Pferde und Lastthiere erschien bei solchem Mangel als die kostbarste Speise. Und bei allen Entbehrungen mußte man kämpfen, streiten und alle Kräfte eines Gesunden übertreffen: wer Brot hatte, vermochte es nicht zu essen, heißt es, wer Wasser, nicht zu trinken, vor den steten Angriffen der Türken. Man faßte den Beschluß, sich in jenem Thale zu verschanzen, um einigen Schutz gegen den feindlichen Andrang zu haben; als der Kampf einen Augenblick ruhte, begann man das Werk, worauf dann von türkischer Seite sogleich ein neuer heftiger Anfall erfolgte. Hier setzte nun, während die eine Hälfte des Heeres die Feinde abhielt, die andere mitten im Gefechte den Bau fort, und am Abend des folgenden Tages hatten die Einen die Türken in die Citadelle getrieben, die Andern die Verschanzung

---

1) Raim. p. 152.
2) Gesta p. 19.

vollendet; hüben und drüben lagen vermischt die Leichen der Werk=
leute und Streitenden.[1])

Daß solche Anstrengungen nicht ohne Wirkung blieben war zu
erwarten. Bei aller Tüchtigkeit und aller Verzweiflung zeigte sich
doch Muthlosigkeit unter einem großen Theile der Truppen und
wuchs bald zu gefährlicher Höhe an. Seit dem Beginne der Be=
lagerung hatte man einzelne Ausreißer, deren Zahl sich in jeder Nacht
auf das Bedenklichste vermehrte. Viele gingen zu den Türken über,
die durch solche Berichte von dem Zustande des Heeres in Kennt=
niß gesetzt, ihre Anstrengungen natürlich verdoppelten. Andere ließen
sich an Stricken von der Mauer hinab und suchten in heimlicher
Flucht ihre Rettung: glückte es ihnen, durch die feindliche Um=
schließungslinie zu entkommen, so warfen sie sich ins Gebirge oder
eilten zum Meere, so lange dort noch Aussichten für weitere Ent=
fernung vorhanden waren. Indessen verließen die Genueser, die bis
hierin in St. Simeonshafen ausgehalten hatten, auf diese Nachrich=
ten und von türkischen Angriffen bedroht, die syrische Küste, wo wir
sie erst im Anfang des Winters im Hafen von Laodicäa wieder an=
treffen. Zuerst waren es nur Wenige und Geringere, welche so die
gemeinsame Sache aufgaben, bald aber bewerkstelligten sie ihre Flucht
in ganzen Schaaren, unter denen sich Vornehme und mehrere nam=
hafte Ritter befanden. Drei Brüder von Grautesmenil, einer davon
mit Boemund verschwägert, Guido Turfell, Lambert der Arme und
jener Vicomte von Melun, der sich neben Emicho ausgezeichnet,
werden uns genannt; sie waren hoffnungslos geworden und glaubten
an einem hoffnungslosen Unternehmen keinen Verrath begehen zu
können. Damals verweilte noch Graf Stephan von Blois in
Alexandrette, der durch diese Strickläufer — der spätere Spottname
der Flüchtlinge — unterrichtet, bei nächtlicher Weile und auf ver=
steckten Wegen bis auf die Höhe des Gebirges nördlich von Antiochien

---

1) Rad. c. 74. 75., vielleicht die einzige brauchbare Stelle bei ihm über
diese Ereignisse. Man kam zwischen dem 10. und 13. Juni damit zu Stande,
denn nach den Gestis p. 19 wurde in der Nacht darauf ein Meteor erblickt,
welches nach Raim. p. 154 einen oder vier Tage (das ist nicht deutlich) vor
Auffindung der heiligen Lanze erschien. Raimund selbst setzt zwar die Be=
festigung in die letzten Tage der Belagerung, doch scheint mir die genaue An=
gabe der Gesten glaubwürdiger.

vordrang. Als der Tag dämmerte, sah er die Zelte der Seldschuken meilenweit im Thal und Gebirge; da sank ihm der Muth, der niemals hoch gewesen, er eilte zurück und segelte auf der Stelle hinweg nach Kleinasien. Seine Entfernung hatte nachhaltigere Fol= gen als irgend eines der bisherigen Ereignisse der letzten Kämpfe, denn auf seine Aussage gab Kaiser Alexius, wie später noch zu er= örtern ist, den Vorsatz auf, die Rettung der Eingeschlossenen durch einen griechischen Angriff zu versuchen. Wir werden sehen, wie die weiteren Folgen dieses Entschlusses einzig dem byzantinischen Reiche zur Last fielen; damals aber hätte er um ein Geringes das Kreuz= heer selbst in gewisses Verderben gestürzt. In Antiochien nämlich erhielt man irgendwie, durch schnelles Gerücht oder begründete Ahnung, Kunde davon: jetzt löste sich alle Hoffnung auf; Nachts ging der Ruf durch die Quartiere, es wäre Alles verloren und auch die Fürsten gedächten zu fliehen. Sogleich stürzte Alles in wildem Auf= ruhr zu den Thoren; das Heer hätte sich gänzlich zerstreut, und ein rascher Untergang wäre damit unfehlbar erfolgt; da waren es Bischof Adhemar und Boemund, welche Allen voraus die Thore erreichten, jeden Ausgang versperrten und die wahnsinnige Menge zum Still= stehen und Bleiben vermochten.[1])

Hatten diese nun die Verzweiflung niedergedrückt, so exaltirte sie Andere; ihr Unglück war übermenschlich, sie erschienen sich auch mit mehr als irdischer Kraft begabt. Hier wachte die ganze Fülle des ascetischen Sinnes, auf dem der Kreuzzug überhaupt beruhte, eine Weile durch die neuen Eindrücke der Fremde, durch die irdischen Sorgen des Krieges zurückgedrängt, gewaltig wieder auf. Die über= mäßige Anspannung hob die Geister der Meisten völlig aus den Fugen; nachdem alles Weltliche ihnen zuwider geworden, erinnerten sie sich von Neuem, auf wessen Geheiß und unter welchen Wundern sie zu diesem Kriege hinausgezogen seien. In ihrem kurzem Schlum= mer stärkten sie himmlische Träume; die Heiligen, die Jungfrau Maria, Christus selbst erschien ihren Blicken, und verhieß gewissen Sieg und baldige Erlösung. Peter Bartholomäus, ein geringer Provenzale, kam zu dem Grafen Raimund, und meldete, der heilige Andreas habe ihm die Lanze gezeigt, mit der man Christi Leib am

---

1) Gesta p. 18. Raim. p. 152.

Kreuze durchstochen; in der Peterskirche sei sie vergraben, in ihrem Besitze werde man von aller Noth befreit werden. Bischof Adhemar, seiner Stellung und Geistesrichtung gemäß, zweifelte, der Graf aber, dessen kirchliche Gesinnung stärker von ascetischen Elementen durchdrungen war, nahm sich des Menschen an. Nun geschah, wie Raimund von Agiles erzählt, daß ein Priester, Namens Stephan zu den Fürsten kam, und ihnen berichtete, was er in der letzten Nacht erlebt hatte. Er war, sagt er, mit Mehreren Abends in der Marienkirche, **wo sie** weinend und klagend Psalmen sangen, bis die Uebrigen sämmtlich einschliefen. Er betete: Herr, wer wird in deinem Zelte wohnen und ruhen auf deinem heiligen Berge; da glaubte er einen Jüngling zu erblicken, himmlisch schön, von dessen Haupte das Zeichen des Kreuzes hinunter leuchtete; der sprach: ich bin es, Christus, was fürchtet ihr die Feinde? Bekehret euch zu mir, und gehet in den Kampf, so werdet ihr siegen in meinem Namen. Thut ab eure Sünde und vollbringt meine Gebote, so werde ich nach fünf Tagen mich eurer erbarmen. Sogleich stand dann eine Jungfrau neben ihm, leuchtenden Auges, sie sagte: wer ist es Herr, zu dem ihr sprecht? Er antwortete: ich befrage ihn nach dem Volke in der Stadt, wer das sei. O Herr, sagte sie, es sind die, für die ich alle Tage zu Euch flehe. Der Priester stieß seine Genossen an, um ein Zeugniß des Gesichtes zu haben, da verschwand aber die Erscheinung und ließ sie in tiefer Dunkelheit zurück. Er, völlig hingerissen, eilte in die Versammlung der Fürsten, erzählte dort, was er gesehen und setzte hinzu: er wolle sich von einem Thurme hinabstürzen, durch Feuer hindurchschreiten; unversehrt werde er bleiben, zum Zeugniß, daß er Wahrheit geredet habe. Es war gerade der Tag nach jenem nächtlichen Tumult; die Fürsten, selbst ergriffen oder des Anlasses froh, priesen ihn als einen Heiligen, und schwuren sogleich auf Kreuz und Evangelium, sie würden nicht ablassen von dem Kampfe für das heilige Grab. So lange noch vierzig Streiter mir folgen, schloß Tancred, stecke ich das Schwert nicht in die Scheide.[1] Der Jubel, den die Kunde davon in dem Heere hervorbrachte, war unermeßlich; und als nun vollends auf Geheiß des Grafen von Toulouse nach fünf Tagen in der Peterskirche der Fußboden aufgebrochen und

---

1) Gesta p. 18.

nach der heiligen Lanze gegraben, als nach langer Mühe spät Abends
die kostbare Reliquie gefunden und mit andächtigem Schauer dem
Volke gezeigt wurde[1]): da gab es unter Elend und Todesgefahr bei
Allen nur ein einziges Gefühl der Siegessicherheit, und der Entschluß
stand fest, das Heil in der Feldschlacht zu suchen. Es ist ergreifend,
sich diese Menschen zu denken, sterbend vor Hunger, in Ermattung
dahinsinkend, und doch Gott und seine Heiligen vor dem leiblichen
Auge, verzweifelnd in einem Augenblick, dann mit gottbegeistertem
Jubel in den Kampf hinausstürzend.

In solchem Wechsel der Stimmung vergingen jene Tage, aber
bei allem Enthusiasmus wurde die Lage stündlich trostloser, und die
Noth, die täglich dringender wurde, ließ keinen Wechsel, keine Aus=
sicht auf Erleichterung erkennen. Die Tapferkeit in der einzelnen
Gefahr blieb dieselbe, aber die dauernde Standhaftigkeit, die beste
Tugend eines belagerten Heeres, nahm mehr und mehr ab. Häufig
standen bedrohte Posten leer oder nur mit schwacher Besatzung, und
der Umstand allein, daß ein einiger Oberbefehl mangelte, erschwerte
die Herstellung der Ordnung auf das Höchste. So trug es sich
eines Mittags zu, daß Hugo Forsennet, ein Dienstmann des Grafen
Monte Scabioso, aus Boemund's Heer sich nur mit zwei Gefährten
in einem Thurme hart an der Citadelle befand, als plötzlich die
Türken, von dieser Nachlässigkeit unterrichtet, einen raschen Ueberfall,
etwa dreißig an der Zahl, versuchten. Die beiden Anderen entflohen,
und Hugo allein hielt Stand den ganzen Tag hindurch, ohne daß
irgend ein Mensch ihm zu Hülfe gekommen wäre. Drei Speere
zerbrachen in seinen Händen; er erlegte mehrere der Gegner und wies
ihre Angriffe glücklich zurück.[2]) Der Vorfall machte doch Aufsehen
und bewirkte endlich eine Maßregel von umfassenderer Art: die
Fürsten traten zusammen und ernannten für 14 Tage Boemund zum
Oberanführer des Heeres mit unbeschränkter Vollmacht, eine durch=
greifende Disciplin zu handhaben.[3]) Merkwürdig ist es, daß gerade
in dem Augenblick vollkommener Herrschaft mystischer und schwär=

---

1) Am 14. Juni. Am Ausführlichsten bei Raimund, doch sonst auch aller
Orten.

2) Gesta ibid. Raim. p. 153.

3) Raim. l. c. Es ist wichtig, dies Zeugniß eines Provenzalen zu bemerken,
da der Umstand für die Erkenntniß der Tradition nicht gleichgültig ist.

merischer Elemente die weltlichste aber befähigtste Natur des ganzen
Heeres zu der Leitung dieses unruhigen Gemeinwesens berufen wurde.
Aber Gefahr und Noth sprachen mit gebieterischem Zwange, nur das
Vermögen und nicht mehr die Gesinnung eines Menschen konnte in
Anschlag kommen, und bald sollte man erkennen, welche Mittel bereits
die Tiefe des Verfalls erforderte und wie wenig der neue Befehlshaber vor irgend einer Nothwendigkeit zurückschreckte. Zu gleicher
Zeit versagten in jenen Tagen mehrere Abtheilungen, die Krieger
liefen auseinander, versteckten sich in den Häusern und waren durch
keine Aufforderung wieder hervorzubringen. Boemund, nicht gesonnen
zu zaudern, befahl darauf, an mehreren Stellen Feuer anzulegen:
die Flammen verbreiteten schnell sich über mehrere Quartiere, so daß
2000 Häuser und eine Menge Paläste und Kirchen in Asche sanken.
Nun stürzten jene Furchtsamen hervor, in Jammer und Unordnung,
einige auch jetzt noch mit geplündertem Geräth beladen; das Feuer,
durch scharfen Wind verstärkt, dauerte bis gegen Mitternacht und
glücklicher Weise hielten die Türken, überrascht und mit dem Anlasse
unbekannt, sich ruhig.[1] Am anderen Tage sammelten sich dieselben
Menschen lärmend und in vollem Aufruhr vor den Wohnungen der
Fürsten: man solle sie zum Kampf gegen Kerbuga hinausführen,
sie fürchteten keinen Feind, nur hier eingeschlossen wollten sie nicht
verhungern.

Auch **sah man wohl, daß hier** nicht länger auszuhalten, daß
eine Entscheidung weiter nicht aufzuschieben war. Man verbarg sich
nicht die mißlichen Aussichten, unter denen hier der Kampf auf offenem
Felde begonnen und ausgehalten werden mußte, die Schwierigkeit,
nur aus den Mauern in die Ebene hinaus zu gelangen, der **man**
hier schutzlos der feindlichen Reiterei gegenüber preisgegeben war,
das Mißverhältniß endlich, in dem man nach Zahl und Rüstigkeit
der Streiter sich zu dem Feinde befand. Aber die Unmöglichkeit,
länger noch innerhalb Antiochiens auszudauern, schnitt ohne Weiteres
alle Bedenken ab, und jener Schwur der Fürsten, den sie bei Stephan's Aussage geleistet, hatte zugleich den Entschluß herbeigeführt,
bald möglichst und um jeden Preis diesen Zustand zu beendigen.
Um nichts unversucht zu lassen, fertigte man noch am 24. Juni eine

---

1) Ibid.

Botschaft an Kerbuga ab[1]), bei welcher Peter der Eremit die Auf=
träge der Fürsten empfing und ein Graf Herluin als Dolmetscher
diente. Sie stellten vor, Antiochien sei durch den heil. Petrus eine
christliche Stadt, er habe keine Befugniß, die Christen in diesem recht=
mäßigen Besitze zu stören. Kerbuga, wie zu erwarten stand, schickte
sie hinweg: einerlei, soll er gesagt haben, ob mit Recht oder Unrecht,
er wolle Antiochien: er forderte unbedingte Uebergabe und stellte nur
zwischen Muhamedanismus und Tod die Wahl.[2]) Hierauf ordnete
man Alles zum Kampfe; von geistlicher Seite wurde ein dreitägiges
Fasten anbefohlen und dann das Abendmahl dem gesammten Heere
verabreicht. Eine glühende Begeisterung herrschte in allen Schaaren;
in Gebet und Buße bereitete man sich zu dem Treffen vor und
mehrere Pilger hatten Visionen, wo ihnen Christus die Gesänge
angab, unter denen sie hinausrücken sollten. Indessen versäumte man
auch keine profane Vorkehrung; nach besten Kräften, so gering sie
waren, rüstete sich ein jeder, und die Fürsten, Boemund vor
Allen, entwarfen den Plan der Schlacht. Raimund von Toulouse,
damals erkrankt, sollte zurückbleiben zur Deckung gegen die Citadelle,
mit 200 Mann, denn mehr glaubte man nicht erübrigen zu können.[3])
Graf Robert von Flandern war so schwach, daß er nicht zu Pferde
sitzen konnte, als aber Boemund auch ihm ein Commando in der
Stadt antrug, raffte er sich auf und erklärte, er möge nicht zurück=

---

1) Hagenmeyer's Erörterung, Peter S. 361 flg., thut höchstens die Mög=
lichkeit dar, die Gesandtschaft auf den 27. Juni zu setzen, aber sicher nicht die
Nothwendigkeit. Wenn Raimund sagt, die Gesandtschaft sei erst beschlossen
worden, nachdem man den Tag der Schlacht festgesetzt hatte, so beginnen auch
die Gesten ihren Bericht mit der Angabe, man habe sich zum Kampfe entschlossen,
darauf aber noch einmal durch die Gesandtschaft ein friedliches Abkommen ver=
sucht; nach dessen Fehlschlagen, fährt der Autor fort, sei man eine Weile in
schweren Sorgen gewesen, habe sich aber den Muth durch dreitägiges Fasten,
Beichten und Gottesdienst gestärkt und sei dann am 28. Juni zum Kampfe
ausgerückt (also, wie es nach Raimund ursprünglich beschlossen gewesen). Ich
sehe in alle dem keinen Grund, die Gesandtschaft erst am dritten Tage des
Fastens abgehen zu lassen.

2) Anselm p. 432 und Raim. p. 154 stimmen fast wörtlich überein; im
Wesentlichen auch die Gesten, deren Zusätze ich noch berühren werde.

3) Raim. p. 154. Ich bin der Angabe dieses Augenzeugen gefolgt, doch
kann ich nicht umhin, auf einer Nachricht bei Orderic. p. 741 aufmerksam zu

bleiben, er werde mit hinausziehen.[1]) Das gesammte Heer theilte man darauf in sechs Schaaren[2]), deren letzte unter Boemund's eigener Anführung stand; endlich am 28. Juni, nachdem man alle Vorbereitungen beendet hatte, erging der Befehl zum Ausrücken unter dem Jubel aller Schaaren. Wahrlich, dieser Jubel war die einzige Siegesbürgschaft; alles Andere, so viel man es übersah, schien nichts als Verderben und Untergang zu verheißen.

Ehe ich hier in der Entwickelung der thatsächlichen Geschichte weiter gehe, wird es nöthig sein, unsere Betrachtung den Fortschritten der Tradition zuzuwenden, die auf ihre Weise die Wichtigkeit der

---

machen, die sich durch innere Wahrscheinlichkeit sehr stark empfiehlt. Er giebt hier die Stärke der einzelnen Abtheilungen am 29. folgender Gestalt an:

Gottfried	30000 M.
Hugo und Robert von Flandern . .	30000 „
Robert von der Normandie	15000 „
Tancred	4000 „
Boemund	30000 „
Reinald	4000 „
Raimund, in der Stadt	20000 „
Summa . .	133000 M.

Hierzu sind noch die Provenzalen unter Adhemar zu rechnen, deren Stärke nicht angegeben wird. Erinnern wir uns nun, daß das Heer, nach der geringsten Angabe, vor Nicäa 300000 M. zählte, so erscheint diese Summe in keiner Weise übertrieben, in dem Verlauf des Feldzuges hatte man kein unglückliches Gefecht bestanden, wenige Besatzungen zurückgelassen, und ein Abgang von mehr als 100000 M. ist eher zu hoch, als zu gering angeschlagen. Nimmt man aber Orderich's Summe an, so begreift man nicht, wie man nur 200 M. der Citadelle gegenüber zurücklassen konnte. Ohne jene Notiz bei Raimund würde ich kein Bedenken tragen, die Nachricht in ihrem ganzen Umfange anzunehmen, da auch das Verhältniß der einzelnen Schaaren höchst plausibel erscheint. Die Angabe bei Rob. mon. p. 63., Boemund's Schaar sei weit aus die Stärkste gewesen, würde bei der Natur dieses Autors gar nicht in's Gewicht fallen. Auch kann man Matth. Eretz p. 311, freilich ebenso ohne Gewicht an dieser Stelle, hierhin ziehen, das Heer sei 165000 M. stark gewesen, eine Angabe, welche Adhemar mit eingerechnet, die des Orderich vollkommen bestätigt. Für Raimund dagegen spricht die Notiz in dem Briefe der Fürsten an Urban II. bei Fulcher p. 395, man habe die Besatzung der Citadelle nach der Uebergabe etwa 1000 Mann stark gefunden.

1) Guib. p. 521.
2) Gesta l. c. Anselm l. c. Raimund läßt die Zahl der Abtheilungen nicht erkennen.

Ereignisse in bunten Farben abspiegelt. Die Verherrlichung Gottfried's dauert fort, und nicht schwer wird es uns, gerade hier neu
hinzutretende Elemente darin wahrzunehmen. Zunächst macht Gottfried allein am 10. Juni jenen Ausfall auf der Südseite der Stadt,
freilich, erschöpft an Kräften, müde vom Kampf und bei der zahllosen Uebermacht der Türken hat er keinen Erfolg. Die Türken
aber, weil sie den Herzog besiegt, fallen jetzt die Pilger von allen
Seiten her wüthend an, jetzt scheuen sie niemanden mehr und kämpfen
ohne Unterbrechung.[1]) Neben dem Herzog tritt dann aber der Graf
von Flandern hervor, und zwar in so bedeutendem Lichte, daß wir
ihm eine besondere Aufmerksamkeit nicht entziehen dürfen. Wir sahen
die vergebliche Anstrengung der Provenzalen, den Brückenkopf zu
behaupten, darüber berichtet nun Albert folgender Gestalt[2]): Kerbuga,
der sein Lager dort nördlich vom Orontes aufgeschlagen, sandte 2000
Mann, um dies Castell zu zerstören. Die Christen hatten es seit der
Eroberung Antiochiens vernachlässigt und leer gelassen, jetzt aber
warf sich in kluger Voraussicht Robert von Flandern mit 500 Rittern
hinein, vertheidigte es einen Tag lang und zog dann freiwillig in
die Stadt zurück. Beide Fürsten, Gottfried und Robert, rücken nun
in diesem Theil der Sage eng zusammen: fast alle Erfolge erringen
sie gemeinschaftlich, und auch an ausdrücklichem Preise ihrer Freundschaft fehlt es nicht.[3]) Boemund und Raimund, erzählt Albert, haben
ein Castell der Citadelle gegenüber gebaut — bis dahin ist ihm jenes
mühsam errichtete Mauerwerk angewachsen — einmal machen die
Türken einen unvorgesehenen Angriff und hätten beinahe Boemund
gefangen, wenn nicht Gottfried, Robert und andere Fürsten sogleich
zur Hülfe herbeigeeilt wären.[4]) Es scheint mir unzweifelhaft, daß
diese Angabe nur als Umgestaltung des Vorfalles gelten kann, welcher
Boemund's Ernennung zum Oberbefehlshaber veranlaßte: etwas
weiter findet sich noch erkennbarer eine zweite Version derselben Begebenheit, wo nicht gerade Gottfried selbst, wohl aber einzelne seiner
Ritter die Rettenden sind.[5]) Als darauf die Desertion der Strick-

---

1) Alb. IV. 30.   2) Ibid. c. 33.
3) Schon IV. 9. Godefridus et Robertus qui ad invicem dilectissimi
amici et consocii foederis erant etc. Auch hier wie vielfach sonst, spricht sich
diese Freundschaft in der Opposition gegen die Normannen aus.
4) IV. 31.   5) IV. 35.

läufer eintritt, werden auch sämmtliche Fürsten muthlos: nur Gottfried und Robert bleiben fest, und stellen durch ihre Ermahnungen den Muth der Uebrigen wieder her. Dann versammeln sie auch die Masse des Volkes, diesmal gemeinschaftlich mit dem Bischof von Puy, und auf ihre Worte, sagt Albert, werden alle beständig und schwören, zu leben und zu sterben mit den Brüdern.[1]) Von Boemund's Oberbefehl wird natürlich kein Wort gesagt; jene Feuersbrunst, die auf seinen Befehl entstand, wird dem Grafen Robert zugeschrieben: das Zeugniß für diese Ansicht der Ueberlieferung giebt uns an dieser Stelle sogar ein normannischer Geschichtschreiber, Radulf.[2]) Die gleiche Tendenz, auf Kosten besonders Boemund's den Ruhm Lothringens und seiner Freunde hervorzuheben, zeigt sich auch in der Darstellung der Schlacht: ich kann hier diese Dinge vorausnehmen, weil sich der wahre Hergang aus den Quellen ohne weitere Erörterung herstellen läßt. Wir werden sehen, daß Boemund, seiner Stellung als Oberbefehlshaber gemäß, den Tag entschied: bei Albert wird nun erzählt, Gottfried habe zuerst an seinem Theile gesiegt, darauf von Boemund dringende Botschaft erhalten, er möge ihn aus drohender Gefahr erretten; sogleich sei er und mit ihm Hugo der Große umgekehrt, durch **ihre** Tapferkeit habe sich das Glück des Tages auf die Seite der Christen gewendet.[3]) Weiter ausgebildet finden sich diese Umstände bei Gilo[4]): Gottfried heißt der Herzog der Herzoge, Hugo wird sein anderes Ich, sein nächster Freund genannt. Boemund unterliegt; nachdem Gottfried die Türken geworfen, halten sie sich auf einem Hügel, bis einzelne Ritter aus Hugo's Gefolge sie auch von hier vertreiben.

Was nun diese Freundschaften angeht, die allerdings den Glanz und die Stellung des Herzogs von Lothringen nicht wenig steigern, so werden sie bis auf weitere Nachweisung wohl auf sich beruhen müssen. Ueber Hugo ist in dieser Hinsicht durchaus keine beglaubigte Angabe beizubringen, und für Robert machen die heimathlichen Verhältnisse eine so enge Verbindung in hohem Grade unwahrscheinlich.[5]) **Indeß begnügt sich die** Sage keineswegs damit, **den Ruhm** Gottfried's

---

1) IV. 39. 41.   2) Rad. c. 76.
3) IV. 51.   4) Gilo p. 248.
5) Wir erwähnten oben der Theilnahme Eustach's **an** dem Flandrischen Erbfolgekriege.

zu verherrlichen, indem sie zwei gleichberechtigte Fürsten in freie Ab=
hängigkeit zu ihm versetzt: sie verbindet ihn nicht minder häufig mit
dem geistlichen Oberhaupte des Zuges, dem Bischof von Puy. Bei
der Annäherung der Türken fragt Adhemar, was hier zu beginnen
sei, Gottfried allein antwortete mit begeisterter, des Christenhelden
würdiger Hingebung.[1]) Als Boemund besiegt von St. Simeonshafen
zurückkehrt, mustert Gottfried gerade die sämmtlichen Schaaren des
Heeres; zu dieser Maßregel, die den raschen Sieg begründet, hat ihn
ein Vorschlag des Bischofs bewogen.[2]) Wir erwähnten, wie beide
gemeinschaftlich den Pilgern den Muth gegen Kerbuga's Angriffe
einsprechen, und ebenso forscht Kaiser Alexius vor allen Dingen, wie
gerade sie die Noth der Belagerung überwunden haben.[3]) Endlich
in der letzten befreienden Schlacht: wie Gottfried durch mächtigen
Angriff nach allen Seiten hin den Sieg entscheidet, so steht in dem
Mittelpunkte des Kampfes der Bischof von Puy dem feindlichen
Feldherren unerschütterlich gegenüber, stets die heilige Lanze ihm vor=
haltend, sagt Albert, und so mit himmlischer Kraft seine Tapferkeit
lähmend.[4]) Die Angabe zerfällt sogleich durch den hinreichend be=
glaubigten Umstand, daß Kerbuga an der Schlacht selbst keinen
thätigen Antheil genommen hat.

Um aber den Werth dieses Gegensatzes zwischen dem christlichen
Kirchenfürsten und dem Haupte der Ungläubigen vollkommen zu
würdigen, muß man im Ganzen auf die Ansicht eingehen, welche die
Pilger und ihre Zeitgenossen von den türkischen Gegnern sich gebildet
hatten. Ich wiederholte oben die Vorschläge, welche Peter und Her=
luin Kerbuga zu machen beauftragt waren: es fehlt nun viel daran,
daß sie in den meisten Berichten deutlich und unumwunden zu lesen
wären. Bei Fulcher verlangt Peter die Entscheidung des Streites
durch Einzelkampf, Kerbuga solle fünf, zehn oder zwanzig Streiter
stellen und von deren Tapferkeit den Besitz der Stadt abhängen lassen.
Bezeichnender schon sind die Gesten: hier proponirt Peter, Kerbuga
solle die Stadt aufgeben, dann möge er mit allen Ehren und allem

1) Alb. III. 60.   2) Ibid. 63.
3) Ibid. IV. 41. Graf Raimund ist hier aus leicht begreiflichen Ursachen
mit genannt.
4) Alb. IV. 62. Ebenso Matth. Eretz p. 312: qui opposa la lance du
Christe aux drapeaux des infidéles.

Besitze frei abziehen; ihre Copisten erweitern das bis zu heftigen Invectiven und zu wilden dogmatischen Zänkereien.[1]) Albert endlich hat gar den sonderbaren Vorschlag, Kerbuga möge Christ werden, dann wollten die Franken seine Oberlehnsherrschaft anerkennen; darauf habe er seine gotteslästerlichen Reden und Bräuche entwickelt, und mit Hochmuth und Ingrimm erklärt, daran wolle er halten. Erscheint dies schon ungefüge und unglaublich genug, so braucht man nicht weit umher= zusehen, um sich an anderen Stellen durchaus in einem Fabellande, nur Ungethümen gegenüber zu erblicken. Da erzählen sie sich von diesen Heiden, mit unerhörten Namen, in übermenschlicher Pracht und grimmigem Hochmuth: man kann nichts charakteristischeres lesen, als bei Albert das Gespräch zwischen Kerbuga und Soliman[2]), in den Gesten das zwischen Kerbuga und seiner Mutter. Kerbuga fragt die Letztere, nachdem sie ihn vom Kriege abgemahnt: Sag Mutter, ist es denn wahr, sind es so schreckliche Kämpfer? worauf sie höchst christlich erwiedert: sie streiten im Namen eines gewaltigen Gottes, deshalb wirst du ihnen nicht widerstehen. Er sagt: Mutter, entdecke mir, sind Boemund und Tancred ihre kleinen Götter, die jeden Morgen 2000 Rinder verzehren? Sie antwortet natürlich, die Franken hätten keine Götter, als den einen Christus, jene seien aber unbesiegbare Helden. Ebenso bestimmt, wie hier Christus als das Haupt des christlichen Heeres erscheint, bezeichnen die Lieder Satan als den Lenker des türkischen Widerstandes. Als nach der Gesandt= schaft Sensadon's und Soliman's der Sultan alle seine Emire zum Parlament befohlen, erscheinen auch drei Könige aus Mekka, und bringen den Mahomet mit; er ist ganz aus Gold und Silber gebildet, und wird, nach einer früheren Stelle, durch vier Magnete in der Luft schwebend erhalten; da hinein setzt sich durch Zauberkraft der böse Feind und ruft unter Verheißung glänzenden Sieges zum Kampfe gegen die Christen auf. Und wie der Papst zu Clermont die Christen zum heiligen Kriege gemahnt, so redet zu den Türken, nachdem sie

---

1) **Rob**. mon. p. 62 läßt Herluin eine Rede beginnen: o princeps nullius militiae, sed totius malitiae, und in gleichem Tone fortfahren. Es sind die vollkommensten Gegenbilder zu den Verhandlungen mit dem Riesen Ferrakut im falschen Turpin.

2) Bei der früher erwähnten Gesandtschaft **L IV**. c. 2 sqq.

v. Sybel, Gesch. d. ersten Kreuzzuges.   24

Satan gehört, ihr Apostolicus, der Chalif zu Bagdad.[1]) Man sieht, daß die Grundlage aller dieser Gebilde religiöser Art ist: volksthüm= liche Regungen spielen hinein; die Gestaltung im Einzelnen drückt sich dabei immer in sinnlichen Thatsachen aus, freilich hier von un= geheuerlicher Natur. Will man ihr Grundwesen in einem Worte aussprechen, so ist es unbewußt poetische Anschauung; mit welchem Unrecht hat man dergleichen in die Reihe historischer Berichte gesetzt, wie es doch mehrfach mit allen der angeführten Beispiele geschehen ist.

Suchen wir nun, wenn auch nicht eine Charakteristik des ganzen türkischen Wesens, doch einen Begriff von dem damaligen Zustande des verbündeten Heeres zu geben, so stimmte dieser sehr wenig zu dem prachtvollen und furchtbaren Scheine, unter welchem es den Christen entgegentrat.[2]) Kerbuga hatte entweder die Fähigkeit oder das Zutrauen der Uebrigen nicht so weit, um solche Massen zu dauernder Bewegung zusammenzuhalten. Ridwan von Aleppo mußte die enge Verbindung des Emirs mit seinem Bruder höchst ungern sehen; er that Alles, um die Eintracht in dem Heere zu vermindern, und erfüllte durch sein lebhaftes Unterhandeln mit Kerbuga die Fürsten von Damascus und Emessa mit ängstlichem Mißtrauen. Die zahlreichen Turkmanen, welche Kerbuga von Osten herangeführt hatte, ging er einzeln an: es glückte ihm, Zwietracht unter sie und die Araber des Muhammed Ibn Wettab zu bringen, so daß mehrere Schaaren das Heer verließen und sich in der Umgegend zerstreuten. Die Emire selbst waren vielfach unzufrieden miteinander; es ist höchst wahrscheinlich, daß auch ohne die Schwerter der Franken diese ganze Rüstung sich in Kurzem aufgelöst hätte. Trotzdem blieb Kerbuga in größter Sicherheit; noch gehorchten die Truppen und noch im letzten Moment erleichterte sein thörichtes Selbstvertrauen den Franken die Rettung. Als sie am Morgen des 28. wohlgeordnet, Schaar auf Schaar, über die Orontesbrücke zogen, saß Kerbuga beim Schach= spiel[3]); es kam Meldung auf Meldung, die Emire eilten zu ihm,

---

1) Chanson V. 39. Kerbuga's Gespräch mit seiner Mutter wird in der Chanson kürzer und schlichter als in den Gesten erzählt; bei Rob. Mon. stimmt es wörtlich mit der Chanson überein.

2) Das Folgende sämmtlich nach Kemaleddin.

3) **Raim.** p. 154.

man möge den Ausgang sperren und damit die Feinde einzeln auf=
reiben; er sagte: laßt sie alle hervorkommen, daß sie desto gewisser
verderben.

Der Plan der Christen war, mit ihrer Schlachtlinie den ganzen
Raum zwischen Fluß und Gebirge auszufüllen[1]), um jede Umgehung
zu verhindern; da das türkische Lager unterhalb der Brücke stand,
hatten sie die Fronte nach Westen und den Fluß links neben sich.
Hugo der Große und Robert von Flandern führten die erste Ab=
theilung unmittelbar am Orontes entlang[2]); rechts neben ihnen rückte
Gottfried ein, dann Robert von der Normandie; die vierte Abtheilung
bildeten die Provenzalen, durch Adhemar von Puy geführt. Wäh=
rend sie sich ordneten[3]), kam Botschaft von Kerbuga, er nehme den
von ihnen vorgeschlagenen Zweikampf an: was ihn so plötzlich be=
wog, ist unbekannt, jedenfalls war es jetzt zu spät, und die Christen
rückten ohne aufzuhalten weiter vor. Tancred, der Führer der fünften
Abtheilung war im Begriffe, seine Stelle in der Linie neben Adhemar
einzunehmen; als plötzlich eine starke Schaar türkischer Reiterei auf
dem Wege von St. Simeonshafen[4]), der hier dicht an dem Gebirge
entlang ging, neben der christlichen Linie vorüberbrauste und mit
aller Macht auf die rechte Flanke der Provenzalen, und in den
Rücken der Normannen und Boemund's fiel. Schon hatte auf dem
linken christlichen Flügel Hugo der Große das Gefecht mit Glück
begonnen[5]); Boemund seinerseits machte auf der Stelle Kehrt gegen

---

1) Raim. p. 154 und Gesta p. 21. Raimund sagt ausdrücklich Nostri
acies suas versus montana dirigebant, caventes ne nos incingerent a tergo.

2) Gesta p. 21. Equitabant iuxta aquam, ubi virtus Turcorum erat.

3) Fulcher **p. 393.** Ein Emir sagt zu Kerbuga: jetzt flieh' oder kämpfe,
die Franken nahen, ich sehe das Zeichen ihres großen Papstes. Kerbuga: **ich**
will zu ihnen schicken um einen Einzelnkampf. Unter dem magnus papa kann
doch nur Adhemar verstanden werden. Die Sache selbst auch bei Raim. p. 154
und Rad. c. 84 sqq.

4) Dies zeigen die Gesta l. c., welche diesen Schwarm stets nennen Tur-
cos a parte maris venientes, obgleich er unmittelbar in den Kampf von Osten
her kam. Daß auch Tancred noch nicht in die Schlachtlinie eingerückt war, be-
beweist Raim. p. 155, der diese Abtheilung zugleich mit den Provenzalen
kämpfen läßt.

5) **Daß** Hugo und Anselm von Ripemont **den** ersten Streich an jenem
Tage führten, ist vielfach bezeugt; auch Alb. IV. **49.** hat es.

den neuen Angriff[1]), und Gottfried und Robert von der Normandie
sandten ihm unter einen Ritter Reinald eine combinirte Schaar zur
Verstärkung.[2]) Reinald drang zwar mit zu großem Ungestüm vor,
fiel selbst im Beginne des Gefechtes, und seine Schaar wurde zerstreut[3]): jedoch hielt Boemund die Schlacht aufrecht, ging bald darauf mit großem Nachdrucke zum Angriff über, und warf, vor Allem
durch Tancred unterstützt, die Gegner in aufgelöste Flucht. Indessen
überließ er letzterem die Verfolgung dieses Schwarmes, und wandte
sich selbst sogleich zurück, um den Kampf auch an den übrigen Stellen
zu entscheiden.[4]) Die Provenzalen waren, obgleich sie ihre Flanke
bedroht sahen, in stetem Vorrücken geblieben; weniger vortheilhaft
stand die Sache am Ufer des Orontes, wo die Hauptmacht der
Türken, wahrscheinlich Kerbuga's eigene Truppen jeden Schritt breit
vertheidigten.[5]) Hier traf nun Mehreres zusammen, den Ausgang
des Tages zu beschleunigen. Jene vor Tancred Fliehenden hatten
das dürre Gras in Brand gesteckt, womit dort der Boden dicht be-
wachsen war: theils um den Christen Kampf und Verfolgung zu erschweren, theils um Kerbuga ein Zeichen des Mißlingens zu geben.[6])
In demselben Moment verließen die Turkmanen des Heeres ihre
Stellung; sie kehrten um, ergriffen die Flucht oder wandten ihre
Waffen gegen die saracenischen Schaaren selbst. Dies entschied auf
dem linken Flügel ihrer Schlachtordnung, den Provenzalen gegenüber,
wo sogleich alle Abtheilungen der verbündeten Emire ohne Aufenthalt die Flucht ergriffen.[7]) Zu gleicher Zeit vereinigte sich Boemund

---

1) **Rad.** c. 89. Als das Gras in Brand gesteckt wird, treibt der Westwind
den Türken die Flamme in's Gesicht.

2) Gesta l. c. und sämmtliche Copisten.

3) Guib. p. 552.

4) Schreiben der Fürsten an den Papst bei Fulcher p. 395. Die Fürsten
sagen: prima belli statione fugere eos coegimus — jene Kämpfe Hugo's —
ipsi autem nos **girare** voluerunt, sed nos **omnes** illos in unum coegimus
— die Zerstreuung jenes abgesonderten Haufens — coactos fugere compulimus
— der letzte Kampf. Tancred's besondere Verfolgung bezeugt Rad. l. c., Boemund's Theilnahme an dem letzten Streite Gesta p. 21.

5) Nach Kemaleddin bei Wilken floh Kerbuga's Schaar zuletzt, nach den
Gestis l. c. die Abtheilung am Orontes.

6) Rad. Raim. Gesta l. c.

7) Kemaleddin l. c.

mit den beiden Roberten und Gottfried; sie drangen in geschlossener Linie und vollem Rossestaufe vor[1]), und hierauf gab, ehe es zu rechtem Schlagen gekommen war, Kerbuga den Befehl zum Rückzuge. Dieser erfolgte auch hier ohne alle Ordnung, in wildem Getümmel, indeß reichten zum Glück der Geschlagenen die fränkischen Pferde, obgleich am vorigen Tage nach Befehl Bischof Adhemar's besonders verpflegt[2]), zu weiter Verfolgung nicht aus. Nachdem man das Lager Kerbuga's erreicht und hier unendliche Beute vorgefunden hatte, machte man Halt und rief die einzelnen Schaaren zusammen. Die Türken hatten, wie bei dem Zustande des fränkischen Heeres begreiflich ist, wenige Berittene und Vornehme, dafür eine beträchtliche Anzahl von Fußsoldaten, Packknechten und Troßbuben eingebüßt: christlicher Seits wurde, wohl mit starker Uebertreibung, der eigene Verlust auf 10,000, der der Gegner auf 69,000 M. geschätzt.[3])

So unwürdig endete diese gewaltige Erhebung der ganzen seldschukischen Macht; so sonderbar verschlingen sich die Combinationen, auf denen weltbedeutende Entwickelungen beruhen. Die Christen sterben Hungers und nur der Hunger treibt sie der feindlichen Uebermacht entgegen: von einem Feinde sind sie zum Tode bedrängt, der in sich jeden Augenblick zu zerfallen im Begriff ist, und jeder Hordenführer, der bei dem Auszuge der Christen gegen Kerbuga's Befehl Hugo den Großen angriff, hätte höchst wahrscheinlich dem ganzen Kriege ein unvermuthetes Ende gemacht.

Jetzt freilich war dergleichen für manches Jahr dahin und vorüber. Die einzelnen Emire gingen in ihre Heimath zurück, Kerbuga erreichte Aleppo, sammelte hier seine Mannschaft und zog dann nach Mosul. In der ganzen Umgegend von Antiochien stand die christliche, armenisch-syrische Bevölkerung unter den Waffen: sie erschlugen jeden Türken, der ihnen in die Hände fiel, und hatten bald das Land vollkommen gereinigt. Noch ehe das fränkische Heer wieder in die Stadt zurückkehrte, bot Ahmed Ebn Merwan die Uebergabe der Citadelle dem Grafen von Toulouse an. Raimund schaffte seine Feldzeichen herbei, und schon war der Türke im Begriff, sie anzunehmen, als er einige Longobarden sagen hörte: das ist nicht Boemund's Fahne.

---

1) Gesta.
2) Fulcher p. 393.
3) Kemaleddin. Schreiben der Fürsten, Martene I. 281.

Ahmed, der bereits früher mit Tancred in Unterhandlung gestanden hatte, fragte nach dem Namen des Eigners und erklärte sogleich, Boemund erwarten zu wollen.[1]) Unmittelbar darauf langte dieser an, da waren dann Raimund's Hoffnungen zerflossen, und vollständig hatte das Glück des Normannen die lang ersehnte Erfüllung erreicht. Ahmed selbst, nachdem er die Burg überliefert, ließ sich mit einem Theil seiner Mannschaft taufen und blieb in Antiochien; die übrigen befahl Boemund nach Aleppo zu geleiten, erfuhr aber bald, daß unterwegs ein Schwarm jener Armenier sie erreicht, und bis auf den letzten Mann zusammengehauen hatte.

---

1) Gesta l. c. Dieser Verlauf ist mir ungleich wahrscheinlicher als Raim. p. 155, die Türken hätten das Castell **allen** Fürsten gemeinschaftlich übergeben, aber Boemund die übrigen mit Gewalt verjagt. Auch sagt die Epist. princ. ap. Fulcher p. 395 ganz einfach, das Castell habe der Emir an Boemund übergeben.

Zehntes Capitel.

Innere Zerwürfnisse.

Nachdem die Fürsten siegesfroh in die Stadt zurückgekehrt waren, gönnte man sich zunächst Ruhe und Erholung nach so viel Mühseligkeiten. Antiochien wurde von allen Resten der türkischen Besatzung gesäubert, die Kirchen neu geweiht, der Patriarch wieder eingesetzt. Sonderbar, und so viel ich sehe, sonst unbegründet, ist die Vorstellung, welche Albert darüber mittheilt: er sagt, sie hätten **den** Patriarchen in aller Ehrfurcht und Unterwerfung zum Fürsten der Stadt gemacht und ihm darauf Boemund als Vogt — advocatus — an die Seite gestellt.[1])

Sah man nun weiter umher, so hätte es scheinen können, der Kreuzzug sei im Wesentlichen zu seinem Ziele gelangt, und ein rechtes Hinderniß für die Besetzung mehr als die Eroberung Palästina's nicht weiter vorhanden. Die Macht der Seldschuken war völlig gebrochen, die Griechen und Fatimiden standen in unwirksamer Ferne, ein ernsthafter Widerstand bis vor die Thore **von** Jerusalem war nirgendwo zu erwarten. Jetzt aber, durch keine Furcht vor äußeren Angriffen zurückgehalten, begann im Mittelpunkte des Kreuzheeres selbst eine neue Entwickelung, welche die Beendigung des Krieges fast um ein Jahr noch hinausschob und vom ersten Tage an den Charakter des Heeres wesentlich umgestaltete. Um sie im Einzelnen kennen zu lernen, knüpfen **wir** unsere Betrachtung an den zuletzt erwähnten Versuch Raimund's an, dem Fürsten von Tarent den Besitz der Citadelle zu

---

1) **Alb.** V. 1.

entziehen; an diesem Punkte entspann sich ein Hader, der bald die Schaaren der Pilger bis in die kleinsten Theile durchdrang.

Boemund nämlich entwickelte seine Ansprüche auf Antiochien ohne Hehl, und verlangte von dem Grafen von Toulouse, dem einzigen Fürsten, der noch befestigte Theile der Stadt besetzt hielt, auf dessen eigenes und das Versprechen der übrigen Fürsten gestützt, die Herausgabe dieser Punkte. Raimund indeß, obgleich er damals bedrängt durch die allgemeine Gefahr nachgegeben hatte, kam jetzt auf die griechischen Verpflichtungen zurück, und durch seinen Einspruch mag es bewirkt worden sein, daß die Fürsten vor allen Dingen sich mit Kaiser Alexius in Berührung zu setzen beschlossen. Zwei der bedeutendsten Anführer des Heeres, Hugo der Große und Balduin von Hennegau wurden an ihn abgesandt, mit der bestimmten Aufforderung, die Stadt für sich zu übernehmen, dafür aber auch seinerseits allen Verpflichtungen — Krieg gegen die Türken, persönlicher Anwesenheit im Felde — nachzukommen. Balduin erreichte Constantinopel nicht, er verschwand, todt oder gefangen, bei einem Scharmützel in Kleinasien[1]); was Hugo mit Alexius festgesetzt, ist nie bekannt geworden, denn nach kurzer Anwesenheit am kaiserlichen Hofe verließ er den Orient und ging nach Frankreich zurück. Seine Lust und Kraft für diese Unternehmung war zu Ende; ihn vermochte der Ruhm nicht festzuhalten, wenn er ihn zu solchen Preisen erkaufen mußte. Von dieser Seite her sah man sich also in Antiochien um nichts gefördert, und war ohne auswärtige Einflüsse durchaus auf eigene Entscheidung zurückgewiesen.

Die Fürsten waren unterdeß übereingekommen, den Sommer verstreichen zu lassen, ehe sie die erschöpften Truppen neuen Anstrengungen aussetzten.[2]) Sie machten bekannt, es möge ein jeder sich nach Kräften verpflegen und rüsten; erst am Allerheiligentage werde man sich wieder in Bewegung setzen. Gleichzeitig meldeten sie in einem Schreiben an alle Gläubigen des Abendlandes, auf den genannten Tag habe der Khalif, der König der Perser wie sie sagen, ihnen neuen Krieg verkündigt. Die Verzögerung wird hiedurch doppelt

---

1) Alb. Aq. V. 2 sqq. Gisleb. Mont. bei Bouquet XIII. p. 550.

2) Ich brauche kaum anzuführen, daß ich mich streng an die Gesten und Raimund halte. Sonstige Notizen werde ich gehörigen Ortes anführen und auf Radulf besonders zurückkommen.

begreiflich, da bei einem solchen Kampfe die möglichst gute Ver=
pflegung des Heeres und ein fester Anhaltspunkt, wie man in An=
tiochien ihn fand, in jeder Beziehung wünschenswerth erschien. Nicht
weniger hatten die eben erlebten Ereignisse gezeigt, wie sehr gerade
diese Stadt durch jeden Angriff von Osten her in Gefahr kommen
mußte, während der Marsch auf Jerusalem bei den früher erwähnten
Verhältnissen zu Aegypten eben nicht dringende Eile nöthig machte.
Trotz dem war die Wirkung der Maaßregel auf das Heer eher nieder=
schlagend, als freudig; die Meisten hatten die vergangenen Strapazen
vergessen, sie hofften bei baldigem Aufbruch auf leichten Sieg über
den höchlich erschreckten Feind, und hatten den lebhaften Wunsch,
nach so vielen Hindernissen das Ziel ihrer Wallfahrt endlich zu er=
reichen. Dazu kam, daß die Mehrzahl nur vom Kriege lebte und
sich durch solchen Stillstand mit drückendem Mangel bedroht sehen
mußte. Die Fürsten, diese Stimmung erkennend, machten bekannt,
wer nach Kampf und Beute Verlangen trage, möge sich bei ihnen
melden; sie seien erbötig, Ritter und Fußvolk in Sold zu nehmen
und zu einzelnen Unternehmungen hinauszuführen. Für die Zu=
sammensetzung des Heeres ist dieses Erbieten bezeichnend; wir sehen,
wie sehr das Ganze auf freiwilliger Einigung und nicht im Mindesten
auf einer Oberleitung, etwa der sieben oder acht bekannten Fürsten,
beruhte. In dieser Weise verging nun der Sommer; die einzelnen
Führer lebten auf den Besitzungen um Antiochien, die sie sich seit
dem Beginn der Belagerung zugeeignet hatten[1]); Boemund, heißt es,
ging nach Romanien[2]), wahrscheinlich nach Cilicien, um hier die An=
fänge seiner Herrschaft zu sichern; eine provenzalische Schaar, unter
Raimund Piletus, nahm Rugia ein, wurde aber von Maara mit
bedeutendem Verluste abgewiesen.

Unterdeß wütheten in Antiochien gefährliche Epidemien, durch
zu große Menschenmenge und schlechte Nahrungsmittel erzeugt;
Tausende wurden hinweggerafft, unter ihnen am Meisten beklagt
Bischof Adhemar von Puy, der päpstliche Legat, am 1. August.
Sein Ansehen im Heere war bedeutend gewesen; die Geringen liebten
ihn seiner Wohlthätigkeit, die Vornehmen seiner ruhigen Klugheit
wegen; Alle hatten seinen untadelhaften Lebenswandel und seine geist=

1) Rad. c. 59 giebt ein Verzeichniß davon.
2) Raim. p. 156.

lichen Gaben hochgeachtet. Man kann nicht sagen, daß er auf den Gang der Ereignisse einen großen Einfluß geübt hätte; was hier mit Bewußtsein und Erfolg geschah, ist fast ausschließlich dem Fürsten von Tarent zuzuschreiben. Allein seine sittliche Wirksamkeit war un= ausgesetzt und nachdrücklich, auf Disciplin und Eifer der Truppen wie auf Thätigkeit und Eintracht der Fürsten. Den geistlichen Charakter endlich und die geistliche Einheit des Zuges hielt er in jedem Momente aufrecht. Gerade in diesem Zeitpunkte, als weltliche Interessen und offener Zwiespalt die Verbindung des Heeres im innersten Kerne aufzulösen drohten, mußte sein Abscheiden von hoher Bedeutung werden. Die einzige gesetzlich anerkannte Behörde und die letzte unbedingt respectirte Schranke wurde damit dem Streite der Parteien hinweggeräumt. Zunächst ergriffen die Fürsten den Anlaß, ihrem höchsten Oberhaupte, dem Papste zu Rom, Nachricht von ihren Erfolgen zu geben, und ihn zu bitten, er möge jetzt nach dem Tode des Legaten sich selbst an ihre Spitze stellen. Aber außer einigen Ermahnungen, die Urban im Abendlande ausgehen ließ, hatte ihr Schreiben keine Wirkung.

Gottfried versammelte bald darauf eine beträchtliche Anzahl Frei= williger zu sich, mit denen er den Euphrat überschritt, um seinen Bruder Balduin in Edessa heimzusuchen. Eine Menge besonders geringerer Pilger, folgte ihm nach, durch den Ruf ihrer guten Auf= nahme gelockt; sie fanden Balduin im vollen Besitze einer reichen, aber keineswegs mühelosen Herrschaft. Zwischen Antiochien und Edessa gab es keine Feinde mehr, sonst war noch Kampf an allen Grenzen, und zuweilen regte sich unter den Armeniern Unzufrieden= heit mit dem fremden Beherrscher. Ein Näheres darüber liegt außer= halb des Planes dieses Buches; es ist hinreichend an die früher ge= machte Bemerkung zu erinnern, daß Albert's Angaben über Edessa, wenn auch nicht authentisch im Einzelnen, doch im Ganzen unter= richtend erscheinen. Zu erwähnen ist noch die Unternehmung Gott= fried's gegen die Burg Ezaz auf dem Gebiet von Aleppo, deren Be= fehlshaber Omar ihn gegen einen Angriff Ridwan's zu Hülfe ge= rufen hatte. Wir sind darüber von drei Seiten her unterrichtet, durch Raimund, Albert und Kemaleddin[1]), abweichend zwar im Ein=

---

1) Raim. p. 157, Kemaleddin bei Wilken und Röhricht. Alb. Aq. IV. 5.

zelnen, aber jeder nach seiner Weise zu erklären. Kemaleddin läßt die Botschaft an Raimund von Toulouse abgehen, der sogleich aufbricht und den Emir von Aleppo zum Rückzug **nöthigt**. Ihm ist, wie den späteren Arabern überhaupt, der Graf von St. Gilles die Hauptperson im Heere[1]); daß er diesmal im Irrthum war, sehen wir aber mit Sicherheit aus Raimund's Erzählung. Gottfried erhält Omar's Botschaft in Edessa und geht dann nach Antiochien, um hier Hülfe nachzusuchen; Boemund und St. Gilles brechen sogleich **auf** und in bestem Einverständniß entsetzen sie die Burg. Den letzten Umstand modificirt Albert: Raimund, verdrießlich, daß Omar den Herzog und nicht ihn vor Allen angegangen, habe seinen Beistand verweigert, und sich erst auf die heftigsten Drohungen Gottfried's zu dem Zuge entschlossen. Die Richtigkeit dieser Angaben lasse ich um so eher dahingestellt, als der Vorfall selbst ohne alle dauernde Folge blieb: Ridwan belagerte bald darauf die Burg zum zweitenmale, nöthigte sie zur Ergebung und ließ den Befehlshaber **nach** kurzer Schonung in Aleppo hinrichten.

Unterdeß war der Sommer vergangen; im October rief **Rai**mund noch einmal eine freiwillige Schaar unter die Waffen, und zog mit ihr auf Albara, einen Ort, östlich von Antiochien, nördlich von Maara gelegen. Nach kurzer Belagerung begannen die Einwohner, durch Wassermangel gedrängt, zu unterhandeln, und übergaben sich auf Bedingungen. Kaum aber Herr des Ortes, brach Raimund den Vertrag, nahm das Besitzthum der Bewohner für sich, und tödtete darauf Alle ohne Unterschied. Er war eine Natur, fähig, nach dieser Grausamkeit und aus denselben Motiven, hier mit großer Freigebigkeit und inbrünstiger Andacht ein Bisthum zu gründen, wo ein Geistlicher Peter von Narbonne als Bischof, von dem Patriarchate Antiochien abhängig, eingesetzt wurde.[2]) Es war die letzte dieser **ver**einzelten Unternehmungen; der erste November, der Tag der Vereinigung und des Aufbruches nahte **heran**. Die Fürsten trafen wieder in

---

1) Reynaud stellt darüber Mehreres bei Gelegenheit der Schlacht von Askalon zusammen.

2) Albert p. 266 schreibt die Unternehmung falsch den sämmtlichen Fürsten zu; wie überhaupt in diesem Theile seines Buches Raimund möglichst schlecht bedacht wird. Ich werde später im Zusammenhang darauf zurückkommen.

Antiochien ein, und nach langem Aufschub mußte man auf endliche Lösung der wichtigsten Streitfrage bedacht sein.

Händel über Antiochien.

Raimund hatte, wie wir oben sahen, so gut wie die übrigen Fürsten Boemund den ausschließlichen Besitz Antiochiens bewilligt. Darüber war Kerbuga's Angriff erfolgt; damals hatten die Provenzalen den Palast des Bagi Sijan, später auch das Brückthor besetzt; nach dem Siege versuchte er dann in die Citadelle einzudringen. Als ihm das fehlschlug, hielt er um so fester an jenen beiden Punkten; er erklärte, er werde sie nie räumen, bis auch Boemund seines Ortes das Gleiche gethan; es sei der Eid, den man dem Kaiser geleistet, welcher den Kreuzfahrern überhaupt, geschweige einem Einzelnen unter ihnen den Besitz der Stadt verbiete. Es wird hier nöthig sein, ehe wir weiter gehen, die Verhältnisse zum griechischen Reiche darzustellen, und danach die Begründung jenes Vorwandes zu prüfen.

Alexius war mit den Pilgern übereingekommen, gegen die Herausgabe aller ehemals römischen Besitzungen ihnen mit Heeresmacht gegen die Türken zu Hülfe zu kommen. Er hatte in der That gleich nach ihrem Abzuge umfassende Rüstungen anbefohlen, und während des Winters 1097—98 zwei Heere zusammengebracht, wovon er eines persönlich anzuführen gedachte, das andere unter den Befehl des Johannes Ducas stellte. Wir erinnern uns, daß nach dem Tode Suleiman's von Nicäa zahlreiche Emire sich selbstständig gemacht hatten, theils von den Küstenstädten Lydiens und Cariens aus den Archipelagus beunruhigten, theils in Lydien, Phrygien und Jsaurien unabhängige Herrschaften aufrecht hielten. Es wäre doppelt unklug gewesen, diese unversehrt im Rücken zu lassen; niemals bot sich zu ihrer Unterwerfung ein so günstiger Moment, und sie selbst hätten einem Heere, welches durch Bithynien, Phrygien und Pisidien vorrückte, vor Allem bei einer Niederlage in Syrien oder Cilicien, den größten Abbruch thun können. Gegen sie wurde also Ducas ausgesandt; er nahm zuerst Smyrna, dann Sardis, Philadelphia, Laodicäa Kekaumene; er zeigte sich tapfer und gewandt, und seine Waffen hatten den besten Fortgang. Nur erfolgte das Alles nicht so schnell, als man vorausgesetzt hatte; es war Juni geworden, und noch stand er mitten in Lydien, weit von Philomelium, dem Vereinigungspunkte mit Alexius entfernt.[1]) Dieser war indessen aufgebrochen, von Nicäa aus auf der großen Straße weiterziehend, und besetzte rechts und links das Land ohne besondere Anstrengung. Als er Philomelium erreichte[2]), stand Kerbuga vor Antiochien; das fränkische Heer bedurfte der Hülfe auf das dringendste; aber Alexius konnte sich nicht entschließen. Vor sich den ganzen seldschukischen Orient in Waffen, in seinem Rücken gedemüthigte aber unbesiegte Feinde, sein Reich, wenn er dies Heer einbüßte, ohne weitere Hülfsmittel. Damals nun langten die Strickläufer an, es traf Stephan von Blois in seinem Lager ein, sie Alle mit der positiven Nachricht, schon in diesem Augenblick sei die Stadt genommen und das fränkische Heer vernichtet. Bedenken wir, wie hoch Stephan in des Kaisers Schätzung stand, wie wenig überhaupt an diesem Resultat der einzelnen beigebrachten Notizen zu zweifeln war: nehmen wir dazu, daß die Kunde einlief, Ismael, Kerbuga's Sohn, sei mit ansehnlichem Heere gegen den anrückenden Entsatz abgeschickt, eine Nachricht, die keineswegs so durchaus abzuweisen ist, als es gewöhnlich geschieht[3]): bei alle dem wird man den Entschluß zum Rückzuge begründet und begreiflich finden. Er geschah dann in bester Ordnung; die vorliegenden Districte wurden gänzlich verwüstet, die saracenischen Einwohner mit Gewalt hinweggeführt, die christlichen schlossen sich mit Freuden dem kaiserlichen Heere an: so ließ man eine menschen- und vorrathsleere Wüste zwischen sich und dem Feinde.[4]) Dachte man sich zu Constantinopel hiemit den Kreuzzug und seine Folgen als abgeschlossen, so hatte man jedenfalls mehrere Provinzen, zahlreiche neue Bewohner, Gefangene und Beute in beträchtlicher Menge, und größere Sicherheit für die älteren Besitzungen gewonnen.

---

1) Daß er mit gegen Syrien vorrücken sollte, zeigt Anna p. 324. ed. Paris. τούτου μήπου ἐπανεληλυθότος, ἀλλ᾽ ἀγωνιζομένου κατὰ τῶν Τούρκων, ὁ βασιλεὺς ἑτοιμασθεὶς etc.

2) Diese Ereignisse zeigen deutlich, daß jene unabhängigen Emire nicht das phrygische, sondern das lydische Polybotus und Laodicäa beherrschten. Ueber jenes führte der Weg des Alexius nach Philomelium, während doch Dukas, der seine Operationen in Lydien machte, als der Eroberer der beiden Orte genannt wird.

3) Cf. Wilken de Alexio I. p. 362.

4) Anna p. 326.

Indeſſen war keine Frage, daß man den Verpflichtungen gegen
die Kreuzfahrer, wenn auch aus guten Gründen, doch eben nicht nach-
gekommen war; und die Unterſcheidung zwiſchen den verſchiedenen
Graden entſchuldbarer Verſehen hat von jeher im Völkerrechte wenig
Gewicht gehabt. Die Pilger hatten ſich, wie niemand verkennen
konnte, mit dem Siege über Kerbuga auch von allen Verbindungen
mit Byzanz, das ſie bei dieſem Siege im Stich gelaſſen, emancipirt;
im Ernſt und in der Wahrheit konnte von Verpflichtung gegen Alexius
hier keine Rede mehr ſein. Auch lagen Raimund's Motive auf einer
anderen Seite, und dieſe iſt nicht ſchwer zu erkennen.

Ich habe ſchon an einer anderen Stelle über Raimund's Weſen
und ſein Verhältniß zu Boemund's Natur mich ausgeſprochen; wir
ſind hier an einen Punkt gelangt, wo dies Verhältniß deutlicher und
vollſtändiger hervortritt. Boemund hatte weitausſehende Plane mit
großartiger Conſequenz durchgeſetzt, mit Verwegenheit und Liſt, mit
unredlichen oder doch bedenklichen Mitteln. Er hatte zu reden, noch
mehr aber zu ſchweigen verſtanden, ohne einen Augenblick das lebendige
Gefühl für das Ganze ſeiner Pläne zu verlieren: ſo hatte er ein
verdecktes Spiel fortgeführt, bis ſeine Reſultate vollendet und un-
angreifbar vor Aller Augen zu Tage traten. Raimund, von Conſtantinopel her mit ihm verfeindet, hatte unterwegs wohl ſelten Anlaß gehabt, die Ueberlegenheit dieſer Natur thatſächlich inne zu werden; daß aber auch in ihm ſehr bald der Wunſch rege geworden,
eine ſelbſtändige Herrſchaft in Aſien zu gründen, kann man mit
Gewißheit ausſprechen, wobei denn freilich Boemund's Kraft, ein ent-
ferntes Ziel zu ergreifen und mit freier Planmäßigkeit zu verfolgen,
ihm in jeder Weiſe abging. So errieth er auch den Gegner nicht,
bis dieſer ſeine Wünſche ausſprach und in demſelben Moment deren
Verwirklichung in Händen hatte, ſeitdem aber mußte Abneigung,
Eiferſucht und das Bewußtſein eigener Schwäche auf das Heftigſte
in ihm zuſammenwirken, um eine ebenſo warm ausgeſprochene als
nachdrücklich feſtgehaltene Oppoſition gegen die Pläne ſeines Wider-
ſachers hervorzurufen.

Zu dieſen perſönlichen Momenten trat nun ein allgemeineres,
nicht geringer wirkſames. Schon ſeit längerer Zeit hatten ſich Reibungen zwiſchen Provenzalen und Nordfranzoſen gezeigt, anfangs
vereinzelt, dann anwachſend an Ausdehnung und Erbitterung. Radulf

ist besonders ergiebig für die Ansicht dieser Dinge[1]), und seine Nach=
richten über den damaligen Streit Boemund's und St. Gilles', ob=
gleich mit zahlreichen und bedeutenden Ungenauigkeiten sonst behaftet,
sind für die Feststellung dieses Gesichtspunktes durchaus unentbehrlich.
Er charakterisirt zunächst die beiden Gegner: die Franzosen[2]) — und
hier können wir die Normannen ohne Weiteres mit einrechnen —
sind stolzen Anges und lebendigen Geistes, rasch liegt die Hand am
Schwerte, übrigens lieben sie zu verschwenden und verstehen nicht zu
erwerben. Die Provenzalen dagegen, wie das Huhn neben der Ente,
leben schlecht, erwerben eifrig, sind arbeitsam, aber weniger kriegerisch.
Sie nennen es weibisch, etwas auf das eigene Aussehen zu halten,
aber sie wachen auf den Schmuck der Pferde und Maulthiere;
Hunger spornt ihren Eifer nur an, mit kleinen Listen, in Handel und
Wandel täuschen sie alle Welt. Hier begreift sich nun leicht, wie
zwischen solchen Menschen gegenseitige Verachtung entstehen konnte:
gerade in dem Punkte des Erwerbes geriethen sie zuerst aneinander,
während der Belagerung von Antiochien, beim Fouragiren. Einzelne
Streifpartien beraubten sich gegenseitig; es gab Lärmen und Auf=
sehen im Lager, bald war eine vollständige Spaltung da. Nach der
Einnahme gab die Auffindung der heiligen Lanze reichen Stoff zu
neuen Zwistigkeiten: kaum war die erste Noth vorüber, so sprachen
Franzosen und Normannen von Betrug, den sie nicht einmal als
gutangelegt loben wollten. Boemund zeichnete sich vor Allem aus,
er vereinte Spott und Hohn mit geschichtlichen und dogmatischen
Argumenten: Raimund trat ihm heftig entgegen, es gab Haß und
Zank im reichlichsten Maaße. Die Völker folgten den Fürsten, der
Besitz von Antiochien wurde eine gleich sehr persönliche und nationale
Streitfrage.

So war der Zustand beschaffen, als in den ersten Tagen des
November die Vornehmen des Heeres zu entscheidender Berathung
zusammentraten. Die Discussion betraf fortdauernd das Verhältniß
zu Kaiser Alexius; Boemund bestritt dessen Gültigkeit und forderte
unbedingte Erfüllung seines Vertrages mit den Fürsten, Raimund
blieb dabei, was man auf Kreuz und Bibel beschworen, müsse in

---

1) Von c. 98 an.

2) Schon früher c. 61. Eine unendlich oft wiederholte Stelle.

Ewigkeit bestehen bleiben. Nach mehreren Sitzungen war man nicht **einen** Schritt weiter gekommen; endlich vereinten sich die unbetheiligten Fürsten zu einer Schlußberathung. Hier zeigte sich für Raimund sogleich sehr wenig Aussicht: Gottfried und Robert von Flandern waren durchaus für Boemund, nur wünschten sie ihren Ruf nicht dem Vorwurfe eines Meineides auszusetzen; den Uebrigen lag die Sache in keiner Weise am Herzen, sie hatten nur den Wunsch, bald möglichst von diesen verdrießlichen Händeln erlöst zu sein. Vor allen Dingen erschien freilich die stärkste Abneigung, durch offenen Urtheilsspruch eine der streitenden Parteien zu verletzen: Raimund, **der die** eigentliche Stimmung sich nicht ableugnen konnte, erklärte, wenn Boemund mit nach Jerusalem ziehe, so wolle er um des heiligen Grabes willen und mit Vorbehalt der kaiserlichen Rechte dem Willen seiner Pairs nicht entgegen sein. Dasselbe versicherte darauf auch Boemund; sie versprachen eidlich, die Wallfahrt nicht zu stören, und die Berathungen wurden einstweilen suspendirt. Gleichzeitig befestigten beide Theile die Punkte der Stadt, die sie inne hatten, auf das Gewaltigste; in Wahrheit war man so weit wie jemals vom Frieden entfernt.[1])

Erinnern wir uns hier der vollen Begeisterung, mit der man vor wenigen Monaten gegen Kerbuga zum Kampfe gezogen war, wie hatte der Zustand seitdem sich so gänzlich verwandelt. Der verehrte geistliche Lenker war durch vorzeitigen Tod hinweggenommen, und in innern Zwistigkeiten zersplitterte sich jetzt das Ansehen der Fürsten, die einst auf Adhemar sich stützend, einträchtig unter sich, und so **von** dem Volke anerkannt, die großen Zwecke des Krieges verfolgt hatten. Die beiden kräftigsten unter ihnen schienen der Sache des heiligen **Grabes** ganz entfremdet, und die Uebrigen sämmtlich, wenn auch von diesem Interesse noch berührt, hielten sich in träger zaudernder Unthätigkeit. In dieser Lage der Dinge, bei diesem Stillstand des Kreuzzuges, der zugleich seine hierarchische wie seine weltlich-ritterliche Vertretung eingebüßt zu haben schien, erhob sich, um Adhemar zu ersetzen und alle profanen Berechnungen zu sprengen, ein drittes Element mit Macht, von Anbeginn an dem Kreuzzug wesentlich, und neubelebt durch **die** Noth der letzten Kämpfe, die

---

1) Außer den Gesten und Raimund Tudeb. p. 804, hist. b. S. c. 90. 91.

ascetische, rücksichtslose, jetzt in dieser Isolirung anarchische Ge=
sinnung der großen Massen des Volkes.[1])

So lose auch die Unterordnung gewesen war, welche die Be=
standtheile der Schaaren an ihre Führer knüpfte, so hatte sich doch
bisher an keiner Stelle Ungehorsam und offene Widersetzlichkeit geregt.
Jetzt aber begann der Aufenthalt in Antiochien die Truppen zu er=
müden; je weniger Aussicht auf baldigen Aufbruch vorhanden war,
desto stärker trat die Sehnsucht nach Jerusalem in der Volksmenge
hervor. Die Provenzalen, so sehr ein Streit gegen Boemund bei
ihnen populär war, wurden plötzlich mehr als Alle von dieser Un=
ruhe ergriffen: sie sahen, mochte die Entscheidung über Antiochien
ausfallen wie sie wollte, für sich selbst keinen Vortheil: sie hatten
keinen Wunsch als den, bald möglichst das heilige Grab zu erreichen.
Anfangs äußerten sie sich im Stillen, jeder gegen die Freunde, bald
heftiger, lauter, in zahlreichern Zusammenrottungen, zuletzt war die
ganze Masse in tobender, offen erklärter Bewegung. „Die Fürsten
weigern uns, nach Jerusalem zu ziehen; laßt uns irgend einen Ritter
erwählen, einen Tapfern, dem wollen wir folgen, der wird uns mit
Gottes Hülfe zum heiligen Grabe geleiten.“ Bald wurden die
Aeußerungen drohender: „Mag, wer da will, des Kaisers Gold oder
die Güter von Antiochien besitzen, wir wollen weiter unter Christi
Leitung. Wer Antiochien bewohnen will, soll umkommen, wie seine
früheren Bewohner. Dauert der Streit noch länger, so laßt uns
die Stadt zerstören; ist sie vernichtet, so wird wohl Friede sein, wie
Friede war, ehe wir sie gewonnen.“ Mit einem Schlage sehen wir
die aufrührerischen Elemente, welche vordem in Peter's und Walther's
Unternehmungen sich entladen hatten, in voller Kraft: von Neuem
ist von Christi Leitung die Rede, welche jede weltliche Herrschaft
überflüssig mache und vernichten müsse. Der Einfluß auf die Hän=
del der Fürsten blieb nicht aus; Raimund erschrak, als er dieser Ten=
denzen inne wurde, und befahl auf der Stelle den Ausmarsch aus
Antiochien. Wir erwähnten, daß Raimund Piletus vor Maara eine
Niederlage erlitten hatte; unter dem Vorwande, diese zu rächen,
ordnete St. Gilles einen zweiten mächtigeren Zug gegen die Stadt

---

[1) Diese Seite des Ereignisses entwickelt Raimund fast allein, aber voll=
ständig.

an. Der Graf von Flandern trat hinzu, am 27. November wandte man sich zunächst auf Albara, wo man ungefähr noch zwei Meilen von dem Ziele des Marsches entfernt war.[1]

Maara war damals gut befestigt und bei trefflicher Atmosphäre und berühmtem Trinkwasser stark bevölkert[2]; die Pilger hatten Antiochien in solcher Eile verlassen, daß man statt alles Belagerungszeuges nur zwei, noch dazu sehr gebrechliche Leitern mit sich führte. Trotz dem stürmte man am zweiten Tage; der Ungestüm des Volkes, durch die lange Ruhe und durch Höhnereien der Besatzung gereizt, war so groß, daß, wie Raimund sagt, der Ort gefallen wäre, hätte man nur noch zwei Leitern mehr gehabt. So aber wurde der Angriff mit starkem Verluste abgewehrt. Man fand sich bald in schwieriger Lage, da das Land erschöpft und bei dem übereilten Aufbruch für keine Verpflegung gesorgt war. Eine Hungersnoth in furchtbarem Umfange brach aus; die Schaaren lösten sich oft so weit auf, daß man Tausende in den Feldern umherstreifen und den Boden durchwühlen sah, ob nichts Eßbares anzutreffen sei. Mit Grausen erwähnen die Quellen, hier habe man das Fleisch erschlagener Feinde verzehren müssen; eine Menge der Pilger verließ das Heer und ging in die Heimath zurück; die Saracenen erschraken, sagt Raimund: welch ein Volk ist das, sprachen sie, das nach Leiden und Gefahren an Menschenfleisch sich stärkt — Gott hatte uns zur Furcht gesetzt aller Heiden, wir aber wußten es nicht und litten in unserm Elend. Indessen vermehrte sich die Zahl der Angreifer; Boemund, der seinem Nebenbuhler keinen Schritt zu Volksgunst und Ruhm vorausgeben wollte, war ihm gefolgt und betheiligte sich an den Thaten und Gefahren der Belagerung. Die Provenzalen sahen ihn ungern erscheinen; sie hätten auch ohne ihn zu siegen vermocht und fürchteten jetzt, als sie ihn erblickten, von Neuem alle jene Spöttereien, Störungen ihres Wesens und Treibens, zuletzt Uebervortheilung und Schmälerung ihres Gewinnes. Auch traf das Alles ein; was half uns die Ankunft der Normannen, sagt Raimund, es wurde viel schlechter als vorher gekämpft. Peter Bartholomäus, und seine Landsleute mit ihm, wurden durch eine neue Erscheinung des heil. Andreas er-

---

1) Gesta p. 23.
2) Hammer Gemäldesaal V. 144.

freut; die Normannen lachten, sie waren zu nichts nütze, ruft der Autor aus, sie waren uns nur hinderlich. Immerhin kam man im Laufe einiger Wochen mit der Anfertigung der Belagerungsmaschinen zu Stande, und vermochte dann den Kampf unter besseren Aussichten wieder aufzunehmen. Mehrere Tage lang wurde gestürmt, die Belagerten leisteten kräftigen Widerstand, und erst der persönliche Heldenmuth eines edlen Provenzalen vermochte den Christen die Stadt zu eröffnen. Gulfer de la Tour, der berühmte Löwenretter und Schlangenwürger, faßte mit wenigen Gefährten Fuß auf der Mauer, und hielt standhaft alle Angriffe aus, bis größere Schaaren folgten und sie ihrerseits im Stande waren, vorwärts zu gehen und das Innere der Stadt zu überschwemmen.[1]) Zwar behaupteten noch die Saracenen eine Strecke der Mauer, mehrere Thürme und eine Anzahl befestigter Häuser; aber die Provenzalen hielt das nicht ab, sie verbreiteten sich durch die Stadt, plünderten, was sie fanden und erschlugen alle Saracenen ohne Unterschied des Alters und Geschlechtes. Es war Nacht, in fesselloser Wuth verübten sie alle erdenklichen Grausamkeiten, kein Winkel, heißt es, war in der Stadt, wo man nicht über türkische Leichnamen stolperte. Bei alledem war ihre Beute doch nur gering, da die Saracenen ihre Güter wohl versteckt hatten und sich hinschlachten ließen, ohne den Ort anzuzeigen. Boemund unterdeß nahm sich auf seine Weise: er hielt seine Truppen beisammen und knüpfte mit jenen Resten der Besatzung Unterhandlungen an. Sie sollten ihm die noch behaupteten Punkte übergeben, sich sämmtlich in einem Palaste nicht weit vor dem Stadtthor vereinigen, unter dieser Bedingung verspreche er ihr Leben zu schützen. Die Saracenen, ohne Hoffnung auf ein besseres Loos, nahmen es an; als es Morgen wurde, sahen die Provenzalen ihre Gegner im Besitze des größten Theiles der Festungswerke, und wie sehr sie zürnen mochten, hatte die normannische Umsicht es von Neuem über ihren Eifer davongetragen. Boemund seinerseits verfolgte seinen Vortheil; jene Gefangenen plünderte er völlig aus und sandte sie dann zum Verkauf nach Antiochien; als Raimund ihn anging, er solle jene Thürme dem Bischof von Albara, dem designirten Herrn Maaras übergeben, erklärte er, nur gegen die Herausgabe Antiochiens

---

1) 11. December. Gesta p. 24. 20. Decbr, Kemaleddin.

hier weichen zu wollen. Die Aufregung, welche dies Wort unter den Provenzalen hervorbrachte, sah er ruhig zu: er bemerkte bald, daß sie nicht unmittelbar gegen ihn, sondern wie früher auf die Fortsetzung des Zuges nach Jerusalem gerichtet war. Die Pilger wandten sich an den Bischof von Albara: er möge den Aufbruch bewirken; Boemund sagte, er sehe nicht ein, wie unter diesen Verhältnissen an weitere Unternehmungen zu denken sei; da Raimund sich so hartnäckig zeige, schlage er Ostern als den nächsten Termin für den Zug nach Jerusalem vor. Die Kunde hiervon, — es war um Weihnachten — vollendete die Bestürzung des Volkes; sie erklärten dem Bischof, er solle mit der heiligen Lanze vorausziehen, wo nicht, so sei auch er überflüssig, er möge ihnen die Reliquie überantworten, dann werde Gott der Herr sein Volk beschützen. Raimund war in der größten Verlegenheit; er gab nach und bestimmte den 15. Tag zum Ausmarsch, der Fürst von Tarent machte darauf, wie zum Spotte bekannt, nicht am fünfzehnten, sondern am fünften Tage solle man den Zug antreten; dann kehrte er, ohne sich auf Erläuterungen einzulassen, nach Antiochien zurück.

Der Graf von Toulouse sah wohl, daß er mit eigener Kraft, so durch Boemund gedrängt und von seinen Truppen im Stich gelassen, weder Antiochien noch Maara behaupten würde. Er berieth also mit seinem Bischof Peter, welche Besatzung in Maara zurückzulassen sei, und lud dann die übrigen Fürsten zu einem neuen Gespräche nach Rugia ein, in der Mitte zwischen den beiden streitigen Städten gelegen. Allein auch hier kam man zu keinem Ergebniß: die Fürsten erklärten, kein Urtheil sprechen zu können, aber vor Beendigung der Sache nicht weiter ziehen zu wollen. Raimund bot ihnen sämmtlich beträchtliche Summen, aber auch dies Mittel, wenig ehrenhaft für alle Theile, scheiterte. Das Gerücht dieser Vorgänge drang bald nach Maara, wo die Provenzalen schon höchlich unzufrieden waren, daß wieder eine Abtheilung zur Besatzung zurückbleiben sollte: hier kam dann auf diese Nachricht fernerer Ungewißheit rasch und gewaltsam die Sache zur Entscheidung, an deren Ausgang alle Klugheit, Hartnäckigkeit und Anstrengung so lange und fruchtlos gearbeitet hatten. Die Provenzalen riefen: Streit um Antiochien, und Streit um Maara, und über alle Städte, die der Herr in unsere Hand giebt, Hader der Fürsten: wahrhaftig, dieser

Ort soll uns nicht länger betrüben. Gesunde und Kranke, Junge und Alte, Menschen von jeglicher Herkunft rotteten sich zusammen, auf Stöcke gestützt sah man Schwache und Lahme heraneilen, so begierig waren sie Alle, den Gegenstand ihres Zornes aus dem Wege zu räumen. Alle Mauern, Thürme und Festungswerke jeglicher Art wurden ohne Halten zertrümmert, obgleich der Bischof von Albara und die Haustruppen des Grafen schleunigst herbeigeeilt waren; wo sie sich gerade befanden, hörte das Volk ihren Ermahnungen zu, aber Gewalt wagten sie nicht zu brauchen, und wie sie den Rücken wandten, ging das Werk der Zerstörung seinen Gang. Die Nachricht kam nach Rugia, und Raimund brach sogleich auf persönlich einzuschreiten; aber auch Boemund, wie er wohl nie in seinem Leben eine Gelegenheit durch Säumniß verloren hat, ergriff den Augenblick auf der Stelle. Er sah, daß Raimund ganz ungefährlich geworden war, daß die Macht, über die er gebot, sich vollständig emancipirt hatte: ohne Zaudern sandte er seinen Vetter nach Antiochien, der hier eine unbedeutende Abtheilung heimlich unter die Waffen rief und ohne Weiteres gegen die Thürme der Tolosaner heranführte. Diese waren von den neuesten Vorgängen ununterrichtet und ohne jegliches Arg, so daß die Normannen in raschem Ueberfall und fast ohne Blutvergießen alle Posten einzunehmen vermochten. Die Provenzalen, überrascht und besiegt, ehe sie den Angriff bemerkten, unterwarfen sich und räumten die Stadt.[1]

Raimund, so heftig er zürnen mochte, war nicht im Stande, seine Opposition thätlich fortzuführen. Die übrigen Fürsten waren hoch erfreut, **daß** gleichviel auf welche Weise, der Streit zu **einem** Ausgang gelangt war, und das tolosanische Heer wäre durch **kein** Mittel zu offenem Kampfe zu bewegen gewesen. Im Gegentheil, als der Graf nach Maara gelangt war, sah er sich bald genöthigt,

---

1) So erzählt den Hergang Rad. c. 98, setzt ihn aber ohne Frage in falschen Zeitpunkt. Das angegebene Datum hat die hist. belli S. l. c. und Tudeb. l. c., und ich zweifle nicht, daß dieselbe Notiz in den Gestis p. 24 nur durch Textescorruption fehlt. Raim. Ag. p. 161 läßt erst, nachdem Raimund von Maara weitergezogen, Boemund in Antiochien Gewalt brauchen; doch erwähnt er das Ganze nur beiläufig, und kann demnach wohl Radulf, **nicht** aber jenen Augenzeugen derogiren. Die **neueren** Darsteller haben sich **sämmtlich an** Radulf gehalten.

jeden Gedanken an Bestrafung und Wiederherstellung aufzugeben. Er erklärte auf den Bericht des Bischofs von Albara, ein so gewaltiger Antrieb, wie er seine Völker ergriffen, könne nur von Gott herstammen; er unterwerfe sich dem Willen des Himmels und befehle die gänzliche Niederreißung der Mauern. Die Hungersnoth hatte fortdauernd zugenommen: mit großem Jubel wurde die letzte Anordnung ausgeführt, und am 13. Januar 1099 erging der Befehl, diesen **Ort des Unheils** zu verlassen.[1]) Der erste Tagemarsch ging bis Kafertab: **hier** verweilte Raimund von Neuem drei Tage, und der **Mönch** Robert berichtet von einer abermaligen Zusammenkunft der **Fürsten**, die **an** diesem Orte stattgefunden hätte.[2]) Robert ist **bei all** diesen Händeln voll von Sympathie für den Grafen; er sagt: das ganze Heer wußte, daß einzig Gerechtigkeit, nicht Habsucht oder Ehrgeiz in ihm war; so läßt er **ihn** hier mehrmals vorstellen, man möge ihm einen Weg zeigen, wie er ohne Meineid Boemund's Verlangen erfüllen könne, gern wolle er dann zum Besten des heiligen Grabes allen Anforderungen sich fügen. Niemand, fährt Robert fort, wagte, dieser Rede Tadler zu werden und so trennte man sich unverrichteter Dinge. Ich gestehe nun, daß mir schon das Stillschweigen der Quellen den ganzen Vorgang verdächtig machen würde, auch abgesehen von der Sinnlosigkeit dieser Betheuerungen, die nach der Einnahme Antiochiens durch die Normannen zwecklos und überflüssig in jeder Hinsicht waren. Nachdem die Sache selbst durch die That entschieden war, hat Boemund niemals um die formale Einwilligung des Grafen irgend einen Schritt gethan.

Versuch Raimund's auf Tripolis.

Während **Raimund** in Kafertab verweilte, stießen die Normannen **Robert** und Tancred **mit** beträchtlichen Schaaren zu ihm. Wir erwähnten, daß er **diesen wie den** übrigen Fürsten in Rugia große Geldsummen angeboten, **wenn sie** sich zu ihm halten wollten; und hatte er dadurch gegen Boemund keinen Beistand gewonnen, so erreichte er doch jetzt durch ihren Zuzug eine bedeutende Verstärkung seiner Streitkräfte. Er zahlte dem einen 10,000, dem anderen

---

1) **Gesta.**　　　　2) **Rob.** p. 70.

5000 Solidi, wofür wenigstens Tancred ein bestimmtes Dienstverhältniß einging; über Robert wird nichts dergleichen gemeldet. Die
übrigen Fürsten waren noch nicht zu bewegen, Antiochien zu verlassen; dagegen trennten sich zahlreiche Einzelne von ihren Schaaren,
um mit dem Grafen von Toulouse ihr Heil zu versuchen. So hielten
von den italienischen Normannen sich einige — 40 Ritter und zahl-
reiches Fußvolk[1]) — zu Tancred, eine große Menge zu Robert:
von fester Einheit und ausgesprochenem Verbande war überall wenig
Rede mehr.

Raimund zog nun von Kafertab aus durch das Gebiet von
Schaifar den Orontes hinauf. Von allen Seiten her trafen Botschafter der umwohnenden türkischen und Araberstämme ein, dem
christlichen Heere ihre Ergebenheit zu bezeugen, denn durch die Zerstörung von Albara und Maara war gerade der Ruf der tolosanischen
Waffen weit verbreitet worden. Der Emir von Schaifar bot gegen
Schonung seines Territoriums freie Verpflegung an; zuerst unredlich
gesinnt, später, als die Christen Befehle an seine Untergebenen auf-
gefangen hatten, in ängstlicher Pünktlichkeit. Man blieb darauf in
Frieden, wobei freilich einzelne Anfälle türkischer Streitschaaren erfolgten, aber leicht zurückgewiesen wurden; so kam man an die
Grenzen des Gebietes von Emessa oder Camela, wie es unsere Berichterstatter nennen.[2]) Es fragte sich, welchen Weg man hier ein-
schlagen würde, ob über Emessa nach Damaskus, ob über die Höhen
des Libanon, oder westlich durch das Gebiet von Tripolis und dann
an der Meeresküste entlang. Locale Schwierigkeiten boten sie sämmtlich in gleichem Maße, wasserlose Districte der erste, steile Gebirgs-
wege der zweite, leicht zu vertheidigende Pässe der dritte.[3]) Man
entschied sich für den letzten, zum Theil schon wegen der Verbindung
mit dem Meere, welches damals mit befreundeten Flotten erfüllt
war. Genueser, Venetianer und Engländer hatten größere oder geringere Streitkräfte in jenen Gewässern; dazu kamen griechische Han-
delsfahrzeuge, die, so schlecht man auch mit dem Kaiser stand, doch

---

1) Et consecutus est nos Tancredus, cum quadraginta militibus et
multis peditibus. Raim. p. 161. Sonst Gesta p. 24.

2) Alb. Aq. macht vallis camelorum daraus.

3) Raimund Ag. spricht erst später — vor Tripolis — von diesen Berathungen; die Sache selbst ergiebt, daß sie nur hier gepflogen werden konnten.

stets zu Lieferungen bereit waren. Demnach nahm man von Dschanah Eddewlet Freundschaftsversicherungen und Geschenke bereitwillig an und wandte sich nach Westen gegen Tripolis.

Raimund hatte indeß für diesen Beschluß noch wirksamere Beweggründe, als die einfache Bequemlichkeit der Heerstraße. Noch war er durch den üblen Ausgang seiner letzten Bestrebungen nicht völlig entmuthigt, und wenn er auf Antiochien nicht weiter hoffen durfte, so hatte er regsam genug auf der Stelle ein gleiches Augenmerk auf Tripolis geworfen. Ausdrücklich wird es gesagt, daß er deshalb die Geschenke des Emirs zurückgewiesen und dessen Bekehrung zum Christenthume gefordert[1]), das heißt, daß er den Frieden ohne Weiteres verweigert und unter jeder Bedingung Krieg gewollt habe. Tripolis war damals ein nicht unbedeutender Ort, an günstiger Küste gelegen, in den Kriegen zwischen Seldschuken und Fatimiden fast selbständig geworden, in fruchtbarer Umgebung auf das Stärkste befestigt. Schon als man vor Schaisar stand, hatte sich Raimund dieser Küste zuwenden und Gibellum, etwas nördlich von Tripolis gelegen, einnehmen wollen; allein Tancred's offener Widerspruch, auf die Sympathie aller Truppen gestützt, hatte ihn am Orontes festgehalten.[2]) Jetzt aber setzte Raimund seine Absicht durch, und am 14. Februar 1099 langte das Heer vor dem ersten tripolitanischen Orte, dem festen Schlosse Arkas, an.[3]) Unter den Truppen war die Rede verbreitet, man wolle nur wenige Tage einen Angriff drohen, um dem Emir beträchtlichere Geschenke abzupressen: damit stimmte überein, daß letzterer fortwährend den Frieden verlangte und auf seinen Burgen die tolosanischen Zeichen aufsteckte.[4]) Trotzdem begann Raimund die Belagerung auf das Heftigste; abgesonderte Schaaren überschwemmten die Umgegend, Tortosa und Maraclea, ebenfalls Hafenplätze jener Gegend, wurden durch Gewalt oder Vertrag eingenommen.[5])

Ehe ich aber die Darstellung des Ereignisses selbst versuche,

1) Rob. Mon. p. 72. Die Thatsache auch in den Gesten.
2) Gesta. Raim. Ag.
3) Das Datum in den Gestis.
4) Letzteres war schon in Schaisar vorgekommen; es diente den Einwohnern zur Sicherung gegen nachfolgende christliche Schaaren.
5) Noch vor dem Beginn der Belagerung von Arkas nach Raim. p. 164.

muß ich die durch Albert von Aachen vertretene Ansicht, die ich hier im Auszuge wiederhole, einer vorläufigen Betrachtung unterwerfen. Am 1. März, sagt Albert[1]), ziehen Gottfried und Robert von Flandern nebst den übrigen bis dahin zurückgebliebenen Edeln aus Antiochien; über Laodicea kommen sie nach Gibellum und bedrängen die Stadt mit allem Eifer. Die Besatzung bietet ihnen, wenn sie abziehen wollen, ansehnliche Geldsummen, welche aber von den Fürsten natürlich zurückgewiesen werden: darauf wenden sich jene an den weitgefürchteten Raimund, mit denselben Versprechungen, wenn er die Beiden von der Belagerung hinwegzuziehen vermöge. Raimund, nie gesättigt durch Silber und Gold, geht den Vertrag ein, und um durch die Rettung ihrer Gärten und Weinberge jene Schätze zu gewinnen, ersinnt er folgende List. Er schickt den beiden Fürsten Botschaft, von Damascus aus drohe ein furchtbares türkisches Heer, dem er allein zu widerstehen nicht im Stande sei, er fordere sie demnach auf, ihm schleunigst und mit aller Macht zu Hülfe zu kommen. Gottfried und Robert folgen dieser Mahnung auf der Stelle; sie verlassen Gibellum und ziehen gen Arkas, wo sie von Tancred den Betrug des Grafen erfahren, und höchst empört über diese Habsucht, zwei Millien von ihm entfernt, mit Unterbrechung allen Verkehres, ihr Lager gesondert aufschlagen. Tancred aber, setzt Albert hinzu, verrieth das Spiel des Grafen, weil er mit ihm über einen Geldvertrag uneins geworden war: denn keine Mahnung konnte diesen bewegen, dem Normannen die Summen auszuzahlen, die er ihm als Sold für seine Heeresfolge versprochen hatte. Deshalb schloß sich jetzt Tancred an Gottfried an; Raimund dagegen, von Geiz erfüllt, that Alles, um den Zorn des Herzogs zu besänftigen, und brachte ihn durch Schmeichelei und List, worin er von Jugend auf geübt war, wirklich so weit, daß er vier Wochen lang die Burg mit bedrängen half. Unterdeß wurde das Volk von Tag zu Tag schwieriger, sie hatten den lebhaftesten Wunsch, nach Jerusalem zu kommen, Vornehme und Geringe drangen in den Herzog, sie endlich hinwegzuführen. Trotz der Gegenvorstellungen Raimund's zündeten die Fürsten auch eines Tages ihre Zelte an und zogen von hinnen; Raimund wollte noch aushalten, als er aber sah, daß ihn seine

---

1) Lib. V. c. 33 sqq.

Leute verließen, und dem Herzoge folgten, mußte auch er sich zum Aufbruch bequemen.[1]

Bemerken wir zunächst, daß Albert, nachdem er in allen früheren Theilen seines Buches sich indifferent gegen Raimund gehalten hat — er lobt seine Tapferkeit und Frömmigkeit, wie die von hundert Anderen — mit einem Male bei den antiochischen Händeln das Bild ändert, und die habsüchtige, gemeine Natur des Grafen so stark wie möglich hervorhebt. Schon damals nennt er ihn fast wörtlich wie hier, „stets unersättlich in der Begier des Erwerbes." Er geht dann weiter, indem er in diesem Sinne die Thatsachen umgestaltet, er schmälert seinen Ruhm bei der Eroberung von Albara, indem er diese nicht ihm allein, sondern den Fürsten insgesammt zuschreibt; er legt hauptsächlich auf ihn die Gehässigkeit des Streites über die Burg Ezaz. Diese Ansicht bleibt auch weiterhin in den Streitigkeiten Raimund's mit Gottfried über den Davidsthurm zu Jerusalem: daß Gottfried dem Grafen diesen Besitz nicht gegönnt hat, wird bei Albert zu dem Motive für die Zögerung Raimund's, nach Askalon dem Herzog zu Hülfe zu ziehen. Dann aber, ebenso plötzlich, als diese Farben zu dem Bilde hinzugetreten sind, werden sie wieder verwischt: bei der Erzählung des Streites, der sich im Jahre 1099 zwischen Boemund und Raimund über Laodicea erhob, heißt Boemund „der listige Fürst, der geizige Bruder," erscheint St. Gilles als der uneigennützige Retter und Befreier. Wir sehen hier deutlich wieder die Entstehungsweise dieses Buches; es ist aus verschiedenartigen Theilen in größter Naivität zusammengesetzt, hier die Erzählung eines Normannen oder Lothringers, dort die eines Provenzalen, in allen das ungetrübte Bild persönlicher oder nationaler Leidenschaftlichkeit, in allen nicht die Vorzüge, wohl aber die Fehler, mit denen Berichte Mittheilnehmender behaftet zu sein pflegen.

Denn, um es kurz herauszusagen, diese Kränkung Tancred's, dieser Verrath des Grafen Raimund, eines wie das Andere ist nichts als eine Erfindung nationaler Antipathie. Die normannischen Zeugnisse der Gesten, Tudebod's, Radulf's[2] stimmen hier vollkommen

---

1) Beiläufig: auch die Dauer der Belagerung giebt Albert hier unrichtig auf 2½ Monat an. Sie währte vom 14. Febr. bis zum 13. Mai.
2) **Gesta** p. 26. Rad. c. 97. Tudeb. p. 810.

mit dem provenzalischen Berichte überein: hier haben wir Aussagen beider Parteien, von bekannten, uns vielfach beglaubigten Männern, an dieser Stelle um so glaubwürdiger, als sie den inneren Zusammenhang des Ereignisses selbst schwerlich begriffen haben. Nach ihnen sind aber folgende die mit größter Sicherheit festzustellenden Thatsachen. Die Belagerung von Arkas machte geringe Fortschritte; der Ort, beschützt durch natürliche Festigkeit und tapfere Vertheidiger, hielt sich unerschütterlich. Die Christen erlitten bedeutenden Verlust, von namhaften Männern fielen Pontius von Baladun, der Freund des Geschichtschreibers Raimund, Anselm von Ripemont, der sich gegen Kerbuga ausgezeichnet, Wilhelm Picard u. A. Nachdem mehrere Wochen so vergangen waren, erhielt man die Nachricht, Sultan Berkjarok selbst sei zu Damascus und stehe im Begriff, mit einem mächtigen Heere gegen Arkas anzurücken. Sogleich sandte man nach Gibellum, Raimund den Bischof von Albara, Herzog Robert seinen Caplan Arnulf, den späteren Patriarchen: Gottfried und Robert von Flandern brachen ungesäumt auf und vereinigten sich mit den Provenzalen und Normannen. Daß nun Berkjarok persönlich damals nicht in Damascus war, ist mit größter Gewißheit zu behaupten: nicht minder sicher ist aber auch, daß Taghtigin in Damascus gegen die Christen rüstete, und zwar veranlaßt durch den Cadi von Gibellum, der, obgleich den Aegyptern unterthan, in seiner Bedrängniß die Seldschuken zur Hülfe aufgerufen hatte.[1]) Es war nun natürlich, daß nach der Befreiung Gibellums und der Vereinigung des christlichen Heeres Taghtigin sich ruhig verhielt, und die Franken ungestört ihre Kräfte gegen Arkas richten konnten. Auch war im ersten Moment von einem Zwiespalt keine Rede; die beiden Heere lagerten zwar getrennt, aber nur zufällig durch die örtliche Beschaffenheit der Gegend um Arkas von einander gesondert. Die Provenzalen hatten die eine Seite der Burg berannt, die Lothringer gingen jetzt über den Fluß, an dem die Stadt gelegen war und begannen sogleich auf der anderen Seite ihre Angriffe. Der Emir von Tripolis erneuerte darauf seine Anerbietungen; er versprach, wenn man seine Territorien räumen wollte, 15,000 Goldstücke — jedes acht bis neun Solidi werth — Naturallieferungen und jährlichen Tribut. Aber wie früher Rai-

---

1) Abulfeda ann. ad a. 494.

mund allein, so wiesen jetzt sämmtliche Fürsten diese Vorschläge zurück: es ist klar, daß damals Gottfried und der Graf von Flandern mit Raimund über die Eroberung von Tripolis noch einverstanden gewesen sind. Auch schickte der Cadi von Gibellum an die Fürsten — nicht, was wohl zu bemerken ist, an Raimund allein — 5000 Goldstücke und sonstige Geschenke, um einem zweiten Angriffe zuvorzukommen. Raimund Agiles theilt hier einen Zug mit, der eben nicht hohe Begriffe von der Uneigennützigkeit sämmtlicher Heerführer giebt: ein jeder der Fürsten sandte umher an die benachbarten türkischen Städte, und verkündete, er sei das Haupt des Heeres, und im Stande, dessen Angriffe nach Willkür hierhin und dorthin zu leiten.

„Am meisten aber, fährt Raimund fort, verwirrte Tancred den Stand der Dinge. Nachdem er 5000 Solidi und zwei treffliche Streitrosse von dem Grafen empfangen, damit er in seinem Dienste bliebe bis Jerusalem, wollte er sich dennoch von ihm trennen und dem Herzog von Lothringen anschließen. Darüber entstand heftiger Streit, endlich schied Tancred von dem Grafen in Unfrieden." Seitdem ist die Zwietracht nun offenbar im Lager und bricht an allen denkbaren Punkten hervor. Daß Tancred der Mittelpunkt des Widerstandes gegen Toulouse gewesen, unterliegt keinem Zweifel, auch in der lothringischen Tradition bei Albert nicht; er bringt Gottfried und Robert zur Opposition herüber; seitdem enthalten sich die Nichtprovenzalen des Kampfes, und der Streit über die heilige Lanze erneut sich zwischen beiden Parteien auf das Heftigste. Will man dem Caplan Raimund glauben, daß Tancred die 5000 Solidi erhalten, so überzeugt man sich leicht, daß irgend ein hier nicht ausgesprochenes Motiv sein Benehmen geleitet haben muß; aus bloßem Muthwillen kann er doch nicht ein so entschlossener Gegner des eben noch befreundeten Heerführers geworden sein. Raimund's Aussage über die Geldsummen wird aber unbedenklich durch das Stillschweigen, welches die normannischen Quellen, besonders Radulf, über diesen Punkt beobachten: letzterer, der vor Maara nicht glimpflich mit St. Gilles verfährt, der dann die Geschichte von Arkas ganz im Sinne der Gesten vorträgt, hätte so wesentliche Dinge nicht ausgelassen, wären sie rühmlich für Tancred gewesen.

Auch scheint mir der wirkliche Grund für Tancred's Handlungsweise nicht schwer zu errathen. Es war nicht persönliche Abneigung und nicht der Unwille über unvollzogene Verpflichtung; es war die politische Einsicht, daß in solcher Nähe des normannischen Fürstenthums zu Antiochien keine provenzalische Herrschaft aufkommen dürfe. Ich zweifle nicht, daß Tancred im Auftrage oder im Einverständniß mit Boemund handelte: daß, wie dieser **den Grafen Raimund** nach Maara nicht allein des Beistandes wegen begleitet hatte, so Tancred sich dem weiteren Zuge des tolosanischen Heeres anschloß, von vornherein in der Absicht, seine Thätigkeit zu beaufsichtigen und nöthigen Falles zu vereiteln. So hatte er bereits den Angriff Raimund's auf Gibellum zu nichte gemacht durch die Vorstellung, die gerade Straße nach Jerusalem gehe den Orontes hinauf über Emessa und Damascus, ein Unternehmen gegen Gibellum liege gänzlich fernab im Weiten. Als nun Raimund bewies, jener kürzeste Weg führe, wenn nicht über Gibellum, aber doch an der Küste entlang, und hiermit seine Schaaren für den Angriff auf Tripolis gewann, mußte Tancred andere Mittel ergreifen, welche ihm der Gang der Ereignisse sehr bald und wie von selbst an die Hand gab. Die Belagerung machte langsame Fortschritte, die Truppen waren durchaus ohne Begeisterung für das Unternehmen: nun kamen Gottfried und Robert an, beide, wie wir sahen, schon in Antiochien mehr der normannischen als der provenzalischen Sache geneigt, beide, wie nicht zu bezweifeln steht, voll des aufrichtigen Wunsches, von diesen Händeln erlöst, dem religiösen Zwecke des Krieges genugthun zu können. Bei dieser Stimmung hatte Tancred schwerlich große Mühe, den Herzog von Lothringen zu gewinnen, indem er in seine Dienste überzutreten versprach; damit war dann die umfassendste Spaltung erreicht, und mit vielem Geschick, wenn auch mit geringer Ehrlichkeit, verstand man seine Vortheile auszubeuten.

Wie bereits erwähnt, beobachteten nämlich beide Parteien über diesen letzten Grund des Haders ein festes Stillschweigen. Raimund verhehlte seine Absicht, hier eine Herrschaft gründen zu wollen, wie er gleich Anfangs seine Truppen nur unter nichtigen Vorwänden festgehalten hatte. Die Andern bezogen sich einzig auf den Vortheil des heiligen Grabes: diese nutzlose Belagerung verzögere die Erfüllung ihres Gelübdes; vor allen Dingen sei erst Jerusalem zu befreien, **dann** könne man Tripolis mit leichter Mühe gewinnen. Die Sympathie des gesammten niedern Volkes, die Provenzalen nicht aus-

genommen, unterstützte diese Ansicht um so nachdrücklicher, als der
Drang nach Jerusalem seit der Explosion in Maara lebendig durch
alle Schaaren ging, die Subordination dagegen ganz zerfallen und
das tolosanische Heer im höchsten Grade unbändig und losgelassen
war. Wenn Graf Raimund, wie wohl vermuthet wird, selbst die
Auffindung der heiligen Lanze veranlaßt hat, so ist ihm später oft
Gelegenheit geworden, den frommen Betrug zu bereuen. Denn seine
Provenzalen glaubten sich seitdem in steter Verbindung mit dem
Himmel, und tagtäglich meldeten sich Priester und Laien, denen in
Visionen der Willen des Heilandes klar geworden war. Nachdem
sie einmal angefangen hatten, die Angelegenheiten des Kreuzzuges
unabhängig von den Heerführern in eigene Berathung zu nehmen,
erfolgten jene Offenbarungen in ununterbrochener Reihe. Die Menge
fand darin eine himmlische Sanction für ihre Sehnsucht nach dem
heiligen Grabe, und bei dem ersten Anlaß kehrte sie dieselbe ohne Be=
denken gegen ihren Führer den Grafen Raimund selbst. Ein Zwischen=
ereigniß, ein Gottesgericht über die heilige Lanze, durch normannische
Spöttereien veranlaßt, ging ohne besondere Wirkung vorüber: die
Provenzalen blieben in ihrem Glauben, die Uebrigen wurden in der
Verachtung all dieses Treibens bestärkt. Alle folgenden Visionen
aber, von denen wir Nachricht haben, bezogen sich unmittelbar auf
die streitige Frage. Die Heiligen ließen den Grafen ermahnen, auf
den rechten Weg zurückzukommen, den er bisher nicht gefunden; die
Auffindung köstlicher Reliquien wurde verheißen, dann aber möge
man sich beeilen, die Gott wohlgefällige Bahn einzuschlagen.[1]

Unterdeß nahm der Hader zwischen den Fürsten einen stets
gefährlicheren Charakter an; die Angriffe auf Arkas geriethen gänzlich
in's Stocken und der Ruf dieses Zustandes verbreitete sich weit in
dem Lande umher. Der Emir von Tripolis, hierdurch ermuthigt,
nahm alle Vorschläge und Versprechungen zurück und brach die
Unterhandlungen mit dem Kreuzheer in der verächtlichsten Weise ab.
Indessen lag dies keineswegs in dem Plane der übrigen Fürsten, sie
gönnten freilich dem Grafen Raimund das Land nicht, dachten jedoch
selbst auf den saracenischen Tribut nicht zu verzichten. Mit vereinten
Kräften machte man einen Zug gegen Tripolis; der Emir wagte

[1] Alles bei Raimund a. a. O.

sich vor die Stadt zu offenem Gefecht ihnen entgegen, wurde aber gänzlich geschlagen und mit starkem Verlust hinter seine Mauern zurückgeworfen. Die Fürsten sagten: heute hat er uns gesehen und wir die Wege seiner Stadt; morgen soll er uns noch näher kennen lernen. Allein es bedurfte dessen nicht, denn unmittelbar hernach erneuerte der Emir die alten Vorschläge. Gleichzeitig damit traf eine Gesandtschaft des griechischen Kaisers im Lager ein, und ihre Vorschläge gaben Gelegenheit, die gegenseitigen Gründe in vollem Umfange zu entwickeln.

Die Gesandten führten zunächst heftige Klage über die einseitige Besitznahme Antiochiens durch Boemund: darauf erklärten sie die Absicht ihres Herrn, er denke gegen Johannis mit einem Heere in Syrien einzutreffen, um die Fürsten nach Jerusalem zu geleiten; wolle man ihn so lange erwarten, so verspreche er einem jeden die reichsten Geschenke als erneute Zeichen seiner Huld. Es lag deutlich vor Augen, daß die Entscheidung über diese Vorschläge den Ausgang der tripolitanischen Angelegenheit unmittelbar einschließen würde; um so umfassender und nachdrücklicher entspann sich auf der Stelle die Discussion. Raimund entwickelte die Vortheile, die man aus der Anwesenheit und der Gunst des Kaisers ziehen würde: „seine Geschenke werden wir haben, ihn selbst und den Verkehr mit allen Landen, den er uns bringen wird. Das Volk ist ermüdet und schwierig, der Weg vor uns voll Gefahren, wir wissen, auch wenn wir Jerusalem erreichen, daß unsere Truppen auseinandergehen, wenn sie die heilige Stadt von außen her erblickt haben. Wie ersprießlich wird uns dabei des Kaisers Heer und Gegenwart zu Hülfe kommen, er wird unsere Angelegenheiten ordnen und auch unseren Zwiespalt zu heilen verstehen." Er stimmte demnach unbedenklich, ihn an dieser Stelle zu erwarten: Arkas müsse in wenigen Wochen fallen, welch ein Schimpf würde es sein, zum ersten Male auf der Wallfahrt ein begonnenes Unternehmen nicht zum Ziele geführt zu haben. Je weniger eigentlich dies alles in Abrede gestellt werden konnte, desto nachdrücklicher machten die übrigen Fürsten ihre Gegengründe geltend. Es war in den ersten Tagen des April, kurz vor Ostern; einen Aufenthalt bis Johannis beschließen, bedeutete — das konnte sich niemand verbergen — nichts Anderes, als dem Grafen von Toulouse wenn nicht Tripolis, doch Arkas und das Land umher in die Hände liefern. Nahm man den moralischen Einfluß hinzu, den die Vollziehung dieses Beschlusses auf das Heer haben mußte, berechnete man darauf die Gefahr, welche aus der Ankunft eines griechischen Heeres für Boemund unmittelbar entsprang: so konnte man nicht zweifelhaft sein, daß die Dauer der normannischen Herrschaft in Antiochien geradezu von dem Resultate dieser Berathungen vor Arkas abhängig war. Zu dem allen trat dann bei mehreren Fürsten der ungeheuchelte religiöse Trieb, und durch solche Motive bestimmt, entgegneten sie dem Grafen: „Stets hat sich der Kaiser eidbrüchig gegen uns gezeigt; auch jetzt wird er seine Versprechungen nicht pünktlicher erfüllen. Wir aber müssen vorwärts: sind die Truppen schwierig, so sind sie es nur vor diesem verhaßten Schlosse geworden; Gott selbst, zu dessen Dienst wir unser Gelübde abgelegt, wird unsere Sache glücklich hinausführen. Haben wir erst Jerusalem genommen, so mag Alexius seinen Vorsatz verwirklichen, seine Geschenke werden auch dann nicht zu spät kommen."[1] Die Majorität im Fürstenrathe, die Stimmung unter den Heerschaaren war wenigstens entschieden genug für diese Meinung, um einen vollständigen Sieg der entgegengesetzten abzuwehren. Freilich, zu der offenen Erklärung, die Belagerung auf der Stelle aufzuheben und weiter auf Jerusalem zu ziehen, vermochte man ebenso wenig hindurchzudringen: die Gesandten wurden entlassen, der Zustand der Dinge blieb, wie er gewesen noch vier Wochen hindurch. Raimund bequemte sich, über den Weg nach Jerusalem verhandeln zu helfen: was den Aufbruch selbst anging, so war sein fest ausgesprochener Wille stark genug, alle Uebrigen in Fesseln zu halten. Seine endliche Niederlage kam wieder, wie in Maara, aus der Mitte seines eigenen Heeres.

Denn unter den Provenzalen wuchs das Mißvergnügen über diese ärgerliche und verhaßte Belagerung, wie sie sie nannten, bis zu höchster Höhe an; hier bis Johannis auszuhalten, dünkte ihnen unerträglich, und ein griechisches Bündniß war auch bei ihnen nicht im Mindesten populär. Es bedurfte endlich nur eines geringen Anstoßes, um alle diese weltlichen Rücksichten, welche das Heer des Herrn und die Fürsten desselben umsponnen hatten, zu sprengen und dem religiösen Sinne, freilich im gewaltsamen Ausbruch, wieder

---

1) Ibid. p. 170.

zur Herrschaft zu verhelfen. Ein Priester, Stephan von Valentinois, hatte ausgesagt, der Bischof von Puy sei ihm mit dem Geheiße erschienen, gewisse Reliquien aus Laodicea abzuholen und sie mit der heiligen Lanze dem Heere auf seinem weiteren Marsche vorzutragen. Graf Raimund, der sich bereitwillig in solche Aufträge zu fügen pflegte, sandte Wilhelm von Monteil, den Bruder des verstorbenen Bischofs, nach Laodicea, der hier den Befehl vollführte und **mit** jenen Reliquien in den ersten Tagen des Mai im Lager eintraf. Die Provenzalen empfingen ihn mit größter Begeisterung; sie sahen eine neue Begünstigung des Himmels; plötzlich wurden sie inne, nur durch schleunigen Aufbruch nach Jerusalem könnten sie derselben würdig werden, und nun entlud sich die lang verhaltene Sehnsucht mit wilder Rücksichtslosigkeit. Man müsse Arkas verlassen, war der allgemeine Ruf; gegen den Willen des Grafen, selbst gegen den der übrigen Fürsten, zündeten sie ihre Zelte an und zogen in unordent= lichen Massen von dannen. Raimund sah, was ihm diese Bewegung zu bedeuten hatte; er weinte Thränen des Grimmes und der Wuth; er zürnte auf sich und die Seinen, mehr als auf die Gegner: es war aber Alles vergebens. Der Herzog von Lothringen, der bis dahin nur in Discussionen thätig gewesen, hielt jetzt dafür, es sei die Stunde zu weiterem Handeln gekommen: er ging umher in dem Lager, und ermahnte die Truppen, an ihrem lobenswürdigen Ent= schlusse festzuhalten.[1]) Raimund's Mittel waren zu Ende; **die Be=** lagerung wurde aufgehoben und das Heer zog gegen Tripolis, **am** 13. Mai 1099.[2]) Die Verhandlungen mit dem Emir kamen jetzt **sehr** bald, bis zum **16.**, zu völligem Abschluß: er zahlte 15000 Gold= stücke, leistete beträchtliche Naturallieferungen und versprach freund= liches Einverständniß.[3]) Raimund war außer sich, allein niemand achtete mehr auf ihn: er bot Alles auf, den Frieden zu verhindern, aber alle Bemühungen blieben fruchtlos. Der Emir ergriff endlich ein wirksames Mittel, und leistete dem Grafen besondere Zahlungen;

---

1) Ibid. p. **171. 172.**

2) Die Daten in den Gestis.

3) Nach Albert versprechen die Christen dafür Tripolis, Arkas und Gibellum zu schonen. Doch ist der letzte Namen nur ein willkührlicher Zusatz Albert's, da Gibellum ägyptische Besatzung hatte. Alb. V. 28. Abulfeda ann. ad a. 494. Wilken giebt beide Angaben neben **einander** S. **254. 266.**

dazwischen gingen einzelne Priester zu ihm heran, und offenbarten ihm die tröstlichsten Visionen, nur Jerusalem solle er zuerst einnehmen, dann werde auch Tripolis ihm zufallen. Raimund, sagt sein Caplan, nahm diese Worte an, in seinen Worten nämlich, aber nicht in seinen Werken, denn mit Schlägen und Schmähreden plagte er die Seinigen täglich. Kurz er begriff wohl, daß er die entscheidendste Niederlage erlitten, daß all seine Kraft und Mühe der Abneigung einer unge= lenken Masse, dem Widerstand der normannischen Politik, endlich dem fest ausgesprochenen Willen religiöser Begeisterung erlegen war. Er fügte sich nach seiner Weise; er folgte den Siegern, aber mit grollender Brust, vor Allem dem Herzog von Lothringen abgeneigt, der noch zuletzt den Aufruhr des Heeres unheilbar gemacht hatte.

So hatte die ascetische Gesinnung, auf welcher am Ende dieser ganze Krieg beruhte, einen vollständigen Sieg errungen. Die welt= lichen Interessen, welche zuerst Boemund und dann der Graf von Toulouse ihr aufgenöthigt hatten, waren von Grund aus beseitigt, die übrigen Fürsten, die sich dem Uebergewicht jener beiden nicht zu entziehen vermocht hatten, athmeten auf, als sie von nun an den Wirkungskreis des Einen verließen, und die Kraft der Volksmenge den Willen des Anderen gebrochen hatte. Ohne Aufenthalt ging man seitdem auf die Befreiung des heiligen Grabes, auf die Erreichung des einzig beseligenden, mystischen und himmlischen Zieles hin.

Elftes Capitel.

Eroberung von Palästina.

Die ägyptische Regierung hatte nach dem Wechsel der Gesandt=
schaften, die wir oben bei dem Kriege Kerbuga's anführten, sich
mehrere Monate lang ruhig verhalten. Unterdessen erfolgte nach der
schrecklichen Bedrängniß der Franken die totale Niederlage des seld=
schukischen Heeres, und Al Afdal mochte nach solchen Ereignissen die
Macht der beiden streitenden Parteien für wenig furchtbar halten.
Er ergriff den Augenblick, und begann durch den lange vorbereiteten
Angriff auf Jerusalem einen offenen Krieg nach zwei Seiten hin.

Nach orientalischer Weise eröffnete er den Feldzug, indem er
die fränkischen Gesandten in Ketten legte[1]), und fiel dann mit an=
sehnlicher Macht in Palästina ein, wo die Seldschuken allerdings nur
schwachen Widerstand leisteten. Im August 1098, während · die
Christen in Antiochien ausruhten, ergab sich die Besatzung von Jeru=
salem, wie es heißt, durch den Anblick jener gefesselten fränkischen
Botschafter in Schrecken gesetzt[2]), und Iftikar Eddewlet erhielt im
Namen Mostali's die Befehlshaberstelle in der heiligen Stadt.[3]) So
verging der **Winter, und** längst war Afdal wieder nach **Aegypten**
zurückgekehrt, **als die** Christen sich aus ihrem langen Stillstande er=
hoben. Gibellum war der erste ägyptische Ort, dem ihre Annäherung
Gefahr brachte, darauf ordnete **der Wesir,** der die Entscheidung in

---

1) Gilo p. **235** sqq. giebt davon die fabelhafteste Ausschmückung, wieder
aus der Ansicht des ungeheuerlichen Heidenthums hervor.

2) Ekkeh. c. 15, Guib. p. 533, hist. belli Sacri.

3) Ibn Giuzi bei Reynaud p. 11.

26 *

unabwendbarer Nähe sah, noch einmal eine Gesandtschaft ab, welche von den bis jetzt festgehaltenen fränkischen Rittern begleitet, vor Arkas im christlichen Lager eintraf. Der Khalif verhieß den Pilgern die Erlaubniß, in unbewaffneten Haufen zu 2 oder 300 Mann die heilige Stadt zu besuchen; im Uebrigen warnte er sie, sein Gebiet zu betreten oder sonst seinen Zorn zu reizen. Natürlich wurden die Gesandten mit nachdrücklicher Abfertigung aus dem Lager ausge= wiesen: wolle der Khalif, sagte man, Jerusalem nicht ohne Weiteres überliefern, so denke man ihm sein Babylon selbst zu verleiden.[1]

Noch einige Wochen vergingen seitdem in den vorher dargestellten inneren Zwistigkeiten, dann, nachdem man endlich aufgebrochen war, wurde der Marsch bis Jerusalem ohne erhebliche Unfälle oder Er= folge zurückgelegt, vom 16. Mai Montags bis Dinstag den 7 Juni.[2] Der Weg ging über Biblium und Maus nach Berytus, zwischen dem Libanon und der Meeresküste, in dieser Strecke durch geringe Streitkräfte an vielen Punkten zu vertheidigen, da das Gebirge häufig dicht an das Meer herantritt und nur sehr beschränkte Pässe dem Durchzuge frei läßt. Die gefährlichste Stelle ist nicht weit von Berytus entfernt, an der Mündung des Hundeflusses, der zwischen zwei schroff abfallenden Felsen hervorbrechend, einem vertheidigenden Feinde Stellung auf Stellung gewährt.[3] Das Kreuzheer legte indeß seinen Zug unangefochten zurück, obgleich man in beständiger Furcht schwebte, und mehrmals die Nacht hindurch marschirte, um etwaigen Angriffen durch diese Eile zuvorzukommen. Den Hundefluß passirte man am Himmelfahrtstage, blieb Tag und Nacht in beständigem Vorrücken und erreichte am folgenden Morgen Berytus.[4] Von dort zog das Heer auf Sidon, dann auf Tyrus und Ptolemais, für welche Strecke Albert einzelne Vorfälle von verschiedener Glaub= würdigkeit, aber sämmtlich unerheblichen Inhalts berichtet: die sara=

---

1) Raim. p. 164.

2) Das erste Datum geben die Gesten, das zweite Tudeb. p. 809, Fulcher p. 397. Albert sagt 7. Juli, wohl nur ein Schreibfehler. Die Gesta p. 26. haben VIII. Id. Iun., doch zeigt der Wochentag (feria III), daß der 7. Juni gemeint ist. Ganz confus ist Rob. mon. p. 74, II. feria, IV. Id. Iun.

3) Auch das Lager von Dschunieh stand 1840 in nächster Nähe dieses Punktes.

4) Raim. p. 273. Gesta.

cenischen Besaßungen hielten sich ruhig oder schlossen Verträge auf
gutes Einverständniß, und der Emir von Ptolemais versprach sogar,
sich nach der Einnahme von Jerusalem völlig zu unterwerfen. Freilich
war seine Gesinnung den Christen feindlich, wie eine aufgefangene
Taubenpost **an den** Emir von Cäsarea bewies, jedoch ließ **man** sich
dadurch nicht irren und feierte an dem letztgenannten Orte Pfingsten
den 29. Mai in tiefem Frieden. Joppe blieb darauf den **Pilgern**
rechts liegen; man wandte sich landeinwärts und fand Ramla von
der ägyptischen Besaßung und sämmtlichen muhamedanischen Ein=
wohnern verlassen.[1]) Man war **hier** noch 16 Millien von Jerusalem
entfernt, und einige Stimmen erhoben sich, man solle erst die ägyp=
tische Macht im eigenen Lande zu Grunde richten, dann werde Palä=
stina von selbst in die Hände der Pilger gerathen.[2]) **Allein** wie
wäre in dieser Nähe der allgemeine Drang, sein Gelübde zu erfüllen,
zurückzuhalten gewesen? überhaupt, welche entscheidenden Gründe
hätte man für ein so weit aussehendes Unternehmen in diesem Zeit=
punkte anführen können? Die Belagerung Jerusalem's wurde ein=
hellig beschlossen, und ehe man von Ramla auszog, seßte man hier
schon einen Normannen Robert zum Bischofe ein, den ersten latei=
nischen Kirchenfürsten im gelobten Lande.[3]) In der **leßten** Nacht
war die Unruhe des Volkes nicht mehr zu bändigen, **ein Haufe nach**
dem anderen seßte sich in Bewegung, Tancred und Balduin **von** Burg
streiften mit einer Reiterschaar bis Bethlehem, wo die christliche Be=
völkerung sie mit Freuden empfing, und Tancred die Stadt für sich
in Besiß nahm.[4]) Von dort wandte er sich mit wenigen Begleitern

---

1) Alb. V. 42. erzählt, Robert von Flandern und Gastus von Bordeiß
(Gaston von Bearn) hätten die Stadt allein besetzt, dann dem Heere Nachricht
gegeben. Das Detail des Berichtes paßt recht wohl zu Raim. p. 173.

2) Raim. l. c.

3) Die Quellen **sämmtlich. Nach Will. Tyr.** war er aus **Rouen.**

4) So Fulcher S. 396, bestätigt durch **die** Notiz bei Raim. p. 176, daß die
Fürsten Tancred gezürnt hätten, weil er **sein** Panier auf der Hauptkirche auf=
gesteckt. Ebenso Rad. c. 111, wo die Stelle freilich **nur auf** dem Rande des
Mspt. steht, indeß von des Autors Hand herrührt. Auch schreibt sie die hist.
b. S. c. 99 mit dem übrigen Texte aus. Gegen diese Zeugnisse vermag Albert
S. 273 nicht zu derogiren; er erzählt, Gottfried habe auf Bitten der Einwohner
von Bethlehem eine Schaar geschickt, welche die Türken verjagt habe. Es ist ein
Einschiebsel zu Ehren Gottfried's, gerade **an** dieser Stelle sehr natürlich.

gegen Jerusalem, bestieg ganz allein den Oelberg und begrüßte von hier die heilige Stadt.[1]) Er setzte sich nutzlosen Gefahren aus — wie er denn nur mit Mühe entkam — aber das Fremdeste, Selt= samste war ihm einmal das Gemäße. Einzelne, wie ich vermuthe, lothringische Schaaren[2]) hatten schon am vorigen Abend Emaus be= setzt; auch sie gingen von hier aus gegen Jerusalem vor; die Pro= venzalen verließen Ramla ohne alle Ordnung in der Frühe des Morgens, einige Wenige mit entblößten Füßen in der Fülle heißester Andacht, die Meisten in eiligem Laufe, um jeden Ort, jede Burg vor den Anderen zu gewinnen und zu besetzen. So von allen Leiden= schaften aufgeregt, voll von Devotion und Habsucht legten sie die letzte Strecke zurück, endlich lag nur noch ein Bergrücken vor ihnen, hinter diesem Jerusalem; Schaar auf Schaar eilte ihn hinan, dort, oben angelangt, sahen sie die Thürme des heiligen Ortes vor sich. Das übermannte sie Alle, weltliche Lust und weltliche Besinnung ver= schwand, sie stürzten in die Kniе, und priesen in Thränen den Herrn, der sie bis hierhin geleitet hatte. Mit verdoppeltem Eifer zog man dann in die Ebene hinunter, um den Lohn so vieler Beschwerden mit einer letzten Anstrengung dahinzunehmen.

Einnahme von Jerusalem.

Die Kreuzfahrer umlagerten Jerusalem von drei Seiten her. Vor der nördlichen Mauer, um die Kirche des Protomärtyrers Stephan her nahmen die beiden Roberte ihre Stellung, an sie schlossen sich der Westseite gegenüber Herzog Gottfried und Tancred an, den Rest der westlichen und einen Theil der südlichen bis an den Fuß des Berges Zion erfüllten dann die Provenzalen.[3]) Indessen erfuhr Graf Raimund, alte heilige Kirchen ständen oben auf Zion: er sagte,

---

1) Rad. c. 110 sqq.

2) Denn Fulcher l. c., der lothringische Geschichtschreiber, und Albert, der lothringische Mythograph sind die Einzigen, welche den Ort nennen. Die Nor= mannen und Provenzalen hatten sicher in Ramla ihr letztes Nachtquartier. Gesta p. 26. Raim. l. c.

3) Gesta p. 26. Tudeb. p. 809. Eine etwas abweichende Anordnung bei Raim. p. 174 erklärt sich wohl daraus, daß er Tancred stillschweigend zu Gottfried's Abtheilung rechnet.

wie können wir siegen, wenn wir solche Heiligthümer vernachläſſigen? — und gab sogleich Befehl, seine Zelte aus dem Thale dort hinauf= zubringen.[1]) Er kümmerte sich dabei wenig um den Wiederſpruch und das Zurückbleiben eines großen Theiles der toloſaniſchen Ritter, und in der That beſannen ſich dieſe denn auch im Laufe der Be= lagerung ſehr bald. Sie wußten, daß der Graf jede Dienſtleiſtung eines Freiwilligen reichlich belohnte, und binnen Kurzem war die ganze Abtheilung oben auf Zion wieder vereinigt. Die Oſtſeite der Stadt, wo jenſeit des Baches Kidron und des Thales Joſaphat der Oelberg ſich erhebt, blieb unbeſetzt: Albert's Nachrichten darüber zer= fallen durch innere Widerſprüche und die beſtimmte Ausſage der Quellen. Sonſt hat, wie häufig bemerkt worden iſt, der Kampf um Jeruſalem durch Gleichzeitige und Spätere weniger Ausſchmückung erfahren, als die Belagerung von Antiochien; hier darf ich mich be= gnügen, nur einzelne Unrichtigkeiten auszuſcheiden und mehrere, be= ſonders zeitliche Beſtimmungen näher feſtzuſtellen.

Zunächſt breitete man ſich nun in der Umgegend aus und be= ſetzte eine Menge benachbarter, zum Theil feſter Ortſchaften und Burgen[2]); die Saracenen leiſteten hier und da Wiederſtand, wurden aber beſiegt, wo ſie ſich zeigten[3]), und eine große Anzahl Gefangener wurde eingebracht. Am 13. Juni[4]) unternahm man den erſten An= griff auf die Stadt ſelbſt, mit enthuſiaſtiſchem Muthe aber mit Ver= nachläſſigung aller Vorbereitungen. Auf dem Oelberg hauſte damals ein heiliger Eremit, mit dem ſchon Tancred bei ſeiner Ankunft daſelbſt am 6. zuſammengetroffen war: dieſen hatten die Fürſten angegangen, wie es ihnen ergehen würde, und von ihm vernommen, am folgenden Tage um die neunte Stunde werde Gott Jeruſalem in ihre Hände geben.[5]) Demnach wurde auf der Stelle der Sturm gewagt; unauf= haltſam drangen die Franken vor und einige Außenwerke wurden ſo= gleich genommen.[6]) Nun aber ſtand man vor der inneren, höchſten

---

1) Raim. l. c. Es war das Grab David's, Salomon's, die Todesſtätte der Maria ꝛc.

2) Raim.

3) So hatten am 9. einige Provenzalen ein glückliches Gefecht. Gesta p. 26.

4) Gesta p. 27. Fulcher p. 398. Tudeb. verändert die secunda feria der Geſten (Montag den 13.) in secunda die obsidionis.

5) Raim.   6) Gesta ibid.

Mauer, nur mit einer einzigen Leiter versehen, aber ohne Bedenken wurde sie angelegt und eine Anzahl Franzosen kletterten hinan. Der oberste war Reimbold **von** Estourmel, der auch unversehrt bis zur Höhe der Zinnen gelangte; schon hatte er die Mauerkrone ergriffen, **da** trennte ein feindlicher Hieb seine Hand vom Rumpfe.[1] Mit Mühe wurde **er** hinuntergebracht, und überhaupt sah man ein, daß auf solche Weise Jerusalem nicht zu erobern war. In Angst und Zittern, **sagt** Raimund, zogen die Schaaren von hinnen.

Man beschloß, jetzt keinen Angriff weiter zu wagen, bis man die **nöthigen** Maschinen erbaut hätte, traf dann auch alle Anstalten **zu** diesem Zwecke, sah sich **aber** bald in zahlreiche Schwierigkeiten verwickelt. Zunächst stellte sich drückender Mangel an Lebensmitteln und Trinkwasser heraus: das Land um Jerusalem ist dürr und un= fruchtbar, und von den frühesten Zeiten an hat man die sonderbare Erscheinung bemerkt, daß zahlreiche Brunnen innerhalb der Mauern die Stadt versorgen, während draußen eine gänzliche Dürre die Gegend menschenleer macht.[2] Der Bach Kidron war, wie es fast in jedem Jahr geschieht, durch den heißen Sommer ausgetrocknet; außerdem gab nur die Quelle Siloe, und diese nur an jedem dritten Tage Wasser, welches aber bei dem heftigen Andrang sehr bald getrübt und ungenießbar wurde.[3] Dazu **kam, daß** die Saracenen in häufigen Ausfällen die Fouragirungen hinderten und die Gegend völlig ver= wüsteten[4]: man war in unvermutheter Noth, fürchtete den Ausbruch gefährlicher Epidemien und mußte, so nahe dem Ziele, Geduld und

---

1) Rad. c. 119, der die Sache anführt, nennt ihn Raibald aus Chartres; ich nehme **den** Namen aus der biographie univ. art. Estourmel (von de La= combe); hier heißt es: Gottfried habe dem sire Reimbold d'Estourmel ein Stück des wahren Kreuzes, den Beinamen Créton und die Devise vaillant sur la crête gegeben. Die Reliquie wurde noch im 16. Jahrhundert in der Fa= milie vererbt. — Freilich würde diese Dauerhaftigkeit Radulf's Zeugniß nicht im Mindesten überflüssig **machen.**

2) Eine gründliche Zusammenstellung über diesen Umstand giebt Raumer **Palästina** S. 329, wo überhaupt die Topographie Jerusalems nach älteren und neueren Zeugnissen erschöpfend behandelt ist.

3) **Raim.** p. 174. Die Einwohner, sagt er, hätten erzählt, Siloe gäbe nur Freitags Wasser; ihnen hätte es jeden dritten Tag geflossen. Quid autem fuerit practer dei voluntatem ignoramus.

4) **Tudeb.** p. 810 und sonst.

Ausdauer gar sehr zusammennehmen. Noch schlimmer war, daß man mit allen Nachforschungen kein Material für den Maschinenbau entdeckte: soweit man die Gegend umher durchspürte, fand man niedriges Gesträuch in Fülle, aber keinen Hochwald, keinen Baum und keinen brauchbaren Stamm. Für den Augenblick war die Verlegenheit nicht gering: es schien unerläßlich, die Belagerung aufzuheben und das Heer in fruchtbarere Districte hinwegzuführen.

Nun gelangten am 17. Juni[1]) Boten aus Joppe in das Lager, Abgesandte jener genuesischen Flotte, die schon vor Antiochien so gute Dienste geleistet und seitdem in Laodicea überwintert hatte. Es war eine Abtheilung von 9 Schiffen, sie baten, man möge einige Truppen zur Bedeckung des Hafens nach Joppe absenden[2]), worauf Graf Raimund ihnen eine Schaar von etwa hundert Rittern und entsprechendem Fußvolke mitgab, unter Anführung des Waldemar Carpinell, Raimund Pilet u. A. Unterwegs bestanden sie, wenn auch mit Verlust, ein glückliches Gefecht gegen umherziehende Araber: dann mit ansehnlicher Beute und großem Jubel langten sie in Joppe an, und verbrachten hier die Nacht unter Ergötzen und Festlichkeiten. Mit Tagesanbruch aber sahen sie eine Abtheilung der ägyptischen Flotte vor dem Hafen und für ihre Fahrzeuge keine Möglichkeit des Entrinnens: in größter Eile also faßten sie ihren Beschluß, luden die Schiffe aus, nahmen hinweg, was irgend nutzbar erschien, Taue, Segel, Eisengeräth, Lebensmittel, so machten sie sich schwer beladen auf den Weg nach Jerusalem zum großen Heere.[3]) Hier wurden sie, und mehr noch, was sie mitbrachten, freudig begrüßt. Brod, Wein, Arbeitsgeräthe, tüchtige Werkmeister endlich, wie sehr verstand man jetzt das Alles zu schätzen.

Nach und nach fand sich denn auch das nothwendige Material zusammen und man konnte die Arbeiten beginnen. Tancred entdeckte durch glücklichen Zufall in entlegener Grotte tief versteckt gewaltige

---

1) Gesta p. 27. **Am** zehnten Tage der Belagerung.

2) Raim. p. 175.

3) Die Gesten, Tudebod, Albert haben ebenfalls Nachrichten von dieser Expedition, in deren Detail ich übrigens Raim. l. c. gefolgt bin. Albert hat den Zusatz, daß erst die Hülfe Balduin's von Burg das Gefecht unterwegs zu Gunsten der Christen entscheidet, ein Product lothringischer Tradition, welches zurückzuweisen ist.

Stämme, die früher schon den Aegyptern zur Berennung der Stadt gedient hatten.¹) Vier Meilen weit von dem Lager entfernt zeigte ein Suriane ein Gebüsch gegen Sichem hin gelegen, dorthin ging Graf Robert von Flandern mit 200 Begleitern, um durch eingefangene Saracenen und Kameele das Holzwerk in das Lager schaffen zu lassen.²) Der Vorrath wurde getheilt, die eine Hälfte übernahm Graf Raimund, dessen Maschinen durch die Genueser unterstützt Wilhelm Richau erbaute. Aus dem Reste des Materials errichtete dann Gaston von Bearn für die Lothringer, Flandrer und Normannen einen zweiten Thurm mit dem nöthigen Zubehör.³) Dies erst beendigt, zweifelte man keinen Augenblick an dem glücklichen Ausgang der Belagerung, und förderte demnach die Arbeit auf allen Seiten mit größter Emsigkeit.

Während dieser Bemühungen hatte sich neuer Zwiespalt unter den Fürsten erhoben, der freilich nicht zu so bedenklicher Ausdehnung wie die früheren Händel gelangte. Die Ursache war, daß Tancred, wie erwähnt, für sich allein Bethlehem besetzt hatte; wer zunächst den Wiederstand dagegen aussprach, wissen wir nicht, doch ist wahrscheinlich, daß der Graf von Toulouse hier die alte Feindschaft erneuert hat. Denn der einzige Autor, welcher diese Händel anführt, ist der Caplan des Grafen⁴), und andererseits berichtet Albert, bei der feierlichen Procession auf den Oelberg, kurz vor dem Falle Jerusalems, habe Tancred auf Ermahnen Peter des Eremiten und des Caplans Arnulf dem Grafen Raimund alle Feindseligkeiten von Arkas verziehen.⁵). Diese letzte Nachricht läßt immerhin, wie mir scheint, auf einen Streit der beiden Fürsten auch vor Jerusalem schließen, obschon ihre besonderen Angaben und gerade diese feierliche Versöhnung nicht im Mindesten zu beglaubigen sind. Die Procession fand nämlich Statt auf Veranlassung eines Provenzalen, welchem Bischof Adhemar im Traume den Befehl gegeben hatte, das Heer solle sich von seinen Sünden reinigen und einen Umzug um die Stadt

---

1) Rad. c. 120.
2) Alb. p. 275. Rad. c. 121. Tudeb. p. 811 nach Raim. p. 177. Es ist Alles dieselbe Nachricht, dasselbe Ereigniß gemeint.
3) Raim. l. c.   4) Raim. p. 176.
5) Alb. p. 277. Er läßt die Procession durch den Einsiedler auf dem Oelberg anrathen.

in Gebet und Andacht vornehmen, ohne dies werde Jerusalem nie in ihre Hände fallen.[1]) Dieser Befehl wurde in den ersten Tagen des Juli pünktlich befolgt, und der Umzug in's Werk gesetzt: uns geben zwei Augenzeugen weitläufige Nachricht über den Verlauf der Procession, aber von jener Predigt Peter's, von den Ermahnungen zur Eintracht ist nirgendwo die Rede. Mit bloßen Füßen und heißer Andacht zog man längs der Mauern dahin, die Saracenen folgten oben unter Verhöhnungen und Neckereien, auch wohl mit einzelnen Pfeilschüssen; auf dem Oelberg angelangt, pries Arnulf in feierlicher Predigt die Barmherzigkeit des Herrn[2]), und zum Schluß ermahnte die Geistlichkeit das Volk und die Edeln zu Almosen und guten Werken.

Welches Ende übrigens jener Hader mit Tancred genommen, wird uns nicht gesagt; der Caplan Raimund geht sogleich zu der Erzählung einer umfassenderen Zwistigkeit über. Nämlich das Ver= trauen der Fürsten in den Erfolg ihrer Waffen war so groß, daß sie schon damals eine Berathung begannen, wem unter ihnen die Krone des heiligen Grabes zu Theil werden sollte. Man zog den Clerus hinzu, und dieser erhob auf der Stelle Protest gegen eine jede Wahl. Man müsse vor allen Dingen ein geistliches Oberhaupt, einen Patriarchen einsetzen, diesem müsse Jerusalem zu Eigen gehören und dessen Vogt könne die weltlichen Interessen des Landes in Ob= hut nehmen.[3]) Einstweilen ergriff man das ohne Frage vernünftigste Theil: man beschloß zuerst die Erwerbung zu machen und dann für ihre Benutzung Sorge zu tragen.

Den 6. oder 7. Juli hatte man endlich den Bau der Maschinen beendigt und schritt nun mit aller Kraft zum Angriff. Raimund hatte an seiner Stelle mit einigen Schwierigkeiten des Terrains zu kämpfen: am 10. als er eben seinen Thurmbau beendigte, überzeugte er sich, daß ein tiefer Graben zwischen ihm und der Stadt jede wirksame Annäherung verhindern würde. Das Mittel, welches er dagegen ergriff, zeigt wieder, wie schlecht man auf alle Wechselfälle einer Belagerung vorbereitet war: er ließ bei Tag und bei Nacht seine Soldaten Steine heranschleppen und damit in dreimal 24 Stunden

---

1) Raim. l. c.   2) Tudeb. p. 811.
3) Raim. l. c.

den Graben ausfüllen. Am 14. begann auch er den unmittelbaren Angriff.[1]) Die übrigen Fürsten hatten unterdessen ihren Thurm auf der Nordseite am 8. Juli aufgestellt und gleich seine Kräfte in einem ersten Sturme versucht. Die Feinde leisteten nachdrücklichen Widerstand, die Festungswerke waren gerade an dieser Stelle in bestem Stande und die Kreuzführer kamen keinen Schritt weiter.[2]) Man beschloß also am 9. Sonnabends den Angriffspunkt zu ändern; die Maschinen wurden auseinandergenommen, die Stücke während der Nacht auf die Ostseite hinübergetragen und noch vor Tagesanbruch wieder zusammengesetzt. Seitdem dauerte der Kampf hier ohne Unterbrechung, mit der größten Anstrengung auf beiden Seiten.[3])

Es ist zu bedauern, daß wir bei dem Mangel bestimmter Angaben über die Stärke der beiderseitigen Streitkräfte nicht im Stande sind, den Werth dieser Waffenthat vollständig zu würdigen. Raimund giebt an, das christliche Heer habe 12,000, die Besatzung 60,000 gezählt; Wilhelm von Tyrus ändert die erste Zahl in 21, die zweite in 40,000.[4]) Wilhelm's Angabe wird unterstützt durch die amtlichen Nachrichten über die Stärke des Heeres bei Askalon, Raimund hat, als gründlicher Enthusiast für die Erfolge der Pilger, die Geringfügigkeit ihrer Streitkräfte übertrieben. Die enorme Abnahme der Truppenzahl seit dem Siege gegen Kerbuga beweist übrigens nicht für entscheidende Verluste durch Kampf oder Strapazen; wohl aber zeigt sie, welche eine Menge von Pilgern in Antiochien oder Edessa, ihres Gelübdes wenig mehr eingedenk, zurückblieb. Man begreift hiernach die späteren Erfolge Boemund's und Tancred's in Antiochien, gleichzeitig mit der großen Schwäche des Hauptreiches in Jerusalem. Uebrigens reden die arabischen Berichte[5]) und Matthias Cretz immer noch von Hunderttausenden, die aus Antiochien hinweggezogen seien; man sieht, wie groß der Schrecken der lateinischen Waffen war, welcher damals und für lange Zeit noch den Orient erfüllte.

Am 14. Juli wurden die Befehle zum eifrigsten Kampfe erneuert

---

1) Gesta und Tudeb. Die Zeitbestimmung folgt aus der Angabe Raim. p. 177, daß der Sturm zwei Tage gedauert.

2) Raim. l. c.   3) Alle Quellen einstimmig.

4) Raim. p. 177. Will. Tyr. VIII. 5.

5) Bei Michaud IV. 11.

und vervollständigt: je zwei Soldaten sollten eine Leiter anfertigen, Gebete und Heiligungen fortdauern und was dem mehr war.[1]) Indeß verging der Tag noch immer ohne Erfolg; die Gegenwehr der Besatzung war eben so verzweifelt, wie der Angriff; man kämpfte mit allen Waffen und auf allen Punkten bis spät zum Abend. Die Nacht wurde beiderseits in Spannung und Angst durchwacht, die Aegypter fürchteten unvermuthete Ueberrumpelung, die Christen einen Ausfall und Brand der Maschinen. Auf beiden Seiten fühlte man sich ermattet; doch hofften die Christen eine Entscheidung am folgenden Tage, der durch jene Erscheinung Adhemar's als der letzte der Belagerung bezeichnet war.[2]) Mit dem frühen Morgen begann der Kampf von Neuem: hierher gehört die von Raimund aufbewahrte Anekdote, daß zwei Türkinnen die Wirkung eines christlichen Geschützes durch Zauberlieder aufzuheben versucht hätten, aber durch einen Wurf mit ihren Dienern zerschmettert worden wären. Orderich malt das aus[3]): auf allen Dächern hätten die Weiber gestanden und eine Cantilena gesungen, die Streiter anzufeuern. Da sei denn Graf Cono, der Schwager des Herzogs von Lothringen an diesen herangetreten und habe ihn ermahnt, die Nutzlosigkeit solcher Zauberkünste zu beweisen. Und so habe man die Mauern erstiegen.

So viel ist gewiß, daß an jenem Tage niemand einer besonderen und persönlichen Aufforderung bedurfte. Nachmittags, in derselben Stunde, wird erwähnt, in welcher Christus seine Passion vollendet, hatte Gottfried seinen Thurm hart an die Mauer herangebracht; die Fallbrücke wurde ausgeworfen, Gottfried und Eustach betraten unter den ersten die Mauer.[4]) Gleichzeitig hatten dicht am Stephansthor Tancred und Robert von der Normandie eine Bresche gelegt[5]), und hier drang man von beiden Seiten her mit Macht in die Stadt. Die Provenzalen vermochten noch nicht heranzukommen, endlich erschien vom Oelberg herunter ein Ritter in leuchtender Rüstung, mit dem Schilde auf Jerusalem hindeutend, da gelang auch

---

1) Gesta p. 27.
2) Raim. l. c.
3) Ord. p. 755. Er giebt den Gesang in extenso, in achtfüßigen, gereimten Trochäen.
4) Das Nähere giebt Rad. c. 126 und Tudeb. p. 811.
5) Fragm. hist. franç. p. 92. Gesta expugn. Hier. p. 575.

an dieser Stelle die Eroberung.¹) Der Thurm David's hatte eine
Schaar Seldschuken zur Besatzung, die bei der ersten Eroberung
ägyptische Dienste genommen und sich seither in strenger Defensive
gehalten hatte.²) Sie verlangten zu unterhandeln; auf die Bedingung
unversehrt nach Askalon gebracht zu werden, übergaben sie sich dem
Grafen, der den Thurm für sich besetzte und nun seine Krieger sich
in die Straßen werfen ließ.

Eine Beschreibung des hier erfolgten Gemetzels erspare ich mir
um so lieber, als sie aller Orten in weitester Ausführlichkeit anzutreffen ist. Raimund schon sagt: rede ich die Wahrheit, so finde ich
keinen Glauben; im Tempel Salomonis reichte das Blut bis an die
Knie der Reiter und das Gebiß der Pferde.³) Nur einzelnen der
Fürsten denke ich zu folgen, leider nur um auch hier zu läugnen,
was man Menschlicheres von ihnen berichtet hat. Gottfried, erzählt
uns Albert, enthielt sich alles Mordens und eilte mit drei Gefährten
zum heiligen Grabe, um dort barfuß, in Thränen und Entzückung,
der erste an der heiligen Stätte zu beten.⁴) Dem Geiste der Albert'schen Ueberlieferung ist es freilich gemäß, diesen Helden, den ein
mystischer Beruf zum Führer des Kreuzzuges ausersehen hat, vor
allen Anderen an das Ziel zu führen. Aber geschichtliche Wahrheit
hat die Angabe in keiner Weise. Der Mönch Robert, der in anderer
Art ebenso nachdrücklich auf die Verherrlichung des Herzogs bedacht
ist, sagt: keine Plünderung kam ihm in den Sinn, er strebte nur im
Blute der Saracenen die Beschimpfung der heiligen Stadt zu rächen.⁵)
Und eben so berichtet Raimund in aller Kürze: Tancred und Gottfried waren die ersten in der Stadt; es ist unglaublich, wie viel
Blut die beiden an diesem Tage vergossen haben.⁶) Tancred seinerseits eilte Allen voraus zum Tempel auf Moria, von dessen Reichthümern ihm Kunde zugekommen war.⁷) Er langte dort an vor der

1) Raim. p. 178.   2) Guib. p. 533.
3) Raim. p. 179. Der Brief der Fürsten bei Ekkehard sagt doch nur ad
genua equorum.
4) Alb. p. 282.   5) Rob. p. 75.
6) Raim. p. 178.
7) Nach Albert l. c. durch zwei gefangene Saracenen. Die Herrlichkeit des
Tempels beschreiben christliche und arabische Berichte; ein genaues Detail findet
man bei Reynaud l. c. p. 12.

Masse der Fliehenden und Verfolger[1]) und brachte die daselbst auf-
gehäuften Schätze in Sicherheit. Kaum war es geschehen, so wälzten
sich die Gegner in dichten Schaaren fortgedrängt, ebendahin; im
Tempel und seinen Vorhöfen kämpfte man bis zum Abend[2]), da
ergab sich der Rest an den normannischen Fürsten, der ihnen als
seinen Gefangenen volle Sicherheit verhieß. Mit Gaston von Bearn,
der sich ihm angeschlossen hatte, eilte er dann weiter durch die Stadt,
um Gold und Silber zu suchen, Pferde und Maulesel, Häuser voll von
allem Guten, nach dem Ausdruck der Gesten. Am 16. in der Frühe
des Morgens erstiegen mehrere Franken das Dach des Tempels, wohin
er jene Gefangenen geflüchtet hatte, und ermordeten die Unglücklichen
sämmtlich; was Tancred und seinen Antheil an dieser That betrifft,
so liegen darüber widersprechende Zeugnisse vor. Nach den Gesten
zürnt er auf das heftigste, weil, wie einige Nachrichten hinzufügen,
dadurch sein Wort gebrochen war; Tudebod hingegen, ebenfalls
Augenzeuge, berichtet, ausdrücklich auf seinen Befehl sei die Metzelei
geschehen. Ich lasse den Umstand dahingestellt[3]); das aber ist gewiß,
daß es nicht bloß Menschlichkeit war, die ihn am Tage zuvor zur
Rettung jener Elenden bewog, denn nach aller Quellen Zeugniß, und
am Meisten nach dem seines Lobredners, hat er an jenem Tage
ebensoviel und mehr Blut vergossen, als irgend ein anderer fränki-
scher Krieger. Das Lösegeld jener Gefangenen war nie und nirgend
zu verschmähen.

Die Schätze übrigens, welche er am 15. in dem Tempel Omar's
zusammengeraubt hatte, durfte er nicht lange genießen. Man hatte
beschlossen, die heidnischen Tempel in christliche Heiligthümer umzu-

---

1) So stellt es Rad. c. 129 dar. Unter unglaublichem Gemetzel schlägt er
sich bis dahin durch, und findet den Tempel noch leer.

2) Rad. c. 132. Tudeb. und Gesta.

3) Für die Gesten spricht Albert's Erzählung, er habe sich bei den Fürsten
über die Treulosigkeit beklagt, und diese dadurch erst bewogen, über die Gefahr
feindlicher Gefangenen im Falle weiterer Kriege nachzudenken. Das Resultat sei
die vollständige Ermordung aller noch übrigen Gefangenen gewesen. Die Sache
hat an sich nichts Unwahrscheinliches; nur steht ihr das Zeugniß des mindestens
ebenso gut unterrichteten Baldrich entgegen, der bestimmt sagt: er zürnte, aber
schwieg und unterdrückte seine Bewegung. Alb. p. 282. Baldr. p. 134.

wandeln und nöthigte demnach den Normannen, nachdem die Einweihung geschehen war, das geplünderte Kirchengut wieder herauszugeben.[1]

Erste Einrichtungen.

Wie man sich denken kann, war der Taumel des Sieges, des Entzückens und der Andacht nicht gering unter den Kreuzfahrern. Mehrere Tage vergingen, ohne daß irgend eine allgemeinere Bestimmung getroffen wurde: die Schaaren strömten zum heiligen Grabe, die Einzelnen nahmen vollen Besitz von den Gütern, die sie bei der Eroberung sich angeeignet hatten: auf den Straßen häuften die wenigen Gefangenen die Leichname der Erschlagenen auf, um Raum zu schaffen und sie allmälig hinwegzubringen. Am 23. endlich[2] traten die Fürsten zusammen, um über die Bewahrung des Gewonnenen Rath zu pflegen, und sogleich erhoben sich die alten Zwistigkeiten mit gewohnter Stärke. Zunächst waren die Ansprüche des Clerus zu beseitigen, der vor allen Dingen die Wahl und Herrschaft eines Patriarchen forderte; es geschah das ohne Mühe, da er seit dem Tode der Bischöfe von Puy und Orange ein einflußreiches Oberhaupt durchaus entbehrte.[3] Als man sich zur Wahl eines weltlichen Fürsten und Führers wandte, war es natürlich, daß man vor Allen auf den Grafen von Toulouse Rücksicht nahm. Seit Boemund's Entfernung hatte er ohne Frage die bedeutendste Stellung im Heere behauptet, durch die Zahl seiner Anhänger und die Größe seines Reichthums, durch die Unruhe, womit er Ansprüche erhob, und die Festigkeit, womit er sie durchzusetzen suchte. Freilich hatte er mehr Gegner als Erfolge gefunden, seinen Ruf jedoch weit über den aller Anderen erhoben. Zeugniß genug dafür wäre das bleibende

---

1) Es giebt drei verschiedene Relationen über diesen Vorgang; die im Text gegebene findet sich bei Fulcher, der diese Kostbarkeiten späterhin oft gesehen haben muß. Nach Alb. gab Tancred eine Quote an Gottfried ab, cuius miles erat; nach Rad. c. 129 vertheilte er die Schätze unter die Armen; beidem widerspricht eine andere Stelle desselben Autors, c. 135—137, wonach auf Arnulf's Klage ein Fürstengericht auf Restitution an den Tempel entschied.

2) Irrig sagt Albert die dominica, was auf den 24. fiele. Am achten Tage nach der Einnahme ist das einstimmige Datum aller Quellen.

3) Raim. p. 179.

Andenken, welches er sich im Oriente gestiftet hat, wie denn die so viel späteren arabischen Historien fast nur von ihm zu erzählen wissen. Man trug ihm die Krone an, er aber, sagt sein Geschicht=schreiber, wandte sich ab: niemals werde er an dieser Stätte eine irdische Krone tragen, einem Anderen, der sie auf sich nehmen wolle, werde er jedoch nicht entgegen sein. Ich sehe nichts Unwahrschein=liches in diesem Motiv; seine Frömmigkeit, wie wir häufig sahen, war von dieser äußerlichen Art. Freilich ist es nicht schwer, auch sonstige Gründe für seine Weigerung aufzufinden; er war seiner zahlreichen und starken Widersacher vollkommen bewußt, und vor Allem, er hatte an seinen Provenzalen keinen Halt mehr, die, wie ausdrücklich bezeugt wird, durch alle erdenkbaren Nachreden seine Wahl zu vereiteln suchten.[1])

Nach einer ziemlich nahestehenden Quelle hätten die Fürsten, ehe man zur Entscheidung kam, auch dem Herzog Robert von der Normandie die Krone mit demselben Erfolge angeboten.[2]) Die Notiz findet sich wieder bei einem englischen von jener Schrift ganz unab=hängigen Erzähler.[3]) Demungeachtet scheint sie mir nicht hinlänglich begründet, um das tiefe Stillschweigen der übrigen Schriftsteller aufzuwiegen. Es ist eine Angabe, bei der die Möglichkeit der Er=findung zu leicht in das Auge fällt. Wie dem auch sei, dem Herzog Robert war die Krone des heiligen Grabes nicht bestimmt. Der Herzog von Lothringen, den man nach Raimund's Zurücktreten an=gegangen hatte, erklärte seine Bereitwilligkeit, und wurde ohne irgend einen Widerstand zum Beschützer des heiligen Grabes erwählt. Man vermied den Königstitel und eine feierliche Krönung, nach einer Nach=richt auf den frommen Wunsch der Barone[4]), nach der gewöhnlichen Annahme auf das demüthige Gefühl des Fürsten selbst.[5]) Die Gründung des christlichen Reiches an heiliger Stätte mitten im heidnischen Lande war damit feierlich proclamirt.

An dieser Stelle angelangt, werfen wir billig einen Blick auf die abendländische Ueberlieferung, die von hier aus nicht anders als

---

1) Raim. ibid.   2) Hist. b. S. l. c.
3) Henr. Huntingdon.
4) Fragm. hist. franç. p. 92.
5) Die älteste Erwähnung davon thut die hist. b. S., später ist es all=gemein bekannt.

das Dasein des Reiches selbst, zu ihrer ganzen weiten Entwickelung
emporgewachsen ist. Ich will dabei absehen von anderweitigen ver=
einzelten Angaben, wie die Barone, um die Wahl befragt, alle mit
einem Rufe Gottfried bezeichnet, wie sie damit die Wunder seiner
Jugend glänzend erfüllt, seine Vorzüge und Thaten herrlich belohnt
hätten. Aber den Hauptschriftsteller dieser Ansicht, Albert von Aachen,
anzuführen, kann ich auch hier nicht unterlassen: er redet so unum=
wunden, so klar und umfassend, daß seine Worte fast ohne Zusatz
unseren bisherigen Wahrnehmungen den Abschluß zu geben im
Stande sind.

An eine kurze Erzählung der Wahl knüpft er nämlich folgende
Reflexionen. Man muß aber glauben, sagt er daß dieses Herzogs
Wahl und Beförderung in keiner Weise durch Menschenwille, sondern
ganz allein durch die Fügung und Gnade Gottes geschehen ist, da
wir ohne Zweifel aus der Vision eines guten und wahrhaften Ritters
ersehen haben, daß er bereits vor zehn Jahren zum Führer des
Zuges, zum Fürsten und Leiter des christlichen Heeres von Gott
eingesetzt und geordnet worden ist. Albert erzählt nun die Vision,
in welcher ein Ritter Hezelo den Herzog auf dem Berge Sinai
stehend erblickt hat, zwei Priester begrüßen ihn als Gottes Erwählten
und den Führer des christlichen Volkes. Und wir wissen, fährt
Albert fort, daß diese Erscheinung wahrhaftig an ihm erfüllt wurde,
denn als eine Menge von Bischöfen und Fürsten, Grafen und
Söhnen der Könige vor ihm und nach ihm diesen Weg begonnen
haben, hat Gott das Vorhaben nicht eines Einzigen vollendet; als
aber Herzog Gottfried des verzweifelten Volkes Herrschaft und Leitung
übernahm, hat sich alles Unglück zum Glücke gewandelt, und nur
der Sünde ist noch durch Schwert und Hunger die Strafe gefolgt,
wodurch die Heerschaaren geheiligt worden sind. Und so gezüchtigt,
haben sie endlich beglückt und gereinigt den Eingang in Jerusalem
gefunden. Eine zweite Vision bringt Albert hierauf noch bei, und
schließt dann: so wurde, durch diese Träume bezeichnet, nach Gottes
Ordination und der Gunst der Christen, Gottfried als Fürst und
Herrscher seiner Brüder auf den Thron von Jerusalem erhöht.

Dieser hochbegnadigte, von Gott einzig erlesene Mensch hat hier
also das Ziel erreicht, zu dem er durch alle Schicksale einer bewegten
Vergangenheit und durch die thätige Hand des Herrn selbst hingeführt

worden ist. Was sich an der Tiber und Elster, in Lothringen und
Constantiopel angekündigt, was dann bei Doryläum und Antiochien
sich weit und herrlich offenbart hat, erscheint hier erfüllt und vollendet:
nach der Freundschaft mit Hugo und Robert, nach der festen Ver=
bindung mit dem Legaten des Papstes, hat der Herzog jetzt die aus=
gesprochene Herrschaft des heiligen Grabes und aller Gläubigen, die
dort sich versammeln, nach des Himmels Vorschrift ergriffen. Er
war glückseliger, sagt Albert, in Beschluß und That, als alle
Uebrigen, und reiner im Glauben und in dem Herzen.

Freilich, so ungetrübt der Glanz war, in welcher wenig Jahre
nachher ein weiter Kreis der Bewunderer Gottfried's Stellung er=
blickte, damals in seiner wirklichen Nähe sollte sogleich sich zeigen
wie wenig Eindruck seine Ernennung auf die bisherigen Pairs gemacht
hatte. Wir erwähnten, wie Graf Raimund in den Besitz des David=
thurmes gekommen war; die ersten Schritte des neuen Regenten be=
zweckten nun, den Grafen zu der Auslieferung dieses festesten Punktes
der Hauptstadt zu bewegen. Raimund schlug es ab: er gedenke bis
Ostern noch in Jerusalem zu bleiben und wolle bis dahin die seiner
Würde angemessene Stellung behaupten. Die heftigsten Drohungen
Gottfried's vermochten ihn nicht zu beugen; die übrigen Fürsten, der
bisherigen Lage der Parteien gemäß, begünstigten seine Forderung,
wagten aber nicht sich offen auszusprechen. Man kam überein, das
Castell bis zum Austrag der Sache dem Bischof von Martarone,
als unbetheiligtem Vermittler, zu überantworten; dieser darauf, irgend=
wie bewogen, lieferte es auf der Stelle in die Hände des Herzogs.
Der **Graf**, höchlich erzürnt, verließ sogleich Jerusalem, um der Sitte
gemäß, den **Jordan zu** sehen **und dort** Palmzweige zu brechen.[1)]
Es ist deutlich, wie wenig auch **jetzt** noch an eine feste Gestaltung
der Dinge zu denken war.

Indessen wurde Raimund's Entfernung zu weitern Einrichtungen
benutzt. Hatte man der Geistlichkeit in jenem ersten Ansprüchen
nicht gewillfahrt, so **war** doch kein Zweifel, daß hier in der Stadt

----

1) Alles nach Raim. p. 179. 180. Albert hat eine kurze, aber ziemlich
richtige Nachricht darüber.

des Herrn ein Patriarch der wahren Kirche seine Stelle finden müsse. Arnulf, ein Caplan aus der Normandie, von niedriger, sogar sehr zweifelhafter Herkunft, hatte während des Zuges den Herzog Robert begleitet und von diesem das Versprechen erhalten, bei Gelegenheit zu einem Bisthum befördert zu werden. Bischof Odo von Bayeux begünstigte ihn, den er sich in mancher Beziehung geistesverwandt sah[1]), und empfahl ihn noch unmittelbar vor seinem Tode dringend der Sorgfalt des **Herzogs**, seines Neffen.[2]) Zum ersten Male nahm er vor **Arkas** eine öffentliche Stellung **ein**; hier wo Normannen und Provenzalen **in** entschiedener **Zwietracht standen**, übernahm er die **erste Rolle in der** Bekämpfung der heiligen Lanze.[3]) Ebenso wie **den** eifrigen **Haß** aller Provenzalen hatte er sich dadurch das ent- schiedene Wohlwollen der normannischen Fürsten errungen: von der einen Seite rühmte man seine Bildung **und** die Schärfe seines Geistes, die durch kein Vorurtheil zu binden, durch keine Schranke zu hemmen sei[4]; von der andern zürnte man über sein ungebundenes Leben, über die geringe Wärme seines Glaubens und sang, da man ihm sonst nicht zu schaden wußte, Schmählieder auf ihn ab.[5]) Ihn be- kümmerte das wenig; er hielt sich, als man Jerusalem nahe kam, eng an den Bischof von Martarone: als Gottfried mit Raimund offen zerfiel und dem Bischof für die Herausgabe des Davidthurmes verpflichtet wurde, konnte Arnulf auch dieses Schutzes gewiß sein. So gelang es ihm, ohne irgend einen Widerstand die Stimmen für sich zu vereinigen und die Würde des Patriarchates zu erlangen.[6]) Er hatte sogleich das Glück, den Antritt seiner Verwaltung durch ein außerordentliches Ereigniß zu bezeichnen: auf seine Nachforschungen wies ein syrischer Christ die Reliquien des wahren Kreuzes, die man in der letzten Zeit versteckt hatte, den Franken nach.[7])

---

1) Ich beziehe mich hier auf die Charakteristik Odo's, bei Order, p. 664.

2) Guib. p. 539. Er macht zwar den Fehler, den Bischof in Romanien sterben zu lassen.

3) Der Hergang selbst, wie bekannt, am Ausführlichsten bei Raimund.

4) So bei Guib. l. c. und Fulcher p. 399. Das günstigste Bild entwirft von ihm Albert an vielen Stellen.

5) Raim. p. 180, noch weiter ausgeführt bei Will. Tyr.

6) Doch blieb die Einwilligung des Papstes reservirt. Fulcher l. c.

7) Raim. Fulch. Albert ll. cc.

Vertheidigung gegen Aegypten.

Nachdem man einige Wochen geruht, erhielt man die erste Nachricht von neuen Rüstungen Al Afdal's, die freilich unbestimmt aber äußerst bedrohlich lauteten. Es hieß, der Wesir versammle die bedeutendsten Streitkräfte, Jerusalem und Antiochien denke er einzunehmen, die Franken zu vertilgen, die heiligen Stätten so zu verwüsten, daß keine Spur davon auf der Erde zurückbleibe, um die Abendländer anzu= locken.[1] Tancred und Eustach von Boulogne waren auf einem Zuge gegen Neapolis, das alte Sichem, begriffen, dessen Einwohner die Franken zu sich eingeladen hatten: Gottfried sandte ihnen auf jene Gerüchte sogleich den Befehl, sich gegen Südwesten zu wenden, um, so viel es möglich wäre, Umfang und Begründung derselben fest= zustellen. Sie richteten demnach ihren Marsch über Cäsarea nach Ramla, wo sie eine ägyptische Abtheilung auffanden, in die Flucht schlugen und hier von den Gefangenen erfuhren, das feindliche Heer sammle sich bei Askalon. Hiernach stand der Herzog nicht länger an, sämmtliche Schaaren unter die Waffen zu rufen, jedoch erklärten Robert von der Normandie und Raimund von Toulouse, die Kunde erscheine ihnen nicht sicher genug, sie würden, wo man ihrer bedürfe, zur Stelle sein, gedächten aber unnöthiger Weise ihrer Mannschaft keine Anstrengungen zuzumuthen. Gottfried, Robert von Flandern und der Patriarch Arnulf brachen demungeachtet allein gegen Askalon auf; jene beide sandten eine Schaar zur Erkundigung voraus; Donnerstag den 12. August aber, als die Nachrichten von Askalon her sich voll= kommen bestätigten, setzten auch sie sich mit sämmtlichen Truppen in Bewegung.[2] Albert's Nachricht, der Graf von Toulouse habe seine Mitwirkung noch wegen des Davidthurmes geweigert und sei nur durch die heftigsten Drohungen aller Uebrigen zum Aufbruch bewogen worden, ist demnach entschieden zu verwerfen.[3] Am 13., nicht weit mehr von Askalon entfernt, stieß man am Abend[4] auf zahlreiche Heerden von Kameelen und Rindern, von einem Haufen Araber be=

---

1) Das ausführlichste Verzeichniß dieser Gerüchte bei Raimund l. c.
2) Gesta p. 28.   3) Alb. VI. 42.
4) Raim. l. c.

hütet, durch deren Aussagen man gewisse Kunde über die Stellung und gefährliche Angaben über die Stärke des feindlichen Heeres erlangte. Uns ist es auch hier unmöglich, über den letzten Punkt etwas Gewisses festzustellen: die Nachrichten sind höchst widersprechend und ohne Frage nach allen Seiten hin übertrieben. Wir vernehmen von 10,200 bis 20,000 Mann auf Seite des christlichen[1]), von 200,000, 360,000, 500,000, von zahllosen Streitern in den Reihen des ägyptischen Heeres[2]), über welche Angaben eine Notiz des Caplan Raimund das allgemeinste Urtheil an die Hand giebt: als wir dem Feinde gegenüber standen, schienen wir uns durch ein Wunder Gottes fast gleich an Zahl.[3])

Was die innere Beschaffenheit der beiden Heere betrifft, so nehmen wir ein Verhältniß wahr, ähnlich dem zwischen dem Kreuzheer zu Antiochien und Kerbuga's gewaltigen Schaaren — freilich hier den Christen um Vieles günstiger. Bewaffnung, Verpflegung, Pracht und Reichthum war ohne allen Zweifel auf Seite der Aegypter überwiegend, allein Consistenz und innere Kraft fehlte diesem Heere, wie den verbündeten Selbschuken vor Antiochien. Al Afdal war mit 20,000 Mann[4]), wahrscheinlich schwerbewaffneten Aethiopen[5]), aus Aegypten in's Feld gerückt; in Askalon hatte er zahlreiche arabische Horden an sich gezogen und sogar selbschukische Schaaren mit seinem Heere vereinigt.[6]) Die Folge war bei allem Glanze des äußeren Apparates der Mangel an allem Gemeingefühl, an jeglichem Enthusiasmus für den Heerführer und seine Sache, wobei der Uebermuth der Einzelnen nicht gering war, und Manche, wie die Türken vor Nicäa, die Ketten und Stricke für die Gefangenen bereits mit sich

---

1) **Raim.** hat 1200 Ritter, 9000 zu Fuß; mir ist wahrscheinlich, daß diese Nachricht, so wie seine Beschreibung der Marschordnung nur auf die Provenzalen zu beziehen ist, obgleich Will. Tyr. IX. 10. das Gegentheil annimmt. Der Brief der Fürsten giebt 5000 Ritter, 15,000 zu Fuß für das ganze Heer.

2) Rad. c. 138 hat die zweite, Ekkeh. l. c. die dritte Angabe. Alb. l. c. sagt sicut arena maris innumerabiles, Baldr. p. 137, die Christen waren einer gegen 1000, gegen 10,000. In den Gestis p. 28 klagt Alafdal über die Niederlage seiner 20,0000 Ritter.

3) **Raim.** p. 180.

4) Ibn. Giuzi bei Reynaud p. 12.

5) Denn deren Furchtbarkeit preisen alle christlichen Berichte.

6) Eine soviel ich weiß übersehene Notiz des Will. Tyr. l. c., die aber allen Glauben verdient.

führten. Indessen fehlte viel, daß das fatimidische Reich damals
noch an innerer Kraft den Seldschuken beigekommen wäre, und die
Besieger Kerbuga's hatten wahrlich wenig Grund, hier für den Ruin
ihrer Sache ernstlich besorgt zu sein.

Auch war in dem Heere der Kreuzfahrer zum wenigsten keine
geringere Energie, als in dem Sommer des vorigen Jahres. Wie
sie damals von schrankenloser Verzweiflung vorwärts getrieben wurden,
so drängte sie jetzt eine jubelnde Begeisterung, die kein Hinderniß
und keine Unmöglichkeit mehr anerkannte. Sie eilten in die Schlacht,
heißt es, wie zum Schmaus und zum Feste; wir dachten, sagt Raimund,
die Feinde seien furchtsam wie die Hirsche und unschuldig wie die
Lämmer, denn wir wußten, daß der Herr für uns stritt. Freilich
waren ihre Pferde hinfällig und die Rüstungen ohne Glanz, die
Mehrzahl der Streiter selbst kam arm und abgerissen wie vor Antiochien
in das Feld, zum Theil ermüdet von Strapazen und Mangel oder
erschöpft durch den wilden Genuß der letzten Wochen[1]), aber in der
Schlacht trieb es sie um so eifriger, denn dort, und dort allein,
wußten sie Beute, Genuß und Erholung zu finden. Das Kreuz und
die Lanze des Herrn ging ihnen voran[2]), in Jerusalem beteten die
Priester und Schwachen um den Sieg — eine andere Besatzung
hatte die Stadt nicht — wie hätte es ihnen diesen Feinden gegenüber
fehlen können? Höchst bezeichnend, wenn auch wenig begründet, ist
das Bild, welches Albert von seinen Pilgern überliefert.[3]) Er umgiebt sie auch hier mit aller irdischen Pracht: mit Musik und Saiten-
spiel ziehen sie aus, die Harnische leuchten, die Fahnen flattern im
Winde — er kennt nun einmal kein Innerliches ohne den entsprechenden körperlichen Ausdruck dafür. Der Emir von Ramla, den Christen
befreundet, tritt zu Gottfried und fragt: welch ein Volk ist das,
so voll von Jubel und Lust, während es dem Verderben und Tod ent-
gegengeht? Der Herzog, von Christi Glauben erfüllt, und „versehen mit
geistlicher Antwort", sagt: dies Volk ist heute der himmlischen Krone
gewiß und wer umkommt, wird zu einem besseren Leben eingehen;
wir leben ein ewiges Leben im Blute Jesu Christi. Wir wissen

---

1) Raim. p. 180.
2) Das Kreuz ist aller Orten erwähnt, von der Lanze spricht Raimund.
3) S. 286. 287.

nicht, fügt Albert hinzu, was der Emir darauf gethan, wir meinen aber nach guten Berichten, daß er sich besonnen und zu Christi Glauben bekannt hat.

Frühmorgens nun am 14. August hatte man christlicher Seits alle Vorbereitungen zum Schlagen getroffen. Die Meeresküste verläuft sich hier in einzelne Hügelrücken[1]), welche im Norden der Stadt kleine Thäler bilden, die einzigen fruchtbaren Flecken in der weiten, sandigen Ebene umher. Die Stadt selbst liegt hart am Meere, in Form eines Halbkreises, dessen Diameter der Küste entlang geht, mit vier Thoren, eins nach Norden, das Joppische, ein zweites nach Osten, das Jerusalemitische. Ohne besondere strategische Bewegungen zogen die beiden Heere in langgedehnter Linie gegeneinander; an der Meeresküste die Provenzalen, neben ihnen Tancred, Gaston von Bearn, Eustach und die beiden Roberte, den linken Flügel schloß Gottfried mit den Lothringern, der, wohl um eine Umgehung zu vermeiden, anfangs seine Schaar etwas hinter den Uebrigen zurückhielt.[2]) Als man sich auf Bogenschußweite zu Gesicht bekommen, standen die Christen einen Augenblick still unter leisem Gebet, welches die Saracenen ungewiß und unbeweglich abwarteten.[3]) Dann aber drang die christliche Linie mit allen Schaaren unaufhaltsam vor. Robert von der Normandie bemerkte den Fahnenträger des Wesirs und brach sich Bahn bis zu ihm hin, er verwundete ihn tödtlich, sah sich dann aber durch das Gedränge scharfen Kampfes wieder von ihm getrennt.[4]) Denn eine Zeitlang standen hier die Aethiopen, welche den Mittelpunkt der ägyptischen Schlachtreihe bildeten, unerschütterlich; bald aber fiel Gottfried, der an seinem Theile die Gegner zerstreut hatte, in ihre Flanke[5]) und zugleich durchbrachen Tancred und Eustach den Mittelpunkt der

---

1) Will. Tyr. XVII. 22. giebt eine sehr anschauliche Beschreibung der Topographie.

2) Gesta p. 29. Fulcher p. 400.

3) Baldr. l. c.

4) Die Fahne wurde später genommen, Robert kaufte sie und schenkte sie der Auferstehungskirche.

5) Baldr. l. c. Ich trage kein Bedenken, diese Details, die Baldrich offenbar von Augenzeugen hat, anzunehmen. Er ist sehr vorsichtig in solchen Mittheilungen.

feindlichen Linie.¹) Das Joppesche Thor liegt nicht weit vom Meere, dorthin drängte mit wilder Gewalt die ganze Masse der Fliehenden; aber hart waren die Christen hinter ihnen, und an der Küste empfing sie bereits das Schwert der Provenzalen. Der Verlust der Geschlagenen belief sich nach den geringsten Angaben auf 30,000 Mann, wovon 2000 in dem Thore erstickt und zertreten und mehr noch in den Meereswogen umgekommen sein sollen.²) Das Lager fiel auf der Stelle in christliche Hände mit allen Vorräthen, Schätzen und Kriegsgeräth; der Wesir eilte die Stadt zu verlassen, unmittelbar hernach sah man auch die ägyptische Flotte die Anker lichten und das Weite suchen. Der Sieg war in jeder Hinsicht entscheidend.

Albert, der sonst in diesen Theilen seines Buches sich ziemlich genau an das geschichtliche Factum hält, gestaltet den Vorgang der Schlacht in mehreren Punkten um. Gottfried, sagt er, nahm seine Stelle in der Schlachtordnung vor dem Stadtthore ein; nach den übrigen Berichten und der Natur des Locales ist das eine völlige Unmöglichkeit. Eine andere Erzählung, einzig zum Ruhme des Herzogs erfunden, knüpft er an das strenge Verbot aller Plünderung, welches schon am 13. erlassen worden war.³) Nachdem die Feinde geschlagen sind, meldet er, werfen sich die Christen in das Lager und auf die unglaublich reiche Beute; sogleich kehren die Aegypter wieder um und das Schicksal des Tages droht sich zu wenden. Da bricht Gottfried, der am Gebirge den Nachtrab führt — die Stellung am Thore ist schon wieder vergessen — zur Hülfe hervor, rafft mit strengen Worten die Zerstreuten zusammen und treibt die Saracenen zum zweiten und jetzt entscheidenden Male in die Flucht.⁴) Wie gesagt,

---

1) Gesta l. c.

2) Albert, Ekkehard und aller Orten.

3) Auch dies Verbot hat er umgestaltet, der Herzog und die übrigen Fürsten hätten es gegeben, Abschneiden der Hände und Füße sei Strafe des Uebertreters gewesen. Nach der Beschaffenheit des Heeres ist das höchst unwahrscheinlich; weit mehr empfiehlt sich die Angabe der Gesten und Raimund's, der Patriarch habe das Verbot gegeben und Excommunication als Strafe der Widersetzlichkeit ausgesprochen.

4) Alb. p. 288.

das Ganze ist ungegründet; der König des heiligen Grabes sollte eben um die Rettung des neuen Reiches das letzte umfassende Verdienst haben.

Nach der Schlacht sandte Raimund an den Befehlshaber der Stadt, in der sichern Hoffnung, ohne Anstrengung derselben sich bemächtigen zu können. In der That war die Muthlosigkeit daselbst vollkommen; wir erinnern uns, daß die Seldschuken des Davidthurmes dorthin gezogen waren, und diese steckten die Zeichen ihres Retters, des Grafen von Toulouse auf.[1]) Raimund erhob sogleich die Behauptung, nach der feststehender Sitte sei die Stadt nun sein Eigenthum; ehe man noch seinen Einzug gehalten, nahm aber Gottfried sie für die Krone in Anspruch. Die übrigen Fürsten, diesmal unbedenklich über die Lage der Dinge, bestätigten die Meinung des Grafen, allein Gottfried war zu keinem Nachgeben zu bewegen. St. Gilles war auf das Aeußerste erzürnt, er erklärte sogleich hinwegziehen zu wollen; und verwirklichte, als der Herzog fest blieb, seine Drohung. Die Askaloniten, natürlich von dem Streite und seinen Folgen unterrichtet, verweigerten darauf die Uebergabe, und die gegen Aegypten so höchst wichtige Stadt ging verloren, ehe sie gewonnen worden war. Orderich sagt, den Herzog lobe ich sehr, aber hierin lobe ich ihn nicht; und es scheint gewiß, daß nach allen rechtlichen Begriffen der Graf nur begründete Ansprüche erhob.[2]) Noch stand er, trotz der Königswahl Gottfried's, zu ihm in vollkommener Gleichheit und freier Bundes-

---

1) Den besten Bericht über diesen Vorgang hat Orderic. Vit. p. 759. Seine sonstigen Angaben sind zwar sehr gemischter Natur, indeß wird er hier bestätigt durch Rad. c. 138. Letzterer macht den Fehler, den Streit zwischen den beiden Fürsten aus Raimund's Aerger, daß er nicht König geworden, abzuleiten. Allein das Factum selbst giebt er richtig. Auch die Notiz bei Raim. p. 182, tunc (gleich nach der Schlacht) placuit comiti Raimundo, ut mitteret Boamundum quendam Turcum genere, ad Admiravis etc. obgleich sie mitten in der Erzählung abbricht, beweist, daß Raimund früher als alle andere Fürsten Unterhandlungen anknüpfte.

2) Es ist bekannt, daß nach der gewöhnlichen, auf Alb. p. 289 beruhenden Version die Sache in einem ganz anderen Lichte dargestellt wird. Gottfried schließt die Stadt ein, sie will sich ergeben, in der Nacht überredet sie Raimund, noch voller Zorn über den Thurm Davids, gegen den Herzog Stand zu halten. Gottfried soll in dieser Tradition einmal für allemal zu Ehren kommen.

genossenschaft; noch hatte er nicht erklärt, in Palästina bleiben zu wollen und erst durch den Besitz der Stadt wäre er in ein Unter= thanenverhältniß getreten. Eine andere Frage ist es allerdings, ob es politisch klug gewesen wäre, einen so wichtigen, der Hauptstadt so nahe gelegenen Punkt diesem Manne anzuvertrauen.

Das verbündete christliche Heer trennte sich darauf, der Kreuzzug war wesentlich zu seinem Ende gelangt.

Zwölftes Capitel.

Regierung Herzog Gottfried's.

———

Indem ich mich anschicke, die letzten Lebensmonate Herzog Gottfried's darzustellen, verberge ich mir nicht, daß die Thatsachen, die in denselben enthalten sind, mehr den Beginn einer neuen Ent-wickelung, als den Schluß der bisher betrachteten Ereignisse aus-machen. Nachdem den fränkischen Waffen vor Antiochien das seld-schukische Heer, und nach dem Falle Jerusalems der Wesir von Aegypten unterlegen war, hatte der Kreuzzug sein Ende erreicht. Alle feindlichen Gewalten waren gebrochen, der Boden war erobert, auf welchem ein christlicher Staat auferbaut werden sollte. Seit dem Tage von Askalon begannen die Einrichtungen, alle Keime wurden gelegt, aus denen das Geschick dieser Fürstenthümer erwachsen ist. Und somit, scheint es, wäre hier der Punkt des Abschlusses auch für dieses Buch.

Doch zeigt sich sogleich eine zweite Rücksicht. Nicht bloß mit der Betrachtung der Thatsachen haben wir uns beschäftigt; auch die Bilder, welche sie unter den Zeitgenossen hervorgerufen, die Umwand-lungen, die sie in der Auffassung der Mitlebenden erlitten, haben wir zu erkennen versucht. Wir sahen die Mannichfaltigkeit der Pro-ductionen, wir bemühten uns ihre Einheit festzustellen, und hier nahmen wir wahr, daß zum großen Theile die Persönlichkeit Herzog Gott-fried's eine solche Einheit darbot. An sie, in bestimmter Richtung umgestaltet, lehnt sich die Auffassung des ganzen Kreuzzuges in den Augen zahlreicher Beobachter, an: weder diese Auffassung, noch jene

Perſönlichkeit ſelbſt würde deutlich zu entwickeln ſein, wollten wir
hier ſtehen bleiben und nicht auch das Lebensende des Fürſten in's
Auge faſſen.

Rückkehr der Fürſten.

Albert erzählt, nachdem durch die Umtriebe Raimund's von Tou=
louſe Askalon verloren gegangen, habe Gottfried das Heer zur Be=
lagerung von Arſuf geführt, aber auch hier habe Raimund die Ein=
wohner zur Widerſetzlichkeit aufgemuntert. Nur durch das inſtändige
Zureden der übrigen Fürſten ſei bei Gottfried's gerechtem Zorne ein
offener Kampf vermieden worden; nachher ſei Gottfried mit der
Stadt übereingekommen, nach gegenſeitiger Geißelſtellung Frieden und
Freundſchaft zu halten.[1]) Der Vorgang findet ſich ſonſt nirgend er=
wähnt, und hat auch keinen Incidenzpunkt, an den ſich eine unmittel=
bare Beſtreitung anknüpfen ließe: dennoch geſtehe ich, daß er mir
nicht als verbürgt, nicht einmal als annehmbar erſcheinen kann. Es
iſt die wörtliche Wiederholung des Ereigniſſes von Askalon, welches
wir als völlig unbegründet verwerfen mußten.

Wenig Tage nach der Beſiegung des fatimidiſchen Heeres er=
klärten die Fürſten Robert von der Normandie, Robert von Flandern,
Euſtach von Boulogne, Raimund endlich von Toulouſe ihren Ent=
ſchluß, das heilige Land zu verlaſſen. Sie nahmen Abſchied von
Gottfried[2]), der nach Jeruſalem zurückkehrte, und zogen auf demſelben
Wege, den ſie gekommen waren, die Meeresküſte entlang, gen Norden.
Albert ſagt, alle Städte des Landes, Tyrus, Sidon, Berytus ꝛc.
hätten gewetteifert, ihnen Lebensmittel zu ſchaffen und Unterwürfig=
keit zu bezeigen, obgleich ſie wohl mit Palmzweigen von Jericho,
nicht aber mit Waffen verſehen geweſen wären. Es mag das ſein,
da noch ſoeben das Kreuzheer nach Luſt und Belieben im Lande ge=
ſchaltet hatte: freilich werden wir, nur wenig ſpäter, gegen eine ähnliche
Darſtellung ſtarke Zweifel erheben müſſen. Als man, bis jetzt ohne
nennenswerthe Ereigniſſe, nach Gibellum gelangte, vernahm man
ſonderbare Nachrichten über das nicht weit entfernte Laodicea: unſerer=

---

1) Alb. p. 289.
2) Weitläuftigſt und nicht ohne Verdienſt in der Darſtellung bei Alb.
VI. 53.

seits müssen wir etwas weiter ausholen, um zuvörderst einen Haufen
von Erdichtung, den Albert um die Thatsache umher zusammengebracht
hat, hinweg zu schaffen.

Guinimer aus Boulogne, erzählt er[1]), ein Ministerial des Grafen
Eustach, hatte Seeleute aus Antwerpen, Friesland und Flandern an=
geworben, mit denen er die Meere durchkreuzte und in Seeräuberei
seinen Unterhalt fand. An der Küste Südfrankreichs vereinten sich
zahlreiche Provenzalen mit ihm[2]); so verstärkt gelangte er in die
syrischen Gewässer und erschien auf dem Schauplatz der Kreuzfahrt
zuerst vor Tarsus, unmittelbar nachdem Tancred von dort durch
Balduin vertrieben worden war. Er erkannte den letzteren mit Freuden
als seinen angestammten Herrn, und ließ ihm 300 Mann zur Be=
setzung von Tarsus zurück.[3]) Nach diesem zeigt er sich uns zum
zweiten Male eben in Laodicea: während das Kreuzheer, sagt Albert,
Antiochien belagerte, warf seine Flotte Anker vor der damals tür=
kischen Stadt; es gelang ihm, zuerst den Hafen, dann die Stadt selbst
einzunehmen und in seinem Besitz zu erhalten. Nachdem Antiochien
gefallen war[4]), übertrug er sie dem Grafen Raimund von Toulouse;
ihn selbst nahmen griechische Truppen gefangen, setzten ihn jedoch
bald nachher auf Verwendung des Herzogs von Lothringen wieder
in Freiheit. Raimund aber, als man den Weg nach Jerusalem an=
trat, lieferte Laodicea, den früher geleisteten Eiden gemäß, wieder in
die Hände des rechtmäßigen Herrn, des griechischen Kaisers ab, der
demnach die Stadt mit eigenen Truppen besetzte. Wie hätten nach
dem Allen, fährt Albert fort, die Fürsten sich des Erstaunens und
Unwillens enthalten können, als sie jetzt vernehmen mußten, Boemund,
ungesättigt in der Begier zu erwerben, bestürme Laodicea mit allen
Kräften, mit Hülfe einer starken pisanischen Flotte, mit der nächsten
Aussicht auf die Eroberung der Stadt. Raimund, wie er früher

---

1) L. III. c. 14. 2) L. VI. c. 55.

3) Es ist auch nach dem Albert'schen Texte unbegründet, daß Guinimer,
wie wohl angenommen worden ist, von dort mit Balduin gezogen und die See=
räuberei aufgegeben habe. Relictis navibus, Tarsum venerunt, sagt wohl
Albert, aber er zog nur bis Mamistra mit. III. 59.

4) Freilich läßt Albert III. 59. ihn schon während der Belagerung von
den Griechen gefangen nehmen, und setzt hinzu, er hätte sich in keiner Weise mit
dem Kreuzheere in Verbindung gesetzt.

Laodicea besessen, übernahm sogleich den Widerstand gegen solch ein rechtloses Unternehmen; auf sein Einschreiten erklärten sich Alle für Aufhebung der Belagerung, und auch Boemund mußte wohl oder übel sich zur Verzichtleistung auf seine Absichten bequemen. Raimund besetzte darauf die Festungswerke und pflanzte auf dem höchsten Thurme sein Panier auf, und dann erst wurden die Uebrigen, der Herberge wegen, innerhalb und außerhalb der Mauern vertheilt. Die anderen Fürsten schifften sich bald darauf nach Europa ein, nur Raimund blieb zurück, fürchtend, die gewonnene Stadt, wenn er sich entfernte, durch Boemund's List und Gewalt sogleich wieder einzubüßen.

Ich unterlasse hier eine förmliche Wiederlegung dieser Angaben, obgleich innere Widersprüche und schlagende Unrichtigkeiten eine solche nicht eben schwer machten. Es ist hinreichend, wenn wir die Natur dieses Berichtes und seine Verschiedenheit von den quellenmäßigen Erzählungen bestimmt erkennen, und nur an die frühere Bemerkung will ich deshalb erinnern, daß hier nach langer Feindseligkeit die Ueberlieferung **einmal** wieder eine Erfindung zu Ehren des Grafen von Toulouse gemacht hat. Daß es gerade an dieser Stelle und in diesen Räumen geschah, erklärt sich leicht, wenn wir die zunächst folgenden Jahre für einen Augenblick mit in Betracht ziehen. Im Jahre 1100 und 1101 war gerade Laodicea ein steter Mittelpunkt griechischer und normannischer Kämpfe, Raimund versuchte umsonst zu vermitteln, und wie solche Vorfälle die wunderlichsten Abbilder und Reflexe in den Erzählungen jener Zeit hervorriefen, davon uns zu überzeugen haben wir bereits mehrfache Gelegenheit gehabt.

Was aber die Thatsache selbst angeht, so ist Folgendes der wirkliche Hergang des Ereignisses. Edgar Aetheling, bekannt in den Kriegen zwischen Sachsen und Normannen um das englische Reich, **hatte** mit einer Flotte von dreißig Fahrzeugen auf dem Meere ein günstigeres Glück versucht.[1] Während das Kreuzheer noch **auf seinem**

---

1) Orderie. Vit. **p.** 778, eine ausgedehnte Stelle, mit einzelnen Unrichtigkeiten — die Stadt sei **von** E. genommen worden, als Kerbuga vor Antiochien stand, Raimund sei mit den Roberten nach Constantinopel gesegelt 2c. — deren allgemeine Glaubwürdigkeit mir aber nicht zweifelhaft erscheint. Sie paßt zu **den** Angaben der übrigen Quellen, und zeigt localen Ursprung, die beste Bürgschaft bei einer Nachricht Orderich's. — Die Anzahl der Schiffe bei Raim. **p.** 173.

Marsche durch Kleinasien begriffen war, erschien er in den syrischen Gewässern; er hatte das Glück, Laodicea der türkischen Herrschaft zu entreißen[1]), und lud bald darauf, wie wir früher erwähnten, den Herzog Robert von der Normandie aus irgend welchen Gründen zu sich ein. Dieser, nach kurzer persönlicher Anwesenheit, ließ eine Besatzung in der Stadt zurück[2]); Edgar indeß säuberte das Meer von feindlichen Fahrzeugen; beschützte die Zufuhr, welche das Kreuzheer von Cypern aus erhielt und erwarb sich großes Verdienst um die Pilger, ohne seine geringen Streitkräfte zu schonen. Als seine Flotte bis auf acht oder neun Schiffe geschmolzen war, gab er den Seekrieg auf und vereinigte gleich nach dem Vertrage mit Tripolis seine Mannschaft mit dem fränkischen Heere.[3]) Mittlerweile lag die normannische Besatzung schwer auf Laodicea; sie mochten wissen, daß der Herzog in keinem Falle im Orient sein Leben beschließen würde, und suchten die vorübergehende Anwesenheit nach Kräften auszubeuten; demnach war zuletzt im Sommer 1099 die Geduld der Einwohner völlig erschöpft und zu Ende. Sie erhoben sich in offenem Aufstande, vertrieben die Normannen und verboten sogar deren Münze für ewige Zeiten.[4]) Nun aber ergriff Boemund, der die Wichtigkeit der Stadt für seine Besitzungen wohl erkannte, die Gelegenheit auf der Stelle; unter dem Vorwande, die Verletzung seiner Landsleute zu bestrafen, begann er den Krieg und schloß gleich darauf Laodicea von der Landseite ein. Er allein war kein verächtlicher Gegner; dazu kam nun, daß eine pisanische Flotte von 120 Segeln, geführt durch den Erzbischof Dagobert, Legaten des päpstlichen Stuhles, vor dem Hafen erschien und leicht durch Boemund zur Mitwirkung beim Angriff gewonnen wurde.[5]) Sie hatten den Hafen und seine Festungswerke bereits genommen[6]), als die zurückkehrenden Fürsten in Gibellum anlangten.

Von dem letzten Umstande waren die Bürger unterrichtet; sie

---

1) Raim. ibid.

2) Rad. c. 58. Ord. l. c.

3) Raim. l. c.   4) Guibert p. 554.

5) Triumphalia Pisana bei Murat. scr. Ital. VI. p. 100 (aus sec. XII. ineunte).

6) Alb. l. c. Denn etwas Anderes ist doch unter den zwei Thürmen nicht zu verstehen.

fahen ein, daß, wenn auch diese zu dem feindlichen Heere ftießen — nichts Undenkbares bei Laodiceas früherem Verhältniß zu Robert — alle und jede Hoffnung verschwinden müffe. Demnach sandten sie an Robert selbst und boten ihm die Erneuerung seiner Herrschaft an, wenn er sie von Boemund und den Pisanern erretten wolle. **Robert** ging ohne Schwierigkeit darauf ein; für Dagobert fiel sogleich jeder Vorwand zu Feindseligkeiten fort[1]) und Boemund mußte sich ent= schließen, die sichere Beute für dieses Mal fahren zu lassen. Er ging darauf, von dem Erzbischofe begleitet[2]), nach Antiochien zurück; der Herzog von der Normandie, die Uebrigen mit ihm, hatten indeß Laodicea in ihrer Hand. Hier entstand nun die Frage, was damit zu beginnen sei, denn der Herzog gedachte jetzt so wenig als irgend jemals im Oriente zu bleiben, und jeder Andere, von geringerer Plan= losigkeit oder Barmherzigkeit, hätte **unter folchen** Umständen die **Ein=** mischung überhaupt vermieden. Mit Freuden hörte **man also die** Vorschläge der Laodicener, welche im Wesentlichen auf folgende Punkte hingingen: sie baten, man möge sie in ihrer Selbständigkeit, als Theil des griechischen Reiches, ungefährdet lassen; **dafür** würden sie kostenfrei die Pilger nach Konstantinopel bringen, und **dort** der Kaiser ihre Verdienste um seine Stadt auf das Reichste belohnen. Sie hatten hiemit das richtige Wort gefunden; binnen **kurzer** Frist war der Vertrag geschlossen[3]) und noch im September 1099[4]) gingen die Fürsten nach Europa unter Segel. Nur Raimund **von** Toulouse blieb **in** Laodicea zurück: hier mag Albert den wahren Grund an= geben, die Furcht vor Boemund's Gewinnsucht und Hartnäckigkeit. So viel ist gewiß, daß er nach der Entfernung Robert's die Stadt occupirte, sie dann aber nach kurzem Besitz ohne Widerstreben dem griechischen Befehlshaber jener Districte überlieferte[5]): er hatte die alten Pläne **gegen** Tripolis nicht vergessen, und für deren fernere

---

1) Der Brief der Fürsten hat die allgemeine Notiz, Dagobert habe die strei= tenden Fürsten verföhnt. Doch ist die Angabe zu unbestimmt, um in Betracht kommen zu können.

2) Daß Dagobert sich ihm anschloß, ist wenigstens **fehr** wahrscheinlich nach Fulcher **p. 401.**

3) Ord. l. c.

4) Alb. l. c., in jeder Hinsicht glaublich.

5) Anna Comn. p. 329.

Verfolgung bedurfte er byzantinischer Hülfe zu sehr, um diese geringere Angelegenheit nicht ganz in griechischem Sinne zu betreiben.

Zustand des Reiches.

Wir sind nicht eben vollständig über die Regierungsweise Herzog Gottfried's und deren Resultate unterrichtet, und vor Allem der innere Zustand des Reiches ist durch den Mangel beglaubigter Nachrichten unseren Blicken entzogen, da der bald erfolgte Tod des Herzogs den Berichterstattern Lust oder Stoff zu weiteren Mittheilungen benommen hat. In der neueren Literatur steht freilich ein bestimmtes Urtheil darüber unbestritten fest, indeß dürfen wir uns auch hier einer neuen Prüfung desselben und der Vergleichung mit den Notizen der Quellen nicht entziehen.

Ekkehard sagt[1]): der Herzog, obwohl über wenige Kräfte gebietend, begann Großes zu unternehmen; er verfolgte, wo er sie fand, die Reste der **Heiden**, legte an passenden Orten Befestigungen an, stellte Joppe **und** dessen lange zerstörten Hafen wieder her, unterstützte die Kirche **und** den Clerus, gab den Klöstern und dem Hospital zu Jerusalem reiche Geschenke, hielt sich des Handels wegen in festem Frieden mit Askalon und Damascus, schätzte vor Allem die Ritter deutschen Stammes hoch, empfahl ihre Rauhheit durch eigene Milde den französischen Edlen, und verhütete beider leicht erregbare Eifersucht durch vollkommene Kenntniß der beiden Sprachen.

Man muß gestehen, daß damit des Lobes genug gesagt ist, und daß, wenn sich Alles in Wahrheit so verhielt, das Reich schnell emporblühen mußte. Auch liefert Albert zu den meisten der hier aufgeführten Punkte einzelne Belege, vor Allem, was die Sicherung des Landes gegen **die** Saracenen angeht.

Ende October, **sagt er**[2]), empörte sich Arsuf; die Geißeln, welche die Stadt gestellt hatte, waren entflohen und die des Herzogs — Gerhard und Lambert **von** Avesnes[3]) — wurden, an einen Mast gebunden, den christlichen Geschossen ausgestellt, als Gottfried die Stadt

---

1) C. 19.
2) S. 293. Sieben Wochen vor Mitte December.
3) L. VII. c. 2, 15 ist nur Gerhard genannt, Lambert mit ihm c. 5.

belagerte. Zwei Angriffsthürme wurden verbrannt; nach vielem Verluste und nutzloser Mühe mußte sich Gottfried zur Aufhebung der Belagerung entschließen, um die Mitte December 1099. Doch ließ er in Ramla eine Besatzung von 100 Rittern und 200 Mann zu Fuß, um der feindlichen Stadt so vielen Schaden als möglich zuzufügen. Als aber die Einwohner fortdauernd auf der Hut waren, und kaum die Verwüstung der Umgegend gelang, kehrten jene Streitkräfte nach Verlauf von zwei Monaten wieder nach Jerusalem zurück. Mitte Februar 1100 erneuerte man aber die Feindseligkeiten, wieder von Ramla aus, dieses Mal mit solchem Erfolge, daß die Einwohner Hülfe von Aegypten begehrten und eine Besatzung von 300 Mann erhielten. Bald darauf wurde auch diese besiegt, und nun bat die Stadt um Frieden, überlieferte ihre Schlüssel und versprach einen jährlichen Tribut.[1])

Sogleich wandte nun Gottfried seine Blicke weiter auf Askalon; gegen dies bedurfte man eines Anhaltspunktes an der See, und Gottfried wählte Joppe zu diesem Behufe aus. Die Stadt wurde befestigt, der Hafen, längst nicht mehr gebraucht, wiederhergestellt; es dauerte nicht lange, so strömten aus allen Landen christliche Schiffe herbei; die Saracenen der Umgegend sahen ihren sicheren Ruin vor Augen. Sie wußten nichts Besseres, als Frieden und Freundschaft zu suchen; Askalon, Cäsarea und Ptolemais versprachen ansehnliche Geschenke und einen monatlichen Tribut von 5000 Byzantinern. Der Herzog nahm das an; bald darauf kamen die Fürsten Arabiens unter ähnlichen Vorschlägen um Waffenstillstand ein; die Furcht Gottfried's, sagt Albert, lag schwer auf allen Ländern und Reichen der Ungläubigen. Nicht minder läßt er erkennen, daß die Franken das Meer völlig beherrschten; er berichtet[2]): Gottfried schloß jene Verträge nur für das Festland, und untersagte den Heiden allen Verkehr zu Wasser. Aufseher und Wachen waren auf dem Meere, um das Einlaufen der Schiffe in die saracenischen Städte zu verhüten, damit diese nicht Kraft gewännen, sich gegen das Reich zu erheben. Wenn aber Saracenen von Aegypten oder Africa anlangten, so wurden sie von den Rittern des Herzogs mit ihren

---

1) S. 296, **297.**
2) L. VII. c. 14.

Gütern gefangen genommen und getödtet. Wie denn auch die Sara=
cenen auf dem Meere den Christen keinen Frieden hielten.

Ein ähnliches Resultat wäre nach unserem Autor auf der
syrischen Seite gegen Damascus und die umwohnenden Emire er=
reicht worden; Tancred ist es, der sich hier vor Allen auszeichnet,
wenn auch nicht ohne Unterstützung, einmal nicht ohne Rettung durch
Gottfried. Ich werde auch hier die einzelnen Unternehmungen kurz
referiren, obgleich Albert seine Erzählung gleich mit einer starken
chronologischen Verwirrung anhebt. Wie erwähnt, hatte er den ersten
glücklichen Zug gegen Arsuf in die Mitte Februar gesetzt, darauf
war Joppe gebaut, Askalon zum Frieden genöthigt worden. Er
führt nun folgender Gestalt die Erzählung weiter. Mit Askalon
wurde die Verbindung täglich enger; auch jener Gerhard von Aves=
nes, der Märtyrer von Arsuf, wurde freigelassen und erhielt von
Gottfried zur Vergeltung seiner Leiden das Castell ad St. Abraham.
Bald darauf, am Weihnachtsadvent, kam Tancred nach Jeru=
salem und bat den König, ihm Hülfe zu gewähren.[1] Wir sehen,
Albert hat seine Methode bis hierhin nicht verbessert; fahren wir
einstweilen fort, seine Thatsachen selbst zu betrachten. Tancred, heißt
es, hatte Tiberias zu seinem Eigenthum erhalten, und führte hier
den Krieg gegen Damascus und gegen den dicken Bauer, einen tür=
kischen oder arabischen Emir der Umgegend.[2] Der Herzog selbst
zog ihm mit 200 Rittern und 1000 M. zu Fuß zu Hülfe; in zwei
Zügen wurde das Land solcher Gestalt verwüstet, daß der dicke
Bauer sich zu Geschenken und Tribut bequemte, und die Damascener
wenigstens keine Feindseligkeiten mehr wagten. Als bald darauf eine
venetianische Flotte in den Hafen von Joppe einlief, unternahm Tan=
cred, mit dieser verbündet, die Belagerung von Caiphas; ehe man
hier aber zum Ziele gelangt war, hatte Gottfried bereits seine irdische
Laufbahn vollendet, im Juli 1100.

Fassen wir diese Angaben zusammen, so geben sie ohne Frage
das erfreulichste Bild von den Mitteln der Regierung, von der

1) C. 16.
2) Ibid.: Grossus Rusticus — regno Aegypti adiacens — legationem
direxit propter auxilium Turcorum — Princeps vero Turcorum et rex
Damascenorum, audita illius legatione. Es ist also irrig, ihn, wie es ge=
schehen ist, für den Emir von Damascus selbst zu halten.

Thätigkeit des Fürsten und von den Erfolgen dieser Anstrengung. Die Grenzen sind nach allen Seiten gesichert, die Nachbarn sind durch Furcht oder guten Willen befreundet, zu Lande geht ein blühender Handel ununterbrochen fort, zur See hat man die Herrschaft in Händen, die Einkünfte sind bedeutend durch ansehnliche Tribut= zahlungen der Saracenen. Gottfried erstreckt seine Sorge nach allen Grenzen des Reiches, von Askalon bis zum See Genezareth: **noch** in seiner letzten Krankheit, kurze Zeit vor seinem Tode, unternimmt man nur auf seine Angabe die **Belagerung** von Caiphas.

Dazu kommen endlich noch die Nachrichten, die in den Assisen von Jerusalem über Gottfried's organisirende Thätigkeit sich finden, und die Reihe lobpreisender Zeugnisse wäre meines Wissens er= schöpft. Ich kann die Anführung und Prüfung derselben nicht unter= lassen, so wenig sichere Ausbeute ich daraus auch zu erlangen ver= mocht habe, obgleich sie Wilken als Sage ankündigt und Schlosser als erweislich irrig bei Seite schiebt.[1]) Denn Wilken läßt sie trotz seines Eingangs als historische Quelle gelten, Schlosser verschweigt seinen Beweis und scheint mir auch zu scharf zu richten, alle Uebrigen aber, Aeltere wie Neuere, haben kein Bedenken getragen, sie als glaubwürdig anzunehmen, bis das vorliegende Buch und gleichzeitig Paulin Paris 1841 sehr bestimmte Einwendungen erhoben.

Es wird nun in den Assisen erzählt[2]), Gottfried habe nach seiner Wahl zum Herrn des Königreichs mit Beirath der Fürsten, Barone und weisen Männer die vaterländischen Rechtsgewohnheiten seiner Unterthanen sammeln lassen und daraus die Gesetze für das Reich Jerusalem ausgewählt; mit großer Pracht habe man sie auf= geschrieben, das Manuscript in eine Kiste gelegt und diese neben das heilige Grab zur Verwahrung gestellt. Von Gottfried wie von seinen

---

1) Wilken Kreuzzüge I., c. 13. init. Schlosser Weltgeschichte III, 1 p. 154. Text: Gottfried führte in seinem neuen Reiche die Gebräuche und Sitten seiner Heimath als Gesetze ein, wenn er sie auch nicht aufschrieb. Note dd: die ganze Sache, **so weit** sie Gottfried angeht, ist erweislich irrig oder falsch, darüber liest man am Besten Hallam view of Europe etc. Hallam scheint mir aber ge= rade entgegengesetzter Meinung, er führt eine Reihe von Communen auf und setzt dann hinzu: älter als sie alle ist aber die nach den Assisen in Jerusalem gegründete.

2) Ass. cur. sup. c. 1, 3, 4.

Nachfolgern seien diese Assisen vielfach verbessert und vermehrt worden, bis man sie in jeder Hinsicht für vollkommen erachtet habe.

Dies klingt an sich ganz wahrscheinlich; allerdings wird auch der nicht zu tadeln sein, der die Sache nur als möglich, nicht aber als beglaubigt anerkennt. Denn die Assisen, wie sie uns vorliegen, wurden erst 150 Jahre später niedergeschrieben, ohne Frage auf urkundliche Schriften gestützt[1]), daß aber gerade diese Nachricht auf urkundlichen Charakter keinen Anspruch macht, zeigen andere Stellen, wo von der Entstehung der Satzungen „in alter Zeit, im Beginn des Reiches" die Rede ist. Die positive Anknüpfung an Gottfried stützt sich nur auf sagenhafte Ueberlieferung; irgend welche Gesetze freilich, nach denen man sich zu richten hatte, müssen vorhanden gewesen sein, doch hatte man ja die väterländischen Gewohnheiten, und jerusalemitisches Recht, wenn es überhaupt vorhanden war, existirte damals nur im beschränktesten Keime. Im Jahre 1120 erließ eine Versammlung zu Neapolis mehrere rechtliche Verordnungen[2]), einzelne darunter offenbar aus localem Bedürfniß entsprungen, andere aber auf ganz allgemeine Dinge bezüglich. Es werden Strafen auf Ehebruch, Diebstahl und Raub gesetzt; mit keiner Sylbe werden frühere Gesetze darüber erwähnt[3]); in Gottfried's Assisen können wir hiernach keine Bestimmungen darüber annehmen. Im Jahre 1132 wurde der Graf von Joppe des Hochverraths angeklagt, der Lehnshof entschied, wie Wilhelm von Tyrus ausdrücklich sagt[4]), nach französischem Rechte, auf gerichtlichen Zweikampf. Das Criminalrecht wenigstens müßte bei Gottfried's Satzungen völlig vernachlässigt worden sein.

Gottfried, heißt es in den Assisen weiter[5]), setzte zwei weltliche Gerichtshöfe ein, den hohen oder Lehnshof, den niederen oder Bürgerhof. Jener, der über die Streitigkeiten und Vergehen der Vasallen

---

1) Vgl. hierüber Beugnot's Einleitung vor seiner Ausgabe im Recueil, wo allerdings trotz Fleiß und Eifer Consequenz und Klarheit des kritischen Urtheils vielfach vermißt wird.

2) Bei Mansi concil. t. XXI.

3) Es ist reine petitio principii, wenn Wilken II. p. 461 sagt: gegen Diebstahl und Raub wurden die schon bestehenden Gesetze geschärft — falls er nämlich unter den bestehenden, eigenthümliche jerusalemitische Gesetze versteht.

4) XIV. 5. Auch hier hilft sich Wilken in ähnlicher Weise II. p. 608.

5) L. c. c. 2.

und Ritter zu entscheiden hatte, wurde von ihm selbst geleitet, Bei-
sitzer und Richter waren die durch Lehnseid ihm verpflichteten Vasallen und Ritter. Dem zweiten stand ein von ihm eingesetzter Visconte
vor, der gleichfalls königlicher Vasall und Ritter sein mußte; das
Urtheil aber sprachen die weisesten Männer der Stadt, **welche** vorher den Eid ablegten, den **die Juraten des** Bürgerhofes noch jetzt
zu schwören pflegen. Und weil **die Barone** und Ritter, und andererseits die Bürger als Leute von **niederer** Herkunft nicht nach gleichem
Rechte gerichtet werden **konnten, so** beschloß Gottfried, zweierlei
Assisen zu machen, die eine **für den Lehn-**, die andere für den Bürgerhof. Auch setzte er fest, daß in allen Städten und Orten des Reiches,
wo es Gericht gebe, auch Bürgerhöfe und Juraten sein sollten. Noch
hat man die Nachricht, die Surianen hätten eigene Gerichtsbarkeit
erhalten, auf Gottfried bezogen, doch ohne daß der Text der Assisen
hierzu den mindesten Grund gebe. Es heißt dort[1]): Herzog Gottfried und seine Nachfolger verwahrten die Assisen in der Kiste am
heiligen Grabe. Dann kam das Volk der Surianen zu **dem** Könige
des besagten Reiches, und bat, es möge ihm gefallen, daß sie nach
dem Brauche der Surianen regiert würden. Hier ist nur von einem
späteren Ereigniß die Rede, wie der Ausdruck der König, der in den
Assisen nie von Gottfried gebraucht wird, deutlich beweist. Die Nachricht hält sich in derselben Unbestimmtheit über Person und Zeit,
wie wir sie vorher von der ganzen Gesetzgebung behaupteten.

Wichtiger ist aber die Gründung einer Commune, wie sie in
der angeführten Stelle Gottfried beigelegt wird, wenigstens nach
jedermanns Annahme beigelegt werden soll. Auch ist sicher, daß in
den Assisen selbst der Ausdruck mehrmals vorkommt, daß sie einmal
ihre Communen mit Venedig, Genua und Pisa in eine Linie stellen.
In diesem Sinne aber muß man Schlosser vollkommen beistimmen,
wenn er Dasein der Commune in Palästina für alle Zeiten in Abrede stellt: nicht einmal von Selbständigkeit der inneren Verwaltung,
geschweige von weiteren Autonomierechten war hier irgendwann die
Rede. So bestimmt sich dies erweisen läßt, so wenig kann man
aber das Dasein städtischer Einrichtungen überhaupt leugnen, städtischer

---

1) L. c. c. 4. Was den Hof **der** Surianen betrifft, so geben erst die
Assisen des Bürgerhofs vollkommnen **Aufschluß** darüber.

Corporationen mit eigenem Gerichtsstande und einzelnen Privilegien, dessen ungefähr, was nach dem französischen Sprachgebrauch unter bourgeoisies oder villes à loix im Gegensatz zu communes verstanden wird.[1]) Wie sie im Einzelnen hier constituirt gewesen, und wie sie sich zu dieser Gestalt entwickelt haben, kann an dieser Stelle nicht erörtert werden; uns reicht die Nachweisung hin, in wie fern sie zu Gottfried's Zeit schon vorhanden und von politischer Bedeutung waren. Ganz zu leugnen, glaube ich, sind sie auch damals nicht; eine Urkunde von 1100 setzt milites und burgenses sich entgegen und führt unter den Zeugen den vicecomes Pisellus auf, wobei wohl nur an den Visconte des Bürgerhofs gedacht werden kann.[2]) Auch in Edessa wird schon 1100 ein Bailli der Franken erwähnt, von welchem Mathias Cretz erzählt[3]), im Jahre 1108, als man den Grafen Balduin von Edessa für todt gehalten und Tancred für seinen Nachfolger angesehen habe, sei jener von den Armeniern ge=beten worden, mit ihrer Hülfe dem Fürsten von Antiochien die Stadt zu schließen. Wäre dieser Bailli oder Babios, nach Mathias' Aus=druck, ein Angestellter der Lehnsarmee gewesen, so hätte Balduin sich einer solchen Abneigung gegen antiochische Herrschaft erfreuen müssen; aber im Gegentheil, er bestraft das Unternehmen, als er zurückkommt, auf das Grausamste. Und wohl mit guter Ueberlegung: hier war ein Versuch, ausgehend von der armenischen Bevölkerung, eine echte Commune zu gründen; sie zogen den städtischen Beamten der Franken hinzu, und Balduin, obgleich das Ganze durchaus nicht, fürs Erste wenigstens nicht, gegen ihn, sondern gegen Fremdherr=schaft gerichtet war, verhängte peinliche Untersuchung und blutige Strafen. Kurz, deutliche Spuren städtischer Einrichtungen schon in jener Zeit sind nicht zu verkennen, und der Einwand, Communen seien damals überhaupt, und auch im Abendlande, eine unbekannte Erscheinung gewesen, verliert nach der obigen Unterscheidung seine Kraft. Denn Bourgeoisien lassen sich damals in großer Zahl nachweisen, ebenso wie die ersten Weichbildrechte in Deutschland.

Eine andere Frage ist es freilich, von welcher Bedeutung diese

---

1) Wie besonders Brequigni in den Vorreden zu dem 11. und 12. Bande der ordonnances du louvre den Unterschied erörtert.

2) Will. Tyr. XI. 12.

3) S. 316, 324.

burgesiae des Reiches Jerusalem im Jahre 1100 gewesen, in wie
weit sie ausgebildete Verfassung und Wichtigkeit für das Ganze gehabt haben: die Beantwortung derselben wird uns sogleich auf weitere
Aufschlüsse über den Werth der Albert'schen und Ekkehard'schen Nachrichten, und so zu einer allgemeinen Ansicht des damaligen Zustandes
hinführen. In Edessa mag ein städtisches Wesen von Bedeutung
existirt haben, da die armenische Bevölkerung sehr beträchtlich und
die Anzahl der Franken so groß war, daß Balduin, zum Throne
von Jerusalem berufen, ohne Bedenken an 1000 Streiter dorthin
mit sich nehmen konnte.[1]) Aber anders lagen die Dinge in Jerusalem.
Gegen das Ende der Regierung Balduin's I., erzählt Wilhelm von
Tyrus[2]), war die Stadt so menschenleer, daß die Bevölkerung kaum
hinreichte, die Thore, Thürme und Mauern gegen unvorhergesehene
Streifzüge der Feinde zu decken. Die Saracenen waren bei der
Einnahme entweder umgekommen oder nachher vertrieben worden,
weil man ihre Nähe an so heiliger Stätte für entweihend hielt. Die
Franken aber waren so gering an Zahl und so unvermögend, daß
sie kaum ein Quartier der Stadt auszufüllen vermochten. Die
Surianen endlich wurden von den Türken bei der Annäherung des
Kreuzheeres, dessen Unternehmung man ihnen zur Last legte, so ge-
drückt und bei dem geringsten Anlaß niedergemacht, daß ihre Zahl
selbst damals noch für nichts zu achten war. Erst Balduin's Maßregeln führten einen Zuwachs der Bevölkerung herbei. Die Stelle
ist nun in mehr als einer Beziehung lehrreich; sie überzeugt, daß
ein Gemeinwesen, aus so wenig Köpfen bestehend, eine ausgebildete
Organisation nicht bedurfte und nicht besitzen konnte; sie zeigt ferner,
welche Begriffe man damals von städtischem Leben überhaupt sich
gebildet hatte. Die kriegerische Thätigkeit, der Lage des Landes angemessen, war die einzig edle und lohnende, und diese existirte damals
allein in dem Verbande des Lehn- und Ritterwesens. Die Bürger

---

1) Fulcher p. 403, **200 Reiter und** 700 M. zu Fuß. Der Text hat 700
Reiter, doch beweist die Vergleichung der Copie in den Gest. exp. Hier. p. 579
und der secunda pars hist. Hier. p. 596, daß 200 herzustellen ist. Will.
Tyr. X. 5 hat 200 Ritter, 800 M. zu Fuß, Caffar. p. 249 gar nur 200 Ritter
und 300 M. **zu** Fuß, was Wilken mit Recht emendiren will. Albert übertreibt
400 Ritter und 1000 M. zu Fuß.
2) XI. 27.

wurden nur in unvorhergesehenen Fällen zur Bewachung der Stadt=
mauern gebraucht und nur in höchster Noth ins Feld gerufen.[1]) Die
Erfolge eines solchen Heerbannes zeigt uns Fulcher in einzelnen
charakteristischen Vorfällen: 1102 hat der König eine gänzliche Nieder=
lage·erlitten, auf die Nachricht davon rückt die Besatzung von Jeru=
salem aus, ihrer 90 Ritter; von den übrigen Einwohnern, sagt
Fulcher, ritt mit, wer ein Pferd oder Lastthier aufzutreiben wußte;
auf dem Marsch, an der Meeresküste, überfiel sie ein Schwarm
Saracenen und die meisten mußten ihre Thiere im Stich lassen und
sich durch Schwimmen erretten, die Ritter freilich, die tüchtige Pferde
hatten, kamen wohl sich vertheidigend nach Joppe. Im Jahre 1105
blieben die Pilgerschaaren aus, welche sonst das Heer zu verstärken
pflegten, und Balduin rief alle Waffenfähige des Landes zum Streite
auf; **nur** so viele blieben zurück, **um die** Nachtwachen in den Städten
zu thun. Darauf, in dringender Gefahr, sendet er an den Patriarchen,
er solle für ihn beten, der aber versammelt den Clerus und das
arme Volk und treibt noch 150 Streiter auf, mit denen er in das
Lager hinauszieht. In dem ganzen Heere sind darauf außer den
Rittern 2000 M. zu Fuß, **so** viel hat man zusammengebracht,
nachdem in der Hauptstadt **wenigstens kein** Mann zurückgeblieben
ist, der ein Schwert nur zu tragen vermochte.[2])

Nicht anders **ist** der Zustand **in** den übrigen Städten beschaffen,
und die Behauptung der Assisen, Gottfried habe auch in diesen
municipale Behörden eingesetzt, wird hiernach bei mehreren zum Min=
desten sehr zweifelhaft. Ramla stand völlig leer, die Saracenen
waren **bei der** Annäherung des Kreuzheeres sämmtlich entflohen[3]);
die Christen hatten nach der Einnahme des Landes ein Fort inner=
halb der Mauern angelegt, wo im **Jahre 1102** 15 Ritter als Be=
satzung lagen, außen diesen lebten **nur** einige arme Surianen in der
Umgegend vom Feldbau.[4]) **Joppe lag** ebenso wüst, als Gottfried
es unternahm, sich **an diesem Punkte** mit dem Meere in Verbindung

---

1) Später kommt freilich allgemeine Bewaffnung häufiger vor; so geschieht
sie 1126 in wenig Tagen durch das ganze Reich, Will. Tyr. XIII. c. 18.

2) Fulcher p. 415, 417.

3) Gesta und Raimund.

4) **Fulcher p. 413. Will. Tyr. X. 17.**

zu setzen¹): und städtische Behörden werden unwahrscheinlich, wenn Wilhelm von Tyrus die Königin in dringender Noth nur mit alten und erfahrenen Leuten, nicht etwa mit Visconte und Juraten Maßregeln nehmen läßt.²) Ueber Neapel und Tiberias, **die** einzigen Städte, über die sich Gottfried's Herrschaft noch erstreckte, fehlen uns alle Nachrichten.

Die Ansicht, die hiernach von Gottfried's bürgerlichen Institutionen zu fassen ist, erscheint nicht mehr zweifelhaft. Die ersten Grundlagen zu dergleichen waren vorhanden, aber wie beschränkt, wie wenig erkennbar mußten sie unter solchen Umständen ausfallen. In welchen Betracht konnte eine städtische Behörde kommen, wenn keine Bürger, die sie vertrat, vorhanden waren? wie hätte man municipale Rechte organisiren können, wo die Menschen fehlten, die sie genießen und ihre Existenz danach ordnen sollten? Was den aristokratischen Theil des Reiches angeht, die Lehensarmee und die Verhältnisse der ritterlichen Vasallen, so erscheinen sie nicht minder unbedeutend: der Körper ist so geringfügig, daß ein gesetzgebender, administrativer Geist kaum in den schwächsten Regungen darin lebendig werden kann. Im Norden des Landes sucht sich Tancred eine Herrschaft zu gründen, wie wir denn vorher Albert's Berichte über seine Kriege gegen Damascus anführten. Freilich zeigen beglaubigte Nachrichten³) uns seine Thaten in einem anderen Lichte **und in derselben** Weise, die wir bisher als die ihm gemäße anerkannten. **Er** unternimmt nichts, was man rechten Krieg nennen möchte, am wenigsten in dem Sinne des Friedens und der Deckung einer Reichsgrenze. Mit 80 Rittern — das ist seine ganze Macht — streift er umher, bald gegen Damascus, bald gegen Arabien beschäftigt: Raub und Beute ist sein einziges Ziel: ist ihm einmal ein Fang gelungen, so kommt er, wie es heißt, das arme Jerusalem damit zu bereichern. Endlich befestigt er sich in Bethsaida, nicht weit von Caiphas entfernt; darauf bedrängt er ohne Rast und Unterbrechung den letztgenannten **Ort, bis er** ihn zur Ergebung genöthigt hat.⁴) Daß er

---

1) Ekkeh. l. c.

2) Will. X. 18, Fulcher p. 412, der hier Quelle ist, hatte nur allgemein die inhabitantes Ioppe genannt.

3) Rad. c. 139, mit einigen Zusätzen in der hist. b. S. c. 134.

. 4) Die obigen, ebenso Will. **Tyr. IX. 13.** Gottfried hat die Einnahme

dabei Kirchen und Klöster gründet und nach Vermögen beschenkt, ist seiner Sinnesart vollkommen entsprechend. Gottfried ernennt ihn zum Fürsten von Galilea und belehnt ihn mit Tiberias und Caiphas. So gering seine Erfolge auch waren, er hat doch Fortschritte ge= macht, beträchtlich genug für den Anführer von 80 Rittern.

Die **übrigen** Territorien, über die **der** Herzog gebieten konnte, sind noch längere Zeit nachher unmittelbare königliche Besitzungen: von allen später vorkommenden Baronien ist — und auch das nur nach Albert's Zeugniß — das einzige St. Abraham durch Gottfried ausgeliehen worden. Gerhard von Avesnes erhielt es nach seiner Freilassung zum Lohne für seine Leiden in Arsuf. Die übrigen in Palästina befindlichen Edlen erscheinen demnach als bloßes Dienst= gefolge des Herzogs[1]), vielleicht mit einzelnen Gütern um Jerusalem belehnt, vielleicht nur auf Sold, Beute und Heerbefehl angewiesen.[2]) Besonders hervorgehoben wird Werner von Greis, ein lothringischer Edelmann, wahrscheinlich Burggraf oder Castellan des Davidthurmes, der Citadelle von Jerusalem.[3]) Albert nennt uns einen Mundschenken, einen Truchseß, einen Kämmerer des Herzogs[4]), die Existenz solcher Aemter ist höchst glaublich, doch ist die Vorstellung der späteren Reichswürden völlig davon fernzuhalten.[5]) Da Albert deren Inhaber nur als Ritter aufführt, so kann man ebenso wohl (sogar an unfreie)

---

von Caiphas nicht mehr erlebt, wie Albert hier richtig angiebt und durch die Translatio S. Nicolai (Hagenmeyer, Ekkehard S. 380) bestätigt wird.

1) **De** domo ducis sagt auch Albert, vergl. Wilken Bd. II. p. 71, wo eine Stelle **aus** Alberich ad a. 1104 angeführt wird: a familia principum qui iminsteriales dicuntur.

2) Wenigstens unter Balduin kommt oft eine clientela conductitia, Sold= truppen neben den Vasallen vor. Fulcher p. 436 und sonst.

3) So erscheint er wenigstens in dem Briefe des Patriarchen Dagobert. Will. Tyr. X. 4.

4) Winricus pincerna ducis VII. 24. Gotfridus Camerarius, Mathaeus dapifer illius VII. 30.

5) Der erste Connetable des Reiches ist z. B. Eustach Garner Will. XII. 17, nach der Gefangennehmung König Balduin II. zu dieser Würde als Reichs= verweser ernannt. Daß er es früher nicht gewesen, zeigt die Urkunde von 1120 bei Will. Tyr. XII. 13, wo er nur seinen Namen ohne Titel unterschreibt, während ein Ritter Barisanus als constabularius Ioppe ausdrücklich genannt wird. Von jenen Hausämtern gehörte auch später nur der chamberlain zu den Reichswürden.

Ministerialen, als an beamtete Edelleute denken[1]), wie denn der Patriarch Dagobert nach dem Tode Gottfried's und Werner's an Boemund schreibt, es seien nur noch einige Leute nicht adeliger Geburt übrig, welche den Thurm Davids besetzt hielten. Doch wie dem auch sei[2]), die geringe Bedeutung des Ganzen erkennen wir auch hier aus der Zählung der gesammten Streitkräfte, die uns sehr bestimmt überliefert ist. Radulf meldt[3]), daß Tancred's Mannschaft einge= schlossen, kaum 200 Ritter im Reiche, also etwa 120 bei Gottfried geblieben seien. Damit stimmt vollkommen, daß König Balduin im Anfang seiner Herrschaft gegen 300 Ritter befehligte, denn 200 hatte er aus Edessa mit sich hierher gebracht. An Fußvolk, sagt Fulcher[4]) hatte er so viel, um die Städte Jerusalem, Ramla, Joppe und Caiphas besetzt zu halten; die Zahl 2000 bei Wilhelm von Tyrus ist sicher zu stark, da im Jahre 1101 nur 900[5]), im Jahre 1105, wir sahen mit welcher Anstrengung und mit Zuziehung auch der städtischen Kräfte, eben 2000 Mann zu Fuß vereinigt werden konnten.

Wie wäre nun bei einem solchen Zustande an die Einführung eines eigenthümlichen Feudalsystems, und auch nur an die Begründung einer neuen Reichsverfassung auf lehnrechtlicher Basis zu denken ge= wesen? Daß eine haute court unter diesen Rittern bestanden hat, wo sie unter des Herzogs Vorsitz nach heimischen und wohl nach französischen Gewohnheiten ihre Streitigkeiten ordneten, daran scheint mir so wenig, als an dem Dasein eines Vicomte und Bürgergerichtes in Jerusalem zu zweifeln; aber gewiß nur sehr vereinzelte Bestimmun= gen, wenn überhaupt irgend etwas, hat Gottfried in jene Kiste des heiligen Grabes niedergelegt. Man mag die Formen der Dinge immerhin für sich betrachten und als solche beurtheilen, hier erkennen wir nach dem Wesen dieses Reiches, daß ein wirklicher Staat und seine Formen erst in den rohesten Keimen vorhanden waren. Es wäre thöricht, Gottfried als Gesetzgeber betrachten und preisen zu wollen; es ist ihm Ruhmes genug, daß er mit seinen Mitteln

---

1) Eichhorn d. St. u. R. G. II. S. 344.

2) Denn Dagobert ist auf diese homines ignobiles et de plebe äußerst erbittert, so daß sein Zeugniß nicht vollkommen ins Gewicht fällt.

3) L. c.

4) S. 406.

5) **Ibid p. 410.**

sich nur erhielt und die Zukunft eines Reiches überhaupt denkbar machte.[1]

Suchen wir auf, was sich von glaubwürdigen Zeugnissen sonst noch über den Zustand des Landes beibringen läßt, so finden wir das gegebene Bild auf jedem Schritte bestätigt. Die von Albert gepriesene Unterwerfung von Arsuf ist entschieden zurückzuweisen; Wilhelm von Tyrus, der hier durchaus eigenthümlichen Quellen folgt, sagt ausdrücklich[2]), mit aller Macht habe man die Stadt, bestürmt, aber wegen des Mangels maritimer Streitkräfte jeden Versuch aufgeben müssen. Im Juni 1100 erschien dann eine stattliche venetianische Flotte im Hafen von Joppe, wohin Gottfried und Dagobert ihnen entgegen kamen, mit ihrem ganzen Heere, sagt der venetianische Bericht, einer ziemlich kleinen Zahl und geringem Gelde, und ihnen gestanden, daß sie bei ihrer Armuth die Stadt und das Land verlassen würden, wenn die Venetianer ihnen nicht mit Rath und That zu Hülfe kämen. Diese erklärten sich dann gegen stattliche Handelsprivilegien zu einer achtwöchentlichen Unterstützung bereit, und leisteten schließlich Tancred zu der Eroberung von Caiphas wirksamen Beistand.[3]) Als Balduin I. sich im Besitz des Thrones sah, war der Angriff auf Arsuf mit Hülfe einer genuesischen Flotte das erste Unternehmen des neuen Königs. Besser steht es wohl um den Waffenstillstand mit Askalon, Cäsarea und Ptolemaïs: die beiden letzten Städte, noch im November 1099 offenbar feindselig, lieferten im August 1100 mit verhaltenem Grolle dem vorüberziehenden Bal-

---

1) Fr. Monnier hat in den séances et travaux de l'Académie des sciences morales et politiques, Paris 1873 und 1874, Gottfried's Ruhm als Gesetzgeber nach der Aussage der Assisen in langer Erörterung aufrecht zu halten gesucht. Seine Darlegung ist verdienstlich als Kritik der Beugnot'schen Ausgabe der Assisen und die dort gelieferte unmethodische Constituirung des Textes. Aber für die Glaubwürdigkeit der über Gottfried gegebenen Nachrichten bringt sie nicht den Schatten eines Beweises bei, und ebenso kritiklos werden Albert und Wilhelm als zuverlässige Quellenschriften benutzt. Auch sonst hat Monnier wunderliche Vorstellungen, z. B. daß die Franken des 5. Jahrhunderts nicht deutschen Stammes, daß Chlodovech, Karl der Große und Gottfried von Bouillon nicht Deutsche sondern Franzosen gewesen.

2) IX. 19. Albert selbst läßt den König Balduin dieser einzigen Stadt den erbetenen Waffenstillstand verweigern, was keineswegs auf eine besondere Unterwürfigkeit derselben gegen Gottfried schließen läßt.

3) Translatio S. Nicolai l. c. S. 377 flg.

duin den nöthigen Unterhalt.[1]) Als dieser in das Reich kam, sagt Fulcher[2]), war der Weg zu Lande für die Pilger aus dem Occidente nicht zu passiren, zuweilen kamen sie zur See, auf einem oder zwei Schiffen an den feindlichen Städten vorübersegelnd, furchtsam und voller Angst nach Joppe, wo wir sie dann freudig abholten. Man sieht, wie es mit der von Albert gerühmten Beherrschung des Meeres stand, und wie sehr baute man doch auf diese Zuzüge **aus** dem Abendlande, die, wenn auch nur vorübergehend im Reiche, **immer** bereit waren gegen die Saracenen zu streiten. Es ist nicht ohne Interesse, den uns erhaltenen Bericht eines dieser Pilger, der das Land im Jahre 1102 und 1103 durchreiste, einzusehen[3]); daß bis dahin seit Gottfried's Tode nur Verbesserungen, keine Rückschritte eingetreten waren, bedarf wohl kaum der Erinnerung. Es ist ein Engländer, Seawulf genannt; er beschreibt uns zuerst die Heerstraße von Joppe nach Jerusalem, den gebräuchlichen Weg für alle die Tausende, welche religiöser Trieb aus dem Abendlande heranführte. Die Straße sei gebirgig, rauh und höchst gefährlich, weil die Saracenen stets auf der Lauer, in Bergen und Höhlen im Hinterhalt versteckt waren. Wie viel menschliche Körper liegen auf und am Wege unbeerdigt, sagt Seawulf; vielleicht wundert man sich darüber, ja der Boden ist Fels, wer will hier graben? und wer so unklug wäre, deshalb die Gefährten zu verlassen, er würde nur sich selbst ein Grab graben.[4]) Ebenso auf dem Wege weiter, wohin er kommt, sieht er Trümmer und Elend, die Kirchen vor Jerusalem sind von den Heiden verwüstet worden[5]), Bethlehem liegt in Ruinen[6]), Hebron,

---

1) Fulcher p. 400, 401, 403.

2) S. 406.

3) Relations **des** voyages de Guillaume de Rubruk, Bernard le Sage **et** Seawulf publ. **par** Fr. Michel et Th. Wryght. Paris 1839. 4. Ich verdanke die Benutzung dieses seltenen Werkes Hrn. Geh. Hofrath Feder in Darmstadt. Die beiden anderen darin enthaltenen Itinerarien sind sonst schon gedruckt, Seawulfs Reisebericht erscheint hier zum erstenmale, für die Ansicht des Reiches Jerusalem ein sehr dankenswerther Beitrag. Der Verf. ist offenbar von niederem **Stande,** erzählt aber schlicht und anschaulich, und hat, so viel in seinen Kräften stand, sich gut unterrichtet. Er war, wie d'Avezac in praef. gründlich erörtert, vom 12. October 1102 bis zum 17. Mai 1103 in Palästina und hat in dieser Zeit die gewöhnliche Tour der Pilger gemacht.

4) Seawulf p. 258 sqq.　　　　5) Ibid. p. 267.

6) Ibid. Nur das Marienkloster war noch erhalten. Woher Guénez (sur

die größte und schönste Stadt, ist zerstört[1]), Nazareth bis auf ein
einziges Kloster vernichtet.[2]) Ferner auf dem Rückweg: er schifft
sich in Joppe nach Cypern ein, aber, sagt er, wir hielten uns dicht
an der Küste, weil wir aus Furcht vor den Saracenen das hohe
Meer nicht zu gewinnen wagten; einmal entwischen sie mit Mühe,
vielfach haben sie von Piraten zu leiden.[3]) Trotzdem nennt er Bal=
duin die Blume der Könige, aber einen blühenden Zustand des Landes
läßt seine Erzählung nicht erkennen.

Zu diesen einzelnen Angaben stimmt endlich vollkommen das
allgemeine Bild, welches Wilhelm von Tyrus von dem damaligen
Zustande entwirft. Wilhelm, der sich von hier an erst auf seinem
Boden fühlt und mit sicheren Zügen die Geschichte des Reiches ent=
wickelt, erwähnt aus Gottfried's Zeit,[4]) wie die Verbindung unter
den wenigen christlichen Städten durch dazwischenliegende saracenische
stets unterbrochen, dann, was wichtiger erscheint, wie ungünstig die
Verhältnisse des platten Landes gewesen seien. Hier war nämlich,
wie schon aus dem Vorigen erhellt, an eine fränkische Bevölkerung
nicht zu denken, die Dörfer und ländlichen Districte waren fast aus=
schließlich mit Saracenen besetzt. Die christliche Herrschaft beschränkte
sich auf die nächste Umgebung der einzelnen von ihnen eroberten
Städte[5]); die dort ansässigen Saracenen waren hörig[6]) und nach
Gemarkungen oder Höfen den fränkischen Rittern überwiesen. Die
Verhältnisse der Surianen lassen sich nicht erkennen, so wenig wie

---

l'état de la terre sainte, in den mém. de l'acad. des inscr. t. 50 p. 213)
seine Angaben von der basilique superbe, mit ihrer Marmorbekleidung, mit
Säulen und Mosaiken genommen hat, vermag ich nicht zu entdecken. Die bei
ihm angeführten Citate sagen nichts davon.

1) Ibid. **p.** 269.   2) Ibid.
3) Ibid. p. 271. 272.
4) L. IX. 19.
5) Das zeigt schon **der** bei Wilhelm unendlich oft vorkommende Ausdruck
suburbana für diese Dörfer, die er sonst auch casalia nennt. Bei Fulcher ist
der Sprachgebrauch noch nicht bestimmt, er sagt p. 413: Syri quidam, ruricolae
quasi sub urbani versabantur.
6) Will. Tyr. l. c. XI. 19. Nach der letzten Stelle scheinen die Höfe oft
befestigt gewesen zu sein; die Saracenen streifen durchs Land, effringere suburbana, **captivare** colonos (hier offenbar Surianen). Recesserant a nobis per
illos **dies nostri** domestici et suburbanorum nostrorum quae casalia dicuntur
habitatores, Saraceni. Cf. Ducange s. v. casale.

ihre damalige Gesinnung gegen die fränkische Herrschaft, desto stärker hebt Wilhelm den Haß der unterworfenen Muselmänner hervor. Sie entfernen sich von den Höfen so oft sie es vermögen, Diebstahl, Raub und Mord, von ihnen an Christen begangen, sind alltägliche Ereignisse, den Ackerbau vernachlässigen sie, um so ihre Unterdrücker, wenn auch unter eigenem Elende, auszuhungern. Natürlich will niemand in einem solchen Lande bleiben, lieber in Europa darben, als hier unter Reichthümern umkommen, war die allgemeine Gesinnung. Den schlagendsten Beweis für die Richtigkeit dieser Angabe liefert eine außerordentliche Maßregel, zu der man sich damals entschließen mußte, um die fränkischen Bewohner im Lande zurückzuhalten: es erschien ein Gesetz, die Ersitzung unbeweglicher Güter solle durch den Ablauf eines Jahres ohne weitere Bedingung vollendet sein. Welch ein Zustand der Unsicherheit, der Gefahr, des Weiterexistirens von Moment zu Moment.

So kann man den Worten Fulcher's nur beistimmen: wir wären verloren gewesen, wenn damals die von Aegypten, Persien oder Mesopotamien einen Angriff gemacht hätten. Er fragt, wie kam es, daß so viel Hunderttausende uns nicht erdrückten? und seine Antwort ist: weil die Furcht Gottes des Herrn über ihnen lag. Er hat nicht Unrecht: was den Staat Gottfried's errettete, war zum größten Theile der Schrecken, welchen das große Kreuzheer um sich her verbreitet und noch auf die wenigen Zurückbleibenden vererbt hatte. In Aleppo verwüstete Ridwan selbst das Land, um bei einem etwaigen Angriff der Franken ihr Vorrücken zu erschweren.[1] Eine furchtbare Epidemie kam dazu, von allen Seiten her langten Flüchtlinge in Bagdad an, um den Sultan und den Chalifen um Hülfe anzurufen. Diese hatten indeß hinreichende Gründe, die Franken unangegriffen zu lassen, da gerade damals Berkjarok in hartnäckigem Kriege gegen seine Brüder Mahmud und Sindschar stand.[2] So kamen die Christen ungestört über diesen gefährlichsten Zeitpunkt hinweg, und später, unter Balduin I., hob sich die Macht des Reiches von Jahr zu Jahr. Außer seiner persönlichen Thätigkeit kam man als allgemeine Ursachen davon den steten Zufluß abendländischer Pilger, den Beistand

---

[1] Kemaleddin bei Michaud S. 15.
[2] Ibn Giuzi ibid. p. 13.

der italienischen Flotten und die engere Verbindung mit Antiochien,
Edessa und Tripolis bezeichnen, so wie andererseits die Spaltungen
unter den seldschukischen Fürstenthümern und der Verfall des ägyptischen Reiches die Aussichten der Saracenen mehr und mehr ver-
ringerten. Ich wiederhole hier, es wäre ungerecht, Gottfried aus
seinen geringen Erfolgen einen Vorwurf zu machen, aber das Verdienst seiner Nachfolger würde man ebenso grundlos beeinträchtigen,
wenn man ihn und nicht Balduin I. für den rechten Gründer, so
wie Balduin II. für den Vollender dieser Monarchie ansehen wollte.

Sogleich wird sich uns dasselbe Resultat aus einem anderen,
nicht minder wichtigen Gesichtspunkte ergeben.

Bald nachdem Boemund und Dagobert Laodicea verlassen hatten,
entschloß sich der erstere, jetzt, nachdem die heilige Stadt in christliche Hände gekommen war, persönlich sein Gelübde zu erfüllen, und
an dem Grabe des Heilandes dem Himmel für so viele Erfolge zu
danken.[1]) Er forderte den Grafen Balduin von Edessa zur Begleitung
auf, der, nachdem er die Angelegenheiten seines Landes geordnet, mit
zahlreichem Gefolge im Anfang November, Antiochien vorüber, nach
Laodicea kam und in Valenum sich mit Boemund und Dagobert
vereinigte. Der Ruf ihres Zuges hatte sich weit umher verbreitet;
eine Menge der in jenen Gegenden ansässig gewordenen Franken
stieß zu ihnen; noch lag jene pisanische Flotte in Laodicea, und auch
deren Bemannung schloß sich ihnen zum Theil an; so wuchs die
Zahl dieser Pilger bis auf 25000 Menschen. Sie nahmen den Weg
des großen Kreuzheeres, hatten aber mit harten Entbehrungen zu
kämpfen. Das Land und seine Bewohner hielten sich feindlich; auf
dem ganzen Wege bis Jerusalem lieferten nur zwei Städte, Tripolis
und Cäsarea, und diese nur zu den höchsten Preisen, die nöthigen
Lebensmittel. Indeß kamen sie am 21. December 1099 in Jerusalm
an, feierten den Weihnachtsabend in Bethlehem und blieben bis Neu-
jahr in der Hauptstadt. Diese wenigen Tage wurden nun durch
ein Ereigniß bezeichnet, welches in der Geschichte Jerusalems für
viele Jahre Epoche machte, die Absetzung des Patriarchen Arnulf
und die Ernennung des Erzbischofs Dagobert zu dieser Würde.[2])

1) Fulcher p. 401.
2) Alb. p. 295 giebt Nachricht von den Bestechungen, durch welche Dagobert
seine Würde erlangt, von den Unterschleifen, die er sich früher zu Schulden

Alle Angaben sind einstimmig, daß vor Allen Boemund hierzu beige=
tragen, und nicht zu bezweifeln scheint es, daß die Vorgänge von
Laodicea zu diesem Ereigniß den ersten Antrieb gegeben haben. Ar=
nulf, durch Herzog Robert von der Normandie emporgekommen, war
dem Herzog von Lothringen, und wohl früher noch dem Fürsten von
Antiochien durch die gemeinsame Opposition gegen Raimund von
Toulouse empfohlen worden. Durch die Belagerung von Laodicea
war aber Boemund vor Allem mit Herzog Robert verfeindet, dagegen
mit Dagobert zu engerem Vernehmen gekommen, und die Feindschaft
Arnulf's gegen Raimund konnte nicht mehr als Empfehlungsmittel
gelten, seitdem dieser, obwohl noch anwesend in Laodicea, sich außer
Berührung mit den übrigen christlichen Fürsten hielt. Dazu kam,
daß Dagobert in den anwesenden Pisanern eine bedeutende Stütze
fand[1]), und Arnulf, um dem Zusammentreffen so vieler Umstände
Stand zu halten, allerdings seine eigenen Kräfte noch nicht lange
genug gehandhabt und gesichert hatte. Er mußte resigniren: man
ließ ihn wohl in dem Capitel zu Jerusalem, allein die Leitung der
christlichen Kirchen Palästinas ging in die Hände Dagobert's über.

Wie man sich denken kann, wurden die kirchlichen Interessen in
einem so entstandenen Reiche nicht vernachlässigt. Schon vor der
Eroberung Jerusalems, wie wir sahen, hatte man ein Bisthum zu
Ramla gegründet; eine der ersten Handlungen des neuen Fürsten
war die Einrichtung und Dotation des Capitels zu Jerusalem; bald
darauf gründete Tancred mit reichlicher Ausstattung die Kirchen zu
Nazareth, Tiberias und auf dem Berge Tabor.[2]) Indessen war
Dagobert hiermit keineswegs zufriedengestellt, und sehr bald nach
dem Abzuge Boemund's und Balduin's trat er mit größeren An=
sprüchen hervor. Es ist zu bedauern, daß wir nicht näher über
diese Verhandlungen, und die Art und Weise, wie ihr Resultat ge=
wonnen wurde, unterrichtet sind. Wilhelm von Tyrus, der allein
davon Meldung thut, sagt ganz kurz[3]): der Herzog, demüthig, wie

---

kommen lassen. Ich kann sie nur für das Erzeugniß des späteren Verhältnisses
zwischen König und Patriarchen ansehen.

1) Gesta exp. Hier. p. 578.

2) Will. Tyr. IX. 13.

3) IX. 16 flg. Man kann das Schreiben Dagobert's an Boemund dazu
vergleichen X. 4.

er war, sanft und in der Furcht des Herrn, leistete dem Verlangen des Patriarchen Genüge. Dagobert behauptete aber, der Stuhl des Patriarchates bedürfe zu anständiger Ausstattung eines bestimmten Grundbesitzes, er fordere deshalb zunächst ein Viertel der Stadt Joppe. Gottfried trat dies denn auch am 2. Februar 1100 in aller Form und Feierlichkeit ab. Kaum war es geschehen, so erhob Dago= bert den zweiten, wichtigeren Anspruch: die Stadt Jerusalem, heilig und dem Herrn geweiht, erfordere einen geistlichen, keinen weltlichen Oberherrn, so wie es der Clerus schon vor der Eroberung behauptet habe; auch stehe dem Patriarchen ein sehr bestimmtes, irdisches und wohlerworbenes Recht darauf zu: in der Zeit der Unterdrückung sei er der einzige, von niemanden bestrittene Oberherr der Stadt gewesen, so weit sie christliche Bevölkerung gehabt habe: er verlange also von dem christlichen Fürsten nur die Restitution in die Rechte, welche die heidnischen Emire ungekränkt gelassen. Die Thatsache war in gewissem Sinne richtig: durch einen Vertrag zwischen Kaiser Con= stantin Monomachos und dem ägyptischen Chalifen Daher war den Christen in Jerusalem ein Stadtviertel zu ausschließlicher Bewohnung unter Jurisdiction des Patriarchen angewiesen worden — trotzdem ist die Haltlosigkeit der hierauf gegründeten Forderung zu deutlich, als daß eine nähere Erörterung derselben hier noch nothwendig wäre. Freilich ist nicht minder gewiß, daß er seine Zwecke erreichte: am ersten Ostertage übertrug Gottfried dem Patriarchen in Gegenwart des Clerus und Volkes Jerusalem mit dem Davidsthurme und allen Pertinenzen. Bis das Reich durch die Erwerbung von ein oder zwei Städten erweitert sei, sollte jedoch der Herzog den Nießbrauch der Stadt behalten: falls er unterdeß ohne männliche Erben mit Tode abginge, würde die Stadt ohne Widerspruch dem Patriarchen zu überantworten sein. Für das Ganze gelobte sich Gottfried als den Lehnsträger des heiligen Grabes und des Patriarchen, und versprach die Sache Gottes und des Patriarchen nach Kräften zu vertheidigen.

Erinnern wir uns hier einer früher erwähnten Stelle Albert's: nach der Eroberung Antiochiens, sagt er, installirten die Fürsten vor allen Dingen den so lang unterdrückten Patriarchen, dann über= trugen sie Boemund die Leitung des Weltlichen, als dem Vogte des kirchlichen Fürsten. Im Wesentlichen hatte sich nun das Verhältniß in Jerusalem dahin festgestellt: Albert's Nachricht zeigt, wie sehr diese Wendung der Dinge mit dem Geiste der Nationen übereinstimmte, da sie, wenn nicht in der Wirklichkeit, doch in der Gestalt der Ueberlieferung auf der Stelle ihr Gegenbild in Antiochien erzeugte. Der geistliche Charakter dieses Staates war damit **auf das Bestimmteste** ausgesprochen; zum ersten Male, seit **dem Tode Adhemar's von Puy,** sah sich die kirchliche Gewalt wieder in der Stellung, die sie ursprünglich bei dem Kreuzzuge eingenommen hatte. Der weltliche Fürst war nur noch der zweite Mann des Reiches, und die Leichtigkeit, mit welcher Dagobert **zu** seinem Ziele gelangte, ist ein **neuer** Beweis für die Schwäche dieser Regierung. Auch hier war es Balduin I. aufbehalten, die Kraft seiner Herrschaft von Neuem zu constituiren; denn Gottfried hatte noch durch Testament unmittelbar vor seinem Tode die Auslieferung der Städte an den Patriarchen anbefohlen.

Gottfried's Tod. Schluß.

Von solchen Schwierigkeiten umringt, führte Gottfried seine Regierung bis zum 18. Juli 1100 fort[1]), und nach den angeführten Daten wird man seinen frühen Tod eine günstige Schickung für das Fortbestehen seines Nachruhms nennen müssen. Denn bei längerer Herrschaft wäre der unbestimmte Glanz, den wir wahrnahmen, doch endlich geschichtlicher Helle gewichen; der Herzog hätte sich im günstigsten Falle mit einer Stellung nicht über, sondern neben **den** Balduinen begnügt. Eine urkundliche Nachricht über den näheren Hergang seines Todes weiß ich nicht beizubringen; dafür verknüpft die Sage in sinnlichem Bilde Anfang und Ende seiner **Laufbahn** und setzt überhaupt zum Schlusse hier noch einmal mit vollen Tönen ein. Das Grab des Heilandes zu befreien, und nicht eine irdische Herrschaft war ihm bestimmt: so ergreift ihn das Quartanfieber, von dem ihn die Uebernahme des Kreuzes geheilt hat, von Neuem, und führt ihn, wie damals zum irdischen, so jetzt zum himmlischen Jerusalem.[2]) Daneben hatte man freilich auch Kunde profanerer Art, und behauptete, die Heiden, deren Waffen gegen ihn ohnmächtig gewesen, hätten ihn mit feigem Verbrechen aus dem Wege geräumt.

1) Das Datum bei Fulcher **p. 402 und** Will. Tyr. IX. extr.
2) Will. Malm. p. 144.

Albert erzählt von einem Granatapfel, nach deſſen Genuß er tödtlich
erkrankt ſei[1]); in Frankreich wie in Armenien wollte man wiſſen,
türkiſche Emire hätten ihn auf vergifteten Schüſſeln bewirthet.[2]) Deſto
entſchiedener ſetzt der engliſche Autor, der uns die Nachricht von
jenem Fieber aufbewahrt hat, hinzu: ich glaube an dieſe Krankheit
wenig, den Herzog hat Gott ſelbſt zu ſich gerufen. Freilich iſt es
im Weſentlichen daſſelbe, und Albert kann in gleichem Sinne ausſprechen, nach Jeſus Chriſtus ſei Gottfried der größte unter den
Herrſchern Jeruſalems geweſen.

Verſuchen wir nun auch unſererſeits die Summe zu ziehen,
und unſere Beobachtungen über den Herzog zuſammen zu faſſen.
Wir lernten ihn kennen als Burgherrn und Dynaſten, der mit Eifer
und Hartnäckigkeit die Intereſſen ſolch einer Stellung zu behaupten
und durchzuſetzen verſtand. Nach allen Seiten hin führt er ſeine
Fehden, gegen Lüttich, Namur und Verdun, mit Nachdruck nimmt er
ſich ſeiner Freunde an und hält eigenſinnig genug an dem Widerwillen gegen bisherige Feinde feſt. Sorge um weitere Kreiſe, wenigſtens des weltlichen Daſeins, iſt nicht für ihn vorhanden: ſein Leben
und Denken geht in den localen Angelegenheiten völlig auf, und erſt
der Kreuzzug eröffnet ihm die Ausſicht in eine weiter begränzte,
geiſtig bewegte Welt. Von dieſen Regungen vollſtändig ergriffen,
ſchließt er ſich der Unternehmung an, in deren einzelnen Stadien wir
ſeine Thätigkeit bis hierhin ſich haben entwickeln ſehen.

Indem ich mir dieſe Stadien in das Gedächtniß zurückrufe,
finde ich freilich nicht eines, in welchem die Aeußerungen einer großartigen, ja nur einer bedeutenden Natur zur Erſcheinung kämen. Wie
bedrängt er vor Conſtantinopel den Kaiſer durch die Zähigkeit, die
auf keine Gründe ſich einlaſſen will, und doch auch den Grund des
eigenen Benehmens anzugeben verſchmäht. Wie tritt er dann bis
zur Beſiegung Kerbuga's gegen den Fürſten von Tarent in den
Hintergrund, deſſen Pläne fortdauernd die Bewegung des Kreuzheeres
beſtimmen, deſſen Thätigkeit die Fortſchritte der Pilger unaufhörlich
bedingt. Nun entzündet ſich der Streit über Antiochien, und bringt
Monate lang den heiligen Krieg in Stillſtand; aber Gottfried ſo

---

1) Alb. Aq. VII. 18.
2) Matth. Eretz p. 313. Guib. p. 548.

wenig als irgend ein Anderer der Fürsten ist kräftig genug, in den Hader nach eigener Willensbestimmung einzugreifen. Gleich nachher, vor Tripolis, vermag er bei aller Entschiedenheit der Ansicht immer nur als Werkzeug der normannischen Politik zu handeln, und siegt zuletzt durch eine Volksbewegung, an deren Ursprung er nicht den geringsten Antheil gehabt hat, Dann als Regent des heiligen Landes stand er allerdings in schwieriger Lage, aber unter gleichen Umständen gewann doch das Reich ein anderes Leben, als Balduin von Edessa das Scepter ergriffen hatte. Endlich, wer möchte seine Tapferkeit und das Gewicht seines breiten lothringischen Schwertes bezweifeln? aber wie wäre hierdurch allein neben solchen Genossen ein besonderer Ruhm zu begründen gewesen?

Kurz, in allen weltlichen Dingen hat er es zu keiner Art von Größe gebracht, und gegen Boemund's und Raimund's Ueberlegenheit auf diesem Felde auch niemals nur zu protestiren versucht. Um so mehr ist nun hervorzuheben, daß wenigstens ihn selbst diese Ueber=legenheit keinen Schritt aus der eigenen Bahn verlockt hat, und diese Festigkeit allein und der Gegenstand, auf den sie sich richtet, läßt uns den positiven Grund seines Wesens und zugleich die Möglichkeit eines so glänzenden und dauernden Nachruhmes begreifen. Radulf sagt[1]): er war ebenso demüthig als tapfer, er war ein heiliger Mönch im Kriegsgewande wie im herzoglichen Schmucke; und den Sinn dieser Aeußerung finden wir an allen Punkten des Kreuzzuges bestätigt. Er hält unter allen Anfechtungen der weltlichen Seite den geistlichen Charakter des Zuges mehr als einer der Genossen fest: ihm steht nur das heilige Grab vor dem Auge, und völlig fremd ist ihm jeder Gedanke an Herrschaft, Verwaltung oder Landerwerb. So ist ihm das griechische Wesen verhaßt, weil es Elemente fremder Art in seine reinen Kreise hineindrängt, und nur, weil er sich zu offenem Kampfe gegen dieselben nicht stark genug fühlt, hat er auch später die Ruhe, sie zu ertragen, und erst an einer sonst vollendeten Ent=scheidung freudigen Antheil zu nehmen. In dem Allem liegt freilich ganz und gar nichts Ideales — mußten wir doch bemerken, wie er einmal gleich begehrlich wie alle Anderen an den Erpressungen vor Arkas Antheil nahm — er ist kein Mensch, der den Lauf der Ge=

---

1) C. 14. Ebenso Guib. l. c.

schicke bestimmt und geregelt hätte; aber ein Charakter ist er doch von unerschütterlicher Art, der trotz aller Einwirkung der überlegensten Kräfte sein Wesen behauptet, und in der Strenge geistiger Bestrebungen seine rüstigeren Gefährten hinter sich zurückläßt. Ohne Frage ist Boemund geistreicher und gewandter, Raimund erregbarer und unruhiger gewesen; von den übrigen Fürsten verdient sich Robert von Flandern durch den Glanz turnierartiger Einzelnkämpfe den Namen: Sohn des heil. Georg, und Stephan von Blois tritt durch das Talent der Repräsentation eine Weile an die Spitze des Heeres: aber den letzten Gewinn dieses geistlichen Krieges dahinzunehmen, verdiente dennoch mehr als sie Alle der von Allen übertroffene, auf sein geistliches Ziel sich beschränkende Herzog von Lothringen. Eine Festigkeit solcher Art, sich nie und nirgend irren zu lassen, ist immer nichts Geringes; wenn auch niemand behaupten wird, daß sie an sich schon den Anspruch auf geschichtliche Größe begründe. In unserem Falle wenigstens ging sie nicht so sehr aus freier sittlicher Entschließung, als aus dem Gefühle des Unfähigkeit außerhalb dieses Kreises zu wirken, hervor: damit hängt unmittelbar zusammen, daß sie nur negativ und abwartend, nicht zeugend und herrschend zur Erscheinung gekommen ist.

Treten wir an dieser Stelle auf den Punkt zurück, von dem unsere Betrachtung des ganzen Krieges ausging, so begreifen wir wir nun wohl (abgesehen auch von der Thatsache, daß eben Gottfried und kein Anderer König des heil. Grabes geworden ist), die Vorliebe, mit welcher das Abendland dessen Andenken verherrlicht und dem Helden ein neues Leben erschaffen hat. Die Gesinnung, die er bis zu tadelhafter Vernachlässigung anderer Potenzen festhielt, erkannten wir für den ganzen Umfang des Occidents als die Schöpferin des Unternehmens an; wir sehen hier, daß sie auch bei dem Verlaufe des Kreuzzuges die wesentlichen und ihr gleichartigen Richtungen fest im Auge gehalten hat. Es ist Zeugniß für den unbewußten aber nicht zu irrenden Tact der Sage, daß für sie kein anderer der glänzenden und thatkräftigen Helden den Herzog von Lothringen zurückdrängen konnte, obgleich sie selbst etwa die Eroberung von Antiochien mit glänzenderen Farben ausschmückte, als die Einnahme von Jerusalem. Bemerkten wir doch schon früher, daß ihre einzelnen Theile sämmtlich von ritterlichen und poetischen Elementen durchdrungen sind, aber

bei aller irdischen Pracht nach Außen **geht durch** ihr Inneres unver-
tilgbar der mystische Gedanke, aus dem **ihr** ganzes Dasein zuletzt
doch hervorgegangen ist. Sie erhebt immer und **immer** den einen
gottbegünstigten Menschen, und umgiebt seine Unthätigkeit mit einer
Glorie, **an** die kein Heldenthum der Normannen **und** Provenzalen
hinanzureichen vermag.

Diese Gesinnung der Hierarchie und Askese ist also wie für
Entstehung und Verlauf des Kreuzzuges, so auch für die Anschauung
desselben die herrschende und tonangebende Kraft geblieben. **Die**
innere Nothwendigkeit dieses Verhältnisses tritt bei allen folgenden
Unternehmungen dieser Art zu Tage: der zweite Kreuzzug entspringt
aus der das Klosterleben und die Curie gleich mächtig beherrschenden
Wirksamkeit des heiligen Bernhard; der dritte fällt **einmal** zwischen
die Pontificate Alexander und Innocenz **der** Dritten, der mächtigsten
Päpste aller Zeiten, dann in die Jugendjahre des heil. Dominicus
und des heil. Franz von Assisi hinein. Wir sehen, wie bei jeder
Wiederholung die Kraft der Kirche sich steigert, und nach dem dritten
Zuge allerdings den höchsten Gipfel erreicht hat: gleich nachher
macht die Unternehmung Friedrich II. für immer Epoche, da hier
zum ersten Male ein Kreuzzug von dem Streite gegen die Hierarchie
tief im Innersten berührt wird. Noch einmal giebt dann Ludwig IX.
ein glänzendes aber unglückliches Beispiel, was der geistliche Trieb
in ritterlichen Herzen vermöge, und wenige Decennien nachher wird
der Kreis dieser Anstrengungen vollständig geschlossen. Merkwürdig
genug trifft die letzte Vertreibung der Franken aus Palästina unmittelbar mit dem Beginn des Streites zwischen Philipp IV. und
Bonifaz VIII. zusammen, die völlige Niederlage der Kreuzfahrer mit
dem Wendepunkte der hierarchischen Macht.

Beilage I.

Ueber die Kreuzpredigt Sylvester II. und den syrischen Zug der Pisaner im Jahre 999.

Dem Pabst Sylvester wird die Ehre bleiben, zum ersten Male die Idee einer Befreiung Jerusalems im Abendlande ausgesprochen zu haben: der Zweifel wenigstens an der Aechtheit des uns erhaltenen Aufsatzes entbehrt bis jetzt jedes positiven Beweises. Trotzdem habe ich ihn in der obigen Darstellung mit Stillschweigen übergangen, nicht sowohl weil er ohne alle sichtbaren Folgen geblieben, als weil er **mir** seiner ganzen Fassung nach nicht auf practische Zwecke berechnet gewesen zu sein scheint. Sylvester führt Jerusalem redend ein, die dortige Kirche klagt über ihr Unglück und ihre Unterdrückung, nicht eben ausführlich und ohne alle wirksame Specialien; mit der Bitte um Hülfe wendet sie sich an die Kirche des Abendlandes und schließt mit den Worten: so stehe auf du Streiter Christi, sei Bannerträger und Mitkämpfer des Herrn. Es scheint aber klar, daß in solchen Formen **wohl ein** erregter Geist einem lebendig aufgefaßten Gefühle Luft macht, **nicht aber** ganze Völker unter die Waffen rufen und große Heere versammeln **kann**.[1]

---

1) Ich finde nicht, **daß** diese Auffassung durch die von Harttung (Forschungen XVII. 331) und Riant, lettres historiques p. 33 beigebrachten Gründe gegen **die** Echtheit des Aufsatzes getroffen wird. Gerbert konnte sehr wohl die **muhamedanische** Herrschaft in Jerusalem für ein schweres Unglück halten, auch **wenn damals** die Christen in Palästina nicht besonders schwere Mißhandlungen erlitten, **und** vollends die Behauptung Harttung's, daß die geistige Beschaffenheit Gerbert's einen solchen Gefühlserguß unmöglich erscheinen lasse, beruht nur auf subjectivem Ermessen.

Ich sagte, dieser Aufruf sei ohne Folgen geblieben, schon Wilken (Kreuzzüge I. 28.) hält, freilich ohne Gründe dafür anzuführen, den hiernach unternommenen Zug der Pisaner nach **Syrien** für unwahrscheinlich. In der That erwähnt ihn nicht eine **weder** frühere noch spätere pisanische oder morgenländische Nachricht; er **ist** ganz und gar erfunden, und die Quelle dieser Erdichtung, so viel **ich** sehe, vollkommen nachweislich. Der Herausgeber des Gerbert'schen Aufsatzes bei Bouquet X. p. 426 bemerkt dazu: Gerbertina haec, Riveto docente ex t. III. Ital. scr. p. 400 Pisanorum animos adeo movit adhortatio, ut illico mari **se** commiserint etc. Auf diese Nachricht D. Rivets bauend, haben die Spätern — auch Michaud noch — unbedenklich von einer Heerfahrt der Pisaner im Anfang des 11. Jahrhunderts erzählt: ein ganz neuer Feldzug nach Syrien ist auf diese Weise erschaffen worden. Muratori aber, Rivet's Gewährsmann, hat an nichts weniger als an einen syrischen Krieg im Jahre 1000 gedacht. In der angeführten Stelle ist er bemüht, die Verdienste der Pisaner um den römischen Stuhl darzulegen: zum Erweis ihres christlichen Eifers zählt er die pisanischen Kriege gegen afrikanische und spanische Saracenen auf, unter Johann XVIII., Benedikt VII., Johann XX. und Victor III., glänzender aber als Alles **sei** ihr **Zug** unter Erzbischof Dagobert im Jahr 1099, ihre Theilnahme also **an** dem großen Kreuzzug gewesen. Hier kommt er nun auf das Schreiben Sylvester II. vom Jahr 999, dies vor Allem habe ihren Eifer gespornt und ihre Begeisterung erhöht: so wie Baronius a. 1003 deshalb Sylvester den ersten Kreuzprediger nenne, so haben die Pisaner, zuerst dem folgend, den heiligen Krieg begonnen. Mit **den** letzten Worten, wie deutlich erhellt, hat Muratori nur jene africanischen Züge bezeichnen wollen, es ist also ein reines Mißverständniß, hieraus eine besondere Unternehmung auf Syrien zu folgern.

Baron. ad a. 1003 hat nichts als den Brief Sylvester's und nicht eine Silbe von einer Expedition; das Datum 999 für den Brief beruht auf bloßer Conjectur.

Beilage II.

Zur Chronologie der Anna Comnena.

Ich übergehe hier die Geschichte des innern und des normannischen Krieges, welche die fünf ersten Bücher Anna's füllt, da sie mit dem Gegenstand meines Werkes fast in gar keiner Berührung steht. Im sechsten Buche beginnt aber Anna die Darstellung der türkischen Verhältnisse, und zwar in steter Verknüpfung mit den europäischen Begebenheiten jener Jahre; seitdem ist auch für meine Zwecke keine Ausscheidung mehr möglich.

1. Emirat von Nicäa. Allgemeine Geschichte der Seldschuken bis 1095.

Anna hat den normannischen Krieg bis zu dem Tode Robert's, der bekanntlich den 17. Juli 1085 erfolgte, fortgeführt; sie wendet sich nun S. 166 zu Alexius zurück, der am 1. December 1084 seinen Einzug in Constantinopel hält. Damals war aber, sagt sie S. 169, Abulcasim in Nicäa mächtig, und hier soll erzählt werden, wie dieser zur Herrschaft gelangt, wie ferner Tutusch und Pusan umgekommen sind. Sie beginnt mit der Herrschaft Philaret's in Antiochien — wir wissen aus Tschamtschean, daß dieser, schon 1072 berühmt, seit 1077 sich in Antiochien festgesetzt hatte. Anna, bei diesen entfernten Dingen kurz nach ihrer Weise, meldet, Suleiman von Nicäa, nachdem er Abulcasim als seinen Statthalter zurückgelassen, habe jenen aus seiner Hauptstadt vertrieben, sei dann aber von Tutusch seinerseits besiegt und erschlagen worden. Sie faßt so die Ereignisse von 3 Jahren zusammen, denn Suleimann hatte Antiochien von 1084 bis 1086 inne: daß dann auch über den Hergang dieser Ereignisse im Einzelnen abweichende Versionen vorliegen, ist aus den morgenländischen Berichten bekannt genug.

Weitläufiger und glaubwürdiger wird sie aber sogleich im Folgenden, wo sie Dinge berichtet, die das griechische Reich unmittelbar berührten.

1086 und 1087. Nachdem Tutusch durch Suleiman's Niederlage eine bedenkliche Macht gewonnen hat, knüpft Melekschah mit Alexius durch einen Tschausch Unterhandlungen an. Gleichzeitig (S. 171) erhebt Abulcasim Krieg gegen Byzanz, wird aber durch Tatikios und Butumites abgewehrt. Tatikios erhält hier durch einen Bauern und einige Andre die Nachricht, Berkjarok, der kürzlich Sultan geworden, habe den Prosuch gegen Abulcasim gesandt, bei welcher Aussage der Bauer freilich nur vermöge starker Confusion Berkjarok's Namen erwähnen konnte. Abulcasim sucht nun bei dem bisherigen Widersacher Hülfe gegen den neuen Angreifer, und Tatikios, nachdem er eine Burg bei Nicomedien befestigt hat, beginnt den Kampf mit Prosuch, zieht aber ohne Resultate nach Constantinopel zurück. Er steht dann seit 1088, wie wir sehen werden, ununterbrochen gegen die Petschenären zu Felde, und damit ist der Beweis für das oben gegebene Datum der erzählten Begebenheiten geliefert.

Von Prosuch ist weiter keine Rede, und ohne besondere Bemerkung geht Anna S. 176 D. über eine ereignißlose Zeit von etwa 4 Jahren hinweg. Nur aus einer beiläufigen Anführung an späterer Stelle sehen wir S. 205 B., daß Abulcasim im dritten Jahre des Petschenärenkrieges — 1090 — einen nutzlosen Versuch auf die griechische Burg von Nicomedien machte.[1]) Melekschah, indeß, sagt Anna, nachdem er die Rückkunft seines Tschausch vergeblich erwartet, sendet Puzan — Pursak, Emir von Harran, seit. 1087 Herr von Edessa[2]) — gegen Nicäa, dessen er sich bemeistert und den unruhigen Abulcasim erdrosseln läßt. Zugleich überbringt er ein Schreiben des Sultans an Alexius, worauf dieser eine Gesandtschaft an Melekschah abordnet. Wir erkennen hier nun den Zeitpunkt von Pursak's Ankunft, frühestens 1091, wenn wir vernehmen, daß die griechischen Gesandten schon unterwegs die Nachricht von Melekschah's Ableben

---

1) Wilken hat hier die Abwesenheit des Tatikios nicht beachtet, und hält diesen Angriff demnach für den Krieg von 1087. Daraus ergiebt sich ihm 1085 für das erste Jahr des Petschenärenkrieges.

2) Lebeau und St. Martin aus Tschamschean. Aus eigener, aber unglücklicher Combination setzen sie hinzu: nachdem Abulcasim gefallen war.

erhielten — Melek starb im Spätherbst 1092. Ueber den näheren Thatbestand sind sie freilich nicht besser als jener Bauer über Berkjarok unterrichtet gewesen: ihre Berichterstatter haben den Tod des Sultans mit der fast gleichzeitigen Ermordung seines Wesirs verwechselt. Anna darauf, ehe sie sich zu Nicäa zurückwendet, wirft noch einen kurzen Blick auf das Ende des Pursak und Tutusch — jenes erfolgte 1094, dies 1095¹) — und meldet dann, wie nach dem Tode Melekschah's Kilidsch Arslan, der Sohn Suleiman's, Nicäa wiedergewinnt und seine Herrschaft dort ordnet.

So viel, schließt sie S. 180, von den Sultanen, und geht dann zu einem gleichzeitigen Kriege gegen einen Emir el Chan von Apollonia und Kyzikos über. Kyzikos war etwa 1080 von den Türken genommen worden, der griechische Feldherr Opus eroberte es sicher vor 1089 wieder, da seine fränkischen Truppen damals gegen die Petschenären abgerufen wurden und zu Tatikios stießen.

2. Petschenärenkrieg.

Die Petschenären erneuern die alten Feindseligkeiten durch einen griechischen Empörer Traulos aufgerufen um 1082 oder 1084, je nachdem man den Aufruhr des Traulos nach dem Zusammenhang bei Anna zu dem letzten oder nach einer Bulle bei Ducange zu dem erstgenannten Jahre rechnen will.²) Indeß vergingen mehrere Jahre unter einzelnen Streifzügen, ehe man zu rechtem Kriege kam, und der Anfang des letztern muß also aus andern Daten bestimmt werden. Hat man eins gewonnen, so ist zugleich das Ganze festgestellt, denn Anna erzählt den Krieg in ununterbrochener Continuität und erschöpfender Ausführlichkeit. Sie giebt das Eintreten des Winters und den Beginn des Frühlings jedes Mal bestimmt an, und läßt so vier Feldzüge auf das Unzweifelhafteste unterscheiden.

a) Niederlage des Branas, Tatikios hält sich bei Adrianopel, aus Asien herbeigerufen, S. 182.

b) Donaufeldzug, der Graf von Flandern passirt auf seiner Rückreise von Jerusalem, S. 201.

---

1) Vgl. S. 253.

2) Anna, p. 155, 190. Traulos empörte sich nach der ersten Stelle gerade als Alexius die Kirche für ihre gezwungene Anleihe entschädigte, und hierfür giebt die Bulle das Datum 1082.

c) Macedonischer Feldzug S. 204—218. Aus Flandern langen Hülfstruppen an und werden sogleich gegen den erwähnten Angriff Abulcasims geschickt. — Hier erscheint nach den oben (S. 160) gegebenen Daten ein genau zu bestimmender Zeitpunkt. Der Graf war nach Urkunden 1089 noch nicht in seine Heimath zurückgekehrt; frühestens also 1090 können die von ihm gesandten Reiter in Griechenland angekommen sein. Johannes Ducas, sagt Anna, stand damals im elften Jahr gegen die Dalmatiner im Felde; wann er dorthin gegangen, wird nirgend gemeldet, doch **war** er April 1081 sicher noch in Constantinopel.[1]) Dies würde hier also auf 1091 führen, doch glaube ich aus folgendem Grunde die Angabe für ungenau halten zu dürfen.

d) Im vierten Feldzug S. 221—234 erfolgt die entscheidende Schlacht von Lebunum Dienstag den 29. April, und seit 1085 fiel erst 1091, dann wieder 1096 der 29. auf diesen Wochentag.

Der Petschenärenkrieg begann also im Herbste 1088 und endigte April 1091. Wie dies zu den frühern Theilen von Anna's Erzählung stimmt haben wir oben gesehen; auch für das Folgende hoffe ich das Gleiche mit hinreichender Wahrscheinlichkeit darzuthun.

3. Sonstige Ereignisse bis zur Ankunft der Kreuzfahrer.

Wenige Tage nach der Rückkehr des Kaisers von Lebunum, im Mai, wird die Verschwörung des Umbertopul entdeckt, S. 236. Gleich darauf erfolgt ein Einfall der Dalmatiner, gegen den Alexius selbst auszieht, und nachdem er eine zweite Verschwörung (des Theodor Gabras S. 239 ff.) unterdrückt hat, die dalmatinische Grenze durch Festungswerke sperrt. Noch vor Ende des Sommers nach S. 295 D. Der Rest des Sommers und der Winter auf 1092 vergeht dann unter Rüstungen gegen Zakhas von Smyrna, der nach S. 205 im dritten Jahre des Petschenärenkrieges, also 1090, seine unruhige Laufbahn begonnen hatte.

Im Frühling 1092 beginnt der Krieg **und** dauert ohne Unterbrechung 3 Monate hindurch. Darauf knüpft Zakhas langwierige Friedensunterhandlungen an, die aber zu keinem Resultat führen, so

---

1) Er nahm an Alexius Thronbesteigung den thätigsten Antheil.

daß die Griechen bei erneutem Kampf fast alle seine Besitzungen er=
obern, S. 246, 247. Hierauf aber nöthigt die Empörung von Cypern
die Griechen ihre Kräfte zu theilen, und zunächst auf die Unterwerfung
der beiden Inseln bedacht zu sein, S. 248.

Unterdeß macht Zakhas neue Rüstungen, und Alexius muß von
Neuem den Dalassenos gegen ihn aussenden, S. 250. Dieser wendet
sich an Kilidsch Arslan selbst, der sich darauf des gefährlichen Ver=
wandten durch Mord entledigt. Ohne Frage 1093, obgleich Anna
diesmal den Eintritt des Winters nicht bemerkt hat. Aber der
Sommer 1092 wird durch jene Kämpfe reichlich erfüllt, und K. Arslan,
wie wir gesehen haben, kommt erst Ende 1092 nach Nicäa zurück.

Gleich das **Folgende** bestätigt diese Annahme. Anna sagt
S. 251 D.: noch war Alexius nicht von diesen Sorgen befreit, als
die Dalmatiner neue Unruhen begannen, zwei Jahre nach der Nieder=
lage der Petschenären, also 1093. Die Erzählung derselben füllt
den ganzen Rest des neunten Buches, doch scheint noch im Jahr 1093
der Friede geschlossen worden zu sein. Wenigstens findet sich keine
Spur einer entgegenstehenden Aeußerung; vielmehr bemerkt Anna
einmal ausdrücklich: noch vor Ende des Jahres geschah 2c.

Von hier **bis zu der Ankunft der** Kreuzfahrer meldet Anna
nur noch von drei Ereignissen: der unterdrückten Ketzerei des Nilus, dem
cumanischen Kriege und der Befestigung der bithynischen Grenze.
Man übersieht sogleich, daß diese unmöglich den Zeitraum von drei
Jahren vollständig ausgefüllt haben können; indeß ist uns kein Merk=
mal für eine nähere Bestimmung gegeben[1]), und nur so viel steht
nicht zu bezweifeln, daß sie selbst unmittelbar auf einander gefolgt
sind.[2]) Ich überlasse es also einer gewandteren Hand, sie im Einzelnen
in der Zeit von Ende 1093 bis Anfang 1096, dem frühesten Zeit=
punkt, in dem man Nachrichten von dem Kreuzzuge haben konnte,
unterzubringen, und bemerke nur, wie sehr diese Verlegenheit wächst,
wenn man der gewöhnlichen Annahme folgt, der Petschenärenkrieg
sei schon 1088 beendigt worden.

---

1) Ueber die Synode zu Constantinopel gegen Nilus habe ich keine sonstigen
Nachweisungen aufgefunden.

2) Nach den Uebergängen bei Anna p. 271 A, p. 282 A, p. 283: kaum
war dies geschehen, noch waren diese Stürme nicht vorüber 2c.

4. Der Kreuzzug.

Hier finde ich folgende Erläuterungen und Ergänzungen der oben gegebenen Darstellung nothwendig.

Wenngleich Wilhelm von Tyrus den Tatikios geradezu als Wegweiser einführt, so sagt doch Anna S. 317 ausdrücklich, er sei mit den unter ihm stehenden Streitkräften zur Besetzung der **eroberten** Landstriche mitgezogen.

Auf dem Wege von Nicäa bis Antiochien weiß Anna von **drei** Schlachten: die erste die uns bekannte bei Doryläum, wo sie die unrichtige Ansicht von einer planmäßigen Theilung des Heeres hat, sonst aber nichts Bemerkenswerthes beibringt. Nähere Betrachtung fordern die beiden anderen Namen und Anna's Erzählung **über** die dort stattgehabten Vorfälle. Κατὰ τοὺς Ἐβραίους — diese Lesart hält Schopen gegen die Variante des cod. Coislin. fest — werden die Christen von Taniscan und Asan angegriffen, und siegen nach hartem Kampfe durch einen entschlossenen Angriff, den Boemund auf Kilidsch Arslan macht. Die Stelle, verbunden mit S. 420, zeigt zunächst, daß Asan weder für Kilidsch Arslan, wie ich oben vermuthete, noch für Pulchasa gehalten werden kann; es ist ohne Frage der princeps Assam des Grafen Stephan, dem die Christen sein Land genommen, ebenso wie Taniscan ohne Weiteres für Danischmend von Melitene zu erkennen ist. Hinsichtlich des Kampfes selbst weiß ich nicht, ob ich ihn eher mit der Angabe der Gesten, bei Erkle habe man scharf gefochten, oder mit der erwähnten Erzählung Stephan's von den Vorgängen in Kappadocien in Verbindung bringen soll. Der Sache nach hat beides gleich große Wahrscheinlichkeit, und geographische Notizen über den Ort selbst sind mir nach beiden Seiten hin gleich unbekannt.

Dasselbe muß ich über den dritten Ort, Agrustopolis (auch hier **ist** die Variante Augustopolis zurückzuweisen) bekennen. Die lateinischen Quellen erwähnen eines offenen Gefechtes erst wieder bei der Eisenbrücke von Antiochien, und damit ganz übereinstimmend sagt Anna, nachdem man bei Agrustopolis gesiegt, sei man ohne Widerstand bis Antiochien gezogen. Aber wie gesagt, ich weiß keine Auskunft darüber zu geben, **ob in** jener Gegend **am** Orontes ein Agrustopolis sich sonst noch vorfindet.

S. 318 flg. Anna ist hier mit Unrecht getadelt worden, sie
gebe **die** Länge der Belagerung von Antiochien nur auf drei Monate
an. Sie hat dergleichen gar nicht im Sinne, die drei Monate be-
ziehen sich nur auf die Zeit bis zu der Flucht des Tatikios, und
diese erfolgte, hiermit ganz übereinstimmend, im Januar 1098.[1]) Eine
klare Vorstellung von der Länge und den Ereignissen des dann noch
folgenden Kampfes hat sie allerdings schwerlich gehabt, da sie sowohl
Kerbuga als Firuz an viel zu frühem Orte aufführt. Es folgt nach
einer weitläufigen Darstellung des griechischen Feldzuges von 1098,
auf S. 327 die kürzeste Erwähnung der letzten fränkischen Eroberungen:
in drei Worten wird bemerkt: die Franken besetzten das Land, eroberten Jerusalem, machten Gottfried zum König. Daran schließt
sich endlich die Notiz über die Schlacht bei Askalon, welche durchaus fabelhaft, nur durch Ducange's Bemerkung halbes Licht erhält,
hier sei eine Verwechselung mit den Gefechten bei Ramla und Joppe
von 1102 vorgegangen.

Alle diese Angaben aber, kurz oder ausführlich, glaubwürdig
oder verwirrt, scheinen mir bezeichnend für Wesen und Entstehung
der Alexiade. Genau bis zur Flucht des Tatikios aus dem fränkischen Lager hat sie brauchbare wenn auch nicht vollkommene Kunde,
von da ab schrumpft der Kern der Dinge zusammen und lösen sich
alle Formen in nebelhafte Unbestimmtheit auf. Es ist ganz dasselbe,
was wir oben bei Berkjaroks erster Erwähnung und dem Tode
Melekschah's bemerkten: diese entlegenen Ereignisse des Ostens liegen
ebenso außerhalb ihrer zuverlässigen Sehweite, als etwa die S. 31
erzählten Grausamkeiten Papst Gregor VII. gegen die deutschen Gesandten. Höchst ungenau bei solchen Vorgängen wird ihre Erzählung
stets nur insoweit wahrhaft lehrreich, als Griechen oder griechische
Interessen von dem Gang der Ereignisse berührt werden. In diesem
Umstande, daß ihre Irrthümer so bestimmt gleichartiger Natur sind,
daß sie nach einem deutlich erkennbaren und überall durchgehenden
Gesetze verschwinden oder anwachsen, darin sehe ich zugleich eine
sichere Bürgschaft für Anna's Wahrheitsliebe und unsere Belehrung
aus ihrem Werke.

Dies Verhältniß versuche ich um so eher noch an einigen spä-

---

1) Mit derselben Rücksicht ist **der** Brief S. 332 zu lesen.

teren Theilen des Buches zu erläutern, als man auch hier, so viel mir bekannt **ist**, nur **zu** wenig bestimmten Resultate hindurchgedrungen ist.

Laodicea und Tripolis. Von S. 329: τότε δή καὶ ὁ Αὐτοκράτωρ bis S. 330: τούτων οὕτω τελουμένων. Anna kennt nicht oder übergeht die Händel über Laodicea zwischen **Boe**mund und Robert; sie erwähnt die Stadt erst, als Alexius sie **sich**, etwa Ende des Jahres 1100, von Raimund von Toulouse **über**liefern läßt. Raimund beginnt dann nach manchen anderen Kämpfen mit griechischer Hülfe die Berennung von Tripolis. Etwas später wendet sich Tancred (der nach Fulcher im März 1101 aus Jerusalem nach Antiochien kam und nach Radulf zunächst in Cilicien Eroberungen machte) gegen Laodicea; Anna sagt unrichtig auf Boemund's Befehl, und weiß überhaupt gar nichts, begreiflich genug nach der obigen Bemerkung, von dessen Gefangenschaft bei Danischmend. Raimund bemüht sich **nun** umsonst, Tancred von **Laodicea** hinwegzuziehen (depellitur, debellatus est, sagt sogar Radulf c. 145), **und** geht bald darauf nach Constantinopel zurück; etwa im Mai 1102, denn im Juni langen dort die Pilger an, die er durch Kleinasien begleiten muß. Tancred bleibt fest vor Laodicea und erobert **die** Stadt, nachdem der griechische Entsatz ausgeblieben ist, im Sommer 1102.

Raimund's fernere Schicksale. Kreuzzug von 1101. Von S. 330 bis S. 332: εἶτα μεμαθηκὼς ὁ αὐτοκράτωρ. Anna, die sich hier zu Raimund zurückwendet, bekundet zunächst über Herzog Gottfried eine gleiche Unwissenheit, wie soeben über Boemund's Gefangenschaft. Sie rechnet seinen Tod zu 1101 und verpflanzt ebendahin die vergebliche Erwählung Raimund's zum König von Jerusalem. **Dem** unerachtet **trage** ich kein Bedenken, ihre **Nach**richten **von** dem Kreuzzuge **des** Jahres 1101, **die ohne** Frage auf den Berichten des Tzitzas beruhen und zu Ekkehard vollkommen stimmen, der Albert'schen Darstellung in jeder Rücksicht vorzuziehen. Sie schließt darauf mit einer kurzen Angabe, daß Raimund von Neuem Tripolis **bis an seinen** Tod (28. Febr. 1105, Fulcher) bedrängt und Alexius mit seinem Nachfolger Wilhelm sogleich **das beste** Vernehmen abgeschlossen habe. Die **plötzliche Kürze** erklärt sich leicht **aus** dem Umstande, daß Raimund **seit 1102** gegen Tripolis wohl französische und genuesische[1]), nicht aber griechische Unterstützung erhalten hatte.

Händel mit Boemund. Bis zum Schlusse des elften Buches. Der Kaiser, sagt Anna, als er die Einnahme Laodiceas erfahren hatte, wandte sich auch an Boemund — sie rückt dann die zwischen beiden gewechselten Schreiben ein. Es ist hier also an das Jahr 1103 zu denken, da erst in diesem Boemund aus seiner Gefangenschaft entlassen wurde.[2]) Ebendahin fallen dann die Kämpfe des Butumites und Monastras in Cilicien und die geringen Thaten der pisanischen Flotte, wobei die Erwähnung des Erz-bischofs wieder auf **einer** Verwechselung mit Vorgängen des Jahres 1099 beruht. Im folgenden Jahre (S. 338), also 1104, langt eine genuesische Flotte im Orient an; von ihren Thaten meldet Anna nicht viel, sondern geht sogleich zu Boemund's Ueberfahrt nach Europa über, die auch von Fulcher zu diesem Jahre erzählt wird.

Daß Caffarus und pisanische Chroniken die Ausfahrt gerade dieser beiden Flotten zu den angegebenen Jahren nicht erwähnen, scheint mir die Nachricht Anna's in ihrem Werthe nicht herabsetzen zu können. Jedenfalls waren 1104 Genueser bei der Einnahme **von** Accon anwesend und hülfreich. Dagegen muß ich eine andere, oft wiederholte Erzählung Anna's bezweifeln, wie Boemund für gestorben in einen Sarg gelegt und so durch die griechische Flotte hindurchgeführt worden sei. Radulf, der hier als Augenzeuge gelten kann, **hat** einen geradezu entgegenstehenden Bericht, und die zahlreichen Analogien, welche Ducange und Andere nach ihm für Anna beigebracht haben, beweisen ebenso wohl die Leichtigkeit der Erdichtung als die Möglichkeit der Thatsache selbst.

---

1) Caffaro 253 C. hist. de Laug. pr. p. 355, 360.
2) Fulcher ad a. c. Matth. Eretz p. 319 giebt keine Jahreszahl, setzt die Thatsache **aber** sicher vor **1104**. Will. Tyr. p. 789 hat ebenfalls 1103 (X. 25, 26), setzt **aber** falsch hinzu post annos quatuor der Gefangenschaft. Albert hat 1102, 1103, 1104, freilich an fünf verschiedenen Stellen, IX. 33, 38, IX. 36, **IX. 47**, mit 39 zu vergleichen.